中华传世藏书

【图文珍藏版】

二十五史

姜涛⊙主编

线装书局

王士祯传

【题解】

王士祯(1634~1711),清代诗人。字贻上,号阮亭,又号渔洋山人。新城(今山东桓台)人。顺至进士,官至刑部尚书。后罢官归里。

王士祯论诗创:"神韵说",主张诗境以清远为尚,要求笔调清幽淡雅,富有情趣、风韵和含蓄性。其诗偏于技巧和境界的追求,多模山花水、吟咏风月之作,生前负有盛名。亦能词,有《带经堂集》等。

【原文】

王士祯,字贻上,山东新城人。幼慧,即能诗,举于乡,年十八。顺治十二年,成进士。授江南扬州推官。侍郎叶成格被命驻江南,按治通海寇狱,株连众。士祯严反坐,宽无辜,所全活甚多。扬州鹾贾逋课数万,逮系久不能偿,士祯募款代输之,事乃解。康熙三年,总督郎廷佐、巡抚张尚贤、河督朱之锡交章论荐,内擢礼部主事,累迁户部郎中。十一年,典四川试。母忧归,服阕,起故官。

上留意文学,尝从容问大学士李霨:"今世博学善诗文者孰最?"霨以士祯对。复问冯溥、陈廷敬、张英,皆如霨言。召士祯入对懋勤殿,赋诗称旨。改翰林院侍讲,迁侍读,入直南书房。汉臣自部曹改词臣,自士祯始。上征其诗,录上三百篇,曰《御览集》。

寻迁国子监祭酒,整条教,屏馈遗,奖拔皆知名士。与司业刘芳喆疏言:"汉唐以来,以太牢祀孔子,加王号,尊以八佾、十二笾豆。至明嘉靖间,用张璁议,改为中祀,失尊崇之意。礼:祭从生者。天子祀其师,当用天子之礼乐。"又疏言:"自明去十哲封爵,称冉子者凡三,未有辨别。宋周敦颐等六子,改称先贤,位汉、唐诸儒之上,世次殊有未安,宜予厘定。又疏田何受《易》商瞿,有功圣学,宜增祀。郑康成注经百余万言,史称纯儒,宜复祀。"又疏言:"明儒曹端、章懋、蔡清、吕楠、罗洪先,并宜从祀。绛州贡生辛全,生、际明末,以正学为己任,著述甚富,乞教进遗书。"又请修监藏经史旧版。疏并下部议;以笾豆、乐舞、名号、位次,俟会典颁发遵循;增祀明儒及征进遗书,俟《明史》告成核定;修补南北监经史版,如所请行。

二十三年,迁少詹事。命祭告南海。父忧,归。二十九年,起原官,再迁兵部督捕侍郎。三十一年,调户部,命祭告西岳西镇江渎。三十七年迁左都御史。会廷议省御史员额,士祯曰:"国初设御史六十,后减为四十,又减为二十四。天子耳目官,可增不可减。"卒从士祯议。

迁刑部尚书。故事,断狱下九卿平议。士祯官副都御史,争杨成狱得减等。官户部侍郎,争太平王训,聊城于相元、齐河房得亮皆得减等,而衡阳左道萧儒英,则又争而置之法。徐起龙为曹氏所诬，则释起龙而罪曹，案其所与私者，皆服罪。及长刑部，河南阎焕山、山西郭振羽、广西窦子章皆以救父杀人论重辟，士禛曰："此当论其救父与否，不当以梃刃定轻重。"改缓决，入奏，报可。

士禛以诗受知圣祖，被眷遇甚隆。四十年乞假迁墓，上命予假五月，事毕还朝。四十三年，坐王五、吴谦狱罢。王五故工部匠役，捐纳通判；谦太医院官，坐索债殴毙负债者。下刑部，拟王五流徙，谦免议。士禛谓轻重悬殊，改王五但夺官。复下三法司严鞫，王五及谦并论死，又发谦嘱托刑部主事马世泰状，士禛以瞻徇夺官。四十九年，上眷念诸旧臣，诏复职。五十年，卒。

明季文敝，诸言诗者，习袁宗道兄弟，则失之俚俗；宗钟惺、谭友夏，则失之纤仄；学陈子龙、李雯，轨辙正矣，则又失之肤廓。士禛姿禀既高，学问极博，与兄士禄、士祜并致力于诗，独以"神韵"为宗。取司空图所谓"味在酸咸外"、严羽所谓"羚羊挂角，无迹可寻"，标示指趣。自号渔洋山人，主持风雅数十年。同时，赵执信始与立异，言诗中当有人在。既没，或诋其才弱，然终不失为正宗也。

士禛初名士禛，卒后以避世宗讳，追改士正。乾隆三十年，高宗与沈德潜论诗，及士正，谕曰："士正绩学工诗，在本朝诸家中，流派较正，宜示褒，为稽古者劝。"因追谥"文简"。三十九年，复谕曰："士正名以避庙讳致改，字与原名不相近，流传日久，后世几不复知为何人。今改为士禛，庶与弟兄行派不致淆乱。各馆书籍记载，一体照改。"

【译文】

王士禛，字贻上，山东新城(今山东桓台县)人。从小聪明，就会写诗。在乡试中考取举人，年纪只有十八岁。顺治十二年(1655年)，考中进士，任江南扬州推官。侍郎叶成格受命驻居江南，查究处理私通海盗的案子，株连的人很多。王士禛用同样的罪名严厉地惩办诬告人，对无辜者宽大处理，所保全救活的人很多。扬州盐商逃税好几万，长久关押也不能补交，王士禛募集税款代为上缴，事情才了结。康熙三年(1664年)，总督郎廷佐、巡捕张尚贤、河督朱之锡交互写奏章向皇上荐举士禛，皇上提升他为礼部主事，接着晋升为户部郎中。康熙十一年(1672)，去四川主持乡试。母死回家守丧，守丧期满，起用为原官。

皇上关心文学，曾从容询问大学士李霨："当代博学多才，擅长诗文的人，谁是魁首？"李霨回答是士禛。又问冯溥、陈廷敬、张英，都像李霨说的那样。皇上把士禛召入懋勤殿面试，当场赋诗，皇上很满意。于是改任他为翰林院侍讲，接着又调迁为侍读，入宫在南书房值班。汉族臣子从部曹改作词臣，从王士禛开始。皇上要他的诗，抄录呈上三百篇，叫作《御览集》。

不久，王士禛调迁为国子监祭酒，整顿条规，拒绝送礼，奖励提拔的都是知名人士。他和司业刘芳吉一起上疏说："汉唐以来，用牛羊猪三牲齐全的太牢礼祭祀孔子，加封王号，用天子的八佾舞和十二笾豆祭器来尊崇他。到了明代嘉靖年间，嘉靖帝采用张璁的建议，改为中祀，失去了尊崇孔圣的本意。按礼：祭祀应该由主祭者的地位来定其规模。

天子祭祀他的老师,应当用天子的礼乐。"又上疏说:"自从明代去掉十位哲人的封爵以来,称冉子的有三人,分不清谁是谁了。宋周敦颐等六子,改称为先贤,位在汉、唐那些儒家之上,辈分次序有不妥之处,应该给予改正。田何在商瞿那里学习《周易》,为孔学的发扬光大立下功劳,应该增补为祭祀的对象。郑康成注释经书写了百余万字,史家称他为纯儒,应该恢复祭祀。"又在疏上说:"明代儒家曹端、章懋、蔡清、吕楠、罗洪先,都应跟着祭祀。绛州贡生辛全,生逢明代末年,把整顿学风作为己任,著作又很丰富,请下命令征集遗著。"又请皇上下令修监藏经史旧版。奏疏一起被发下部议,决定:笾豆、乐舞、名号、位次,等候会典颁发遵循;增补祭祀明儒及征进遗书的事,等《明史》写成后核定;修补南北监经史版,准予像请求的那样去做。

康熙二十三年(1684),调迁为少詹事。皇上下旨命他祭告南海。父病故,回家守丧。康熙二十九年(1690),起用作原官,再调迁为兵部督捕侍郎。康熙三十一年(1692)调到户部,皇上命他祭祀西狱西镇江渎诸神。康熙三十七年(1698)调作左都御史。正碰上朝庭讨论削减御史名额的事,王士祯说:"开国之初设置御史六十人,后来改为四十,接着又改为二十四。御史是天子的耳目官,只可增加,不可减少。"皇上终于听从了士祯的意见。

接着,又升迁为刑部尚书。按过去的老例,断案交由九卿评议判决。王士祯任副都御史时,对杨成一案,力争结果,获得减等判决。任户部侍郎时,对太平的王训、聊城的于相元、齐河的房得亮的案子都经过力争,获得减等。而衡阳的左道旁门萧儒英,却又力争而对他进行了依法惩治。徐起龙被曹氏所诬陷,就释放起龙而判曹有罪,并查纠那些跟他相勾结的人,都一一服罪。等到做了刑部尚书,遇到了河南严焕山、山西郭振羽、广西窦子章都因救父杀人而被判重刑的案子,士祯说:"这应当分析判定他是否为了救父,不应当以杀人来定轻重。"改为暂缓判决,入奏皇上,得到许可。

王士祯凭着擅长写诗受到圣祖康熙的赏识,给予很高的礼遇。康熙四十年(1701),请假迁坟,皇上命令给假五月,事毕还朝。康熙四十三年(1704)因受王五、吴谦一案的牵连而罢官。王五是原工部的役匠,出钱捐了个通判;吴谦是太医院的医官,犯了讨债打死欠债者之罪,案子下到刑部,准备判王五流放,吴谦免罪。士祯说案子判得轻重太悬殊,只改判王五剥夺他的官职就行了。案子又下到三法司从严审讯,王五和吴谦一起被判处死刑,又揭发了吴谦嘱托刑部主事马世泰的事,王士祯因明知不究而罢官。康熙四十九年(1710),皇上思念那些老大臣,下旨恢复了王士祯的官职。康熙五十年(1711)年,士祯去世。

明末文学凋敝,那些论诗写诗的人,学习袁宗道兄弟那一套,就犯粗俗的毛病;以钟惺、谭友夏的主张为指导,就犯浮泛纤巧的毛病;学习陈子龙、李雯的诗作,路子正了,却又犯了肤浅的毛病。王士祯的天分高,学问又极渊博,和兄长士禄、士祜都致力于诗歌创作,提倡以"神韵"作为诗歌创作的最高宗旨。他选取司空图所说的"味在酸咸外"、严羽所说的"羚羊挂角,无迹可寻"来形象地说明"神韵"的旨趣。他自号"渔洋山人",主持诗坛几十年。和王士祯同时的赵执信,才提出不同的见解,说诗中应当有人在。士祯死后,有人诋毁他才气不足,然而士祯终究不失为诗坛之正宗。

士祯最初名士祯，死后为了避世宗胤祯的名讳，追改为士正。乾隆三十年(1765)，高宗和沈德潜论诗，说到士正，皇上说："士正学有成就，擅长写诗，在本朝诸家中，流派较正，应该进行表彰，作为对研究古代的学者的一种勉励。"于是追加谥号为"文简"。乾隆三十九年(1774)，又下令说："士正的原名因为避庙讳才导致更改，现在的字和原名意思不相近，流传日子一长，后代差不多不再知道到底是什么人了。现在改为士祯，才能和弟兄辈行中的人不至于混淆不清。各个库馆中的书籍记载，一律照改。"

索额图传

【题解】

索额图(？～1703)姓赫舍里氏，正黄旗满洲人，初任侍卫，康熙时渐升至保和殿大学士，加太子太傅，权势日盛，与明珠同执朝政。康熙十九年(1680)任内大臣，又授议政大臣。二十八年(1689)，偕佟国纲、郎坦等前往尼布楚，与俄罗斯使者费奥多尔·果罗文等谈判边界问题，严正拒绝沙俄的无理要求，订立《中俄尼布楚条约》，以额尔古纳河及格尔必齐河为界，划定中俄东段边界，立碑而还。二十九年、三十五年，两次参加平定准噶尔部贵族噶尔丹叛乱的战争。康熙后期，诸子争夺皇位继承权，各树党羽派别。他与太子允礽相结，因结党妄行，议论国事获罪。四十二年，被执交宗人府拘禁，死于幽所。本传对他官宦生涯的功过是非有概略评述。

【原文】

索额图，赫舍里氏，满洲正黄旗人，索尼第二子。初，授侍卫，自三等洊升一等。康熙七年，授吏部侍郎。八年五月，自请解任效力左右，复为一等侍卫。及鳌拜获罪，大学士班布尔善坐党诛，授索额图国史院大学士兼佐领。九年，改保和殿大学士。十一年，《世祖实录》成，加太子太傅。十五年，大学士熊赐履票本有误，改写草签，既又毁去。索额图与大学士巴泰、杜立德等疏劾，赐履坐罢归。十八年，京察，侍讲学士顾八代随征称职，翰林院以"政勤才长"注考，索额图改注"浮躁"，竟坐降调，语详《顾八代传》。

索额图权势日盛。会地震，左都御史魏象枢入对，陈索额图怙权贪纵状，请严谴。上曰："修省当自朕始。"翌日，召索额图及诸大臣谕曰："兹遭地震，朕反躬修省，尔等亦宜洗涤肺肠，公忠自矢。自任用后，诸臣家计颇皆饶裕，乃朋比徇私，益加贪黩。若事情发觉，国法俱在，决不尔贷！"是时，索额图、明珠同柄朝政，互植私党，贪侈倾朝右，故谕及之。上并书"节制谨度"榜赐焉。

十九年八月，以病乞解任，上优旨奖其"勤敏练达，用兵以来，赞画机宜"，改命为内大臣，寻授议政大臣。先是索额图兄噶布拉，以册谥孝诚仁皇后推恩所生，封一等公；弟心裕，袭索尼初封一等伯；法保，袭索尼加封一等公。二十三年三月，以心裕等懒惰骄纵，责索额图弗能教，夺内大臣、议政大臣、太子太傅，但任佐领，并夺法保一等公。二十五年，授领侍卫内大臣。

时俄罗斯屡侵黑龙江边境，据雅克萨。其众去复来，上发兵围之。察罕汗谢罪，使费耀多罗等来议界。二十八年，上命索额图与都统佟国纲往议。索额图奏谓："尼布楚、雅克萨两地当归我。"上曰："尼布楚归我，则俄罗斯贸易无所栖止，可以额尔固纳河为界。"索额图等与议，费耀多罗果执尼布楚、雅克萨为请。索额图等力斥之，仍宣上意，以额尔固纳河及格尔必齐河为界，立碑而还。

二十九年，上以裕亲王福全为大将军，击噶尔丹。命索额图将盛京、吉林、科尔沁兵会于巴林，败噶尔丹于乌兰布通。以不穷追，镌四级。三十五年，从上亲征，率八旗前锋、察哈尔四旗及汉军绿旗兵前行，并命督火器营。大将军费扬古自西路抵图拉。上驻克鲁伦河，噶尔丹遁走。费扬古截击之于昭莫多，大败其众。三十六年，上还幸宁夏，命索额图督水驿，会噶尔丹死，叙功，复前所镌级。四十年九月，以老乞休，心裕代为领侍卫内大臣。

索额图事皇太子谨，皇太子渐失上意。四十一年，上阅河至德州，皇太子有疾，召索额图自京师至德州侍疾。居月余，皇太子疾愈，还京师。是岁，心裕以虐毙家人夺官。四十二年五月，上命执索额图，交宗人府拘禁，谕曰："尔为大学士，以贪恶革退，后复起用，罔知愧悔。尔家人讦尔，留内三年，朕意欲宽尔，尔乃怙过不悛，结党妄行，议论国事。皇太子在德州，尔乘马至中门始下，即此尔已应死。尔所行事，任举一端，无不当诛。朕念尔原系大臣，心有不忍，姑贷尔死。"又命执索额图诸子交心裕、法保拘禁，谕："若别生事端，心裕、法保当族诛！"诸臣党附索额图者，麻尔图、额库礼、温代、邵甘、佟宝，并命严锢，阿米达以老贷之。又命诸臣同祖子孙在部院者，皆夺官。江潢以家有索额图私书，下刑部论死。仍谕满洲人与偶有来往者，汉官与交结者，皆贷不问。寻索额图死于幽所。

后数年，皇太子以狂疾废，上宣谕罪状，谓："索额图助允礽潜谋大事，朕知其情，将索额图处死。今允礽欲为索额图报仇，令朕戒慎不宁。"并按诛索额图二子格尔芬、阿尔吉善。他日，上谓廷臣曰："昔索额图怀私，倡议皇太子服御俱用黄色，一切仪制几与朕相似，骄纵之渐，实由于此。索额图诚本朝第一罪人也。"

【译文】

索额图，姓赫舍里氏，是满洲正黄旗人，索尼第二子。起初授任侍卫，由三等侍卫推荐升任一等。康熙七年，授任吏部侍郎。康熙八年五月，自请解任到皇帝左右效力，再次授为一等侍卫。等到鳌拜获罪逮治，大学士班布尔善因同党罪被诛杀，授任索额图为国史院大学士，兼任佐领。康熙九年，改授索额图为保和殿大学士。康熙十一年，《世祖实录》编纂修成后，加封索额图为太子太傅。康熙十五年，大学士熊赐履拟写题本标签有误，改写草签，不久又将之毁掉。索额图与大学士巴泰、杜立德等奏疏弹劾熊赐履，熊赐履因此获罪，被罢免大学士遣回原籍。康熙十八年，考核京官，侍读学士顾八代随军征伐称职，翰林院以"政勤才长"注考，索额图将之改注"浮躁"，顾八代竟因浮躁被降级调用。

这些情况详见《顾八代传》。

索额图的权势日益膨胀。适逢发生地震，左都御史魏象枢入朝答对，陈述索额图依仗权势，贪纵妄法的种种劣迹，请求清圣祖对他严加责备。清圣祖说："修身反省应当由朕开始做起！"第二天，召见索额图及各位大臣告谕说："现在遭遇地震，朕反过来要求自己反省修身。你们也应当洗心革面，廉洁奉公，忠心耿耿。自从授任你们担当要职以来，各位大臣的家计都颇为饶裕，于是你们依附勾结，徇私妄法，更加贪得无厌。如果事情被发觉败露，国法难容，决不宽贷你们！"当时索额图、明珠同理朝政，互相培植亲信死党，贪婪奢侈倾及朝中其他要员大吏，所以告谕时说到这些。清圣祖并将书写"节制谨度"的榜文赐给他们。

康熙十九年八月，索额图因病乞请解任，清圣祖颁布优抚谕旨，夸奖他说"勤劳机智，阅历丰富而通晓人情世故，自从用兵以来，筹划襄赞颇合机宜"，改任索额图为内大臣。不久授任议政大臣。在此之前，索额图的兄长噶布拉，因为册谥的孝诚仁皇后赫舍里氏是他的生女，荷蒙圣恩受封一等公；其弟心裕，承袭索尼初封的一等伯；法保，承袭索尼加封的一等公。康熙二十三年三月，因为心裕等懒惰骄纵，为非作歹，斥责索额图教导无方，不能约束，削夺他内大臣、议政大臣、太子太傅的职衔，不过官任佐领，同时削除法保的一等公。康熙二十五年，索额图授任领侍卫内大臣。

当时俄罗斯屡次侵扰黑龙江边境，占据雅克萨城。俄人离去又来盘踞，清圣祖调遣清军围攻雅克萨城。俄罗斯察罕汗谢罪，派遣使臣费耀多罗等前来议定边界。康熙二十八年，清圣祖诏命索额图与都统佟国纲前往尼布楚与俄罗斯议界。索额图奏报说："尼布楚、雅克萨两地理当归属我大清国。"清圣祖说："尼布楚归属我大清国，那么俄罗斯前来贸易没有栖息之处，可以额尔固纳河为界定边。"索额图等与俄罗斯议界时，俄使费耀罗果然提出以尼布楚、雅克萨为界的主张。索额图等严正斥责了他们的无理要求，仍旧宣谕清圣祖的旨意，以额尔固纳河及格尔必齐河为界议定边境，划界立碑后返回京城。

康熙二十九年，清圣祖任命裕亲王福全为大将军，攻打噶尔丹。诏命索额图统率盛京、吉林、科尔沁之兵于巴林会合，在乌兰布通战败噶尔丹。索额图因为没有穷追敌军，官秩被降四级。康熙三十五年，索额图随从清圣祖亲征噶尔丹，率领八旗前锋、察哈尔四旗及汉军绿旗兵前行开路，同时诏命他督管火器营。大将军费扬古由西路抵达图拉。清圣祖驻守克鲁伦河，噶尔丹闻讯逃跑。费扬古在昭莫多截击噶尔丹，大败其部众。康熙三十六年，清圣祖在返京途中巡幸宁夏，诏命索额图督理水驿事务，适逢噶尔丹死去。议叙战功，索额图被恢复以前所降的官秩。康熙四十年九月，索额图因为年老请求退休，诏命心裕代他为领侍卫内大臣。

索额图侍奉皇太子允礽慎重小心，皇太子渐渐失去清圣祖的宠爱。康熙四十一年，清圣祖视察黄河抵达德州，皇太子到此患病，诏命索额图由京师前来德州侍奉皇太子养病。在德州居住一月有余，皇太子病愈，返回京师。本年，心裕以虐待逼死家人的罪名削除官职。康熙四十二年五月，清圣祖诏命逮捕索额图，饬交宗人府拘留囚禁，谕旨说："你身为大学士，因为贪赃枉法，行为不端被革退，后来再次起用委官，不知羞愧悔过。你家人揭发你的不法,将你留在朝中效力三年,朕意想宽赦你。你竟然坚持作恶,不肯悔改,结党营私,肆意妄行,议论朝政国事。皇太子在德州时,你乘马到中门才下马,就凭这些罪过你已够处以死刑。你的所作所为,任举一端,无不当诛,死有余辜。朕念你原是大臣要员,心里有所不忍,姑且宽免你死罪。"又下达诏命逮捕索额图的诸子饬交心裕、法保拘留囚禁,诏谕说:"如果别生事端,将心裕、法保诛灭九族!"依附索额图结党营私的各位大臣,麻尔图、额库礼、温代、邵甘、佟宝同时被严加禁锢,阿米达因为年迈被赦免。又诏命上述各位大臣的同祖子孙有在部院任职为官的,都被削除官爵。江潢因为家中收藏有索额图的私书,被交刑部处死。仍颁谕满洲人与索额图偶有往来的,汉官有与他交结的,都被赦免不予追究。不久索额图在幽所死去。

数年之后,皇太子允礽因为患疯癫病被废立,清圣祖宣谕允礽的罪状,说:"索额图帮助允礽谋夺取皇位,朕了解他们的情况,所以将索额图处死。现在允礽想为索额图报仇,令朕戒备慎重,坐卧不宁。"同时受审被杀的有索额图的两个儿子格尔芬、阿尔吉善。有一天,清圣祖对廷臣说:"从前索额图心怀叵测,倡议皇太子的服御都用黄色,所有仪制几乎与朕相同无异。骄傲放纵,无法无天,确实从此开始索额图的确是本朝的第一大罪人!"

王鸿绪传

【题解】

王鸿绪(1645~1723年),字季友,江南娄县(今上海松江)人。他的史学活动主要是任明史馆总裁官,编撰《明史稿》。清修明史,始于顺治二年,然而真正动工修明史,则应从康熙十八年三月算起,至雍正十三年止,几近六十年。为招纳人才开博学鸿儒科,选定五十人入馆纂修,另外还有万斯同等不食朝廷俸禄的学者参与修史。此外,史馆又广泛征集稗官野史、方志、家乘等,为修史搜集了大量资料,从人力、物力上为修史准备了良好的条件。《明史稿》有本纪十九卷、志七十卷、表九卷、列传二百零八卷,共计三百一十卷。它在体例上继承了古代修史的传统,又有所创作,对此王鸿绪在《史例议》中有阐述。他把纪与传比做纲目的关系,而纲是最重要的,目则因纲而列,如增列《宦官传》等,而且《艺文志》一反以往《艺文志》记一代藏书之盛的体例,而开记有明一代著述之盛的体例。以后张廷玉修《明史》即沿用此例,仅做部分调整而已。王鸿绪作为总裁官,除定全书体例,还担负列传的撰写。康熙四十七年,他遭贬归里,将史馆列传草稿带回,六年后则完成《明史列传稿》二百零五卷,后被召来京修书,又对明史的纪、志、表诸部分加以编辑润色,足见王鸿绪在《明史稿》修撰中的重要作用。

【原文】

王鸿绪,初名度心,字季友,江南娄县人。康熙十二年一甲二名进士,授编修。十四年，主顺天乡试，充日讲起居注官，累迁翰林院侍讲。十九年，圣祖谕奖讲官勤劳，加鸿绪侍读学士衔。时湖广有朱方旦者，自号二眉山人。造《中说补》，聚徒横议，常至数千人。自诩前知，与人决休咎。巡抚董国兴劾其左道惑众，逮至京，得旨宽释。及吴三桂反，顺承郡王勒尔锦驻师荆州，方旦以占验出入军营，巡抚张朝珍亦称为异人。上密戒勒尔锦勿为所惑。方旦乃避走江、浙，会鸿绪得其所刊《中质秘书》，遂以奏进，列其诬罔君上、悖逆圣道、蛊惑人心三大罪，方旦坐诛。

二十一年，转侍读，充《明史》总裁。累擢内阁学士、户部侍郎。二十四年，典会试。二十五年，疏请回籍治本生母丧，遣官赐祭。二十六年，擢左都御史。疏劾广东巡抚李士桢贪劣，潮州知府林杭学尝从吴三桂反，乃举其清廉。士桢坐罢，杭学夺职。会灵台郎董汉臣疏陈时事，以谕教元良、慎简宰执为言。御史陶式玉劾汉臣摭拾浮官，欺世盗名，请逮治。鸿绪疏言：“钦天监灵台郎、博士等官，不择流品，星卜屠沽之徒，粗识数字，便得滥竽，请敕下考试，分别去留。”下部议行。汉臣及博士贾文然等十五人并以词理舛误黜。初，以式玉疏下九卿集议，尚书汤斌谓大臣不言，惭对汉臣。汉臣既黜，鸿绪偕左都御史丹、副都御史徐元珙合疏劾斌务名鲜实，并追论江宁巡抚去任时，巧饰文告，以博虚誉。上素重斌清廉，置弗问。

鸿绪论各省驻防官兵累民，略言：“驻防将领恃威放肆，或占夺民业，或重息放债，或强娶民妇。或谎诈逃人，株连良善；或收罗奸棍，巧生扎诈。种种为害，所在时有。如西安、荆州驻防官兵纪律太宽，牧放马匹，驱赴村庄，累民刍秣；百十成群，践食田禾，所至驿骚。其他苦累，又可类推。请严饬将军、副都统等务行约束。绿旗提、镇纵兵害民，以及虚冒兵粮者，不一而足，请饬督抚立行指参。”上命议行。

未几，以父忧归。二十八年，服阕，将赴补。左都御史郭琇劾鸿绪与高士奇招权纳贿，并及给事中何楷、编修陈元龙，皆予休致。语具《士奇传》。嘉定知县闻在上为县民评告私派事，按察使高承爵按治。在上言尝以银馈举人徐树敏，至事发退还，因坐树敏罪。巡抚郑端覆讯，在上言尝以银五百馈鸿绪，亦事发退还。端乃劾乾学纵子行诈，鸿绪竟染赃银，有玷大臣名节，乞敕部严议。上特谕曰：“朕崇尚德教，蠲涤烦苛。凡大小臣工，咸思恩礼下逮，曲全始终；即因事放归，仍令各安田里。近见诸臣彼此倾轧，伐异党同，私怨相寻，牵连报复；虽业已解职投闲，仍复吹求不已，株连逮于子弟，颠覆及于身家。朕总揽万机，已三十年，此等情态，知之甚悉。娼嫉倾轧之害，历代皆有，而明季为甚。公家之事，置若罔闻，而分树党援，飞诬排陷，迄无虚日。朕于此等背公误国之人，深切痛恨。自今以往，内外大小诸臣，宜各端心术，尽蠲私忿，共矢公忠。傥仍执迷不悟，复蹈前非，朕将穷极根株，悉坐以朋党之罪。”时鸿绪方就质，诏至，得释。

三十三年，以荐召来京修书。寻授工部尚书，充经筵讲官。四十七年，调户部。其年冬，皇太子允礽既废，诏大臣保奏储贰，鸿绪与内大臣阿灵阿、侍郎揆叙等谋，举皇子允禩，诏切责，以原品休致。

五十三年，疏言：“臣旧居馆职，举命为《明史》总裁官，与汤斌、徐乾学、叶方蔼互相参订，仅成数卷。及臣回籍多年，恩召重领史局，而前此纂辑诸臣，罕有存者。惟大学士张玉书为监修,尚书陈廷敬为总裁,各专一类:玉书任志,廷敬任本纪,臣任列传。因臣原衔食俸,比二臣得有余暇,删敏就简,正谬讹伪。如是数年,汇分成帙,而大学士熊锡履续奉监修之命,檄取传稿以进,玉书、廷敬暨臣皆未参阅,臣恐传稿尚多舛误。自蒙恩归田,欲图报称,因重理旧编,搜残补缺,复经五载,成列传二百八卷。其间是非邪正,悉据公论,不敢稍逞私臆。但年代久远,传闻异辞,未敢自信为是。谨缮写全稿齐呈御鉴,请宣付史馆,以备参考。"诏俞之。

五十四年,复召来京修书,充《省方盛典》总裁官。雍正元年,卒于京。乾隆四十三年,国史馆进《鸿绪传》,高宗命以郭琇劾疏载入,使后世知鸿绪辈罪状。

孙兴吾,进士,官吏部侍郎。

【译文】

王鸿绪,开始名叫度心,字季友,江南姜县人。康熙十二年中一等二名进士,授予编修。十八年,主管顺天乡试,担任日讲起居注官,多次调为翰林院侍讲。十九年,圣祖告谕褒奖侍讲官的辛劳,给王鸿绪加侍读学士的官衔。当时湖广有个叫朱方旦的人,自号二眉山人。杜撰《中说补》,聚徒众杂议,经常多达数千人。自吹能预知未来,能给人断善恶、吉凶。巡抚董国兴指责他用邪道蛊惑民众,将他抓到北京后得到圣旨而宽免。到吴三桂反叛,顺承郡王勒尔锦驻军荆州,朱方旦以占卜应验出入军营,巡抚张朝珍也称也是异人。圣祖秘密告诫勒尔锦不要被朱方旦所迷惑。朱方旦就逃到江、浙躲避,恰逢王鸿绪得到朱方旦刊行的《中质秘书》,于是以奏折进呈,罗列朱方旦欺君罔上,违背圣道、动摇人心三大罪状,朱方旦获罪被诛。

二十一年,转为侍读学士,担任《明史》总裁,多次提升为内阁学士、户部侍郎。二十四年,主管会试。二十五年,王鸿绪上疏请求允许回原籍为原生母料理丧事,朝廷派人赐祭礼所用物品。二十六年,提升为左都御史。王鸿绪上疏弹劾广东巡抚李士桢贪婪恶劣,潮州知州林杭学曾随从吴三桂造反,而李士桢却举林杭学为清廉。李士桢获罪被罢官,林杭学也被褫夺官职。适逢灵台郎董汉臣上疏陈述政事,以教谕太子、慎选宰相为上疏内容。御史陶式玉弹劾董汉臣拾掇没有根据的话,欺世盗名,请求将他逮捕治罪。王鸿绪上疏说:"钦天监的灵台郎、博士等官,不按流品遴选,星象、占卜、屠户、卖酒等人,只要粗知数字,便能在其中充数。请求颁敕让他们参加考试,再分别决定他们的去留。"将王鸿绪的奏议下到吏部议论施行。董汉臣和博士贾文然等十五人都因文理错误而罢免。当初,因为陶式玉的上疏下给九卿讨论,尚书汤斌说大臣不给说话,愧对董汉臣。董汉臣已被罢免,王鸿绪和左都御史丹、副都御史徐元珙共同弹劾汤斌重视空名而忽视实际,并且追究江宁巡抚卸任时,汤斌巧言雕饰文告,以此取得虚假的荣誉。圣祖一向器重汤斌的请廉,将奏疏搁置一旁不查问汤斌。

王鸿绪论述各省驻防官兵烦劳百姓,大意说:"驻防的将领恃军威放肆不法,有的强夺民产,有的放高利贷,有的强娶民女。有的假装成逃兵,株连好人;有的收罗恶棍,制造出很多欺诈事件。种种侵害百姓的事,在驻防官兵的地方时有发生。如西安、荆州驻防官兵纪律太宽,放牧马匹,把马赶到村庄,吃百姓的饲料,马匹成群结队,践踏噬食庄稼,所到之处奔走相告骚动不安。至于其他骚扰烦劳,又可类推,请求严厉整饬将军、副都统等人,对其极力约束。绿旗提督总兵、巡抚节制提镇放纵军队侵害百姓,以及冒领空额兵粮等事,不一而足,请求告诫总督、巡抚立即进行指责参劾。"圣祖命令讨论施行。

不久,因遭父丧还乡。二十八年,丧服除,将前往补官。左都御史郭琇弹劾王鸿绪和高士奇揽权收贿,并且旁及给事中何楷、编修陈元龙,一律给予年老去职的处分。详细记载见《高士奇传》。嘉定知县闻在上被嘉定县百姓告发私下摊派的事,按察使高承爵审问处治。闻在上曾把银两送给举人徐树敏,到事情败露才退还,因此徐树敏获罪。巡抚郑端再次审讯,闻在上曾说把五百两白银送给王鸿绪,也是事情被发现退还的。于是郑端弹劾徐乾学放纵儿子进行诈骗,王鸿绪竟然染指赃银,有辱大臣的名节,乞求颁诏令本部从严议论。圣祖特别告谕说:"朕崇尚德教,蠲免荡涤严刑苛法。所有大小官吏,都感到恩礼下达,委曲求全自始至终;就连因有事而免官放还的,仍然让他们各自安于乡里。最近看到众臣彼此倾轧,党同伐异,互相搜寻私怨,牵连报复,虽然已经解职赋闲,依然又穷追不舍,株连到子弟,颠覆到本家。朕总揽万机,已经三十年了,这种状况,了解得太清楚了。嫉妒倾轧的危害,历代都有,然而明代最严重。对公家的事,置若罔闻,而对各自树立党羽,匿名诬告、排挤陷害,竟没有一天没有,朕对于这种背离公家耽误国事的人,深切痛恨。自今以后,朝廷内外大小众臣,都应各自端正心术,把各人的私愤完全丢掉,共同誓为公家尽忠。倘如还执迷不悟,还继续以前的错误,朕将穷追始末,都以朋党论罪。"这时王鸿绪正接受质询,朝廷诏书颁下,他得以获释。

三十三年,受人推荐王鸿绪被召来北京修书。不久授予工部尚书之职,担任经筵讲官。四十七年,调到户部。这年冬季,皇太子允礽已被废黜,朝廷下诏让大臣保奏皇太子,王鸿绪和内大臣阿灵阿、侍郎揆叙等人谋划,举皇子允禩,朝廷下诏严词谴责,以原来官品解职。

五十三年,上疏说:"臣原居史馆之职,奉命担任《明史》总裁官,和汤斌、徐乾学、叶方蔼相互参订,仅仅完成了几卷。到臣回原籍多年,蒙皇恩召回重领史局之职,而以前纂辑《明史》的众臣,还在的不多了。只有大学士张玉书为监修,尚书陈廷敬为总裁,各人专管一类:张玉书负责志,陈廷敬负责本纪,臣负责列传。因为臣原来领受俸禄,比二臣锡有闲暇,删繁就简,订正伪谬。如此持续了数年,类分成帙,而大学士熊锡履继续奉监修之命,下文书取传稿以进呈朝廷、张玉书、陈廷敬和臣都没有检阅,臣恐怕传稿还有很多舛误。自蒙恩回归田里,想谋求报答皇上的恩德,因此重新整理旧稿,搜残补阙,又经过五年,完成列传二百零八卷。这里的是非邪正,都根据公正舆论,一点不敢显露个人的臆断。但是年代久远,传闻说法不同,不敢自以为是,只是缮写全稿,送呈皇上审察,请皇上将此事交史馆办理,以备参考。"朝廷下诏同意王鸿绪的要求。

五十四年,王鸿绪又被召到北京修书,担任《省方盛典》的总裁官。雍正元年,在北京去世。乾隆四十三年,国史馆进呈《王鸿绪传》,高宗命令把郭琇弹劾他的上疏载入,使后世了解王鸿绪的罪状。

王鸿绪的孙子王兴吾，中进士、官至吏部侍郎。

高士奇传

【题解】

高士奇（1645~1704 年），字澹人，浙江钱塘人。他长期在朝廷修书，讲过《春秋左传》，后依袁枢纪事本末体撰成《左传纪事本来》五十三卷。南宋章冲曾将编年体的《春秋左氏传》改编为纪事本末体的《春秋左氏传事类本末》。高士奇所撰《左传纪事本末》优于《春秋左氏传事类本末》，主要表现在文不仅限于《春秋左传》本身，他还参考了《公羊传》《谷梁传》《国语》《史记》以及两汉有关典籍，对原有内容加以补充考辨，使此书在内容上更为丰富、翔实。此书以列国为中心，分为周、鲁、齐、晋、宋、卫、郑、楚、吴、秦、列国等十一目，在一国内又取大标目成篇，如周有"王朝交鲁""桓王伐郑""王臣之事""王室庶孽之祸"四事四篇，全书共列五十三件大事，每事一卷。在正文的每个专题中还穿插着一些内容，附列经史诸子中有关记载者，称为"补逸"；陈列异误，称之"考异"；须加辩证者，谓之"辨说"；点明要旨者，谓之"考证"；有所阐发者，谓之"发明"。在每卷之后，还以"臣士奇曰"的形式，附一篇史论。《四库全书总目》评此书说："士奇则大事必书，而略于其细，部居州次，端绪可寻。与冲书相较，虽谓之后来居上可也。"

【原文】

高士奇，字澹人，浙江钱塘人。幼好学能文。贫，以监生就顺天乡试，充书写序班。工书法，以明诛荐，入内廷供奉，授詹事府录事。迁内阁中书，食六品俸，赐居西安门内。康熙十七年，圣祖降敕，以士奇书写密谕及纂辑讲章、诗文，供奉有年，特赐表里十匹、银五百。十九年，复谕吏部优叙，授为额外翰林院侍讲。寻补侍读，充日讲起居注官，迁右庶子。累擢詹事府少詹事。

二十六年，上谒陵，于成龙在道尽发明珠、余国柱之私。驾旋，值太皇太后丧，不入宫，以成龙言问士奇，亦尽言之。上曰："何无人劾奏？"士奇对曰："人孰不畏死。"帝曰："若辈重于四辅臣乎？欲去则去之矣，有何惧？"未几，郭琇疏上，明珠、国柱遂罢相。二十七年，山东巡抚张汧以赍银赴京行贿事发，逮治，狱辞涉士奇。会奉谕戒勿株连，于是置弗问。事详《徐乾学传》。士奇因疏言："臣等编摩纂辑，惟在直庐。宣谕奏对，悉经中使。非进讲，或数月不觐天颜，从未干涉政

高士奇

事。不独臣为然，前入直诸臣，如熊锡履、叶方蔼、张玉书、孙在丰、王士禛、朱彝尊等，近今同事诸臣，如陈廷敬、徐乾学、王鸿绪、张英、励杜讷等，莫不皆然。独是供奉日久，嫌疑日滋。张汧无端疑怨，含沙污蔑，臣将无以自明，幸赖圣明在上，诬构难施。但禁廷清秘，来兹萋斐，岂容仍玷清班？伏乞赐归田里。"上命解任，仍领修书事。二十八年，从上南巡，至杭州，幸士奇西溪山庄，御书"竹窗"榜额赐之。

未几，左都御史郭琇劾奏曰："皇上宵旰焦劳，励精图治，用人行政，未尝纤毫假手左右。乃有原任少詹事高士奇、左都御史王鸿绪等，表里为奸，植党营私，试略陈其罪。士奇出身微贱，其始徒步来京，觅馆为生。皇上因其字学颇工，不拘资格，擢补翰林。令入南书房供奉，不过使之考订文章，原未假之与闻政事。而士奇日思结纳，谄附大臣，揽事招权，以图分肥。内外大小臣工，无不知有士奇者。声名赫奕，乃至如此。是其罪之可诛者一也。久之羽翼既多，遂自立门户，结王鸿绪为死党，给事中何楷为义兄弟，翰林陈元龙为叔侄，鸿绪兄顼龄为子女姻亲，俱寄以心腹，在外招揽。凡督、抚、藩、臬、道、府、厅、县及在内大小卿员，皆鸿绪、楷等为之居停，哄骗馈至，成千累万。即不属党护者，亦有常例，名之曰'平安钱'。是士奇等之奸贪坏法，全无顾忌，其罪之可诛者二也。光棍俞子易，在京肆横有年，事发潜逃。有虎坊桥瓦房六十余间，价值八千金，馈送士奇。此外顺成门外斜街并各处房屋，令心腹出名置买，寄顿贿银至四十余万。又于本乡平湖县置田产千顷，大兴土木，杭州西溪广置园宅。以觅馆糊口之穷儒，忽为数百万之富翁。试问金从何来？无非取给于各官。官从何来？非侵国帑，即剥民膏。是士奇等真国之蠹而民之贼也，其罪之可诛者三也。皇上洞悉其罪，因各馆编纂未竣，令解任修书，矜全之恩至矣！士奇不思改过自新，仍怙恶不悛。当圣驾南巡，上谕严戒馈送，以军法治罪。惟士奇与鸿绪憨不畏死，鸿绪在淮、扬等处，招揽各官馈送万金，潜遗士奇。淮、扬如此，他处可知。是士奇等欺君灭法，背公行私，其罪之可诛者四也。王鸿绪、陈元龙鼎甲出身，俨然士林翘楚；竟不顾清议，依媚大臣，无所不至。苟图富贵，伤败名教，岂不玷朝班而羞当世之士哉？总之，高士奇、王鸿绪、陈元龙、何楷、王顼龄等，豺狼其性，蛇蝎其心，鬼蜮其形。畏势者既观望而不敢言，趋势者复拥戴而不肯言。臣若不言，有负圣恩。故不避嫌怨，请立赐罢斥，明正典刑，天下幸甚。"疏入，士奇等俱休致回籍。副都御史许三礼复疏劾解任尚书徐乾学与士奇姻亲，招摇纳贿，相为表里。部议以所劾无据，得寝。

三十三年，召来京修书。士奇既至，仍直南书房。三十六年，以养母乞归，诏允之，特授詹事府詹事。寻擢礼部侍郎，以母老未赴。四十二年，上南巡，士奇迎驾淮安，扈跸至杭州。及回銮，复从至京师，屡入对，赐予优渥。上顾侍臣曰："朕初读书，内监授以《四子》本经，作时文；得士奇，始知学问门径。初见士奇得古人诗文，一览即知其时代，心以为异，未几，朕亦能之。士奇无战阵功，而朕待之厚，以其裨朕学问者大也。"寻遣归，是年卒于家。上深惜之，命加给全葬，授其子庶吉士舆为编修。寻谥文恪。

【译文】

高士奇，字澹人，浙江钱塘人。所幼好学，善做文章。家贫，以监生资格到顺天府参加乡试，充任书写序班。擅长书法，因明珠推荐，进内廷供奉，授予詹事府录事。调任内阁中书，享受六品官俸禄，朝廷赐他在西安门内居住。康熙十七年，圣祖颁降敕命，因高士奇书写密谕以及纂辑讲章、诗文，供奉有一段时间了，特别赏赐表里十匹、银五百两。十九年，朝廷又告谕吏部优先顺其官序，授高士奇为额外翰林院侍讲。不久补为侍读学士，担任日讲起居注官，调任右庶子。累官提升为詹事府少詹事。

二十六年，圣祖谒陵，于成龙在路上把明珠、余国柱的隐私都揭发出来。圣驾回到京城正值太皇太后驾崩，圣祖不入宫，以于成龙的上言问高士奇，也把情况都说了。圣祖说："为什么没有人上奏弹劾？"高士奇回答说："人谁不怕死。"圣祖说："你们重于四大辅臣吗？想除去就除去，有什么可怕的？"不久，郭琇的上疏奏上，明珠、余国柱于是被罢相。二十七年，山东巡抚张汧因携带银两前往北京行贿的事情被揭发，捉拿法办，在供词中涉及高士奇。适逢奉圣谕告诫不要株连，于是将此事搁置不加审问。事情详见《徐乾学传》。高士奇因此上疏说："臣等研究、编纂，只在值宿之处。宣谕奏对，都经过内廷使者。不是进讲，或许几个月也不能觐见圣上，从来不曾干涉政事。不只臣这样做，以前入宫当值的诸臣，如熊赐履、叶方霭、张玉书、孙在丰、王士禛、朱彝尊等，现今与我同事的诸臣，如陈廷敬、徐乾学、王鸿绪、张英、励杜讷等，没有不这样做的。只是供奉圣上时间长了，嫌疑一天天增长。张汧无端地怀疑怨恨，含沙射影地进行污蔑，臣将难以自己表明心迹，幸亏依赖圣明在上，诬陷致罪难以得逞。但宫禁清静而幽深，到这里来的都是文采出众的人，怎么能继续玷污这些文学侍臣？臣服请恩赐回归乡里。"圣祖下令解除高士奇的职任，仍然担任修书的事。二十八年，跟从圣祖巡察南方，到达杭州，圣祖临幸高士奇的别墅西溪山庄，亲笔题"竹窗"的榜额赐给高士奇。

不久，左都御史郭琇上奏弹劾，说："皇上天未亮即起、很晚才进食，为政事焦虑操劳，励精图治，任用人，治理国事，未曾有丝毫借助于左右。却有原任少詹事高士奇、左都御史王鸿绪等人，他们表里为奸，结党营私。试略陈述他们的罪行。高士奇出身微贱，他开始徒步来到北京，寻觅教家馆的活计聊以为生。皇上因他对书法颇为擅长，不拘资格，提拔他补翰林，让他入南书房供奉，不过是让他考订文章，原来并没有给他参与政事的权利。而高士奇天天想着与人结交，谄媚依附大臣，兜揽政事自取权力，以此谋划分享利益。朝廷内外大小臣僚官吏，没有不知道高士奇的。高士奇的声望名气显赫，乃至于如此。这是可以诛伐他的罪行之一。高士奇入内廷时间长党羽已经很多，于是自立门户，又勾结王鸿绪为他的死党，给事中何楷是他的结义兄弟，翰林陈元龙和他是叔侄关系，王鸿绪的哥哥王顼龄和他是儿女姻亲，都被高士奇委以心腹，在外招揽权势。凡是总督、抚台、藩台、臬台、道台、府台、厅台、县令以及朝廷内的大小官员，都由王鸿绪、何楷等人为他们安排住宿，哄骗他们带来馈赠的财物，多达成千上万。或者不属于他们一伙保护的，也有一般的规矩，称之为平安钱。高士奇等人的贪赃枉法，全无顾忌，这是他可诛伐的罪行之二。光棍俞子易，在北京横行无忌多年，事情败露逃跑。他在虎坊桥有瓦房六十多间，价值八千两，馈送给高士奇。此外高士奇在顺成门外斜街以及各处房产，是让心腹出面置买的，这里寄留着受贿银两达四十余万。高士奇又在原籍平湖县置田产一千顷，大兴土木,在杭州西溪又广置园囿宅第,凭他这个寻家馆谋生的穷书生,忽然间变成为一个拥有数百万家私的富翁。试问钱是从哪儿来的?无非是从各官吏那里取得的。官吏的钱又从何而来?不侵吞国家的钱,就是搜刮民脂民膏。这高士奇等人是真正的亡国蠹虫民之盗贼,这是他可诛伐的罪行之三。皇上洞察了解高士奇的罪行,因为各馆编纂诸书尚未完竣,下令解除高士奇的官职只管修书,爱惜保全他的恩德太大了!但高士奇不想改过自新,仍然坚持作恶,毫不悔改。当圣驾到南方巡察,皇上告谕臣僚严禁馈送,否则以军法治罪。只有高士奇和王鸿绪实在不怕死,王鸿绪在淮、扬等处收罗各官吏馈送的钱一万两艚中送给高士奇。淮、扬如此,其他地方也可想而知。这高士奇等人欺君不法,背公行私,这是他可诛伐的罪行之四。王鸿绪、陈元龙是殿试一等出身,俨然是文士中的杰出人物,竟然不顾公正的舆论,曲意依附大臣,无所不至。这些人苟且贪图富贵,伤名声毁教化,难道不玷污朝廷而羞辱当代文士吗?总之高士奇、王鸿绪、陈之龙、何楷、王顼龄等人,有豺狼的本性,蛇蝎的心肠,鬼蜮的形骸。害怕权势的人已观望到情况但不敢说,趋向权势的人还拥戴他们而且不肯说。臣假若不说,就有负圣上的恩遇。所以不回避嫌疑怨恨,请求立刻把贬斥赐给他们,依法公开处置,这将是天下最值得庆幸的事。"上疏进呈,高士奇等人都以年老而去职回到原籍。副都御史许三礼又上疏弹劾卸任的尚书徐乾学与高士奇是姻亲,他们招摇接受贿赂,相互为表里。吏部议论因所弹劾的内容没有根据,结果搁置一旁。

三十三年,高士奇被召到北京修书。高士奇到京以后,仍然当值南书房。三十六年,因要赡养母亲请求还乡,朝廷下诏允许他还乡,特别授予詹事府詹事。不久提升为礼部侍郎,因母亲年老未前往赴任。四十二年,圣祖南巡视察,高士奇在淮安迎接圣驾,护驾到杭州。至圣祖回京,高士奇又随从到京师,多次入宫策对,赐予优厚。圣祖看着侍臣说:"朕开始读书,内监以《四子》本经教授,作应试之文;得到高士奇,开始懂得做学问的门径。起初见高士奇拿到古人诗文,一看就知道它的时代,心里感到奇怪,不久,朕也能这样做。高士奇没有战阵之功,而朕待他优厚,因他裨益我的学问,作用很大。"不久遣送高士奇回乡,这一年就在家里去世。圣祖深深地怜惜他,命令加给他全部安葬费用,授他的儿子庶吉士高舆为编修。不久赐谥号为文恪。

于成龙传

【题解】

于成龙是清初的一位名臣,由一个前明的副榜贡生循资按格官至总督,所至之处都被称为贤能,个人的操行也正直清廉,可以符合康熙帝对他的评语。《清史稿》不立"酷吏"类传,原因可能是继承宋、元、明三部官修史书的传统,同时修史的人又几乎全是清室遗老,还在向退位以后的溥仪称臣,又时眷念"我大清"的"深仁厚泽",其虚美隐恶也就是必然的事了。于成龙历任地方官，当时清朝立国未几，"监贼"蜂起正是政治和经济两方面不稳定的反映。于成龙在巩固新朝的统治中贡献出自己的才能，革除积弊，打击豪强，以至"豪猾率家远避"；另一面，他在镇压"盗贼"的活动中也毫不手软，在黄冈同知任上活埋"盗贼"，传中不记人数，但从"骈缚坑之"推测，恐怕会有一串。他的这些事迹，不论从哪一方面意义上说，都够得上"前言"中所界定的"酷吏"范围。传中还记载他向朝廷推荐一位和他同名同姓的人，而且还做了他的直接下属江宁知府，也是一件颇带巧合意味的趣事。

【原文】

于成龙，字北溟，山西永宁人。明崇祯间副榜贡生。顺治十八年，谒选，授广西罗城知县，年四十五矣。罗城居万山中，盛瘴疠，瑶、僮犷悍，初隶版籍。方兵后，遍地榛莽，县中居民仅六家，无城郭廨舍。成龙到官，召吏民拊循之，申明保甲。盗发即时捕治，请于上官，谳实即处决，民安其居。邻瑶岁来杀掠，成龙集乡兵将捣其巢，瑶惧，誓不敢犯罗山境。民益得尽力耕耘。居罗山七年，与民相爱如家人父子。牒上官请宽徭役，疏鹾引，建学宫，创设养济院，凡所当兴罢者，次第举行，县大治。总督卢兴祖等荐卓异。

于成龙

康熙六年，迁四川合州知州。四川大乱后，州中遗民裁百余，正赋仅十五两，而供役繁重。成龙请革宿弊，招民垦田，贷以牛种，期月户增至千。迁湖广黄冈同知，驻岐亭。岐亭故多盗，白昼行劫，莫敢谁何。成龙抚其渠彭百龄，贳罪，令捕盗自赎。曾察知盗所在，伪为丐者，入其巢，与杂处十余日，尽得其平时行劫状。乃出呼役械诸盗，具狱辞，骈缚坑之，他盗皆远窜。曾微行村堡，周访闾里情伪，遇盗及他疑狱，辄纵迹得之，民警服。巡抚张朝珍举卓异。

十三年，署武昌知府。吴三桂犯湖南，师方攻岳州，檄成龙造浮桥济师，甫成，山水发，桥圮，坐夺官。三桂散伪扎遍湖北州县，麻城、大冶、黄冈、黄安诸盗，皆倚山结寨应三桂。妖人黄金龙匿兴宁山中，谋内乱。刘君孚者，曾为成龙役，善捕盗，亦得三桂扎，与金龙等结大盗周铁爪，据曹家河以叛。朝珍以成龙旧治得民心，檄往招抚。成龙叹知君孚虽反，众未合，犹豫持两端。兼程趋贼砦，距十里许止宿，榜示自首者免罪，来者日千计，皆贳之。先遣乡约谕君孚，降者待以不死。乃策黑羸往，从者二，张盖鸣钲，迳入贼舍。呼君孚出见，叩头受抚，降其众数千，分立区保，籍其勇力者，督令进讨，金龙走纸棚河，与其渠邹君申往保山砦，成龙擒斩之。朝珍以闻，请复官，即擢黄州知府，上允之。

诸盗何士荣反永宁乡，陈鼎业反阳逻，刘启业反石陂，周铁爪、鲍世庸反泉畈，各有众数千,号东山贼,遥与湖口、宁州诸盗合,将趋黄州。时诸镇兵皆从师徇湖南,州中吏民裁数百,议退保麻城。成龙曰:"黄州,七郡门户,我师屯荆、岳,转运取道于此。弃此不守,荆、岳且瓦解。"誓死不去。遂集乡勇得两千人,遣贡冈知县李经政攻阳逻,得鼎业诛之。士荣率贼数犯,自牧马崖分两路来犯。成龙遣千总罗登云以千人当东路,而自当西路。令千总吴之兰攻左,武举张尚圣攻右,成龙力冲其中坚。战合,之兰中枪死,师少却;成龙策马冒矢石迳前,雇千总李茂升曰:"我死,汝归报巡抚!"茂升战甚力,尚圣自右出贼后,贼大败,生致士荣,槛送朝珍,遂进克泉畈。凡二十四日,东山贼悉平。十五年,岁馑,论言复起。成龙修治赤壁亭榭,日与僚吏啸咏其中,民心大定。会丁继母忧,总督蔡毓荣奏请夺情视事。十六年,增设江防道,驻黄州,即以命成龙。

十七年,迁福建按察使。时郑成功迭犯泉、漳诸郡,民以通海获罪,株连数千人。狱成,当骈戮。成龙白康亲王杰书,言所连引多平民,宜省释。王素重成龙,悉从其请。遇疑狱,辄令讯鞫。叛决明允,狱无淹滞。军中多掠良民子女没为奴婢,成龙集资赎归之。巡抚吴荐廉祚疏兴能第一,迁布政使。师驻福建,月征莝夫数万,累民,成龙白王罢之。

十九年,擢直隶巡抚。莅任,戒州县私加火耗馈遗上官。令既行,道府劾州县,州县即讦道府不得馈遗挟嫌。疏请严定处分,下部议行。宣化所蜀东西二城与怀安、蔚州二卫旧有水冲沙压地千八百顷,前政金世德请除粮,未行,为民累;成龙复疏请,从之。又以其地夏秋屡被灾,请治赈。别疏劾青县知县赵履谦贪墨,论如律。二十年,入觐,召封,上褒为"清官第一",因问剿抚黄州土贼状,成龙对:"臣惟宣布上威德,未有他能。"问:"蜀吏中亦有清廉否?"成龙以知县谢锡衮,同知何如玉、罗京对。复谕劾赵履谦甚当,成龙奏:"履谦过而不改,臣不得已劾之。"上曰:"为政当知大体,小聪小察不足尚。人贵始终一节,尔其勉旃!"旋赐帑金千、亲乘良马一,制诗褒宠,并命户部遣官助成龙赈济宣化等处饥民。成龙复疏请缓真定府蜀五县房租,并全蠲霸州本年钱粮,均报可。是年冬,乞假丧母,优诏许之。

未几,迁江南江西总督。成龙先后疏荐直隶守道董秉忠、阜城知县王燮、南路通判陈天栋。濒行,复荐通州知州于成龙等。会江宁知府缺,命即以通州知州于成龙擢补。成龙至江南,进蜀吏诰诫之。革加派,剔积弊,治事曾至达旦。好微行,察知民间疾苦,蜀吏贤不肖。自奉简陋,日唯以粗粝蔬食自给。江南俗侈丽,相率易布衣、士大夫家为减舆从、毁丹垩,婚嫁不用音乐,豪猾率家远避。居数月,政化大行。势家惧其不利,构蜚语。明珠秉政,尤兴忤。二十二年,副都御史马世济督造漕船还京,劾成龙年衰,为中军副将田万候所欺蔽。命成龙回奏,成龙引咎乞严遣。诏留任,万候降调。二十三年,江苏巡抚余国柱入为左都御史,安徽巡抚涂国相迁湖广总督,命成龙兼摄两巡抚事。未几,卒于官。

成龙历官未曾携家蜀,卒时,将军、都统及僚吏入视,惟笥中绨袍一袭、头盐豉数器而已。民罢市聚哭,家绘像祀之。赐祭葬,谥清端。内阁学士锡住勘海疆还,上询成龙在官状,锡住奏甚清廉,但因轻信,或为蜀员欺罔。上曰:"于成龙督江南,或言其变更素行,及卒后,始知其始终廉洁,为百姓所称。殆因素性耿直,不肖挟仇馋害,造为此言耳。居官如成龙，能有几耶？是年冬，上南巡至江宁，谕知府于成龙曰："尔务效前总督于成龙正直洁清，乃为不负"。又谕大学士等曰："朕博采舆评，咸称于成龙实天下廉吏第一。"加赠太子太保，荫一子入监，复制诗褒之。雍正中，祀贤良祠。

【译文】

于成龙，字北溟，山西永宁人。明崇祯年间的副榜贡生。顺治十八年，在吏部候选，被任命为广西罗城知县，年龄已经四十五岁了。罗城地处万山丛中，瘴气传染病非常严重，瑶人、僮人都粗暴凶悍，被编入户籍不久。这时正值战乱之后，遍地荒芜，县里的居民仅仅有六家，没有城墙官署。于成龙到任以后，召集官吏百姓加以抚慰，发布编定保甲的命令。发生劫盗立即派人追捕治理，向上级请示，审讯确实就加以处决，百姓因此得以安居。邻县的瑶人每年前来抢劫杀人，于成龙聚集地方武装准备直捣他们的老巢，瑶人害怕，发誓不敢再犯罗山县境，百姓因此能致力于耕种。在罗山县七年，和百姓互相爱护如同家人父子一样。呈文给上级请求放宽徭役，整理商人贩盐的凭证，建立学官，创设养老院，凡是所应当设置或者罢免的，按次序前后举办实行，全县大治。总督卢兴祖等在官吏考核中保举于成龙政绩卓异。

康熙六年，迁官四川合州知州。四川经过明末大乱以后，合州剩下的百姓才一百多人，每年收入规定的赋税仅仅十五两银子，但各种财力人力的支付却相当繁重。于成龙请求革除积弊，招抚百姓开垦田地，借给他们耕牛和种子，一月之间，户口增加到一千。迁官湖广黄冈同知，驻在岐亭。岐亭本来就多盗贼，白天出来抢劫，没有谁敢把他们怎么样。于成龙招抚他们的首领彭百龄，赦免他的罪过，命令他抓捕盗贼将功赎罪。于成龙曾经侦察到盗贼所在的地方，就假装成乞丐，混入他们的巢穴里，和他们一起处了十多天，全部了解到了他们平时外出劫掠的情况。于是就出来招呼衙役逮捕了这些盗贼，一一判处，把他们捆在一起活埋了，其他没有被捕的盗贼都远远逃窜。于成龙曾经装成普通百姓，对民间的各种隐情遍加查访，遇上有盗贼的其他可疑的案件，就根据所了解的线索抓到案犯，百姓为之惊服。巡抚张朝珍在官吏考核中保举于成龙政绩卓异。

康熙十三年，代理武昌知府。吴三桂造反进犯湖南，官军正在和岳州的叛军作战，有公文命令于成龙造浮桥渡过官军。桥刚造成，山洪暴发，浮桥被冲断，于成龙因此而被免官。吴三桂在湖北各州县到处发布叛军的檄文，麻城、大冶、黄冈、黄安各地的盗贼，都靠山安扎营寨响应吴三桂。有一个会巫术的黄金龙藏在兴宁山里，阴谋策动内乱。刘君孚，曾经充当过于成龙的衙役，善于抓捕盗贼，他也得到了吴三桂的檄文，和黄金龙等人勾结大盗周铁爪，据有曹家河而反叛。张朝珍因为于成龙过去能得民心，就下公文命令他前去招抚。于成龙派人侦察到刘君孚虽然反叛，但部下还没有聚集，所以还在犹豫不定。于成龙日夜兼程赶往叛贼的营地，距离那里十多里地停止前进住下，公开张榜宣布只要求自首的就可以免罪，前来自首的每天数以千计，于成龙都加以宽免。他先派遣当地的乡约劝谕刘君孚，投降的人可以饶恕死罪。随后他就骑了一匹黑骡子亲自前去，只有两名随从，打着伞敲着锣，一直进入盗贼的屋子里。于成龙叫刘君孚出来相见，刘君孚叩头接受招抚，降服了他几千名部下，划分地区收编，把其中勇敢的登记入册，督率他们进攻叛军。黄金龙逃到纸棚河，和他的首领邹君申前往守护山寨，于成龙把他们擒住杀了。张朝珍把这一情况上奏，请求恢复于成龙的官职，立即升为黄州知府，康熙同意了。

各路盗贼何士荣在永宁乡造反，陈鼎业在阳逻造反，周铁爪、鲍世庸在泉畈造反，各有部下几千人，被人称为"东山贼"，和湖口、宁州各路盗贼遥相会合，将要赶赴黄州。当时各镇的部队都随同大军夺取湖南，黄州城里的官吏百姓才几百人，大家议论要退保麻城。于成龙说："黄州是七郡的门户，我军屯驻荆州、岳阳，粮虽转运都要经过这里。如果放弃这里不守，荆州、岳阳就会瓦解。"誓死不肯离开。于是就招募当地武装两千人，派遣黄冈知县李经政进攻阳逻，抓住了陈鼎业加以诛杀。何士荣率领贼军几次来进犯，从牧马崖分兵两路向黄州攻击。于成龙派遣千总罗登云带领一千人抵挡东路，自己领兵抵挡西路。命令千总吴之兰攻击左边，武举人张尚圣攻击右边，于成龙尽力冲击敌人的中间主力部队。战斗打起来，吴之兰中枪身死，官军稍稍退却，于成龙策马亲冒飞箭流石冲锋向前，回头对千总李茂升说："我如果战死，你回去报告巡抚。"李茂升奋力作战，张尚圣从右边绕道到贼军后面，贼军大败，生擒何士荣，装在囚车里押送到巡抚张朝珍那里，于是前进收复泉畈。前后共二十四天，东山贼全部平定。康熙十五年，农业歉收发生灾荒，谣言又起。于成龙修复赤壁的亭子和水榭，每天和下属官吏在那里吟诗游览，民心因此大为安定。正在这时候他的继母死去应当离任守孝，总督蔡毓荣上奏请求让他夺情照常视事。康熙十六年，增设江防道一职，以黄州为驻地，就任命于成龙为道员。

康熙十七年，迁官为福建按察使。当时郑成功屡次进犯泉州、漳州各郡，百姓以私通郑成功犯罪，株连了几千人。案件审讯完毕，判处统统斩首。于成龙给康亲王杰书上书，认为所株连的大多是平民百姓，应当甄别释放。康亲王素来重视于成龙，就全部同意了他的请求。遇上有疑问的案件，康亲王就让于成龙审讯，判决明白公正，案件没有长久积压的。军队里有不少良民的子女被抢去当奴婢的，于成龙募集银钱把他们赎出来。巡抚吴兴祚向朝廷上疏荐举于成龙清廉能干为全省第一，因此升授布政使。朝廷大军驻扎在福建，每月征用供应草料的人力就达到几百名，困扰百姓，于成龙启禀康亲王，停止征发。

康熙十九年，迁升直隶巡抚。到任，就下令禁止州、县官私自增加税银的"火耗"以赠送上级官员。命令被执行，道员、知府揭发州、县官，州、县官就攻击道员、知府由于得不到赠送而出于私怨报复。于成龙上疏奏请严格订出处理办法，诏令发交部里讨论执行。宣化所管辖的东西两城和怀安、蔚州两卫以前有洪水冲上泥沙覆盖的田地一千八百顷，前任金世德请求免除田赋，没有得到批准，成为百姓的负担，于成龙又上疏奏请，得到批准。又因为这地方夏天秋天屡次遭灾。请求加以赈济。又另外上疏参揭青县知县赵履谦贪污，按律惩治。康熙二十年，进京朝觐、召见询问政事，康熙表扬于成龙为"清官第一"，接着问起剿办和招抚黄州当地贼寇的情况，于成龙回答说："臣只是宣扬皇上的威严和恩德，没有其他能耐。"康熙问："下属的官吏中也有清廉的没有？"于成龙回答说有知县谢锡衮、同知何如玉、罗京。康熙又说参揭赵履谦很恰当，于成龙上奏说："赵履谦有了过错不肯改正，臣不得已才参揭他的。"康熙说："办理政事应当懂得大体，小处明白不足以提倡。《论语》中说人贵在有始有终这一段话,你要以此自勉!"随着就赏赐国库银一千两、自己乘坐的好马一匹,并且写诗表示称赞宠信,还命令户部派官员帮助于成龙赈济宣化等地的灾民。于成龙又上疏奏请缓征真定府所属五县的房租,并请全部豁免霸州本年度的钱粮,都得到批准。这一年冬天,请假为母亲办丧事,下诏表扬批准。

没有多久,迁升江南江西总督。于成龙前后上疏保荐直录守道董秉忠、阜城知县王燮、南路通判陈天栋。临行以前,又保荐通州知州和他同姓名的于成龙。正好江宁知府出缺,朝廷命令就让通州知州的于成龙升补。总督于成龙到了江南,召见下属官吏告诫勉励。革除规定税额以外的增加摊派,剔除历年以来的弊病,办理公务曾经通宵达旦。喜好穿上平常百姓的衣服私访,考察了解民间疾苦、下属官吏的贤能或者不肖。生活上很简陋,每天只粗粮蔬菜。江南的风俗奢侈靡丽,官员百姓看到于成龙的生活朴素,就一个接一个改穿布衣,士大夫家里为此而减少仆人、刮掉油漆粉刷、婚嫁不用音乐,豪强之家迁居远避。经过几个月,政令风化普遍推行。权势之家担心不利于自己,就编造出一些流言蜚语。大学士明珠在朝廷当政,尤其与于成龙不和睦。康熙二十二年,副都御史督造运送漕米的船只回京师,参揭于成龙年老体衰,被中军副将田万候所欺骗蒙蔽。康熙命令于成龙自己回答上奏,于成龙自己承认过错请求严加处罚。诏命于成龙留任,田万候降职调用。康熙二十三年,江苏巡抚余国柱调进京师担任左都御史,安徽巡抚涂国相迁升湖广总督,朝廷命令于成龙兼管两省巡抚的职务。没有多久,于成龙在总督任上去世。

于成龙在外做官没有携带过家属,去世的时候,将军、都统和下属官吏进去检点遗物,只在箱子里有绸袍子一件,床头上有几罐子饮食调料而已。百姓为他的去世罢市聚在一起号哭,家家画了他的遗像祭祀。康熙御赐祭奠安葬,谥号为清端。内阁学士锡住勘察治海边疆回京,康熙向他询问于成龙为官的情况,锡住回奏说他为官非常清正廉明,仅仅因为轻信别人,有时就被下属官员所欺骗。康熙说:"于成龙在江南做总督,有人说他改变了过去的行为,等到他死后,才知道他始终廉洁,为百姓所称道。大约是因为生性耿直,那些不肖之徒带着私仇陷害他,编造出这些话而已。做官像于成龙,能有几个人呢?"这一年冬天,康熙南巡到达江宁,对知府于成龙说:"你务必要效法前任总督于成龙的正直清廉,这才对得起你这个姓名。"又面谕大学士等人说:"朕广泛地采纳听取舆论,都说于成龙实在是天下廉吏中的第一人。"康熙加赠太子太保,赏给他一个儿子入国子监读书,又亲自写诗表扬他。雍正年间,入祀贤良祠。

彭鹏传

【题解】

彭鹏,就是评书、小说《彭公案》中的那位彭公。他和下一篇传记中的施世纶即《施公案》中的施公，在清末至新中国成立前，几乎成了北方市民中家喻户晓的人物。彭鹏执法严明，不畏强暴，在当谏官即工科给事中的一段时期里，毫不留情地揭露官场黑暗，传记里叙述了他对别人的参劾都以"不实""涉虚"而被搁置，这样的记载，可以看作清史馆的作者在使用"《春秋》笔法"，即暗示由于官官相护而使案子没有办法如实处理。至于奏劾李光地守丧期限的事，今天看来似乎小题大做，在当时都是关系到原则性的大事。彭鹏是一个很有个性的人，不大懂得做官的诀窍，幸而有康熙帝这样一位君主，以政治家的手腕调和矛盾，对他加以保护，才使他能维持这一锋利的形象，因而在民间流传，被评书、小说采用作为素材。

【原文】

彭鹏，字奋斯，福建莆田人。幼慧，有与其父仇，欲杀鹏，走匿得免。顺治十七年，举乡试。耿精忠叛，迫就伪职，鹏阳狂示疾，椎齿出血，坚拒不从。事平，谒选，康熙二十三年，授三河知县。三河当冲要，旗、民杂居，号难治。鹏拊循惩劝，不畏强御。有妄称御前放鹰者，至县索饩牵，鹏察其诈，执而鞭之。治狱，摘发如神。邻县有疑狱，檄鹏往鞫，辄白其冤。二十七年，圣祖巡畿甸，召问鹏居官及拒精忠伪命状，赐帑金三百，谕曰："知尔清正不受民钱，以此养尔廉，胜民间数万多矣！"寻顺天府尹许三礼劾鹏匿报控案，命巡抚于成龙察之。成龙奏："鹏讯无左验，方缉凶，非不报也。"吏议夺官，诏镌级留任。嗣以缉盗不获，累被议，积至降十三级，俱从宽留任。

二十九年，诏举廉能吏。用尚书李天馥荐，鹏与邵嗣尧、陆陇其、赵苍璧并行取擢为科道。寻乞假归，明年，即家起工科给事中。三十二年，陕西西安、凤翔，山西平阳灾，发帑赈之，又命运河南米十万石畀陕西散饥民。鹏疏论陕西、山西、河南三省有司不恤民状，语甚切，下所司，并令鹏指实以闻。鹏因奏泾阳知县刘桂克扣籽粒，猗氏知县李澍杖杀灾民，磁州知州陈成郊滥派运价，夏邑知县尚崇震派银包运，南阳知府朱玲暧昧分肥，并及闻喜、夏县匿灾不报状。诏三省巡抚察审，事不皆实，鹏例当谴，上贳之。

三十三年，疏劾顺天乡试中式举人李仙湄闱墨删改过多，杨文铎文谬妄，给事中马士芳磨勘通贿。下九卿等察议，以鹏奏涉虚，因摘疏语有"臣言如妄，请劈臣头，半悬国门，半悬顺天府学"，以为狂妄不敬，应夺官。命鹏回奏，鹏疏言："会议诸臣，徇试官徐倬、彭殿元欺饰，反以臣为妄，乞赐罪斥。"上不问，而予倬、殿元休致。

是年，顺天学政、侍郎李光地遭母丧，上命在任守制，光地乞假九月。鹏劾光地贪恋禄位，不请终制，应将光地解任，留京守制，上从之。会廷臣集议，鹏追论杨文铎文谬妄，与廷臣忿争，事闻，命解职，以原品效力江南河工。三十六年，召授刑科给事中。三十七年，出为贵州按察使。

三十八年，擢广西巡抚。湖广总督郭琇请除学政积弊，给事中慕琛、满晋、御史郑惟孜等亦疏列顺天乡试事。上以李光地、张鹏翮、郭琇与鹏俱清廉，命各抒所见。鹏疏言："琇请严督抚处分，学政贪贼，提问督抚，需索陋规，视贪贼治罪，久有定例，请教榜示律条。维孜请令各省监生回籍乡试，九卿虑成均空虚，应责成祭酒司业，就坐监读书者讲习考课,各省学政择诸生有文行者送入成均,何虑空虚? 琛、晋请察封坐号以防换卷,臣谓换卷多在入门暗约出号交卷时,请严稽于此。"又言:"文官子弟请皇上亲试,臣谓当另立考场,去取听睿裁。"与光地等疏皆下九卿详议。互详光地等传。时河南巡抚徐潮之任,上谕曰:"尔能如李光地、张鹏翮、郭琇、彭鹏,不但为今之名臣,亦足重于后世矣。"鹏在官省刑布德,减税轻徭。广西旧供鱼胶、铁叶,非其土物,赴广东采运,鹏疏请免之。

寻移抚广东,濒行,疏言:"广西州县借端私派,名曰均平。臣到任,劾罢贺县、荔浦、怀集、武缘诸贪吏。前此诸州县大者派至三千两,其次一二千两。不肖官吏,往往先征均平而后正课,甚者均平入己,遇事复行苛派。其不派均平者,又取盈于火耗。且均平所入,费于公者十之二三,费于馈遗者十之六七。欲去旧弊、苏民困,必先养州县之廉,请于征粮之内,明加火耗一分。其余陋规,概行禁止。"疏入,下部议,谓火耗不可行,但严禁加派。广西旧未设武科,鹏奏请行之。时与萧水藻互调,上勉永藻效鹏,又谕大学士曰:"彭鹏人才壮健,前知三河,闻有贼,即佩刀乘马驰捕,朕所知也。"御史王度昭劾鹏在广西知布政使教化新亏帑,不即纠举,迨离任始奏闻,又掩护其半。广西粮道张天觉改征兵米浮销九十余万,部勒追完,而鹏反以天觉署布政使。兵米之案,必由藩司审详,是直以天觉察天觉也。命鹏回奏,鹏疏辩,并讦度昭。上以其辞忿激,降旨严饬。

广东因借兵饷,改额赋征银为征米,较估报时值浮多,户部屡饬追完。鹏至官,是年岁稔米价低,以米计银少七万三千有奇,疏请令经管各官扣追存库,并议嗣后额赋仍依原则征银,采购兵米;其按年应追完之银,实因丰歉不同,米价无定,乞免重追:诏允行。鹏视事勤敏,遇墨吏纠劾无少徇。岁旱,步祷日中,诣狱虑囚,开仓平粜,旋得雨,民大称颂。四十三年,卒官,年六十八。上深悼惜,称其勤劳,赐祭葬。寻祀广东名宦。

【译文】

彭鹏,字奋斯,福建莆田人。从小聪慧,有人和他的父亲有仇,要杀死彭鹏,彭鹏逃避躲藏才得以免祸。顺治十七年,考中举人。耿精忠造反,逼迫彭鹏接受任职,彭鹏假装有疯病,敲打牙齿敲得流血,坚决拒不接受。耿精忠之乱被平定以后,进京候选,康熙二十三年,被任命为三河知县。三河县地当要冲,旗人、汉人杂居,素来号称难治。彭鹏安抚百姓,惩办坏人,奖励好人,不怕强横。有一个自称是皇帝身边放鹰的人,到县里勒索活牲口,彭鹏察觉有诈,把他捆绑鞭打。审判案件,对案卷的了解分析如同神仙。邻近的县中有疑不能决定案件,上级派彭鹏去审讯,每每可以昭雪冤情。康熙二十七年,康熙帝巡视京师郊区,召见彭鹏询问做官和拒绝耿精忠伪命的情况,赐给他国库银三百两,对他说:"知道你清正不受百姓的钱财,把这点银子给你让你保持清廉,它要远远胜过百姓的几万两钱财了!"不久顺天府尹许三礼参揭彭鹏对民间控告的案件隐匿不做处理,诏命巡抚于成龙加以查察。于成龙上奏说:"彭鹏经过审讯没有证据,正在缉拿凶犯,不是不处理。"部里拟议把他罢官,康熙下诏把他降级留任。接着由于缉拿盗贼没有抓到,屡次被议处,前后积累降到十三级,都被从宽处理仍然留任。

康熙二十九年,下诏命令推荐清廉贤能的官员。根据尚书李天馥的推荐,彭鹏和邵嗣尧、陆陇其、赵苍璧等召入京师考虑录取为科道。不久请假回家，第二年，从家里召入京师为工科给事中。康熙三十二年，陕西西安、凤翔、山西平台发生灾荒，朝廷发出国库银两赈济，又命令运送河南的大米十万石到陕西散发给饥民。彭鹏上疏批评陕西、山东、河南三省有关官员不救济百姓的情状，言语非常痛切，诏命发交主管部门处理，并命令彭鹏提出具体的人和事上奏。彭鹏因此奏称泾阳知县刘桂克扣粮食种子，猗氏知县李树杖杀灾民，磁州知州陈成郊滥派运输价格，夏邑知县尚崇震摊派银两包运，南阳知府朱玲瑷昧分肥，并且提到闻喜、夏县隐匿灾情不如实上报。诏命陕西、山西、河南三省的巡抚查察审核，结果都与事实不合，按例应当惩罚彭鹏，康熙宽免了他。

康熙三十三年，上疏揭发顺天乡试录取的举人李仙湄的试卷删改过多，杨名铎的文章荒谬狂妄，给事中马士芳在审查已录取的试卷时接受贿赂。诏命发交九卿等高级官员审议，认为彭鹏所奏不合事实，并摘录他奏疏中有"臣的话如果虚妄不实，请把臣的脑袋一劈两半，一半挂在城门上，一半挂在顺天府学门口"这些话，认为这是狂妄不敬，应该罢官革职。诏命彭鹏自己回答奏报，彭鹏的奏疏中说："参加商讨的各位大臣，祖护试官徐倬、彭殿元的欺骗掩饰，反而认为臣狂妄，请求赐予斥责。"康熙不加追问，而让徐倬、彭殿元退休养老。

这一年，顺天学政、侍郎李光地遇上母亲的丧事，康熙命令他照常任职守丧，李光第请假九个月。彭鹏奏揭李光地贪恋禄位，不请求服满三年之丧，应当把他解除职务，留在京师守丧。康熙同意了。正好朝廷大臣集会议事，彭鹏又重新提起杨文铎的文章荒谬狂妄，和朝廷大臣愤怒争论，事情被康熙知道，下令把彭鹏免职，以原来的品级到江南治河工程上效力。康熙三十六年，召入京师任命为刑科给事中。三十七年，出京任贵州按察使。

康熙三十八年，升迁为广西巡抚。湖广总督郭琇请求清除科举考虑中多年的弊病，给事中幕琛、满晋，御史郑惟孜等也上疏列举顺天乡试中的事情。康熙因为李光地、张鹏翮、郭琇和彭鹏都很清廉，命令他们各人发表自己的看法。彭鹏上疏说："郭琇请求严肃对总督巡抚的处分，学政官员如果贪赃，要同时询问总督巡抚，勒索陋规，与贪赃同等治罪，这已经早有规定的条例，请圣上下令张榜公布律条。郑维孜请求让各省的监生回原籍应考，九卿担心这样做使国子监中的学生都会走空，这应该责成国子祭酒、司业，在现有在国子监中读书的学生讲习考试，各省学政选择生员中有文才品行的人送进国子监，哪里用得着担心学生走空？幕琛、满晋请求查察封闭座号以防止调换试卷，臣认为调换试卷大多在进门时偷偷约定出号交卷的时候，请在这时严加稽查。"又说："文官的子弟请求皇上亲自考试，臣以为应当另外设立考场，录取与否听候圣上裁决。"诏命把彭鹏的奏疏和李光地等人的奏疏发交九卿详细讨论。在李光地等人的传记中另有详细记载。当时河南巡抚徐潮赴任，康熙对他说："你如果能像李光地、张鹏翮、郭琇、彭鹏那样，就不仅仅是当今的名臣，也足以为后世所尊重了。"彭鹏在任减省刑罚广布恩德，减轻赋秘徭役。广西过去要供奉鱼胶、铁叶，这些都不是当地土产，而要到广东去采购运来，彭鹏上疏奏请免除。

不久调任广东巡抚,临行之前,上疏奏称:"广西州县借故私派超出正税以外的附加税,称之为'均平'。臣到任之后,参揭罢免了贺县、荔浦、怀集、武县的各个贪官污吏。在此以前各州县中大的私派到三千两,其次是一二千两。好些不肖的官吏,往往先征收'均平'然后才征收正税,严重的还把'均平'饱入私囊,遇上事情再加摊派。有的州县不摊派'均平'的,又从火耗中取得。而且征收'均平'所得到的,用之于公的只有十分之二三,用之于赠送的倒有十分之六七。要清除历来的弊病,解除百姓的困苦,必须先使州县官吏保持廉洁。请求在应征粮食的数额之内,明令加火耗一成。其余的陋规,一概禁止。"奏疏到达康熙那里,发交部里讨论。部里认为明令增加火耗不能实行,只需要严禁增加私派。广西原来不设武科举,彭鹏奏请设立。当时他和萧永藻对调,康熙勉励萧永藻要效法彭鹏,又告诉大学士说:"彭鹏体格壮健,以前当三河知县,听到有盗贼,就带上刀骑上马飞驰前去逮捕,这是朕所知道的。"御史王度昭奏揭彭鹏在广西明知布政使教化新亏空公款,但并不立即揭发举报,等离任时才上奏朝廷,还为教化新隐瞒了一半数目。广西粮道张天觉改任兵米虚报九十多万,部里勒令他追缴,而彭鹏反而让张天觉代理布政使。兵米这一案件,一定由布政使审查上报,这就简直是用张天觉本人来查察张天觉。诏命彭鹏回答上奏,彭鹏上疏辩解,并且攻击王昭度。康熙因为他言辞语气忿激,降旨严加告诫。

广东因为向百姓预借兵饷,把规定的赋税征收银子作为征收米,所征收的比起估计上报时的要多,户部屡屡下令让省里上缴。彭鹏到了广东,这一年丰收,米价低于往年,把米折算银两要亏少七万三千两多一点,他上疏奏请让经手办理的各官员扣除库存补上,并且建议以后的赋税数额仍旧按照原来的办法征收银两,采购军用粮食;历年拖欠没有上缴的银两,米价没有一定,请求免予追缴。下诏准许。彭鹏办理公事勤劳敏捷,遇上贪污的官吏就检发揭举没有一点曲徇私情。天旱,在烈日之下前去祈祷,到监狱中复核囚徒的罪状是否冤枉,打开粮仓平卖,随即上天降雨,百姓大为称颂。康熙四十三年,在任上去世,年六十六岁。康熙帝深为悼惜,表扬他的勤劳,御赐祭奠安葬。不久入祀广东名宦祠。

施世纶传

【题解】

和彭鹏相比,施世纶的名声更大,原因是京剧舞台上出现了以黄天霸为首的众多英雄好汉帮助施世纶办事。对这种流传很广的现象作正确的评价是文艺界的事,从历史的角度来看,他应该还是一位不错的官员。顺天府尹管理京师的民事,从古以来就是不好充当的角色,施世纶的一些措施,尽管近于琐碎,但总多少起过一些作用。杀托合齐的气焰这件事,在清人笔记中也曾经提到,这和参劾鄂海一样,都可以表现他不畏权贵、执法严厉的一面。本传中说他"摧抑豪猾，禁戢胥吏"，无论对上对下甚至对亲生儿子，都采取同样的态度，在过去，恐怕也只有在盛世如康熙时代才有可能做到，否则，一层又一层的阻力，哪怕施世纶个性再强，执法再严，其结果也是不难想见的。

【原文】

施世纶，字文贤，汉军镶黄旗人，琅仲子。康熙二十四年，以庇生授江南泰州知州。世纶廉惠勤民，州大治。二十七年，淮安被水，上遣使督隄工，从者数十辈，驿骚扰民，世纶白其不法者治之。湖北兵变，官兵赴援出州境，世纶具刍粮，而使吏人执梃列而待，兵有扰民，立捕治，兵皆敛手去。二十八年，以承修京口沙船迟误，部议降调。总督傅腊塔疏陈世纶清廉公直，上允留任。擢扬州知府。扬州民好游荡，世纶力禁之，俗为变。三十年八月，海潮骤涨，泰州范公隄圮，世纶请捐修。三十二年，移江宁知府。三十五年，琅卒，总督范成勋疏以世纶与情爱戴，请在任守制；御史胡德迈疏论，世纶乃得去官，复居母丧。岁余，授苏州知府，仍请终制，辞不赴。三十八年，既终制，授江南淮徐道。

四十年，湖南按察使员缺，九卿举世纶，大学士伊桑阿入奏，圣祖谕曰："朕深知世纶廉，但遇事偏执。民与诸生讼，彼必祖民；诸生与缙绅讼，彼必祖诸生。处事惟求得中，岂可偏执？如世纶者，委以钱谷之事，则相宜耳。"是岁授湖南布政使。湖南田赋丁银有徭费，漕米有京费。世纶至，尽革徭费，减京费四之一，民立石颂之。四十三年，移安徽布政使。

四十四年，迁太仆寺卿。四十五年，坐湖南任内失察营兵掠当铺，罢职。三月，授顺天府府尹，疏请禁司坊擅理词讼、奸徒包揽捐纳、牙行霸占货物、流娼歌舞饮宴，饬部议，定为令。四十八年，授左副都御史，兼管府尹事。四十九年，迁户部侍郎，督理钱法。寻调总督仓场。五十四年，授云南巡抚，未行，调漕运总督。世纶察运漕积弊，革羡金，劾贪弁，除蠹役，以严明为治。岁督漕船，应限全完，无稍愆误。

时西陲用兵，转输馈运，自河南达陕西。陕西旱饥，五十九年，上命世纶诣陕西佐总督鄂海督军饷，并令道中勘河府至西安黄河转运路径，并察陕西现存谷石数目陈奏。世纶乃沂河西上，疏言："河南府孟津县至陕西太阳渡，大小数十余滩，牵道高低不等，或在河南，或在河北。渑池以下，舟下水可载粮三百余石，上水载及其半；渑池以上，河流高迅，仅可数十石。自砥柱至神门无牵道，惟路旁石往往有方眼，又有石鼻，从前辇运，其迹犹存。自陕州至西安府，河水平稳，俱有辇运路径。谨绘图以闻。"又言："河南府至陕州三门，今乃无舟。请自太阳渡以下改车运，太阳渡至西安府党家马头舟行为便。党家马头入仓复改车运，谷二十万石都银十万三千两有奇。但运谷二十万，止得米十万。请令河南以二谷易一米，则运价可省其半。若虑米难久贮，请照例出陈易新。"奏入，上念陕西灾，发币金五十万，并令酌发常平仓谷；又以地方官吏大半在军前，令选部院司官诣陕西，命世纶总其事。世纶令分十二路察贫民，按口分给，远近皆遍。六十年春，得雨，灾渐澹。上命世纶还理漕事。六十一年四月，以病乞休，温旨慰留，令其子廷祥驰驿省视。五月，卒。遗疏请随父琅葬福建，上允之，诏奖其清慎勤劳，予祭葬。

世纶当官总强果决，摧抑豪猾，禁戢胥吏。所至有惠政，民号曰"青天"。在江宁以忧归，民乞留者逾万。既不得请，人出一钱建两亭府署前，号一文亭。官府尹，步军统领托合齐方贵幸，出必拥骑从。世纶与相值，拱立道旁俟。托合齐下舆惊问，世纶抗声曰："国制，诸王始具骑从。吾以为诸王至，拱立以俟，不意为汝也！"将疏劾，托合齐谢之乃已。赈陕西，陕西积储多虚耗，将疏劾。鄂海以廷祥知会宁，语微及之，世纶曰："吾自入宫，身且不愿，何有于子？"卒疏言之。鄂海坐罢去。

【译文】

施世纶，字文贤，汉军镶黄旗人，施琅的第二个儿子。康熙二十四年，由庇生被任命为江南泰州知州。施世纶清廉而勤于民事，治理州中很有成绩。康熙二十七年，淮安遭受水灾，康熙命令施世纶监督河堤工程，随从的几十个人，互相串通骚扰百姓，施世纶向上级禀告惩办了其中的不法分子。湖北发生兵变，官兵前去援救路过泰州州境，施世纶准备好粮草，而让下级官吏手拿棒子排列等候，兵士中有骚扰百姓的，立即逮捕惩处，其他兵士就都缩手离开了。康熙二十八年，由于承修京口的沙船延误日期，部里拟议降级调任。总督傅腊塔上疏陈奏旋世纶清廉公正，康熙批准他留任。迁升扬州知府。扬州的百姓喜好游荡，施世纶大力加以禁止，地方上的风俗为之一变。康熙三十年八月，海潮一下子猛涨，泰州的范公堤被冲塌，施世纶请求募捐集资修复。康熙三十二年，迁为江宁知府。三十五年，施琅去世，总督范成勋上疏认为施世纶深得百姓爱戴，请求让他在任守丧；御史胡德迈上疏认为不妥，施世纶才得以离任，不久又因为母亲去世守丧。过了一年多，被任命为苏州知府，他仍然请求守满三年之丧，辞谢不去赴任。康熙三十八年，守丧期满以后，被任命为江南的徐淮道。

康熙四十年，湖南按察使出缺，九卿大臣推荐施世纶，大学士伊桑阿把意见面奏康熙，康熙传旨说："朕深知施世纶廉洁，不过他处理事情往往偏执。百姓和秀才打官司，他一定偏袒百姓；秀才和绅士打官司，他一定偏袒秀才。处理事情只能求其不偏不倚，哪里能够偏执？像施世纶这样，把财政粮食一类事情委任给他，那就合适了。"这一年任命他为湖南布政使。湖南的田赋人头税中还要外加徭役费，漕米要加收京费。施世纶到任，全部革除徭役费，减去京费的四分之一，百姓立碑称颂他。康熙四十三年，迁为安徽布政使。

康熙四十四年，调入京师为太仆寺卿。四十五年，因为在湖南布政使任上没有查察驻军抢劫当铺，被免职。三月，被任命为顺天府尹。到任后上疏奏请禁止街道组织越职受理诉讼、奸猾之徒包揽捐资买官、为买卖双方介绍的中间商行霸占货物、流动的娼妓在酒席上唱歌跳舞，发给部里讨论，定为法令。康熙四十八年，任命为左副都御史，兼管顺天府尹事。四十九年，迁官户部侍郎，监督管理钱法的执行。不久调任仓场总督。五十四年，任命为云南巡抚，还没有启程，调任漕运总督。施世纶查察历年运送漕米的弊病，革除苛捐杂税，参揭贪污的武官，开除为非作歹的差役，采用严厉的方法办事。每年监督运送漕米的船只，在规定的期限内全部完成任务，没有一点出错延误。

当时西部边境用兵,转辗运输军粮,从河南到达陕西。陕西干旱饥荒,康熙命令施世纶到陕西协助总督鄂海督办军饷,并且命令他在沿路勘察从河南府到西安一段黄河拉纤的道路,又查察陕西现存粮食的数字上奏。施世纶于是溯黄河西上,上疏说:"河南府孟津县到陕西太阳渡,大大小小几十处河滩,拉纤的道路地势高低不同,有的在黄河以南,有的在黄河以北。渑池以下,船只下水可以装载粮食三百多石,上水装载只能一半。渑池以上,黄河水流既高又急,只能装载几十石。从砥柱到神门没有可供拉纤的道路,但路边的石柱往往有方孔,又有石鼻,这说明从前可以拉纤,遗迹还留存下来。从陕州到西安府,河水平稳,都有可供拉纤的道路。谨画成地图上奏。"又说:"河南府到陕州三门,现在没有船。请从太阳渡以东改为从陆路车运,太阳渡到西安府党家马头以水路船运为方便,党家马头到仓库再改为车运,这样运送稻谷二十万石共需银子十万三千两多一点。不过运送二十万石稻谷,只能得到十万石大米。请下令让河南用两份稻谷换成一份大米,那么运费就可以节约一半。如过担心大米难于长久贮藏,可以照以前的办法把陈米先供食用换装新米。"奏疏到了京师,康熙考虑到陕西的灾情,发出国库银五十万两,并且命令酌量发出用以备荒的常平仓的积谷;又考虑到地方上的官吏大部分都随大军在前线,下令选择各部各院中的办事官员到陕西去,由施世纶总管这件事。施世纶命令分为十二路去考查贫民,按人口分派粮食,不论远近都分派到。康熙六十年春天,天降雨水,灾情逐渐减轻。康熙帝命令施世纶回原任管理漕运事务。六十一年四月,因病请求退休,下圣旨温和地加以安慰挽留,命令他的儿子施廷祥按驿站驰往省亲探视。五月,去世。遗疏请求随同父亲施琅葬在福建,康熙同意这一请求,下诏表扬他清廉谨慎勤劳,御赐祭奠安葬。

施世纶居官明察强硬而果敢有决断,打击抑制豪强,禁止约束下级人员为非作歹。所到之处都能有惠于民,百姓称他为"青天"。在江宁任上因为守丧回家,百姓请求挽留他的人超过一万。请求没有得到批准,每人出一文钱在府衙前造了两座亭子,名为"一文亭"。在担任顺天府尹的时候,步军统领托合齐正受到宠信,出门必定有骑马侍从前呼后拥。施世纶在路上遇见他,就拱手站在路边等着。托合齐下车子惊恐地询问为什么这样,施世纶大声说:"国家制度规定,王爷出门才能有随马侍从。我以为是王爷来到,所以拱手站着等候,没想到竟是你!"准备上疏参揭,托合齐向他谢罪才算完事。到陕西赈济,省里积存的储备粮被虚耗很多,准备上疏参揭。陕西总督鄂海因为施世纶的儿子施廷祥在做会宁知县,在谈话中稍稍提到这件事,施世纶说:"我自从入仕做官,自身尚且不顾,哪里谈得上儿子?"最终还是上疏奏明情况。鄂海因此而得罪罢官。

噶礼传

【题解】

噶礼,姓栋鄂氏,满洲正红旗人。他有才能,办事干练,因而入任之后升迁很快。但是，一旦身居高位之后，噶礼再也没有把他的才干用在正道上，而是当作贪婪的资本和谋求私利的手段。正如其本传所言"当官勤敏能治事，然贪甚，纵吏虐民，抚山西数年，山西民不能堪"。噶礼生活的时代正是清王朝处于上升时期的康熙盛世，康熙皇帝特别注重培养清廉的官吏，当时出现了像汤斌、张伯行、陆陇其、陈瑸等一批著名的清官。然而，事情总不像人们预想的那么美好，在康熙盛世，也仍有贪官当道之时，噶礼便是其中的一个。他除了自己贪赃枉法之外，还打击迫害那些不与之同流合污的清廉官吏，如陈鹏年、张伯行等，由于康熙帝明察秋毫，其阴谋终未得逞。没有比较就没有鉴别，正是有了象噶礼这样的贪官，才使张伯行等清官更受到人们的尊重。

【原文】

噶礼，栋鄂氏，满洲正红旗人，何和哩四世孙也。自荫生授吏部主事，再迁郎中。

康熙三十五年，上亲征噶尔丹，次克鲁伦河，噶礼从左都御史于成龙督运中路兵粮，首达行在。召对，当上意，寻擢盛京户部理事官。岁余三迁，授内阁学士。

三十八年，授山西巡抚。噶礼当官勤敏能治事，然贪甚，纵吏虐民，抚山西数年，山西民不能堪。会潞安知府缺员，噶礼疏荐霍州知州李绍祖，绍祖使酒自刭，噶礼匿不以奏。上闻之，下九卿议罪，拟夺噶礼职，上宽之。御史刘若鼐疏论噶礼贪，得赃无虑数十万，太原知府赵凤诏为其腹心，专用酷刑以济贪壑事。下噶礼复奏，得辩释。

平遥民郭明奇等以噶礼庇贪婪知县王绶，走京师诣巡城御史袁桥列诉。桥疏闻，并言："噶礼通省钱粮加火耗十之二，分补大同、临汾等县亏帑，余并以入己，得四十余万。指修解州祠宇，用巡抚印簿勒捐。令家伶赴平阳、汾州、潞安三府迫富民馈遗，又以讼得临汾、介休富民亢时鼎、梁湄金。纵汾州同知马遴，庇烘洞知县杜连登，皆贪吏。隐平定雹灾。凡七事。"上命噶礼复奏。山西学政邹士璁代太原士民疏留噶礼，御史蔡珍疏劾士璁："职在衡文，乃与巡抚朋比，且袁桥疏得旨二日后，太原士民即具呈，显为诬伪。噶礼与士璁同城，委为不知，是昏愦也；知而不阻，是倖恩也。请并敕部议处。"寻噶礼复奏，以明奇等屡坐事走京师诬告，并辩桥、珍所言皆无据。下九卿察奏，明奇等下刑部治罪，桥、珍坐诬谴罢。

四十八年，迁户部侍郎，旋擢江南江西总督。噶礼至江南，益恣肆，累疏劾江苏巡抚于准、布政使宜思恭、按察使焦映汉，皆坐罢。知府陈鹏年初为总督阿山劾罢，上复命守苏州；及宜思恭罢，署布政使。鹏年素伉直，忤噶礼。噶礼续劾宜思恭亏帑，又论粮道贾朴建关开河皆有所侵蚀，遂及鹏年核报不实，鹏年复坐罢。噶礼复密疏鹏年虎丘诗怨望，上不为动。

巡抚张伯行有廉声，至则又与噶礼忤。五十年，伯行疏言本科江南乡试取士不协舆论，正考官副都御史左必蕃亦检举同考官知县王曰俞、方名所荐士有不通文字者。上命尚书张鹏翮如扬州会噶礼及伯行察审。鹏翮至，会谳，既得副考官编修赵晋及曰俞、名诸交通状。伯行欲穷其狱，噶礼盛怒，刑证人，遂罢谳。伯行乃劾噶礼，谓舆论盛传总督与监临、提调交通鬻举人，及事发，又传总督索银五十万，许不竟其事，请敕解任就谳。噶礼亦劾伯行,谓:"方会谳时,臣正鞫囚,伯行谓臣言不当,臣恐争论失体,缄口结舌。伯行遂阴谋诬陷,以鬻举人得银五十万污臣,臣不能与俱生。"因及伯行专事著书,猜忌糊涂,不能清理案牍。时方有戴名世之狱,又言:"《南山集》刻板在苏州印行,伯行岂得不知?进士方苞以作序连坐,伯行凤友,不肯捕治。"并罗列伯行不职数事。

疏入,上并命解任,令鹏翮会漕运总督赫寿察奏。狱具,晋、曰俞、名及所取士交通得贿,当科场舞弊律论罪;噶礼劾伯行不能清理案牍事实,余皆督抚会衔题咨旧事,苞为伯行逮送刑部,《南山集》刻板在江宁,皆免议;伯行妄奏噶礼鬻举人,当夺职。上切责鹏翮、赫寿瞻徇,又命尚书穆和伦、张廷枢复谳,仍如鹏翮等议。上谕曰:"噶礼才有余,治事敏练,而性喜生事。屡疏劾伯行,朕以伯行操守为天下第一,手批不准。此议是非颠倒!"下九卿、詹事,科道察奏,复谕曰:"噶礼操守,朕不能信,若无张伯行,江南必受其朘削且半矣。即如陈鹏年稍有声誉,噶礼欲害之,摘虎丘诗有悖谬语,朕阅其诗,初无他意。又劾中军副将李麟骑射皆劣,麟比来迎驾,朕试以骑射,俱优,若令噶礼与较,定不能及。朕于是心疑噶礼矣。互劾之案,遣大臣往谳,为噶礼所制。尔等皆能体朕保全廉吏之心,使正人无所疑惧,则海宇蒙升平之福矣。"九卿等议噶礼与伯行同任封疆,互劾失大臣体,皆夺职。上命留伯行任,噶礼如议夺职。

五十三年,噶礼母叩阍,言噶礼与弟色勒奇、子干都置毒食物中谋弑母,噶礼妻以别户子干泰为子,纵令纠众毁屋。下刑部鞫,得实,拟噶礼当极刑,妻论绞,色勒奇、干都皆斩,干泰发黑龙江,家产没入官。上令噶礼自尽,妻从死,余如部议。

【译文】

噶礼,姓栋鄂氏,满洲正红旗人,是何和哩的第四代孙。由荫生授为吏部主事,再升为郎中。

康熙三十五年,皇上亲征噶尔丹,停留在克鲁伦河,噶礼随左都御史于成龙督运中路军的粮饷,首先到达皇上所驻之处。皇上召见,他回答问题很使皇上满意。不久,提升为盛京户部理事官。一年多三次提升,授为内阁学士。

三十八年,授山西巡抚。噶礼当官勤敏而且能办理政务,然而却非常贪婪,放纵官吏虐待百姓,管理山西才几年,山西百姓便不能忍受。正值潞安知府缺员,噶礼上疏推荐霍州知州李绍祖,李绍祖因酒使性而自刎,噶礼却隐瞒不将此情上服。皇上闻讯,让九卿议其罪,准备夺去噶礼的职务,皇上宽恕了他。御史刘若鼐上疏言噶礼贪婪,得赃大约数十万,太原知府赵凤诏是他的心腹,专用酷刑来满足噶礼贪欲等情况。皇上将此疏交噶礼,让他做出答复,结果被噶礼辩解过去了。

平遥县百姓郭明奇等因为噶礼庇护贪得无厌的知县王绥,到京城巡城御史袁桥处陈述噶礼的罪状。袁桥上疏报告皇上,并说:"噶礼在全省的钱粮征收中加收火耗十分之二,分别补偿大同、临汾等县的亏款,而剩余的全部变为己有,得银四十多万两。他借修解州祠宇、寺庙,用巡抚印簿勒索百姓纳捐。他命令家仆到平阳、汾州、潞安三府强迫富民馈赠。他以审案,获得临汾、介休富民亢时鼎、梁湄的贿赂银两。他纵容汾州同知马

遴，包庇洪洞知县杜连登，这些都是贪官。他还隐瞒平定的雹灾。共七件事。"皇上命噶礼做出答复。山西学政邹士璁代表太原士绅百姓上疏请留噶礼，御史蔡珍上疏弹劾邹士璁："职责在于教育，却与巡抚互相勾结，况且袁桥的上疏得到圣旨仅仅两天，太原士绅百姓即具结呈文，显然是不真实的。噶礼与邹士璁同在省城，如果真的不了解这一情况，这是噶礼的糊涂；如果知道而不加阻止，是想侥幸得到恩宠。请将此情一并令刑部讨论处理。"不久，噶礼答复皇上，认为郭明奇等由于自己事而到京师诬告，并争辩说袁桥、蔡珍所言都没有根据。皇上让九卿审查汇报，结果郭明奇等交刑部治罪，袁桥、蔡珍因诬告被罢官。

四十八年，噶礼升户部侍郎，不久又提升为江南江西总督。噶礼到江南，越加放纵，连续上疏弹劾江苏巡抚于准、布政使宜思恭、按察使焦映汉，这些人都被罢免。知府陈鹏年起初被总督阿山弹劾罢官，皇上又命他做苏州知府，待宜思恭被罢官，又代理布政使。陈鹏年一向耿直，与噶礼相抵触。噶礼接着弹劾宜思恭亏空官银，也指责粮道贾朴建关开河都有侵吞公款的情况，于是提到陈鹏年核实上报的情况不真实，陈鹏年再次被罢官。噶礼又秘密上疏指责陈鹏年在虎丘写的诗句有怒气，结果皇上没有理睬。

巡抚张伯行有清廉的名声，到任后便又与噶礼不合。五十年，张伯行上疏说本年江南乡试取士造成不好的影响，正考官副都御使左必蕃也检举同考官知县王曰俞、方名所推荐的士子中有文字不通者。皇上命尚书张鹏翮到扬州会同噶礼及张伯行调查、审理。张鹏翮到扬州后，通过会审，得到副考官编修赵晋以及王曰俞、方名等勾结受贿的情况。张伯行想将此案一查到底，噶礼非常愤怒，对证人动刑，迫使案子停止了审理。于是张伯行弹劾噶礼，说外间舆论盛传总督与监临、提调各官暗中受贿而出卖举人衔，等到事情败露，又传说总督勒索银五十万两，或许不完全是这样，请命令噶礼解任接受审查。噶礼也弹劾张伯行，说："刚会审时，我还在审查囚犯，张伯行说我说话不妥，我怕争论起来有失体统，便闭口不言。张伯行便阴谋诬陷，以出卖举人衔获银五十万两来损坏我的名声，因此我不能与他共存。"同时提及张伯行专门从事著书，猜忌糊涂，不能很好地审理案件。当时刚刚发生戴名世的文字狱，噶礼又说："《南山集》刻板在苏州印行，张伯行难道能不知道吗？进士方苞由于为此书作序而遭连坐，张伯行一向与他交往，不肯去逮捕对他治罪。"并且罗列不称职方面的几件事。

此疏到朝廷后，皇上命令噶礼、张伯行二人都免职，令张鹏翮会同漕运总督赫寿调查汇报。二人审理后奏报，赵晋、王曰俞、方名及所取士子行贿受贿，应按科场舞弊律论罪；噶礼弹劾张伯行不能很好审理案子属实，其余都是总督、巡抚联名上奏的旧事，方苞是张伯行逮捕送交刑部的，《南山集》刻板在江宁，都免于论罪，而张伯行胡乱弹劾噶礼出卖举人衔，应当撤职。皇上指责张鹏翮、赫寿徇私，又命尚书穆和伦、张廷枢复查，二人意见仍与张鹏翮等相同。皇上批示说："噶礼才能有余，办事干练，而天性喜好无事生非。几次弹劾张伯行，我因张伯行操行为天下第一，亲自批示不准。这个结论属于是非颠倒！"让九卿、詹事、科道官审查再报，又批示说："噶礼的操行，我不能相信，如果没有张伯行，那么江南必然受到他的盘剥，大概要达到一半地区。就像陈鹏年稍有些声望，噶礼就想陷害他,找了他在虎丘写的诗有荒谬之句,我看那诗,原本并没有其他含意。又弹劾中军副将李麟骑马、射箭都很差,李麟在迎驾时,我用骑马、射箭来考他,都很好,假如让噶礼与他比试,肯定不如李麟。我从此就怀疑噶礼了。互相弹劾一案,派大臣前去审理,受到噶礼的阻挠。你们都能体谅我保全清官之心,要使正直的人没有什么疑虑和恐惧,那么天下将会享受到安定的幸福了。"九卿等认为,噶礼与张伯行同时担任地方最高长官,互相弹劾有失大臣体统,都应撤职。皇上命张伯行留任,噶礼如九卿之议撤职。

五十三年,噶礼的母亲向皇上诉冤,说噶礼和他弟弟色勒奇、儿子干都将毒药放在食物中谋杀母亲,噶礼的妻子以别人家的儿子干泰为儿子,纵容他纠集众人毁坏房屋。皇上让刑部审察,属实,刑部定噶礼当处以极刑,妻子处绞刑,色勒奇、干都全斩首,干泰发配黑龙江,家产没收入官府。皇上命令噶礼自尽,妻子随从他一起死,其他同意刑部判决。

靳辅传

【题解】

靳辅(公元1633~1692年),字紫垣。是清朝初年的治河名臣。辽阳人,隶属汉军镶黄旗。清世祖章皇帝顺治九年(公元1652年)由官学生考授国史馆编修。清圣祖仁皇帝康熙十年(公元1671年)授安徽巡抚,后加兵部尚书衔。康熙十六年(公元1677年),任河道总督。是时河道年久失修,苏北地区淮河溃于南边,黄河决口于北边,运河又干涸于中部,总共决口近百处,海口淤塞,运河断航。靳辅到任后,周度形势,博采舆论,上陈经理河工事宜八疏,改进前人治河方法,在最初几年的督河任上,成功地进行了几项治黄工程。首先是挑下游清江浦(今江苏淮阴)至云梯关的河身淤土,用"川字沟"法挖深河底,就河心取出之土筑两岸大堤(南岸自白洋河至云梯关三百三十里,北岸自清河县至云梯关二百里),用束水攻沙法治理下游,引导黄、淮入海。又疏浚自云梯关至海口百里河道,把浚、筑两事统一起来。以后,又于砀山毛城铺、徐州王家山、睢宁峰山、龙虎山等多处建减水闸坝,平日闭闸束流,遇大涨则启闸分泄,分引黄水注洪泽湖。同时也注重徐州以上山东、河南地区黄河干支流的治理。康熙廿四年(公元1865年)秋,他主持修筑了考城、仪封、封丘、荥泽等县河堤。在治黄中,还于康熙廿五年(公元1686年)在清河县(今江苏淮阴)开中河,使运河北上粮船只在黄河中行二十里就入中河,避开了黄河之险一百八十里,提高了运输效率,又大大减少了风浪招致的损失。由于靳辅这些措施较为得宜,使黄河安流了三十余年,漕运亦安全通畅。康熙廿七年(公元1688年)春,靳辅被御史郭琇等参劾,以"阻浚下河、屯田累民"而革职。康熙卅一年(公元1692年)重被起用督理河务。同年十一月病逝,谥"文襄公"。遗著有《靳文襄公奏疏》《治河方略》等。

靳辅，字紫垣，汉军镶黄旗人。顺治九年，以官学生考授国史馆编修，改内阁中书，迁兵部员外郎。康熙初，自郎中四迁内阁学士。十年，授安徽巡抚。疏请行沟田法，以十亩为一畦，二十畦为一沟。沟土累为道，道高沟低，涝则泄水，旱以灌田。会三藩乱起，不果行。部议裁驿站经费，辅疏请禁差员横索，骚扰驿递，岁终节存驿站，杜脚等项二十四万有奇，上奖辅实心任事，加兵部尚书衔。

十六年，授河道总督。时河道久不治，归仁堤、王家营、邢家口、古沟、翟家坝等处先后溃溢，高家堰决三十余处，淮水全入运河，黄水逆上至清水潭，浸淫四出。砀山以东两岸决口数十处，下河七州县淹为大泽，清口涸为陆地。辅到官，周度形势，博采舆论，为八疏同日上之，首议疏下流，自清江浦至去梯关，于河身两旁离水三丈，各挑引河一道，俟黄、淮下注，新旧河合为一，即以所挑土筑两岸大堤，南始折的洋河，北始清河县，并东至去梯关。云梯关至海口百里，近海二十里，潮大土湿，不能施工。余八十里亦宜量加疏浚，筑堤以束之，限二百日毕工，日用夫十二万三千有奇。次议治上流淤垫，洪泽湖下流自高家堰西至清口，为全淮会黄之所。当于小河两旁离水二十丈，各挑引河一道，分头冲洗。次议培修七里墩、武家墩、高家墩、高良涧至周桥闸临湖残缺堤岸，下筑坦坡，使水至平漫而上，顺缩而下，不至怒激崩冲。堤一尺，坦坡五尺，夯仟坚实，种草其上。次议塞黄、淮各处决口，例用埽，费钜，且不耐久；求筑土御水之法，宜密下排椿，多加板缆，用薄包裹土，麻绳缚而填之，费省而工固。次议闭通济闸坝，浚清口至清水潭运河二百三十里，以所挑之土倾东西两堤之外，西堤筑为坦坡，东堤加倍坚厚。次议规划经费，都计需银二百十四万八千有奇。宜令直隶、江南、浙江、山东、江西、湖北各州县预征康熙二十年钱粮十之一，约二百万。工成后，令淮、扬被水田亩纳三钱至一钱；运河经过，商货米豆石纳二分，他货物斤四分；并开武生纳监事例，如数补还。次议裁并冗员，明定职守，并严河工处分，讳决视讳盗；兼请调用官吏，工成，与原属河厅官吏并得优叙。次议工峻后，设河兵守堤，里设兵六名至二名，都计五千八百六十名。疏入，下廷议，以方军兴，复举在工，役夫每日至十二万余，招募扰民，应先择要修筑。上命辅熟筹。

十七年，辅疏言："以驴运土，可减募夫之半，初拟二百日毕工，今改为四百日，又可减募夫之半。"河工故事，大堤谓之"遥堤"。堤内复为堤逼水，谓之"缕堤"，两堤间为横堤，谓之"格堤"。辅疏请就原估土方加筑缕堤，有余量增格堤，南自白洋河，北自清河，上至徐州，视此兴筑。余并如前议。疏入，复下廷议，允行。

上谕治河大事，当动正项钱粮。辅疏言："前议黄河两岸分筑遥、缕二堤，勘有旧堤贴近河身，拟作为缕堤，其外更筑遥堤。前议用驴运土，今议改车运。前议离堤三十丈内不许取土，今因宿迁、桃源等县人弱工多，改令二十丈外取土。前议河身两旁各挑引河一道，今以工费浩繁，除清河北岸浅工必须挑浚，余俱有铁埽帚浚深河底。"下部议，从之。

是岁吴三桂死，上趣诸将帅进兵，辅欲节帑佐军，又以兴工后需费溢出原估，均颇改前议，先开清口引河四道，塞高家堰、王家冈、武家墩诸决口，筑堤束水。如所议施行。顾下流未大治,伏秋盛涨,水溢出堤上,复决砀山石将军庙、肖县九里沟。辅乃议设减水坝,于肖、砀、宿迁、桃源、清河诸县河南北两岸为坝十三,坝七洞,水盛藉以宣泄,辅复察清口淮、黄交会,黄涨侵灌运河,乃自新庄闸西南开新河至太平坝;又自文华寺开新河至七里闸,复折向西南,亦至太平坝;改以七里闸为运口,由武家墩烂泥浅转入黄河。运口距黄、淮交会处约十里,自北无淤垫之患。疏报,并议行。辅勘清水潭决口屡塞屡冲,乃弃深就浅,筑东西长堤二道,并挑新河八百四十丈,疏积水。山阳、高邮等七州县民田,至是皆出水可耕。

十八年,辅疏报,并请名新河曰永安河,报闻。翟家坝淮河决口成支河九道,辅筑淮扬道副使刘国靖等督堵塞,至是工竟,辅诣勘疏报,并言:"山阳、宝应、高邮、江都四州县潴水诸湖,逐渐涸出。臣今广为招垦,俾增赋足民,上下均利。"屯田之议自此起。

漕船自七里闸出口,行骆马湖达窑湾。夏秋盛涨,冬春水涸,重运多阻。辅议泄湖旁皂河故道,上接泇加河通运。疏入,下廷议,上问诸臣意若何,左都御史魏象枢曰:"辅请大修黄河,上发帑二百五十一万,计一劳永逸。前奏堤坝已筑十之七,今又欲别开河道,所谓一劳永逸者安在?臣等虑漕运有阻,故议从其请。"上曰:"象枢言良是。河虽开,必上流浩瀚,方免淤滞。今雨少水涸,恐未必有济。即已成诸工,亦以旱易修,岂得恃为永固耳?"十九年五月,辅丁忧,命在任守制。秋,河复决,辅疏请处分,上趣辅修筑。二十年三月,辅疏言:"臣前请大修黄河,限三年水归故道。今限满,水未归故道,请处分。"下部议,当夺官,上命戴罪督修。

二十一年五月,上遣尚书伊桑阿、侍郎宋文运、给事中王曰温、御史伊喇喀勘工。候补布政使崔维雅奏上所著书,议尽罢辅所行减水坝诸法,大兴工,日役夫四十万,筑堤以十二丈为率。上命从伊桑阿等往与辅议之。伊桑阿等遍勘诸工,至徐州,令辅与维雅义,辅疏言:"河道全局已成十八九。肖家渡虽有决口,而海口大辟,下流疏通,腹心之害已除。断不宜有所更张,隳成功,酿后患。"伊桑阿等还京师,下廷议,工部尚书萨穆哈等请以肖家渡决口责辅赔修,上以赠修非辅所能任,未允;又议维雅条奏,伊桑阿请召辅询之。十一月,辅入对,言肖家渡工未岁正月当竟,维雅所议日用夫四十万、筑堤以十二丈为率,皆不可行。维雅义乃寝。上命塞决口,仍动正项钱粮。二十二年四月,辅疏报肖家渡合龙,河归故道,大溜直下,七里沟等四十余处险汛日加,并天妃坝、王公堤及运河闸座,均应修筑。别疏请饬河南巡抚修筑开封、归德两府境河堤,防上流疏失。上均如所请。十二月,命复辅官。

二十三年十月,上南巡,阅河北岸诸工,谕辅曰:"肖家渡堤坝当培薄增卑,随时修筑。减水坝原用以泄水,遇泛溢横流,安知今日减水坝不为他年之决口?且减水旁流,浸灌民田,朕心深不忍。当筹划措置。"上见堤夫作苦,驻跸慰劳久之,谕辅戒官役侵蚀工食。复视天妃闸,谕辅宜改草坝,并另设七里、太平二闸杀水势。舟过高邮,见田庐在水中,恻然愍念。遣尚书伊桑阿、萨穆哈察视海口。还跸,复阅高家堰,至清口,阅黄河南岸诸工,谕辅运口当添建闸座,防黄水倒灌,复召辅入行宫慰谕,书阅河堤诗赐之。

辅以上念减水淹民,因议于宿迁、桃源、清河三县黄河北岸堤内开新河,谓之中河。

于清河西仲家庄建闸，引拦马河减水坝所泄水入中河。漕船初出清口浮于河，至张庄运口，中河成，得自清口流，迳渡北岸，度仲家庄闸，免黄河一百八十里之险。伊桑阿等不奏，议疏浚车路、串场诸河至白驹、丁溪、草堰诸口，引高邮等处减水坝所浚水入海。上命安徽按察使于成龙董其事，仍受辅节制，奏事由辅疏报。

二十四年正月，辅疏请徐州迤上毛城铺、王家山诸山诸处增建减水闸，下廷议。上谕减水闸益河工无益百姓，不可不熟计。命遣官与辅详议，若分水不致移损民田，即令兴工。九月，辅疏报赴河南勘黄河两岸，请筑考城、仪封、封丘、荥泽堤埽，下部议行。成龙议疏海口泄积水，辅谓下河地卑于海五尺，疏海口引潮内侵，害滋大；议自高邮东车逻镇筑堤，历兴化白驹场，束所泄水入海，堤内涸出田亩，丈量还民，余招民屯垦，取田价偿工费。疏闻，上谓取田价恐累民，未即许。

寻召辅、成龙驰驿诣京师廷议，成龙议开海口故道，辅仍主筑长堤高一丈五尺，束水敌海潮。大学士、九卿从辅议，通政使参议成其范、给事中王又旦、御史钱珏从成龙议，议不决。上命宣问下河诸州县人官京师者，侍读宝应乔莱等乃言："从成龙议，工易成，百姓有利无害，从辅议，工难成，百姓田庐坟墓多伤损，且堤高一丈五尺，束水至一丈，高于民居，伏秋溃决，为害不可胜言。"上颇右成龙，遣尚书萨穆哈、学士穆称额诣淮安会漕督徐旭龄、巡抚汤斌详勘。二十五午正月，萨穆哈等还奏，谓民间皆言浚海口无益。寻授成龙直隶巡抚，罢浚海口议。四月，召斌为尚书，入对，上复举其事以问，斌言浚海口必有益于民。上责萨穆哈、穆称额还京时不以实奏，夺官。召大学士九卿及莱等定议浚海口，发帑二十万，命侍郎孙在丰董其役。

工部劾辅治河已九年，无成功。上曰："河务甚难，而辅易视之。若遽议处，后任者益难为力，今姑宽之，仍责令督修。"二十六年，辅疏言："运堤减水以下河为壑，东即大海，浚海口似可纾水患。惟泰州安丰、东台、盐城诸县地势甚卑，形如釜底，若止就此挑浚，徒增其深。淮流甚涨，高家堰泄水汹涌而来，仍不能救民田之淹没。臣以为杜患于流，不若杜患于源。高家堰堤外直东为下河，东北为清口，当自翟家坝起至高家堰筑重堤万六千丈，束减水北出清口，则洪泽湖不复东淹下河。下河十余万顷皆成沃产，而高、宝诸湖涸出田亩，可招民屯垦，以裕河库。"上使以辅疏示成龙，成龙仍言下河宜开，重堤不宜筑。上遣尚书佛伦董讷、总漕慕天颜会勘。佛伦等皆欲用辅议，天颜、在丰与相左。佛伦等还奏，下廷议，会太皇太后崩，议未上。

二十七年春，给事中刘楷、御史郭琇、陆祖修交章论辅，琇辞连辅幕客陈潢，祖修请罢辅，至以舜殛鲧为比。天颜、在丰亦疏论屯田累民，及辅阻挠开浚下河状。琇旋劾大学士明珠等，语复及辅。辅入觐，亦疏讦成龙、天颜、在丰等朋比谋陷害。上曰："辅为总河，挑河筑堤，漕运无误，不可谓无功。但屯田、下河二事，亦难逃罪。近因被劾，论其过者甚多。人穷则呼天，辅若不陈辩朕前，复何所控告耶？"三月，上御乾清门，召辅与成龙、琇等廷辩，辅、成龙各持已见不相下。琇言辅屯田害民。辅言属吏奉行不善致民怨，因引咎，坐罢，以王新命代，佛伦、讷、在丰、达奇纳皆左迁。天颜、吉士并夺官，陈潢亦坐谴。

时中河工初竣。上遣学士开音布、侍卫马武往勘，还奏中河商贾舟揖不绝。上谕廷臣曰："前者于成龙奏河道为靳辅所坏，今开音布等还奏，数年未尝溃决，漕运亦不误。若谓辅治河全无所裨，微特辅不服，即朕亦不惬。"因遣尚书张玉书、图讷，左都御史马齐，侍郎成其范、徐廷玺阅工，遍察辅所缮治，孰为当改，孰为不当改，详勘具奏。玉书等还言河身渐次刷深，黄水汛溜入海，两岸闸坝有应循旧者，有应移改者，多守辅旧规。

十一月，上遣尚书苏赫等阅通州运河，命辅偕往，请于沙河建闸蓄水，通州下流筑堤束水，从之。二十八年正月，上南巡阅河，辅扈行。阅中河，上虑逼近黄河，水涨堤溃；辅对若加筑遥堤即无患。还京师，谕奖辅所缮治河深堤固，命还旧秩。二十九年，漕运总督董讷以北运河水浅，拟尽引南旺河水北流。仓场侍郎开音布复疏请浚北运河。上谘辅，言南旺河水尽北流，南河必水浅，惟从北河两旁下埽束水，自可济运。上命偕开音布董理。

三十一年，王新命坐事罢，上曰："朕听政后，以三藩及河务、漕运为三大事，书宫中柱上。河务不得其人，必误漕运。及辅未甚老用之，亦得纾数年之虑。"令仍为河道总督。辅以衰弱辞，命顺天府承徐廷玺为协理。会陕西西安、凤翔灾，上命留江北漕粮二十万石，自黄河运蒲州。辅疏言水道止可至孟津，亲诣督运，上嘉之。辅疏请就高家堰运料小河培堤使高广，中河加筑遥堤，并增建四闸，堵塞张庄旧运口，皆前此缮治所未竟者。别疏请复陈潢官，并起用熊一潇、达奇纳、赵吉士。辅病剧，再疏乞解任，命内大臣明珠往视，传谕调治。十一月，卒，赐祭葬，谥文襄。三十五年，允江南士民请，建祠河干。四十六年，追赠太子太保，予拜他喇布勒哈番世职。雍正五年，复加工部尚书。

子治豫，袭职。世宗以其侍父在官，知河务，命自副参领加工部侍郎衔，协理江南河工。

【译文】

靳辅，字紫垣。汉军镶黄旗人。清世祖顺治九年，以官学生身份考试得中，被任命为国史馆编修。以后又改任内阁中书，升迁至兵部员外郎。清圣祖仁皇帝康熙初年，靳辅由郎中四次升迁至内阁学士。康熙十年，任安徽巡抚。他上奏章请求实行沟田法，以十亩为一晌，二十晌挖一沟。挖沟所出之土用来堆筑道路，道路高而沟低。出现洪涝则用沟排水，干旱时则以沟灌溉田亩。当时正遇三藩之乱发生，此议未能实行。吏部商议裁减驿站的经费，靳辅也上奏章请求禁止出差官员横征暴敛，骚扰驿站的交通事务，年终节余储存下了驿站、损脚等项开支二十四万多两白银。圣祖仁皇帝奖励靳辅真心实意地办事，给他加任兵部尚书的官衔。

康熙十六年，勒辅任河道总督。当时河道年久失修，归仁堤、王家营、邢家口、古沟、翟家坝等处先后溃决、泛滥，高家堰溃决三十多处，淮河水全部灌入运河。黄河水向上倒流至清水潭，并四处泛滥。砀山以东黄河两岸决口几十处，黄河下游七个州县被淹没，成一片泽国，清口则干涸为陆地。靳辅到任伊始，就全面地审时度势，广泛征求官民群众意见，写了八篇奏折同日呈送给朝廷。首先提议疏浚下游，从清江浦到云梯关，在河床两边离水三丈处各挖一条引河，待黄河、淮河水向下流时，新河与旧河汇合在一起时，就以挖引河所出之土来筑两岸的大堤，南边起于白洋河，北边起于清河县，东边到达云梯关。从云梯关到海口有一百里，靠近海口的二十里由于海潮大，岸土太湿，无法施工，其余八十余里也只适宜酌量疏浚，筑河堤来约束河水。限二百天完工，每天用民工十二万三千多人。其次提议治理上游的淤塞淀积，洪泽湖往下流，从高农堰往西到清口，是整个淮河与黄河相会之处。应当在小河两旁离水二十丈处各挖一条引河，分头冲洗淀积的砂土。再其次又提议培修七里墩、武家墩、高家墩、高良涧至周桥闸临洪泽湖残缺的堤岸，下面筑平缓的堤坡，使湖水平缓地向上浸漫，又顺当地向下退缩，不至于形成狂波怒涛猛力冲击堤岸。堤顶宽一尺则筑平缓堤坡五尺，用石夯和杵筑打结实，上面种草。再其次提议堵塞黄河、淮河各处的决口，以往用秫秸、树枝等材料，花钱多，而且不耐久。要想求得筑土以抵御洪水之方法，就应当密密地打下一排排的木桩，其间用很多缆绳把木桩联上，用蒲草编织的包装上土，用粗麻绳捆牢，用这样的土包填堵决口，则省钱而且坚固。再其次建议关闭通济闸的堤坝，疏浚清口到清水潭这一段运河共二百三十里，将挖出的砂土倾倒到东、西两堤外面，在西堤外面筑上平缓的堤坡，在东堤外则用这些土把东堤加筑得坚固、厚实。再其次建议计划一下经费开支，总共需花白银二百一十四万八千多两。最好是命令直隶、江南、浙江、山东、江西、湖北诸省的各州各县预征康熙二十年的钱粮税的十分之一，大约二百万两。峻工之后，命令淮河、扬州受惠于水利之田每亩纳税白银三钱至一钱。在运河经过的商船，装商货米豆者每石纳税白银二分，其他货物每斤纳税四分，并开了武生纳税监督的事例，有漏税者要如数补还回来。再其次建议裁汰冗员，明确每人的岗位责任，并严格执行河务工程的处分纪律。若知道决堤事不报，则与包庇盗贼同罪。还请求借调官员在工程完成之后，与原来属于河务系统的官吏一起得到奖励和提拔。再其次还建议竣工之后，设守护堤坝的河务兵，每一里设二至六名兵，共计约需五千八百六地下名。靳辅的奏章送上去后，吏部商议，认为刚刚大举用兵，再来大举施工，民工每日要用十二万多，招募起来太烦扰老百姓了，应当先择重要的工程进行修筑。皇帝命令靳辅进一步仔细筹划。

康熙十七年，靳辅又上奏章说："以毛驴运砂土，可减去招募民工的一半。最初打算二百天完工，现改为四百天完工，又可减去招募民工的一半。"治河工程以往的先例是，大堤称为"遥堤"，此"遥堤"内再筑堤来约束水，叫作"缕堤"。两堤之间再筑横堤，称为"格堤"。靳辅上奏章请按照原先估算的土方加筑缕堤，土方量若有富余就增筑格堤。南边起于白洋河，北边起于清河，溯流而上到徐州，都像这样筑堤。其余则以前所建议那样作。奏章送到朝廷，然后交朝廷百官商议，最后批准执行。

圣祖仁皇帝发布上谕，认为治黄河这件大事应当动用国家正经收入的钱和粮食。靳辅上奏章言道："以前提议在黄河两岸分别筑遥堤和缕堤。现经实地勘察，有的旧堤紧挨着河床，打算用来作为缕堤，在它外面另筑遥堤。以前建议用毛驴运送砂土，现建议改用车来运。以前建议离堤三十丈内不准取土，现因宿迁、桃源等县人力少，需费工多，改建议在二十丈外取土。以前建议河床两旁各挖引河一条，现在因费工费钱，除了清河北岸浅水处必须挖掘、疏浚而外，其余地段都只用铁扫帚淘深河底就行了。"此奏章下到吏部商讨,得到应允。

这一年吴三桂死了,圣祖仁皇帝督促诸位将帅进军。靳辅打算节约开支,将款项腾出来帮助进军,又以动工之后所需费用超出原来估计为由,大大改动了以前的建议。先开凿了清口的四条引河,堵塞了高家堰、王家冈、武家墩各处的决口,筑堤来限制河水,如前所建议那样实行。但下游没有好好治理,伏天和初秋水位猛涨,漫溢出河堤之上,又在砀山石将军庙、萧县九里沟发生决口。靳辅于是建议筑设减水闸坝,在萧县、砀山、宿迁、桃源、清河各县的黄河南北两岸共修了十三个闸坝,每个闸堤有七个孔洞,水大涨时通过此减水闸坝来溢洪。靳辅又视察了清口的黄河与淮河交会处,黄河涨水时侵漫倒灌入运河,于是从新庄闸西南方开凿新河通到太平坝,又从文华寺开凿新河通到七里闸,再折而向西南,也通到太平坝。将七里闸改为运河口,经由武家墩、烂泥栈转而通入黄河。新的运河口离黄河与淮河之交会处大约十里,从此再不怕淤塞、淀积了。靳辅上奏章汇报了这些情况,并建议执行。靳辅勘察清水潭时决口屡次堵塞又屡次被冲开,于是放弃深处而选择浅处,筑成东边和西边的两道长堤,又挖掘新河840丈,排走原来的积水。这样一来,山阳、高邮等七个州县的民田都露出水面,可以耕作了。

康熙十八年,靳辅上奏章汇报情况,并请求将新河命名为"永安河",朝廷得知了此汇报。翟家坝的淮河决口成了九条支河,靳辅命令淮扬道副使刘国靖等督促堵塞,到这工程完成时,靳辅草拟奏章向朝廷汇报,并说道:"山阳、宝应、高邮、江都四州县内涝积水所成的各湖逐渐干涸,露出水面。臣靳辅现广泛招百姓来开垦,既可增加赋税收入,又可使人民富足,对上对下都有好处。"从此开始有了"屯田"这样一个建议。

漕运船只从七里闸出运河口,行经骆马湖而到达窑湾。夏秋二季水位猛涨,冬春二季水又干涸,载重量大的漕船运行很受阻碍。靳辅建议疏浚骆马湖旁的皂河旧道,向上与泗河相接,并通往运河,奏章送到朝廷,发到朝廷内百官商讨。圣祖仁皇帝问诸位大臣意见如何,左都御史魏象枢说道:"靳辅请求大修黄河之时,皇上陛下拨银二百五十一万两,计划图一劳永逸。以前他曾上奏堤坝已筑了百分之七十,而今又想另开新河道,所谓'一劳永逸'究竟在哪里?臣等顾虑漕运受到阻碍,所以还是建议答应他的请求。"圣祖仁皇帝说道:"象枢爱卿所言很有道理。黄河虽然治理,必须要上游水流通畅丰满,才能使下游免于淤塞、堵滞。现今降雨少,水干涸,恐怕未必能航行。即使是已完竣的各项工程,也是水少时易于培修,怎能倚仗这些工程而认为永远坚固、高枕无忧呢?"康熙十九年五月,靳辅因上亲逝世而丁忧回原籍,朝廷却命令他在任上守孝。这年秋天,黄河又决口,靳辅上奏章请求处分。圣祖仁皇帝督促靳辅修筑河堤。康熙二十年三月,靳辅上奏章说:"臣以前请求大修黄河,限三年之内黄河水回归旧河道,而今期限已满,水没有回归旧道,请给我处分吧!"奏章交到吏部商议,认为应当罢他的官。圣祖仁皇帝命令靳辅仍督导修治黄河,争取戴罪立功。

康熙二十一年五月,圣祖仁皇帝派尚书伊桑阿、侍郎宋文运、给事中王曰温、御史伊喇喀检查工程。候补布政使崔维雅将他所写奏书呈上,建议完全废止靳辅所实行的减水坝诸种办法,而大肆施工,每天用民工四十万,筑堤以十二丈为标准。圣祖仁皇帝命令伊桑阿等去与靳辅商议。伊桑阿等检查完了各项工程，到达徐州，命令靳辅与崔维雅商讨。靳辅上奏章说道："黄河河道已成了百分之八九十，萧家渡虽然有决口，但出海口已广为开辟，下游已疏通，心腹之患已消除，万万不能再改变主意。那样将会毁掉已成之功，并留下后患。"伊桑阿等回到京城，将治河之事交朝廷百官商讨。工部尚书萨穆哈等请求将萧家渡决口责成勒辅赔修。圣祖仁皇帝认为赔修一事不是靳辅所能胜任的，没有答应。又商议崔维雅所奏的条陈，伊桑阿请求召靳辅来询问。是年十一月，靳辅到京城，入朝对答，说萧家渡之工程明年正月当能完竣。崔维雅所建议每天用民工四十万，筑堤以十二丈为标准都不可能实行。崔维雅的奏议也就作罢。圣祖仁皇帝命令堵塞决口，仍动用正项收入的钱和粮食。康熙二十二年四月，靳辅奏报萧家渡已堵复合龙，黄河水回归旧道。大量黄河水直奔下游，七里沟等四十多处汛情危险日益增加，并且天妃坝、王公堤及运河的闸座都应当修筑。另外又奏请命令河南巡抚修筑开封、归德两府境内的黄河大堤，以防上游疏忽失误。圣祖仁皇帝都按靳辅之请求办理。十二月，命令靳辅官复原职。

康熙二十三年十月，圣祖仁皇帝巡视南方，视察黄河北岸各项工程。指示靳辅道："萧家渡堤坝应当把薄处加厚、矮处加高，随时加以培修。减水坝本是用来排水的，若遇到洪水泛滥，怎知道今天的减水坝会不会成为来年的决口呢？而且排出的水流到别处，浸灌淹没老百姓的田土，朕深感于心不忍。应当筹划措施，妥善处置。"圣祖仁皇帝见筑堤民工劳作辛苦，停下车马来慰劳了很久，又指示勒辅坚决不准官员侵吞民工的粮食又视察了天妃闸，指示靳辅最好改为草筑的坝，并另外修筑七里、太平两道闸，以减弱水的势头。圣祖仁皇帝的船过高邮，见田地、农舍淹在水中，恻隐、怜悯之心油然而生。又派尚书伊桑阿、萨穆哈视察海口。回到驻跸的行宫，又视察高农堰。到清口，又视察黄河南岸各项工程，指示靳辅应当在运河口增建闸坝，以防止黄河水倒灌；然后又召靳辅进入行宫大大嘉慰，并题写"阅河堤诗"赐给靳辅。

靳辅因为皇帝念及泄出之水淹了百姓农田庄舍，因而建议在宿迁、桃源、清河三县黄河北岸堤内开凿新河，称为"中河"。在清河县西仲家庄建闸坝，将拦马河减水坝所泄出之水引入中河。漕运船只最初出清口时，行于黄河中，到张庄运河口再转入运河。中河凿成后，能够自清口截住流水，径直流往黄河北岸，过仲家庄的闸坝，免得在黄河航行一百八十里那样危险。伊桑阿等回到京城上奏章，建议疏通、浚深车路、串场各条河到白驹、丁溪、草堰各口，将高邮等处减水坝所排出的水引入海中。圣祖仁皇帝命令安徽按察使于成龙监管此事，仍然受靳辅节制管辖，向朝廷上奏章由靳辅执行。

康熙二十四年正月，靳辅奏请在徐州远郊的毛城铺、王家山各处增筑减水闸，奏章交朝廷百官商议。圣祖仁皇帝指示认为减水闸对治河工程有好处而对百姓无益，不能不深思熟虑，命令派遣官员与靳辅详细讨论，如果分出洪水不至于损毁民间农田太多，即命令动工。九月，靳辅奏报到河南查勘黄河两岸，请求筑考城、仪封、封丘、荥泽各处埽料堤，朝廷百官议论认为可行。于成龙建议疏通海口，排掉积水。靳辅说黄河下游地比海平面还低5尺，疏通海口后会引起海潮水向内倒灌，危害很大。他建议从高邮县东边的车逻镇筑堤，经兴化县白驹场，把所排泄出的水赶到海里。堤内田亩露出水面，丈量之后还给百姓们。有多余的田则招百姓来驻屯垦荒，收得的田价就用来偿付工资。靳辅的奏章报到朝廷，圣祖仁皇帝知道了，就说收取田价恐怕会增加百姓负担，因而没有立即批准他的建议。

圣祖仁皇帝不久后召靳辅和于成龙骑驿站牧马赶到京城当庭商议。于成龙建议打通往海口的旧河道。靳辅则主张筑一丈五尺高的长堤来抬高河水，与海潮相抗衡。大学士和九卿都同意靳辅的建议，而通政使参议成其范、给事中王又旦和御史钱珏则同意于成龙的建议，因此议而不决。圣祖仁皇帝命令向黄河下游各州县的人在京城做官的人咨询，担任侍读的宝应县人乔莱等就说："若按于成龙的建议去做，工程容易完竣，对百姓有利无害。若按靳辅的建议去做，工程难完竣，老百姓的田地、房舍、坟墓将较多地受损失。并且，堤高一丈五尺，则把河水抬高到一丈水位，比老百姓的住房还高，伏天或秋天万一堤崩溃、决口，则其危害真是一言难尽。"圣祖仁皇帝很趋向于成龙一方，就派尚书萨穆哈，学士穆称额到淮阴会同漕运总督徐旭龄、巡抚汤斌详细勘查。康熙二十五年正月，萨穆哈等回到京城向皇帝奏报，谈到民间都说疏浚海口没有好处。任命于成龙为直隶巡抚，疏浚海口的建议就作罢了。当年四月，召汤斌任尚书，入京城答对。皇帝再举出上述之事来问询，汤斌说疏浚海口必然对百姓有益。皇帝责怪萨穆哈、穆称额回京城时不奏报实情，罢了他们的官。召集大学士、九卿及乔莱等人商议确定疏浚海口，拨银二十万两，命令侍郎孙在丰监督这项工程。

工部弹劾靳辅治黄河已九年而未成功，圣祖仁皇帝说："治理黄河事务很困难，而靳辅容易去视察，如果骤然审议处分他，以后担负这一任务者越加难以出力。现在暂且宽容他，仍责成，命令他监督修治黄河。"康熙二十六年，靳辅上奏章："运河堤若放水则黄河下游低处成了分洪区，东边就是大海，疏浚海口似乎可以缓解河水的危害。但泰州、安丰、东台、盐城各县地势很低，形状就像锅底，假如只在这里挖掘、疏浚，那就白白地增加它的深度。淮河流水涨得厉害，高家堰排出的水汹涌奔来，仍然救不了百姓田地之被淹没。臣认为杜绝水患于下游水流还不如杜绝水患于上游水源。高家堰大堤外面径直往东是黄河下游，其东北是清口，应当从翟家坝起一直到高家堰，修筑重复的堤16000丈，约束排出的水往北出清口。这样一来，洪泽湖就不会再向东淹没黄河下游。黄河下游10多万顷田地都成沃壤，而高邮湖、宝应湖各湖淤现出田亩，可用来招百姓来此屯垦，所得收入可充实治河经费的府库。"皇帝把靳辅奏章给于成龙看，于仍说应当开控疏浚黄河下游，不应该筑重堤。皇帝又派尚书佛伦、侍郎熊一潇、给事中达奇纳、赵吉士与总督董讷、总漕慕天颜会同查勘。佛伦等人都想用靳辅的建议，而慕天颜、孙在丰则与他们意见不一致。佛伦等人回到京城奏报，又交下朝廷百官审议。适逢考庄文太皇太后逝世，这一审议就没有结果。

康熙二十七年春天，给事中刘楷、御史郭琇、陆祖修交互上奏章弹劾靳辅。郭琇在言辞中还将靳辅的幕僚陈潢一同参劾。陆祖修请求罢靳辅的官，并以虞舜杀鲧来做对比。慕天颜、孙在丰也上奏章论及靳辅屯田以增加百姓负担，还有靳辅阻挠疏浚黄河下游的"罪状"。郭琇又弹劾大学士明珠等人，言事中又涉及靳辅。靳辅入京城，晋见圣祖仁皇帝,也上奏攻击于成龙、慕天颜、孙在丰等朋比为奸,图谋陷害他。皇帝说:"靳辅为河道总督,控河筑堤,没有贻误漕运,不可说是无功。但屯田及黄河下游这两件事,也实在难逃罪责。近来因为被参劾,谈论他过错的人很多。人穷了要向天呼告,靳辅若不在朕面前陈述辩解清楚,再如何去控告别人呢"?同年三月,皇帝驾临乾清门,召集靳辅与于成龙、郭琇等当庭辩论。靳、于二人各持己见,争持不下。郭琇说靳辅搞屯田是害百姓。靳辅说下级官吏执行得不好才引起百姓怨愤。靳辅因此而引咎辞官,以王新命代理他的职务。佛伦、董讷、孙在丰、达奇纳都贬了官,慕天颜、赵吉士还被罢了官,陈潢也遭谴责。

当时黄河中游段的工程初告完竣,圣祖仁皇帝派学士工音布、侍卫马武去查看。他们回京城后奏报黄河中游商人船只往来不断。皇帝告诉朝廷大臣说:"以前于成龙奏报黄河河道被靳辅破坏,现今开音布等回来奏报几年未被冲垮溃决,漕运也没被贻误。如果说靳辅治河完全没有干什么好事,不但靳辅不服,即使朕也不痛快。"因而又派尚书张玉书、图纳,左都御史马齐,侍郎成其范、徐廷玺去检阅治河工程,把靳辅所治理之处通统视察完,看哪些应当改,哪些不应当改,要求详细查看后据实奏报。张玉书等回京城说黄河河床逐渐侵蚀冲刷加深,黄河水滚滚滔滔,流入大海,两岸的闸和堤坝有的应当遵循旧有的,有的应移筑改动,多半还遵守靳辅早先立下的规制。

同年十一月,圣祖仁皇帝派尚书苏赫等查看通州运河,命靳辅陪同前往。靳辅请求在沙河建闸来蓄水,在通州以下河段筑堤约束水,这请求得到批准。康熙二十八年正月,皇帝到南方巡视,查看黄河,靳辅随行。查看中河时,皇帝担心离黄河太近,黄河涨水,则堤容易溃决。靳辅回答说,如果在外面加筑遥堤则不会有祸患。回到京城后,皇帝颁布上谕,奖励靳辅治理黄河治得河床深、河堤坚固,命令恢复靳辅建立的旧规制。康熙二十九年,漕运总督董讷因为北运河水浅,打算把南旺河的水全部引向北流。仓场侍郎开音布又上奏章请求疏浚北运河。皇帝征求靳辅意见,靳辅说,如果南旺河水完全向北流,南河必定水变浅,只要从北河两岸放下秫秸、树枝等约束河水,就可以航行了。皇帝命令靳辅陪同开音布监管此事。

三十一年,王新命因为犯事被罢官,皇帝说:"我自临朝听政之后,以三藩及黄河事务、漕运为三件大事,写在宫廷中的柱子上。如果治理黄河事务没有用上合适的人,则必然贻误漕运。现趁靳辅还不太老而用用他,也能够解除几年的顾虑。"于是命令靳辅仍为河道总督。靳辅以身体衰弱为由而推辞,皇帝又命令顺天府丞徐廷玺为河道总督的协理。当时正遇上陕西西安、凤翔遭灾,皇帝命令留下江北漕运的粮二十万石,由黄河运往蒲州。靳辅奏称黄河水道运输只能到孟津,他亲自前去督促运粮,得到皇帝嘉奖。靳辅又上奏章请求通过高家堰运料到小河,培修河堤,加高加宽,在中河则加筑外面的遥堤,并且增建四座水闸,堵塞张庄的旧运河口,这些都是以前治理河务时所没完成的。靳辅另外又上奏章请求恢复陈潢的官,并重新任用熊一潇、达奇纳、赵吉士。靳辅后来病重,再次上奏章请求解除所任职。皇帝命内务府大臣明珠前往探视,传达皇帝谕旨,好好调理、治疗。同年十一月,靳辅病逝。皇帝赐以祭奠与厚葬,并追封"文襄公"的称号。康熙三十五年,朝廷允准江南知识分子和百姓的请求,在黄河边为靳辅建祠堂。康熙四十六年，又追赠太子太保官衔，又予拜他喇布勒哈番世职。雍正五年，又追加工部尚书官衔。

靳辅的儿子名叫治豫，承袭其父之职务。清世宗宪皇帝因为他在父亲做官时侍候左右，懂得治河事务，命令他从副参领加上工部侍郎官衔，协助料理江南的治河工程。

陈潢传

【题解】

陈潢（？～公元 1688 年），字天一。清初著名治河专家。浙江钱塘人，自幼留心于"经世致用"之学，屡次参加科举考试都未中。后来于康熙十年（公元 1671 年）与靳辅相遇，靳辅聘他为门客兼家庭教师。从此辅佐靳辅治理黄河，为靳献计献策，主要遵循明代水利学家潘季驯的束水攻沙理论，并广泛进行实地考察，博采众长，形成一整套治河方略，在实践中收到非常好的效果，黄河安流，漕运畅通。陈潢的治河理论见《治河述言》十二篇。他还发明了测水法。康熙二十三年，清圣祖康熙皇帝南巡，视察黄河，问靳辅身边得力之人是谁，靳说是陈潢，授给他金事道官衔。康熙二十六年，靳辅进一步推荐陈潢未成。次年，御史郭琇弹劾靳辅，株连陈潢。陈潢被革职解送京城，虽未入狱，却忧郁成疾而死。

【原文】

陈潢，字天一，浙江钱塘人。负才久不遇。过邯郸吕祖祠，题诗壁间，语豪迈。辅见而异焉，踪迹得之，引为幕客，甚相得。凡辅所建白，多自潢发之。康熙二十三年，上巡河，问辅："孰为汝佐？"以潢对。二十六年，辅疏言潢十年佐治勤劳，下部议，授潢金事道衔。二十七年，郭琇劾辅，辞连潢。辅罢，潢削职衔，逮京师，未入狱，以病卒。辅复起，疏请复潢官，部议以潢已卒，寝其奏。

潢佐治河，主顺河性而利导之，有所患必推其致患之由。工主核实，料主豫备，而估计不当过省，省则速败，所费较所省尤大。慎固堤防，主潘季驯束水刷沙之说，尤以减水坝为要务，有溃决，先固两旁，不使日扩，乃修复故道，而疏引河以注之，河流今昔形势不同，无一劳永逸之策，在时时谨小慎微，而尤重在河员之久任。张霭生采潢所论，次为《治河述言》十二篇。高宗以霭生《河图》能得真源，命采其书入《四库》，与辅《治河奏绩》并列。

【译文】

陈潢，字天一，浙江钱塘人。很长时间怀才不遇。游览经过河北邯郸吕祖祠时，在墙上题写诗句，语气很豪迈。靳辅见到陈的题诗后很惊异，根据陈的踪迹将他找到，聘为府中的门客，彼此交谈，很能相得益彰。但凡靳辅所提出的建议，多半出自陈潢。康熙二十三年(公元1684年),皇帝巡视黄河,问靳辅:"你的辅佐者是谁?"靳辅回答是陈潢。康熙二十六年,靳辅上奏疏说陈潢辅佐他治理黄河十年,工作很勤劳。这奏疏交到吏部去议,决定授给陈潢以"佥事道"的官衔。康熙二十七年,郭琇弹劾靳辅,言词中连累到陈潢。靳辅被罢官,陈潢也被削去官职头衔,押送到京城,虽未入监狱,却因病而死。靳辅官复原职后,上奏疏请求恢复陈潢官职。吏部商议,以陈潢已死为理由,未批准靳辅的请求。

陈潢辅佐治理黄河时,主张按照黄河本身的特性而因势利导,遇到有所祸害处必定要探寻造成危害的根由。他督察工程主张事事核实对照清楚,筹办材料主张提前做好准备。而估算投资时,他主张不应过于节省,太节省则很快会失败,结果所花费的比所节省的还要多。他主张谨慎地巩固堤防。他同意潘季驯的"束水攻沙"理论,尤其把减水坝作为最重要的任务。有堤防被冲垮而决口时,先加固决口之两旁,不使决口每天逐渐扩大,然后修复河流原来的河道,并疏通旁边的引河,使它流入正河中。黄河流水在今天与往日的形势很不相同,没有什么一劳永逸的对策。所需要的,倒在于时时刻刻都要在微小的事情上十分谨慎,而尤其重要的是治河官员要长久任用。张霭生采纳陈潢所论及的观点,依次编辑成《治河述言》十二篇。清高宗纯皇帝(按:即爱新觉罗·弘历,年号"乾隆")因为张霭生所著《河图》能得知黄河真正的本源,于是,命令将这部书拿来,编入"四库全书"中,与靳辅的《治河奏绩》并列在一起。

萨布素传

【题解】

萨布素(? ~1700)清前期著名边将。富察氏,满洲镶黄旗人。初为领催,后迁骁骑校、协领,康熙十七年(1678)授宁古塔副都统。当时沙俄正窥视我黑龙江流域,萨布素在黑龙江和呼玛尔一带驻防,修筑城堡,造船备炮,做好备战准备。1683年(康熙二十二年)设黑龙江城,提萨布素为黑龙江将军。1685年萨布素率兵与朋春会师,攻克雅克萨。次年俄军重占雅克萨,萨布素与郎坦等再率军进攻,在城周围修筑坚固工事,积贮粮食,作为长期围困雅克萨的准备。不久,中俄决定议和,撤去包围。康熙二十八年(1689)中俄在尼布楚签订边界条约。第二年萨布素进京觐见,康熙帝给予优厚赏赐。1696年康熙率军亲征噶尔丹,萨布素任东路军指挥。萨布素在黑龙江任上,还为边境少数民族设学政,建学校,兴教化,深得民心,后人称他有文武干济之才。康熙三十九年卒。

【原文】

萨布素,富察氏,满洲镶黄旗人。四世祖充顺巴本,以勇力闻,世为岳克通鄂城长。太祖时,其后人哈木都率所部来归。屯吉林,遂家焉。萨布素自领催授骁骑校,迁协领。康熙十六年,圣祖遣内大臣觉罗武默讷等瞻礼长白山,至吉林,欲得识路者导引。宁古塔将军巴海令萨布素率兵二百，携三月粮以从。水陆行，至长白山麓，成礼而还。

十七年，授萨布素宁古塔副都统。罗刹据雅克萨。二十一年，诏率兵偕郎坦等勘视雅克萨城形势，并往视自额苏哩至黑龙江及通宁古塔水陆道。寻郎坦还奏罗刹可图状，命建木城于黑龙江、呼玛尔两地，以巴海与萨布素统宁古塔兵千五百人往驻，造船备炮。二十二年，疏言：“黑龙江、呼玛尔距雅克萨尚远，若驻兵两处，则势分道阻，且过雅克萨有尼布楚等城。罗刹倘水陆运粮，增兵救援，更难为计。宜乘其积贮未备，速行征剿。俟造船毕，度七月初旬能抵雅克萨，即统兵直薄城下。”疏下王大臣议，如所请，上不许。寻命巴海留守吉林，以萨布素偕宁古塔副都统瓦礼祜率兵驻额苏哩。额苏哩在黑龙江、呼玛尔之间，为进攻雅克萨要地，有田陇旧迹。萨布素因移达呼尔防兵五百人赴其地耕种，并请调宁古塔兵三千更番戍守。上念兵丁更戍劳苦，命在黑龙江建城，备攻具，设斥堠，计程置驿，运粮积贮，设将军、副都统领之。擢萨布素为黑龙江将军，招抚罗刹降人，授以官职，更令转相招抚。

上命都统瓦山、侍郎果丕与萨布素议师期，萨布素请以来年四月水陆并进，攻雅克萨城，不克，则刈其田禾。上谓攻罗刹当期必克，倘谋事草率，将益肆猖狂。二十四年，以朋春等统兵进攻，萨布素会师，克雅克萨城，乃命萨布素移驻墨尔根，建城防御。二十五年，疏言罗刹复踞雅克萨，请督修战舰，俟冰泮进剿。上遣郎中满丕往诇得实，乃命萨布素暂停墨尔根兵丁迁移家口，速修战舰，率宁古塔兵两千人往攻。又命郎坦、班达尔沙会师，抵雅克萨城。城西濒江，萨布素令于城三面掘壕筑垒为长围，对江驻水师，未冰时泊舟东西岸，截尼布楚援兵，冰时藏舟上流汉港内，马有疲羸者，分发墨尔根、黑龙江饲秣，计持久。上因荷兰贡使以书谕俄罗斯察罕汗，答书请遣使画界，先释雅克萨围，上允之，命撤围。二十八年，俄罗斯使臣费耀多啰等至尼布楚，命内大臣索额图等往会，令发黑龙江兵千五百人为卫。寻议以大兴安岭及格尔必齐河为界，毁雅克萨城，徙其人去。二十九年，萨布素入规，赐赉优渥，命坐内大臣班。寻命总管索伦等部贡物，疏陈各部生计土俗采捕之事，拟为则例以上，上悉允行。

三十一年，奏建齐齐哈尔及白都讷城，以科尔沁部献进锡伯、卦尔察、达呼尔壮丁万四千有奇分驻二城，编佐领，隶上三旗，并设防守尉、防御等官。噶尔丹入犯，疏陈进兵事宜，略言：“兴安岭北形胜地，以索约尔济山为最。已遣识路官兵自盛京、吉林、墨尔根审度至山远近，分置驿站，其无水处，掘井以待。山之东北呼伦贝尔等处有警，与臣驻军地近，即率墨尔根兵先进，吉林、盛京继之；山之西乌勒辉等处有警，则盛京兵先进，臣率部下及吉林兵继之，皆会于索约尔济山。”上可其奏。三十五年，上亲征噶尔丹，自独石口出中路，大将军费扬古自归化城出西路，命萨布素扼其东路，督盛京、宁古塔、科尔沁兵，自索约尔济山克期进剿。四月，上次克鲁伦河，噶尔丹西窜，为费扬古所败。诏分萨布素所部兵五百人隶费扬古军。三十六年，召至京师，寻命回任。

初，边境有墨尔哲勒屯长，累世输贡。康熙初，屯长扎努喀布克托请率众内移，宁古塔将军巴海安辑于墨尔根，编四十佐领，号新满洲。萨布素奏于墨尔根两翼立学，设助教，选新满洲及锡伯、索伦、达呼尔每佐领下幼童一，教习书义。是为黑龙江建学之始。

三十七年,上幸吉林,褒其勤劳,予一等阿达哈哈番世职,并御用冠服,于众前宣谕赐之。寻疏言黑龙江屯堡因灾荒积欠米石,请俟年丰交仓。上以萨布素曾奏革任总督蔡毓荣经理十二堡,卓有成效;嗣因官堡荒弃,请停止屯种,将壮丁改归驿站,存贮仓米,支放无余,致驻防兵饷匮乏,责令回奏。萨布素具疏引罪,请以齐齐哈尔、墨尔根驻防兵每年轮派五百人往锡伯等处耕种官田,获谷运齐齐哈尔交仓。诏侍郎满丕等往按,以萨布素将荒废地妄报成效,并浮支谷石,应斩,命罢任,夺世职,在佐领上行走。寻授散秩大臣。

三十九年,卒。乾隆间,敕修《盛京通志》,列《名宦》,且称萨布素谙练明敏,得军民心,其平罗刹及黑龙江兴学,有文武干济才云。

【译文】

萨布素,姓富察氏,满洲镶黄旗人。他的四世祖充顺巴本,以胆量和力气闻名,世代都当岳克通鄂城的城长。清太祖努尔哈赤时,充顺巴本的后代哈木都率领了他所统辖的部族来归顺太祖,屯驻吉林,于是这一家族就在吉林安了家。萨布素从领催升为佐领副手骁骑校,又提拔为协领。康熙十六年,康熙帝派遣内大臣觉罗武默讷一行去瞻仰礼祭长白山,到吉林,想寻得认识路的人当引导,宁古塔将军巴海让萨布素率领二百兵士,携带三个月的粮食去当护卫向导。经水路、陆路跋涉,到达长白山麓,顺利地进行了礼祭后返回。

康熙十七年,任命萨布素为宁古塔副都统。当时,罗刹占据了雅克萨。康熙二十一年,皇帝诏令萨布素率兵同郎坦等前去勘视雅克萨城的形势,并察看从额苏哩到黑龙江以及额苏哩通往宁古塔的水陆道路。不久郎坦等回来后向皇帝奏报了罗刹可以攻取的情况,朝廷命令在黑龙江、呼玛尔两地修建木城,命巴海和萨布素统领宁古塔兵一千五百人前往驻守,并造船备炮。二十二年,萨布素上疏说:"黑龙江、呼玛尔两地距离雅克萨还很远,若在那两处驻兵,则力量分散,道路阻隔,而且过了雅克萨还有尼布楚等城。罗刹倘若从水、陆两路运送粮食,又向雅克萨城增派部队救援,我们就更难有好的计策了。应当乘他们积贮还未充足之际,迅速前往征剿。等到船造好,估计七月上旬就能抵达雅克萨,我们就能带领部队直逼城下。"奏疏下交给王大臣们商议,大家同意照萨布素的意见办,但皇帝没同意。不久诏令巴海留守吉林,命萨布素同宁古塔副都统瓦礼祜率兵驻守额苏哩。额苏哩在黑龙江和呼玛尔之间,为进攻雅克萨的要冲,有耕种庄稼的田垄旧迹。萨布素于是从达呼尔调来边防兵五百人到那里去耕种,并奏请调宁古塔兵三千人来轮流戍守。皇帝顾念士兵轮流戍边的劳苦,就命令在黑龙江建城,预备好进攻的器具,设立侦察部队,计算路程远近设置驿站,运送粮食积存贮备,增设将军、副都统辖领这一切。提拔萨布素为黑龙江将军,招抚从罗刹那里来归降的人,授予他官职,再要他们向原来的部属、朋友转相招抚。

康熙帝命令都统瓦山、侍郎果丕与萨布素一起商定进师的日期,萨布素提议在明年四月从水路、陆路并进,攻打雅克萨城,如果不能攻克,就叫士兵割去他们田里的庄稼。康熙帝说攻打罗刹应当指望必定胜利,倘若在谋划和作战时草率从事,出现闪失,敌人就会更加猖狂。二十四年，朝廷派朋春等将领统率部队进攻雅克萨，萨布素率兵和朋春会师，协助进攻，攻下了雅克萨。康熙就下令萨布素调驻墨尔根，在那里修筑城墙防御敌人。二十五年，萨布素上疏奏报罗刹又攻占了雅克萨，请求监督修造战舰，等冰一融化就进兵征剿。皇帝派遣郎中满丕前去侦探，确知实情，于是命令萨布素暂停放驻守的兵丁回去迁移家口来墨尔根，让他们迅速修造战舰，率宁古塔兵两千人前往攻取雅克萨。又命郎坦、班达尔沙率师会合，一起抵达雅克萨城。雅克萨城西面临江，萨布素命令士兵在城的北、东、南三面挖壕沟、筑碉堡，做长期包围的准备。西面则在江的对岸驻守水师，江面未冰冻时将船停靠在东西岸，以阻截从尼布楚来的援兵。江面封冻时将船只藏在上游的叉港内。瘦弱的马匹，分别送往墨尔根、黑龙江喂食饲养，打算持久作战。康熙帝通过荷兰贡使送书信告谕俄罗斯察罕汗，对方回信说请派遣使者来勘划边界，并要求先撤去对雅克萨的包围，康熙帝答应这一要求，命令撤掉包围。康熙二十八年，俄罗斯使臣费耀多啰等一行到达尼布楚，康熙帝命内大臣索额图等前往会面，下令调发黑龙江兵一千五百人为卫队，护卫前往。不久，双方谈判决定以大兴安岭和格尔必齐河为中俄边界，拆毁雅克萨城，俄方将他们的人员迁徙走。二十九年，萨布素进京觐见皇帝，康熙帝给了他优厚的赏赐，并特授他可和内大臣并列同座。不久，诏令萨布素总管索伦等部的上贡物品，萨布素上疏陈述了各部族的生活、风土习俗、采集捕猎方面的情况，打算整理成条规上报，皇帝全部允许实行。

　　康熙三十一年，萨布素上疏奏请筑建齐齐哈尔及白都讷城，将科尔沁部进献的锡伯、卦尔察、达呼尔壮丁一万四千多人分驻这两个城市，编设佐领，隶属上三旗管辖，并设置防守尉、防御等职官。噶尔丹来犯，萨布素上疏陈述进兵的事宜，大致是："兴安岭北面有可以制胜的地形，位置，以索约尔济山为最好。我已经派认识路的官兵分别从盛京、吉林、墨尔根三地测得到索约尔济山的距离，并分段设置了驿站，没有水的地方，还挖好了井以待使用。索约尔济山的东北呼伦贝尔等处如果有敌情，那里与我的驻地近，我可以立即率领墨尔根的兵士先进，吉林、盛京的部队随后再来。山的西面乌勒辉等处有紧急情况，则盛京距那里近，盛京的兵可先去，我率部队和吉林方向的兵随后赶去，都在索约尔济山会师。"皇帝同意了他的奏疏。三十五年，康熙帝亲率大军征讨噶尔丹，他自己统兵从独石口出去作为中路军，大将军费扬古率军从归化城出，作为西路军，命令萨布素把守住东路，指挥盛京、宁古塔、科尔沁的部队，从索约尔济山出发限期进剿。四月，康熙帝临驻克鲁伦河，噶尔丹向西逃窜，被费扬古打得大败。皇帝下诏，从萨布素的部队调出五百名士兵归费扬古军。三十六年，萨布素被召回京师，不久又命令回原任。

　　起初，边境上有一位叫墨尔哲勒的屯长，世代都向朝廷献纳贡品。康熙初年，屯长扎努喀布克托请求带领屯民向内地迁移，宁古塔将军巴海将他们安顿在墨尔根，编成四十佐领，称之为新满洲。萨布素奏请在墨尔根的两边建立学校，设置助教，从新满洲里及锡伯、索伦、达呼尔等部族的每一佐领里选一名儿童入学，教他们读书学习。这就是黑龙江建立学校的开端。三十七年，皇帝驾临吉林，褒奖了萨布素的勤奋辛劳，授予他一等达哈哈番世职，并在众大臣和广大官兵面前宣读圣谕，赏赐他皇帝所专用的冠服。不久，萨布素上疏说黑龙江的村屯集镇因受灾荒积欠了国家的租米,请求等来年丰收后再交仓库。康熙帝因为萨布素曾上奏称赞过已革任的总督蔡毓荣在那里经营管理十二个屯堡,卓有成效;后来只因这些屯堡荒芜废弃了,萨布素又奏请停止部队屯种,将壮丁改归驿站管辖,而原来存贮仓库的粮食,支用发放得所剩无几,因而导致驻守边防的部队粮饷匮乏。康熙责令萨布素上章回奏。萨布素上疏自承罪责,请求让齐齐哈尔、墨尔根的驻防兵每年轮派五百人到锡伯等处去耕种官田,将收获的粮食运送到齐齐哈尔交给国家仓库。皇帝诏令侍郎满丕等人前往勘查核实,以萨布素将荒废的土地谎报有收获的耕地,并且超支谷米粮食罪,按律应当斩首。皇帝下令罢免萨布素的官职,削除世职,在佐领入值办事。不久,任命他为散秩大臣。

康熙三十九年,萨布素去世,乾隆年间,奉皇帝敕令修撰的《盛京通志》,将萨布素列在《名宦》中,并称萨布素办事熟练,聪明敏捷,深得军心民心,他平定罗刹及在黑龙江兴办学校,表明了他有文武双全的济世之才等等。

图理琛传

【题解】

图理琛(公元1667~1740年),清代满族正黄旗人,阿颜觉罗氏,监生出身。康熙五十一年(公元1721年)以内阁侍读奉命出使土尔扈特。由喀尔喀部出发,途经俄罗斯、西伯利亚等地,历时三年,行程几万里。回京后,将沿途所见、所闻,民情、山川、风俗记录下来,写成《异域录》上、中、下三卷。《异域录》首载地图,其次是行程路线,详细、真实地记载了我国西北地区及俄罗斯等地的地理人文情况。有许多内容是前人地理著作所从未有过的。雍正五年(公元1727年),图理琛陪同喀尔喀郡王的驸马策凌前往俄国,与沙俄政府签订《中俄布达斯奇条约》《中俄恰克图界约》。历任陕西巡抚、吏部侍郎、内阁学士等职。乾隆初年因病辞官,不久故去。

【原文】

图理琛,阿颜觉罗氏,满洲正黄旗人。以国子生考授内阁中书,迁侍读。坐事,夺职,康熙五十一年,特命复职,出使土尔扈特。

初,土尔扈特汗阿玉奇从子阿喇布珠尔,假道准葛尔赴西藏谒达赖喇嘛。准葛尔台吉策妄阿喇布坦与阿玉奇构怨,阿喇布珠尔不得归,款关乞内属,诏封贝子,赐牧嘉峪关外党色尔腾。嗣阿玉奇遣使入贡,上欲归阿喇布珠尔。命图理琛偕侍读学士殷扎纳、郎中纳颜赍敕谕阿玉奇,假道鄂罗斯。

五月,图理琛等自京师启行,七月,至鄂罗斯境楚库柏兴。以假道故,待其国察罕汗进止。五十二年正月,许假道,乃行。还乌的柏兴,越柏海尔湖而北,抵厄尔库。鄂罗斯托波尔葛葛林遣其属博尔科尼来迎。葛葛林者,彼国所称总管也。图理琛等欲行,博尔科尼言葛,葛林令天使当自水路行,而昂葛拉河冰未泮,请稍驻俟之。三月,自昂葛拉河乘舟抵伊聂谢柏兴,登陆。五月,抵麻科斯科,复乘舟自揭的河顺流行,经那里穆柏兴、苏尔呼特柏兴、萨玛尔斯科、狄穆演斯科诸地。七月,至托波尔。其地葛葛林名马提飞费多里鱼赤,迎至廨,留八日。仍遣博尔科尼护之行,抵鸦班沁登陆。自费耶尔和土尔斯科越佛落克岭,抵索里喀穆斯科,以路泞,守冻十日。复行,经改郭罗多、黑林诺付、喀山、西穆必尔斯科诸地。十一月,至萨拉托付,是为鄂罗斯与土尔扈特界。水自东北来,折而南,鄂罗斯号为佛尔格,土尔扈特号为额济勒。阿玉奇汗驻牧地曰玛努托海,距此十日程,以雪盛不能行。

五十三年四月,阿玉奇遣台吉祥伟征等来迎。五月,图理琛等渡额济勒河,阿喇布珠尔之父纳扎尔玛穆特遣献马,却之。六月朔,至玛努托海,阿玉奇择日听宣敕。图理琛等以上意谕之曰:"阿喇布珠尔已赐爵优养,欲遣归尔牧地,以策妄阿喇布坦方与尔交恶,恐为所戕。尔若欲令阿喇布珠尔归,当自鄂罗斯来迎。"阿玉奇曰:"我虽外夷,然冠服与中国同。鄂罗斯乃嗜欲不同、言语不通之国也,天使归道当察其情状。鄂罗斯若以往来数故不假道,则我无由入贡矣。阿喇布珠尔荷厚恩,与归土尔扈特同,复何疑虑?"阿玉奇及纳扎尔玛穆特等各赠马及方物,图理琛等以越境无私交,却不受。阿玉奇待之有隆礼,留十四日,筵宴不绝。复附表奏谢。图理琛等遂行,由旧路归,鄂罗斯遣护如初。五十四年三月,还京师。

是役也,往返三载余,经行数万里。盖土尔扈特为鄂罗斯所隔,远阻声教,而鄂罗斯又故导我使纤道行。图理琛奉使无辱命,既归国,入对,述往还事状,并撰《异域录》,首冠舆图,次为行记,呈上览。上嘉悦,寻授兵部员外郎。阿喇布珠尔亦遂留牧党色尔腾不复遣,再传至其子丹忠,雍正中,迁牧额济内河。

图理琛迁郎中。世宗即位,命赴广东察藩库,就擢广东布政使。调陕西。三年,擢巡抚。五年,召为兵部侍郎,调吏部。偕喀尔喀郡王额驸策凌等往定喀尔喀与鄂罗斯界。仍调兵部。六年,追议前定界时,与鄂罗斯使臣萨瓦鸣炮谢天,私立木牌,并擅纳鄂罗斯贸易人入界;又前任陕西巡抚时,将天下兵数缮折私给将军延信,逮问论斩。诏宥免,遣筑扎克拜达罢克城。高宗即位,授内阁学士,迁工部侍郎。乾隆元年,以老解侍郎任,仍为内阁学士。二年,引疾去。五年,卒。

【译文】

图理琛,姓阿颜觉罗氏,是满族正黄旗人。他以国子监监生的资格参加考试,被授予内阁中书之职,后升任为侍读。因为犯错误,被撤了职。康熙五十一年(公元1721年)时,皇帝特别发布命令,使他恢复官职,到土尔扈特办外交。

当初,土尔扈特的国君阿玉奇的侄子阿喇布珠尔,曾通过准葛尔去西藏拜谒达赖喇嘛。准葛尔台吉策妄阿喇布坦与阿玉奇结下仇怨,阿喇布珠尔无法返回土尔扈特,于是请求归顺清朝,皇帝下诏把阿喇布珠尔封为贝子,赐给他嘉峪关外的党色尔腾作牧场。

后来阿玉奇派使臣交纳贡品，皇帝打算让阿喇布珠尔回到土尔扈特去，命令图理琛偕同侍读学士殷扎纳、郎中乡内颜，带着圣旨，通过鄂罗斯，通知阿玉奇。

五月，图理琛等人从京城出发，七月，到达鄂罗斯境内的楚库柏兴。因为是借道通过，所以需要等待鄂罗斯国的察罕汗的批准。康熙五十二年正月，察罕汗允许通过鄂罗斯，于是他们继续前行。他们绕道乌的柏兴，经过柏海尔湖向北走，来到厄尔库。鄂罗斯托波尔葛葛林派遣他的部下博尔科尼前来迎接。葛葛林，是鄂罗斯国总管一级官员的称呼。图理琛等人正准备出发时，博尔科尼说，葛葛林有令，天朝的使臣应当走水路，而此时昂蝎拉河水结冰还没有解冻，希望他们能在厄尔库驻扎，稍微等候一下。三月，图理琛一行从昂葛拉河坐船，行到伊聂谢柏兴上了岸。五月，到达麻科斯科，又坐船沿着揭的河顺流而下，经过那里穆柏兴、苏尔呼特柏兴、萨玛尔斯科、狄穆演斯科等地。七月，来到托波尔。当地的葛葛林名叫马提飞费多里鱼赤，他把图理琛一行迎接到官吏办事及居住的地方，款待八天。后仍派博尔科尼护送前行，到鸦班沁登陆上岸。从费耶尔和土尔斯科穿越过佛落克岭，到达索里喀穆斯科后，由于道路泥泞，又挨冻，被困十天。后来又走，途经改郭罗多、黑林诺付、喀山、西穆必尔斯科等地。十一月，抵达萨拉托付，这里是鄂罗斯和土尔扈特交界的地方。河水从东北方向流过来，在这里转折又向南流去，鄂罗斯人把这地称作佛尔格，土尔扈特人则把这地方称作额济勒。阿玉奇国君驻防和放牧的领地叫作玛努托海，距离这地方有十天的路程。因为当时雪下得很大，无法前行。

康熙五十三年四月，阿玉奇派遣台吉祥伟征等人前来迎接。五月，图理琛一行渡过额济勒河，阿喇布珠尔的父亲纳扎尔玛穆特派人献上马匹，图理琛推辞不受。六月初一，他们来到玛努托海，阿玉奇选择了好日子聆听皇帝的诏令。图理琛等人向阿玉奇宣读了皇帝的旨意，说："阿喇布珠尔已被赐予官爵，享以优厚待遇，现在想让他回到你的领地，由于准葛尔台吉策妄阿喇布坦正同你们的关系在恶化之中，恐怕被他们杀害。你如果希望阿喇布珠尔回来，就应当从鄂罗斯的方向去迎他。"阿玉奇说："我虽然是外邦的少数民族，但头上戴的、身上穿的，与中国相同，而鄂罗斯无论是在爱好上，还是在语言上，都是与我们不相同的国家。天朝的使臣在回去的路上应当仔细观察他们的情况。鄂罗斯如果借口我们往来次数频繁，不再允许我们从那里通过的话，那么我也就没别的途径向天朝进贡了。阿喇布珠尔既然承蒙天朝给以厚恩相待，也就等于他回到了土尔扈特一样，还有什么可疑虑、担心的呢？"阿玉奇和纳扎尔玛穆特等人各自赠送给图理琛他们骏马及土特产品，图理琛等人认为出使异域不能有私人接触、交往，一一谢绝，没有接受任何礼物。阿玉奇以隆重的礼遇对待图理琛等人，在他们停留的十四天中，宴席始终不断。阿玉奇还向皇帝写回信，表示感恩戴德。图理琛等人于是启程，依然沿着原来的路线返回，鄂罗斯也仍像从前那样派人加以护送。康熙五十四年三月，他们一行回到了京城。

这次出访土尔扈特，来去用了三年多，行程几万里。原因是土尔扈特被鄂罗斯所阻隔，路途遥远，阻滞了皇帝的声威和教化，而且鄂罗斯又故意引导我们的使臣绕道远行。图理琛奉命出使国外，维护了国家的尊严，没有辱没使命。回国后，向皇帝详细汇报，叙述了来往情况，并且撰写了《异域录》。书的前面是地图，其次是这次出行路线的记录。

送呈给皇帝浏览后，皇帝非常高兴。不久，图理琛被授予兵部员外郎。阿喇布珠尔也就留在了他的领地党色尔腾不再返回，他的爵位经过再传，传给了他的儿子丹忠。雍正年间，他的领地迁移到额济内河。

图理琛升任为郎中。世宗当上皇帝，命令他去广东调查地方上的钱储库，当时就把他提升为广东的布政使。又把他调到陕西。三年后，晋升为巡抚。雍正五年（公元1727），被召回京城任兵部侍郎，调到吏部。他陪同喀尔喀郡王的驸马策凌等人去勘定喀尔喀和鄂罗斯的边界。后仍回到兵部。雍正六年，当回溯、评论当年商议勘定边界时，图理琛被指控与鄂罗斯使臣萨瓦放礼炮感谢上天，未经批准，就私立了木牌，并且擅自接纳鄂罗斯商人进入边境。又曾经在任陕西巡抚时，利用职务之便，把国家的兵力数字抄写下来，私下交给延信将军，于是他被捕了，判以死刑。皇帝下令将他赦免，派遣他去修筑扎克拜达里克城。高宗即位做皇帝时，任命他为内阁学士，后晋升为工部侍郎。乾隆元年（公元1736年），由于他年纪大了，被解除工部侍郎的职务，但仍然是内阁学士。乾隆二年，他因病辞职。乾隆五年，他去世了。

张廷玉传

【题解】

张廷玉（1672~1755），安徽桐城人，字衡臣，号砚斋。大学士张英次子，康熙三十九年进士。历任文渊阁、文华殿、保和殿大学士，户部、吏部尚书等。雍正中始设军机处，与鄂尔泰同为军机大臣，规制均出其手。乾隆时深得信任重用，加封太保。前后居官五十年，曾先后纂修康熙、雍正《实录》，并充任《明史》、国史馆、《清会典》等总裁官。是清前期颇有作为的名相之一，谥号文和。有《澄怀园全集》传世。他的事迹也可参阅清李元度《国朝先正事略》卷十三和《清史列传》本传。

【原文】

张廷玉，字衡臣，安徽桐城人，大学士英次子。康熙三十九年进士，改庶吉士。散馆授检讨，直南书房，以忧归。服除，迁洗马，历庶子、侍讲学士、内阁学士。五十九年，授刑部侍郎。山东盐贩王美公等纠众倡邪教，巡抚李树德令捕治，得百五十余人。上命廷玉与都统托赖、学士登德会勘，戮七人，戍三十五人而谳定。旋调吏部。

世宗即位，命与翰林院学士阿克敦、励廷仪应奉几筵祭告文字，赐荫生视一品，擢礼部尚书。雍正元年，复命直南书房。偕左都御史朱轼充顺天乡试考官，上嘉其公慎，加太子太保。寻兼翰林院掌院学士，调户部。疏言："浙江衢州，江西广信、赣州，毗连闽、粤，无藉之徒流徙失业，入山种麻，结棚以居，号曰'棚民'。岁月既久，生息日繁。其强悍者，辄出剽掠。请敕督抚慎选廉能州县，严加约束。其有读书向学，膂力技勇，察明考验录用,庶生聚教训,初无歧视。"下督抚议行。命署大学士事。四年,授文渊阁大学士,仍兼户部尚书、翰林院掌院学士。五年,进文华殿大学士。六年,进保和殿大学士兼吏部尚书。七年,加少保。

八年,上以西北用兵,命设军机房隆宗门内,以怡亲王允祥、廷玉及大学士蒋廷锡领其事。嗣改称办理军机处。廷玉定规制:诸臣陈奏,常事用疏,自通政司上,下内阁拟旨;要事用折,自奏事处上,下军机处拟旨,亲御朱笔批发。自是内阁权移于军机处,大学士必充军机大臣,始得预政事,日必召入对,承旨,平章政事,参与机密。

张廷玉

廷玉周敏勤慎,尤为上所倚。上偶有疾,奖廷玉等翊赞功,各予一等阿达哈哈番,世袭。廷玉请以子编修若霭承袭。十一年,疏言:"诸行省例,凡罪人重者收禁,轻者取保。独刑部不论事大小、人首从,皆收禁,累无辜。请如诸行省例,得分别取保。刑部引律例,往往删截,但用数语,即承以所断罪;甚有求其仿佛,比照定议者,高下其手,率由此起。请教都察院、大理寺驳正。扶同草率,并予处分。"命九卿议行。

大学士英祀京师贤良祠,复即本籍谕祭,命廷玉归,行礼,并令子若霭从。弟廷璐督江苏学政,亦命来会。发帑金万为英建祠,并赐冠带衣裳及貂皮、人参、内府书籍五十二种。十二月,廷玉疏言:"行经直隶,被水诸县已予赈,尚有积潦不能种麦,请敕加赈一月。"并议以工代赈。得旨允行。十二年二月,还京师,上遣内大臣、侍郎海望迎劳卢沟桥,赐酒膳。

十三年,世宗疾大渐,与大学士鄂尔泰等同被顾命。遗诏以廷玉器量纯全,抒诚供职,命他日配享太庙。高宗即位,命总理事务,予世职一等阿达哈哈番,合为三等子,仍以若霭袭。

乾隆元年,《明史》成,表进,命仍兼管翰林院事。二年十一月,辞总理事务,加拜他喇布勒哈番,特命与鄂尔泰同进三等伯,赐号勤宣,仍以若霭袭。四年,加太保。寻谕:"本朝文臣无爵至侯伯者,廷玉为例外,命自兼,不必令若霭袭。"又谕:"廷玉年已过七十,不必向早入朝,炎暑风雪无强入。"十一年,若霭卒。上以廷玉入内廷须扶掖,命次子庶吉士若澄直南书房。十三年,以老病乞休。上谕曰:"卿受两朝厚恩,且奉皇考遗命配享太庙,岂有从祀元臣归田终老?"廷玉言:"宋、明配享诸臣亦有乞休得请者。且七十悬车,古今通义。"上曰:"不然。《易》称见几而作,非所论于国家关休戚、视君臣为一体者。使七十必令悬车,何以尚有八十杖朝之典? 武侯鞠躬尽瘁,又何为耶?"廷玉又言:"亮受任军旅,臣幸得优游太平,未可同日而语。"上曰:"是又不然。皋、夔、龙、比易地皆然。既以身任天下之重,则不以艰巨自诿,亦岂得以承平自逸? 朕为卿思之,不独受皇祖、皇考优渥之恩,不可言去。即以朕十余年眷待,亦不当言去。朕且不忍令卿去,卿顾能辞朕去耶? 朕谓致仕之义，必古人遭逢不偶，不得已之苦衷。为人臣者，设预存此心，必将漠视一切，泛泛如秦、越，年至则奉身以退，谁复出力为国家治事？是不可以不辨。"因命举所谕宣告朝列，并允廷玉解兼管吏部，廷玉自是不敢言去。然廷玉实老病，十四年正月，命如宋文彦博十日一至都堂议事，四五日一入内廷备顾问。是冬，廷玉乞休沐养疴，上命解所兼领监修、总裁诸职，且令军机大臣往省。廷玉言："受上恩不敢言去，私意愿得暂归。后年上南巡，当于江宁迎驾。"上乃许廷玉致仕，命待来春冰泮，舟行归里。亲制诗三章以赐，廷玉入谢，奏言："蒙世宗遗命配享太庙，上年奉恩谕，从祀元臣不宜归田终老，恐身后不获更蒙大典。免冠叩首，乞上一言为券。"上意不怿，然犹为颁手诏，申世宗成命，并制诗示意，以明刘基乞休后仍配享为例。次日，遣子若澄入谢。上以廷玉不亲至，遂发怒，命降旨诘责。军机大臣傅恒、汪由敦承旨，由敦为乞恩，旨未下。又次日，廷玉入谢，上责由敦漏言，降旨切责。廷臣请夺廷玉官爵，罢配享。上命削伯爵，以大学士原衔休致，仍许配享。十五年二月，皇长子定安亲王薨，方初祭，廷玉即请南还，上愈怒，命以太庙配享诸臣名示廷玉，命自审应否配享。廷玉惶惧，疏请罢配享治罪。上用大学士九卿议，罢廷玉配享，仍免治罪。又以四川学政编修朱荃坐罪，荃为廷玉姻家，尝荐举，上以责廷玉，命尽缴历年颁赐诸物。二十年三月，卒，命仍遵世宗遗诏，配享太庙，赐祭葬，谥文和。

乾隆三年，上将临雍视学，举古礼三老五更，谘鄂尔泰及廷玉。廷玉谓无足当此者，撰议以为不可行。四十三年，上撰《三老五更说》，辟古说踳驳，命勒碑辟雍。五十年，复见廷玉议，以所论与上同，命勒碑其次，并题其后，谓"廷玉有此卓识，乃未见及。朕必遵皇考遗旨，令其配享。古所谓老而戒得，朕以廷玉之戒为戒，且为廷玉惜之。"终清世，汉大臣配享太庙，惟廷玉一人而已。

子若霭，字晴岚。雍正十一年进士。廷试，世宗亲定一甲三名。拆卷知为廷玉子，遣内侍就直庐宣谕。廷玉坚辞，乃改二甲一名，授编修，直南书房，充军机章京。乾隆间，屡迁至内阁学士。若霭工书画，内直御府所藏，令题品鉴别，诣益进。十一年，扈上西巡，感疾，归卒。

【译文】

张廷玉，字衡臣，安徽桐城人，是大学士张英的次子。康熙三十九年考中进士，改任庶吉士。由散馆授为检讨，入值南书房，因为丁忧返回原籍服丧守制。守孝期满释服后，张廷玉迁任洗马，历任庶子、侍讲学士、内阁学士。康熙五十九年，张廷玉授为刑部侍郎。山东盐贩王美公等人纠众倡导邪教，巡抚李树德令地方官员捕治教匪，拿获一百五十余人。清圣祖诏命张廷玉与都统托赖、学士登德会审此案，结案时有教匪七人被诛戮，三十五人戍军充边。随即调张廷玉到吏部为官。

清世宗即位后，诏命张廷玉与翰林院学士阿克敦、励廷仪应奉清圣祖灵座祭告文字，赏赐他荫生视一品，擢升礼部尚书。雍正元年，再次任命他入值南书房。与左都御史朱轼同时充任顺天乡试考官，清世宗嘉奖他办事秉公慎重，加封太子太保。不久兼任翰林院掌院学士，调户部为官。他奏疏说："浙江衢州，江西广信、赣州，毗连闽、粤两省，无所

凭靠之徒流离失所，无以为业，进入这四省交界的山区种麻，结棚为屋居住，号称'棚民'。随着岁月长久，他们的生息繁衍日益增多。其中的强悍勇猛者，总是四出剽掠为害。请求敕令该省的督抚慎选廉洁干练的州县官吏，对这些棚民严加约束管理。对其中读书向学，体力智勇双全者，察明考核予以录用，庶生聚集起来进行教化训导，不要对他们加以歧视。"这个建议清世宗饬交督抚照议奏施行。张廷玉受命署理大学士事务。雍正四年，张廷玉授为文渊阁大学士，兼任吏部尚书。雍正七年，加封张廷玉为少保。

雍正八年，清世宗因为对西北用兵，诏命在隆宗门内设立军机房，令怡亲王允祥、张廷玉和大学士蒋廷锡兼管军机房事务。随后军机房改称为办理军机处。由张廷玉拟定各项规章制度。诸位大臣陈奏，平常事务使用奏疏，经由通政司递上，交给内阁拟旨处理。重要事务使用奏折，经由奏事处递上，交给军机处拟旨，圣主亲自览阅朱笔批示处理。从此以后内阁权力向军机处转移，大学士一定充任军机大臣，才能得以参与处理国家政务，军机大臣每天一定被召入内廷以备应对，秉承圣旨，评议奏章政务，参与国家机密的商讨。

张廷玉处理政务周密敏捷勤奋慎重，尤其受到清世宗的倚任。清世宗偶然患病，嘉奖张廷玉等辅佐赞理有功，分别赐予一等阿达哈哈番，准予世袭罔替。张廷玉请求此职由担任编修的儿子若霭承袭，得到允准。雍正十一年，张廷玉奏疏说："按照各行省的惯例，凡是重罪犯人逮捕拘押，轻罪犯人取保候审。唯独刑部不论案情大小、首犯从犯，都要逮捕监禁，累及无辜。请求援照各行省所行惯例，允许分别罪行轻重取保候审。刑部引用律例，往往有删截取舍，仅仅采用其中的数语，就用它来审案量刑定罪。甚至有的只求其大概，似是而非，比照定议者，上下其手，徇私枉法，一般由此而出现。请求敕令都察院、大理寺改正驳回。连同草率审理者，同时给予处分。"清世宗命六部九卿议奏施行。

在京师贤良祠祭祀已故大学士张英，之后又回到本籍宣谕祭文，清世宗命张廷玉返回原籍行礼，同时准令张廷玉之子张若霭随从。张廷玉之弟张廷璐监察江苏学政，也命他来到原籍行礼祭祀。发放帑金一万两为张英修建祠堂，同时赏赐冠带、衣裘及貂皮、人参、内府书籍五十二种。十二月，张廷玉奏疏说："行走经过直隶境内，看到遭受水灾的各县已经得到赈济，田地还有积水不能种麦耕作，请求敕令增加赈济一月。"同时议奏可以工价代替赈济费用。得到圣旨允准施行。雍正十二年二月，张廷玉返回京师，清世宗派遣内大臣、侍郎海望前往卢沟桥迎接犒劳，赏赐酒膳筵席。

雍正十三年，清世宗病危时，张廷玉与大学士鄂尔泰等同受圣命被任为顾命大臣。清世宗遗诏中称张廷玉博大，为忠纯笃实之臣，恪尽职守，全心全意，诏命令他将来配享太庙。清高宗即位，张廷玉受命总理事务，赐予他一等阿达哈哈番，合为三等子，仍旧让其子张若霭承袭。

乾隆元年，《明史》修成后，呈表进呈圣览，清高宗诏命仍让张廷玉兼管翰林院事务。乾隆二年十一月，张廷玉辞去总理事务职衔，加封为他喇布勒哈番，特命与鄂尔泰同时晋升三等伯，赐号勤宣，仍然让其子张若霭承袭伯爵。乾隆四年，加封太保职衔。不久宣谕说："本朝文臣爵位没有进至侯伯的人，张廷玉属于例外开恩，诏命他自己兼任侯伯，不必让张若霭承袭。"又宣谕说："张廷玉年龄已过七十岁，没有必要像从前那样早晨入朝议政，遇有炎暑风雪天气时无须勉强入朝。"乾隆十一年，张若霭去世。清高宗因为张廷玉入内廷议政需要有人扶持侍奉，诏命他的次子庶吉士张若澄入值南书房。乾隆十三年，张廷玉因为年老有病请求退休。清高宗诏谕说："爱卿蒙受两朝厚恩隆遇，况且遵奉皇父遗命配享太庙，岂有陪祭元老大臣归田颐养天年之理？"张廷玉说："宋朝、明朝配享太庙诸臣也有请求退休获准的先例。况且人到七十岁辞官终养天年，是古今普遍适用的道理。"清高宗说："未必都是这样。《易经》称君子看到兆头就行动，所论没有涉及与国家命运休戚相关、视君臣为一体的情况。如果人到七十岁就必令他辞官终养，为什么还有八十岁而继续在朝执政的制度？忠武侯诸葛亮为国鞠躬尽瘁，死而后已，又为的是什么呢？"张廷玉又说："诸葛亮受命于战争年代，臣幸遇太平盛世，这两者不可同日而语。"清高宗说："话这样讲不尽全对。皋、夔、龙、比换个地方同样都是它。既然身负国家重任要务，就不应以艰难巨大，自己推卸后缩，也怎能凭借处在承平之世自图安逸？朕为爱卿着想，爱卿荷蒙皇祖、皇父的优渥隆恩，不但不能辞官而去。就是凭朕十余年来对爱卿的眷待厚爱，也不应当说辞官而去。况且朕不忍心让爱卿离去，爱卿却能辞朕而别吗？朕认为退休的本义，必定是古人遭遇不幸，有迫不得已而为之的苦衷。作为人臣，如果心里预先就有辞官而去的想法，必将对一切事务漠然置之，敷衍了事，疏远政务，年龄已到就奉身告退辞职，谁还全力为国家管理事务？这是不能不加以辨别说明的。"于是清高宗诏命将此谕宣告朝中百官，同时批准张廷玉解去兼管的吏部事务，张廷玉从此不敢说辞官终养。但是张廷玉确实年老有病，乾隆十四年正月，清高宗诏命比照宋朝文彦博每十天到都堂议论朝政的先例，恩准张廷玉每隔四五天进入内廷以备顾问策对。本年冬季，张廷玉请求例假养病，清高宗诏命解除他兼领的监修、总裁各职衔，而且令军机大臣前往问候。张廷玉说："荷蒙圣上隆恩厚遇不敢说辞官归田，自己希望能得到批准暂时返回原籍。后年，高宗南巡时，应当在江宁迎谒圣上。"清高宗于是同意张廷玉退休，诏命他等待来年春暖冰化时，乘船返回故里。清高宗亲制御诗三章赐给张廷玉，张廷玉奉诗入朝谢恩，奏称："蒙受世宗遗命得到配享太庙殊荣，上年遵奉恩谕，说陪祭元老大臣不应该辞官归田养老，恐怕死后不能荣得这样的隆恩大典。现在免冠叩首，乞求圣上将所说立为凭证。"清高宗听到这些心里很不喜悦。但是还为张廷玉颁布手诏，重申清世宗的成命没有改变，同时御制诗文表示他的心意，以明朝刘基请求退休后仍然配享太庙为例加以说明。第二天，张廷玉派遣儿子张若澄入朝叩谢圣恩。清高宗因为张廷玉没有亲自前来谢恩，于是勃然大怒，命降旨查办责惩张廷玉。军机大臣傅恒、汪由敦秉承圣旨，汪由敦替张廷玉求恩，圣旨才没有下发。第三天，张廷玉入朝谢恩，清高宗责备汪由敦透露消息，降旨严厉斥责他。内廷大臣奏请削夺张廷玉的官爵，罢免他配享太庙的殊荣。清高宗诏命削除张廷玉的伯爵，以大学士原衔退休，仍旧允许他配享太庙。乾隆十五年二月，皇长子定安亲王去世，刚刚举行初祭礼仪，张廷玉就请求南归故里，清高宗愈加愤怒，诏命将配享太庙各大臣的名单出示张廷玉，让他自己明悉是否应该配享太庙。张廷玉惶恐万分，奏疏请求罢免配享太庙，照律治罪。清高宗采纳大学士六部九卿的议奏，罢免张廷玉配享太庙，仍然免予治罪。又因为四川学政编修朱荃犯罪，朱荃与张廷玉是有婚姻关系的亲戚，张廷玉曾经举荐过他，清高宗凭此斥责张廷玉，诏命将圣上历年赏赐的各物全数缴回。乾隆二十年三月，张廷玉去世，清高宗诏谕仍旧遵奉清世宗的遗诏成命，恩准张廷玉配享太庙，赐予祭葬，谥号文和。

乾隆三年，清高宗将亲临国学对学子进行考试，提出设古礼三老五更之位，以养老人，为此向鄂尔泰及张廷玉咨询。张廷玉说没有人能够弄明白这些古礼，撰写奏议认为此不可施行。乾隆四十三年，清高宗撰写《三老五更说》，驳斥古说杂乱，命将此说刻碑立于辟雍。乾隆五十年，清高宗再次看到张廷玉的奏议，认为他所发表的评论与自己相同，便命将其刻碑立于辟雍，同时在碑文后题记，说"张廷玉有如此的远见卓识，朕竟然未能及时看到。朕一定遵奉皇父遗旨，让他配享太庙。这就是古人所说的年老时要警戒谋求有所得，朕要以张廷玉的告诫为警戒，并为失去张廷玉感到惋惜。"在清一代，汉大臣配享太庙的，只有张廷玉一人而已。

张廷玉之子张若霭，字晴岚。雍正十一年考中进士。举行廷试后，清世宗亲定他为一甲探花。拆卷知道他为张廷玉之子，派遣内侍直奔府第宣谕告知。张廷玉坚持不接受，于是改为二甲一名，授为编修，入值南书房，充任军机章京。乾隆年间，屡次调迁任内阁学士。张若霭擅长书法绘画，他入值内廷管理御府所收藏的字画，令他题写评定鉴别优劣，书画造诣更加深厚。乾隆十一年，护驾清高宗西巡，因为感冒患病，不久去世。

田文镜传

【题解】

田文镜的情况与以上几个人有所不同。他是在雍正年间出现的一个特定人物。雍正由于争夺帝位，兄弟相残，即位后以严酷治国，可以说是一位"酷君"。"上有好者，下必有甚焉者"，本传明白地记载了"文镜希上指，以严厉刻深为治"。严酷地对待所属各官，对百姓更不必说。河南遭受水灾，雍正命令免去当年赋税，田文镜却说是没有成灾，"士民踊跃输将"，"仍请照额完兑"，这就无怪乎乾隆即位以后要感慨言之了。传中提到了田文镜厌恶由科举考试即通称"正途"出身的官员，几个州县官由此而送命、戍边，这一方面可以说明雍正年间大臣之间的倾轧、"酷君"雍正对"酷吏"田文镜的信任，另一方面也反映了非正途出身的田文镜近于变态的心理。

【原文】

田文镜，汉军正黄旗人。康熙二十二年，以监生授福建长乐县丞。迁山西宁乡知县，再迁直隶易州知州。内擢吏部员外郎，历郎中，授御史。五十五年，命巡视长芦监政，疏言："长芦监引缺额五万七千余道，商人原先输课，增复原引。自五十六年为始，在长清等县运行。"得旨:"加引虽可增课,恐于商无益。"下九卿议行。山东巡抚核定题覆如所议。寻擢内阁侍读学士。雍正元年,命祭告华狱。是罗山西灾,年羹尧入观,请赈。上谘巡抚德音,德音言无灾。及文镜还,入对,备言山西荒歉状。上嘉其直言无隐,令往山西赈平定等诸州县,即命署山西布政使。

文镜故有吏才,清厘积牍,剔除宿弊,吏治为一新。自是遂受世宗眷遇。二年,调河南,旋命署巡抚。疏请以陈、许、禹、郑、陕、光六州升直隶州。寻命真除。文镜希上指,以严厉刻深为治,督诸州县清逋赋,辟荒田,期会促迫。诸州县稍不中程,遣谪立至。尤恶科目儒缓,小忤意,辄劾罢。疏劾知州黄振国,知县汪诚、邵言纶、关陈等。上遣侍郎海寿、史贻直往按,谴黜如文镜奏。四年,李绂自广西巡抚召授直隶总督,道开封,文镜出迓。绂责文镜不当有意蹂躏读书人,文镜密以闻,并谓绂与振国为同岁生,将为振国报复。绂入对,言振国、诚、言纶被论皆冤抑,知县张球居官最劣,文镜反纵不纠。上先入文镜言,置不问。球先以盗案下部议,文镜引咎论劾。是冬,御史谢济世劾文镜营私负国、贪虐不法,凡十事,仍及枉振国、言纶、诚,庇球诸事,与绂言悉合。上谓济世与绂为党,有意倾文镜,下诏严诘,夺济世官,遣从军,振国、诚论死,戍言纶、陈于边。振国故蔡珽属吏,既罢官,以珽荐复起。及珽得罪,上益责绂、珽济世勾结党援,扰国政,诬大臣,命斩振国。

文镜疏请以河南丁银均入地粮,绅衿富户,不分等则,一例输将,以雍正五年始。部议从之。五年,疏言黄河盛涨,险工迭出,宜暂用民力,每岁夏至后,将距堤一二里内村庄按户出夫,工急抢护,事竟则散。若非计日可竣者,按名给工食。下部议行。寻授河南总督,加兵部尚书。文镜初隶正蓝旗,命抬入正黄旗。六年,上褒文镜公正廉明,授河南山东总督,谕谓此特因人设官,不为定例。文镜疏言:"两省交界地易藏匪类,捕役越界,奸徒夺犯,每因拒劫,致成人命,彼界有司仍复徇庇。请嗣后越界捕盗,有纵夺徇庇者,许本省督抚移咨会劾。"上从之。文镜先以河南漕船在卫辉水次受兑,道经直隶大名属睿、滑、内黄三县,隔省呼应不灵。请以三县改归河南。既,又以河南征漕旧例,河北三府起运本色,余皆征折,在三府采买,偏重累民。请以仪封、考城及新改归河南睿、滑、内黄等五县增运本色。距水次最远灵宝、阌乡二县,减办米数,归五县征输。南阳、汝宁诸府,光、汝诸州,永宁、嵩、卢氏诸县,皆以路远停运,分拨五县协济,按道路远近,石加五分至二钱三分各有差。又疏言:"山东仓库亏空,挪新掩旧。请如河南交代例,知府、直隶州离任,所辖州县仓库,令接任官稽查,如有亏空,责赏其半,方得赴新任。道员离任,所辖府、直隶州仓库亦视此例。"又疏言:"山东钱粮积亏二百余万,雍正六年钱粮应届全完之限,完不及五分,由于火耗太重、私派太多。请敕山东巡抚、布政使协同臣清查,期以半年参追禁革,毋瞻徇,毋容隐。"上皆用其议。七年,请设青州满洲驻防兵,屯府北东阳城址,下议政王大臣议行。寻加太子太保。疏请以高唐、濮、东平、莒四州升直隶州,改济宁直隶州降隶兖州府。

旋命兼北河总督。是岁山东水灾,河南亦被水,上命蠲免钱粮。文镜奏今年河南被水州县,收成虽不等,实未成灾,士民踊跃输将,特恩蠲免钱粮,请仍照额完兑。部议应如所请,上仍命文镜确察歉收分数,照例蠲免,现兑正粮,作下年正供。九年,谕曰:"上年山东有水患,河南亦有数县被水,朕以田文镜自能料理,未别遣员治赈。近闻祥符、封丘等州县民有鬻子女者。文镜年老多病,为属吏欺诳,不能抚绥安集,而但禁其鬻子女,是绝其生路也。岂为民父母者所忍言乎?"并令侍郎王国栋如河南治赈。文镜以病乞休,命解任还京师。病瘳,仍命回任。十年,复以病乞休,允之。旋卒,赐祭葬,谥端肃。命河南省城立专祠。又以河道总督王士俊疏请,祀河南贤良祠。

高宗即位,尚书史贻直奏言士俊督开垦,开捐输,累民滋甚。上谕曰:"河南自田文镜为督抚,苛刻搜求,属吏竞为剥削,河南民重受其困。即如前年匿灾不报,百姓流离,蒙皇考严饬,遣官赈恤,始得安全,此中外所共知者。"并命解士俊任,语详士俊传。乾隆五年,河南巡抚雅尔图奏河南民怨田文镜,不当入河南贤良祠。上谕曰:"鄂尔泰、田文镜、李卫皆皇考所最称许者,其实文镜不及卫,卫又不及鄂尔泰,而彼时三人素不相合。雅尔图见朕以卫祀贤良,借文镜之应撤,明卫之不应入。当日王士俊奏请,奉皇考允行,今若撤出,是翻前案矣!"寝雅尔图奏不行。

【译文】

田文镜,汉军正黄旗人。康熙二十二年,从监生被任命为福建长乐县县丞。迁官出西宁乡县知县,又迁为直隶易州知州。选拔入京为吏部员外郎。升为郎中,授为御史。康熙五十五年,命令他巡视长芦的盐政。田文镜上疏说:"长芦运销官盐的执照盐引还缺五万七千多份,商人们愿意先缴纳税收,增加恢复原来的盐引数字。从五十六年开始,在长清等县贩运出售。"圣旨说:"增加盐引虽然可以增加赋税,但对于商人恐怕没有好处。"发交九卿讨论办理。山东巡抚核定题覆像九卿所讨论的一样。田文镜不久又被选拔为内阁侍读学士。雍正元年,命令田文镜代表朝廷祭告华山。这一年山西遭灾,年羹尧入京朝见,请求朝廷赈济。雍正诏问山西巡抚德音,德音说没有灾情。等到田文镜从陕西路过山西回京,回答雍正的询问,详细叙说山西灾荒歉收的情况。雍正称赞他直言没有隐瞒,命令他前去山西赈济平定等州县,就命令他代理山西布政使。

田文镜本来有行政才能,清理积压的案卷文件,剔除历年积累下来的弊病,吏治为之面目一新。从此就受到雍正的关心赏识。雍正二年,调任河南布政使,不久就命令他代理巡抚。上疏奏请把陈州、许州、禹州、郑州、陕州、光州六个州升格为直隶州。不久被实授为河南巡抚。田文镜迎合雍正的意图,把严峻刻薄作为治理的方针,督促各州县清理积欠的赋税,开垦荒田,而且限期很紧。各州县稍有不能完成任务,惩罚立刻临头。田文镜尤其讨厌科举考试出身的官员迁缓迟钝,稍有不合自己的意思,就奏劾罢官。上疏奏劾知州黄振国,知县汪诚、邵言纶、关朅等人。雍正派遣侍郎海寿、史贻直前去查察,都按照田文镜所提的处理意见惩罚免官。雍正四年,李绂从广西巡抚任上被任命为直隶总督,路过开封,田文镜出来迎接。李绂责备田文镜不应该故意糟蹋压制读书人,田文镜秘密上奏,并且说李绂和黄振国是同年举人,准备为黄振国报复。李绂到京师面见雍正,说黄振国、汪绂、邵言纶等被处分都是冤枉的,而知县张球政绩最坏,田文镜反而放纵不检举。雍正由于先听了田文镜的话，就把事情放下不再过问。张球在这以前由于捕盗一案发交部里议处，田文镜承认自己的过错并且奏劾张球。这年冬天，御史谢济世奏劾田文镜营私负国、贪虐不法，一共有十几条，还提到了诬枉黄振国、邵言纶、汪诚以及包庇张球等各事，和李绂所说的全都一致。雍正认为谢济世和李绂勾结一党，有意排挤田文镜，下诏严厉责问，免去谢济世的官职，发配充军，黄振国、汪诚判处死刑，把邵言纶、关陈遣戍边境。黄振国本是蔡珽的下属，罢官以后，由于蔡珽的保荐重新起用。等到蔡珽得了罪，雍正更加责备李绂、蔡珽、谢济世结成一党，互相声援，干扰国政，诬陷大臣，下令把黄振国斩首。

田文镜上疏奏请把河南的人头税均摊入土地赋税之内，绅士富户，不分等级，一律缴纳，从雍正五年开始。部里讨论同意这样做。雍正五年，上疏奏称当汛期黄河河水猛涨，险情不断出现时，应当暂使用民间的劳力，每年夏至以后，把距离河堤一二里以内的村庄按户口派定劳力，出现险情就抢救护理，事情完了就分散回家；如果不是计算日期可以完工的，按照名字给予伙食。雍正命令发交部里讨论执行。不久又任命为河南总督，加兵部尚书衔。田文镜原来隶属于正蓝旗，诏命破格隶属于正黄旗。雍正六年，雍正帝称赞田文镜公正廉明，任命为河南山东总督，降旨说这是特别因人而设立的官职，不作为定例。田文镜上疏奏称："两省交界的地段容易藏匿坏人，捕快衙役越界抓人，奸恶之徒争夺侵犯，每每因为拒捕劫掠，以致引起人命，而那边省界内的地方官仍然曲加庇护。请求今后有越省界追捕盗贼，地方官如果放走或争夺人犯，曲加包庇，准许本省总督巡抚移文给另一省的总督巡抚会同审劾。"雍正批准了。田文镜起先由于河南的漕运船只在卫辉县水边押运出发，路经直隶大名府所属的浚、滑、内黄三县，隔着省份呼应不灵，请求把这三县改划给河南。这以后，又因为河南征收漕米的旧例是在黄河以北的三个府启运实物，其余的都折合银两征收，在黄河以北三个府采购实物，百姓负担过重。请求把仪封、考城以及最近改划给河南的浚、滑、内黄等五县加运实物。距离水边最远的灵宝、阌乡两县，减少采购漕米的数额，减少部分由上述五县征收。南阳、汝宁各府，光州、汝州各州，永宁、嵩、卢氏各县，都由于路远而停运，分别拨归上述五县协助办理，每石米加银五分至二钱三分数量不等。田文镜又上疏说："山东仓库亏空，把新粮挪来掩盖旧的亏空。请求像河南地方官交代的惯例一样，凡是知府、直隶州知州离任，所管辖州县的仓库，命令接任的官员稽查，如果出现亏空，责令原来的官员赔偿一半，才能前去新任。道县离任，所管辖的府、直隶州的仓库也按照这样办理。"又上疏说："山东的钱粮积累亏欠二百多万，雍正六年钱粮应该完成的数额，实际完成不到十分之五，这是由于火耗太重，私下摊派太多。请降旨给山东巡抚、布政使会同臣一起清查追案，限定在半年内对当事人的不法行为加以参奏和禁止，不得徇私，不得隐瞒。"雍正全都采纳了他的建议。雍正七年，请求设置青州的满洲驻防兵，驻扎在府北东阳城的原址，下旨发交王、大臣讨论是否可行。不久加封太子太保衔。上疏请求把高唐、濮、东平、营四个州升格为直隶州，把济宁直隶州降格隶属于兖州府。

随着就诏命田文镜兼任北河总督。这一年山东发生水灾，河南也有部分土地被淹，雍正诏命豁免钱粮,田文镜奏称今年河南被淹各州县,收成虽不相等,其实并没有成灾,百姓踊跃捐输,雍正特别开恩豁免钱粮,请求仍然照原来的数额缴纳上运。部里讨论同意田文镜的请求。雍正仍然命令田文镜确切查察歉收的成数,照例豁免,现在正在运送入京的糟米,作为下一年的额定赋税。雍正九年,告诉大臣说:"上一年山东有水灾,河南也有几县被淹,朕以为田文镜自己能够安排好,没有另外派人去办理赈济。最近听说祥符、封丘等州县有卖儿卖女的。田文镜年老多病,被下属官员所欺骗,不能安抚救济百姓,而只是禁止他们卖儿卖女,这是断绝他们的活路。这难道是做百姓父母的人所忍心说的话吗?"田文镜因为有病请求休息,诏命离任回京师。病愈以后,仍然命令他回任。雍正十年,再次因病请求休息,雍正批准了。随着不久去世,御赐祭奠安葬,谥号为端肃。命令河南省省城中为他设立专门的祠堂。又因为河道总督王士俊的请求,入祀河南贤良祠。

乾隆即位,尚书史贻直上奏王士俊督办开垦,开捐输,严重地加重了百姓的负担。乾隆告诉大臣说:"河南自从田文镜做了总督巡抚,苛刻搜刮,下属官员争着敲剥,河南百姓严重地受到了他们的困扰。就像前年隐瞒灾情不上报,百姓流离失散,幸亏蒙先父皇严加告诫,派遣官员前去赈济抚恤,才能平安保全,这是京师内外所都知道的。"同时命令解除王士俊的职务,详细情况记载在王士俊的传记里。乾隆五年,河南巡抚雅尔图上奏说河南百姓怨恨田文镜,不应该入祀贤良祠。乾隆对大臣们说:"鄂尔泰、田文镜、李卫都是先父皇最赏识称赞的人,其实田文镜比不上李卫,李卫又比不上鄂尔泰,但当时这三个人素来不相投合。雅尔图见到朕把李卫入祀贤良祠,就借着田文镜应当撤除祭祀,来表明李卫不应当入祀。但田文镜入祀是当时王士俊奏请,奉先父皇的允准办理的,现在如果撤除,这是在翻旧案了!"就把雅尔图的奏请压下不办。

年羹尧传

【题解】

年羹尧(?~1726)清前期著名军事将领。字亮工,清汉军镶黄旗人,康熙三十九年(1700)进士。后授四川巡抚,参与镇压了当地少数民族的武装叛乱。五十六年(1717)新疆准噶尔部的策妄阿拉布坦在袭击西藏后勾结当地的分裂势力,企图分裂祖国。清政府派大军前往征剿。年羹尧前往松潘协理军事,配合入藏各军,平定乱事,为此特授四川总督,不久又兼理陕西总督。雍正元年(1723)青海和硕特部头目罗卜藏丹津煽动二十多万人发动叛乱,劫掠青海各地。世宗授年羹尧为抚远大将军,率岳钟琪等人前往征讨。行军所至,杀戮甚众,同行皆忌惮。最后历时二年,打败了罗卜藏丹津的大部队,平定了青海全省。论功,加一等阿思哈尼哈番世职。

年羹尧素为世宗心腹,曾参与世宗夺取帝位的阴谋,又有战功,持贵而骄,为世宗所不容。不久被罗织罪状，于雍正三年末（1726）下狱，迫令自杀。

【原文】

年羹尧

年羹尧，字亮工，汉军镶黄旗人。父遐龄，自笔帖式授兵部主事，再迁刑部郎中。康熙二十二年，授河南道御史。四迁工部侍郎，出为湖广巡抚。湖北武昌等七府岁征匠役班价银千余，户绝额缺，为官民累。遐龄请归地丁征收，下部议，从之。疏劾黄梅知县李锦亏赋，夺官。锦清廉得民，民争完逋赋，诸生吴士光等聚众闭城留锦。事闻，上命调锦直隶，士光等发奉天，遐龄与总督郭琇俱降级留任。四十三年，遐龄以病乞休。

羹尧，康熙三十九年进士，改庶吉士，授检讨。迭充四川、广东乡试考官，累迁内阁学士。四十八年，擢四川巡抚。四十九年，斡伟生番罗都等掠宁番卫，戕游击周玉麟。上命羹尧与提督岳升龙剿抚。升龙率兵讨之，擒罗都，羹尧至平番卫，闻罗都已擒，引还。川陕总督音泰疏劾，部议当夺官，上命留任。五十六年，越巂卫属番与普雄土千户那交等为乱，羹尧遣游击张玉剿平之。

是岁，策妄阿喇布坦遣其将策凌敦多卜袭西藏，戕拉藏汗。四川提督康泰率兵出黄胜关，兵哗，引还。羹尧遣参将杨尽信抚谕之，密奏泰失兵心，不可用，请亲赴松潘协理军务。上嘉其实心任事，遣都统法喇率兵赴四川助剿。五十七年，羹尧令护军统领温普进驻里塘，增设打箭炉至里塘驿站，寻请增设四川驻防兵，皆允之。上嘉羹尧治事明敏，巡抚无督兵责，特授四川总督，兼管巡抚事。五十八年，羹尧以敌情叵测，请赴藏为备。廷议以松潘诸路军事重要，令羹尧毋率兵出边，檄法喇进师。法喇率副将岳钟琪抚定里塘、巴塘。羹尧亦遣知府迟维德招降乍丫、察木多、察哇诸番目，因请召法喇师还，从之。

五十九年，上命平逆将军延信率兵自青海入西藏，授羹尧定西将军印，自拉里会师，并谘羹尧孰可署总督者。羹尧言一时不得其人，请以将军印畀护军统领噶尔弼，而移法喇军驻打箭炉，上用其议。巴塘、里塘本云南丽江土府属地，既抚定，云贵总督蒋陈锡请仍隶丽江土知府木兴；羹尧言二地为入藏运粮要路，宜属四川，从之。兴率兵往收地，至喇皮，击杀番酋巴桑，羹尧疏劾。上命逮兴，囚云南省城。八月，噶尔弼、延信两军先后入西藏，策凌敦多卜败走，西藏平。上谕羹尧护凯旋诸军入边，召法喇还京师。

羹尧寻遣兵抚定里塘属上下牙色、上下雅尼，巴塘属桑卡坝、林卡石诸生番。六十年，入觐，命兼理四川陕西总督，辞，还镇，赐弓矢。上命噶尔弼率兵驻守西藏，行次泸定桥，噶尔弼病不能行，羹尧以闻。上命公策旺诺尔布署将军，额驸阿宝、都统武格参赞军务，驻西藏。青海索罗木之西有郭罗克上中下三部，为唐古特种人，屡出肆掠。阿宝以闻，上令羹尧与钟琪度形势，策进讨。羹尧疏言："郭罗克有隘口三，悉险峻，宜步不宜骑。

若多调兵，塞上传闻，使贼得为备，不如以番攻番。臣素知瓦斯、杂谷诸土司亦憾郭罗克肆恶，愿出兵助剿。臣已移钟琪令速赴松潘，出塞督士兵进剿。"寻，钟琪督兵击败郭罗克，下番寨四十余，获其渠，余众悉降。

六十一年，羹尧密疏言："西藏喇嘛楚尔齐木藏布及知府石如金呈策旺诺尔布委靡，副都统常龄、侍读学士满都、员外郎巴特玛等任意生事，致在藏官兵不睦。"因请撤驻藏官兵。下廷臣议，以羹尧擅议撤兵，请下部严议，上原之，命召满都、巴特玛、石如金、楚尔齐木藏布等来京师，遣四川巡抚色尔图、陕西布政使塔琳赴西藏，佐策旺诺尔布驻守。

自军兴，陕西州县馈运供亿，库帑多亏缺。羹尧累疏论劾州县吏，严督追偿。陕西巡抚噶什图密奏亏项不能速完，又与羹尧请加征火耗垫补。上谕曰："各省钱粮皆有亏空，陕西尤甚。盖自用兵以来，师所经行，资助马匹、盘费、衣服、食物，仓卒无可措办，势必挪用库帑，及撤兵时亦然。即如自藏回京，将军以至士卒，途中所得，反多于正项。各官费用，动至万金，但知取用，不问其出自何项也。羹尧等欲追亏项以充兵饷，追比不得，又议加征火耗。火耗止可议减，岂可加增？朕在位六十一年，从未加征火耗。今若听其加派，必致与正项一例催征，肆无忌惮矣。著传旨申饬。"命发帑银五十万送陕西资饷。

世宗即位，召抚远大将军允禵还京师，命羹尧管理大将军印务。雍正元年，授羹尧二等阿达哈哈番世职，并加遐龄尚书衔。寻又加羹尧太保。诏撤西藏驻防官军。羹尧疏陈边防诸事，请于打箭炉边外中渡河口筑土城，移岚州守备驻守；大河南保县，移威茂营千总驻守；越携卫地方寥阔，蛮、猓出没，改设游击，增兵驻守；松潘边外诸番，阿树为最要，给长官司职衔；大金川土目莎罗奔从征羊峒有功，给安抚司职衔；乌蒙蛮目达木等凶暴，土舍禄鼎坤等请擒献，俟其至，给土职，分辖其地。下部议，从之。论平西藏功，以羹尧运粮守隘，封三等公，世袭。

青海台吉罗卜藏丹津为顾实汗孙，纠诸台吉吹拉克诺木齐、阿尔布坦温布、藏巴札布等，劫亲王察罕丹津叛，掠青海诸部。上命羹尧进讨，谕抚远大将军延信及防边理饷诸大臣，四川、陕西、云南督、抚、提、镇，军事皆告羹尧。十月，羹尧率师自甘州至西宁。改延信平逆将军，解抚远大将军印授羹尧，尽护诸军。羹尧请以前锋统领素丹、提督岳钟琪为参赞大臣，从之。论平郭罗克功，进公爵二等。

羹尧初至西宁，师未集，罗卜藏丹津诇知之，乃入寇，悉破傍城诸堡，移兵向城。羹尧率左右数十人坐城楼不动，罗卜藏丹津稍引退，围南堡。羹尧令兵斫贼垒，敌知兵少，不为备，驱桌子山土番当前队；炮发，土番死者无算，钟琪兵至，直攻敌营，罗卜藏丹津败奔，师从之，大溃，仅率百人遁走。羹尧乃部署诸军，令总兵官周瑛率兵截敌走西藏路，都统穆森驻吐鲁番，副将军阿喇纳出噶斯，暂驻布隆吉尔，又遣参将孙继宗将两千人与阿喇纳师会。敌侵镇海堡，都统武格赴援，敌围堡，战六昼夜，参将宋可进等赴援，敌败走，斩六百余级，获多巴囊素阿旺丹津。罗卜藏丹津攻西宁南川口，师保申中堡。敌围堡，堡内囊素与敌通，欲凿墙而入。守备马有仁等力御，可进等赴援，夹击，敌败走。诸囊素助敌者皆杀之。羹尧先后疏闻，并请副都统花色等将鄂尔多斯兵，副都统查克丹等将归化土默特兵，总兵马觌伯将大同镇兵，会甘州助战，从之。

西宁北川、上下北塔蒙回诸众将起应罗卜藏丹津。羹尧遣千总马忠孝抚定下北塔三十余庄，上北塔未服，忠孝率兵往剿，擒戮其渠，余众悉降。察罕丹津走河州，罗卜藏丹津欲劫以去。羹尧令移察罕丹津及其族属入居兰州。青海台吉索诺木达什为罗卜藏丹津诱擒，脱出来归，羹尧奏闻，命封贝子，令羹尧抚慰。敌掠新城堡，羹尧令西宁总兵黄喜林等往剿，斩千五百余级，擒其渠七，得器械、驼马、牛羊无算。以天寒，羹尧令引师还西宁。

寻策来岁进兵，疏："请选陕西督标西安、固原、宁夏、四川、大同、榆林绿旗兵及蒙古兵万九千人，令钟琪等分将，出西宁、松潘、甘州、布隆吉尔四道进讨，分兵留守西宁、甘州、布隆吉尔，并驻防永昌、巴塘、里塘、黄胜关、察木多诸隘。军中马不足，请发太仆寺上都打布孙脑儿孳生马三千，巴尔库尔驼一千，仍于甘、凉增买千五百。粮米，臣已在西安预买六万石。军中重火器，请发景山所制火药一百驼，驼以一百八十斤计。"下廷议，悉如所请，马加发千，火药加发倍所请。

察罕丹津属部杀罗卜藏丹津守者来归，羹尧宣上指，安置四川边外。墨尔根戴青拉查卜与罗卜藏丹津合力劫察罕丹津，其子察罕喇卜坦等来归，羹尧令招拉查卜内附。又有堪布诺门汗，察罕丹津从子也，为塔儿寺喇嘛，叛从敌，纠众拒战，至是亦来归。羹尧数其罪，斩之。罗卜藏丹津侵布隆吉尔，继宗与副将潘之善击败之。西宁南川塞外郭密九部屡出为盗，羹尧招三部内附。余部行掠如故，呈库、沃尔贾二部尤暴戾。羹尧令钟琪率瓦斯、杂谷二土司兵至归德堡，抚定上下寺东策布，督兵进歼呈库部众，擒戮沃尔贾部酋，余并乞降。

二年，上以罗卜藏丹津负国，叛不可宥，授钟琪奋威将军，趣羹尧进兵。西宁东北郭隆寺喇嘛应罗卜藏丹津为乱，羹尧令钟琪及素丹等督兵讨之，贼屯哈拉直沟以拒，师奋入，度岭三，毁寨十。可进、喜林及总兵武正安皆有斩馘。复毁寨七，焚所居室。至寺外，贼伏山谷间，聚薪纵火，贼歼焉，杀贼六千余，毁寺，诛其渠。青海贝勒罗卜藏察罕、贝子济克济札布、台吉滚布色卜腾纳汉将母妻诣羹尧请内属，羹尧予以茶叶、大麦，令分居边上。羹尧遣钟琪、正安、喜林、可进及侍卫达鼐，副将王嵩、纪成斌将六千人深入，留素丹西宁佐治事。

二月，钟琪师进次伊克喀尔吉，搜山，获阿尔布坦温布，喜林亦得其酋巴珠尔阿喇布坦等。师复进，羹尧诇知阿冈都番助敌，别遣凉庄道蒋泂等督兵攻之，戮其囊素。复击破石门寺喇嘛，杀六百余人，焚其寺。钟琪师复进次席尔哈罗色，遣兵攻噶斯，逐吹拉克诺木齐。三月，钟琪师复进次布尔哈屯。罗卜藏丹津所居地曰额母讷布隆吉，钟琪督兵直入，分兵北防柴旦木，断往噶斯道。罗卜藏丹津走乌兰穆和儿，复走柴旦木，师从之，获其母阿尔太哈屯及其戚属等，并男妇、牛羊、驼马无算。分兵攻乌兰白克，获吹拉克诺木齐及助乱八台吉。时藏巴扎布已先就擒，罗卜藏丹津以二百余人遁走。青海部落悉平。论功，进羹尧爵一等，别授精奇尼哈番，令其子斌袭，封遐龄如羹尧爵，加太傅；并授素丹，可进三等阿达哈哈番，喜林二等阿达哈哈番，按察使王景灏及达鼐、瑛、嵩、成斌拜他喇布勒哈番，提督郝玉麟及正安拖沙喇哈番。

阿拉布坦苏巴泰等截路行劫，羹尧令继宗往剿，逐至推墨尔，阿拉布坦苏巴泰将妻子遁走。成斌等搜戮余贼至梭罗木，击斩堪布夹木灿垂扎木素。羹尧遣达鼐及成斌攻布哈色布苏，获台吉阿布济车陈；又遣副将岳超龙讨平河州塞外铁布等七十八寨，杀二千一百余人，得人口、牲畜无算。羹尧执吹拉克诺木齐、阿尔布坦温布、藏巴扎布槛送京师。上祭告庙、社、景陵，御午门受俘。羹尧策防边诸事，以策妄阿喇布坦遣使乞降，请罢北征师，分驻巴里坤、吐鲁番、哈密城、布隆吉尔驻兵守焉，辖以总兵，每营拨余丁屯赤金卫、柳沟所垦田；设同知理民事，卫守各理屯粮；游牧蒙古令分居布隆吉尔迤南山中；宁夏边外阿拉善以满洲兵驻防。上悉从所请。

庄浪边外谢尔苏部土番据桌子、棋子二山为巢，皆穴地而居。官军驻其地，奴使之；兵或纵掠，番御之，尽歼，置不问，番始横。凉州南崇寺沙马拉木扎木巴等掠新城张义诸堡。又有郭隆寺逸出喇嘛，与西宁纳朱公寺、朝天堂、加尔多寺诸番相结，纠谢尔苏部土番谋为乱。羹尧遣钟琪等督兵讨之，纳朱公寺喇嘛降。师进次朝天堂，遣成斌、喜林及副将张玉等四道攻加尔多寺，杀数百人，余众多入水死，焚其寺。游击马忠孝、王大勋战和石沟，王序吉、范世雄战石门口，洞战喜逢堡，苏丹师次旁伯拉夏口。土番伪降，诇之，方置伏，纵兵击之，所杀伤甚众。洞搜剿棋子山，逐贼巴洞沟，土司鲁华龄逐贼天王沟，先密寺喇嘛缚其渠阿旺策凌以献。师入，转战五十余日，杀土番殆尽。羹尧以先密寺喇嘛反覆不常，并焚其寺，徙其众加尔多寺外桌子山；余众降，羹尧令隶华龄受约束。

条上青海善后诸事，请以青海诸部编置佐领。三年一入贡，开市那拉萨拉。陕西、云南、四川三省边外诸番，增设卫所抚治。诸庙不得过二百楹，喇嘛不得过三百。西宁北川边外筑边墙，建城堡。大通河设总兵，盐池、保安堡及打箭炉外木雅吉达、巴塘、里塘诸路皆设兵。发直隶、山西、河南、山东、陕西五省军罪当遣者，往大通河、布隆吉尔屯田；而令钟琪将四千人驻西宁，抚绥诸番。下王大臣议行。十月，羹尧入觐，赐双眼花翎、四团龙补服、黄带、紫辔、金币。叙功，加一等阿思哈尼哈番世职，令其子富袭。

羹尧才气凌厉，恃上眷遇，师出屡有功，骄纵。行文诸督抚，书官斥姓名。请发侍卫从军，使为前后导引，执鞭坠镫。入觐，令总督李维钧、巡抚范时捷跪道送迎。至京师，行绝驰道。王大臣郊迎，不为礼。在边，蒙古诸王公见必跪，额驸阿宝入谒亦如之。尝荐陕西布政使胡期恒及景灏可大用，劾四川巡抚蔡珽逮治，上即以授景灏，又擢期恒甘肃巡抚。羹尧仆桑成鼎、魏之耀皆以从军屡擢，成鼎布政使，之耀副将。羹尧请发将吏数十从军，上许之。觐还，即劾罢驿道金南瑛等，而请以从军主事丁松署粮道。上责羹尧题奏错误，命期恒率所劾官吏诣京师。三年正月，珽逮至，上召入见，备言羹尧暴贪诬陷状，上特宥珽罪。

二月庚午，日月合璧，五星联珠，羹尧疏贺，用"夕惕朝乾"语，上怒，责羹尧有意倒置，谕曰："羹尧不以期朝夕惕许朕，则羹尧青海之功，亦在朕许不许之间而未定也。"会期恒至，入见，上以奏对悖谬，夺官。上命更定打箭炉外增汰官兵诸事，不用羹尧议。四月，上谕曰："羹尧举劾失当，遣将士筑城南坪，不惜番民，致惊惶生事，反以降番复叛具奏。青海蒙古饥馑，匿不上闻。怠玩昏愦，不可复任总督，改授杭州将军。"而以钟琪署总督，命上抚远大将军印。羹尧既受代，疏言："臣不敢久居陕西，亦不敢遽赴浙江，今于仪征水陆交通之处候旨。"上益怒,促羹尧赴任。山西巡抚伊都立、都统前山西巡抚范时捷、川陕总督岳钟琪、河南巡抚田文镜、侍郎黄炳、鸿胪少卿单畴书、原任直隶巡抚赵之垣交章发羹尧罪状。侍郎史贻直、高其佩赴山西按时捷劾羹尧遣兵围郃阳民堡杀戮无辜,亦以谳辞入奏。上命分案议罪。罢羹尧将军,授闲散章京,自二等公递降至拜他喇布勒哈番,乃尽削羹尧职。

十二月,逮至京师,下议政大臣、三法司、九卿会鞫。是月甲戌,具狱辞:羹尧大逆之罪五,欺罔之罪九,僭越之罪十六,狂悖之罪十三,专擅之罪六,忌刻之罪六,残忍之罪四,贪黩之罪十八,侵蚀之罪十五,凡九十二款,当大辟,亲属缘坐。上谕曰:"羹尧谋逆虽实,而事绩未著,朕念青海之功,不忍加极刑。"遣领侍卫内大臣马尔赛、步军统领阿齐图赍诏谕羹尧狱中令自裁。遐龄及羹尧兄希尧夺官,免其罪;斩其子富;诸子年十五以上皆戍极边。羹尧幕客邹鲁、汪景祺先后皆坐斩,亲属给披甲为奴。又有静一道人者,四川巡抚宪德捕送京师,亦诛死。五年,赦羹尧诸子,交遐龄管束。遐龄旋卒,还原职,赐祭。

【译文】

年羹尧,字亮工,汉军镶黄旗人。父亲年遐龄,从掌理翻译满、汉章奏文书的官员升任兵部主事,后又提为刑部郎中。康熙二十二年,授河南道御史,四次出任工部侍郎,后外放为湖广巡抚。湖北武昌等七个州府每年要征收匠役班价银一千多两,但因匠籍人户越来越少,原定的户额大量空缺,因而匠役班价银征收不齐而成为官府和百姓的累赘。年遐龄于是奏请将匠班银摊入地丁征收。皇帝交部臣讨论后同意采纳。年遐龄又上疏奏劾黄梅知县李锦亏欠赋税,撤罢了李锦的官职。李锦为官清廉,深得民心,百姓知道后争相补交完拖欠的赋税,生员吴士光等人还聚众关闭城门强留李锦。事情传到朝廷,皇帝下令将李锦调到直隶,吴士光等人遣发奉天,年遐龄和总督郭琇都降级留用。康熙四十三年,年遐龄以身体有病请求退休。

年羹尧,康熙三十九年进士,初选为庶吉士,授检讨职务。继先后充当四川、广东的乡试考官,经过多次调迁后升为内阁学士。四十八年,提为四川巡抚。四十九年,斡伟生番罗都等人聚众劫掠宁番卫,杀死游击周玉麟。皇帝命令年羹尧和提督岳升龙前往征剿安抚。岳升龙率兵前去,擒获了罗都,年羹尧带军行至平番卫时,听到罗都已被活捉,就引兵退回。川陕总督音泰为此上章弹劾年羹尧,府部大臣讨论认为当撤职罢官,但皇帝下令留任。五十六年,越巂卫属下的土著和普雄的土千户那交等聚众作乱,年羹尧派遣游击张玉前去将他们剿平。

这一年,策妄阿喇布坦派遣他的部将策凌敦多卜侵袭西藏,杀死拉藏汗。四川提督康泰前去征剿,刚出黄胜关,部队发生哗变,只得引军退回。年羹尧一面派参将杨尽信前往安抚慰恤,一面又向上密奏称康泰已失兵心,不能再予任用,并请求由他自己亲自到松潘协理军务。皇帝很称赞他办事的忠实、尽心,于是派遣都统法喇率兵前往四川协助征剿。五十七年,年羹尧命令护军统领温普进驻里塘,增设打箭炉到里塘的驿站,不久又请求在四川增设驻守的边防军,皇帝都同意准办。皇帝很称许他处治事情明智敏捷,因为巡抚没有督统指挥军队的权力，就特地任命他为四川总督，兼管巡抚的事情。五十八年，年羹尧因敌情叵测，请求带兵进藏作防备。朝廷大臣讨论后认为松潘各路军队都负有重要的军事任务，于是下令年羹尧不要亲自率军出边，命法喇率部队前往。法喇带领副将岳钟琪安抚平定了里塘、巴塘。年羹尧也派遣知府迟维德招降了乍丫、察木多、察哇等地的吐蕃首领，于此，年羹尧奏请召法喇率军班师还朝，皇帝同意了。

五十九年，皇帝命令平逆将军延信率领军队从青海进入西藏，授予年羹尧定西将军的官印，从拉里出发去和延信会师，并询问年羹尧谁可以代理总督的职务。年羹尧说一时没有合适的人选，他请将将军印信授给护军统领噶尔弼，同时将法喇的军队移驻打箭炉，皇帝采纳了他的建议。巴塘和里塘本来是云南丽江土府的属地，平定之后，云贵总督蒋陈锡请求仍然将二地归属丽江土知府木兴管辖；年羹尧说这二地是入藏运粮的要道，应该归属四川，皇帝同意这么办。木兴率兵前去巴塘、里塘想收归这两地方，行军至喇皮，击杀了吐蕃首领巴桑，年羹尧上疏参劾木兴。皇帝下令逮捕木兴，囚禁云南省城。八月，噶尔弼、延信两支军队先后进入西藏，策凌敦多卜溃败逃走，西藏平定。皇帝诏令年羹尧护卫作战凯旋的各路军队入边境，同时召法喇返回京师。

不久年羹尧又派兵安抚平定了里塘所属的上、下牙色，上、下雅尼；巴塘所属的阿坝、林卡石等生番。六十年，年羹尧到京城朝见皇帝，皇帝命他兼任四川、陕西总督职务，年羹尧辞别皇帝，回到自己镇守的地方时，皇帝赏赐给他弓和箭。皇帝命令噶尔弼率兵驻守西藏，行军停驻在泸定桥时，噶尔弼病倒不能走了。年羹尧将此事报告了朝廷。皇帝命公策旺诺尔布代理噶尔弼为将军，额驸阿宝、都统武格为参赞军务，驻守西藏。青海索罗木之西有郭罗克上、中、下三个部族，是唐古特种人，多次出来肆意劫掠。阿宝将此事报告朝廷，皇帝令年羹尧和岳钟琪估测形势，做出进讨计划。年羹尧上疏说："郭罗克有三个隘口，都十分险峻，只适宜用步兵而不宜用骑兵。如果我们多调部队进去，则隘口上的敌人就会知道，从而使他们得以早做防备，因此不如采用以吐蕃攻吐蕃的策略。我早就知道瓦斯、杂谷等地的很多土司都痛恨郭罗克部的肆意恶行，都愿意出兵帮助我征剿。我已移文岳钟琪，命令他从速赶赴松潘，出塞监督指挥土吐兵进剿郭罗克。"不久，岳钟琪督兵打败了郭罗克，攻下了郭罗克的寨子四十多座，抓获了他们的首领，其余的兵士全部投降。

六十一年，年羹尧秘密上疏说："西藏喇嘛楚尔齐木藏布及知府石如金呈文说策旺诺尔布精神颓唐、处事优柔，副都统领常龄、侍读学士满都、员外郎巴特玛等人不守约束、任意行事，滋生事端，造成在藏官兵间的不和睦。"因而请求撤除驻藏官兵。皇帝交朝廷大臣讨论，大家认为年羹尧擅自提议撤兵，实属胆大妄为，要求皇帝把此事下交有关府部严肃议处，但皇帝原谅了年羹尧，下令将满都、巴特玛、石如金、楚尔齐木藏布等人召来京师，另遣四川巡抚色尔图、陕西布政使塔琳进西藏，佐助策旺诺尔布驻守西藏。

自从西藏兵事起来之后，陕西地方州县无偿承担了军队全部供给的运输，使各地的国库所藏都出现了亏缺。年羹尧多次上疏论劾陕西各州县的大小官员，严厉督责他们追缴偿还。陕西巡抚噶什图向皇帝密奏说，所亏缺的欠项已不能在短期追缴完纳，他又和年羹尧联名上疏请求向百姓加征火耗费作为垫补。皇帝下诏谕说："各省钱粮都有短缺亏空，而陕西更为严重。这是因为自从对西藏用兵以来，凡部队所经之地，都要资助马匹、盘费、衣服、食物等，时间紧迫一时来不及向地方措办，就势必要挪用国库所藏，等到撤兵时也这样。就譬如自西藏班师回京，从将军一直到士兵，在途中所得到的各项补给供养，倒反比部队正规的给养粮饷要多。各位将军官员的费用开支，一动就要上万两，都只知伸手取用而从不询问这款项是出自何处。年羹尧等人想追得州县亏欠的款项用来充作军饷，追索不得，又出点子要加征火耗。火耗之征只可以商量怎样减少、免除它，怎么可以再增加？我在位六十一年，从来没有向百姓加征过火耗。如今若听凭你们向百姓任意加派，就一定会导致与国家正项赋税一样的催索征缴，真是肆无忌惮。著令传旨告诫！"同时他又下令发国库银五十万两送至陕西资助部队作粮饷之用。

世宗雍正即位后，将抚远大将军允禵召回京师，命令年羹尧接管抚远大将军印章和所职事务。雍正元年，授予年羹尧二等阿达哈哈番世代相袭的职务，并加赐其父年遐龄以尚书衔。不久又加封年羹尧为太保。下诏撤回在西藏的驻防官军。年羹尧上疏陈述有关边防的事情，请求在打箭炉边境之外的中渡河口岸上修筑土城，调岚州守备在那里驻守；大扩河南的保县防务，请调移威茂营千总驻守；越嶲卫地方荒芜辽阔，土著番人和拉祜族人出没其间，建议改设游击职守，增兵驻守；松潘边境外的众多番族中，以阿树最为重要，宜给予他长官司的职衔；大金川土著头目莎罗奔曾跟从官军征讨羊峒，建有功劳，宜给予安抚司的职衔；乌蒙蛮族头目达木等人凶残暴戾，土著贵族子弟禄鼎坤等曾请求我们同意他们将达木等人擒获献给我大清，等他们如约来到后，可赐给禄鼎坤等人土职，并让他们分辖达木的领地。皇帝将此事下交有关部府讨论议决，同意照办。论平定西藏的功劳，以年羹尧运输军粮、守卫关隘有功，封三等公，并准予世袭。

青海台吉罗卜藏丹津是蒙古顾实汗的孙子，他纠集了另外一些台吉吹拉克诺木齐、阿尔布坦温布、藏巴札布等，劫持亲王察罕丹津背叛作乱，并劫掠青海的各部落。皇帝命令年羹尧率大军进讨，诏谕抚远大将军延信和主管边防、管理粮饷的所有大臣，以及四川、陕西、云南三省的总督、巡抚、提督、镇守，凡有关军事的事宜，都向年羹尧报告。十月，年羹尧率师从甘州到达西宁。皇帝诏令改任延信为平逆将军，解除他抚远大将军的官印，改授年羹尧，所有军队全部由年羹尧统领。年羹尧奏请任命前锋统领素丹、提督岳钟琪为参赞大臣，皇帝同意。论平定郭罗克的功劳，年羹尧又进封二等公爵。

年羹尧刚到西宁时，部队还没有大规模纠集，罗卜藏丹津探知这一情况后率军来进袭西宁，攻破了所有傍临西宁城的城堡，然后率军向西宁城进逼。年羹尧只带了几十名侍从端坐在城楼，仪态自若，毫不动容，罗卜藏丹津见后不知虚实，便引军稍稍后退，包围了南堡。年羹尧命令士兵去捣毁敌人的营垒，敌人知道官兵人数不多，也不多作防备，只是驱逼桌子山的吐蕃当前队；清军发炮，吐蕃被炸死者不计其数，这时岳钟琪的部队赶到，直接攻打敌人大本营，罗卜藏丹津大败而逃，官兵在后紧追不舍，敌军全面崩溃，罗卜藏丹津只带了几百人逃脱。年羹尧于是向各部队部署任务：命令总兵官周瑛率兵截断敌人向西藏方向逃窜的道路；都统穆森带兵驻守吐鲁番；副将军阿喇纳率部队出噶斯边境，暂时驻扎布隆吉尔,另派参将孙继宗带领两千人马与阿喇纳会师。敌人侵袭镇海堡,都统武格率兵去支援,敌人包围了城堡,双方激战六天六夜,这时参将宋可进又率军来援,敌人被击败逃跑,官兵杀敌六百多人,抓获了多巴囊素阿旺丹津。罗卜藏丹津又攻打西宁南川口,官兵坚守申中堡。敌人包围了申中堡,城堡内的囊素和敌人勾结,想凿穿城墙让敌人进来。守备马有仁等人极力抵抗,这时宋可进率军来援,于是城堡内外夹击,敌人大败逃走。所有暗中通敌、助敌的囊素全部被处死。年羹尧将战况依次奏报皇帝,并请让副都统花色等人统率鄂尔多斯兵士,副都统查克丹等人统率归化土默特兵士,总兵马觌伯统率大同镇的部队,会师甘州协助作战,皇帝同意照办。

西宁北川、上下北塔的蒙、回土著群众准备起而响应罗卜藏丹津。年羹尧派千总马忠孝慰抚平定了下北塔的三十多个庄寨,上北塔没有顺服,马忠孝便率兵前往征剿,擒获并处死了他们的首领,其余的全部投降。察罕丹津逃至河州,罗卜藏丹津想劫持察罕丹津而去。年羹尧下令将察罕丹津及跟随他的亲属部下转移到兰州居住。青海台吉索诺木达什被罗卜藏丹津用计诱获,逃脱后他也前来归顺,年羹尧上章奏报,皇帝诏令封索诺木达什为贝子,并命年羹尧前去安抚慰问。敌人劫掠新城堡,年羹尧命令西宁总兵黄喜林等前往征剿,杀死一千五百多人,抓获敌人首领七名,缴获的兵械器具和获得的骆驼、马匹、牛羊等多得不可胜数。因为天寒冷,年羹尧命令黄喜林引军返回西宁。

不久,年羹尧又着手制定第二年的征剿进兵计划,他向皇帝上疏说:"请挑选陕西督标即西安、固原、宁夏、四川、大同、榆林等地的绿旗兵及蒙古兵共一万九千人,让岳钟琪等将领分而带领,分别从西宁、松潘、甘州、布隆吉尔四地出发进讨,同时分出部分兵力留守西宁、甘州、布隆吉尔,并在永昌、巴塘、里塘、黄胜关、察木多等处的所有关隘处驻兵防守。部队现有马匹数目不够,请求调发太仆寺所属上都打布孙脑儿繁殖的马三千匹,巴尔库尔骆驼一千头,并再在甘州、凉州增加购买一千五百头。所需粮食,我已经在西安预购了六万石。部队的重火器,请调发景山所制的火药一百驮,每驮以一百八十斤计算。"皇帝交朝廷大臣讨论,大家对年羹尧所请全部同意,并且增加调给马匹一千,火药在要求的基础上增加一倍。

察罕丹津下属的部落杀了罗卜藏丹津派去看守他们的将士前来归附,年羹尧向他们宣示了皇帝的旨意,并将他们安置在四川边境处定居。墨尔根戴青的拉查卜和罗卜藏丹津一起劫持了察罕丹津,拉查卜的儿子察罕喇卜坦等人前来归附,年羹尧叫他去招拉查卜来归顺。又有一位叫诺门汗的堪布,是察罕丹津的侄子,在塔儿寺当喇嘛,他背叛朝廷跟从罗卜藏丹津,纠集了不少喇嘛与官兵对抗。这时他也来投诚归附。年羹尧历数了他的罪行,下令将他处死。罗卜藏丹津进攻布隆吉尔,孙继宗和副将潘之善将其打败。西宁南川边外郭密的九个部族经常外出抢劫为盗,年羹尧对三个部落进行抚慰招安并要他们作为内附。其余的部落仍像以前一样外出抢劫,其中呈库、沃尔贾二部尤为暴戾。年羹尧命令岳钟琪率领瓦斯、杂谷二土司的兵马到归德堡,安抚平定了上、下寺和东策布等部族,然后指挥部队围剿聚歼呈库部,擒获并处死了沃尔贾部族的首领,于是其余的部落都纷纷乞求投降。

雍正二年，皇帝以罗卜藏丹津背叛国家，叛逆之罪不容宽恕为由，特授岳钟琪为奋威将军，催促年羹尧进兵征讨。西宁东北的郭隆寺喇嘛跟随响应罗卜藏丹津反叛作乱，年羹尧命令岳钟琪和素丹等将领统兵前往征剿，敌人屯集在哈拉直沟一带抗拒。官兵奋勇进攻，越过三座高岭，捣毁十个村寨。宋可进、黄喜林和总兵武正安等人都有杀死敌人、割下敌人左耳朵的战绩，官军又捣毁了七个村寨，焚毁了敌人居住的房屋。来到寺的外面，发现敌人都埋伏在山谷里，官兵就搬来大量柴薪纵火焚烧，敌人在那里被聚歼，官军总共杀死敌人六千多人，摧毁了郭隆寺，杀死了他们的首领。青海贝勒罗卜藏察罕、贝子济克济札布、台吉滚布色卜腾纳汉等将他们自己的母亲、妻子送到年羹尧处，请求归附大清。年羹尧送给他们茶叶、大麦，让他们分别在边境附近安居。年羹尧又派遣岳钟琪、武正安、黄喜林、宋可进及侍卫达鼐，副将王嵩、纪成斌带领六千官兵进一步深入敌后，留下素丹在西宁协助自己处理事务。

二月，岳钟琪部队行进停驻在伊克喀尔吉，岳钟琪下令搜山，结果抓获了阿尔布坦温布，黄喜林也抓住了伊克喀尔吉的首领巴珠尔阿喇布坦等一批人。官兵继续前进，年羹尧探知阿冈都的吐蕃帮助敌人，于是又另外派遣了凉庄道的蒋洞等人带领官兵去征剿，杀死了他们的囊素。官兵又击败了石门寺的喇嘛，杀死六百余人，并焚毁了石门寺。岳钟琪的部队继续开进，停驻在席尔哈罗色，派兵攻打噶斯，驱逐了占据该地的吹拉克诺木齐。三月，岳钟琪的部队又进驻到布尔哈屯。罗卜藏丹津盘踞的地方叫额母纳布隆吉，岳钟琪指挥军队直接向该地进攻，同时分出部分兵力驻守北面的柴达木，截断敌人通往噶斯的道路。罗卜藏丹津先逃到乌兰穆和儿，后又逃到柴达木，官兵们在后紧紧追赶，擒获了罗卜藏丹津的母亲阿尔太哈屯和他的许多亲属，同时还俘获了许多部落居民，缴获了不计其数的牛羊牲口和马匹骆驼。岳钟琪又派遣部队攻打乌兰白克及胁从作乱的八个台吉。当时藏巴札布已经被官兵抓获，罗卜藏丹津只带了二百多人逃走。至此，青海部落全部平定了。论功行赏，进封年羹尧一等爵位，另外授予精奇尼哈番的称号，并准许让其儿子年斌承袭，赐封年羹尧的父亲年遐龄和年羹尧一样的爵位，并加太傅称号。同时授予素丹、宋可进三等阿达哈哈番称号，黄喜林二等阿达哈哈番称号；同时授予按察使王景灏和达鼐、周瑛、王嵩、纪成斌等人为他喇布勒哈番，授予提督郝玉麟、总兵武正安为拖沙喇哈番。

阿拉布坦苏巴泰等拦路行劫，年羹尧命令孙继宗前往征剿，孙继宗将他们驱赶到推墨尔，阿拉布坦苏巴泰带了妻子儿女逃走。纪成斌等一路搜索、追杀残余的敌人直到棱罗木，打死了堪布夹木灿垂札木素。年羹尧派遣达鼐和纪成斌进攻布哈色布苏，俘获了台吉阿布济车陈；又派遣副将岳超龙率兵征讨、平定了河州边外的铁布等七十八个村寨，斩杀二千一百多人，俘获部落百姓和所养牲畜无可胜数。年羹尧将抓获的吹拉克诺木齐、阿尔布坦温布、藏巴扎布等用槛车押送京师。皇帝在祭告了祖庙、社稷和景陵之后，亲自到午门接受俘虏。年羹尧策划制订边境防务的有关事宜，认为策妄阿喇布坦已经派遣使者来向我乞求投降，所以请求解散北征的大部队，分兵驻守巴里坤、吐鲁番、哈密城和布隆吉尔等地，设置总兵管辖，每营调拨一批多余的壮丁在赤金卫、柳沟所等地垦荒屯田,设置同知管理民事,设置卫守管理屯粮;蒙古族的游牧部落让他们分居在布隆吉尔往南的山谷之中;宁夏之外的边境阿拉善则派驻满洲兵驻防。皇帝全部同意年羹尧的建议要求。

庄浪边境外谢尔苏部的土著居民占据桌子、棋子二山作为藏身之处,他们都居住在地洞里面。官兵驻扎在那里,把他们当作奴隶一样使唤;官兵有时肆意抢劫他们,他们一旦进行抵抗,就会被官兵打死。这样的惨案官方居然置之不问。土著居民于是开始强硬进行反抗。凉州南崇寺的沙马拉木札木巴等人劫掠了新城张义的一些城堡。另外从郭隆寺逃出来的部分喇嘛,与西宁纳朱公寺、朝天堂、加尔多寺等寺庙的人相勾结,纠集了谢尔苏部的土著部落居民策划作乱。年羹尧派遣岳钟琪率兵前往征剿,纳朱公寺的喇嘛投降。部队继续行进,停驻在朝天堂,又派遣纪成斌、黄喜林及副将张玉等人分成四个梯队轮番进攻加尔多寺,杀死好几百人,其余的喇嘛很多人跳入水中被淹死,官兵烧毁了加尔多寺。游击马忠孝、王大勋攻打和石沟,王序吉、范世雄进击石门口,张洞征讨喜逢堡,苏丹的部队则驻扎在旁伯拉夏口。谢尔苏部的土著部落假装投降,被官兵侦探知道了,正在他们准备布置埋伏的时候,官军挥师出击,杀死杀伤很多土著部落的战士居民。张洞又搜剿棋子山,将敌人驱赶到巴洞沟,当地土司鲁华龄又将敌驱赶到天王沟,天王沟先密寺的喇嘛把敌人的首领阿旺策凌捉住后捆绑起来,献给了官兵。大部队开进深山,转战五十多天,把谢尔苏部的土著部落几乎斩尽杀绝。年羹尧因为先密寺的喇嘛作乱、投诚反复无常,于是决定焚毁先密寺,将其喇嘛迁徙到加尔多寺外的桌子山;残余的叛乱士兵都投降了官军,年羹尧下令将这些人交鲁华龄管辖,严受约束。

年羹尧列条上陈妥善处理青海遗留问题的意见,疏请在青海各部落建立编制,设置佐领。每三年进京朝贡一次,在那拉萨拉开设边境集市。陕西、云南、四川三省边境外的各少数民族部落,增设卫所给予安抚治理。所有寺庙的规模都要予以控制,大小不能超过二百楹,喇嘛人数不得超过三百。西宁北川边境外要修筑边墙,建立城堡。大通河增设总兵,盐池、保安堡及打箭炉外的木雅吉达、巴塘、里塘等派驻军队。将直隶、山西、河南、山东、陕西五省犯了军纪、罪当遣发的人,发送到大通河、布隆吉尔去垦荒屯田;请让岳钟琪带领四千军队驻扎西宁,以安抚各少数民族。皇帝将这些意见要求下交诸王及朝廷大臣讨论议决,都表示可行。十月,年羹尧进京朝见皇帝,雍正帝赐给他双眼花翎、四团龙补服、黄带、紫辔、金币等。论功行赏,进加一等阿思哈尼哈番世职,准许让年羹尧的儿子年富承袭。

年羹尧才气旺盛昂扬,仗恃了皇帝对他的器重和恩遇,以及多次出师屡建战功的资本,骄横放纵,不可一世。他给各地总督、巡抚直接下达公文,给官员的信函都直呼其姓名。他向皇帝要求调配给他侍卫、随从军士,让他们在前面开导引路,在后面护卫压阵,为他驾双马车,搀扶下马。他进京觐见皇帝,总要叫总督李维钧、巡抚范时捷跪在道旁送往、迎接。到了京城,他经过的地方都要为他清道,禁止百姓和普通官员行走通过。亲王大臣到郊外去迎接他,他从不礼谢。在边境时,蒙古族的所有亲王、公爵见他都必须下跪,连额驸(驸马)阿宝请见他也如此。年羹尧曾经荐举陕西布政使吴期恒及景灏,说他们可委以重用，随即弹劾揭发四川巡抚蔡珽，并将他逮捕判罪，皇帝立即将四川巡抚一职授予景灝，又提拔吴期恒为甘肃巡抚。年羹尧的仆从桑成鼎、魏之耀都是跟随年羹尧从军而多次得到提拔，桑成鼎当上布政使，魏之耀成了副将。年羹尧奏请皇帝调拨几十名将领官吏来他处从军，皇帝同意给他。年羹尧朝觐回去后，马上题奏要求劾罢驿道金南瑛等人，同时奏请任命跟他从军的主事丁松代理掌管粮道事务。皇帝指责年羹尧上章题奏中有错误，命令吴期恒率带所有被年羹尧奏劾的官员前来京城。雍正三年正月，蔡珽被押送到北京，皇帝召他进宫晋见，蔡珽详细诉说了年羹尧暴戾贪婪、诬陷忠良的种种罪状，皇帝特地下令赦免蔡珽的罪行。

雍正三年二月庚午日，太阳和月亮同时升起，水星、金星、火星、木星、土星五星联珠。年羹尧为此进疏庆贺，但他在奏章中用了"夕惕朝乾"一语，皇帝发怒了，斥责年羹尧故意将词用颠倒，下谕旨说："年羹尧不用朝乾夕惕这样的话来期望、赞许我，那么年羹尧的青海之功，我也在同意不同意的考虑之中而未有定论。"这时正逢吴期恒来到京师，进谒皇帝，雍正因为吴期恒在当面回答他的提问时谬误百出、不合事理，便当即罢免了他的官职。皇帝诏命改变原来在打箭炉外各处或增加或减少官兵等诸项计划，不用年羹尧的决策。四月，皇帝下谕旨说："年羹尧举荐用人、弹劾官员处理不得当。派遣将士建筑南坪城墙，不顾惜当地番民的劳苦，导致百姓惊恐不安而滋生事端，但却以投降的吐蕃再次谋叛来奏告我知。青海、蒙古发生饥荒，隐瞒真情不上报。怠忽职守，昏乱糊涂，因此不能再当总督，改授为杭州将军。"皇帝让岳钟琪代理年羹尧的总督职务，并令年羹尧交回抚远大将军的官印。年羹尧被替代之后又上疏说："我不敢长期住在陕西，也不敢马上就前往杭州，现在我在水陆交通交汇之处的仪征等您的圣旨。"皇帝见疏后更加生气，下令催促他立即赴任。这时山西巡抚伊都立、山西都统原山西巡抚范时捷、川陕总督岳钟琪、河南巡抚田文镜、侍郎黄炳、鸿胪少卿单畴书、前任直隶巡抚赵之垣等人先后接连上章揭发年羹尧的种种罪状。侍郎史贻直、高其佩特地赶往山西去核实范时捷所揭发的年羹尧派部队围攻郃阳民堡时，放纵将士滥杀无辜的事实，并将这一调查结果作为定罪的证据上奏。皇帝下旨分案定罪，罢免年羹尧将军的职务，任他为没有实职的闲散章京，将他的二等公的爵位递降到拜他喇布勒哈番，这样就削除了年羹尧的全部职务。

十二月，年羹尧被逮捕押送到京城。雍正帝将此案下交给议政大臣、三司法、九卿会审。这月的甲戌日，会审者向皇帝具报了审理这案狱的结果：年羹尧犯有大逆之罪五，欺罔之罪九，僭越之罪十六，狂悖之罪十三，专擅之罪六，忌刻之罪六，残忍之罪四，贪黩之罪十八，侵蚀之罪十五，总共九十二条，其罪按律应当处以大辟，亲属应当连坐。皇帝下谕说："年羹尧试图逆叛虽是事实，但是实际行动还不明显，我顾念他平定青海有功，不忍心给他处以极刑。"于是派遣领侍卫内大臣马尔赛、步军统领阿齐图抱着皇帝诏谕到关押年羹尧的狱中，命年羹尧自杀。年羹尧的父亲年遐龄和哥哥年希尧被削除官职，免除对他们的处罚；处斩年羹尧的儿子年富；其余的儿子凡年在十五岁以上的都发配到最远的地方去戍守边境。年羹尧的门客僚属邹鲁、汪景祺也先后被处斩，他们的亲属给八旗兵的披甲当奴仆。又有一位名叫静一道人的，给四川巡抚宪德捕捉后送到北京，也被处死。

雍正五年,皇帝特赦了年羹尧的儿子们,将他们交给祖父年遐龄管束。年遐龄不久死了,皇帝诏令还他原来的职务,并且专门派遣官员前往致祭。

岳钟琪传

【题解】

岳钟琪(1686~1754)字东美,号容斋,四川成都人。历任四川提督,兼甘肃提督、巡抚、川陕总督、宁远大将军等职。他是清代著名军事将领。

康熙末年,岳钟琪率军入西藏平息叛乱。雍正初,随年羹尧在青海攻破罗卜藏丹津叛军。后又率军进剿准噶尔部,屡建战功。同时在西北、西南少数民族地区重开互市,推行改土归流,妥善处理土司矛盾,调整边疆行政区划,巩固了边疆的安宁。以汉将统领满汉重兵,在清代所仅见,因此他遭嫉妒诬陷,被革职削爵,投入狱牢。乾隆时再次起用,参与平定大金川(今四川大金川流域)莎罗奔叛乱。在他年迈时,又率兵平定西藏土司叛乱,死于任上,谥为襄勤。

岳钟琪将毕生精力贡献于捍卫发展祖国边疆事业,为反对分裂,维护祖国统一,建设开发边疆立下不朽功绩,永载史册。

【原文】

岳钟琪,字东美,四川成都人。父升龙,初入伍,授永泰营千总。康熙十二年,吴三桂反,永泰营游击许忠臣受三桂札。升龙使诣提督张勇告变,密结兵民,执忠臣杀之。十四年,从西宁总兵王进宝克兰州,先登被创,迁庄浪守备;从克临洮,平关陇,加都督佥事衔。累擢天津总兵。三十五年,上亲征噶尔丹,升龙将三百骑护粮。上命升龙及马进良、白斌,副将以次有违令退怯者,得斩之乃闻。昭莫多之捷,授拖沙喇哈番,擢四川提督。初,西藏营官入驻打箭炉,上使勘界。四川巡抚于养志言营官司贸易,不与地方事。居数年,营官喋吧昌侧集烈发兵据泸河东诸堡,升龙以五百人防化林营。养志反劾升龙擅发兵,升龙亦讦养志。上使勘谳,养志坐斩,升龙亦夺官。喋吧昌侧集烈击杀明正土司蛇蜡喳吧,伤官兵,提督唐希顺讨之,上命升龙从军。事定,希顺以病解任,仍授升龙提督。四十九年,乞休。升龙本贯甘肃临洮,以母年逾九十,乞入籍四川,许之。逾二年,卒。雍正四年,追谥敏肃。

钟琪,初入赀为同知。从军,请改武职,上命以游击发四川,旋授松潘镇中军游击。再迁四川永宁协副将。五十八年,准噶尔策妄阿喇布坦遣其将策凌敦多卜袭西藏,都统法喇督兵出打箭炉,抚定里塘、巴塘。檄钟琪前驱,至里塘,第巴不受命,诛之。巴塘第巴惧,献户籍。乍丫、察木多、察哇诸番目皆顺命。五十九年,定西将军噶尔弼师自拉里入,仍令钟琪前驱。钟琪次察木多,选军中通西藏语者三十人,更衣间行至洛隆宗,斩准噶尔使人，番众惊，请降。噶尔弼至军，用钟琪策，招西藏公布，以两千人出降。钟琪遂督兵渡江，直薄拉萨，大破西藏兵，擒喇嘛为内应者四百余人。策凌敦多卜败走，西藏平。六十年，师还，授左都督，擢四川提督，赐孔霍翎。命讨郭罗克番部，钟琪率师并督瓦斯、杂谷诸土司兵自松潘出边。郭罗克番兵千余出拒，钟琪击破之，取下郭罗克吉宜卡等二十一寨，歼其众。乘夜督兵进至中郭罗克纳务寨，番兵出拒，钟琪奋击，未终日，连克十九寨，斩三百余级，获其渠骏他尔唪索布六戈。复督兵进攻上郭罗克押六寨，番目旦增缚首恶假磋等二十二人以降。郭罗克三部悉定，予拜他喇布勒哈番世职。六十一年，讨平羊峒番，于其地设南坪营。

雍正元年，师讨青海，抚远大将军年羹尧请以钟琪参赞军事。钟琪将六千人出归德堡，抚定上寺东策卜、下寺东策卜诸番部。南川塞外郭密九部屡盗边，而呈库、活尔贾二部尤横。钟琪移师深入捣其巢，尽平之。二年，授奋威将军，趣进兵。郭隆寺喇嘛应罗卜藏丹津为乱，钟琪会诸军合击，歼其众，毁寺，擒戮其渠达克玛胡土克图。罗卜藏丹津居额穆纳布隆吉尔，其大酋阿尔布坦温布、吹拉克诺木齐分屯诸隘，钟琪与诸将分道入。钟琪及侍卫达鼐出南路，总兵武正安出北路，黄喜林、宋可进出中路，副将王嵩、纪成斌搜山。师进至哈喇乌苏，方黎明，番众未起，即纵击，斩千余人，番众惊走，逐之，一昼夜至伊克喀尔吉，获阿尔布坦温布。复进次席尔哈罗色，遣兵攻噶斯；复进次布尔哈屯，薄额穆纳布隆吉尔，罗卜藏丹津西窜，钟琪逐之，一昼夜驰三百里。其酋彭错等来降，钟琪令守备刘廷言监以前驱，钟琪继其后。其酋吹因来降，言罗卜藏丹津所在距师百五六十里。钟琪令暂休，薄暮复进，黎明至其地。罗卜藏丹津之众方散就水草，即纵击，大破之，擒诸台吉，并罗卜藏丹津母阿尔泰哈屯及女弟阿宝，罗卜藏丹津易妇人服以遁。廷言等亦得吹拉克诺木齐等。钟琪复进至桑驼海，不见虏乃还。出师十五日，斩八万余级。大酋助罗卜藏丹津为乱者皆就擒。青海平，上授钟琪三等公，赐黄带。

庄浪边外谢尔苏部土番据桌子、棋子二山为乱，纳朱公寺、朝天堂、加尔多寺诸番与相纠合。羹尧遣钟琪等督兵分十一路进剿，凡五十余日，悉讨平之。命兼甘肃提督。三年，复命兼甘肃巡抚。四月，解羹尧兵柄，改授杭州将军，命钟琪亦上奋威将军印，署川陕总督，尽护诸军。河州、松潘旧为青海、蒙古互市地，羹尧奏移于那喇萨喇。钟琪奏言青海部长察罕丹津等部落居黄河东，请仍于河州、松潘互市。额尔德尼额尔克托克托鼐等部落居黄河西，请移市西宁塞外丹噶尔寺。蒙古生业，全资牲畜，请六月后不时交易。四川杂谷、金川、沃日诸土司争界，羹尧令金川割美同等寨畀沃日，致仇杀不已。钟琪奏请还金川，而以龙堡三歌地予沃日，上皆许之。

寻真除川陕总督。疏言："土司承袭，文武吏往往索费，封其印数年不与，致番目专恣仇杀。请定限半年，仍令应袭者先行署理。土司有外支循谨能治事者，许土官详督抚给职衔，分辖其地，多三之一，少五之一，使势相维，情相安。"入觐，加兵部尚书衔。疏言："察木多外鲁隆宗察哇、坐尔刚、桑噶、吹宗、衮卓诸部，距打箭炉远，不便遥制。请宣谕达赖喇嘛，令辖其地。中甸、里塘、巴塘及得尔格特、瓦舒霍耳诸地，并归内地土司。"又言："巴塘隶四川，中甸隶云南，而巴塘所属木咱尔、祁宗、拉普、维西诸地逼近中甸，总会于阿墩子,实中甸门户。请改隶云南,与四川里塘、打箭炉互为犄角。"下王大臣议,如所请。四年春,请选西安满洲兵千人驻潼关。冬,请以陕、甘两省丁银摊入地亩征收,自雍正五年始,著为定例。逾年,复疏言甘属河东粮轻丁多,河西粮多丁少,请将二属各自均派:河东丁随粮办,河西粮照丁摊。下部议行。四川乌蒙土知府禄万钟扰云南东川,镇雄土知府陇庆侯及建昌属冕山、凉山诸苗助为乱。上命钟琪与云贵总督鄂尔泰会师讨之。五年春,擒万钟,庆侯亦降。乌蒙、镇雄皆改土归流。冕山、凉山亦以次底定。

钟琪督三省天下劲兵处,疑忌众。成都讹言钟琪将反,钟琪疏闻,上谕曰:"数年以来,谗钟琪者不止谤书一箧,甚且谓钟琪为岳飞裔,欲报宋、金之仇。钟琪懋著勋劳,朕故任以要地,付之重兵。川、陕军民,受圣祖六十余年厚泽,尊君亲上,众共闻知。今此造言之人,不但谤大臣,并诬川、陕军民以大逆。命巡抚黄炳、提督黄廷桂严鞫。"寻奏湖广人卢宗寄居四川,因私事造蜚语,无主使者,论斩。

六年,疏请以建昌属河西、宁番两土司及阿都、阿史、纽结、歪溪诸地改土归流,河东宣慰司以其地之半改隶流官,升建昌为府,领三县,并厘定营汛职制,及善后诸事。下部议,如所请。定新设府曰宁远,县曰西昌、冕宁、盐源,又请改岷州两土司归流。寻分疏请升四川达州,陕西秦、阶二县为直隶州。七年,又分疏请升甘肃肃州为直隶州,陕西子午谷隘口增防守官兵,里塘、巴塘诸地,置宣抚、安抚诸司至千百户,视流官例题补。俱议行。雷波土司为乱,遣兵讨平之。

靖州诸生曾静遣其徒张熙投书钟琪,劝使反。钟琪与设誓,具得静始末,疏闻。上褒钟琪忠,遣侍郎杭奕禄等至湖南逮鞫治。

罗卜藏丹津之败也,走投准噶尔,其酋策妄阿喇布坦纳之。策妄阿喇布坦死,子噶尔丹策零立,数侵掠喀尔喀诸部。上命傅尔丹为靖边大将军,屯阿尔泰山,出北路,钟琪为宁远大将军,屯巴里坤,出西路,讨之。加钟琪少保,以四川提督纪成斌等参赞军务。钟琪率师至巴里坤,筑东西二城备储胥,简卒伍为深入计。八年五月,召钟琪及傅尔丹诣京师授方略,钟琪请以成斌护大将军印。科舍图岭者,界巴密、巴里坤间,钟琪设牧厂于此。准噶尔闻钟琪方入觐,乘间以两万余人入犯,尽驱驼马去。成斌使副参领查廪以万人护牧厂,寇至不能御,走过总兵曹勷垒呼救;勷以轻骑往赴,战败亦走。总兵樊廷及副将治大雄等将两千人,转战七昼夜。总兵张元佐督所部夹击,拔出两卡伦官兵,还所掠驼马强半。成斌欲罪查廪,既而释之,以捷闻。上已遣钟琪还镇,上谓当于卡伦外筑城驻兵,出游兵击敌,俾不敢深入,令钟琪详议。寻谕奖廷、大雄、元佐功,赐金予世职,遣内务府总管鄂善赍银十万犒师。立祠安西,祀阵亡将士。上以酒三爵遥酹,亦俾鄂善赍往设祭。

九年春,钟琪请移兵驻吐鲁番、巴尔库尔,为深入计。上谕曰:"钟琪前既轻言长驱直入,又为敌盗驼马,既耻且愤,必欲进剿,直捣巢穴,能必胜乎?"九年正月,钟琪部兵有自敌中脱归者,言噶尔丹策零将移驻哈喇沙尔,以大队赴西路,而令其将小策零敦多卜犯北路。钟琪以闻,并言敌将自吐鲁番侵哈密,扰安西、肃州边界。我军众寡莫敌,当持重坚壁固守,告北路遣兵应援,并调兵自无克克岭三面夹击。上谕曰:"前以钟琪军寡,谕令持重坚守,今已有二万九千人。樊廷马步二千,敌彼两万,转战七昼夜,犹足相当。乃以二万九千人而云众寡莫敌，何懦怯至此？且前欲直捣伊犁，岂有贼至数百里内转坚壁而不出乎？贼果至巴尔库尔，即败逃，亦从科舍图直走伊尔布尔和邵而遁。无克克岭相去二三百里，安所得夹击？钟琪于地势军机，茫然不知，朕实为烦忧。"

三月，准噶尔二千余犯吐鲁番，成斌遣廷将四千人赴援，敌引退。四月，又以千余人犯吐鲁番，别以二百余人犯陶赖卡伦。六月，又以二千余人围鲁谷庆城。吐鲁番回目额敏和卓等率所部奋击，杀二百余人。钟琪议令元佐、勷及张存孝将三千人赴援。提督颜清如将两千人屯塔库，成斌将四千人防陶赖，俟我军进击乌鲁木齐，移回民入内地。上谕钟琪："今年秋间袭击，是第一善策。援吐鲁番，乃不得已之举。若但筹画应援，而不计及袭击，是舍本而逐末也。"

鲁谷庆城围四十余日不下，准噶尔移攻哈喇火州城，以梯登，回民击杀三百余人。元佐等兵将至，敌引退。七月，准噶尔大举犯北路，傅尔丹之师大败于和通脑儿，钟琪请乘虚袭击乌鲁木齐。上谕钟琪："贼既得志于北路，今冬仍往西路，且增添贼众，更多于侵犯北路，俱未可知。当先事图维，临时权变，勿贪功前进，勿坐失机宜。"并令略行袭击，即撤兵回营。钟琪自巴尔库尔经伊尔布尔和邵至阿察河，遇敌，击败之。逐至厄尔穆河，敌踞山梁以距。钟琪令元佐将步兵为右翼，成斌将马兵为左翼，勷及总兵王绪级自中路上山，参将黄正信率精锐自北山攻敌后，诸军奋进，夺所踞山梁，敌败走。谍言乌鲁木齐敌帐尽徙，乃引兵还。疏闻，上奖钟琪进退迟速俱合机宜。

十二月，上追举科舍图之役，责成斌怠忽，降沙州副将。十年正月，镜儿泉逻卒遇敌，杀其二，掠其一以去。钟琪劾副将马顺，上并以钟琪下部察议。俄，准噶尔三千余人犯哈密，钟琪令勷、成斌将五千人自回落兔大坂，总兵纪豹将两千人自科舍图岭，分道赴援。又令副将军石云倬、常赉，镇安将军卓鼐分地设伏，待敌占天生圈山口，颜清如屯塔尔那沁，遣参将米彪、副将陈经纶分道御战，敌引去。勷等将至二堡，遇准噶尔五千余人，即纵兵奋战一昼夜。敌登山，勷督兵围山，力战至午，敌溃遁。勷自二堡至柳拊泉，与经纶及副将焦景竑军会，乘夜追剿。钟琪使告云倬等，遣兵至无克克岭待敌，疏闻，上奖慰之。钟琪议城穆垒驻军，并命乘胜兴工。云倬等至无克克岭，钟琪令速赴梯子泉阻敌归路，卓鼐继其后。云倬迟发一日，敌自陶赖大坂西越向纳库山遁去。师至敌驻军处，余火犹未息，云倬又令毋追袭。钟琪劾云倬偾事，夺官，逮京师治罪，以张广泗代为副将军。上谕曰："岳钟琪素谙军旅，本非庸才，但以怀游移之见，致战守乖宜。前车之鉴，非止一端。嗣后当痛自省惕，壹号令，示威信，朕犹深望之！"大学士鄂尔泰等劾钟琪专制边疆，智不能料敌，勇不能歼敌。降三等侯，削少保，仍留总督衔，护大将军印。六月，钟琪疏报移军穆垒。寻召钟琪还京师，以广泗护印。广泗劾钟琪调兵筹饷、统驭将士，种种失宜。穆垒形如釜底，不可驻军。议分驻科舍图、乌兰乌苏诸地。上命还军巴尔库尔，尽夺钟琪官爵，交兵部拘禁。

十一年，以查郎阿署大将军，又论钟琪骄蹇不法，且劾成斌、元佐疏防，上命斩成斌、元佐降调。又劾勷纵贼，上命斩勷。十二年，大学士等奏拟钟琪斩决，上改监候。乾隆二年，释归。十三年，师征大金川，久无功。三月，高宗命起钟琪，予总兵衔。至军，即授四川提督，赐孔雀翎。时经略大学士讷亲视师，而广泗以四川总督主军事。大金川酋莎罗奔居勒乌围，其兄子郎卡居噶拉依。钟琪至军，讷亲令攻党坝。上以军事谘钟琪，钟琪疏言："党坝为大金川门户，碉卡严密，汉、土官兵止七千余。臣商诸广泗，请益兵三千，广泗不应。广泗专主自昔岭、卡撒进攻。此二处中隔噶拉依，距勒乌围尚百余里。党坝至勒乌围仅五六十里，若破康八达，即直捣其巢。臣商诸广泗，广泗不谓然，而广泗信用土舍良尔吉及汉奸王秋等，恐生他虞。"讷亲亦劾广泗老师糜饷，诏逮治；亦罢讷亲大学士，傅恒代为经略。钟琪奏请选精兵三万五千，万人出党坝及泸河，水陆并进；万人自甲索攻马牙冈、乃当两沟，与党坝军合，直攻勒乌围；卡撒留兵八千，俟克勒乌围，前后夹攻噶拉依；党坝留兵二千护粮，正地留兵千防泸河，余四千往来策应。期一年擒莎罗奔及郎卡。臣虽老，请肩斯任。"命傅恒筹议，傅恒用其策。

钟琪自党坝攻康八达山梁，大破贼。师进战塔高山梁，复屡破贼。钟琪初佐年羹尧定西藏，莎罗奔以土目从军；及为总督，以羹尧所割金川属寨还莎罗奔，且奏给印信、号纸，莎罗奔以是德钟琪。师入，莎罗奔惧，遣使诣钟琪乞降。钟琪请于傅恒，以十三骑从入勒乌围开谕。莎罗奔请奉约束，顶经立誓，次日，率郎卡从钟琪乘皮船出诣军前降。上谕奖钟琪，加太子少保，复封三等公，赐号曰威信。入觐，命紫禁城骑马，免西征追偿银七十余万，官其子浊、济侍卫，赐诗褒之。寻命还镇。十五年，西藏珠尔默特为乱，钟琪出驻打箭炉，事旋定。十七年，杂谷土司苍旺为乱，钟琪遣兵讨擒之。十九年，重庆民陈琨为乱，钟琪力疾亲往捕治，还，卒于资州，赐祭葬，谥襄勤。上以所封公爵不世袭，予一等轻车都尉，令其子濬袭。

钟琪沉毅多智略，御士卒严，而与同甘苦，人乐为用。世宗屡奖其忠诚，遂命专征。终清世，汉大臣拜大将军，满洲士卒隶麾下受节制，钟琪一人而已。既废复起，大金川之役，傅恒倚以成功。高宗《御制怀旧诗》，列五功臣中，称为"三朝武臣巨擘"云。

【译文】

岳钟琪，字东美，四川成都人。父亲岳升龙，初入伍时，授为永泰营千总。康熙十二年，吴三桂叛反，永泰营游击许忠臣接受了吴三桂的密信。升龙派人到提督张勇处报告了变乱情况，秘密结集兵民，拘捕许忠臣并杀了他。十四年，升龙跟从西宁总兵王进宝攻克兰州，先登城而受了伤，升为庄浪守备；又随从去攻克临洮，平定关、陇，加都督佥事衔。升龙多次升迁，到出任天津总兵。三十五年，康熙帝亲自征讨噶尔丹，升龙率三百骑兵护送军粮。康熙命令他及马进良、白斌，副将以下有违令退却者，可先斩后上报。昭莫多的一次胜仗，使升龙授为拖沙喇哈番，又升为四川提督。起初，西藏营官入驻打箭炉，康熙派人去勘定边界。四川巡抚于养志说营官掌管贸易，不干涉地方事。这样过了几年，营官喋吧昌侧集烈发兵占据了泸河以东的许多堡寨，升龙以五百人在化林营防守。于养志反而参劾升龙擅自发兵，升龙也揭发于养志。康熙派人去查问审定，于养志判处斩刑，升龙也被削夺官职。喋吧昌侧集烈击杀明正土司蛇蜡喳吧，打伤官兵，提督唐希顺前去征讨，康熙命令升龙随军而去。事平定后，唐希顺因病解任，仍授予升龙提督一职。四十九年,升龙请求退休。升龙家原本世代居住在甘肃临洮,因他母亲年过九十,所以请求加入四川籍,得到准许。过二年后,升龙去世。雍正四年,追谥为敏肃。

岳钟琪,开始是以捐纳资财任为同知的。他投身军队后,请求改为武职。康熙命令他以游击身份进发四川,接着被授予松潘镇中军游击。再升为四川永宁协副将。五十八年,准噶尔的策妄阿喇布坦派其将领策凌敦多卜袭击西藏,清军都统法喇督兵出打箭炉,抚定里塘、巴塘。传檄书请钟琪为先锋,到了里塘,但里塘第巴不肯接受招抚,于是被诛杀。巴塘第巴闻风丧胆,就献出了他的户籍。乍丫、察木多、察哇等地的吐蕃头目都归顺听命。五十九年,清定西将军噶尔弼军自拉里入藏,仍命岳钟琪为前驱。钟琪进驻察木多,挑出军中通西藏语的三十人,换上藏服,悄悄地行军到洛隆宗,斩杀了准噶尔的使者,叛军大惊,请求投降。噶尔弼到军中,用钟琪的计策,招抚西藏公布部落,该部以两千人出来投降。钟琪就统兵渡江,直逼拉萨,大破西藏兵,擒获为内应的四百多个喇嘛。策凌敦多卜败逃,西藏叛乱被平定。六十年,清军班师返回,钟琪被授予左都督,晋升为四川提督,赐孔雀翎。朝廷命令征讨郭罗克番部,钟琪领军,同时统率瓦斯、杂谷等土司兵从松潘出边界。郭罗克吐蕃兵士一千多人出来拒战,钟琪击破了他们,夺取了下郭罗克吉宜卡等二十一个堡寨,歼灭了那里的敌众。又乘夜带兵进到中郭罗克纳务寨,番兵出来抵抗,钟琪奋力击杀,不到一天,连克十九个寨子,斩三百多首级,捕获敌方首领骏他尔哗索布六戈。他再统兵进攻上郭罗克押六寨,藏兵头目旦增捆绑了首恶假礚等二十二人前来降附。这样郭罗克三部全都平定,朝廷授拜他喇布勒哈番世职。六十一年,他去讨平羊峒藏番,在那里设立南坪营。

雍正元年,清军讨伐青海,抚远大将军年羹尧请求用岳钟琪参谋协助军事。钟琪率六千人出归德堡,抚定上寺东策卜、下寺东策卜各番部。南川塞外郭密九部屡次抢劫边沿地区,而呈库、活乐贾二部尤其横行霸道。钟琪调师深入,直捣他们巢穴,将他们全部扫平。二年,钟琪被授为奋威将军,又一次进兵。郭隆寺喇嘛响应罗卜藏丹津也发起反乱,钟琪会同其他各军合力出击,歼灭这支叛军,摧毁了郭隆寺,擒获并杀了他们的首领达克玛胡土克图。罗卜藏丹津居住在额穆纳布隆吉尔,他的部落长阿尔布坦温布、吹拉克诺木齐分别屯守在各险要之地,钟琪与众将分道深入。钟琪及侍卫达鼐出南路,总兵武正安出北路。黄喜林、宋可进出中路,副将王嵩、纪成斌搜山。大军进发到哈喇乌苏,天刚黎明,叛军还未起身,清军出其不意击杀进去,斩了一千多人,番军惊慌逃窜,钟琪乘胜追击,一昼夜行军到伊克喀尔吉,俘获阿尔布坦温布。又进驻库尔哈罗色,调遣军队攻噶斯;再进兵布尔哈屯,紧逼额穆纳布隆吉尔,罗卜藏丹津向西逃窜,钟琪前去追赶,一昼夜飞驰三百里路。对方部落长彭错等前来投降,钟琪令守备刘廷言监督彭错作为先驱,钟琪率兵紧随其后。敌部落长吹因前来投降,说罗卜藏丹津所在之地离大军只有一百五六十里路。钟琪命令部队暂先休息,傍晚时再进发,黎明到达敌人驻地。罗卜藏丹津的兵士们刚分散在水边草地放牧,钟琪就猛烈袭击,大破敌军,擒获许多台吉,罗卜藏丹津之母阿尔泰哈屯及其妹阿宝也同时抓获,罗卜藏丹津换了女装才得以逃走。刘廷言等也拘捕了吹拉克诺木齐等。钟琪又进发到桑驼海,直到看不见了叛军才返回。他带兵出师十五日,斩了八万多首级。凡帮助罗卜藏丹津反乱的大部落长都被擒获。青海平定,雍正特授钟琪三等公,赐黄带。

庄浪边外谢尔苏部吐蕃占据桌子、棋子二山发动叛乱,纳朱公寺、朝天堂、加尔多寺等吐蕃部众也与叛军相纠合。年羹尧派钟琪等率兵分十一路进剿,总共用了五十多天,全部讨平这股力量。朝廷命令钟琪兼任甘肃提督。三年,再任命他兼甘肃巡抚。四月,解除年羹尧兵权,改授杭州将军,命钟琪也上交奋威将军印,代理川陕总督,作为各支军队的护军。河州、松潘先前是青海蒙古的互市地区,年羹尧奏请迁移到那喇萨喇。钟琪上奏说青海察罕丹津等部落居住在黄河以东,请仍在河州、松潘开设互市地。额尔德尼额尔克托克托鼐等部落居住在黄河以西,请将互市地点移到西宁塞外丹噶尔寺。蒙古人的谋生之业,全部依赖牲畜,请求在六月以后,不限定互市时间。四川杂谷、金川、沃日各土司争地界,年羹尧命令金川割让美同等寨给沃日,致使双方互相仇杀,争纷不已。钟琪奏请将美同等寨归还金川,而将龙堡三歌地划给沃日,雍正都准许照此办理。

不久朝廷正式任命岳钟琪为川陕总督。他上疏说:"土司世代沿袭,清文武官吏往往向承袭人索取财物,还勒封他们的印信,好几年不给,致使土官专断,放肆无忌,相互仇杀。请限定半年时间,仍然命令应袭人先代理职事。土司外支族中有遵理恭谨能办事的人,准许本土官详报督抚,给予职衔,分管他们的土地,多的可管三分之一,少则五分之一,使土官间势力相互平衡,民情保持安定。"钟琪入见皇帝,加兵部尚书衔。他上疏说:"察木多外鲁隆宗察哇、坐尔刚、桑噶、吹宗、衮卓各部,距离打箭炉很远,不便于遥控。请朝廷向达赖喇嘛宣布,令他们管理那些地方。中甸、里塘、巴塘及得尔格特、瓦舒霍耳等地,一并归内地土司管理。"又说:"巴塘隶属于四川,中甸隶属于云南,而巴塘所属的木咱尔、祁宗、拉普、维西等地逼近中甸,在阿墩子总会,实际上是中甸的门户。请将这些地方改隶于云南,与四川里塘、打箭炉互为犄角。"下到王大臣去讨论,结果是按钟琪的请求办事。四年春天,钟琪请求挑选西安满洲兵一千人驻守潼关。冬天,他请将陕、甘两省的丁银摊入地亩征收,从雍正五年开始,著为定例。过了年,钟琪再上疏说甘肃所属的河东地区税粮轻丁银多,河西又是税粮多丁银少,请让这二地各自均派:河东的丁银随税粮征办,河西税粮照丁银摊派。下到部里讨论实行。四川乌蒙土知府禄万钟骚扰云南东川,镇雄土知府陇庆侯及建昌属地冕山、凉山各处苗人帮助禄军反乱。雍正命令钟琪与云贵总督鄂尔泰会师前去征讨。五年春天,抓获禄万钟,陇庆侯也降附。乌蒙、镇雄都改土司为中央委派的流官。冕山、凉山也相继平定。

岳钟琪督领三省全国最强兵众,疑心妒忌他的人很多。成都传出钟琪要谋反的谣言,钟琪获知后立即上疏报告朝廷,雍正劝谕他说:"数年以来,以谗言中伤钟琪的谤书已不止一箱,更厉害的而且有人说岳钟琪是岳飞后裔,意欲报宋、金之仇。钟琪功劳卓著,我因此要安置他在西陲要地,付与他重兵。川、陕两省的军民,受圣祖六十多年深厚的恩泽,尊君亲上,这是大家所共闻共知的。如今这造谣之人,不只是诽谤了大臣,同时还以大逆不道来诬陷川、陕军民。命令巡抚黄炳、提督黄廷桂会同严审。"不久地方上奏报,寄居四川的湖广人卢宗,因私事编造出这毫无根据的流言蜚语,并没有主使人,将卢宗判处死刑。

六年，岳钟琪上疏请将建昌所属的河西、宁番两土司及阿都、阿史、纽结、歪溪等地改土归流，河东宣慰司将一半属地改隶流官，升建昌为府，下领三个县，同时订定出军队汛地的职制，及处理好善后诸事。奏疏下到部里讨论，最后按他的请求行事。定出新设府为宁远府，县为西昌、冕宁、盐源，又请改岷州两土司归属流官。不久他分别上疏请求升四川达州、陕西秦、阶二县为直隶州。七年，他又分别上疏请求升甘肃肃州为直隶州，在陕西子午谷隘口增设防守官兵，在里塘、巴塘等地设置宣抚、安抚各司直至千百户，按流官的规定题报补充。都经讨论后实行。雷波土司发动叛乱，钟琪派兵前去讨平。

靖州生员曾静派他的徒弟张熙投书给钟琪，想劝钟琪一同谋反。钟琪与他假设盟誓，了解到曾静叛逆之事的全部真相，上疏报告朝廷。雍正赞赏钟琪的忠心，派侍郎杭奕禄等到湖南去拘捕曾静并会审治罪。

罗卜藏丹津失败后，去投奔了准噶尔，准噶尔的部落长策妄阿喇布坦接纳了他。策妄阿喇布坦死，其子噶尔丹策零继立，几次侵犯劫掠喀尔喀等部。雍正命令傅尔丹为靖边大将军，屯守在阿尔泰山，从北路进发；岳钟琪为宁远大将军，驻守在巴里坤，从西路出发，前去讨平噶尔丹策零军。这时加钟琪为少保，以四川提督纪成斌等参谋协助军务。钟琪率兵来到巴里坤，筑东西二城作为守卫拒障之备，挑选出部队为深入敌方计议。八年五月，朝廷召钟琪及傅尔丹到京师面授计谋，钟琪请求让纪成斌护大将军印。科舍图岭这一地方，在巴密、巴里的分界线之间，钟琪在那里设有牧场。准噶尔听说岳钟琪正入京拜见皇帝，乘此机会以两万多人入犯科尔图，全部掳掠了那里的驼马而去。纪成斌派副参领查廪以一万人去保护牧场，但敌寇到来时抵挡不住，去到总兵曹勷营全呼救；曹勷用轻装的骑兵前往赴救，但战败后也只能逃离。总兵樊廷及副将冶大雄等率两千人，转战七昼夜。总兵张元佐统领所部前去夹击，选拔出两卡伦官兵，才夺回了大部分掳掠去的驼马。纪成斌想加罪于查廪，不久又释放了他，以战捷传报朝廷。雍正已派遣钟琪速回镇守，还对钟琪说应当在卡伦外筑城驻兵，派出流动的兵力去袭击敌人，使他们不敢深入，这些都让钟琪详尽地计议。不久为樊廷、冶大雄、张元佐的战功颁奖，赐予黄金、世职，派内务府总管鄂善送白银十万两犒劳军师。在安西建立祠堂，祭祀阵亡将士。雍正亲自以酒三爵浇地遥祭，也派鄂善送酒到前线举行祭祀仪式。

九年春天，钟琪请求移兵进驻吐鲁番、巴尔库尔，为深入敌巢作打算。雍正告谕说："以前钟琪就曾轻率地讲过要长驱直入，现又被敌军抢盗去了驼马，因此既感耻辱又很愤怒，必定要想进剿，直捣敌人巢穴，但是能有必胜的把握吗？"九年正月，钟琪部有从敌营中逃回的兵士，说噶尔丹策零将移驻哈喇沙尔，以大队人马开赴西路，而命令他的将领小策零敦多卜进犯北路。钟琪得到消息，还说敌寇将从吐鲁番入侵哈密，骚扰安西、肃州边界。因此我军寡不敌众，应当采取持重方针，坚壁固守，请求北路派兵前来应援，同时调兵从无克克岭三面夹击。雍正有谕旨说："先前因钟琪兵少，命令持重坚守，如今他已有了二万九千人的军队。樊廷只有骑、步兵两千人，面对敌人两万，转战七昼夜，还是足以相抵挡。而有二万九千人却说人少不能胜敌，为何懦弱胆怯到这种地步？而且以前想直捣伊犁,难道有敌人到了几百里内的地方却转为坚壁固守而不出战的做法吗? 贼兵结果到了巴尔库尔就败逃,也有从科舍图一直到伊尔布尔和邵然后逃跑的。无克克岭要相隔二三百里路,哪里会受到夹击? 钟琪在地势军机方面,都茫然不知,我实在是为此感到烦忧。"

三月,准噶尔二千多人进犯吐鲁番,纪成斌派樊廷率四千人赴援,敌人引兵败退。四月,敌方又以一千多人进犯吐鲁番,另外以二百多人入犯陶赖卡伦。六月,又以二千人围攻鲁谷庆城。吐鲁番回人头目额敏和卓等率部下奋勇出击,杀了二百多人。钟琪经考虑命令张元佐、曹勷及张存孝率三千人赴援。提督颜清如带领两千人屯守在塔库,纪成斌率四千人防守陶赖,待到清军进击乌鲁木齐,将回民迁入内地。雍正告谕钟琪说:"今年秋天袭击,是第一善策。援兵吐鲁番,是不得已的举措。如果只筹划应援,而不计划袭击,那就是舍本而逐末啊!"

鲁谷庆城被围了四十多天攻克不下,准噶尔移攻哈喇火州城,用梯子登城,被回民击杀了三百多人。张元佐等的军兵即将到来时,敌人引退。七月,准噶尔大举进犯北路,傅尔丹军在和通脑儿惨遭失败,钟琪请求乘虚袭击乌鲁木齐。雍正告谕他说:"贼兵既然已在北路得志,今年冬天仍然会进犯西路,而且会增添兵力,人马是否会比侵犯北路时更多,都不可预知。应当先筹划好作战方案,仗打响后再随机应变,切勿贪功前进,坐失机宜。"同时命令稍稍去袭击一下,就撤兵回营。钟琪从巴尔库尔经过伊尔布尔和邵到阿察河,遇到敌人,击败了他们。追赶到厄尔穆河,敌人占据山梁来抗拒。钟琪命令张元佐率步兵为右翼,纪成斌率骑兵为左翼,曹勷及总兵王绪级从中路上山,参将黄正信率精锐部队从北山进攻敌人后方,各支军队奋勇前进,夺得敌人所据山梁,敌人溃败逃走。据情报说乌鲁木齐的叛军已全部拔帐远迁,钟琪就带兵回营。消息报上,雍正嘉奖钟琪进退迟速都合机宜。

十二月,雍正又追究起科舍图一战的失败,斥责纪成斌懈怠疏忽,降他为沙州副将。十年正月,镜儿泉的巡逻兵遭遇敌军,其中二人被杀,一人被敌军抓走。钟琪弹劾副将马顺,雍正却下令将钟琪一并交兵部审议。不多久,准噶尔部三千多人进犯哈密,钟琪命令曹勷、纪成斌率五千人从回落兔大坂出发,总兵纪豹率两千人从科舍图岭出发,分道赴援。又令副将军石云倬、常赉、镇安将军卓鼐分地设伏,待敌军占领天生圈山口,颜清如屯守在塔尔那沁,他就派参将米彪、副将陈经纶分路御战,敌人引兵逃走,曹勷等将到二堡,遭遇准噶尔五千多人,就发兵奋战一昼夜。敌人登山,曹勷统兵围山,奋力攻战直到中午,敌人才溃逃。曹勷从二堡到柳拊泉,与陈经纶及副将焦景竑军会合,乘夜追剿。钟琪派人告诉石云倬等,遣兵到无克克岭等待敌人,这方案传到朝廷,雍正勉励慰劳钟琪军。钟琪提议在穆垒筑城驻军,同时命令乘胜动工。石云倬等来到无克克岭,钟琪下令迅速占领梯子泉切断敌军归路,卓鼐紧跟其后。石云倬推迟了一日发兵,敌军已从陶赖大坂西越过纳库山逃去。石云倬带兵到达敌人驻营地时,炉灶里的余火还未熄灭,石云倬又下令不去追袭。钟琪弹劾石云倬破坏战事,撤销他的将职,押送到京师治罪,以张广泗代为副将军。雍正有谕旨说:"岳钟琪平时熟知军队中的事务,原本不是平庸之才,但只因怀有动摇不定的主见，致使战守失宜。前人失败的教训，并非只有一点。以后应当痛自反省，划一号令，显示出威望和信誉，我还是深切地期望着啊！"大学士鄂尔泰等参劾钟琪独断独行地控制着边疆，才智不足以预料敌情，勇力不足以全歼敌军。因此钟琪被降为三等侯，削去少保衔，仍保留总督衔，护大将军印。六月，他上疏报告要将部队移驻到穆垒。不久，朝廷召钟琪回京师，用张广泗护大将军印。张广泗参劾岳钟琪在调兵筹饷，统驭将士，种种事情上的失宜。又说穆垒形如釜底，不可以驻扎军队。建议军师分驻在科舍图、乌兰乌苏等地。雍正下令还军到巴尔库尔，将岳钟琪的官爵全部削夺，并把他交给兵部拘禁。

十一年，由查郎阿代理大将军，他又劾钟琪骄横不法，并且参劾纪成斌、张元佐疏于防守，雍正下令斩纪成斌，张元佐降级迁调。再弹劾曹勷放纵贼兵，雍正下令斩曹勷。十二年，大学士等奏请对钟琪实行斩决，雍正改为监禁候审。乾隆二年，岳钟琪被释放回原籍。十三年，清军征讨大金川叛乱，久而无功。三月，乾隆皇帝命令重新起用钟琪，给予总兵衔。钟琪到军中，立即授予他四川提督，赐孔雀翎。这时经略大学士讷亲督视军队，而张广泗以四川总督主持军事。大金川部落长莎罗奔盘踞在勒乌围，他的侄子郎卡占据了噶拉依。钟琪一到军队，讷亲就命令他攻党坝。乾隆向钟琪咨询军事，钟琪上疏说："党坝是大金川的门户，碉堡关卡严密，汉、土官兵却只有七千多人。我曾与张广泗商议，请求增兵三千，张广泗不答应。广泗专门主张从昔岭、卡撒进攻。这二处中隔着噶拉依，距离勒乌围尚有一百多里。党坝到勒乌围仅五六十里，如果攻破康八达，就能直捣敌军巢穴。我与张广泗商量，他不以为然，而且他信用土舍良尔吉及汉奸王秋等人，恐怕会生其他不测。讷亲也弹劾张广泗烦劳军师、浪费粮饷，乾隆下诏将张广泗逮捕治罪；也罢免了讷亲大学士，命傅恒代为经略。钟琪奏请选出精兵三万五千人，一万人出党坝及泸河，水陆并进；一万人从甲索进攻马牙冈、乃当两沟，与党坝军会合，直攻勒乌围；在卡撒留兵八千，待到攻克勒乌围后，前后夹攻噶拉依；党坝留兵二千保护粮站，正地留兵一千防守泸河，其余四千人往来于各地之中，随机接应。期待用一年时间擒获莎罗奔及郎卡。我虽已年老，但仍请求担负起这个重任。"乾隆命令傅恒筹划酌行，傅恒采用了钟琪的计策。

岳钟琪从党坝攻康八达山梁，大破贼兵。大军进而到塔高山梁作战，又屡败敌军。钟琪当初辅助年羹尧平定西藏，莎罗奔曾以土司头目从军；直到钟琪为总督，将年羹尧所割金川属寨归还莎罗奔，并上奏请给莎罗奔印信、号纸，莎罗奔因此感激钟琪。大军进入，莎罗奔很为恐惧，派使者到钟琪军中清降。钟琪向傅恒请示，亲率十三名骑兵入勒乌围前去开导莎罗奔。莎罗奔表示愿意遵奉约束，并头顶佛经立下誓言。第二天，莎罗奔率郎卡跟从钟琪乘皮船到清军军前投降。乾隆吩咐嘉奖钟琪，加太子少保衔，再封三等公，赐号为威信。钟琪入拜皇帝，乾隆命他在紫禁城骑马，取消西征中的追偿银七十多万两，给他儿子岳浚、岳濬加官侍卫，又赐诗褒扬他。不久命钟琪回师。十五年，西藏珠尔默特叛乱，钟琪出驻打箭炉，事件很快被平定。十七年，杂谷土司苍旺叛乱，钟琪派兵前去征讨擒捕。十九年，重庆以陈琨为首的民众发生暴乱，钟琪重病，还亲自前去镇压，还师途中，在资州病故，赐以祭葬，谥号襄勤。乾隆因为所封的公爵不世袭，再授予一等轻车都尉,命令钟琪子岳瀞承袭。

岳钟琪深沉坚毅多智谋才略,管理士兵严厉,但与他们同甘苦,人们乐于为他所用。雍正帝多次赞赏他的忠诚,于是命他专门从事征讨。整个有清一代,汉大臣拜为大将军,满洲士卒隶于部下受他节制的,只有钟琪一人而已。既已罢免又重新得到起用,大金川之战,傅恒依靠他获得成功。乾隆《御制怀旧诗》,将他列在五位功臣之中,称为"三朝武臣巨擘"。

策棱传

【题解】

策棱(? ~1750),棱又作凌,元太祖成吉思汗直系孙子,喀尔喀蒙古人,博尔济吉特氏,为康熙女婿。雍正年间封为多罗郡王、和硕亲王、喀尔喀大扎萨克,任定边副将军长达十八年。他是清代威震朔方的蒙古族将帅。

康熙末,策棱随从清大军出击准噶尔部,初露锋芒,建有战功。雍正三年(1725)分得土谢图部二十旗,建赛音诺颜部。五年(1727)代表清政府与沙俄政府划定中俄中段边界,接着,又在恰克图签订《中俄恰克图界约》。九年(1731)他率军抗击掠夺喀尔喀的准噶尔军,初步扭转了清军在西北战场的不利局面。次年,准噶尔反攻喀尔喀,又为所败。后他带兵进驻乌里雅苏台,戍守西北边陲,也为蒙古各部和平相处做了许多努力。最后死于任上,谥号襄。

策棱一生处与准噶尔分裂势力进行了坚决斗争,为维护清的统一和西北地区的和平做出很大贡献。

【原文】

策棱,博尔济吉特氏,蒙古喀尔喀部人。元太祖十八世孙图蒙肯,号班珠尔,兴黄教,西藏达赖喇嘛贤之,号曰赛音诺颜。其第八子丹津生纳木扎勒,纳木扎勒生策棱。康熙三十一年,丹津妻格楚勒哈屯自塔密尔携策棱及其弟恭格喇布坦来归,圣祖授策棱三等阿达哈哈番,赐居京师,命入内廷教养。四十五年,尚圣祖女和硕纯悫公主,授和硕额驸。寻赐贝子品级,诏携所属归牧塔密尔。五十四年,命赴推河从军,出北路防御策妄阿喇布坦。五十九年,师征准噶尔,策棱从振武将军傅尔丹出布拉罕,至格尔额尔格,屡破准噶尔,获其宰桑贝坤等百余人,俘馘甚众。战乌兰呼济尔,焚敌粮。师还,道遇准噶尔援兵,复击败之,授扎萨克。

策棱生长漠外,从军久,习知山川险易。愤喀尔喀为准噶尔凌藉,锐自磨厉,练猛士千,隶帐下为亲兵。又以敌善驰突而喀尔喀无纪律节制,每游猎及止而驻军,皆以兵法部勒之,居常钦钦如临大敌。由是赛音诺颜一军雄漠北。

雍正元年，世宗特诏封多罗郡王。二年，入觐，命偕同族亲王丹津多尔济驻阿尔泰，并授副将军，诏策棱用正黄旗纛。五年，偕内大臣四格等赴楚库河，与俄罗斯使萨瓦立石定界，事毕，陈兵鸣炮谢天，议罪当削爵，上命改罚俸。九年，从靖边大将军顺承郡王锡保讨噶尔丹策零，侦贼自和通呼尔哈诺尔窥图垒、茂海、奎素诸界，偕翁牛特部贝子罗卜藏等分兵击却之。准噶尔诸酋有大策零敦多卜、小策零敦多卜，皆噶尔丹策零同族，最用事。噶尔丹策零遣大策零敦多卜将三万人入掠喀尔喀，闻锡保驻察罕廋尔，振武将军傅尔丹军科布多，乃遣其将海伦曼济等将六千人取道阿尔泰迤东，分扰克鲁伦及鄂尔海喀喇乌苏，留余众于苏克阿勒达呼为声援。策棱偕丹津多尔济迎击，至鄂登楚勒，遣台吉巴海将六百人宵入敌营，诱之出追，伏兵突击，斩其骁将，余众惊溃，大策零敦多卜及海伦曼济等遁去。诏进封和硕亲王，赐白金万。寻授喀尔喀大扎萨克。

十年六月，噶尔丹策零遣小策零敦多卜将三万人自奇兰至额尔德毕喇色钦，策棱偕将军塔尔岱青御于本博图山。未至，准噶尔掠克尔森齐老，分兵袭塔密尔，掠策棱二子及牲畜以去。策棱不及援，侍郎绰尔铎以转饷至，语策棱曰："王速率兵遏敌归路，当大破敌。"策棱还军驰击，距敌二日程。初，招丹津多尔济赴援，不至。准噶尔兵趋额尔德尼昭。八月，策棱率兵追敌，十余战，敌屡败。小策零敦多卜据杭爱山麓，逼鄂尔坤河而阵；策棱令满洲兵阵河南，而率万人伏山侧，蒙古诸军阵河北，遂战。敌见满洲兵背水阵，兵甚弱，意轻之，越险进。满洲兵却走，准噶尔兵逐之，策棱伏起自山下，如风雨至，斩万余级，谷中尸为满，获牲畜、器械无算。小策零敦多卜以余众渡河，蒙古兵待其半渡击之，多入水死，河流尽赤。锡保驰疏告捷，首表策棱功，上嘉悦，赐号超勇，锡黄带。谕："此次军功非寻常劳绩可比，随征兵弁，著从优加倍议叙"。上以策棱牧地被寇，赉马二千、牛千、羊五千、白金五万，赈所属失业者，并命城塔密尔，建第居之。十二月，进固伦额驸，时纯悫公主已薨，追赠固伦长公主。

十一年，定边大将军平郡王福彭统军驻乌里雅苏台，诏策棱佩定边左副将军印，进屯科布多，寻授盟长。十二年五月，召来京谙军务。六月，移军察罕廋尔。十三年，准噶尔乞和，请以哲尔格西喇呼鲁苏为喀尔喀游牧界，上谙策棱。策棱谓："向者喀尔喀游牧尚未至哲尔格西喇呼鲁苏，此议可许。惟准噶尔游牧，必以阿尔泰山为界，空其中为瓯脱。"准噶尔不从。乾隆元年，师还，命策棱将喀尔喀兵千五百人驻乌里雅苏台，分防鄂尔坤。上以策棱母居京师，策棱在军久，不得朝夕定省，命送归游牧，并赐白金五千治装。二年，噶尔丹策零贻书策棱，称为车臣汗，申前请。策棱以闻，上命策棱以己意为报书，书曰："阿尔泰为天定边界。尔父珲台吉时，阿尔泰迤西初无厄鲁特游牧。自灭噶尔丹，我来建城，驻兵其地，众所共知。其不令尔游牧者，原欲以此为隙地，两不相及，以息争端。今台吉反云难以让给，试思阿尔泰为谁地，谁能让给？尔诚遵上指定议，我必不为祸始，亦不复居科布多。又谓我等哨兵逼近阿尔泰，宜向内撤。哨兵乃圣祖时旧例，即定界，岂能不设？台吉其思之！"冬，准噶尔使达什博尔济奉表至，命策棱偕诣京师。

三年春，至京师。噶尔丹策零表请喀尔喀与准噶尔各照现在驻牧。上召达什博尔济入见，谕曰："蒙古游牧，冬夏随时迁徙。必指定山河为界，彼此毋得逾越。"遣侍郎阿克敦等使准噶尔，与达什博尔济偕往。冬，噶尔丹策零复使哈柳从阿克敦等奉表至，请循布延图河，南以博尔济昂吉勒图、无克克岭噶克察诸地为界，北以逊多尔库奎、多尔多辉库奎至哈尔奇喇博木、喀喇巴尔楚克诸地为界，准噶尔人不越阿尔泰山，蒙古居山前，亦止在扎卜堪诸地，两不相接。并乞移托尔和、布延图二卡伦入内地。上以所议准噶尔不越阿尔泰山定界已就范，惟移托尔和、布延图二卡伦不可许。四年春，赐教遣还。哈柳诣策棱，哈柳曰："额驸游牧部属在喀尔喀，何弗居彼？"策棱答曰："我主居此，予惟随主居。喀尔喀特予游牧耳！"哈柳又曰："额驸有子在准噶尔，何不令来京？"答曰："予蒙恩尚公主，公主所出乃予子，他子无与也。即尔送还，予必请于上诛之。"冬，噶尔丹策零使哈柳复奉表至，始定议准噶尔不过阿尔泰山梁，不复言徙卡伦事。自雍正间与准噶尔议界，策棱三诣京师，准噶尔惮其威重，卒如上指。上奖策棱忠，子陷准噶尔，不复以为念，乃用宗室亲王例，封其子成衮扎布世子。五年，命勘定喀尔喀游牧，毋越扎布堪、齐克慎、哈萨克图、库克岭诸地，与准噶尔各守定界。六年，上以策棱老，命移军驻塔密尔。初，喀尔喀凡三部；及是，土谢图汗十七旗滋息至三十八旗，乃分二十旗与策棱，为赛音诺颜部，以鄂尔昆河西北乌里雅苏河为游牧，为三部屏蔽。自此喀尔喀为四部。十五年，病笃，上遣其次子车布登扎布还侍，使侍卫德山等往存问。寻卒，遗言请与纯悫公主合葬。丧至京师，上亲临奠，命配享太庙，谥曰襄，御制诗轭之。

【译文】

策棱，博尔济吉特氏，蒙古喀尔喀部人。元太祖十八代孙图蒙肯，号班珠尔，尊崇黄教，西藏达赖喇嘛很看重他，为他起号为赛音诺颜。图蒙肯的第八子丹津生纳木扎勒，纳木扎勒生策棱。康熙三十一年，丹津妻格楚勒哈屯从塔密尔带策棱及其弟恭格喇布坦前来归附清朝，康熙帝授策棱三等阿达哈哈番职，并赐他们居住在京师，命令让策棱在内廷中教养。四十五年，策棱娶康熙女儿和硕纯悫公主为妻，被授为和硕额驸。不久赐予贝子品级，奉诏携带部属回塔密尔游牧。五十四年，清廷命他前往推河从军，出北路防御策妄阿喇布坦。五十九年，清军征讨准噶尔，策棱随从振武将军傅尔丹离开布拉罕，到格尔额尔格，他们多次击败准噶尔，俘获策妄阿喇布坦手下宰桑贝坤等一百多人，被抓获之敌很多。在乌兰呼济尔作战，焚烧了准噶尔的粮草。在回师途中，遇到准噶尔的援兵，再次击败他们，策棱被授为扎萨克。

策棱生长于蒙古高原大沙漠外，从军时间久了，熟知那里山川的险要与平坦。他对准噶尔侵凌喀尔喀十分愤怒，专心一意自我磨砺，训练出猛士一千多人，隶于帐下作为亲兵。又针对敌军善于迅猛地突然袭击，而喀尔喀兵没有纪律约束，每次游猎回营军队驻扎时，他都以兵法来部署约束部队，即使平常也万众森严，如临大敌。因此策棱统领的赛音诺颜一军称雄漠北。

雍正元年，雍正帝特下诏封策棱为多罗郡王。二年，策棱入朝拜见皇帝，朝廷命令他与同族亲王丹津多尔济驻扎阿尔泰，两人一并授为副将军，命令策棱用正黄鸟羽装饰的大旗。五年，策棱与内大臣四格等一同前往楚库河，与俄罗斯使节萨瓦立石划定边界线，事完毕时，列兵鸣炮谢天。对于这事，有人议论他有罪应当削爵，雍正命令改为罚俸。九年，策棱跟从靖边大将军顺承郡王锡保征讨噶尔丹策零，侦察到叛贼从和通呼尔哈诺尔窥测图垒、茂海、奎素等边界线，他与翁牛特部贝子罗卜藏等分兵击退了这股势力。准噶尔部落长中有大策零敦多卜、小策零敦多卜，都是噶尔丹策零的同族，权势最大。噶尔丹策零派遣大策零敦多卜率领三万人入掠喀尔喀，听说锡保驻在察罕廋尔，振武将军傅尔丹驻扎在科布多，就派遣他的将领海伦曼济等统领六千人取道从阿尔泰向东进发，分别侵扰克鲁伦及鄂尔海喀喇乌苏，将余众留在苏克阿勒达呼作为声援部队。策棱同丹津多尔济一起迎头痛击，到鄂登楚勒，派台吉巴海统领六百人在夜晚深入敌营，引诱敌人出来追击，然而伏兵突然袭击，斩了对方勇将，余众都惊恐溃逃，大策零敦多卜及海伦曼济等都逃跑。雍正下诏进封策棱为和硕亲王，赏赐白银一万两。紧接着又授他为喀尔喀大扎萨克。

十年六月，噶尔丹策零派小策零敦多卜率三万人从奇兰到额尔德毕喇色钦，策棱与将军塔尔岱青一同在本博图山抵御。军队未到目的地，准噶尔进掠克尔森齐老，分兵袭击塔密尔，劫掠去策棱两个儿子及牲畜逃之夭夭。策棱来不及应援，侍郎绰尔铎因粮饷运到，对策棱说："郡王你迅速率兵去阻断敌人归路，将会大败敌军。"策棱还军飞驰出击，但离敌人有二天的路程。起初，策棱招丹津多尔济前来救援，可是丹津多尔济不到。准噶尔兵向额尔德尼昭进发。八月，策棱率兵追击敌人，打了十多仗，敌人屡次战败。小策零敦多卜占据了杭爱山麓，紧逼鄂尔坤河并布下战阵；策棱命令满洲兵在河南岸列阵，而自己率领一万人埋伏在杭爱山侧，蒙古部各军在河北岸布阵，就开战。敌军看见满洲兵背水而战，而且兵力很是薄弱，思想上轻视对手，越险进兵。满洲兵退却逃走，准噶尔兵紧追不舍，策棱伏兵在山下突然出现，其势如风雨骤至，斩首一万多级，尸体填满了山谷，缴获的牲畜、武器不计其数。小策零敦多卜带领剩下的军兵渡鄂尔坤河，待他们渡到一半时蒙古兵突然袭击，敌兵大多掉下水淹死，连河水都染得一片赤红。锡保派快马飞驰报捷，首先表彰策棱的功劳，雍正非常高兴，赐策棱"超勇"美号，还赏锡了黄带。雍正发布谕旨说："这次军功不是寻常的功劳成绩可以比拟的，随征兵士，都从优加倍受赏。"雍正因为策棱的牧场受到劫掠，赏给他马两千匹、牛一千头、羊五千只、白银五万两，以赈济他部下丧失产业的人，同时命令策棱在塔密尔筑城，建府第居住在那里。十二月，晋升策棱为固伦额驸，这时纯悫公主已死，追赠为固伦长公主。

十一年，定边大将军平郡王福彭统军驻营乌里雅苏台，雍正诏令策棱佩定边左副将军印，进屯科布多，不久授他为盟长。十二年五月，雍正召他到京师咨询军务。六月，策棱奉命移军到察罕廋尔。十三年，准噶尔向清政府乞和，请以哲尔格西喇呼鲁苏为喀尔喀游牧的界线，雍正向策棱咨询。策棱说："以前喀尔喀游牧还没有到过哲尔格西喇呼鲁苏，这个请求可以答应。只是准噶尔的放牧，必须要以阿尔泰山为界，空出其中一块地方作为缓冲。"准噶尔不从命。乾隆元年，策棱军回原地，朝廷命令他率喀尔喀兵一千五百人驻营乌里雅苏台，分兵防守鄂尔坤。乾隆因为策棱母亲住在京师，策棱在军中天长日久，不能早晚在母亲身边请安；于是命令将他母亲送回策棱游牧地，同时赐白银五千来装束行装。二年，噶尔丹策零递书信给策棱，称他为车臣汗，重申先前的请求。策棱将这一情况报告了朝廷，乾隆命他按自己的意思回信，策棱在给准噶尔书信上说："阿尔泰山是天定的边界。你父亲珲台吉时，阿尔泰山连绵向西的地方起初没有厄鲁特部人游牧。自从消灭了噶尔丹，我们才来建城，驻兵在这块地方，这是众所共知的事实。现在不让你们来游牧，原来想把此地作为一块空隙地，你我之间互不相及，以此来平息事端。如今台吉反而说难以让给，试想阿尔泰山是谁的地方，谁能让给？你真心实意地遵守上面的既定方案，我们必定不会成为灾祸的起始，也不再驻扎在科布多。你又说我们的哨兵逼近阿尔泰山，应该向内撤兵。设哨兵是康熙帝时的旧规定，既然定了边界，难道能不设哨兵？台吉你想想这个道理！"冬天，准噶尔派达什博尔济奉表到策棱军中，朝廷命令策棱与使者一同到京师。

三年春天，策棱等到京师。噶尔丹策零在奏表上请求喀尔喀与准噶尔各自照现有的划界驻守游牧。乾隆召达什博尔济入见，发谕告说："蒙古人流动放牧，冬夏随时会有迁移。务必指定山川或河流作为界限，彼此都不得逾越。"朝廷派遣侍郎阿克敦等出使准噶尔，与达什博尔济一同前去。冬天，噶尔丹策零又遣使哈柳随从阿克敦等奉表到京，请求顺着布延图河，南面以博尔济昂吉勒图、无克克岭噶克察等地为界，北面以逊多尔库奎、多尔多辉库奎到哈尔奇喇博木、喀喇巴尔楚克等地为界，准噶尔人不越过阿尔泰山，蒙古人居住在山前，也只能在扎卜堪等地活动，两不相接。并且请移托尔和、布延图二卡伦入内地。乾隆认为表中提出的准噶尔不越阿尔泰山的定界已经服从了清朝的原则，所以除移托尔和、布延图二卡伦不许可外，其他都同意了。四年春天，朝廷赐敕令遣准噶尔来使回去。哈柳到策棱处，他说："额驸的游牧部属在喀尔喀，为什么不居住到那里去？"策棱回答说："我们的主上住在这里，我只能随着主上居住。喀尔喀是专门给我们游牧的！"哈柳又说："额驸有子在准噶尔，为什么不叫他们来京？"策棱答道："我蒙恩娶了公主，公主所生的就是我的儿子，其他儿子与我没有关系。如果你们将他们送还，我也一定要在皇上面前请求处置他们。"冬天，噶尔丹策零派哈柳再次奉表到来，才开始议定准噶尔部不过阿尔泰山梁，不再提迁卡伦的事。自从雍正年间与准噶尔议定边界以后，策棱三次到京师，准噶尔惧怕他威名远震，最终接受了清廷的旨意。乾隆赞赏策棱的忠心，儿子被准噶尔掳去，也不再去思念爱怜，就用宗室亲王的定例，封他的儿子成衮扎布为世子。五年，朝廷命令勘定喀尔喀游牧地，不要超过扎布堪、齐克慎、哈萨克图、库克岭等地，与准噶尔各自都遵守划定的界限。六年，乾隆因策棱已经年老，命他移军驻到塔密尔。起初，喀尔喀总共三个部落，到这时，土谢图汗十七旗繁衍生息到三十八个旗，就分二十旗给策棱，称为赛音诺颜部。以鄂尔昆河西北乌里雅苏河为游牧地，作为喀尔喀三个部落的屏障。从此喀尔喀分为四部。十五年，策棱病重，乾隆派策棱的次子车布登扎布回去侍候，派侍卫德山等前往慰问。不久他去世，留下遗言希望与纯悫公主合葬。哀音传到京师，乾隆亲自祭奠，命令配享皇帝祖庙，谥号为襄，乾隆亲自写诗来悼念他。

刘墉传

【题解】

刘墉(1719~1804),字崇如,号石庵,山东诸城人。乾隆十六年中进士,官至协办大学士、吏部尚书。擅长书法,尤以小楷见长。他的书法学颜真卿、苏轼,上溯钟繇,墨色厚重,貌丰骨劲。人称之为"深墨宰相"。因他久侍内廷,又官居高位,因此他的书法对清代影响颇大。与同时人翁方纲、梁同书、王文治齐名。

【原文】

墉,字崇如,乾隆十六年进士,自编修再迁侍讲。二十年,统勋得罪,并夺墉官下狱,事解,赏编修,督安徽学政,疏请州县约束贡监,责令察优劣。督江苏学政,疏言府县吏自瞻顾,畏刁民,畏生监,兼畏吏胥,阘,尤怠玩。上嘉其知政体,饬两江总督尹继善等淬厉除旧习。授山西太原知府,擢冀宁道。以官知府时失察僚属侵帑,发军台效力。逾年释还,命仍在修书处行走。旋推统勋恩,命以知府用,授江苏江宁知府,有清名。再迁陕西按察使。丁父忧,服阕,授内阁学士,直南书房。迁户部、吏部侍郎。授湖南巡抚,迁左都御史,仍直南书房。命偕尚书和珅如山东按巡抚国泰贪纵状,得实,授工部尚书,充上书房总师傅。署直隶总督,授协办大学士。五十四年,以诸皇子师傅久不入书房,降为侍郎衔。寻授内阁学士,三迁吏部尚书,嘉庆二年,复体仁阁大学士,命偕尚书庆桂如山东谳狱,并按行河决,疏请宽浚下游。四年,加太子少保。疏陈漕政,金丁不慎,途中盗米,致有凿舟自沉,或舁及樯舵,舟存而不可用,请饬各行省金了宜求殷实,皆如所议行。九年,卒,年八十五,赠太子太保,祀贤良祠,谥文清。墉工书,有名于时。

刘墉

【译文】

刘墉,字崇如,乾隆十六年中进士,从翰林编修升任为翰林侍讲。乾隆二十年,他的父亲刘统勋犯了失职罪,连刘墉也罢了官,逮捕入狱。后来皇帝宽谅了刘统勋,赏刘墉为翰林院编修、提督安徽学政。他上书朝廷，请求州县官员约束当地贡生监生的不法行为，并责成州县考察他们的优劣。又提督江苏学政，上书陈述府县官员从自身利益出发，行事瞻前顾后，顾虑重重，他们怕刁民，怕贡生监生，也怕办事的吏员衙役，软弱无所作为。皇帝嘉奖他懂得政事，命令两江总督尹继善等人大力清除这种不良风气。朝廷任命刘墉为山西太原府知府，又升任冀宁道道台。因他任知府时对下属的贪污行为失察，发配到西北军中效力。过了一年放回京城，命他在修书处办事。不久，因他的父亲刘统勋有功，加恩于刘墉，皇帝下令仍用他为知府，于是任他为江苏江宁知府。在任有为官清正廉洁的名声。又升他为陕西按察使。因父亲去世，在家守丧，丧期满后，任他为内阁学士，在南书房主事办案。迁任户部、吏部二部侍郎。又外任为湖南巡抚，迁任左都御史，仍然在南书房办事。皇帝命他和尚书和珅一起去山东审理巡抚国泰贪污一案，审理得实，任命他为工部尚书，充任上书房总师傅。又代理直隶总督，任为协办大学士。乾隆五十四年，因他是诸皇子的师傅，但久不入书房尽师傅之责，被降为侍郎衔的官员。不久，任他为内阁学士，三次升迁为吏部尚书。嘉庆二年，任体仁阁大学士，皇帝命他和尚书庆桂一起去山东审察条件，并调查黄河决口的情况，他上书请求拓宽疏浚下游的河道。嘉庆四年，加太子少保衔。他上书陈述漕运事务，反映有关部门佥派漕运夫役不严肃从事，以致发生中途盗米情况，因而有凿破船只沉入水中的事情，有的把船舵和桅杆也卖了，虽然有船而不能使用，他请求命令各省派漕运夫役应从富实人家挑选。他的建议都得到批准执行。嘉庆九年去世，终年八十五岁，朝廷追赠他太子太保衔，并入祀贤良祠，赠谥号为"文清"。刘墉擅长书法，在当时很著名。

齐召南传

【题解】

齐召南，字次风，号琼台，晚号息园。浙江天台人。乾隆元年（公元1736）举博学鸿词，授检讨，历官至花部右侍郎。参与编纂经史考证，分撰《礼记注疏考证》《前汉书考证》等书；以长于地理，又参与纂修《大清一统志》，鉴于全国水道除《水经注》外无专书，参考康熙五十七年（公元1718）实测绘制的《皇舆全图》，成《水道提纲》二十八卷。又著有《宝纶堂文钞·诗钞》等。

【原文】

齐召南，字次风，浙江天台人。幼而颖敏，乡里称神童。雍正十一年，命举博学鸿词，召南以副榜贡生被荐。乾隆元年，迁试二等，改庶吉士，散馆授检讨。八年，御试翰詹各官，擢中允，迁侍读。九年，以父丧去官。时方校刻经史，召南分撰《礼记》《汉书考证》，命即家撰进。服除，起原官。十二年，选侍读学士。十三年，复试翰詹各官，以召南列首，擢内阁学士，命上书房行走。选礼部侍郎，上于宁古塔得古镜，问召南，召南辨其款识，具陈原委。上顾左右曰："是不愧博学鸿词矣！"上西苑射，发十九矢皆中的，顾尚书蒋溥及召南曰："不可无诗！"召南进诗，上和以赐。十四年夏，召南散直堕马，触大石，颅几裂。上闻，遣蒙古医就视，赐以药。语皇子宏瞻："汝师傅病如何？当频使存问！"幸木兰，使赐鹿脯十五束。及冬，入谢，上慰劳，召南因乞归，固请乃许。及行，赐纱、葛各二端。

上南巡，屡迎驾，辄问病状，出御制诗命和。上尝询天台、雁宕两山景物，召南对未尝游览。上问："名胜在乡里间，何以不往？"召南对："山峻溪深，臣有老母，怵古人登高临深之诫，是以未敢往。"上深嘉之。既而，以族人周华为书讪上，逮诣京师，吏议坐隐匿，当流，籍其家，上命夺职放归，还其产十三四。召南归，遂卒。

召南易直子谅，文辞典雅。著《水道提纲》，具详源委脉络；《历代帝王年表》，举诸史纲要：并行于世。

【译文】

齐召甫，字次风，浙江天台人。幼年时聪明过人，被乡里的人称为神童。雍正十一年（公元1733），朝廷举博学鸿词，齐召南以副榜贡生被推荐参加。乾隆元年（公元1736），经廷试获二等，改庶吉士，散馆授检讨之职。乾隆八年（公元1743），乾隆皇帝亲自主持翰詹各官的考试，齐召南被擢中允，选为侍读。乾隆九年，因父亲病故，齐召南离职。当时，清政府正在组织人力校刻经书和史书，齐召南负责撰写《礼记》和《汉书考证》。因为在服丧期间，命其在家中撰写呈上。服丧期满后，起复为原来的官职。乾隆十二年（公元1747），迁为侍读学士。乾隆十三年，又考试翰詹各个官员，以齐召南排在第一名，擢升为内阁学士，命他可以在上书房行走供职。迁升为礼部侍郎。乾隆皇帝在宁古塔得到一枚古镜，问齐召南，齐召南辨认了古镜上面的款识，向乾隆皇帝讲明了原委。乾隆皇帝听后，回头对左右的人说："真不愧于博学鸿词。"乾隆在西苑射猎，射了十九箭，都射中了目标，回头对尚书蒋溥和齐召南说："不能没有诗！"齐召南便赋诗一首呈上，乾隆也和了一首以赐给齐召南。乾隆十四年夏天，齐召南在值班时从马上摔下来，碰在一块大石头上，头骨几乎碰裂。乾隆听说后，派蒙古医生前去诊视，并赐给医药。又对皇子宏瞻说："你师傅的病怎么样了？要经常派人去看望。"乾隆巡幸木兰围场，派人赐给齐召南鹿肉十五束。等到冬天，齐召南病体康复，入宫向乾隆皇帝拜谢，乾隆加以慰劳。齐召南乞求归乡，反复坚决请求，乾隆皇帝才答应。等走的时候，乾隆皇帝又赐给齐召南纱布和葛布各二端。

乾隆皇帝南巡，齐召南多次迎驾。乾隆皇帝总是问他的病状，并拿出自己写的诗让齐召南唱和。乾隆皇帝曾经询问天台山和雁荡山的景物，齐召南回答说从未游览过。乾隆问道："这些名胜就在你家乡，你为什么不去游览呢？"齐召南回答说："那里山势险峻，谷深溪长，臣家中有老母亲，怵于古人登高临深的告诫，所以不敢轻易去游览。"乾隆皇帝听后非常称道。不久，因为齐召南的族人周华写文章攻击乾隆，齐召南也被牵连而抓到京城。有关官吏研究认为，齐召南犯了隐匿不报之罪，应当流放边疆，没收家产。乾隆皇帝命夺去齐召南的官职,放归家乡,归还了齐召南家十分之三四的家产。齐召南回家后,便发病而死。

齐召南为人朴质,文辞典雅。著作《水道提纲》一书,详细地记录了全国各条水道的原委脉络。又撰《历代帝王年表》,列出各朝古史的纲要。这些著作都流传于世。

阿桂传

【题解】

阿桂(1717~1797),满洲正白旗人,姓章佳氏,字广庭,号云岩。乾隆三年举人。初以父荫授官,累迁吏部员外郎,充任军机章京。后历任伊犁将军、兵部尚书、吏部尚书,累官至武英殿大学士兼军机大臣。他为清高宗乾隆帝所倚任重用,曾参与平定准噶尔部和天山南路的战争。后屡次膺任统师,用兵缅甸,平定大小金川。又多次察看黄河决口、江浙海塘工程等。他一生功勋卓著,屡有建树,对多民族国家的统一和边疆的开发做出了重要贡献,是同时代封疆大吏中的佼佼者。本传对他的生平业绩有较为公允的评述。

【原文】

阿桂,字广庭,章佳氏。初为满洲正蓝旗人,以阿桂平回部驻伊犁治事有劳,改隶正白旗。父大学士阿克敦,自有传。

阿桂,乾隆三年举人。初,以父荫授大理寺丞,累迁吏部员外郎,充军机处章京。十三年,从兵部尚书班第参金川军事。讷亲、张广泗以无功被罪,岳钟琪劾阿桂结张广泗蔽讷亲,逮问。十四年,上以阿克敦年老,无次子,治事勤勉;阿桂罪与贻误军事不同,特旨宥之。寻复官,擢江西按察使,召补内阁侍读学士。二十年,擢内阁学士。时,方征准噶尔,命阿桂赴乌里雅苏台督台站。逾年父丧还京。旋复遣赴军,授参赞大臣,命驻科布多,授镶红旗蒙古副都统。二十二年秋,授工部侍郎。辉特头人舍楞约降,唐喀禄以兵往会,为所袭,阿桂率兵策应,上嘉之,赐花翎。上命阿桂与策布登扎布合军击舍楞。毋使逃入俄罗斯。阿桂言:"得降贼,谓舍楞将逃土尔扈特;或不达且复回准噶尔。邀之中路,可擒献。"上责其观望,召还京。是年准部平,复命赴西路,与副将军富德追捕余贼。

霍集占叛,二十四年,命赴霍斯库鲁克从富德进讨。八月,逐贼至阿勒楚尔,又至伊西洱库尔淖尔,回众降。霍集占走拔达克山。是年回部平,上以阿克苏新附,为回部要地,命阿桂驻军抚绥。二十五年,移驻伊犁。阿桂上言伊犁屯田、阿可苏调兵诸事。上嘉其勇往,命专司耕作营造,务使军士、回民皆乐于从事。时,西域初定,地方万余里,伏莽尚众,与俄罗斯邻。上诏统兵诸大臣议,咸谓沙漠辽远,牲畜凋耗,难驻守。阿桂疏言:"守边以驻兵为先,驻兵以军食为要。伊犁河以南海努克等处,水土沃衍,宜屯田,请增遣回民娴耕作者往屯;增派官兵驻防,协同耕种;次第建置城邑;预筹马驼,置台站;运沿边二十六年,疏言:"伊犁牧群蕃息,请停内地购马驼。增招叶尔羌、喀什噶尔、阿克苏、乌什回民诣伊犁,广屯田。"皆称旨。迭授内大臣、工部尚书、镶蓝旗汉军都统,仍驻伊犁。奏玛纳斯库尔、喀喇乌苏、晶河三地屯田,人授十五亩。二十七年,疏定约束章程,建绥定、安远二城,兵居民房次第立,一如内地,数千里行旅晏然,予骑都尉世职。召还,赐紫禁城骑马,命军机处行走。调正红旗满洲都统,加太子太保。二十九年,命署伊犁将军。寻调署四川总督。时,金川土司郎卡与绰斯甲布等九土司构衅,阿桂巡边,尽得郎卡狡狯怙恶状,并悉其山川形势,入奏。是冬,召还京。三十年,上南巡,命留京治事。

乌什回赖黑木困拉作乱,诏驰赴乌什与将军明瑞攻之,赖黑木图拉中矢死,众伯克复推额色木图拉抗我师,自三月至八月,攻城不下。明瑞军其北,阿桂军其南,作长围困之,绝其水道。贼粮尽内讧,沙布勒者,擒额色木图拉以献,乌什平。上责其迟延,示怯损威,部议夺官,命留任,驻雅尔城。旋复夺尚书,命还伊犁助明瑞治事。阿桂疏请移雅尔城于楚呼楚,从之。三十二年,授伊犁将军。请自楚呼楚至乌尔图布拉克设三台,以通雅尔,下部行。

缅甸扰边,总督刘藻、杨应琚先后得罪去,上命明瑞率师讨之,至猛育,粮尽战没。大学士傅恒自请行,三十三年,以傅恒为经略,阿桂及阿里衮为副将军,仍授阿桂兵部尚书、云贵总督。三十四年,以明德为总督,令阿桂专治军事。阿桂请由铜壁关抵蛮暮,伐木造舟,俊经略至军,进攻老官屯,且言军粮不给。上以为畏怯,罢副将军,改授参赞大臣。九月,舟成,傅恒亦至,分三路进。傅恒出万仞关,由大金沙江西经猛拱、暮鲁至老官屯;阿里衮率舟师循江而下;阿桂率蛮暮新舟出江会之,先伏兵甘立寨。缅人从猛戛来拒,寨兵出击,沉三舟,舟师噪应之,缅人大溃,歼其渠,遂与西岸军合。老官屯守御坚,军士多病瘴,阿里衮卒于军,复授阿桂副将军。傅恒亦病,上命班师,而缅酋懵驳亦惩甘立寨之败,遣使议受约束,乃召傅恒还。命阿桂留办善后,授礼部尚书。

三十五年,兼镶红旗汉军都统。命赴腾越等缅人入贡。遣都司苏尔相赍檄至老官屯,缅人拘之,索还木邦等三土司。疏入,上命罢尚书、都统,以内大臣留办副将军事。三十六年,疏请大举征缅,入觐陈机密。上手诏诘责,命夺官留军效力。是时,金川酋郎卡已死,其子索诺木及小金川酋泽旺子僧格桑扰边,四川总督阿尔泰征之无功,上命要桂随副将军,尚书温福进讨。十二月,署四川提督,克巴朗拉、达木巴宗各寨。三十七年二月,克资哩山,进克阿喀木雅。松潘总兵宋元俊亦复革布什咱。两金川势日蹙,合谋抗我师。上命温福等三路进讨,阿桂出西路阿喀木雅攻喇卜楚克,克之,夺普尔玛寨,进逼美美卡。泽旺为子谢罪,索诺木亦代僧格桑请还侵地,上不许。时,侍郎桂林代阿尔泰为总督,并领其众,至墨陇沟,失利,副将薛琮死亡,阿尔泰劾罢桂林。上授阿桂参赞大臣,命赴南路接剿。僧格宗者,小金川门户也。甲尔木山梁为伪格宗要径。阿桂乘贼怠,潜赴墨陇沟,夜半大雾,袭据之,进逼僧格宗,突入毁其碉,歼贼无算。上授温福定边将军,丰升额、阿桂俱授副将军,分道取美诺。阿桂克美都喇嘛寺,俯瞰美诺。僧格桑遁布朗郭宗,而温福亦克西路来会,进剿布郎郭宗。僧格桑送孥金川而遁底木达,求见父泽旺,泽旺不纳,渡河走金川。泽旺降,械送京师,小金川平。于是议讨金川,金川贼巢有二:曰噶拉依,曰勒乌围。温福由功噶尔拉,阿桂由当噶尔拉,合攻噶拉依;丰升额由绰斯甲布径攻勒乌围。复授礼部尚书。

三十八年正月朔,冒大雪进夺当功噶尔拉诸碉,而温福至木果木,索诺木诱降番叛袭军后,断登春粮道,我师溃,温福死亡。小金川与美诺等相继陷。阿桂悉收降番械,毁碉寨,分置其人章谷、打箭炉,斩其桀骜者,亲殿军退驻达河。事闻,上怒甚,命发健锐、火器两营,黑在江、吉林、伊犁额鲁特兵五千,授阿桂定西将军,有亮、丰升额副将军,舒常参赞大臣,整师再出。十月,攻下资哩。用番人木塔尔策,分师由中、南两路进,潜军登北山巅,遂取美诺,明亮等亦克僧格宗来会,凡七日,小金川平。

三十九年正月朔,阿桂抵布朗郭宗,人裹十日粮,分三队进,转战以前,克喇穆左右二山,赞巴拉克山、色依谷山。二月,克罗博瓦山,勒乌围门户也。贼退守喇穆山。部将海兰察从间道破色淜普寨,绕出山后,贼退守萨甲山岭。海兰察夺其峭壁大碉,诸寨夺气,同时下,乘胜临逊克尔宗。僧格桑死于金川,金川酋献其尸,而死守逊克尔宗。十月,阿桂用策先克默格山及凯立叶,于是日尔巴当噶诸碉反在我师后,遂悉平之。贼退守康萨尔山。时,丰升额出兵北路,师至凯立叶,望见烟火,以师来会,而明亮出南路,阻于庚额山;阿桂令移军,冒雨破宜喜,与明亮军隔河相望。十一月,克格鲁克古丫口,金川东北之贼殆尽。

四十年正月,克康萨尔山梁。二月,克沿河斯莫思达寨。四月,克木思工噶克丫口。五月,克下巴木通及勒吉尔博山梁,进据得式梯,复克噶尔丹寺、噶明噶等寨,进攻巴占,屡攻不下。分兵从舍图枉卡绕击,牵贼势。七月,克昆色尔及果克多山,进克拉栝寺、葡则大海山梁,旋克章噶。八月,克隆斯得寨,遂克勒乌围。捷闻,上遣阿桂子阿必达赍红宝石顶赐之。九月,克当噶克底诸寨。十月,克达木噶。十一月,克西里山雅玛朋寨。十二月,克萨尔歪诸寨,进据噶占。四十一年正月,克玛尔古当噶碉寨五百余,遂围噶拉依。索诺木母先赴河西集余众,大兵合围,与其子绝,遂降。阿桂令作书招索诺木,而其头目降者相继,索诺木乃率众降。金川平,安置降番,设副将、同知分驻其地。诏封一等诚谋英勇公,进协办大学士、吏部尚书、军机处行走。四月,班师。上幸良乡城南行郊劳礼,赐御用鞍马。还京献俘,御紫光阁,行饮至礼,赐紫缰、四开禊袍。

初,阿桂去云南,缅甸遣使议入贡,械送京师下狱。至是诛索诺木母头人,上命释缅使令观,译告以故,纵之归,冀以威武风动之。四十二年。署云贵总督图思德奏:“懵驳已死,子赘角牙立,输诚纳贡,愿归中国人,请开关通市。”上以事重,当有重臣相度受成,命阿桂往莅。五月,授武英殿大学士,管理吏部,兼正红旗满洲都统,缅甸使不至,遣苏尔相等归,遂召阿桂还。未几,缅甸内乱。又十余年,国王孟陨具表祝上八旬圣寿,定十年一贡,南徼始安。

四十四年,河决仪封、兰阳,奉命往按。阿桂令开郭家庄引河,筑拦黄坝;又于下流王家庄,筑顺黄坝,蓄水势,逼溜直入引河。四十五年三月,堤工藏,还京。兼翰林院掌院学士。旋命勘浙江海塘,筑鱼鳞石塘、柴塘及范公塘。四十六年,工成,命顺道勘清陶庄河道高堰石工。

甘肃撒拉尔新教苏四十三与老教仇杀,戕官吏。总督勒尔谨捕教首马明心下狱,同教回民二千余,夜济洮河犯兰州,噪索明心。布政使王廷赞诛明心,贼愈炽。上命阿桂视师,时阿桂犹在工。命和珅往督战,失利。贼据龙虎、华林诸山,道险隘。阿桂至,设围绝其水道,进攻之,贼大溃。歼苏四十三,余党奔华林寺,焚之,无一降者。甘肃冒赈事发,命按治,尽得大小官吏舞弊分赃状,谳定,疏请增设仓廒,广储粮石,以济民食。

秋,河决河南青龙冈,命自甘肃赴河南会河道总督李奉翰督塞河。故事,河决,当决处两端筑坝,渐近渐合,谓之"合龙"。十二月,则坝将合,副交李荣吉谓水势盛,宜缓,阿桂督之急。既合,属吏入贺,荣吉独不至,召之,则对使者曰:"为荣吉谢相公,坝不可恃,不敢离也。"越二日,果复决,阿桂驰视,荣吉已堕水,悬千金赏救之起,解御赐黑狐端罩覆之。因上疏自劾,请别简大臣董其役,上诏答,略曰:"近年诸臣中能胜治河任者,舍阿桂岂复有人?惟当安心静镇,别求善策。"四十七年,奏请于下游疏引河,上游筑大堤,并于北岸建坝,迫溜南趋。四十八年,工始竟,诣热河行在,复命仍赴工次,审定章程。

浙江布政使盛住疏论总督陈辉祖籍王亶望家有所私,命阿桂如浙江按治。还,又命勘江南盐河水道,又命勘河南兰阳十二堡堤工,并于戴村建闸。四十九年,甘肃盐茶厅回民张阿浑据石峰堡以叛。上遣福康安、海兰察等讨之,复命阿桂视师。两月余,破堡,戮张阿浑等。加一等轻车都尉世职。又命督洒南睢州堤工。五十年,举千叟宴,阿桂领班。又命勘河南睢州河工,并察洪泽湖、清口形势。五十一年,又命勘清口堤工,并如浙江按仓库亏缺,勘海塘;又命勘江南桃源、安东河决。再如浙江按治平阳知县黄梅重征,论如律。

五十二年,又命督塞睢州十三堡河决。时,台湾民林爽文叛,上命福康安讨之,谘阿桂军事。阿桂疏论师当扼要害,分道并进,先通诸罗道,廓清后路,自大甲溪进兵。谕曰:"所见与朕略同,已谕福康安奉方略。"睢州工竟,又命勘江南临湖砖石堤工。五十三年,又命按湖北荆州水灾。请疏窖金洲以导水,修万城堤以护城。五十四年,命再勘荆州堤工。嘉庆元年,高宗内禅,阿桂奉册宝。再举千叟宴,仍领班,于是阿桂年八十矣,疏辞领兵部。二年八月,卒,仁宗临其丧。赠太保,祀贤良祠,谥文成。

阿桂屡将大军,知人善任使。诸将有战绩,奖以数语,或赉酒食,其人辄感激效死终其身。临敌,夜对酒,深念得策,辄持酒以起,且必有所号令。方温福败,受命代将。一日日欲暮,率十数骑升高阜觇贼寨。贼望见,犷骑数百环阜上。阿桂令从骑皆下马,解衣裂悬林木,乃令上马徐下阜。贼迫阜,从落日中睹旗帜,疑我师众,方遣骑出侦,阿桂已还军矣。师薄噶拉依,索诺木约以明日降,城栅尽毁。日暮,诸将谒阿桂,谓:"今日必生致索诺木,不然虑有他。"阿桂不答,入帐卧。明旦,索诺木自缚诣帐下。阿桂谓诸将曰:"诸君昨日语,盖虑索诺木他窜,或且死,我已得险要,审安之?且能死,岂至今日?故吾以为无虑。"诸将皆谢服。及执政,尤识大体。康熙中,诸行省提镇以次即有空名坐粮,雍正八年著为例。乾隆四十七年诏补实额,别给养廉。阿桂疏言:"国家经费骤加不觉其多,岁支则难为继。此新增之饷，岁近三百万，二十余年即需七千万。请除边省外，无庸概增。"上不从。是时，帑藏盈溢，其后渐至虚匮，此其一端也。乾隆末，和珅势渐张，阿桂遇之不稍假借。不与同直庐，朝夕入直，必离立数十尺。和珅就与语，漫应之，终不移一步。阿桂内念位将相，受恩遇无与比，乃坐视其乱政，徒以高宗春秋高，不敢遽言，遂未竟其志。

高宗图功臣于紫光阁，前后凡四举，列于前者亲为之赞。

定伊犁回部五十人：大学士傅恒、将军兆惠、班第、纳木札尔、副将军策布登扎布、富德、萨拉尔、大学士总督黄廷桂、参赞大臣亲王色布腾巴尔珠尔、贝子扎拉丰阿、郡王罗卜藏多尔济、额敏和卓、尚书舒赫德、阿里衮、总督鄂容安、侍郎明瑞、阿桂、三泰、鄂实、领队大臣内大臣博尔奔察、提督豆斌、高天喜、副都统端济布、护军统领爱隆阿、前锋统领玛瑞、副都统巴图济尔噶尔、散秩大臣齐凌扎布、噶布舒、郡王霍集斯、贝子鄂对、内大臣鄂齐尔、散秩大臣阿玉锡、达什策凌、副都统鄂博什、温布、由屯、三格、侍卫奇彻布、老格、达克、塔纳、萨穆坦、璊绰尔图、塔玛鼐、富锡尔、海兰察、富绍、扎奇图、阿尔丹察、五十保。

定金川五十人：将军阿桂、副将军丰升额、明亮、大学士舒赫德、于敏中、尚书福隆安、参赞大臣亲王色布腾巴尔珠尔、都统海兰察、护军统领额森特、舒常、领队大臣都统奎林、和隆武、福康安、副都统普尔普、荆州将军兴兆、参赞大臣提督哈国兴、领阿大臣提督马彪、马全、书麟、副都统三保、乌什哈达、瑚尼尔图、珠尔格德、阿尔都、阿尔萨朗、舒亮、科玛、伊兰保、佛伦泰、富兴、德赫布、莽喀察、总兵海禄、敖成、官达色、成德、钦保、曹顺、保宁、特成额、乌尔纳、总兵敦柱、侍卫额尔特、托尔托保、泰斐英阿、柏凌、达兰泰、萨尔吉岱、佐领特尔惇澈、副将兴奎。

定台湾二十人：大学士阿桂、和珅、王杰、协办大学士福康安、领侍卫内大臣海兰察、尚书福长安、董诰、总督李侍尧、孙士毅、巡抚徐嗣曾、成都将军鄂辉、护军统领舒亮、普尔普、提督蔡攀龙、梁朝桂、许世亨、总兵穆克登阿、张芝元、普吉保、散秩大臣穆塔尔。

定廓尔喀十五人：大学士福康安、阿桂、和珅、王杰、孙士毅、领侍卫内大臣海兰察、尚书福长安、董诰、庆桂、和琳、总督惠龄、护军统领泰斐英阿、额勒登保、副都统阿满泰、成德。

功稍次者列于后，儒臣为之赞，惟阿桂与海兰察四次皆前列。阿桂定金川元功，定台湾首辅，皆第一；定廓尔喀以爵复第一，让于福康安。道光三年二月，宣宗命配飨太庙。子阿迪斯、阿必达。

阿迪斯，初以三等侍卫，坐阿桂征缅甸无功，夺职发遣广西右江镇。逾年，赦，复官。累迁兵部侍郎，袭一等公。复累迁成都将军，以川西盗发，逮问，发遣伊犁。赦，归。卒。

阿必达，初名阿弥达，高宗命更名。阿桂得罪，夺蓝翎侍卫，发贵广东琼雷镇。赦，归，复官。擢二等侍卫，命赴西宁祭告河神，探黄河真源，上命辑入《河源纪略》。累迁工部侍郎。卒。阿必达子那彦宝，官至成都将军；那彦成，自有传。

论曰：将者国之辅，智信仁勇，合群策群力治而用之，是之谓大将。由是道也，佐天子辨章国政，岂有二术哉？乾隆间，国军屡出，熊罴之士，因事而有功，然开诚布公，谋定而后动，负士民司命之重，固无如阿桂者。还领枢密，决疑定计，瞻言百里，非同时诸大臣所能及，岂不伟欤？

【译文】

阿桂，字广庭，章佳氏。起初为满洲正蓝旗人，因为阿桂平定回部驻伊犁治理边务有功劳，改隶属正白旗。他的父亲是大学士阿克敦，自己有传。

阿桂，乾隆三年考中举人。起初因为父亲的官爵荫授为大理寺丞，屡次调迁为吏部员外郎，充任军机处章京。乾隆十三年，随从兵部尚书班第参与平定金川的军事征伐活动。讷亲、张广泗因为久战无功被治罪惩办，岳钟琪弹劾阿桂结交张广泗蒙蔽讷亲，阿桂被逮捕问罪。乾隆十四年，清高宗因为阿克敦年老，没有别的儿子，办理各项事务勤勉奋发；阿桂所犯的罪过与贻误军事征伐不同，特别降旨赦免他。不久，阿桂被官复原职，擢升江西按察使，又召回京师补授内阁侍读学士。乾隆二十年，擢升内阁学士。当时，清军正在征讨准噶尔部，诏命阿桂前往乌里雅苏台督办台站事务。过了一年，因父死奔丧回到京城。随即再次派往军营，授为参赞大臣，奉命驻守科布多，授任镶红旗蒙古副都统。二十二年秋季，任命为工部侍郎。蒙古辉特部头人舍楞约定投降清军，唐喀禄率清军前往与他会合，遭到他的突然袭击，阿桂率军前去配合协同作战，清高宗嘉奖他，赏赐花翎。清高宗诏命阿桂与策布登扎布联军攻打舍楞，不要使他逃入俄罗斯。阿桂说："据降归的贼兵称，舍楞将逃往土尔扈特；倘若不能到达，且再回准噶尔。在半路拦截，可以将他擒拿献上。"清高宗斥责阿桂迟疑不决。召他回京。本年清军平定准噶尔部，阿桂再次奉命前往西路，与副将军富德一道追捕大逃准部余贼。

霍集占谋叛为乱后，乾隆二十四年，阿桂奉命前往霍斯库鲁克随从富德进讨。八月，清军追逐叛贼到达阿勒楚尔，又抵达伊西洱库尔淖尔，回众投降清军。霍集占逃到拔达克山。本年，天山南路回部平定。清高宗因为阿克苏刚刚归附，系回部的要冲地区，诏命阿桂率军驻守此地安抚招徕回众。乾隆二十五年，阿桂率军移驻伊犁。阿桂奏陈伊犁屯田、阿克苏调兵的诸多事宜。清高宗嘉奖他勇往果敢，命他专门主管耕作营造事宜，务必使军士、回民都乐于从命，安居乐业。当时，西域刚刚平定，地方广大万余里，潜藏的叛贼还很多，与俄罗斯邻近为界。清高宗诏命统兵的各位大臣议奏此事，都说西域沙漠辽远，牲兽衰败消耗殆尽，难于驻军防守。阿桂奏疏说："守卫边疆以驻兵为先导，驻兵防守以军粮为关键。伊犁河以南的海努克等处，水土肥沃，适宜屯田耕作。请增派回民娴熟耕作者前往屯田；增派官兵驻防力量，协同回民耕作；依次建立设置城邑；预先筹调马驼，设置台站；运送沿边的谷米到伊犁；简选各省流人中熟悉工艺者，派遣到伊犁以备听任使用。"又奏定祭祀山川、土谷的各祀典，清高宗采纳他的议奏意见。阿桂制造农器，督理各屯的耕作收获，每年都获得丰收。

乾隆二十六年，阿桂奏疏说："伊犁的畜牧业繁殖增长，请求停止由内地购买马驼。增招叶尔羌、喀什噶尔、阿克苏、乌什的回民到伊犁，扩大屯田规模。"这些意见都颇合清高宗的旨意。阿桂被交替授任为内大臣、工部尚书、镶蓝旗汉军都统，仍旧驻守伊犁。奏称玛纳斯库尔、喀喇乌苏、晶河三地开设屯田，每人授地十五亩。

乾隆二十七年，奏疏制定地方约束章程，建造绥定、安远二城，兵居、民房依次建立，一式都如同内地，数千里之间行旅安逸。清高宗赐予阿桂骑都尉世职。阿桂奉召回京，赏赐紫禁城内骑马，命他在军机处行走。调任阿桂为正红旗满洲都统，加封太子太保。乾隆二十九年，诏命阿桂署理伊犁将军。不久调任为四川总督。当时，金川土司郎卡与绰斯甲布等九个土司发生冲突，阿桂巡视边境，全面掌握郎卡凶暴狡猾怙恶不悛的种种劣迹，同时详尽地叙述这里的山川形势，奏报清高宗。本年冬季，召阿桂回京。乾隆三十年，清高宗南巡，诏命阿桂留守京城处理各项政务。

乌什回人赖黑木图拉聚众作乱，诏命阿桂驰赴乌什与将军明瑞攻打，赖黑木图拉中箭死去，众伯克又推举额色木图拉抗拒清军，自三月至八月，清军未能攻克乌什城。明瑞率军城北，阿桂领兵驻扎城南，做长期围困的准备，切断通往城内的水道，叛贼弹尽粮绝，发生内讧，有叫沙布勒的人，擒拿额色木图拉献给清军，乌什回乱被平息。清高宗斥责阿桂拖延时间，表现出怯懦，有损军威，部议夺取官职，诏命留任，驻守雅尔城。随即恢复夺取的尚书职衔，命令他返回伊犁协助明瑞处理各项事务。阿桂奏疏请求将雅尔城迁移到楚呼楚，同意批准他的请求。乾隆三十二年，阿桂授为伊犁将军。请求从楚呼楚到乌尔图布拉克之间，设立三个台站，使它与雅乐城之间相通，交部遵照办理。

缅甸侵扰边境，总督刘藻、杨应琚先后因御敌不力获罪离去，清高宗诏命明瑞率军讨伐缅甸入侵者，到达猛育时，弹尽粮绝，明瑞战死。大学士傅恒自己请求前去率兵讨伐，乾隆三十三年，任命傅恒为经略大臣，阿桂及阿里衮为副将军，仍旧授阿桂为兵部尚书、云贵总督。乾隆三十四年，授明德为总督，命令阿桂专门处理军事事务。阿桂奏请由铜壁关到蛮暮，伐木造船，等经略傅恒抵达军营后，进攻老官屯，并且说军粮供给不足。清高宗以为阿桂畏惧怯懦，罢免他的副将军职衔，改授为参赞大臣。九月，战船造成，傅恒也抵达军营，清军兵分三路进攻。傅恒出万仞关，由大金沙江西经猛拱、暮鲁到老官屯；阿里衮率战船水师沿江而下；阿桂率蛮暮新造的战船出江与二路大军会合，预先在甘立寨埋伏清军。缅人从猛戛前来抵抗清军，甘立寨清军伏兵出击，击沉缅军战船三只，清军战船呐喊助威策应，缅军溃败，歼灭其头目，于是与金沙江西岸的傅恒部官军会合。老官屯的守御坚固，清军士兵多染上瘴疠，阿里衮死于军营，又授阿桂为副将军。傅恒也患病，清高宗命令清军班师，而缅甸酋长懵驳也因甘立寨大败，颇伤元气，派遣使臣前来议和，接受清朝约束限制，于是召傅恒回京。阿桂奉命办理善后事宜，授为礼部尚书。

乾隆三十五年，阿桂兼任镶红旗汉军都统，奉命前往腾越等候缅甸入贡人员。派遣都司苏尔相携带公文到老官屯，缅人拘禁扣压都司苏尔相等，要求索还木邦等三个土司。阿桂将此情奏闻圣上，清高宗诏命罢免阿桂的尚书、都统职衔，以内大臣衔留军营办理副将军事务。乾隆三十六年，阿桂奏疏请求大举进攻讨伐缅甸，来京入觐陛下陈述机密要务。清高宗颁发手诏严厉斥责阿桂，命令夺取阿桂官职留守军营效力赎罪。这个时候，金川酋长郎卡已经死去，他的儿子索诺木和小金川酋长泽旺的儿子僧格桑骚扰边境，四川总督阿尔泰率兵征伐无功，清高宗命阿桂跟随副将军、尚书温福进军讨伐。十二月，阿桂署理四川提督，率军攻克巴朗拉、达木巴宗各山寨。乾隆三十七年二月，清军攻克资哩山,前进攻占阿喀木雅。松潘总兵宗元俊亦率军收复革布什咱。两金川酋长的势头日益不振,合谋抗拒清军。清高宗命温福等兵分三路进讨金川,阿桂出西路阿喀木雅攻打喇卜楚克,占领它,夺取普尔玛寨,进军迫近美美卡。泽旺替子谢罪,索诺木亦代替僧格桑请求归还侵占的地方,清高宗没有同意。当时,侍郎桂林代替阿尔泰为总督,同时统领他的军队,到达墨陇沟与土司交战,战败失利,副将薛琮战死沙场,阿尔泰弹劾罢免桂林。清高宗授任阿桂为参赞大臣,命他前往南路承接剿伐。僧格宗是小金川的门户。甲尔木山梁是通往僧格宗的要道。阿桂乘着叛贼怠倦之机,秘密前往墨陇沟,半夜天降大雾,乘贼不备袭击并占领甲尔木山梁,进逼僧格宗,突然杀入烧毁其碉堡,歼灭叛贼不计其数。清高宗授任温福为定边将军,丰升额、阿桂都授为副将军,分道进取美诺。阿桂领军攻占美都喇嘛寺,由这里可以俯瞰美诺。僧格桑逃到布朗郭宗,而温福也攻克西路叛贼来与阿桂会合,进剿布郎郭宗。僧格桑送儿子到金川而自己逃到底木达,求见父亲泽旺,泽旺不接纳他,他渡河跑到金川。泽旺投降清军,给他戴上手铐脚镣押送京师,小金川平定。于是议奏讨伐金川,金川的贼巢有二:叫噶拉依,叫勒乌围。温福由功噶尔拉,阿桂由当噶尔拉出击,联合攻打噶拉依;丰升额由绰斯甲布直接进攻勒乌围,再次授阿桂为礼部尚书。

乾隆三十八年正月朔,清军冒着大雪,进攻夺取当功噶尔拉各碉堡,而温福率军到达木果,索诺木引诱降清番人复叛袭击后方,切断登春粮道,清军进攻瓦解,温福战死军中。小金川与美诺等相继陷落叛贼之手。阿桂将降番的军械全部予以收缴,烧毁碉堡山寨,将降番分别安置在章谷、找箭炉地方,斩杀其中桀骜不驯者,阿桂亲自率军殿后撤退驻守达河。此情奏闻后,清高宗勃然大怒,命调发健锐、火器两营、黑龙江、吉林、伊犁额鲁特兵五千人,授阿桂为定西将军,明亮、丰升额为副将军,舒常为参赞大臣,整顿清军再次出击。十月,清军攻下资哩。采纳番人木塔尔的计策,清军分为中、南两路进攻,偷偷地派军登上北山的巅峰,于是攻占美诺,明亮等也攻克僧格宗前来会师,前后共七天,平定小金川。

乾隆三十九年正月朔曰阿桂抵达布朗郭宗,清兵每人裹带十日军粮,分为三队前进,转战推进,攻占喇穆左右的二座山,即赞巴拉克山和色依谷山。二月,清军占领罗博瓦山,它是勒乌围的门户。叛贼退守喇穆山。阿桂部将海兰察从小道攻破色湔普寨,绕行到喇穆山后,叛贼退守萨甲山岭、克尔宗。僧格桑死于金川,金川番头领献出他的尸首,但拼死坚守逊克尔宗。十月,阿桂使用计谋先攻中默格尔山和凯立叶,于是日尔巴当噶各碉堡反而被清军分割包围,终于被全部平定攻克。番贼退守康萨尔山。当时,丰升额统军由北路推时,军队抵达凯立叶时,望见烟火,率军前来会师,而明亮部清军由南路推进,被阻于庚额山;阿桂调兵遣将,冒雨攻破宜喜,与明亮部清军隔河相望。十一月,清军攻占格鲁克古丫口,金川东北部的叛贼几乎被全歼。

乾隆四十年正月,清军攻克康萨尔山梁。二月,攻占沿河而立的斯莫思达寨。四月,清军占领木思工噶克丫口。五月,攻克下巴木通和勒吉尔博山梁,向前推进占据得式梯,又攻下噶尔丹寺、噶明噶等山寨。清军进攻巴占,屡次攻打未能攻下,分兵从舍图柱卡绕行进击,以牵制叛贼的势力。七月,攻占昆色尔和果克多山,推进占领克栝寺、消灭大海山梁,随即攻克章噶。八月,占领隆斯得寨,于是攻占勒乌围。捷报奏闻圣上,清高宗派遣阿桂之子阿必达携带红宝石顶前来军营赏赐他。九月,清军攻破当噶克底各山寨。十月,占领达木噶。十一月,清军攻克西里山雅玛朋寨。十二月,清军攻破萨尔歪各山寨,推进占据噶占。乾隆四十一年正月,攻占玛尔古当噶的碉堡山寨共五百余座,于是围攻噶拉依。索诺木的母亲先奔赴河西聚集余下的部众,大兵合围噶拉依时,她与儿子断绝往来,于是投降清军。阿桂令她写信招降索诺木,而他属下头目降清者相继不断,索诺木于是率领余众投降。金川平定,安置降归番人,设副将、同知分别驻守金川地方。清高宗颁诏封阿桂为一等诚谋英勇公,晋升协办大学士、吏部尚书、军机处行走。四月,清军班师凯旋。清高宗幸临良乡城南举行郊劳大礼,赏赐阿桂御用鞍马。阿桂回京献纳俘虏,清高宗临御紫光阁,举行饮至大礼,赏赐阿桂紫缰、四开裸袍。

当初,阿桂离开云南,缅甸派遣使者前来议和进贡,清军给使臣戴上手铐脚镣押送京师下狱监禁。到诛杀索诺木母子头人,清高宗放出缅甸使臣让他现场目观,翻译告知他原因,释放他回国,希望宣传清军的威武雄壮,以使四方响应清朝。乾隆四十二年,署理云贵总督图思德奏称:"缅甸酋长懵驳已死,其子赘角牙立为酋长,他表达诚心通使进贡,愿意归顺中国为藩,请求开关通市贸易。"清高宗认为这事关重大,应当有重臣要员做实质推测,依凭主管人的意见而行,命令阿桂亲自前往云南处理此事。五月,授任阿桂为武英殿大学士,管理吏部,兼任正红旗满洲都统,缅甸使臣没有到来,派遣苏尔相等返回,于是召阿桂还京。不久,缅甸发生内讧大乱。又过了十余年,缅甸国王孟陨奉表恭祝清高宗八十圣寿,规定缅甸十年进贡一次。西南边界开始安定。

乾隆四十四年,黄河在仪封、兰阳决口,阿桂奉命前往巡视考察。阿桂命令开挖郭家庄导引黄河水,修筑拦黄坝;又在下游王家庄,修筑顺黄坝,蓄积水势,强迫水流直入导引之河。乾隆四十五年三月,堤坝工程竣工,返回京城。兼任翰林院掌院学士。随即奉命前往浙江勘察海塘,修筑鱼鳞石塘、紫塘和范公塘。乾隆四十六年,石塘工程竣工完成,奉命顺道勘察清江陶庄黄河道上的高堰石坝工程。

甘肃撒拉尔新教徒苏四十三与老教之间发生仇杀,杀害官吏。陕甘总督勒尔谨逮捕教首马明心投入监狱,同教回民信徒二千余人,夜里渡过洮河进犯兰州,鼓噪为乱,要求索还马明心。布政使王廷赞诛杀马明心,回贼气焰更加嚣张。清高宗命阿桂率军讨伐,当时阿桂还在堤坝工程,和珅奉命前往督战,战败失利。回贼占据龙虎、华林各山,道路险要狭窄。阿桂来到军营后,设围进攻,切断通往山内水道,派兵攻山,回贼在败溃逃,歼灭苏四十三,余党奔赴华林寺,清军用火焚寺,无一降者。甘肃假冒赈济的事情败露,阿桂奉命前往审查处理,掌握大小官吏营私舞弊、贪赃枉法、收受贿赂的种种罪行,审判定案,奏疏请求增设仓房粮库,扩大粮食储备,以便接济民需口粮。

秋季,黄河在河南青龙冈决口,阿桂奉命由甘肃前往河南会同河道总督李奉翰监察填塞黄河决口。援照成例,黄河决口,应当在决口的两端修筑堤坝,逐渐地填塞逐渐地合拢,称之为"合龙"。十二月,两坝的填塞工程即将合拢,副将李荣吉称水势盛大,应当慢慢合拢,阿桂督理急速完工。决口合拢后,属下官吏都前来向阿桂祝贺,唯有李荣吉没有到,阿桂就派使者召他来,李荣吉则对使者说:"为臣荣吉感谢相公美意,不能依赖合拢堤坝无恙,臣不敢离开。"过了二天,合拢堤坝果真又决口,阿桂急驰前往视察。看见李荣吉已落入水中,悬赏千金将他救起,解下御赐黑狐端罩遮盖他的尸体。于是上疏自我弹劾,请求另外拣选大臣监督治河工程,清高宗颁诏答复,大略说:"近年各位大臣中,能够胜任治理黄河要任的人,舍弃阿桂岂能还有他人?你应当安心镇静,另谋治河善策。"乾隆四十七年,阿桂奏请在下游地方疏通导引河流,在上游修筑大堤,同时在北岸建立堤坝工程,强迫水流奔南而下。乾隆四十八年,工程刚刚完工,阿桂前往热河行宫,清高宗再次命阿桂仍旧前来治河工地,审定有关章程。

浙江布政使盛住上疏论劾总督陈辉祖籍王亶望家资有所私吞,诏命阿桂前往浙江审查处理。回京途中,又命他勘察江南盐河水道,又奉命勘察河南兰阳十二堡的堤坝工程,并于戴村建造水闸。乾隆四十九年,甘肃盐茶厅回民张阿浑占据石峰堡为叛贼谋乱。清高宗派遣福康安、海兰察等率军讨伐他,又命阿桂前往督战。两个多月后,清军攻破石峰堡,杀戮张阿浑等。清高宗加封阿桂为一等轻车都尉世职。又命阿桂督理河南睢州的堤坝工程。乾隆五十年,在京城举行千叟宴,阿桂为领班大臣。又命阿桂前去勘察河南睢州的黄河工程,同时考察洪泽湖、清口一带的形势。乾隆五十一年,阿桂又奉命勘察清口的筑堤工程,同时前往浙江审查仓库亏空欠缺案件,勘察海塘工程;又奉命勘察江南桃源、安东黄河决口情形。再度前往浙江审查处理平阴知县黄梅重征赋额案件,照律审判定罪。

乾隆五十二年,阿桂又奉命督量填塞睢州十三堡黄河决口。当时,台湾民人林爽文发动叛乱,清高宗诏命福康安进军讨伐,向阿桂咨询进军策略。阿桂奏疏评论说,清军应当扼守战略要冲之地,兵分数路同时推进,首先打通前往诸罗的道路,澄清后路,然后由大甲溪出军进伐。清高宗的诏谕说:"阿桂所论与朕大概相同,已经谕令福康安将此奉为进兵方略。"睢州黄河决口合拢后,阿桂又奉命勘察江南地方临近湖泊的砖石堤坝工程。乾隆五十三年,又命阿桂前去巡视湖北荆州水灾情形。请求疏通窖金洲以导引积水,修筑城堤以保护城墙。乾隆五十四年,阿桂再次奉命勘察荆州堤坝工程。嘉庆元年,清高宗举行禅让之典,阿桂恭奉册宝。再次举行千叟宴,仍旧任阿桂为领班大臣,这时阿桂年岁已达八十,奏疏辞谢兼任兵部尚书。嘉庆二年八月,去世。清仁宗亲临为他送葬。追赠太保,配享贤良祠祭祀,谥号文成。

阿桂屡次统领大军出征讨伐,知人善任。各位将领立有战功功业绩,他给予嘉奖鼓励,或者赏赐酒宴食物,这些人就感激万分,拼死效命沙场,以报答知遇之恩。每当临敌作战,夜里阿桂与诸将捧酒对饮,很想得到治敌的良策,已有对策时阿桂就持酒而立,早晨一定有所号令。温福刚刚战败,阿桂奉命代任为定西将军。有一天,天色临近黄昏时,阿桂率领十余骑登上高山侦察叛贼山寨情形。被叛贼望见,凶猛的贼骑数百围山而上。阿桂命令随从的骑兵全部都下马,脱下衣服撕开悬挂在林木上,于是令随从骑马慢慢下山。贼骑逼近土山,借助落日看到林中旗帜,怀疑清军很多,刚派遣骑兵出来侦察,这时阿桂已返回军营。清军逼近噶拉依，索诺木约定明日投降清军，城墙栅栏全部被毁坏。天色临近黄昏时，各位将帅来到阿桂帐营谒见，说："今天务必要活捉索诺木，不然的话。担忧会有其他变故。"阿桂闻之闭口而不答，进入帐篷躺下睡觉。第二天，索诺木自己捆绑来到军营降归。阿桂对各位将领说："诸君昨日谈论，大概担心索诺木会逃窜他处，或者将要寻死。我清军已经控制险要地方，他怎么逃呢？况且有勇气寻死，岂能拖到现在？所以我认为没有什么可担心的。"各位将领都佩服阿桂。等到阿桂执柄朝政，理事秉公，尤识大体。康熙中期，各行省提镇依次就有空名坐粮，雍正八年著令以此为例。乾隆四十七年，下诏将此补充为实额，另外拨给养廉银两。阿桂奏疏说："国家经费支出突然增加不觉得其数额为多，每年连续支出就难以支撑，这新增加的饷费，每年近三百万两，二十余年就需交出七千万两。请求除了发放边境省份之外，内地省份不需要一概增加此项饷银。"清高宗没有采纳阿桂的意见见。当时，国势强盛，帑藏丰盈无比，其后逐渐趋于空虚匮乏，这是原因之一。乾隆末年，和珅的权势渐渐膨胀壮大，阿桂遇见和坤没有略微的逢迎。不与他同在一房入值军机处，朝夕入值，一定远离他数十尺而立。和珅走近阿桂与他谈论，阿桂就说些不着边际的话应付他，始终不移动身体一步。阿桂内心想，身为将相，蒙受恩遇无与伦比，竟然坐视他擅权乱政，只是因为清高宗年事已高，不敢迅速进言，终于未能守现其志向。

清高宗在紫光阁悬挂功臣画像，前后共四次，功勋卓著名列靠前者，清高宗亲自为之撰赞。

平定伊犁回部悬挂画像的有五十人：大学士傅恒，将军兆惠、班第、纳木札尔，副将军策布登扎布、富德、萨拉尔，大学士总督黄廷佳，参赞大臣亲王色布腾巴尔珠尔，贝子扎拉丰阿，郡王罗卜藏多尔济、额敏和卓，尚书舒赫德、阿里衮，总督鄂容安，侍郎明瑞、阿桂、三泰、鄂实，领队大臣内大臣博尔奔察，提督豆斌、高天喜，副都统端济布，护军统领爱隆阿，前锋统领玛瑺，副都统巴图济尔噶尔，散秩大臣齐凌扎布、噶布舒，郡王霍集斯，贝子鄂对，内大臣鄂齐尔，散秩大臣阿玉锡、达什策凌，副都统鄂博什、温布、由屯、三格，侍卫奇彻布、老格、达克、塔纳、萨穆坦、瑞绰尔图、塔玛鼐、富锡尔、海兰察、富绍、扎奇图、阿尔丹察、五十保。

平定金川悬挂画像的有五十人：将军阿桂，副将军丰升额、明亮，大学士舒赫德、于敏中，尚书福隆安，参赞大臣亲王色布腾巴尔珠尔，都统海兰察，护军统领额森特、舒常，领队大臣都统奎林、和隆武、福康安，副都统盖尔普，荆州将军兴兆，参赞大臣提督哈国兴，领队大牙提督马彪、马全、书麟，副都统三保、乌什哈达、瑚尼尔图、珠尔格德、阿尔都、阿尔萨朗、舒亮、科玛、伊兰保、佛伦泰、富兴、德赫布、莽喀察，总兵海禄、敖成、官达色、成德、钦保、曹顺、保宁、特成额、乌尔纳，总兵敦柱，侍卫额尔特、托尔托保、泰斐英阿、柏凌、达兰泰、萨尔吉岱，佐领特尔惇澈，副将兴奎。

平定台湾悬挂画像的二十人：大学士阿桂、和珅、王杰，协办大学士福康安，领侍卫内大臣海兰蔡，尚书福长安、董诰，总督李侍尧、孙士毅，巡抚徐嗣曾，成都将军鄂辉，护军统领舒亮、普尔普，提督蔡攀龙、梁朝桂、许世亨，总兵穆克登阿、张芝元、普吉保，散秩大臣穆塔尔。

平定廓尔喀悬挂画像的有十五人:大学士福康安、阿桂、和坤、王杰、孙士毅,领侍卫内大臣海兰察,尚书福长安、董诰、庆桂、和琳,总督惠龄,护军统领台斐英阿、额勒登保,副都统满泰、成德。

功勋战绩略次于各位大臣将帅的,名字列到其后,儒臣为之撰赞,只有阿桂与海兰察四次悬挂画像都名列前榜。阿桂平定金川立有首功,平定台湾为首辅大臣,都名列第一,平定廓尔喀论官爵又名列第一,谦让给福康安。道光三年二月,清宣宗诏命阿桂配享太庙祭祀。阿桂有子阿迪斯、阿必达。

阿迪斯,起初为三等侍卫,因阿桂征伐缅甸无功有罪,被夺取官职,发遣到广西右江镇戍守。一年后给予赦免官复原职。屡次迁为兵部侍郎承袭一等公。又屡次调遣为成都将军。因为川西发生盗乱,被逮捕治罪,发遣伊犁效力赎罪。恩遇赦免返回京师。去世。

阿必达,起初名为阿弥达,高宗诏命更改名字。阿桂获罪后,阿必达被夺取蓝翎侍卫,发遣广东雷琼镇戍守。特赦返回京师,官复原职。擢升为二等侍卫,奉命前往西宁祭告黄河河神,探寻黄河本源,清高宗诏命将探寻结果编入《河源纪略》。屡次调迁为工部侍郎。去世。阿必达之子那彦宝,为官至成都将军;那彦成,自有传记。

评论说:将领的职责是辅助治国,智勇双全,讲求信用,对人亲善,能够做到群策群力,集思广益,这就能称之为有大将风范。因为这个道理,辅佐天子制定规章,治理国政,怎能有别的方法策略呢?乾隆年间,国家军队屡次出征讨伐,勇猛之士,因为参加征讨而立有战功,然而开诚布公,首先谋划制定策略而后付之行动,肩负士民的生死重任,肯定没有与阿桂相匹敌的。他回到朝中兼任枢密要务,解决疑难事务,确定谋略方针,运筹帷幄之中,高瞻远瞩百里之外,同时各位大臣是不及阿桂的,难道他不伟大吗?

毕沅传

【题解】

毕沅(1730~1797年),字纕蘅,江南镇洋(今江苏太仓)人。他嗜好著述,而且爱才下士,这是他能吸收一批著名史家撰成《续资治通鉴》的主要原因。康熙年间,徐乾学曾邀万斯同、闫若璩、胡渭等人,编成《资治通鉴后编》一百八十四卷,体例全仿《资治通鉴》,叙宋、元两代史事。大约在乾隆三十七年前后,毕沅开始组织人纂修《续资治通鉴》,以《资治通览后编》为基础,博采宋、辽、金、元四史以及《续资治通鉴长编》《建炎以来系年要录》等一百多种典籍,重新修订,经过二十年的努力,四易其稿,到乾隆五十七年撰成。其书二百二十卷,上与《资治通鉴》相接,记事起于宋太祖建隆元年,迄于元顺帝至正二十八年,叙述了宋、辽、金、元四朝共四百余年的历史。综观全书,北宋部分编辑较精,而且辽、金大事也无一遗漏，纠正了以前详宋而忽略辽、金、元的弊病。《续资治通鉴》特别注意补充《资治通鉴后编》的缺略部分，引用史料时，一概采取原文收录的方式，但失于剪裁。另外，《续资治通鉴》也仿《资治通鉴》，在文中附有"考异"。此书编辑有法，材料丰富，近世学者对此书多有较高评价，认为诸续《通鉴》书中，此书最佳。

【原文】

毕沅，字纕蘅，江南镇洋人。乾隆十八年举人，授内阁中书，充军机处章京。二十五年一甲一名进士，授修撰。再迁庶子。三十一年，授甘肃巩秦阶道，从总督明山出关勘屯田。调安肃道。擢陕西按察使。上东巡，觐行在，备言甘肃旱。谕治赈，并免逋赋四百万。擢布政使，屡护巡抚。师征金川，遣沅督饷，军无匮，授巡抚。河、洛、渭并涨，朝邑被水。治赈，全活甚众。募民垦兴平、盩厔、扶风、武功荒地，得田八十余顷。浚泾阳龙洞渠，溉民田。嘉峪关外镇西、迪化士子赴乡会试者，奏请给驿马。置姬氏《五经》博士，奉祀文、武、成、康四王及周公陵墓。修华岳庙暨汉、唐以来名迹，收碑碣储学宫。屡署总督。四十一年，赐孔雀翎。四十四年，丁母忧，去官。四十五年，陕西巡抚缺员，谕："沅在西安久，守制将一年，命往署理，非开在任守制例也。"

《续资治通鉴》书影

四十六年，甘肃撒拉尔回苏四十三为乱，沅会西安将军伍弥泰、提督马彪发兵讨之。事平论功，赐一品顶戴。甘肃冒赈事发，御史钱沣劾沅瞻徇，降三品顶戴。四十八年，复还原品，寻实授巡抚。四十九年，甘肃盐茶厅回田五复乱，沅遣兵分道搜剿。上命大学士阿桂视师，沅治军需及驿传供亿，屡得旨奖励。

沅先后抚陕西十年，尝奏："足民之要，农田为上。关右大川，如泾、渭、灞、浐、沣、滈、潦、潏、河、洛、漆、沮、汧、沔诸水，流长源远。若能就近疏引，筑堰开渠，以时蓄泄，自无水旱之虞。古来云中、北地、五原、上郡诸处畜牧，为天下饶，若酌筹闲款，市牛羊驼马，为界民试牧；俟有孳生，交还官项，余则界其人以为资本。耕作与畜牧相兼，实为边土无穷之利。"议未行。

五十年，调河南巡抚。奏："河北诸府患旱，各属仓储，蠲缓赈恤，所存无多，请留漕粮二十万备赈。"既又请缓征民欠钱粮，并展赈，上温谕嘉之。命诣胎簪山求淮水真源，御制《淮源记》以赐。五十一年，赐黄马褂。授湖广总督。伊阳盗秦国栋戕官，上责沅捕治未得，命仍回巡抚。五十三年，复授湖广总督。江决荆州，发帑百万治工。沅奏："江自松滋下至荆州万城堤，折而东北流，南逼窑金，荆水至无所宣泄。请筑对岸杨林洲土坝、鸡嘴石坝，逼溜南趋，刷洲沙无致壅遏。"又请修襄阳老龙堤、常德石柜堤、潜江仙人堤，凿四川、湖北大江险滩，便云南铜运。

五十九年，陕西安康、四川大宁邪教并起，称传自湖北，沅赴襄阳、郧阳按治，降授山东巡抚。上以明年归政，令督抚察民欠钱粮豁免，奏蠲山东积逋四百八十七万、常平社仓米谷五十万四千余石。六十年，仍授湖广总督。

湖南苗石三保等为乱，命赴荆州、常德督饷，以运输周妥，赐孔雀翎。嘉庆元年，枝江民聂人杰等挟邪教为乱，破保康、来凤、竹山，围襄阳，沅自辰州至枝江捕治。当阳又陷，复移驻荆州，上命解沅总督。旋克当阳，获乱渠张正谟等，复命沅为总督如故，予二等轻军都尉世职。寻奏乱渠石三保、吴半生、吴八月等皆就获，惟石柳邓未获；请撤各省兵，留二三万分驻苗疆要隘。上谕曰："撤兵朕所愿，但平陇未克，石柳邓未获，岂能遽议及此？"寻获石柳邓。上命沅驰赴湖南镇抚。疏言："樊城为汉南一都会，请建砖城，以工代赈。"二年，请以提督移辰州，增设总兵驻花园汛。寻报疾作，手足不仁，赐活络丸。旋卒，赠太子太保。四年，追论沅教匪初起失察贻误，滥用军需帑项，夺世职，籍其家。

沅以文学起，爱才下士，职事修举；然不长于治军，又易为属吏所蔽，功名遂不终。

【译文】

毕沅，字纕蘅，江南镇洋人。乾隆十八年中举人，授内阁中省官，担任军机处章京。二十五年中一等第一名进士，授予修撰。又调为庶子。三十一年授甘肃巩秦阶道官，随总督明山出关勘察屯田之事。调任安肃道。提升为陕西按察使。高宗东巡，毕沅到行在觐见高宗，备述甘肃干旱的情况。圣谕治理赈济之事，并且免去拖欠的租赋四百万。毕沅提升为布政使，多次保护巡抚。兵征金川，朝廷派遣毕沅督管军饷，军队军饷供应充足，授毕沅巡抚。黄河、洛水、渭水都涨水，朝邑被水淹，毕沅掌管赈济事，全活的百姓颇众。招募百姓开垦兴平、盩厔、扶风、武功的荒地，得到耕地八十余顷。疏浚泾阳龙洞渠，灌溉民田。对嘉峪关外的镇西、迪化来赴乡会试的士子，毕沅上奏请求给他们驿站马匹做交通工具。设置姬氏《五经》博士，奉祀文、武、成、康四王以及周公陵墓。修缮华狱庙以及汉、唐以来的著名古迹，收集碑碣并收藏在学宫。多次代理总督。四十一年，朝廷赐毕沅孔雀翎。四十四年，遭母丧，辞官服丧。四十五年，陕西巡抚空缺，朝廷告谕："毕沅在西安时间长久，守制将近一年，命令他前往代理巡抚，这不是开在任守制的先例。"

四十六年，甘肃撒拉尔回人苏四十三叛乱，毕沅会合西安将军伍弥泰、提督马彪一起发兵讨伐苏四十三。叛乱事平定后论功劳，赐毕沅一品顶戴。甘肃冒领赈济钱粮的事被揭发，御史钱沣弹劾毕沅向上徇私，于是降为三品顶戴。四十八年，又还原官品，不久实授巡抚。四十九年，甘肃盐茶厅回人田应五又叛乱，毕沅派兵分路搜剿。高宗命令大学士阿桂视察军队，毕沅管理军需和驿传，能按时供应，屡次得到上面的奖励。

毕沅先后镇抚陕西十年，曾上奏说："使民富足的关键，最主要的是农田。关右大河，例如泾水、渭水、灞水、浐水、沣水、滴水、潦水、潏水、黄河、洛水、漆水、沮水、汧水、汭水众河，源远流长。如果能就近疏导引流，筑堤堰开水渠，按时蓄洪，自然而然就没有水旱之害。自古以来云中、北地、五原、上郡等处施行畜牧，是天下的富饶之地，如果酌情筹集闲散款项，买牛羊驼马，用来给百姓试验放牧，等到繁殖出小牲畜，交还官府的款项，余下的就给此人作为资本。耕作和畜牧两者相兼顾,实在是边地获得无穷好处的良策。"此奏议未获准施行。

乾隆五十年,毕沅调任河南巡抚。上奏说:"黄河以北各府都忧患干旱,各府所属仓储,因蠲缓赋税赈恤灾民,所存粮粟不多,请留漕运粮粟二十万以备赈荒。"接着又请求延缓征收百姓所欠钱粮,并且审视赈济之事,高宗用情词恳挚的圣谕嘉奖毕沅。命令毕沅到胎簪山寻找淮河的真正源头,以御制《淮源记》赐给他。五十一年,赐毕沅黄马褂。授予湖广总督之职。伊阳盗贼秦国栋戕杀官吏,高宗责备毕沅捕治盗贼不力,命令他仍降回巡抚。五十三年,又授他为湖广总督。长江在荆州决口,拿出百万钱治理长江。毕沅上奏说:"长江自松滋以下至荆州万城堤,拐弯向东北流,向南直逼窖金,荆水至此无处宣泄。请准许在对岸筑杨林洲土坝、鸡嘴石坝,迫使水流向南,冲刷的洲沙不至于壅塞河道。"又请求修襄阳老龙堤、常德石柜堤,潜江仙人堤,开凿四川、湖北大江险滩,以便利云南的铜运。

五十九年,陕西安康、四川大宁都兴起邪教,声称传于湖北,毕沅前往襄阳、郧阳按察整治,被降为山东巡抚。高宗因明年将传位给皇太子,下令总督巡抚按察百姓所欠钱粮一并蠲免,毕沅上奏山东蠲免累积欠租赋八百八十七万,常平社仓米谷五十万四千余石。六十年,毕沅仍授湖广总督。

湖南苗人石三保等叛乱,命令毕沅前往荆州、常德督管军饷,因运输军饷周密妥帖,被赐予孔雀翎。嘉庆元年,枝江百姓聂人杰等依仗邪教叛乱,攻破保康、来凤、竹山,围困襄阳,毕沅从辰州到枝江捕治叛乱者。当阳又被叛乱者攻陷,毕沅又移驻到荆州,仁宗命令解除毕沅的总督职务。不久收复当阳,擒获叛乱首领张正谟等人,朝廷又命令毕沅仍为总督,还授予二等轻车都尉可以父子相袭的官职。不久上奏叛乱头领石三保、吴半生、吴八月等都被抓获,只有石柳邓尚未捕获,请准许撤走各省兵马,留下二三万兵力分别驻守在苗疆的要隘处。仁宗告谕说:"撤兵是朕所希望的,但是平陇尚未收复,石柳邓还未抓到,怎么能这么快就议论此事?"不久抓获石柳邓。仁宗命令毕沅迅速赶往湖南镇抚。毕沅上疏说:"樊城是汉南的一个都会,请求准许建一座砖城,用做工付酬代替赈济。"二年,请求将提督府移到辰州,增设总兵驻扎在花园汛。不久上报朝廷疾病发作,手脚麻木不仁,朝廷赐予活络丸。不久去世,赠太子太保之官职。四年,追论毕沅在教匪初起时不明敌情贻误时机,滥用军需款项,夺去父子相袭的官职,没收家产。

毕沅以文学而起家,爱护人才,能谦恭地对待贤能之人,为官有很多善举,然而不擅长治理军队,又容易被部下所蒙蔽,于是功名不得善终。

王亶望传

【题解】

乾隆后期,由于乾隆皇帝本人挥霍无度,大讲排场,因而也就无法控制住各级官员的贪赃枉法,以致形成了以和珅为中心的贪污网。仅乾隆四十五年(1780)以后揭发出来的贪污大案就有数十起,其中王亶望案就是较著名者。王亶望,山西临汾人,其父王师曾任巡抚,有政绩,而王亶望却与其父相反,贪得无厌。他在甘肃布政使任上虚报灾情,私分救灾款,后蒙混过关。在任浙江巡抚时,遇乾隆帝南巡,为讨好主子,百般勒索,不惜花费巨资,大修特修楼台殿阁,张灯结彩,备极方物。对此,就连乾隆皇帝也觉得实在过分。他任官的十几年,便是搜刮民财的十几年。事情败露后,从他家抄出的金银达一百多万两,同案被处死者达二十二人。善有善报,恶有恶报。王亶望贪赃枉法,终于落个身败名裂的下场。

【原文】

王亶望,山西临汾人,江苏巡抚师子。自举人捐纳知县,发甘肃,知山丹、皋兰诸县。选授云南武定知府,引见,命仍往甘肃待缺,除宁夏知府。累迁浙江布政使,暂署巡抚。乾隆三十八年,上幸天津,亶望贡方物,范金为如意,饰以珠,上拒弗纳。

三十九年,移甘肃布政使。甘肃旧例,令民输豆麦,予国子监生,得应试入官,谓之"监粮"。上令罢之,既,复令肃州、安西收捐如旧例。亶望至,申总督勒尔谨,以内地仓储未实为辞,为疏请诸州县皆得收捐。既,又请于勒尔谨,令民改输银。岁虚报旱灾,妄言以粟治赈,而私其银,自总督以下皆有分,亶望多取焉。议初行,方半载,亶望疏报收捐一万九千名,得豆麦八十二万。上谓:"甘肃民贫地瘠,安得有两万人捐监?又安得有如许余粮?今半年已得八十二万,年复一年,经久陈红,又将安用?即云每岁借给民间,何如留于闾阎,听其自为流转?"因发"四不可解"诘勒尔谨。勒尔谨饰辞具复,上谕曰:"尔等既身任其事,勉力妥为之可也。"

四十二年,擢浙江巡抚。四十五年,上南巡,亶望治供张甚侈。上谓:"省方问俗,非为游观计。今乃添建屋宇,点缀灯彩,华缛繁贵,朕实所不取。"戒毋更如是。顾望旋居母丧,疏请治丧百日后,留塘工自效,上许之。浙江巡抚李质颖入觐,奏陈海塘事,因及亶望意见不相合,遂言亶望不遣妻孥还里行丧。上降旨责其忘亲越礼,夺官,仍留塘工自效。

四十六年,命大学士阿桂如浙江勘工,阿桂疏发杭嘉湖道王燧贪纵、故嘉兴知府陈虞盛浮冒状。上谕曰:"朕上年南巡,入浙江境,即见其侈靡,诘亶望,言虞盛所为。今燧等借大差为名,贪纵浮冒,必亶望为之庇护。"命逮燧严鞫。会河州回苏四十三为乱,勒尔谨师屡败,亦被逮。大学士阿桂出视师,未即至,命尚书和珅先焉。和珅疏言入境即遇雨,阿桂报师行亦屡言雨。上因疑甘肃频岁报旱不实,谕阿桂及总督李侍尧令其实以闻。阿桂、侍尧疏发亶望等令监粮改输银及虚销赈粟自私诸状,上怒甚,遣侍郎杨魁如浙江会巡抚陈辉祖召亶望严鞫,籍其家,得金银逾百万。上幸热河,逮亶望、勒尔谨及甘肃布政使王廷赞赴行在,令诸大臣会鞫。亶望具服发议监粮改输银,令兰州知府蒋全迪示意诸州县伪报旱灾,迫所辖道府具结申转;在官尚奢侈,皋兰知县程栋为支应,诸州县馈赂率以千万计。狱定,上命斩亶望,赐勒尔谨自裁,廷赞论绞,并命即兰州斩全迪。遂令阿桂按治诸州县,冒赈至两万以上皆死,于是坐斩者栋等二十二人,余遣黜有差。上谓:"此二十二人之死,皆亶望导之使陷于法,与亶望杀之何异?"令夺亶望子裘等官,发伊犁;幼子逮下刑部狱,年至十二,即次第遣发;逃者斩。陕甘总督李侍尧续发得赇诸史,又诛闽完鹗等十一人,罪董熙等六人。

五十九年,上将归政,国史馆进《师传》。上览其治绩,乃赦亶望子还,幼者罢勿遣,谓"勿令师绝嗣也"。

【译文】

王亶望,出西临汾人,江苏巡抚王师的儿子。由举人捐资获得知县职务,派往甘肃,掌管山丹、皋兰诸县。吏部选授他为云南武定知府,带领朝见皇上后,皇上命他仍然到甘肃等待补缺,后授为宁夏知府。连续升为浙江布政使,暂时代理巡抚职务。乾隆三十八年,皇上巡幸到天津,王亶望贡献土产,将金子铸成如意,并装饰上珠宝,皇上拒绝,没有接受。

三十九年,转任甘肃布政使。甘肃省惯例,让百姓交纳豆麦,给予国子监生的资格,可以应试入官,称为"监粮"。皇上命令停止这种做法,不久,又令肃州、安西二府按旧例收捐。王亶望到任后,向总督勒尔谨申请,以内地粮仓储备不足为理由,上疏请求各州县都可以收捐。不久,又向勒尔谨请求,让百姓改为交银。王亶望当年又虚报旱灾,胡说要用粮救灾,而将民间的捐银变为私有,自总督以下都有份,而王亶望得银最多。改为收银的建议刚刚推行,只有半年,王亶望便上疏报告收捐人数达一万九千名,得到豆麦八十二万石。皇上说:"甘肃百姓贫穷,土地贫瘠,怎么会有两万人捐银获监生资格呢?又怎么会有这么多余粮?现在半年已得八十二万石,年复一年,时间长久而变质,又将如何食用?即使说每年借给百姓,怎么比得上就留在平民之中,由他们自由流通呢?"并由此而发出"四不可解"的疑问责问勒尔谨。勒尔谨以托词粉饰而上疏答复,皇上指示说:"你们既然担任总督、布政使等职务,还是以尽力妥善工作为好。"

四十二年,王亶望提升为浙江巡抚。四十五年,皇上南巡,王亶望治办迎驾的陈设物品极为奢侈。皇上说:"我是为巡视地方,了解风俗而来,不是考虑游览观赏的。今日却添建房屋,点缀彩灯,如此繁华的装饰,这是我实在不能接受的。"命令今后不许再这样。王亶望不久因母亲去世,上疏请求治丧百日后,留在海塘工程效力。皇上允许了。浙江巡抚李质颖入京朝见皇上,上奏折陈述海塘事,因与王亶望意见不一致,便说到王亶望不让妻、子还乡行装。皇上降旨责备他忘记孝道,违背礼仪,夺去官职,仍留在海塘工程效力。

四十六年,皇上命大学士阿桂赴浙江查勘海塘工程,阿桂上疏揭发杭嘉湖道王燧贪婪无度、原嘉兴知府陈虞盛虚报经费的情况。皇上批示说:"我去年南巡,进入浙江境内,便看到那里的奢侈靡费,责问王亶望,说是陈虞盛所为。今日王燧等借大工程为名,贪婪虚报,一定是王亶望庇护他们。"命令逮王燧严审。正值河州回民苏四十三作乱,勒尔谨作战屡败,也被逮捕。大学士阿桂外出视察部队,没有立即赶到,皇上命令尚书和珅先到那里。和珅上疏说到入境后就遇到下雨,阿桂报告军队的情况也多次谈到下雨。皇上由此而怀疑甘肃连续几年报旱灾不属实,命阿桂及总督李侍尧将实情上报到朝廷。阿桂、李侍尧上疏揭发王亶望等令将监粮改为纳银以及虚报救灾粮食而私吞等各种情况,皇上特别愤怒,派遣侍郎杨魁到浙江会同巡抚陈辉祖召王亶望严审,没收他的家产,得到的金银超过一百万两。皇上巡幸热河,令逮捕王亶望、勒尔谨,及甘肃布政使王廷赞送到巡幸所在之地,让各大臣会审。王亶望全部供认了揭发他的关于把监粮改为纳银,命令兰州知府蒋全迪示意各州县谎报旱灾,强迫所辖道、府认可并申报的事实;此外,在任时还很奢侈,皋兰知县程栋专门应付他,各州县的馈赠、贿赂通常以千万计。定案之后,皇上命令斩王亶望,赐勒尔谨自尽,王廷赞定为绞刑,同时命令立即去兰州斩蒋全迪。随即令阿桂查处各州县官,凡冒领救灾款至二万两以上者全处死,于是被斩者有程栋等二十二人,其余贬官谪戍、撤职者各有不同。皇上说:“这二十二人的死,都是由王亶望引诱而使他们绳之以法的,这与王亶望杀死他们有什么不同呢?”命令撤王亶望儿子王裘等人的官职,发往伊犁;年幼的儿子逮捕起来关在刑部监狱,到十二岁时,依次发配;逃跑者一律斩首。陕甘总督李侍尧后又查到行贿各官吏,又杀掉闵鹗元等十一人,处罚董熙等六人。

五十九年,皇上将让出皇位,国史馆进呈《王师传》。皇上看到他的治理政绩,便赦免王亶望的儿子,允许还乡,年幼的儿子也免去处罚,不再遣戍,说“不要让王师断子绝孙呀!”

国泰传

【题解】

国泰贪污案是乾隆朝的一个大案。国泰本人则是一个臭名昭著的贪官,他是满洲镶白旗人,本为纨绔子弟,特别任性。任山东巡抚后,与前大学士于敏中之弟布政使于易简勾结在一起,狼狈为奸,“贪纵营松,征赂诸州县”。没几年,闹得各州县全部亏空。乾隆四十七年(1782),监察御史钱沣弹劾国泰贪得无厌,乾隆帝派和珅、刘墉与钱沣一起审办此案。国泰原是和珅党羽,和珅想包庇他蒙混过关,便派家仆赴山东为国泰通风报信,结果被钱沣察觉,并扣留了他们的来往密信。到山东后,钱沣不动声色,坚持要查库,得到了山东籍人刘墉的支持。国泰得到和珅的密报后,已向商贾借银暂充仓库。钱沣查库后发现银色不一,心如明镜,遂声言说,如果银子是从商贾处挪借,请诸商速来认领,否则封库入官。于是,商贾纷纷前来认领,库藏为之一空。国泰的罪行终于暴露在光天化日之下,就连和珅也无计可施。乾隆帝一怒之下,将国泰处死。国泰的丑恶行径是乾隆后期吏治腐败的一个缩影。《清史稿》为他立传,只是作为一个贪官,简要介绍了他的罪行及下场,目的在于“观其所诛殛,要可以鉴矣!”

【原文】

国泰,富察氏,满洲镶白旗人,四川总督文绶子也。国泰初授刑部主事,再迁郎中。

乾隆三十八年,文绶官陕甘总督,奉命按前四川总督阿尔泰纵子明德布娄索属吏,徇不以实陈,戍伊犁。国泰具疏谢,请从父戍所赎父罪。上谕曰:"汝无罪,何必惶惧?"四十二年,迁巡抚。

国泰纨袴子,早贵,遇属吏不以礼,小不当意辄呵斥。布政使于易简事之谄,至长跪白事。易简,江苏金坛人,大学士敏中弟也。大学士阿桂等以国泰乖张,请改京朝官。四十六年,上为召易简诣京师问状,易简为国泰力辩。上降旨戒泰驭属吏当宽严得中,令警惕改悔。会文绶复官四川总督,以啯匪为乱,再戍伊犁,国泰未具疏谢。居月余,疏谢赐鹿肉,上诘责。国泰请纳养廉为父赎,并乞治罪,上宽之。

四十七年,御史钱沣劾国泰及易简贪纵营私,征赂诸州县,诸州县仓库皆亏缺。上命尚书和珅、左都御史刘墉按治,并令沣与俱。和珅故祖国泰;墉持正,以国泰虐其乡,右沣。验历城库银银色不一,得借市充库状。语互详《津传》。国泰具服娄索诸属吏,数辄至千万。易简谄国泰,上诘,不敢以实对。狱定,皆论斩,上命改监候,逮系刑部狱。巡抚明兴疏言通察诸州县仓库,亏二百万有奇,皆国泰、易简在官时事。上命即狱中诘国泰等,国泰等言:"因王伦乱,诸州县以公使钱佐军兴,乃亏及仓库。"上以"王伦乱起灭不过一月,即谓军兴事急,何多至二百万,即有之,当具疏以实闻。国泰、易得罔上行私,视诸属吏亏帑恝置不问,罪与王亶望等均"命即狱中赐自裁。

【译文】

国泰,姓富察氏,满洲镶白旗人,是四川总督文绶的儿子。国泰最初授为刑部主事,再升为郎中。派外提升为山东按察使,再升为布政使。

乾隆三十八年,文绶任陕甘总督,奉命审查前四川总督阿尔泰纵容儿子明德布贪娄勒索属吏一事,因偏袒阿尔泰,不以实际情况汇报,被遣戍伊犁。国泰上疏认罪,请求随同父亲去戍所以赎父亲的罪过。皇上批示说:"你没有罪,何必惊慌?"四十二年,升为山东巡抚。

国泰是富贵人家的子弟,年轻时已地位显贵,对待属吏不能以礼相待,稍不遂意就大声呵斥。布政使于易简对他巴结奉承,甚至向他汇报情况也要直身而跪。于易简是江苏金坛人,大学士于敏中的弟弟。大学士阿桂等因国泰执拗,请求将他改任,调入京城为官。四十六年,皇上召于易简到京城来询问情况,于易简极力为国泰辩解。皇上降旨提醒国泰对待对属吏应该宽严适中,命令他警惕、改悔。正赶上文绶恢复四川总督的职务,又因四川民间称为"啯噜子"的盗匪为乱,再戍伊犁,国泰没有再上疏请罪。过了一个月,上疏推辞皇上赐给的鹿肉,遭到皇上责问。国泰请求交纳养廉银替父赎罪,并乞求对自己治罪,皇上宽恕了他。

四十七年,御史钱沣弹劾国泰及于易简贪纵营私,向所属各州县索取贿赂,以致各州县的仓库都亏空。皇上命令尚书和珅、左都御史刘墉调查处理,并令钱沣与他们一起去办理。和珅有意袒护国泰;刘墉主持正义,因为国泰在他的家乡肆虐百姓,因而支持钱沣。经过查验历城县库银的银色不同,掌握了国泰向商人借银暂时充仓的情况。详细情况与《钱沣传》互相参照。国泰全部承认关于勒索各州县属吏,数额动辄达到成千上万的情况。而于易简巴结国泰,皇上责问时,不敢将实情上报。审案后判决,二人都斩首。皇上命令改为监禁待秋审再定,于是逮捕入刑部监狱。继任山东巡抚明兴上疏说,将山东全省各州县的仓库通查一遍,亏空银两二百多万,都属国泰、于易简在任时的责任。皇上命令立即到狱中审问国泰等,国泰等人说:"这是因为王伦之乱,各州县以公款开支来协军务,因此使仓库亏空。"皇上认为:"王伦之乱从事发到平息不过一个月,即使说军事行动很紧急,怎么能用到二百万?即使有二百万,也应当上疏将实际情况报告朝廷。国泰、于易简欺上营私,对待各州县属吏亏空国库银两无动于衷,不闻不问,罪责与王亶望等相同。"命令立即在狱中赐他们自尽。

伍拉纳传

【题解】

伍拉纳是著名的贪酷官员,据《啸亭杂录》记载,他在总督任上曾"倒悬县令以索贿"。他的"酷"主要表现在对镇压百姓的心狠手辣上,同安和金华两杂滥杀无辜。传中记载他"覆谳诸胁从",魁伦的奏疏中几句话可以明白地概括为"逼良为盗",连修史的遗老都在字里行间,用《春秋》笔法表示了不满。此人还是个色厉内荏之徒,乾隆命令他去台湾,看来要动真刀真枪,于是借故拖拉,引起了乾隆的震怒,把他贪污等种种劣迹统统打开曝光。则乌拉纳一案牵连而兴起大狱,一省之中的四个最高行政长官丧命,这在清朝近二百七十年的历史上是罕见的。八十多岁的乾隆在退位当太上皇之前下决心整肃贪污,这一案件也确实处理得有声有色,不过正如传末的议论所说"执政者尚贪污,源浊流不能清",因为乾隆身边明明还有当时的第一号大贪污犯和珅在照常做他的大学士,而且宠信不衰。

【原文】

觉罗伍拉纳,满洲正黄旗人。初授户部笔帖式,外除张家口理事同知,累迁福建布政使。林爽文之乱,伍拉纳主馈军,往来蚶江、厦门。事定,赐花翎,迁河南巡抚。乾隆五十四年,授闽浙总督。上以福建民情犷悍,戒伍拉纳当与巡抚徐嗣曾商榷整饬。伍拉纳督属吏捕盗,先后所诛杀百数十人。以内地民多渡海至台湾,疏请海口设官渡,便稽查。时定往台湾者出蚶江,民舟或自厦门渡,亦令至蚶江报验,疏请罢其例,俾得迳出厦门。言者以海中岛屿多,流民散处为盗薮,当毁其庐,徙其民,毋使滋蔓。下滨海诸直省议,伍拉纳疏言:"福建海中诸岛屿,流民散处,凡已编甲输粮者,当不在例中。"上命诸岛屿非例当封禁,皆任其居处。浙江嘉善县民诉县吏征漕浮收,下伍拉纳按治,论如律。

伍拉纳治尚严,疏劾金门镇总兵罗英笈巡洋兵船遇盗不以实报,英笈坐谴;又论邵武营守备余朝武等侵饷,营吏黄国材等冒饷,黄岩右营守备叶起发属兵遇盗不以实报,外委陈学明避盗伪为被创,营兵柯大斌诬告营官,皆傅重比。五十七年,同安民陈苏老、晋江民陈滋等为乱,设靝黙会。"靝黙"字妄造,以代"天地"。伍拉纳率按察使戚蓼生赴泉州捕得苏老等,诛一百五十八人,戍六十九人。五十九年,义乌民何世来,宣平民王元、楼德新等为乱,立邪教。伍拉纳率按察使钱受椿赴金华。浙江巡抚吉庆已捕诛世来、德新,伍拉纳覆谳诸胁从,复诛鲍茂山、吴阿成等,还福建至浦城,捕得元,诛之。

六十年,台湾盗陈周全为乱,陷彰化。伍拉纳出驻泉州,发兵令署陆路提督乌兰保、海坛镇总兵特克什布赴剿,彰化民杨仲舍等击破周全,乱已定。是岁,漳、泉被水,饥。伍拉纳至,民集乞赈,未以闻。上促伍拉纳赴台湾,累诏诘责,伍拉纳自来州往。福州将军魁伦疏言:"伍拉纳性急,按察使钱受椿等迎合,治狱多未协。漳、泉被水,米值昂,民贫,巡抚浦霖等不为之所,多入海为盗。虎门近在省会,亦有盗舟出没。"上为罢伍拉纳、浦霖,命两广总督觉罗长麟署总督,魁伦署巡抚。

伍拉纳至台湾,劾鹿仔港巡检朱继功以丧去官,贼起,即携眷内渡,请夺官戍新疆。上谕曰:"伍拉纳为总督,台湾贼起,陷城戕官,朕屡旨严饬始行。继功丁忧巡检,转责其携眷内渡,加以远戍,伍拉纳畏葸迁延,乃欲以此自掩,何其不知耻也!"

伍拉纳、浦霖贪纵、婪索诸属吏,州县仓库多亏缺。伍拉纳曾疏陈清查诸州县仓库,亏谷六十四万有奇、银三十六万有奇,限三年责诸主者偿纳。至是,魁伦疏论诸州县仓库亏缺,伍拉纳所奏非实数。上命伍拉纳、浦霖及布政使伊辙布、按察使钱受椿皆夺官,交长麟、魁伦按谳。长鹿、魁伦勘布政司库吏周经侵库帑八万有奇,具狱辞以上。上疑长麟等意将归狱于经,斥责徇隐。长麟等疏发伍拉纳受盐商赇十五万,霖亦受两万,别疏发受椿谳长秦械斗狱,狱毙至十人,得赇销案。籍伍拉纳家,得银四十万有奇、如意至一百余柄,上比之元载胡椒八百斛;籍霖家,得窖藏金七百、银二十八万,田舍值六万有奇,他服物称是。逮京师,廷鞫服罪,命立斩。伊辙布亦逮京师,道死。受椿监送还福建,夹二次,重笞四十,乃集在省诸官吏处斩;又以长麟主宽贷,夺官召还,以魁伦代之。遂兴大狱,诸州县亏帑一万以上皆斩,诛李堂等十人,余遣黜有差。

霖,浙江嘉善人。乾隆三十一年进士,授户部主事,再迁郎中。外授湖北安襄郧道。累迁福建巡抚,移湖南,复迁福建。及得罪,上谓:"伍拉纳未曾学问,或不知洁己奉公之义。霖以科目进,起自寒素,擢任封疆,乃贪黩无厌,罔顾廉耻,尚得谓有人心者乎?"霖及伍拉纳、伊辙布、受椿诸子皆用王亶望例戍伊犁。嘉庆四年,赦还。

【译文】

觉罗伍拉纳,满军正黄旗人。起初被任命为户部笔帖式,外放为张家口理事同知,逐渐升迁到福建布政使。林爽文的叛乱,伍拉纳负责军需事务,往来于蚶江、厦门之间。事情平定,赏赐花翎,迁升为河南巡抚。乾隆五十四年,被任命为闽浙总督。乾隆帝由于福建的民风粗犷剽悍,告诫伍拉纳应该和巡抚徐嗣曾商量加以整顿。伍拉纳督促下属官吏逮捕盗贼，前前后后被他诛杀的有一百几十人。由于内地百姓渡海到台湾去的很多，上疏奏请在海口设立官方渡船，以便于稽查。当时前去台湾的由蚶江出发，民间船只有的从厦门渡海，也命令到蚶江申报验看，伍拉纳上疏请求免除这一成例，以便于船只能径直从厦门出发。议论的人认为海中岛屿很多，流浪的百姓分散居住，使岛上成为盗贼的巢穴，应当拆毁那里的房屋，迁走那里的百姓，不要让它蔓延。诏令发往沿海各省讨论实施。伍拉纳上疏说："福建海中的各岛屿，流浪的百姓分散居住，凡是已经编入保甲交纳赋税的，应当不在迁居规定之中。"乾隆命令说，各岛屿如果不是按例所应当封闭禁止进入，都可以让百姓随便居住。浙江嘉善县的百姓上告县里的官吏征收糟米超过定额饱入私囊，诏命伍拉纳查处，按律判决。

伍拉纳治理崇尚严厉，上疏奏劾金门总兵罗英笏在海中巡查的兵船遇到海盗不据实上报，罗英笏因此被处罚；又上奏说邵武营的守备余朝武等人侵吞军饷，营中的官吏黄国材等冒领军饷，黄岩右营守备时超发属下兵丁遇到强盗不据实上报，外委陈学明躲避强盗假装受伤，兵丁柯大斌诬告营官，都比照旧例从重处理。乾隆五十七年，同安百姓陈苏老、晋江百姓陈洋等作乱，创立蘥黔会。"蘥""黔"这两个字是自己胡造的，以代替天、地。伍拉纳率领按察使戚蓼生前去泉州逮捕了陈苏老等人，诛杀一百五十八人，充军六十九人。五十九年，义乌百姓何世来，宣平百姓王元、楼德新等作乱，创立邪教。伍拉纳率领按察使钱受椿前去金华。浙江巡抚吉庆已经逮捕诛杀了何世来、楼德新，伍拉纳再审讯胁从，又诛杀了鲍茂山、吴阿成等，回福建到了浦城，逮捕到王元，诛杀了他。

乾隆六十年，台湾盗贼陈周全作乱，攻陷彰化。伍拉纳离开福州驻在泉州，发兵，命令代理陆路提督乌兰保。海坛镇总兵特克什布前去剿灭，当时彰化百姓杨仲舍等攻破周全，动乱已经平定。这一年，漳州、泉州遭受水灾，发生饥荒，伍拉纳到达泉州，饥民一哄而至乞求赈济，伍拉纳没有奏报。乾隆催促乌拉纳前去台湾，几次下诏责问，伍拉纳才从泉州前往台湾。福建将军魁伦上疏奏称："伍拉纳性急，按察使钱受椿等迎合他的意图，处理案件大多不能恰当。漳州、泉州遭受水灾，米价上涨，百姓贫困，巡抚浦霖等不给百姓做出安排，所以大多下海作了强盗。虎门离省会很近，也有海盗船只出没。"乾隆为此而罢免了伍拉纳、浦霖，命令两广总督觉罗长麟代理闽浙部督，魁伦代理福建巡抚。

伍拉纳到了台湾，奏劾巡检朱继功因为父母之丧离任，盗贼兴起，就带着家眷渡海回内地，请求把他革职发往新疆。乾隆对大臣们说："伍拉纳身为总督，台湾盗贼作乱，攻陷城池杀害官员，朕屡次下旨严加告诫才前去台湾，继功不过是一个遭父母之丧的巡检，反而要转过来责备他带着家眷渡海到内地，还要把他远戍新疆，伍拉纳畏缩拖拉，可还要借此掩饰自己，怎么那样不知羞耻啊！"

伍拉纳、浦霖贪污勒索下属各级官员，州县中仓库大多出现亏欠。伍拉纳曾经上奏说清查各州县的仓库，亏空稻谷六十四万石多，银子三十六万两多，限三年之内责成负责官员赔偿缴纳。到这时候，魁伦上疏提出各州县仓库亏欠，伍拉纳所奏报的并非实数。乾隆下诏把伍拉纳、霖浦和布政司伊辙布、按察使钱受椿都革去官职，交给长麟、魁伦查清审问。长麟、魁伦布查勘布政司中管理金库的小吏周经侵吞库银八万有余，把他的招供辞附录上奏。乾隆怀疑长麟等人企图把责任全归于周经，下旨申斥他们包庇隐瞒。于是长麟等再次上疏揭发伍拉纳接受盐商的贿赂十五万两，浦霖也接受二万两，另外上疏揭发钱受椿审理长秦械斗一案，在监狱中死去的多达十人，后来得到贿赂就把案子了结。抄了伍拉纳的家，得到银子四十万两多，如意竟至一百多把，乾隆把这些比之为唐朝的宰相元载家里有胡椒八百斛。抄了浦霖的家，得到地窖里所藏的金子七百两，银子二十八万，田地房屋价值六万多，其他衣服用品与之相称。逮捕押送京师，经朝廷审讯服罪，诏命立即斩首。伊辙布也押送京师，在路上死去。钱受椿押送回福建，用夹棍夹了两次，重重地笞打四十板，就集合在省城的大小官员把钱受椿处以斩刑。又因为长麟主张宽大处理，把他革职召回京师，让魁伦代替他的职位。由此而兴起一场大案，各州县空库银一万两以上的，州县官都处以斩刑，杀了李堂等十个人，余下的按不同情况处罚。

浦霖，浙江嘉善人。乾隆三十一年进士，被任命为户部主事，逐渐升至郎中。外放任命为湖北襄勋道，连续升迁到福建巡抚，调湖南巡抚，再调福建。在犯罪后，乾隆说："伍拉纳没有认真读书学习，也许不知道廉洁奉公的道理。浦霖从科举考试进身，从贫寒的一般平民中选拔出来，升任封疆大员，却贪婪没有满足，不顾廉耻，还能说是有人心的人吗？"浦霖和伍拉纳、伊辙布、钱受椿的儿子们都根据王亶望的前例遣戍依犁。嘉庆四年，赦免回来。

王杰传

【题解】

王杰，字伟人，陕西韩城人，乾隆二十六年金榜题名，为清朝百余年来第一位陕西籍状元。历任刑部侍郎、军机大臣、上书房总师傅、东阁大学士、太子太保等职。王杰先后历事高宗、仁宗两朝，精明能干，正直清廉。为人和蔼可亲，刚直忠正，本传中引用的两句话确可概括其一生："直道一身立廊庙，清风两袖返韩城。"

【原文】

王杰，字伟人，陕西韩城人。以拔贡考铨蓝田教谕，未任，遭父丧，贫甚，为书记以养母。历佐两江总督尹继善、江苏巡抚陈宏谋幕，皆重之。初从武功孙景烈游，讲濂、洛、关、闽之学；及见宏谋，学益进，自称生平行已、居官得力于此。

乾隆二十六年，成进士。殿试进呈卷列第三，高宗熟视字体如素识，以昔为尹继善缮疏，曾邀宸赏，询知人品，即拔置第一。及引见，风度凝然，上益喜。又以陕人入本朝百余年无大魁者，时值西陲戡定，魁选适得西人，御制诗以纪其事。寻直南书房，屡司文柄。五迁至内阁学士。三十九年，授刑部侍郎，调吏部，擢左都御史。四十八年，丁母忧，既家擢兵部尚书。车驾南巡，杰赴行在谢，上曰："汝来甚好。君臣久别，应知朕念汝。然汝儒者，不欲夺汝情归终制可也。"服阕，还朝。五十一年，命为军机大臣、上书房总师傅。次年，拜东阁大学士，管理礼部。台湾、廓尔喀先后平，两次图形紫光阁，加太子太保。

杰在枢廷十余年，事有可否，未尝不委曲陈奏。和珅势方赫，事多擅决，同列隐忍不言，杰遇有不可，辄力争。上知之深，和珅虽厌之而不能去。杰每议政毕，默然独坐。一日，和珅执其手戏曰："何柔荑乃尔！"杰正色曰："王杰手虽好，但不能要钱耳。"和珅赧然。嘉庆元年，以足疾乞免军机、书房及管理部事，允之。有大事，上必咨询，杰亦不时入告。

时教匪方炽，杰疏言："贼匪剿灭稽迟，由被贼灾民穷无倚赖，地方官不能劳来安辑，以致胁从日众，兵力日单而贼焰日炽。此时当安良民以解从贼之心，抚官兵以励行间之气。三年之内，川、楚、秦、豫四省杀伤不下数百万，其幸存而不从贼者，亦皆锋镝之余，男不暇耕，女不暇织。若再计亩征输，甚至分外加派，胥吏因缘勒索，艰苦情形无由上达圣主之前。祈将被贼地方钱粮蠲免，不令官吏舞弊重征，有来归者概勿穷治，贼势或可渐孤矣。至于用兵三载未即成功，实由将帅有所依恃，怠玩因循，非尽士卒之不用命也。乞颁发谕旨，曲加怜恤，有骄惰不驯者，今经略概行撤回，或就近更调招募，申明纪律，鼓行励戎，庶几人有挟纩之欢众有成城之志。"又言："教匪之蔓延，其弊有二：一由统领之有名无实。勒保虽为统领，而统兵大员名位相等，人人都专折奏事，于是贼至则畏避不前，贼去则捏称得胜。即如前岁贼窜兴安，领兵大员有'匪已渡江五日，地方官并不禀报'之奏，此其畏避情形显而易见。又如去岁贼扰西安城南，杀伤数万，官兵既不近贼，抚臣一无设施，探知贼去已远，然后虚张声势，名为追贼，实未见贼。近闻张汉潮蔓延商、雒，高均德屯据洋县，往来冲突，如入无人之境。秦省如此，川省可知。实由统领不专、赏罚不明之所致也。一由领兵大员专恃乡勇。乡勇阵亡，无庸报部，人数可以虚捏；藉乡勇为前阵，既可免官兵之伤亡，又可为异日之开销，此所以耗国帑而无可稽核也。臣以为军务紧要，莫急于去乡勇之名而为招募之实，盖有五利：一，民穷无依，多半从贼，苟延性命，募而为兵，即有口粮，多一为兵之人，即少一从贼之人；一，隔省征调，旷日持久，就近招募，则旬日可得；一，征兵远来，筋力已疲，招募之人，不须跋涉；一，隔省之兵，水土不习，路径不识，就近之人，则不虑此；一，乡勇势不能敌，则逃散无从惩治，招募之兵退避，则有军法。具此五利，何不增募，一鼓而歼贼？如谓兵多费多，独不思一万兵食十月之粮，与十万兵食一月之粮，其费相等而功可早奏也。"疏入，并被采用。

二年，复召直军机，随扈热河。未几，因腿疾，诏毋庸入直，先行回京。三年秋，川匪王三槐就擒，封赏枢臣，诏："杰现虽未直军机，军兴曾有赞画功，并予优叙。"

洎仁宗亲政，杰为首辅，遇事持大礼，竭诚进谏，上优礼之。五年，以衰病乞休，温诏慰留，许扶杖入朝。七年，固请致仕，晋太子太傅，在籍食俸。八年春，濒行上疏，略谓："各省亏空之弊，起于乾隆四十年以后，州县营求馈送，以国帑为夤缘，上司受其挟制，弥补无期。至嘉庆四年以后，大吏知尚廉节，州县仍形拮据，由于苦乐不均，贤否不分，宜求整饬之法。又，旧制，驿丞专司驿站，无可诛求。自裁归州县，滥支苛派，官民俱病。宜先清驿站，以杜亏空。今当军务告竣，朝廷勤求治理，无大于此二者。请睿裁独断，以挽积重之势。"所言切中时弊,上嘉纳之。陛辞日,赐高宗御用玉鸠杖、御制诗二章,以宠其行,有云:"直道一身立廊庙,清风两袖返韩城。"时论谓足尽其生平。既归,岁时颁赏不绝,每有陈奏,上辄亲批答,语如家人。

九年,杰与妻程并年八十,命巡抚方维甸赍御制诗、额、珍物,于生日就赐其家。杰诣阙谢,明年正月,卒于京邸。上悼惜,赐金治丧,赠太子太师,祀贤良祠,谥文端。

杰体不逾中人,和蔼近情,而持守刚正,历事两朝,以忠直结主知。当致仕未行,会有陈德于禁城惊犯乘舆,急趋朝请对曰:"德庖厨贱役,安敢妄蓄逆谋?此必有元奸大憝主使行明张差之事,当除肘腋之患。"至十八年林清逆党之变,上思其言,特赐祭焉。

【译文】

王杰,字伟人,陕西韩城人。以拔贡考试选授蓝田县教谕,还未到任,遇到父亲去世,十分贫困,只得做书记来养活母亲。先后在两江总督尹继善、江苏巡抚陈宏谋手下做幕僚,都很器重他。起初跟武功孙景烈学习,听他讲廉溪周敦颐、洛阳程颢、程颐、关中张载、闽中朱熹等宋代理学大师的学术;到见到陈宏谋,学问更为进步,自称生平修身、为人、居官处事都得力于理学。

乾隆二十六年,成为进士,殿试进呈给皇帝的卷子排名在第三,清高宗反复观看字体好像早就见过,因过去替尹继善抄写奏疏,曾得到过皇帝赏赐,清高宗这次又询问知道了人品,即选拔为第一。到引见时,风度端庄稳重,皇帝更是喜欢。又因陕西在清朝百余年间无人中状元,当时又恰逢西境边区平定了战乱,状元人选正好又是西部人,皇帝特写诗以纪念其事。不久效力于南书房,多次掌握考选文人学士的职权。五次升迁至内阁学士。三十九年,授刑部侍郎之职,又调到吏部,提拔为左都御史。四十八年,遇母亲丧礼,就在家中提升为兵部尚书。皇帝南巡,王杰到行在所拜谢。皇帝说:"你来了很好。君臣久别,应当知道我想念你。然而你是儒生,不想丧期未满,就强令你做官,回家去服满三年丧礼是可以的。"服丧期满,除去丧服,回到朝廷去。五十一年,命为军机大臣、上书房总师傅。次年,拜东阁大学士,管理礼部。因台湾、廓尔喀先后平定,两次画像于紫光阁,加太子太保衔。

王杰在中枢机关十余年,政事当行与否,从没有不把事情的来龙去脉搞清楚而向皇帝上奏的。和珅当时权势正显赫,政事多擅自决断,同僚们克制发怒而不说话,王杰遇到不合理的事,总是据理力争。皇帝十分了解王杰,和珅虽然讨厌他,但也无法把他排挤走。王杰每次议论完政事,总是默默地独自坐在那里。一天,和珅拿着王杰的手,开玩笑说:"多么纤细白嫩啊!"王杰正色回答:"王杰的手虽然很好,但不能要钱!"和珅听了不由得惭愧而脸红。嘉庆元年,因腿脚有病而请求免去军机处、上书房以及所管理礼部的事,皇帝答应了他的请求。有了大事,皇帝一定要向他咨询,王杰也经常向皇上报告。

当时白莲教起义正兴盛,王杰上疏说:"贼匪剿灭进展滞留耽误,是因为遭受贼灾地区的老百姓穷困无所依赖,地方官不能慰劳安辑,以致形成胁从的人越来越多,兵力越来越单薄而贼势气焰越来越兴盛。这时应当安顿良民,用来解除从贼的心理;安抚官兵,以激励军队的士气。三年之内，四川、湖北、陕西、河南四省杀伤人数不下几百万，其幸存而没有从贼的人，也都是在兵丸箭镞当中残存下来的，男子顾不上耕作，女子也顾不上纺织。如果再按亩收粮纳税，甚至在额外加派多征，小吏乘机敲诈勒索，老百姓艰难困苦的情形无法上报到圣主面前。请求把蒙受贼难地方的钱粮免除，不使官吏舞弊重征，百姓有来归的人，一概不要彻底整治，贼势也许可能慢慢孤立起来了，至于用兵三年未能成功，实在是因为将帅有所依靠，惰慢因循，并不全是士兵不听从命令的原因，请求颁发谕旨，周详地加以怜惜救济，有骄惰不驯服的，令经略全部撤回，或者就近更调招募，申明纪律，行进时劝勉士卒，可期望人人因受抚慰而感到温暖的欢乐，众人同心协力有成城的志气。"又说："教匪的蔓延，其弊病有两个：一是由于统领军队的人，有名无实。勒保虽然是统领，而统兵大官名号地位与他相同，人人都能专折向皇帝报告，于是贼进攻则畏避不前，贼离去了就捏造胜利。即如前年贼进攻兴安，领兵大官有'匪已渡江五天，地方官并不报告'的奏章，这是畏缩躲避的情形显而易见。又例如去年贼骚扰西安城南，杀伤了数万人，官兵既不包围敌人，抚臣也不采取防御措施，侦探得知敌人离开西安已很远，然后虚张声势，调兵遣将，名为去追击敌人，实际上并未见到敌人。近来听说张汉潮活动在商、雒地区，高均德屯兵占据洋县，往来冲突，如同到了无人的境地。陕西省这样，四川省情况也可推而知。实在是因为统领不专、赏罚不分明所导致的。一由领兵大官专门凭借乡勇。乡勇阵亡，不用报部，人数可以凭空捏造；借乡勇打前锋，既可免去官兵的伤亡，又可以作为他日的开销，这是所以消耗国家金帛而无法稽查详核的事。臣认为军务紧要，最要紧的是去掉乡勇的名称而实行招募兵的事，此事大致有五种好处：一，百姓穷困无依赖，多半都跟从了贼人，苟延性命，如果招募为兵，就有了口粮，多一个当兵的人，就少一个从贼的人；一，隔省征集调动军队，用的时间很长，如果就近招募，则十天半月就可完成；一，征兵远来，身体疲劳，招募的人，不须长途跋涉；一，隔省的兵，水土不服，道路不熟，就近招募的人，则不须考虑这些问题；一，乡勇如果势力不能与敌人抗衡则逃散无法惩治，招募的兵如果后退躲避，则有军法制裁。具有这五种好处，为什么不增加招募，一鼓作气而歼灭敌人？如果说兵多则费用多，难道不考虑一万兵吃十个月的粮食，与十万兵吃一个月的粮食，两者费用相等而大功可以早成。"章疏送到朝廷，都被采用。

　　嘉庆二年，又召回值班军机处，随扈从皇帝到热河。不久，因腿病，皇帝下诏不用再入军机处值班，先行回到北京。三年秋天，四川土匪王三槐被活捉，封赏军机大臣，诏称"王杰现在虽没有值班军机，军兴曾有赞画功劳，一同给予奖励"。

　　至清仁宗亲政，王杰为首辅，遇事坚持原则，竭诚进谏，皇上对他格外尊重。五年，因衰老多病请求退休，皇帝用情词诚恳的诏书挽留，允许他拄拐杖入朝。七年，坚决请求退休，升为太子太傅，在原籍食用俸禄。八年春天，多次上疏，大致是说："各省亏空的弊病，起于乾隆四十年以后，州县寻求馈送，用国家的金钱作为拉关系钻营的资本，上司受州县挟制，弥补无期限。到嘉庆四年以后，大官知道崇尚廉洁守节，但州县仍然处于拮据状况，由于苦乐不均匀，贤愚分不清，应当征求整饬方法。又，旧制，驿丞专管驿站，无可征求、需索。自从裁归州县，滥行苛派，官民都受到损害。应先清理驿站，以杜亏空。现在军务结束，朝廷勤求治理，没有比这二件事更大的。请皇帝圣明独断，用来挽救积习深重的趋势。"王杰所说的都切中当时弊端，皇帝赞许并采纳了。王杰辞别天子时，皇帝又赐给他清高宗御用的玉鸠杖、御制诗两章，以尊崇其操行，有两句话："直道一身立廊庙，清风两袖返韩城。"当时认为已全部概括了王杰的生平事迹。已经回到家乡，每年四时皇帝给的赏赐不绝，每有上奏陈述，皇帝总是亲自批答，话语犹如一家人。

嘉庆九年，王杰和妻子程氏都是八十岁，皇帝命巡抚方维甸带着御制诗、匾额、珍物，在生日时到王杰家赐给他。王杰到朝廷拜谢，第二年正月，死于京邸。皇帝追念哀伤，赐给金钱办理丧事，追赠太子太师，祀贤良祠，赐谥号文端。

王杰身体不超过一般人，和蔼可亲，然而主持刚正，历事两朝，凭忠正耿直为君主所了解。当他退休未回去的时候，正好发生了陈德在紫禁城惊犯皇帝的事，急忙到朝堂请求应对说："陈德只是在庖厨中劳作的贱役，怎敢狂乱蓄心积虑起叛逆阴谋？这里一定有罪恶极大的人主使进行明代张差入宫梃击的事，应当清除肘腋的隐患。"到十八年在紫禁城发生林清逆党之变，皇帝回想起王杰的话，特地赐给祭品。

庆桂传

【题解】

庆桂（1735～?），姓章佳氏，镶黄旗满洲人，尹继善第四子，乾隆二十年（1755），以荫生授户部员外郎。历内阁学士、副都统、参赞大臣、将军、都统，擢工部，调任兵部尚书，署理陕甘总督。五十七年，击退廓尔喀入侵事平，予十五功臣。嘉庆四年（1799），调刑部尚书、协办大学士、入值军机，寻授内大臣、文渊阁大学士，总理刑部事务。晋太子太傅。十一年，授领侍卫内大臣，晋太子太师。十五年，纂辑《平定三省邪匪方略》告成。十八年，年老，原品休致，谥文恪。庆桂前后任军机大臣近三十年，深得倚任，颇赋传奇色彩。

【原文】

庆桂，字树斋，章佳氏，满洲镶黄旗人，大学士尹继善子。以荫生授户部员外郎，充军机章京，超擢内阁学士。

乾隆三十二年，充库伦办事大臣，迁理藩院侍郎。三十六年，授军机大臣，居二载，出为伊犁参赞大臣，调塔尔巴哈台。哈萨克巴布克诡称阿布勒毕斯授为哈拉克齐，偕阿布勒毕斯之子博普来贡马。庆桂以博普未至，巴布克狡诈不可信，斥之。上嘉其有识，曰："尹继善之子能如此，朕又得一能事大臣矣。"四十二年，授吏部侍郎。调乌里雅苏台将军，授正黄旗汉军都统，以病回京。逾年，授盛京将军，调吉林，再调福州。四十九年，入觐，授工部尚书，仍直军机，调兵部。逾年，署黑龙江将军。时陕甘总督福康安赴阿克苏安辑回众，上以庆桂练边事，命带钦差关防，驰往甘肃，暂署总督。寻授塔尔巴哈台参赞大臣。五十一年，召授兵部尚书，历署盛京、吉林、乌里雅苏台将军。五十七年，廓尔喀平，予议叙，图形紫光阁，上亲制赞。

两淮盐运使柴桢私挪课银弥补浙江盐道库藏，命偕长麟赴浙按治，得巡抚福崧娄索侵蚀状，谳上，福崧、桢俱伏法。寻授荆州将军。逾年，召授正红旗蒙古都统，命勘南河高家堰石工。嘉庆四年，授刑部尚书、协办大学士，复直军机。授内大臣，监修《高宗实录》，加太子太保，拜文渊阁大学士，总理刑部。裕陵奉安礼成，晋太子太傅，管理吏部、理藩院、户部三库事。七年，三省教匪平，以赞画功，予骑都尉世职，赐双眼花翎。九年，授领侍卫内大臣。《高宗实录》成，赏紫缰，晋太子太师。十六年，扈跸热河，以腿疾免从行围，予假回京。十七年，晋太保。上念其年老，罢直军机处，仍授内大臣。

庆桂性和平，居枢廷数十年，初无过失，举趾不离跬寸，时咸称其风度。逾年，命以原品休致，给予全俸。二十一年，卒，谥文恪。

【译文】

庆桂，字树斋，姓章佳氏，是满洲镶黄旗人，大学士尹继善之子。以荫生授任户部员外郎，充任军机章京，超擢内阁学士。

乾隆三十二年，充任库伦办事大臣，调迁为理藩院侍郎。乾隆三十六年，庆桂授任军机大臣。二年之后，庆桂由军机大臣出任为伊犁参赞大臣，调任塔尔巴哈台参赞大臣。哈萨克的巴布克诡称被哈萨克阿布勒比斯汗授为哈拉克齐，将偕同阿布勒比斯之子博普前来进贡马匹。庆桂因为博普没有前来，巴布克狡诈不可信任，而严厉斥责了他。清高宗嘉奖庆桂有谋有识，说："尹继善之子精明能干，做到这样，朕又得到一位办事的大臣了！"乾隆四十二年，庆桂授任吏部侍郎。调为乌里雅苏台将军，授任正黄旗汉军都统，因病回京疗养。一年后，庆桂授为盛京将军，调任吉林将军，又调为福州将军。乾隆四十九年，赴京入觐陛见，授为工部尚书，仍旧入值军机处，调任兵部尚书。过一年后，庆桂署理黑龙江将军。当时，陕甘总督福康安奔赴阿克苏安抚回众，清高宗因为庆桂熟练边疆事务，诏命他携带钦差关防，驰驿疾行前往甘肃，暂时署理陕甘总督。不久庆桂被授任塔尔巴哈台参赞大臣。乾隆五十一年，清高宗召他回京授任兵部尚书，逐次署理盛京、吉林、乌里雅苏台将军。乾隆五十七年，清军平定廓尔喀侵略后，庆桂受到嘉奖议叙，画像悬挂紫光阁，清高宗亲自为他撰写赞文。

两淮盐运使柴桢私自挪用赋银弥补浙江盐道库贮银的亏欠，清高宗诏命庆桂偕同长麟前往浙江审查处理，查出巡抚福崧贪得无厌、索取贿赂、侵蚀公款的种种劣迹，审判定罪报上，福崧、柴桢都认罪伏法。不久庆桂授为荆州将军。一年之后，清高宗召庆桂回京，授命他为正红旗蒙古都统，命他前往勘查南河高家堰的石坝工程。嘉庆四年，庆桂授为刑部尚书、协办大学士，再次入值军机处。授任内大臣，监修《高宗实录》，加封太子太保。拜授文渊阁大学士，总理刑部事务。在裕陵安葬乾隆帝的奉安礼仪告成后，庆桂晋升太子太傅，管理吏部、理藩院、户部三库事务。嘉庆七年，川楚陕三省教匪之乱平息后，庆桂因为赞画筹谋有功，赐予骑都尉世职，赏给双眼花翎。嘉庆九年，庆桂授任领侍卫内大臣。《高宗实录》修成后,赏赐庆桂紫缰,晋升太子太师。嘉庆十六年,庆桂护驾清仁宗前往热河,因为患有腿病,免他随驾行围打猎,准予请假回京养病。嘉庆十七年,庆桂晋升太保。清仁宗念他年老,准免入值军机处,仍旧授任内大臣。

庆桂性格平和,在朝廷中枢效力数十年,从当初开始就没有出现过任何过失,恪勤职守,兢兢业业,一丝不苟,当时人都称赞他有为官的风范。过一年后,清仁宗诏命他以原品退休,赐给全俸。嘉庆二十一年,庆桂去世,谥号文恪。

洪亮吉传

【题解】

洪亮吉字君直,一字稚存,号北江,江苏阳湖(今武进区)人。生于清乾隆十一年(公元 1740 年),卒于嘉庆十四年(公元 1801 年)。乾隆五十五年(公元 1790 年)进士,授编修,充国史馆纂修官。嘉庆三年(公元 1798 年)时,以批评朝政,遣戍伊犁,不久赦还,改号更生居士。沿革地理方面著作有:《三国疆域志》二卷、《东晋疆域志》四卷、《十六国疆域志》十六卷。其中《三国疆域志》未见东晋常璩《华阳国志》,对三国蜀地名置废时间,多有脱漏、舛误。其后吴增仪撰《三国郡县表》八卷;杨守敬撰《三国疆域志补正》精密皆超过洪书。《十六国疆域志》疏漏亦不少,可参考徐文范《东晋南北朝舆地表》十二卷、《州郡表》六卷、《郡县表》十二卷。另外纂修《乾隆府州县图志》五十卷。

洪氏生活的时代,人口增加很快,乾隆六年(公元 1741 年)全国人口仅四千万,到乾隆五十五年(公元 1790 年)已达三亿多人。他以当时人口密集的地区为例,提出了三十年人口增加五倍,六十年人口增加十倍的推算(《洪北江遗书·意言·治平篇》)。这与西方马尔萨斯(公元 1766~1834 年)所说"人口如果没有受到抑制,每二十五年增加一倍"(《人口原理》)的结论相似。更为重要的是,两人都指出如果不加控制,人口增加的速度将会大大超过物质增长的速度。这就可能蕴藏着社会危机。针对这一危机,他提出用"天地调剂之法""君相调剂之法"来解决人口过剩的问题。这两种方法具有关心民生的积极意义。例如他的"君相调剂法"主张:"使野无闲田,民无剩力,疆土之新辟者,移民以居之;赋税之繁重者,酌今昔而减之;禁其浮靡,析其兼并,遇有水旱疾疫,则开仓廪以赈之。"这与马尔萨斯提出通过"各种不卫生的职业、剧烈的劳动和受严寒盛暑的煎迫、传染病、战争、瘟疫和饥荒"等方法解决人口过剩问题,是根本不同的。总之,洪亮吉与马尔萨斯对人口问题认识的科学水平相当,而济民、虐民的出发点则截然不同。洪氏还指出,当时人口数量猛增,而基本的生产资料,土地不能增加,一些重要的生活设施,如店铺、书院等也不能大批增加,这会造就一些游手好闲之徒,会给社会带来不安定因素。特别是遇到水旱瘟疫时,一些找不到劳动就业的人,因不能束手待毙,就会扰乱社会。总之,洪氏在人文地理论的核心"人口地理学"中,有敏锐而独到的见解,其理论与马尔萨斯有相似之处,时间则早三十多年。

【原文】

洪亮吉,字稚存,江苏阳湖人。少孤贫,力学,孝事寡母。初佐安徽学政朱筠校文,继入陕西巡抚毕沅幕,为校刊古书。辞章考据,著于一时,尤精研舆地。乾隆五十五年,成一甲第二名进士,授翰林院编修,年已四十有五。长身火色,性豪迈,喜论当世事。未散馆,分校顺天乡试。督贵州学政,以古学教士,地僻无书籍,购经、史、《通典》《文选》置各府书院,黔士始治经史。为诗古文有法。任满还京,入直上书房,授皇曾孙奕纯读。嘉庆三年,大考翰詹,试《征邪教疏》,亮吉力陈内外弊政数千言,为时所忌。以弟丧陈情归。

四年,高宗崩,仁宗始亲政。大学士朱珪书起之,供职,与修《高宗实录》,第一次稿本成,意有不乐。将告归,上书军机王大臣言事,略曰:"今天子求治之心急矣,天下望治之心孔迫矣,而机局未转者,推原其故,盖有数端。亮吉以为励精图治,当一法祖宗初政之勤,而尚未尽法也。用人行政,当一改权臣当国之时,而尚未尽改也。风俗则日趋卑下,赏罚则仍不严明,言路则似通而未通,吏治则欲肃而未肃。何以言励精图治尚未尽法也?自三四月以来,视朝稍晏,窃恐退朝之后,俳优近习之人,荧惑圣听者不少。此亲臣大臣启沃君心者之过也。盖犯颜极谏,虽非亲臣大臣之事,然不可使国家无严惮之人。"乾隆初年,纯皇帝宵旰不遑,勤求至治,其时如鄂文端、朱文端、张文和、孙文定等,皆侃侃以老成师傅自居。亮吉恭修实录,见一日蝇朱笔细书,折成方寸,或询张、鄂,或询孙、朱,曰某人贤否,某呈事当否,日或十余次。诸臣亦皆随时随事奏片,质语直陈,是上下无隐情。纯皇帝固圣不可及,而亦众正盈朝,前后左右皆严惮之人故也。今一则处事太缓,自乾隆五十五年以后,权私蒙蔽,事事不得其平者,不知凡几矣。千百中无有一二能上达者,即能上达,未必即能见之施行也。如江南洋盗一案,参将杨天相有功骈戮,洋盗某漏网安居,皆由署总督苏凌阿昏愦糊涂,贪赃玩法,举世知其冤,而洋盗公然上岸无所顾忌,皆此一事酿成。况苏凌阿权相私人,朝廷必无所顾惜,而至今尚拥巨赀,厚自颐养。江南查办此案,始则有心为承审官开释,继则并闻以不冤复奏。夫以圣天子赫然独断,欲平反一事而尚如此,则此外沉冤何自而雪乎?一则集思广益之法未备。尧、舜之主,亦必询四岳,询群牧。盖恐一人之聪明有限,必博收众采,庶无失事。请自今凡召见大小臣工,必询问人才,询问利弊。所言可采,则存档册以记之。倘所举非人,所言失实,则治其失言之罪。然寄耳目于左右近习,不可也;询人之功过于其党类,亦不可也。盖人才至今日,消磨殆尽矣。以模棱为晓事,以软弱为良图,以钻营为取进之阶,以苟且为服官之计。由此道者,无不各得其所欲而去,衣钵相承,牢结而不可解。夫此模棱、软弱、钻营、苟且之人,国家无事,以之备班列可也;适有缓急,而欲望其奋身为国,不顾利害,不计夷险,不瞻徇情面,不顾惜身家,不可得也。至于利弊之不讲,又非一日。在内部院诸臣,事本不多,而常若猝猝不暇,汲汲顾影,皆云多一事不如少一事。在外督抚诸臣,其贤者斤斤自守,不肖者呕呕营私。国计民生,非所计也,救目前而已;官方吏治,非所急也,保本任而已。虑久远者,以为过忧;事兴革者,以为生事。此又岂国家求治之本意乎?二则进贤退不肖似尚游移,夫邪教之起,由于激变。原任达州知州戴如煌,罪不容诛矣。幸有一众口交誉之刘清,百姓服之,教匪亦服之。此时正当用明效大验之人。闻刘清尚为州牧,仅从司道之后办事,似不足尽其长矣。亮吉以为川省多事,经略纵极严明,剿贼匪用之,抚难民用之,整饬官方办理地方之事又用之,此不能分身者也。何如择此方贤吏如刘清者,崇其官爵,假以事权,使之一意招徕抚绥,以分督抚之权,以藏国家之事。有明中叶以来,郧阳多事,则别设郧阳巡抚;偏沅多事,则别设偏沅巡抚。事竣则撤之,此不可拘于成例者了。夫设官以待贤能,人果贤能,似不必过循资格。如刘清者,进而尚未进也。戴如煌虽以别案解任,然尚安处川中。闻教匪甘心欲食其肉,知其所在,即极力焚劫。是以数月必摇鸹处,教匪亦必随而迹之。近在川东与一道员联姻,恃以无恐。是救一有罪之人,反杀千百无罪之人,其理尚可恕乎?纯皇帝大事之时,即明发谕旨数和珅之罪,并一一指其私人,天下快心。乃未几而又起吴省兰矣,召见之时,又闻其为吴省钦辩冤矣。夫二吴之为和珅私人,与之交通货贿,人人所知。故曹锡宝之纠和珅家人刘全也,以同乡素好,先以折稿示二吴,二吴即袖其稿走权门,借为进身之地。今二吴可雪,不几与褒赠曹锡宝之明旨相戾乎?夫吴省钦之倾险,秉文衡,尹京兆,无不声名狼藉,则革职不足蔽辜矣。吴省兰先为和珅教习师,后反称和珅为老师,大考则第一矣,视学典试不绝矣,非和珅之力而谁力乎?则降官亦不足蔽辜矣。是退而尚未退也。何以言用人行政未尽改也?盖其人虽已致法,而十余年来,其更变祖宗成例,汲引一己私人,犹未尝平心讨论。内阁、六部各衙门,何为国家之成法,何为和珅所更张,谁为国家自用之人,谁为和珅所引进,以及随同受贿舞弊之人,皇上纵极仁慈,纵欲宽胁从,又因人数甚广,不能一切屏除。然窃以为实有真知灼见者,自不究其从前,亦当籍其姓名,于升迁调补之时,微示以善恶劝惩之法,使人人知圣天子虽不为已甚,而是非邪正之辨,未尝不洞悉,未尝不区别。如是而凤昔之为私人者,尚可革面革心而为国家之人。否则,朝廷常若今日清明可也。万一他日复有效权臣所为者,而诸臣又群起而集其门矣。何以言风俗日趋卑下也?士大夫渐不顾廉耻,百姓则不顾纲常。然此不当责之百姓,仍当责之士大夫也。以亮吉所见,十余年来,有尚书、侍郎甘为宰相屈膝者矣;有大学士、七卿之长,且年长以倍,而求拜门生,求为私人者矣;有交宰相之僮隶,并乐与抗礼者矣。太学三馆,风气之所由出也。今则有昏夜乞怜,以求署祭酒者矣;有人前长跪,以求讲官者矣。翰林大考,国家所据以升黜词臣者也。今则有先走军机章京之门,求认师生,以探取御制诗韵者矣;行贿于门阑侍卫,以求传递代倩,藏卷而去,制就而入者矣。及人人各得所欲,则居然自以为得计。夫大考如此,何以责乡会试之怀挟替代?士大夫之行如此,何以责小民之夸诈黩缘?辇穀之下如此,何以责四海九州之营私舞弊。纯皇帝因内阁学士许玉猷为同姓石工护丧,谕廷臣曰:"诸臣纵不自爱,如国体何?"是知国体之尊,在诸臣各知廉耻。夫下之化上,犹影响也。士气必待在上者振作之,风节必待在上者奖成之。举一廉朴之吏,则贪欺者庶可自愧矣;进一恬退之流,则奔竞者庶可稍改矣;拢一特立独行、敦品励节之士,则如脂如韦、依附朋比之风或可渐革矣。而亮吉更有所虑者,前之所言,皆士大夫之不务名节者耳。幸有矫矫自好者,类皆惑于因果,遁入虚无,以蔬食为家规,以谈禅为国政。一二人倡于前,千百人和于后。

甚有出则官服，入则僧衣。惑智惊愚，骇人观听。亮吉前在内廷，执事曾告之曰："某等亲王十人，施斋戒杀者已十居六七，羊豕鹅鸭皆不入门。"及此回入都，而士大夫持斋戒杀又十居六七矣。深恐西晋祖尚玄虚之习复见于今，则所关世道人心非小也。何以言赏罚仍不严明也？自征苗匪、教匪以来，福康安、和琳、孙士毅则蒙蔽欺妄于前，宜帛、惠龄、福宁则丧师失律于后，又益以景安、秦承恩之因循畏葸，而川、陕、楚、豫之民，遭劫者不知几百万矣。已死诸臣姑置勿论，其现在者未尝不议罪也。然重者不过新疆换班，轻者不过大营转饷；甚至拿解来京之秦承恩，则又给还家产，有意复用矣；屡奉严旨之惠龄，则又起补侍郎。夫蒙蔽欺妄之杀人，与丧师失律以及因循畏葸之杀人无异也，而犹邀宽典异数，亦从前所未有也。故近日经略以下、领队以上，类皆不以贼匪之多寡、地方之蹂躏挂怀。彼其心未始不自计曰："即使万不可解，而新疆换班，大营转饷，亦尚有成例可援，退步可守。"国法之宽，及诸臣之不畏国法，未有如今日之甚者。纯皇帝之用兵金川、缅甸，讷亲偾事，则杀讷亲；额尔登额偾事，则杀额尔登额；将军、提、镇之类，伏失律之诛者，不知凡几。是以万里之外，得一廷寄，皆震惧失色，则驭军之道得也。今自乙卯以迄己未，首尾五年，偾事者屡矣。提、镇、副都统、偏裨之将，有一膺失律之诛者乎？而欲诸臣之不玩寇、不殃民得乎？夫以纯皇帝之圣武，又岂见不及此？盖以归政在即，欲留待皇上莅政之初，神武独断，一新天下之耳目耳。倘荡平尚无期日，而国帑日见消磨，万一支绌偶形，司农告匮。言念及此，可为寒心，此尤宜急加之意者也。何以言言路似通而未通也？九卿台谏之臣，类皆毛举细故，不切政要。否则发人之阴私，快己之恩怨。十件之中，幸有一二可行者，发部议矣，而部臣与建言诸臣，又各存意见，无不义驳，并无不通驳，则又岂国家询及刍荛、询及瞽史之初意乎？然或因其所言琐碎，或轻重失伦，或虚实不审，而一概留中，则又不可。其法莫如随阅随发，面谕廷臣，或特颁谕旨，皆随其事之可行不可行，明白晓示之。即或弹劾不避权贵，在诸臣一心为国，本不必避嫌怨。以近事论，钱沣、初彭龄皆常弹及大僚矣，未闻大僚敢与之为仇也。若其不如国体，不识政要，冒昧立言，或攻发人之阴私，则亦不妨使众共知之，以著其非而惩其后。盖诸臣既敢兵私而不为国，更可无烦君上之回护矣。何以言吏治欲肃而未肃也？夫欲吏治之肃，则督、抚、藩、臬其标准矣。十余年来，督、抚、藩、臬之贪欺害政，比比皆是。幸而皇上亲政以来，李奉翰已自毙，郑元琇已被纠，富纲已遭忧，江兰已内改。此外，官大省、据方面者如故也，出巡则有站规、有门包，常时则有节礼、生日礼，按年则又有帮费。升迁调补之私相馈谢者，尚未在此数也。以上诸项，无不取之于州县，州县则无不取之于民。钱粮漕米，前数年尚不过加倍，近则加倍不止。督、抚、藩、臬以及所属之道、府，无不明知故纵，否则门包、站规、节礼、生日礼、帮费无所出也。州县明言于人曰："我之所以加倍加数倍者，实层层衙门用度，日甚一日，年甚一年。"究之州县，亦恃督、抚、藩、臬、道、府之威势以取于民，上司得其半，州县之入己者亦半。初行尚有畏忌，至一年二年，则成为旧例，牢不可破矣。诉之督、抚、藩、臬、道、府，皆不问也。千万人中，或有不甘冤抑，赴京控告者，不过发督抚审究而已，派钦差就讯而已。试思百姓告官之案，千百中有一二得直者乎？即钦差上司稍有良心者，不过设为调停之法，使两无所大损而已。若钦差一出，则又必派及通省，派及百姓，必使之满载而归而心始安,而可以无后患。是以州县亦熟知百姓之伎俩不过如此,百姓亦习知上控必不能自直,是以往往至于激变。湖北之当阳,四川之达州,其明效大验也。亮吉以为今日皇上当法宪皇帝之严明,使吏治肃而民乐生;然后法仁皇帝之宽仁,以转移风俗,则文武一张一弛之道也。

书达成亲王,以上闻,上怒其语戆,落职下廷臣会鞫,面谕勿加刑,亮吉感泣引罪,拟大辟,免死遣戍伊犁。明年,京师旱,上祷雨未应,命清狱囚,释久戍。未及期,诏曰:"罪亮吉后,言事者日少。即有,亦论官吏常事,于君德民隐休戚相关乏实,绝无言者。岂非因亮吉获罪,钳口不复敢言?朕不闻过,下情复壅,为害甚钜。亮吉所论,实足启沃朕心,故铭诸座右,时常观览,勤政远佞,警省朕躬。今特宣示亮吉原书,使内外诸臣,知朕非拒谏饰非之主,实为可与言之君。诸臣遇可与言之君而不与言,负朕求治苦心。"即传谕伊犁将军,释亮吉回籍。诏下而雨,御制诗纪事,注谓:"本日亲书谕旨,夜子时甘霖大沛。天鉴捷于呼吸,益可感畏。"亮吉至戍甫百日而赦还,自号更生居士。后十年,卒于家。所著书多行世。

【译文】

洪亮吉,字稚存,江苏武进区人。少年丧父家境贫寒,努力学习,对寡母孝顺。最初辅助安徽学政朱筠校勘文字,后来入陕西巡抚毕沅幕府,为其校勘刊刻古籍。他的辞章考据之学,为当时所著称,尤精研地理。乾隆五十五年(公元 1790 年),考中一甲第二名进士,授翰林院编修,已年四十五岁。高个面色火红,性情豪爽,喜欢谈论时事,学习未期满,就分校顺天府(治今北京市)乡试。贵州省学政,以古学教授士子,贵州地方偏僻无书籍,购买经、史、《通典》《文选》放置各府的书院,贵州学子才研究经史。作诗作文也具有义法。任期满了回到北京,入侍上书房,教皇曾孙奕纯读书。嘉庆三年(公元 1798 年),大考翰林、詹事。试题为《征邪教疏》,亮吉上陈京师及各省弊政数千字,为当时朝廷所忌讳。因以弟逝世请求回故里。

四年(公元 1799 年),高宗(乾隆弘历)逝世,仁宗(嘉庆颙琰)开始亲政。大学士朱珪致书起用,供职,参与修《高宗实录》,第一次稿本成,内心压抑不愉快。将要归乡,上书军机王大臣言政事,大略说:"当今天子求治理国家的人才之心很急迫,希望天下安定之心很迫切,而形势局面未扭转,推究其缘故,有数项。亮吉认为振奋精神,想办法把国家治理好,应专一宗法祖宗初政之勤勉,继续尚未完成之法。任用人执政,应当全部改变权臣当国之时,现今尚未全改。风俗则日趋向低微而鄙俗,奖赏惩罚仍然不严明,进言之路似乎已通而并未通,官吏治事的成绩欲整顿而未整顿。为什么说励精图治尚未完全做到呢?从三四月以来,上朝听政稍晚,私意恐退朝之后,接近谐戏优伶之人,迷惑圣上视听的人不少。这是亲臣大臣启迪灌输君心者的过错。冒犯君颜进行亟谏,虽不是亲臣大臣职责之事,然而不可使国家无可严肃勤劳之人。乾隆初年,纯皇帝宵夜旰食都无闲暇,勤于寻求治国家,以达到安定太平,当时像鄂文端(鄂尔泰)、朱文端(朱轼)、张文和(张允随)、孙文定(孙嘉淦)等,皆刚直以老成师傅自居。亮吉恭修《高宗实录》,见一日中朱笔小字所写,折成方一寸小片,或询问张、鄂,或询问孙、朱,曰某人贤吗?某事恰当吗?一天或十余次。诸位大臣也皆随时随事奏事,实话直率陈述,于是上下无隐瞒事情;纯皇帝(乾隆)固然圣明不可达到,也因为多数正直之士满朝廷,前后左右全是严肃勤劳之人的缘故。现一则处理事务太慢,从乾隆五十五年(公元1790年)以后,权贵营私作弊,事事得不到公平的,不知有多少。千百件中没有一两件能够上达御览的,就是能上达,也未必就能见诸实行。例如江南洋盗一案,镇守边区的参将杨天相有功并遭杀害,洋盗谋反而漏网安居无事,皆由于代理总督苏凌阿愚昧糊涂,贪赃玩忽法律,举世全知杨天相冤枉,而洋盗公然上岸无所顾忌,全是此事造成的。况且苏凌为权相和珅私人,朝廷必定无所顾忌可惜,苏氏至今还拥有巨赏,自我丰厚保养,江南省查办理此案,开始则有心为承审官开脱,继而则以并闻不冤回复上奏。以圣天子赫然独断,欲平反一事而尚如此之难,则其他沉冤案从何昭雪呀?皆因集思广益之法未完备。尧、舜圣明之主,也必须询访四方部落首领,询问诸州之长官。恐怕一人之聪明有限,必须博采众人意见,差不多可以无失误。请从今天起凡召见大小群臣百官,必要询问人才,询问利弊。所说的可以采纳的,则存档案以记之。倘所荐举非人才,所说不是事实,则治其失言之罪。只靠耳听目视于左右亲信,不可;访询人之功过于其同党,也不可。人才全今天,消磨快完了。以模棱两可为懂事,以软弱为良策,以钻营为进取之阶梯,以只图眼前得过且过为做官的计策。走这条道者,没有一个不是各得其所愿得到的而去,如佛家三衣和钵相传授,牢固相结合而不可分解。凡此模棱、软弱、钻营、苟且之人,国家无事,以之充数列为班次是可以的;遇有缓急,而希望其奋不顾身为国,不顾及利害,不计较平夷险峻,不瞻前顾后徇私徇情,不顾惜身家性命,不可得的。至于不讲利弊,又不是一天。在内六部三院诸臣,事本不多,而经常像急促不暇,心情急切顾影自怜,全说多一事不如少一事。在外总督巡抚诸大臣,好的拘谨自守,不好的急迫营私。国计民生,不是所计划的,救目前之急而已,官方吏治,不是急切的,保住本任官职而已。思虑太远的,以为过于忧虑;治理改革者,以为生事。这岂是国家求安定本意呀?二项是引进贤者斥退不贤者似乎尚在游移不定。邪教之起,由于激变。原任达州(今四川达县)知州戴如煌,罪不可逃避。幸有一个众口交相称赞的刘清,百姓佩服他,教匪亦服从他。此时正应该用有明显效果经过大的考验的人。所说刘清仅为一知州,从司道之后办事,似乎不足以发挥他长处。亮吉以为四川省多事,策划处理纵然极严明,剿贼匪之用,安抚难民之用,整顿官方办理地方之事又用,凡此不能分身者,不如选择当地贤吏像刘清那样的人,提高他的官爵,加大办事的权力,使之专一慰劳安抚平定难民,以分总督巡抚之权力,以解决国家之事。又明代中叶以来,郧阳(府名)多事,则别设郧阳巡抚。偏沅(巡抚名)多事,则别设偏沅巡抚。事竣则撤销,此不可拘泥现成例事。设官以等待贤能之人,真有贤能之人,似不必过于遵循资格。像刘清,应晋升还未晋升。戴如煌虽以别的案件解除了职务,然而尚安处在四川。听说教匪欲食其肉才甘心,知道他在哪,即急力焚烧抢劫。所以数月必移居一处。教匪也必跟随而找其踪迹。近来在川东和一道员联姻,有所恃无所恐惧。此救一有罪之人,反而杀害了千百无罪之人,按道理怎能饶恕?纯皇帝乾隆弘历大事(按:佛家用语。指令众生领悟佛即明确发谕旨数和珅罪状，并一一指其私人，天下快心。乃不久而又出现一个吴省兰，召见之时，又说为吴省钦鸣冤。二吴是和珅的私人，和贿赂，人人皆知。所以曹锡宝之纠察和珅的家人刘全，因为是同乡素来友好，先以奏折草稿给二吴看，二吴即袖其草稿奔走权贵之门，借为进身之阶梯。现二吴可以昭雪，不是几乎与褒扬诰赠曹锡宝之明旨相乖戾吗？吴省秉文衡，为京兆尹，没有一个不是声名狼藉，革职不足以押笮其罪。吴省兰先为和珅教习师，后来反过来称呼和珅为老师，大考为第一名，做视学典试不断，不是和珅的力量是谁的力量呢？即降官也不足掩盖其罪行。这是说退而还没有退。为什么说用人行政没有完全改哪？因其人虽然已经得到法律制裁。而十多年来，改变祖宗成例引进一己的私人，还未曾平心讨论。内阁、六部各衙门，什么是国家之成法什么是和珅所更改，谁为国家自用的人，谁为和珅所引进的，以及跟随受贿舞弊之人，皇上纵然极仁慈，纵然欲宽大被胁从的，又因为人数太多不能一切除去。然而我私人以为实有真知灼见者，自当不追究其以往，也应当记录其姓名，为升迁调补之时，略微表示劝善惩恶之法，使人人知道圣天虽不为太过，而是与非邪与正之辨，未曾不透彻，未曾不区别。如此早年为私人者，还可革面革心而为国家之人。否则，朝廷常像今天治平还可以，万一他日又有效法权臣所为者，而诸臣又群起而集其门下。为何说风俗日趋卑鄙？士大夫逐渐不顾廉耻，百姓不顾三纲五常。这不当责备百姓，还应当责备士大夫。以亮吉所见到的，十多年来，有尚书、侍郎甘心为宰相屈膝者，有大学士、七卿之长，且年龄长以倍，而请求拜门生，求为私人者，有交宰相之僮仆皂隶，并乐与分庭抗礼者。此太学三馆，风气所由来。今则有昏夜乞怜，以求祭酒(学官名)者;有人前长跪，以求讲官者。翰林大考，国家所据以升贬词臣者。今则有先走军机章京之门，请求认师生关系，以刺探而取得御制诗韵者;或行贿于门卫，以求能传递代为央求，藏考题试卷而去，作成后而入考场。达到人人各得其所欲，还自以为得计。这怎么能责备乡、会试之怀挟或顶替呢？士大夫之行为如此，怎么能斥责平民百姓的夸耀欺诈攀附而上呢？京都尚且如此，又怎能责备四海九州之人营私舞弊？纯皇帝因内阁学士许玉猷为同姓一石工主持丧事，谕廷臣说:'诸臣纵然不自爱，怎样对待国家体统呢？'这是国体之尊严，诸臣要知道廉耻。夫下之化尊上，尤其有影响。士大夫风气必须待在上者振作，气节必待在上者奖励促成。举一廉朴之吏为表率，则贪污欺诈者庶可以自愧了;进一淡于名利者，则奔走竞争者庶可稍微改正了;提拔一有操守有见识、品德敦厚之士，则有如油脂膏熟牛皮，互相依附勾结之风或者可以渐渐革除了。而亮吉更有忧患者，前面所说，皆士大夫之不务名节者，幸有翘然出众自好之人，大都惑于因果报应，道入空门，以蔬食为家规，以佛教为国政，一二人提倡于前，千百人和之于后。其有出则官服，入则僧衣。迷惑智者震动愚者，骇人观听。亮吉以前在内廷，侍从左右的曾经告诉我:'某等亲王十人，施斋戒杀者已十居六七，羊豕鹅鸭皆不入门。'至此回入京都，而士大夫持斋戒杀者又十居六七了。深恐西晋崇尚玄虚之习俗又见于争日，则所关系世道人心非小问题。为何说赏罚仍不严明？自征苗匪、教匪以来，福康安、和琳、孙士毅则蒙蔽欺骗于前，宜帛、惠龄、福宁则丧师失律于后，又加上景安、秦承恩之因循畏惧，而川、陕、楚、豫之民，遭劫者不知几百万了。已死诸臣姑且搁置不论，其现在者未尝不议罪。然重罪者不过到新疆与别人换班，轻者不过到大营转地领饷；甚至拿解来京的秦承恩，则又还给家产，有意思再起用；屡奉严旨的惠龄，则又起用补侍郎。夫蒙蔽欺骗之杀人，与丧师失律以及因循畏惧之杀人无异也，而犹求宽典异数，也是从前所没有的。故近日经略以下，领队以上，全都不以贼匪之多少，地方被蹂躏挂怀。他的心中自己计算着未来说：'即使万不可解，而到新疆与人换班，或转地到别的大营领饷，也有成例可援，退步可守。'国法之宽大，及诸臣之不畏国法，未有如今日之甚者。纯皇帝之用兵金川、缅甸讷亲败覆，则杀讷亲；额尔登额败事，则杀额尔登额；将军、提、镇、副都统、偏裨之将，有一人受失律之诛者吗？而欲诸臣之不忽视仇敌，不殃民能得到吗？以纯皇帝之圣明英武，又怎能见不到此呢？因归政接近了，欲留待皇上即位之初，神武独断，一新天下人之耳目。假如荡平还没有日期，而国库日见消磨，万一经费相形见绌，司农宣告匮乏。说到这里，可为寒心，此尤宜急加之意者。为什么说言路似通而未通？九卿之臣，大都粗举细故，不切合政要。否则是发人之阴私，快己之恩怨。十件之中，幸有一两件可行，发部议论，而部臣与建言诸臣。又各存意见。无不议驳，并无不通驳，则又岂是国家询问至割草打柴的人、询问到盲人盲官之初意吗？然或因其所言琐碎，或者轻重失于伦次，或未审察虚实，而臣下的奏章一概留于宫禁中，不交议也不批答，则又不可。其法不如随阅随发，面谕廷臣，或特颁谕旨，皆随其事之可行或不可行，明白地告谕指示。即或弹劾不避权贵，在诸臣一心为国，本不必避嫌怨。以近事来说，钱澧、初彭龄都常弹及大僚，未听说大僚敢和他作仇。若其不知国体，不识政要，冒昧立言，或是攻发人之阴私，则他不妨使大众全知道，以著其非而惩其后。诸臣既然敢挟私而不为国家，更可不必烦君上回避庇护了。为何说吏治欲肃而未肃呢？欲吏治之肃，则督、抚、藩、臬其标准。十余年来，督、抚、藩、臬之贪污欺诈害政，比比皆是。幸亏皇上亲政以来，李奉翰已作法自毙，郑元玮已被纠察，富纲已遭丁忧，江兰已内改。此外，官大省、据方面者如故，出巡则有站规、有门包，常时则有节礼、生日礼，按年则又有帮费。升迁调补之私自相互馈谢者，尚未在此数。以上各项，无不取之于州县，州县则无不取之于百姓。钱粮漕米，前几年尚不过加倍，近年则加倍都不止。督、抚、藩、臬以所属之道、府，无不明知而故意放纵，否则门包、站规、节礼、生日礼、帮费就无人所出。州县公开地向人说：'我之所以加倍加数倍者，实层层衙门的用度，日甚一日，年甚一年。'考究州县，亦因仗恃督、抚、藩、臬、道、府，全不问。千万人中，或有不甘心受冤屈压抑，赴京师控告者，不过发督抚审究而已，派遣钦差大臣就地审讯而已。试想百姓告官的案件，千百中有一两件得到正直吗？即钦差上司稍有良心者，不过施设调停之法，使两方面无所大损失而已。若钦差一出，则又必派及通达至省，派及百姓，必使之满载而归而心始安，而可以无后患。所以州县也都晓得百姓之伎俩不过如此。百姓亦习知控告上官必不能对自己公正，所以往往至于激烈变动。湖北的当阳县，四川的达州白莲教起义，是明白的效验。亮吉以为今日皇上应当效法宪皇帝雍正胤祯之严明，使吏治肃而民乐生；然后效法仁皇帝康熙玄烨之宽仁，以转移风俗，则文武一张一弛之道也。"

此书转达成亲王永，以上闻，皇上怒斥他语言戆愚，落职下廷臣会审，面谕不要加刑，亮吉感泣引罪,拟死刑,免死遣戍伊犁。第二年,京师干旱,皇上求雨未应,命令清查狱中囚犯,释放久戍边疆者,洪亮吉刑期未满,诏书说:"罪亮吉后,言事者日少。即有,亦论官吏平常事,于君德民隐休戚相关之实事,绝无言者。莫非因亮吉获罪,闭口不再敢言?朕不闻过,下情复壅塞,为害很大。亮吉所论,实是以开诚忠告朕心,故铭之座右,时常观览,勤政远佞,以巧言献媚的人,警醒朕身。今特宣示亮吉的原书,使内外诸臣,知朕不是拒谏饰非之王,实为可与言之君。诸臣遇可与言之君而不与言,负朕求治苦心。"当即传谕旨伊犁将军,释放亮吉回原籍。诏书下达后即下雨,皇上作诗纪事,并注明:"本日亲书谕旨,夜子时(十二时辰之一,夜半十一时至一时)甘雨充盛。天警诚快于呼吸,益可感畏。"亮吉到戍所刚一百天而赦免还乡,自己改号为更生居士。十年后,在家中去世。他所著的书多流行于世。

岳起传

【题解】

岳起,满洲镶白旗人,姓鄂济氏,乾、嘉时期的著名清官。他初任地方官,便因前任官员贪黩而将官府房屋、器物洗刷一番,以示不与贪官同流合污。即使当了巡抚,也仍然是"清介自矢",官府僮仆仅数人,出入从不前呼后拥,更不用侍从骑卒。调入京城后,不置邸舍,以致最终死于寺庙。身居督抚高位,死后竟没有什么家产。他要求属吏极为严格,不许属下鱼肉百姓。他"殚心民事",尽心尽力为百姓做了几件实事。嘉庆皇帝赞扬他"操守清洁,在督抚中最为出众";《清史稿》在评语中说他在嘉庆期"清操实政为之冠";江南百姓则称他为"岳青天"。乾隆后期,清王朝逐渐衰落,吏治腐败,贪污成风。就在这种情况下,岳起能够廉洁奉公,实属不易。

【原文】

岳起,鄂济氏,满洲镶白旗人。乾隆三十六年举人,议叙,授笔帖式。累擢户部员外郎、翰林院侍讲学士、詹事府少詹事。

五十六年,迁奉天府尹。前官贪黩,岳起至,屋宇器用遍洗涤之,曰:"勿染其污迹也!"与将军忤。逾年,擢内阁学士。寻出为江西布政使,殚心民事。值水灾,行勘圩堤,落水致疾,诏嘉其勤,许解任养疴。

嘉庆四年,特起授山东布政使。未几,擢江苏巡抚。清介自矢,僮仆仅数人,出屏驺从。禁游船声伎,无事不许宴宾演剧,吴下奢俗为之一变。疏陈漕弊,略曰:"京漕积习相因,惟弊是营。米数之盈绌,米色之纯杂,竟置不问。旗丁领运,无处不以米为挟制,即无处不以贿为通融。推原其故,沿途之抑勒,由旗丁之有帮费;旗丁之索帮费,由州县之浮收。除弊当绝其源,严禁浮收,实绝弊源之首。请下有漕各省,列款指明,严行禁革,俾旗丁及漕运仓场，无从更生观望冀幸之心。"诏嘉其实心除弊。常州知府胡观澜结交盐政征瑞长随高柏林，派捐修葺江阴广福寺。岳起疏言观澜、柏林虽罢逐，尚不足服众心，请将钱两万余串责二人分偿，以修苏州官塘桥路。丹徒知县黎诞登讽士绅胪其政绩保留，实不职，劾罢之。

五年，署两江总督。劾南河工员庄刚、刘普等侵渔舞弊；莫沄于任所设店肆，运货至工居奇网利；并治如律。扬州关溢额税银不入私，尽以报解，核减两藩司耗羡闲款，实存银数报部；并下部议行。六年，疏请浚筑毛城铺以下河道堤岸，上游永城洪河、下游萧、砀境内河堰，并借帑举工，分五年计亩征还，允之。

八年，入觐，以疾留京，署礼部侍郎。会孝淑皇后奉移山陵，坐会疏措语不终，革职留任。寻命解署职，遂卒。帝深惜之，赠太子少保，赐恤如例。

无子。诏问其家产，仅屋四间、田七十六亩。故事，旗员殁无嗣者产入官。以岳起家清贫，留赡其妻；妻殁，官为管业，以为祭扫修坟之资。异数也。妻亦严正。岳起为巡抚时，一日亲往籍毕沅家，暮归，饮酒微醺，妻正色曰："毕公耽于酒色，不保其家，君方畏戒之不暇，乃复效彼耶？"岳起谢之。及至京，居无邸舍，病殁于僧寺，妻纺绩以终。吴民尤思其德，呼曰"岳青天"，演为歌谣，谓可继汤斌云。

【译文】

岳起，姓鄂济氏，满洲镶白旗人。乾隆三十六年考中举人，经保举授为笔帖式。连续提升为户部员外郎、翰林院侍讲学士、詹事府少詹事。

乾隆五十六年，升奉天府尹。前任府尹贪得无厌，岳起到任后，将房屋、器物全部洗刷一遍，说："不要沾染那种污迹！"因此与奉天将军相抵触。过了一年，岳起被提升为内阁学士。不久，被派出任江西布政使，尽心于民事。正遇上水灾，出行查勘圩堤，落入水中而患病。皇帝下诏嘉奖他勤政，允许卸任养病。

嘉庆四年，特起用岳起为山东布政使。不久，提升为江苏巡抚，岳起廉洁正直，所用僮仆仅几人，外出时不要前后侍从的骑卒。他禁止歌姬舞女游船卖唱，无事不许宴请宾客、演剧，苏州奢侈的风俗为之一变。上疏陈述漕运的弊端，大致是说："京城漕米一项积习相传，有些人专门营私舞弊。至于米数的盈亏，米色的纯杂，竟然置之不问。旗丁运粮，无处不以米作为挟制，也就造成无处不以贿赂换来通融。追究其原因，沿途的刁难，在于旗丁有帮费；而旗丁能够索取帮费，在于州县有超过额定的征收。革除弊端应当断绝它的根源，而严禁多征，这是断绝弊端根源的根本。请命令有漕运任务的各省，列出条款逐项指明以往的弊端，严行禁革，使旗丁及漕运仓场，没办法再有奢望、抱有侥幸的心理。"皇帝下诏嘉奖他实心革除积弊。常州知府胡观澜勾结盐政征瑞的仆役高柏林，向百姓派捐修江阴的广福寺。岳起上疏说，胡观澜、高柏林虽然被罢官，还不足以服民心，请求将派征的两万余串钱责成二人分摊赔偿，用来修苏州官塘石路、桥道。丹徒知县黎诞登暗示当地士绅列其政绩上报，要求保留官职，实际上此人并不称职，因此，岳起弹劾罢免了他。

五年,岳起代理两江总督。他弹劾了南河工程官员庄刚、刘普等侵吞公款,营私舞弊;莫沄在任职之地设店铺,运货到工地以囤积奇货而获利;几人一起按律治罪。对扬州关超出定额的税银,岳起并不纳入私囊,而是全部上报送京;又核减两省布政司耗羡中的空余款额,将实际存留的银数上报户部;这两项内容均下到户部讨论后准予实行。六年,上疏申请疏通、修筑毛城铺以下黄河河道及堤岸,上游永城洪河、下游萧县、砀山境内的拦河堰,并借公款动工,分五年摊入地亩征收偿还,皇上批准了这一意见。

八年,岳起入京朝见皇上,因病留在京城,代理礼部侍郎。正值孝淑皇后安葬于陵墓,因会奏折内措辞不妥,革职留任。不久命免去代理的礼部侍郎,随即病故。皇帝深切地惋惜他,赠太子少保衔,按原职给予赏赐和抚恤。

岳起没有儿子。皇帝了解他的家产,方知仅有房屋四间,田七十六亩。按照以往惯例,八旗人员去世后没有继承人的,其财产归公。皇上因岳起家境清贫,将这点财产留下赡养他的妻子,如果妻子死了,便作为官府代管产业,用来作为祭扫、修整坟墓的费用。这是特殊的待遇。岳起的妻子也很严厉正派。岳起为巡抚时,一日亲自到毕沅家没收其财产,晚上回家后,喝酒稍有些醉意,妻子正颜厉色地说:"毕公因沉于酒色,没有保住家产,你难道不考虑以此为戒,还要再效仿他吗?"岳起向她认错。岳起到京城后,没有官邸居住,病死于寺庙之中,妻子始终以纺织为生。苏州百姓特别思念岳起的德操,称他为"岳青天",后来编成歌谣来赞颂他,说他可以称得上是与汤斌一样的清官。

穆彰阿传

【题解】

穆彰阿,字鹤舫,郭佳氏,满洲镶蓝旗人。嘉庆十年进士,官至太子太保、文华殿大学士。宣宗时,穆彰阿主持国政,迎合宣宗软弱、退让、求和的心理,打击林则徐等禁烟强硬派,一味主张议和,丧权辱国,为天下人所痛恨。此外,他拉拢重用门生故吏,结党为私,排斥异己。清文宗即位后,穆彰阿即被革职。

【原文】

穆彰阿,字鹤舫,郭佳氏,满洲镶蓝旗人。父广泰,嘉庆中,官内阁学士,迁右翼总兵。坐自请兼兵部侍郎衔,夺职。

穆彰阿,嘉庆十年进士,选庶吉士,授检讨。大考,擢少詹事。累迁礼部侍郎。二十年,署刑部侍郎,因一日进立决本二十余件,诏斥因循积压,堂司各员并下严议,降光禄寺卿。历兵部、刑部、工部、户部侍郎,道光初,充内务府大臣,擢左都御史、理藩院尚书。以漕船滞运,两次命署漕运总督。召授工部尚书,偕大学士蒋攸铦查勘南河,洎试行海运,命赴天津监收漕粮,予优叙。七年,命在军机大臣上学习行走。逾年,张格尔就擒,加太子少保,授军机大臣,罢内务府大臣,直南书房。寻兼翰林院掌院学士。历兵部、户部尚书,十四年,协办大学士。承修龙泉峪万年吉地,工竣,晋太子太保,赐紫缰。十六年,充上书房总师傅,拜武英殿大学士,管理工部。

十八年,晋文华殿大学士。时禁烟议起,宣宗意锐甚,特命林则徐为钦差大臣,赴广东查办。英吉利领事义律初不听约束,继因停止贸易,始缴烟,尽焚之,责永不贩运入境,强令具结,不从,兵衅遂开。则徐防御严,不得逞于广东,改犯闽、浙,沿海骚然。英舰抵天津,投书总督琦善,言由则徐启衅。穆彰阿窥帝意移,乃赞和议,罢则徐,以琦善代之。琦善一徇敌意,不设备,所要求者亦不尽得请,兵衅复起。先后命奕山、奕经督师,广东、浙江,皆挫败,英兵且由海入江。林则徐及闽浙总督邓廷桢、台湾总兵达洪阿、台湾道姚莹以战守为敌所忌,并被严遣,命伊里布、耆英、牛鉴议款。二十二年,和议成,赏币通商,各国相继立约。国威既损,更丧国权,外患自此始。

穆彰阿当国,主和议,为海内所丛诟,上既厌兵,从其策,终道光朝,恩眷不衰。自嘉庆以来,典乡试三,典会试五。凡覆试、殿试、朝考、教习庶吉士散馆考差、大考翰詹,无岁不与衡文之役。国史、玉牒、实录诸馆,皆为总裁。门生故吏遍于中外,知名之士多被援引,一时号曰"穆党"。文宗自在潜邸深恶之,既即位十阅月,特诏数其罪曰:"穆彰阿身任大学士,受累朝知遇之恩,保位贪荣,妨贤病国。小忠小信,阴柔以售其奸;伪学伪才,揣摩以逢主意。从前夷务之兴,倾排异己,深堪痛恨!如达洪阿、姚莹之尽忠尽力,有碍于己,必欲陷之;耆英之无耻丧良,同恶相济,尽力全之。固宠窃权,不可枚举。我皇考大公至正,唯以诚心待人,穆彰阿得肆行无忌。若使圣明早烛其奸,必置重典,断不姑容。穆彰阿特恩益纵,始终不悛。自朕亲政之初,遇事模棱,缄口不言。追数月后,渐施其伎俩。英船至天津,犹欲引耆英为腹心以遂其谋,欲使天下群黎复遭荼毒。其心阴险,实不可问!潘世恩等保林则徐,屡言其"柔弱病躯,不堪录用";及命林则徐赴粤西剿匪,又言"未知能去否"。伪言荧惑,使朕不知外事,罪实在此。若不立申国法,何以肃纲纪而正人心?又何以不负皇考付托之重?第念三朝旧臣,一旦置之重法,朕心实有不忍,从宽革职永不叙用。其罔上行私,天下共见,朕不为已甚,姑不深问。朕熟思审处,计之久矣,不得已之苦衷,诸臣其共谅之!"诏下,天下称快。咸丰三年,捐军饷,予五品顶戴。六年,卒。

【译文】

穆彰阿,字鹤舫,郭佳氏,满洲镶蓝旗人。父亲广泰,嘉庆年间,任内阁学士,后升迁为右翼总兵,因自己请求兼职兵部侍郎,被削去官职。

穆彰阿,嘉庆十年考取进士,选任翰林院庶吉士,后授予翰林院检讨。参加翰林、詹事的升职考试,被选拔为少詹事。连续升官到礼部侍郎。二十年,代理刑部侍郎,因一天就送进立决文件二十多件,被皇帝下诏斥责为因循积压,刑部堂官及各司官员都受到了严厉批评,下降为光禄寺卿。历任兵部、刑部、工部、户部侍郎,道光初年,充任内务府大臣,提升为左都御史、理藩院尚书。因漕船滞运,两次受命代理漕运总督。召回授予工部尚书之职,和大学士蒋攸铦一起奉命查勘南河。到试行海运时,奉命赴天津监收漕粮,朝廷给予奖励。道光七年，奉命在军机大臣上学习行走。明年，因张格尔被活捉，加太子少保，授军机大臣，罢免内务府大臣之职，值班南书房，不久，兼任翰林院掌院学士。历任兵部、户部尚书，十四年，任协办大学士。受命在清西陵龙泉峪为道光帝修建陵墓，竣工后，提升为太子太保，赐给紫缰。十六年，充任上书房总师傅，拜武英殿大学士，管理工部。

道光十八年，升任文华殿大学士。当时，禁止鸦片的议论，在朝野兴起，清宣宗的意志也很坚定，特命林则徐为钦差大臣，前往广东查办鸦片。英国领事义律开始不听命令，后来因林则徐宣布不缴鸦片就停止中英贸易，才开始缴纳鸦片烟，所交鸦片全部焚毁，并责成永远不贩运鸦片入境，强令具结保证，英国人不听，遂开始鸦片战争。林则徐严密布置防御，英国兵在广东不能得逞，于是改变方向，侵犯福建、浙江一带，沿海地区动乱不安。英国军舰抵达天津，投书给总督琦善，说是由林则徐挑起兵祸。穆彰阿窥测皇帝心意已经转移，于是赞成和议，罢免林则徐钦差大臣之职，由琦善代替。琦善一切都顺从敌人的要求、意愿，不加设备，但所要求的条件也不能全部被朝廷批准，战争再次开始。朝廷先后任命奕山、奕经率领军队于广东、浙江与英国人作战，都被挫败，英国兵并且由沿海攻入长江。林则徐和闽浙总督邓廷桢、台湾总兵达洪阿、台湾道姚莹，因主张战守被敌人所忌恨，都受到了严厉谴责，命伊里布、耆英、牛鉴与英国谈判议和。二十二年，中英达成和议，中国赔款、开口通商，各国相继与中国订立了不平等条约。不仅国威被损害，而且丧失了国权，外患从此开始。

穆彰阿主持国政，主张议和，被天下人所辱骂，清宣宗既厌恶战争，依从穆彰阿议和政策，因此在道光朝，穆彰阿一直受皇帝恩眷不衰。自嘉庆以来，穆彰阿主持乡试三次，主持会试五次。凡复试、殿试、朝考、教习庶吉士散馆考差、大考翰詹，每年都参与考试工作。国史、玉牒、实录各馆，都由穆彰阿任总裁。门生故吏遍于朝廷内外，知名人士多被拉拢援引，一时号称为"穆党"。清文宗在未被立为皇太子时就特别讨厌穆彰阿，即皇位后才十个月，就特下诏书数说其罪恶："穆彰阿身任大学士，受累朝赏识宠遇的恩情，但保持禄位贪图荣华富贵，妨碍贤路给国家带来耻辱。用小忠小信，阴柔以出售其奸诈；使伪学伪才，揣摩以逢迎君主心意，从前夷务兴起，倾轧排斥异己，实在令人痛恨！如达洪阿、姚莹两人尽忠尽力为国家，有妨碍于自己，一定要陷害打击；而耆英那人无耻丧尽天良，同恶相帮，一定全力保护。固宠窃权的事，难以全部列举。我皇父大公至正，只用诚心待人，穆彰阿遂得任意妄为无忌讳。如果皇帝早洞察其奸诈，一定要严厉惩罚，绝不会姑息容忍。穆彰阿依仗皇恩更加放纵，始终不思改悔。到我亲政开始，遇事不加可否，闭口不言。待到几个月后，渐渐施用其伎俩。英国军舰到天津，还要引用耆英为心腹干将以达到他的阴谋，要天下百姓再遭毒害，其用心阴险，实在不可问！潘世恩等保举林则徐，他则多次声称林则徐'身体衰弱多病，不堪录用'。等到林则徐奉命到广西剿匪，又说'不知是否能去'。假言迷惑，使我不知外边事物真相，罪恶实在于此。如果不立申国法，用什么肃立纲纪而正人心？又用什么不辜负皇父托付的重大使命。但念穆彰阿为三朝旧臣，一旦使用重法严惩，我心中实在有所不忍，因此从宽处置，革职永远不再起用。穆彰阿欺上行私，天下人都知道，我不做得过分，姑且不再深查严纠。我考虑再三，已筹划了很长时间,不得已的苦衷,请诸位大臣都谅解。"诏书颁布,天下人拍手称快。咸丰三年,因捐助军饷,给予五品官员的服饰。六年,死。

关天培传

【题解】

关天培(1780~1841)清末将领。字仲因,号滋圃。江苏山阳(今淮安)人。行伍出身。道光十四年(即1834),任广东水师提督。上任后,增修了虎门、南山、横档等炮台。1839年,林则徐到广东禁烟,关天培积极支持,在沿海收缴鸦片烟两万多箱,在虎门当众烧毁。他大力巩固海防,训练水师,率部多次击退英国侵略军的进攻。林则徐被罢免后,琦善驻防广东,对英国人实行绥靖政策,海防大为削弱。1841年英军进攻虎门,关天培在靖远炮台率孤军奋战,英勇战死。谥号忠节。著有《筹海初集》。

【原文】

关天培,字滋圃,江南山阳人。由行伍洊升太湖营水师副将。道光六年,初行海运,督护百四十余艘抵天津,被优叙。七年,擢苏松镇总兵。十三年,署江南提督。十四年,授广东水师提督。时英吉利通商渐萌跋扈,兵船阑入内河,前提督李增阶以疏防黜,天培代之。至则亲历海洋阸塞,增修虎门、南山、横档诸炮台,铸六千斤大炮四十座,请筹操练犒赏经费。十八年,英人马他伦至澳门,托言稽查商务,投函不如制,天培却之。禁烟事起,偕总督邓廷桢侦缉甚力。

十九年,林则徐莅广东,檄天培勒戢船缴烟两万余箱焚之,于是严海防,横档山前海面较狭可扼,铸巨铁练横击之二重,阻敌舟不能径过,炮台乃得以伺击。则徐倚天培如左右手,常驻沙角,督本标及阳江、碣石两镇师船排日操练。七月,英舰突犯九龙山口,为参将赖恩爵击退。九月,二舰至穿鼻洋,阻商船进口,挑战。天培身立桅前,拔刀督阵,退者立斩。有击中敌船一炮者,立予重赏,发炮破敌船头鼻,敌纷纷落海,乃遁。

敌舰久泊尖沙嘴,踞为巢穴。迄北山梁曰官涌,俯视聚泊之所,攻击最便,天培增炮驻营,敌屡乘隙来争,不得逞。十月,敌以大舰正面来攻,小舟载兵从侧乘潮扑岸,歼之于山冈;复于迤东

关天培

胡椒角窥伺,炮击走之。乃调集水陆兵守山梁,参将陈连升、赖恩爵、张斌,游击伍通标、德连等为五路,合同进攻。敌乘夜来犯,五路大炮齐击,敌舟自撞,灯火皆灭。侵晓瞭望,逃者过半,仅存十余舟远泊。次日,复有二敌舰潜进,随者十数,复诸路合击,毁其头船,遂散泊外洋。捷闻,诏嘉奖,赐号法福灵阿巴图鲁。二十年春,英舰虽不敢复进,犹招奸民分路载烟私售。天培沿海搜捕,一日数起,复饬渔船蟹艇乘间焚毁敌舟,英人始改计他犯。

及林则徐罢,琦善代之,一意主抚,至粤,先撤沿海防御,仅留水师制兵三分之一,募勇尽散。而英人要索甚奢,久无定议,战衅复起。十二月,英船攻虎门外沙角炮台,副将陈连升死之,大角炮台随陷,并为敌踞,虎门危急。天培与总兵李廷钰分守靖远、威远两炮台,请援,琦善仅遣兵二百。二十一年正月,敌进攻,守台兵仅数百,遣将恸哭请益师,无应者。天培度众寡不敌,乃决以死守,出私财犒将士,率游击麦廷章昼夜督战。敌入三门口,冲断桩练,奋击甫退。南风大作,敌船大队围横档、永安两炮台,遂陷。进攻虎门,自巳至酉,杀伤相当,而炮门透水不得发,敌自台后攒击,身被数十创。事急,以印投仆孙长庆,令去,行未远,回顾天培已殒绝于地,廷章亦同死。炮台遂陷。长庆縋崖出,缴印于总督,复往寻天培尸,半体焦焉,负以出。优恤,予骑都尉兼一云骑尉世职,谥忠节,入祀昭忠祠,建立专祠。母吴年逾八十,命地方官存问,给银米以养余年。子从龙袭世职,官安徽候补同知。

【译文】

关天培,字滋圃,江南山阳人。行伍出身,后升任太湖营水师副将。道光六年,开始海上运输,关天培监督护卫一百四十多艘船只顺利抵达天津,得到优先叙录的奖励。七年,提升为苏松镇总兵。十三年,代理江南提督一职。十四年,提升为广东水师提督。当时英国自通商后渐渐暴露出飞扬跋扈的气势,把兵船擅自开进本不应该进入的内河,前提督李增阶因防御上的疏略被罢黜,改由关天培代替。关到任后,亲自巡察海洋边防要塞之地,增修虎门、南山、横档等炮台,铸造了四十座六千斤的大炮,并向上请求筹措操练部队和犒赏士兵的经费。十八年,英国人马他伦到达澳门,借口前来稽查商务,但呈递过来的函件不符合规定的手续,关天培便拒绝他入境。禁烟一事兴起后,关天培同总督邓廷桢侦缉烟贩甚为尽力。

道光十九年,林则徐作为钦差大臣亲临广东,命令关天培对海上趸船进行强制检查,收缴鸦片烟两万多箱,在虎门烧毁,自这事之后,就进一步严格海防管理。横档山前的海面比较狭窄,容易把守,关天培下令铸造巨型铁链,在海面上横着拉了两道,以阻拦敌船不能直接通过,这样清军炮台便可以伺机炮击。林则徐倚重关天培就如同是自己的左右手,关天培平时驻在沙角镇,他指挥自己的部队及阳江、碣石两镇的部队、船只每日操练。七月,英国军舰突然进犯九龙山口,被参将赖恩爵击退。九月,两艘敌舰到穿鼻洋,阻止商船进入港口,前来挑战。关天培亲自站在桅杆前,拔刀督阵,后退者当即处斩。有人开炮击中了敌人军舰,关天培立即给予了重赏。激战中,我方炮弹击毁了敌舰魄船头,敌兵纷纷落入海中,敌舰只好逃跑了。

敌舰长期停泊在尖沙嘴,以其作为他们的巢穴。尖沙嘴往北有条山梁叫官涌,从那里可俯视敌舰聚集停泊的地方,实施攻击最为便利,关天培便在那里增设炮台、驻扎营寨,敌人多次趁我不备来抢这一重要的制高点,但都没有得逞。十月,敌人用大兵舰从正面来攻,又用小船载兵卒从侧面趁海潮上涨抢登上岸,但这些敌兵在山冈全被歼灭;敌人又向东到胡椒角窥视伺机登岸。清兵用炮将他们打跑。于是关又调集了水陆兵前来守卫山梁,参将陈连升、赖恩爵、张斌,游击伍通标、德连等分成五路,联合向敌进攻。敌人乘夜幕掩护前来进犯,清军五路大炮一起轰击,敌人军舰自相碰撞,船上灯火全都撞灭了。拂晓时从山上瞭望,敌舰大半逃走,只剩下十余艘在远处停泊。第二天,又有两艘敌舰偷偷前进,后面跟了十几条船,各路部队又一起联合出击,击毁了敌人的领头船,其他舰船便分散停泊到很远的洋面上。皇帝得知胜利的消息后,下诏令嘉奖关天培,赐给法福灵阿巴图鲁的称号。二十年春,英国军舰虽然不敢再贸然进犯,但还是招募不法奸民分路载运鸦片私下出售。关天培组织沿海缉查搜捕,每天都抓获数起,他又命令在海上作业的渔船蟹艇在敌人不备时去放火烧毁他们的舰船。英国人于是开始改变计划,到别的地方去寻机会进犯。

林则徐罢免后,琦善代为钦差大臣,他一意主张求和,到广东后,他首先下令撤除沿海防御,仅留水师编制兵额的三分之一,那些招募来的兵勇全都被遣散回家。但是,英国人对议和的索价非常苛奢,朝廷好长时间也拿不定主意,于是战争又开始了。十二月,英国军舰进攻我虎门外的沙角炮台,副将陈连升战死在阵地,大角炮台随之也陷落,均被敌方占领,于是虎门告急。关天培和总兵李廷钰分守靖远、威远两炮台,请求援助,琦善只派了二百名士兵去。二十一年正月,英军发起进攻,守卫炮台的士兵只有几百人,关天培派遣将军痛哭着向上级请求增派部队,但没有人理睬。关天培估计到敌众我寡,力不相当,于是决心以死来坚守阵地。他拿出私人钱财来犒赏将士,率领游击麦廷章日夜指挥战斗。敌人攻入三门口,冲断了防范的桩链,关军奋勇回击,敌人才退却。但这时又突然南风大作,敌人趁势用大部队包围横档、永安两炮台,两炮台最终被攻陷了。敌人又进攻虎门,从上午巳时打到傍晚酉时,双方的死伤差不多,关键时刻,关军大炮因进了水不能发炮,敌人从炮台后面集中兵力进攻,关天培身上几十处受伤。事态非常危急,关天培把官印扔给仆从孙长庆,叫他赶快离开。孙长庆没走多远,回头看关天培已经倒在地上死去了,麦廷章也同时阵亡。虎门炮台终于陷落。孙长庆用绳子拴住自己从山崖下逃出,将官印交给了总督,再回去寻找关天培的尸体,发现关天培的遗体一半已经烧焦了,他将关的遗体背了出来。关天培殉难后,朝廷给了优厚的抚恤,并授予骑都尉兼一云骑尉世职,赐谥号忠节,把灵牌放入昭忠祠内,并建立专门祠堂供祭奉。关天培的母亲吴氏年过八十,朝廷命令所在地方官员前去慰问,供给钱银米粮,以颐养天年。关天培的儿子关从龙承袭世职,位为安徽候补同知。

陈化成传

【题解】

陈化成(1766～1842)，清后期著名抗英将领。字莲峰，福建同安人。行伍出身，历任把总、参将、总兵，道光十年(1830)授福建提督，负责沿海防守。道光二十年(1840)鸦片战争爆发后，调任江南提督。在两江总督裕谦的支持下，他积极筹设吴淞防务，修筑炮台，铸造大炮，炼制火药，训练士兵。二十二年五月(1842 年 6 月)，英军进犯吴淞口，他坚决反对接任裕谦的两江总督牛鉴畏缩求和的主张。十六日拂晓，英军大舰队进攻吴淞，陈化成指挥部队迎击，猛烈发炮，击毁了数艘敌舰，击毙了大批敌人。牛鉴在宝山督战时，被敌人从舰船上发来的炮弹所吓，仓皇溃逃。英军乘机登岸，在占领了吴淞东炮台后，集中兵力攻打陈化成防守的西炮台。陈化成率孤军英勇奋战，最后中弹阵亡，以身殉国。谥号忠愍。

【原文】

陈化成，字莲峰，福建同安人。由行伍授水师把总。嘉庆中，从提督李长庚击蔡牵，数有功，以勇闻。累擢烽火门参将，总督董教增荐其久历闽、粤水师，手擒巨盗四百八十余人，勤劳最著，请补澎湖副将，以籍隶本省，格不行。迁瑞安协副将。道光元年，乃调澎湖。历碣石、金门两镇总兵。十年，擢福建水师提督。十二年，英吉利船驶入闽、浙、江南、山东洋面，命化成督师巡逻，以备不虞。同安潘涂、宦浔、柏头诸乡素为盗薮，掩捕悉平之。

二十年，英舰犯闽，化成率师船击之于梅林洋，寻退去。调江南提督。江南水师素怯懦，化成选闽中亲军教练，士气稍振。筹备吴淞防务，修台铸炮，沿海塘筑二十六堡。化成枕戈海上凡二年，与士卒同劳苦，风雨寒暑不避，总督裕谦、牛鉴皆倚为长城。当定海三总兵战殁，裕谦亦殉，化成哭之恸，谓所部曰："武臣死于疆场，幸也。汝曹勉之！"吴淞口以东西炮台为犄角，化成率参将周世荣守西台，参将崔吉瑞、游击董永清守东台，而徐州镇王志元守小沙背，以防绕袭。

二十二年五月，敌来犯，泊外洋，以汽舟二，列木人两舷，绕小沙背向西台，欲试我炮力。化成知之，不发，敌舟旋去，以水牌浮书约战。牛鉴方驻宝山，虑敌锋不可当。化成曰："吾经历海洋四十余年，在炮弹中入死出生，难以数计。今见敌勿击，是畏敌也。奉命讨贼，有进无退。扼险可胜，公勿怖！"鉴乃以化成心如铁石，士卒用命，民情固结入告，诏特嘉之。越数日，敌舰衔尾进，化成麾旗发炮，毁敌舰三，歼毙甚众。鉴闻师得力，亲至校场督战。敌以桅炮注击，毁演武厅，鉴遽退。敌攻坏土塘，由小沙背登岸，徐州兵先奔，东台亦溃，萃攻西台，部将守备韦印福，千总钱金玉、许攀桂，外委徐大华等皆战死。尸积于前,化成犹掬子药亲发炮,俄中弹,喷血而殒。炮台既失,宝山、上海相继陷。越八日,乡民始负其尸出,殓于嘉定。事闻,宣宗震悼,特诏优恤,赐银一千两治丧,予骑都尉兼一云骑尉世职,谥忠愍,于殉难处所及原籍并建专祠。子廷芳,袭世职;廷菜,赐举人。

【译文】

陈化成,字莲峰,福建同安人。由部队一般士兵升为水师把总。嘉庆中叶,跟随提督李长庚征剿蔡牵,多次立功,以勇猛闻名。经过几次提拔后被授为烽火门参将。总督董教增以陈化成长期在福建、广东水师任职,曾亲手捕捉到巨盗四百八十多名,勤奋刻苦又非常突出,因而向朝廷举荐,奏请补为澎湖副将,但因为陈化成的籍属福建本省,按规定而没有批准。于是改为瑞安协副将。道光元年才调回澎湖。历任碣石、金门两镇总兵。道光十年提拔为福建水师提督。十二年,英国舰船驶入福建、浙江、江南、山东近海一带洋面,朝廷命令陈化成率部队在沿海巡逻,以防敌人的突然袭击。同安的潘涂、宦浔、柏头等乡,向来是盗贼聚集的地方,陈化成率部队偷偷进袭,将盗贼全部抓获,平息了那里的动乱。

道光二十年,英国军舰进犯福建,陈化成率水师舰船在梅林洋迎击,不久敌舰退去。陈化成受命调任江南提督。江南水师一向胆小懦弱,陈化成从福建水师中挑选一些自己信任的将领前去担任教练,训练士兵,士气才渐有振作。他负责筹备吴淞口的防务,修筑炮台,铸造大炮,沿海岸、塘口筑了二十六座碉堡。陈化成在海上枕戈待旦整整二年,和将领士兵同甘共苦,不避风雨寒暑,总督裕谦、牛鉴都倚仗他,把他当作是守卫海疆的长城。当定海的三位总兵战死疆场,总督裕谦也以身殉职的消息传来后,陈化成失声痛哭,他对自己部队的将领说:"武臣战死在疆场,这是光荣!你们大家要互相勉励,尽力而为!"吴淞口以东、西两炮台互为犄角,陈化成率参将周世荣守卫西炮台,参将崔吉瑞、游击董永清守卫东炮台,徐州镇王志元则防守小沙背,以防备敌人绕道来袭击。

道光二十二年五月,英国侵略者进犯吴淞,将军舰停泊在外洋洋面,用两艘汽船,在汽船的两舷摆列了许多木头人,绕过小沙背接近西炮台,想试探我大炮的火力。陈化成知道敌人的伎俩,不发炮,敌船转了一圈后很快就走了。临走时将写在木牌上的约战书抛浮在海面上向我讨战。总督牛鉴当时正驻在宝山,他担心敌人的先锋部队强大,我方抵挡不住。陈化成说:"我在海上已经历四十多年,在炮弹中出生入死也不知有多少回了。如今,看到了敌人来犯而不出击,这是害怕敌人啊!我们奉命讨伐敌人,就只能前进决不后退。只要我们把守住险要的地方,便可以击敌取胜,您别害怕!"牛鉴就把陈化成坚定如铁的抗敌之心,将领士兵听命以待,百姓情绪团结稳定的情况报告了朝廷,皇帝下诏谕,特别予以表扬。过了几天,敌人军舰首尾相接,鱼贯前进,陈化成挥动旗帜指挥开炮,击毁敌舰三艘,击毙了很多敌人。牛鉴得悉官兵出击很得力,就亲自到战场督战。敌人用舰上的主炮瞄准射击,击中了演武厅,牛鉴吓得马上逃跑。敌人用炮轰毁了土塘坝,从小沙背登陆上岸,徐州兵见状首先放弃阵地逃跑,紧接着东炮台也溃败陷入敌手,于是敌人就集中力量攻打西炮台。陈化成的部将、守备韦印福,千总钱金玉、许攀桂,外委徐大华等都当场战死。死亡将士的尸体堆积在炮台前沿,但陈化成还在捧取弹药亲自填炮发射,不一会儿不幸中弹,口喷鲜血而死。西炮台被敌攻陷之后,宝山、上海也相继陷落。过了八天,村民们才将陈化成的尸体从炮台背出来,安葬在嘉定。事情报至朝廷,宣宗深感震动悲痛,特别下诏给予优厚的抚恤,赐银一千两办理丧事,授予骑都尉兼一云骑尉世职,赐谥号忠愍,在他殉难之处和福建原籍修建专祠以供祭祀。陈化成的儿子陈廷芳承袭云骑尉世职;另一子陈廷菜,赐举人。

戴熙、汤贻汾传

【题解】

戴熙(公元 1801~1860 年),字醇士,号鹿床、井东居士等,钱塘(今杭州市)人。道光十二年中进士,入翰林,官至兵部右侍郎,归里后主讲崇文书院。太平军破杭州,赴水死,戴熙擅长书法绘画,山水学王翚,为世人所重。著有《粤雅集》《习苦斋画絮》等。

汤贻汾(公元 1778~1858 年),字若仪,号雨生、琴隐道人、粥翁,江苏武进县人。因父亲和祖父都以死效忠清王朝,而世袭云骑尉,官至浙江乐清协副将。侨居南京,太平军破南京,投水死。汤贻汾擅长绘画,山水、墨梅、花卉、细致秀逸。也工书法。与戴熙并称为"汤戴"。著有《琴隐园集》《画鉴析览》等。

【原文】

戴熙,字醇士,浙江钱塘人。道光十二年进士,选庶吉士,授编修。大考二等,擢赞善,迁中允。十八年,入直南书房。督广东学政,任满,请终养。二十五年,服阕,未补官,复督广东学政,累迁内阁学士。二十八年,授兵部侍郎,仍直南书房。

先是,广东因士民阻英人入城,相持者数年。至二十九年,英人慑于民怒,暂罢议。宣宗嘉悦,以为奇功,锡封总督徐广缙子爵,巡抚叶名琛男爵。会熙召对,论及之。熙言广东民风素所谙悉,督抚所奏,恐涉铺张,非可终恃,上不怿。寻命书扇,有帖体字,传旨申饬。越日,命南书房书匾额,内监传谕指派同直张锡庚,戒勿交写误字之戴熙。未几,罢其入直。熙知眷衰,称病请开缺,上益怒,降三品京堂休致。

咸丰初,诏举人才,尚书孙瑞珍以熙荐,召来京候简用,因病未至。粤匪踞江宁,浙江戒严。熙偕官绅劝谕捐输,举行团练。八年,粤匪由江西扰浙东,熙助巡抚晏端书筹调兵食,乞援邻境。援师至,贼未得逞,渐退。以治团练劳,加二品顶戴。杭州初有民兵八百人,又选锋数百,事缓,以资绌,减少半。十年,粤匪由安徽广德入浙,连陷数县,犯湖州、武康。熙以所部练勇付按察使段光清,会旗兵防独松、千秋等关。贼至,敛兵入城守。熙谓用兵无独守孤城之理,宜分营城外相犄角,又议乘贼初至迎击,皆未行。熙与弟煮助守西北隅,炮毙黄衣贼一人,贼遽退匿山后。众谓贼且遁,熙料其诈,侦之,果转赴西南。昼夜环攻,久雨,兵疲。贼于宋镇湖门故址穴地轰城,遂陷,熙赴水死之。弟煦、媳金及甥王朝荣,同殉,事闻,赠尚书衔,建专祠,予骑都尉兼云骑尉世职,谥文节。弟煦,精算学,自有传。

熙雅尚绝俗,尤善画。当视学广东,陛辞,宣宗谕曰:"古人之作画,须行万里路。此行遍历山川,画当益进。"其见重如此。后以直言黜。及殉节,遂益为世重。同时汤贻汾画负盛名,与熙相匹。亦殉江宁之难,同以忠义显,世称戴、汤云。

贻汾,字雨生,江苏武进人。祖大奎,官福建凤山知县,守城殉节,父苟业同死,见《忠义传》。贻汾少有隽才。家贫,以难荫袭世职,授守备,累擢浙江乐清协副将。历官治军捕盗有声。尚气节,工诗画,政绩文章为时重。晚辞官侨居江宁。及粤匪炽,贻汾见时事日亟,语人曰:"吾年七十有七,家世忠孝。脱有不幸,惟当致命遂志,以见先人。"江宁筹防,大吏每有咨询,尽言赞画。城陷,从容赋绝命词,赴水死。事闻,文宗以其三世死事,特诏优恤,加一云骑尉,谥贞愍。

【译文】

戴熙,字醇士,是浙江钱塘人。道光十二年中进士,选为庶吉士,散馆后被任为翰林院编修。大考中名列二等,提升为赞善,又升为中允。道光十八年,入南书房办事。任提督广东学政,任期满后,请假回乡侍奉父母。道光二十五年,在家守孝期满,没有补官。复任提督广东学政,历升至内阁学士。道光二十八年,任兵部侍郎,仍在南书房办事。

在此之前,广东官民为阻止英军进入广州城,双方相持了数年。至道光二十九年,英国人慑于民愤,在和谈中暂时放弃进城的要求。道光皇帝非常高兴,认为议和官员立了大功,封总督徐广缙为子爵,巡抚叶名琛封为男爵。当时正值戴熙入朝应对,谈起这件事。戴熙反映,他对广东的民风一向熟悉,总督、巡抚反映的情况,恐怕是夸大其词,是不可信赖的,皇帝听了,很不高兴。不久,皇帝又命他书写扇面。戴熙在书写中用了不规范的帖体字,皇帝下旨进行斥责。过了一阵,命人书写南书房的匾额,太监传旨指名让戴熙的同僚张锡庚书写,并告诫不要让写错字的戴熙书写。不久,就不让他在南书房办事了。戴熙明白自己失宠了,于是称有病请求另任,皇帝更加恼怒,降为三品京官令他退休。

咸丰初年,皇帝下令选拔人才,尚书孙瑞珍推荐戴熙,征召他来京听候委任,因生病未能成行。粤匪占据江宁,浙江全省戒严。戴熙会同地方官员富户倡导捐款捐物,操练地方武装。咸丰八年,粤匪从江西骚扰浙东,戴熙协助巡抚晏端书筹划军粮,向相邻地方请求援助。援兵开到,贼兵没有得逞,渐渐退去。因操练地方武装有功,给他加二品顶戴。杭州起初有民兵八百人,又挑选了几百勇士,局势缓和下来以后,军饷缺乏,民兵人数裁减了一半,咸丰十年,粤匪从安徽广德攻入浙江,一连攻下数县,进犯湖州、武康。戴熙把他所属的地方武装交按察使段光清指挥,他会同满兵防守独松、千秋等关隘。贼兵来攻,则收兵进城坚守。戴熙认为,独守孤城是用兵的大忌,应分兵驻扎在城外,互为犄角,他又建议乘贼兵刚到,应给以迎头痛击,他的建议都没有付诸实行。戴熙和他的弟弟戴涛防守城西北角。开炮击毙身着黄衣的贼首一人,贼兵很快退藏在山后。众人认为贼兵逃走,戴熙料定这是敌人诡计,派人侦察,果然贼兵转向西南方向。贼兵不分昼夜围攻,因长时间下雨,士卒疲惫不堪。贼兵从宋代的镇湖门旧址挖洞,用火药炸城,于是城被攻破,戴熙跳水自尽。他的弟弟戴煦,弟媳金氏,以及外甥王朝荣一起殉难。他的事迹奏报给朝廷,追赠他尚书衔,建专门祠堂祭祀,赠给他骑都尉兼云骑尉,世袭,赠谥号为"文节"。他的弟弟戴煦,精于算学,别有传记。

戴熙的爱好高雅不欲,尤其善于绘画。在他被任命为广东提学使时,到金殿辞行,道光皇帝对他说:"古人从事绘画,必须行万里路。你此行能遍经各地山川,画技会大有长进。"他是这样受皇帝重视。后来因直言敢谏被罢官。他殉难后,更受到世人的敬重。同时人汤贻汾绘画负有盛名,和戴熙不相上下。汤贻汾也在江宁殉难,又一起以忠义著名,世人称之为"戴汤"。

汤贻汾,字雨生,是江苏武进区人。他的祖父汤大奎,官至福建凤山知县,因守城遇难,他的父亲汤荀业也同时而死,事见《忠义传》。汤贻汾少年时即才华横溢。家境贫寒,因祖父殉国,他承袭世职,被任为守备,历升至浙江乐清协副将。他任职以善于治军缉捕盗贼著名。为人崇尚气节,擅长赋诗作画,他的政绩和文章被当时人所推重。晚年辞职侨居江宁。到粤匪强盛时,他看到国事危急,对人说:"我已经七十七岁了,祖祖辈辈的忠孝传家。倘有不幸,只有为国舍身,去地下见先人。"江宁城筹备防御工事,大官经常向他询问有关事宜,汤贻汾也知无不言,协助筹划。城破之后,他从容地写下绝命诗,跳水自尽。事情奏给朝廷,咸丰皇帝因他家三代为国殉难,下旨从优抚恤,加赠一级云骑尉,赠谥号为"贞愍"。

左宗棠传

【题解】

左宗棠(1812~1885),字季高,湖南湘阴人。清末湘军首领之一,洋务派中坚人物。举人出身。初入湖南巡抚骆秉章幕。咸丰十年(1860年)由曾国藩推荐,率湘军赴江西、安徽与太平军作战。1862年初任浙江巡抚,雇佣法国侵略者组织"常捷军",先后攻陷太平军所在严州(今浙江建德)、金华、绍兴等地,升为闽浙总督。同治三年(1864年),又攻陷杭州。接着进军漳州和嘉应州(治今广东梅州市),镇压太平军余部李世贤、汪海洋。1866年开办福州船政局。同年调任陕甘总督,同捻军作战。后又率部镇压西北回民军,先后夺取董志原、金积堡、太子寺、肃州(治今甘肃酒泉)等处,纵兵残杀。光绪元年(1875年)督办新疆军务,率兵讨伐阿古柏,收复乌鲁木齐、和阗(今和田)等地,阻遏了俄、英对新疆的侵略。1881年任军机大臣,不久又调任两江总督。中法战争时督办福建军务。1885年7月,病逝于福州。谥号文襄。有《左文襄公全集》。

【原文】

左宗棠,字季高,湖南湘阴人。父观澜,廪生,有学行。宗棠,道光十二年举人,三试礼部不第,遂绝意仕进,究心舆地、兵法。喜为壮语惊众,名在公卿间。尝以诸葛亮自比,人目其狂也。胡林翼亟称之,谓横览九州,更无才出其右者。年且四十,顾谓所亲曰:"非梦卜复求,殆无幸矣!"

咸丰初,广西盗起,张亮基巡抚湖南,礼辟不就。林翼敦劝之,乃出。叙守长沙功,由知县擢同知直隶州。亮基移抚山东,宗棠归隐梓木洞。骆秉章至湖南,复以计劫之出佐军幕,倚之如左右手。僚属白事,辄问:"季高先生云何?"由是忌者日众,谤议四起,而名日闻。同里郭嵩焘官编修,一日,文宗召问:"若识举人左宗棠乎?何久不出也?年几何矣?过此精力已衰,汝可为书谕吾意,当及时出为吾办贼。"林翼闻而喜曰:"梦卜复求时至矣!"

左宗棠

六年,曾国藩克武昌,奏陈宗棠济师、济饷功,诏以兵部郎中用,俄加四品卿衔。会秉章劾罢总兵樊燮,燮构于总督官文,为蜚语上闻,召宗棠对簿武昌,秉章疏争之不得。林翼、国藩皆言宗棠无罪,且荐其才可大用。詹事潘祖荫亦诵言总督惑于浮辞,故得不逮。俄而朝旨下,命以四品京堂从国藩治军。初,国藩创立湘军,诸军遵其营制,独王鑫不用。宗棠募五千人,参用鑫法,号曰"楚军"。十年八月,宗棠既成军而东,伪翼王石达开窜四川,诏移师讨蜀。国藩、林翼以江、皖事急,合疏留之。时国藩进兵皖南,驻祁门,伪侍王李世贤、忠王李秀成纠众数十万围祁门。宗棠率楚军道江西,转战而前,遂克德兴、婺源。贼趋浮梁景德镇,断祁门饷道。宗棠还师击之,大战于乐平、鄱阳,僵尸十余万,世贤易服逃,而徽州贼亦遁浙江。自是江、皖军势始振。

十一年,诏授太常寺卿,襄办江南军务,乃率楚军八千人东援浙。朝命国藩节制浙江,国藩荐宗棠足任浙事。宗棠部将名者,刘典、王开来、王文瑞、王沐,数军单薄,不足资战守;乃奏调蒋益澧于广西,刘培元、魏喻义于湖南,皆未至。而宗棠以数千人策应七百余里,指挥若定,国藩服其整暇。已而杭州陷,复疏荐之,遂授浙江巡抚。

时浙地唯湖、衢二州未陷贼,国藩与宗棠计,以保徽州,固饶、广为根本。奏以三府属县赋供其军,设婺源、景德、河口三税局神之,三府防军悉隶宗棠。贼大举犯婺源,亲督军败之。同治元年正月,诏促自衢规浙。宗棠奏言:"行军之法,必避长围,防后路。臣军入衢,则徽、婺源疏虞,又成粮尽援绝之势。今由婺源攻开化,分军扼华埠,收遂安,使饶、广相庇以安,然后可以制贼而不为贼制。"二月,克遂安。世贤自金华犯衢州,连击败之。而皖南贼复陷宁国,遣文瑞往援,克绩溪。十一月,喻义克严州。二年正月,益澧及高连升、熊建益、王德榜、余佩玉等克金华、绍兴,浙东诸郡县皆定。

杭州贼震怖,悉众拒富阳。时诸军争议乘胜取杭城,宗棠不喜攻坚,谓皖南贼势犹盛,治寇以殄灭为期,勿贪近功。乃自金华进军严州,令刘典将八千人会文瑞防徽州,以培元、德榜驻淳安、开化,而益澧攻富阳。劾罢道府及失守将吏十七人,举浙士吴观礼等赈荒招垦,足裕军食。四月,授浙闽总督,兼巡抚事。刘典军既至皖南,遂留屯。益澧攻富阳,军仅万余人,皆病疫,宗棠亦患疟困惫,富阳围久不下,乃简练旧浙军,兼募外国军助之攻。七月,李鸿章江苏军入浙攻嘉善,嘉兴寇北援,于是水陆大举攻富阳,克之。益澧等长驱捣杭州。魏喻义、康国器攻余杭。宗棠以杭贼恃余杭为犄角,非先下余杭,收海宁,不能断嘉、湖援济,躬至余杭视师。是时皖贼古隆贤反正,官军连下建平、高淳诸邑。金陵贼呼秀成入谋他审,独世贤踞溧阳,与广德贼比,中梗官军。鸿章既克嘉善,上言当益军攻嘉兴。会浙师取常州,而广德贼已由宁国窜浙。宗棠虑贼分扰江西、福建,乃檄张运兰率所部趋福建,召刘典防江西。海宁贼蔡元隆以城降,更名元吉,后遂为骁将。三年二月,元吉会江苏军克嘉兴。杭州贼陈炳文势蹙约降,犹虑计中变,乘雨急攻之,夜启门遁,杭州复,余杭贼汪海洋亦东走。捷闻,加太子少保衔,赐黄马褂。

移驻省城,申军禁,招商开市,停杭关税,减杭、嘉、湖税三之一。益澧为布政使,亦轻财致士,一时翕然称之。群贼聚湖州,乃移军合围,先攻菱湖。三月,江苏军克常州,贼败窜徽、婺,趋江西。世贤踞崇仁,海洋踞东乡,宗棠以贼入江西为腹心患,奏请杨岳斌督江西、皖南军,以刘典副,从之。六月,曾国荃克江宁,洪秀全子福瑱奔湖州,俄复溃走,磔于南昌。七月,克湖州,尽定浙地。论功,封一等恪靖伯。

余贼散走徽、宁、江西、广东,折入汀州,福建大震。乃奏请之总督任,以益澧护巡抚,增调德榜军至闽。四年三日,江苏军郭松林来会师,贼弃漳州出大埔。五月,进攻永定。世贤、海洋既屡败,伤精锐过半,归诚者三万。宗棠进屯漳州,蹙贼武平。于是贼窜广东之镇平,而福建亦定。

乃檄康国器、关镇平两军入粤,王开琳一军入赣防江西,刘典军趋南安防湖南,留高连升、黄少春军武平,伺贼进退。六月,贼大举犯武平,力战却之。世贤投海洋,为所戕,贼党益猜贰。诏以宗棠节制三省诸军。十月,贼陷嘉应,宗棠移屯和平琯溪。德榜虑帅屯孤悬,自请当中路。刘典闻德榜军趋前,亦引军疾进,猝遇贼,败,贼追典,掠德榜屯而过,枪环击之,辄反走。是夜降者逾四万,言海洋中炮死矣,士气愈奋。时鲍超军亦至,贼出拒,又大败之。合闽、浙、江、粤军围嘉应。十二月,贼开城遁,扼诸屯不得走,跪乞免者六万余,俘斩贼将七百三十四,首级可计数者万六千,诏赐双眼花翎。

五年正月,凯旋。宗棠以粤寇既平,首议减兵并饷,加给练兵。又以海禁开,非制备船械不能图自强,乃创船厂马尾山下,荐起沈葆桢主其事。会王师征西陲回乱久无功,诏宗棠移督陕、甘。十月,简所部三千人西发,令刘典别募三千人期会汉口,中途以西捻张总愚窜陕西,命先入秦剿贼。

陕、甘回众数至百万,与捻合。宗棠行次武昌,上奏曰:"臣维东南战事利在舟,西北战事利在马。捻、回马队驰骋平原,官军以步队当之,必无幸矣。以马力言,西产不若北产之健。捻马多北产，故捻之战悍于回。臣军止六千，今拟购口北良马习练马队，兼制双轮炮车。由襄、邓出紫荆关，径商州以赴陕西。经营屯田，为久远之规。是故进兵陕西，必先清关外之贼；进兵甘肃，必先清陕西之贼；驻兵兰州，必先清各路之贼；然后馈运常通，师行无阻。至于进止久速，随机赴势，伏乞假臣便宜，宽其岁月，俾得从容规划，以要其成。"

六年春，提兵万二千以西，议以炮车制贼马，而以马队当步贼。捻候见炮车，皆不战狂奔。时陕西巡抚刘蓉已解任，总督杨岳斌请归益急。诏宁夏将军穆图善署总督，宗棠以钦差大臣督军务。分军三道入关，而皖南镇总兵刘松山率老湘军九千人援陕，山西按察使陈湜主河防，其军皆属焉。松山既屡败捻，又合蜀军将黄鼎、皖军将郭宝昌，大破之富平。捻掠三原，沿渭北东趋，回则分党西犯，麇集北山。宗棠以捻强于回，当先制捻。檄诸军凭河结营，期蹙而歼之泾、洛间。捻乘军未集，又折而西渡泾、渭，窥豫、鄂。已而大军进逼，势不复能南，乃趋白水。乘大风雨，铤走入北山。宗棠防捻、回合势，且北山荒瘠，师行粮不继，因急扼耀州。十月，捻败走宜川，别党果窜耀州，合回匪攻同官。留防军不能御，典、连升军驰救，大破之。诸军将虽屡败捻，终牵于回，师行滞；而捻大众在宜川者益北扰延长，掠绥德，趋葭州，回亦自延安出陷绥德。宗棠自以延、绥迭失，上书请罪，部议革职。时北山及扶、岐、汧、陇、邠、凤诸回，所在响应。捻自南而北，千有余里，回自西而东，亦千有余里。陕西主客军能战者不及五万，然回当之辄败。松山等克绥德，回走米脂，捻复分道南窜。于是刘厚基出东北追回，松山等循西岸要捻。师抵宜川，回大出遮官军，留战一日，破之；而捻遂取间道逾山至壶口，乘冰桥渡河。宗棠奉朝旨，山右毗连畿辅，令自率五千人赴援，以刘典代督陕甘军。

是年十二月，捻自垣曲入河南，益北趋定州，游骑犯保定，京师戒严。诏切责督兵大臣，自宗棠、鸿章及河南巡抚李鹤年、直隶总督官文，皆夺职。宗棠至保定，松山等连破贼深、祁、饶、晋。当是时，捻驰骛数百里间，由直隶窜河南、山东，已复渡运越吴桥，犯天津。鸿章议筑长围制贼；宗棠谓当且防且剿，西岸固守，必东路有追剿之师，乃可掣其狂奔之势；上两从其议。于是勤王师大集，宗棠驻军吴桥，捻徘徊陵邑、济阳，合淮、豫军迭败之，总愚走河滨以死，西捻平。入觐，天语褒嘉，且询西陲师期。宗棠对以五年，后卒如其言焉。

七年十月，率师还陕，抵西安。时东北土寇董福祥等众十余万，扰延安、绥德，西南陕回白彦虎等号二十万，踞甘肃董志原。松山至，破土寇，降福祥；而回益四出剿掠，其西南窜出者，并力扰秦川，黄鼎破之。宗棠进军乾州，谍报回巢将徙金积堡，分军击之，遂下董志原，连复镇原、庆阳，回死者至三万。督丁壮耕作，教以区田、代田法。择崅荒地，发帑金巨万，悉取所收饥民及降众十七万居焉。遂以八年五月进驻泾州。

甘回最著者，西曰马朵三，踞西宁；南曰马占鳌，踞河州；北曰马化隆，踞宁夏、灵州。化隆以金积堡为老巢，堡当秦、汉两渠间，扼黄河之险，擅盐、马、茶大利。环堡五百余寨，党众啸聚，掠取汉民产业子女。陕回时时与通市，相为首尾。化隆以新教煽回民，购马造军械，而阳输诚给穆图善。董志原既平，陕回窜灵州，化隆上书为陕回乞抚。宗棠察其诈,备三月粮,先攻金积堡,以为收功全陇之基。及松山追陕回至灵州,扼永灵洞。化隆惧,仍代陕回乞抚,谋缓兵,穆图善信之,日言抚,绥远城将军至劾松山滥杀激变。然化隆实无意降也,密召诸回并出劫军饷。十一月,宗棠进驻平凉。九年,松山阵殁,以其兄子锦棠代之,战屡捷,而中路、南路军亦所向有功,陕回受抚者数千人。及夺秦坝关,化隆益窘,诣军门乞降,诛之,夷其城堡。迁甘回固原、平凉,陕回化平,而编管钤束之,宁、灵悉定。奏言进规河湟,而是时有伊犁之变,诏宗棠分兵屯肃州,乃遣徐占彪将六千人往。

十年七月,自率大军由平凉移驻静宁。八月,至安定。寇聚河州,其东出,必绕洮河三甲集。集西太子寺,再西大东乡,皆险要。诸将分击,悉破平之。时回酋朵三已死,占鳌见官军深入,西宁回已归顺,去路绝,遂亦受抚。河州平。

十一年七月,移驻兰州。占彪前以伊犁之变率师而西也,于时肃州阻乱。回酋马文禄先已就抚,闻关外兵事急,复据城叛。及占彪军至,乃婴城固守,而乞援西宁。陕回白彦虎、禹得彦亦潜应文禄。会锦棠率军至,西宁土回及陕回俱变,推马本源为元帅。西宁东北阻湟水,两山对峙,古所称湟中也。贼据险而屯,俄败走,遗弃马骡满山谷,窜巴燕戎格。大通都司马寿复嗾向阳堡回杀汉民以叛。十二年正月,锦棠攻向阳堡,夺门入,斩马寿,遂破大通,捣巴燕戎格,诛本源,河东、西诸回堡皆降。文禄踞肃州,诡词求抚,益招致边外回助城守,连攻未能下。八月,宗棠来视师,文禄登城见帅旗,夺气。请出关讨贼自效,不许。金顺、锦棠军大集,文禄穷蹙出降,磔之。白彦虎窜遁关外,肃州平。以陕甘总督协办大学士,加一等轻车都尉。奏请甘肃分闱乡试,设学政。十三年,晋东阁大学士,留治所。自咸丰初,天下大乱,粤盗最剧,次者捻逆,次者回。宗棠既手戡定之,至是陕、甘悉靖,而塞外平回,朝廷尤矜宠焉。

塞外回酋曰帕夏,本安集延部之和硕伯克也。安集延故属敖罕,敖罕为俄罗斯所灭,安集延独存。帕夏畏俄逼,阑入边,据喀什噶尔,稍蚕食南八城,又攻败乌鲁木齐所踞回妥明。妥明者,西宁回也,初以新教游关外。同治初,乘陕甘汉、回拘变倡乱,据乌城。帕夏既攻败妥明降之,遂并有北路伊型诸城,收其赋入。妥明旋被逐,走死,而白彦虎窜处乌城,仍隶帕夏。帕夏能属役回众,通使结援英、俄,购兵械自备。英人阴助之,欲令别立为国,用捍蔽俄。当是时,俄以回数扰其边境,遽引兵逐回,取伊犁,且言将代取乌鲁木齐。

光绪元年,宗棠既平关陇,将出关,而海防议起。论者多言自高宗定新疆,岁糜数百万,此漏卮也。今至竭天下力赡西军,无以待不虞,尤失计。宜徇英人议,许帕夏自立为国称藩,罢西征,专力海防。鸿章言之尤力。宗棠曰:“关陇新平,不及时规还国家旧所没地,而割弃使别为国,此坐自遗患。万一帕夏不能有,不西为英并,即北折而入俄耳。吾地坐缩,边要尽失,防边兵不可减,糜饷自若。无益海防而挫国威,且长乱。此必不可。”军机大臣文祥独善宗棠议,遂决策出塞,不罢兵。授宗棠钦差大臣,督军事,金顺副之。

二年三月,次肃州。五月,锦棠北逾天山,会金顺军先攻乌鲁木齐,克之。白彦虎遁走托克逊。九月,克玛纳斯南城,北路平,乃规南路。令曰:“回部为安酋驱迫,厌乱久矣。大军所至,勿淫掠,勿残杀。王者之师如时雨,此其时也”。三年三月,锦棠攻克达坂城,悉释所擒缠回，纵之归。南路恟惧，翼日，收托克逊城，而占彪及孙金彪两军亦连破诸城隘，合罗长祐等军收吐鲁番，降缠回万余。帕夏饮药死，其子伯克胡里戕其弟，走喀什噶尔。

白彦虎走开都河，宗棠欲遂擒之，奏未上，适库伦大臣上言西事宜画定疆界，而廷臣亦谓西征费巨，今乌城、吐鲁番既得，可休兵。宗棠叹曰："今时有可乘，乃为画地缩守之策乎?"抗疏争之，上以为然。时俄方与土耳其战，金顺请乘虚袭伊犁。宗棠曰："不可。师不以正，彼有辞矣。"八月，锦棠会师曲会，遂由大道向开都河为正兵，余虎恩等奇兵出率尔。白彦虎走库车，趋阿克苏，锦棠遮击之，转遁喀什噶尔。大军还定乌什，遂收南疆东四城。何步云以喀什汉城降。伯克胡里既纳白彦虎，及并力攻汉城。大军至，复遁走俄。西四城相继下，宗棠露布以闻，诏晋二等侯。布鲁特十四部争内附。

四年正月，条上新疆建行省事宜，并请与俄议还伊犁、交叛人二事。诏遣全权大臣崇厚使俄。俄以通商、分界、偿款三端相要。崇厚遽定约，为朝士所纠，议久不决。宗棠奏曰："自俄踞伊犁，蚕食不已，新疆乃有日蹙百里之势。俄视伊犁为外府，及我索地，则索偿卢布五百万元。是俄还伊犁，于俄无损，我得伊犁，仅一荒郊。今崇厚又议界俄陬尔果斯河及帖克斯河，是划伊犁西南之地归俄也。武事不竞之秋，有割地求和者矣。兹一矢未加，遽捐要地，此界务之不可许者也。俄商志在贸易，其政府即广设领事，欲藉通商深入腹地，此商务之不可许者也。臣维俄人包藏祸心，妄忖吾国或厌用兵，遂以全权之使臣牵制疆臣。为今之计，当先之以议论，委婉而用机，次决之以战阵，坚忍而求胜。臣虽衰惫无似，敢不勉旃。"上壮其言，嘉许之。崇厚得罪去，命曾纪泽使俄，更前约。于是宗棠乃自请出屯哈密，规复伊犁。以金顺出精河为东路，张曜沿特克斯河为中路，锦棠经布鲁特游牧为西路；而分遣谭上连等分屯喀什噶尔、阿克苏、哈密为后路声援；合马步卒四万余人。

六年四月，宗棠舆榇发肃州，五月，抵哈密。俄闻王师大出，增兵守伊犁、纳林河，别以兵船翔海上，用震撼京师，同时天津、奉天、山东皆警。七月，诏宗棠入都备顾问，以锦棠代之。而俄亦慑我兵威，恐事遂决裂。明年正月，和议成，交还伊犁，防海军皆罢。

宗棠用兵善审机，不常其方略。筹西事，尤以节兵裕饷为本谋。始西征，虑各行省协助饷不时至，请一借贷外国。沈葆桢尼其议，诏曰："宗棠以西事自任，国家何惜千万金。为拨款五百万，敕自借外国债五百万"。出塞凡二十月，而新疆南北城尽复者，馈运饶给之力也。初议西事，主兴屯田，闻者迂之。及观宗棠奏论关内外旧屯之弊，以谓挂名兵籍，不得更事农，宜画兵农为二，简精壮为兵，散愿弱使屯垦，然后人服其老谋。既入觐，赐紫禁城骑马，使内侍二人扶掖上殿，授军机大臣，兼值译署。国家承平久，武备弛不振，而海外诸国争言富强，虽中国屡平大难，彼犹私议以为脆弱也。及宗棠平帕夏，外国乃稍稍传说之。其初入京师，内城有教堂高楼，俯瞰宫殿，民间哗言左侯至，楼即毁矣，为示谕晓，乃止。其威望在人如此。然值军机，译署，同列颇厌苦之。宗棠亦自不乐居内，引疾乞退。九月，出为两江总督、南洋通商大臣。尝出巡吴淞，过上海，西人为建龙旗，声炮，迎导之维谨。

九年,法人攻越南,自请赴滇督师。檄故吏王德榜募军永州,号"恪靖定边军",法旋议和,止其行。十年,滇、越边军溃,召入都,再直军机。法大举内犯,诏宗棠视师福建,檄王鑫子诗正潜军渡台湾,号"恪靖援台军"。诗正至台南,为法兵所阻,而德榜会诸军大捷于谅山。和议成,再引疾乞退。七月,卒于福州,年七十三,赠太傅,谥文襄。祀京师昭忠祠、贤良祠,并建专祠于湖南及立功诸省。

宗棠为人多智略,内行甚笃,刚峻自天性。穆宗常戒其褊衷。始未出,与国藩、林翼交,气陵二人出其上。中兴诸将帅,大率国藩所荐起,虽贵,皆尊事国藩。宗棠独与抗行,不少屈。趣舍时合时不合。国藩以学问自敛抑,议外交常持和节;宗棠锋颖凛凛向敌矣,士论以此益附之。然好自矜伐,故出其门者,成德达材不及国藩之盛云。子四人:孝威,举人,以荫为主事,先卒,旌表孝行;孝宽,郎中;孝勋,兵部主事;孝同,江苏提法使。孙念谦,袭侯爵,通政司副使。

【译文】

左宗棠,字季高,湖南湘阴人。他父亲名观澜,是个廪生,有很好的学问及修养。宗棠是道光十二年的举人,以后三次参加礼部的考试都没有考取,于是他断绝了在仕途上发展的打算,而专心致志地研究起舆地、兵法。他平时喜欢故作豪言壮语惊人,在公卿士大夫中间颇有名声。曾经自比为诸葛亮,大家都觉得他非常狂妄。胡林翼却非常欣赏他,认为看遍全国,没有一个人才能超过左宗棠的。左宗棠快四十岁时,他对身边的亲友说:"除非帝王一心想求得贤相,否则,我这辈子大概是没有什么指望了。"

咸丰初年,广西寇盗纷起,张亮基巡抚湖南,以礼相召左宗棠,但左不应召。胡林翼诚恳相劝后,左宗棠才出来。评定他守卫长沙有功,从知县提拔为直隶州同知。张亮基转任山东巡抚,左宗棠回到梓木洞隐居。骆秉章到湖南后,再次用计谋硬拉左宗棠出来辅助军务,依赖左宗棠如同自己的左右手。下属幕僚向骆秉章禀报军务,骆总是问:"季高先生的意见怎么样啊?"由于这样,忌恨左宗棠的人越来越多,诽谤他的议论四起,但他的名声却越来越响亮。左的同乡郭嵩焘在朝廷中任编修,一天,文宗召见他,问道:"你认识那个举人左宗棠吗?他为什么这么久没有出外任职呢?年纪有多大了?再拖下去精力就会衰退,你可以写信告诉他我的意思,应当及时出来为我惩办贼寇。"胡林翼听到这一消息后,非常高兴地说:"帝王得贤相的日子到了!"

咸丰六年,曾国藩攻克武昌,上奏陈述左宗棠接济部队、接济军饷的功劳,朝廷诏谕授予兵部郎中听候调用,不久又加四品卿衔。适逢骆秉章上疏弹劾总兵樊燮,樊燮反在总督官文面前构陷左宗棠有罪,制造的一些流言蜚语被皇上听到了,于是皇帝就召左宗棠到武昌对簿公堂。骆秉章上疏为左争辩没有成功。胡林翼、曾国藩也都说左宗棠无罪,并极力称赞推荐左宗棠才能出众可以重用。詹事潘祖荫也公开说总督是被樊燮的表面言辞所迷惑,所以最后左宗棠得以免遭逮问。不久朝廷下旨,命令左以四品京堂身份跟从曾国藩治理军务。起初,曾国藩创建湘军,其他部队都遵循湘军营制,唯独王鑫不采用。左宗棠招募了五千人马,参考运用王鑫的治军法则,号称"楚军"。咸丰十年八月,左宗棠的楚军建成后挥师向东。伪太平军翼王石达开向四川逃窜。朝廷下令命左部移师征讨四川。曾国藩、胡林翼因为江西、安徽战事危急，联名上疏请求留下左宗棠。当时曾国藩进兵皖南，驻在祁门，太平侍王李世贤、忠王李秀成纠集数十万人围攻祁门。左宗棠率领楚军取道江西，转战前进，一路攻克德兴、婺源。太平军直赴浮梁景德镇，切断祁门的粮饷要道。左宗棠返师回击，在江西乐平、鄱阳一带与太平军展开激战，击毙太平军十多万人，李世贤换下战服逃跑了，徽州的太平军也纷纷逃往浙江。自此以后，江西、安徽的部队声势开始大振。

咸丰十一年，朝廷下诏授予左宗棠太常寺卿，协办江南军务，于是左率领楚军八千人向东援助浙江。朝廷命曾国藩指挥管辖浙江。曾国藩推荐左宗棠，认为左军足以胜任节制浙江的事务。左宗棠部将中有名的有刘典、王开来、王文瑞、王沐，几支部队都很单薄，不足以依靠来作战防守。于是奏请从广西调蒋益澧，从湖南调刘培元、魏喻义，都没有调到。然而左宗棠以几千人马应付七百余里防地，指挥若定。曾国藩非常佩服左的有疏有密的军事才能。不久杭州城陷落，曾国藩再次上疏举荐左宗棠，朝廷于是任命左为浙江巡抚。

当时浙江地域只剩下湖州、衢州没有陷落到太平军手里，曾国藩与左宗棠商议，为确保徽州，应以稳固饶州、广德为根本大计。奏请让上述三府所属各县为部队提供赋税，设立婺源、景德、河口三个税局加以辅助。三府的防军也都归左宗棠管辖。太平军大举进犯婺源，左宗棠亲自指挥部队击败了来犯之敌。同治元年正月，朝廷下诏催促左从衢州开始谋划整个浙江的防务。左回奏说："行军的法则，一定要避开对敌人的长期包围，防守好自己的后路。我部一进入衢州，那么徽州、婺源的防备就疏松了，又会造成粮尽援绝的局势。现今我部可由婺源出发去攻打开化，分兵扼守华埠，收复遂安，使饶州、广德相互庇护以保安全，形成这样的局面后就可以制伏贼兵而不会被贼兵所制伏了。"二月，攻克遂安。李世贤从金华进犯衢州，左宗棠率部接连出击打退李部。然而皖南的太平军又攻占了宁国，左派遣部将王文瑞去支援，攻克绩溪。十一月，魏喻义攻克严州。同治二年正月，推益澧及高连升、熊建益、王德榜、余佩玉等相继攻克金华、绍兴，自此浙东各郡县都平定下来。

杭州的贼兵震惊恐怖，全部人马聚集在富阳抗拒。当时各支部队争相建议要乘胜收取杭州，左宗棠不喜欢打攻坚战，认为皖南贼兵气势还很旺盛，治寇要以全部剿灭为目标，不要贪图近功。于是率部从金华向严州进军。左宗棠命令刘典带领八千人会同王文瑞部防守徽州，命刘培元、王德榜部队驻守淳安、开化，而让推益澧率部攻打富阳。弹劾罢免了道府以及失守的将吏十七人，荐举浙江名士吴观礼等人赈济灾荒，招募老百姓垦田，保证军粮丰足富裕。四月，朝廷任命左宗棠为浙闽总督，兼巡抚事宜。刘典的部队到达皖南之后，便留在那里屯守。蒋益澧入打富阳，部队只有一万多人，几乎都染上病疫。左宗棠也患了疟疾，困乏疲惫，围攻富阳很长时间了都未能攻下，于是从旧浙军中挑选兵士加以训练，另外，招募法国常捷军协助进攻。七月，李鸿章的江苏军进入浙江攻打嘉善，嘉兴的贼兵向北援助，于是左宗棠乘机水陆两路大举进攻富阳，将富阳攻克。蒋益澧等长驱直捣杭州。魏喻义、康国器进攻余杭。左宗棠认为杭州的贼兵依恃余杭以为犄角，不先攻下余杭，收复海宁，就不能切断嘉兴、湖州的后援接济，于是左宗棠亲自到余杭督战。这时安徽的贼将古隆贤投降，官方军队接连攻下建平、高淳等地。金陵太平军总部叫李秀成回金陵谋划，带部队向其他地方转移，唯独李世贤盘踞在溧阳，与广德贼兵比肩而立，从中阻梗官军。李鸿章攻克嘉善之后，皇上说应当增加兵力攻打嘉兴。正在这时浙江部队攻取常州，而广德的贼兵已由宁国逃窜到浙江。左宗棠怕贼兵分兵去扰乱江西、福建，便令张运兰率领部队赶赴福建，召刘典驻防江西。太平军的海宁守将蔡元隆开城门投降，改名为元吉，后来成为一名骁勇战将。同治三年二月，元吉会合江苏军攻克嘉兴。杭州贼将陈炳文见形势紧迫，约定投降。左宗棠还是担心中间会起变化，便乘大雨发起紧急进攻，陈炳文深夜开城门逃跑了。杭州收复后，余杭的贼将汪海洋也往东逃跑了。皇帝得到捷报，下诏给左宗棠加授太子少保衔，赏赐黄马褂。

左宗棠移师驻防省城杭州，申明军事纪律，招集商贾开门营业，停止征收杭州货物的关税，减征杭州、嘉兴、湖州三分之一的赋税。蒋益澧任布政使，也鄙轻钱财，招揽贤士，一时声誉鹊起，受到广泛称赞。大部贼兵聚结湖州，左宗棠于是调遣部队包围他们，先攻打菱湖。三月，江苏官军攻克常州。贼兵战败后向徽州、婺源逃窜，向江西靠拢。这时李世贤占据崇仁，汪海洋占据东乡，左宗棠把太平军进入江西看作是心腹之患，奏请由杨岳斌督率江西、皖南部队，让刘典当副将，皇帝同意了。六月，曾国荃攻克江宁，洪秀全的儿子洪福瑱赶奔湖州，不久又溃败逃走，在南昌被处以裂体之刑。七月，攻克湖州，浙江各地得以全部平定。评论军功，封左宗棠为一等恪靖伯。

残余的太平军流散在徽州、宁国、江西、广东等地，折入汀州，福建大为震惊。于是左宗棠奏请让自己到总督任上，叫蒋益澧护卫巡抚，增调王德榜部到福建。同治四年三月，江苏官军郭松林前来福建会师，贼兵放弃漳州，离开大埔。五月，官军进攻永定。李世贤、汪海洋屡次战败后，精锐部队伤亡过半，向官军投诚的有三万人。左宗棠部队进驻漳州，追踪贼兵到武平，这样贼兵只好逃窜到广东的镇平。自此福建也平定下来。

接着左宗棠又下令调康国器、关镇平两支部队进入广东，王开琳的部队进入赣州防守江西，刘典的部队赴南安防守湖南，留下高连升、黄少春的部队驻军武平，侦候太平军的进退情况。六月，太平军大举进攻武平，官军力战打退了敌兵。李世贤投靠汪海洋，被汪所杀，贼兵内部更加互相猜疑怀有二心。朝廷下诏让左宗棠统率三省各路部队。十月，贼兵攻陷嘉应，左宗棠移师屯驻和平琯溪。王德榜担心主帅屯兵之处成孤悬之势，自动请命作为中路策应。刘典听说王德榜的部队开赴前线，也带领部队疾速前进。路上突然遇上贼兵，措手不及，打了个败仗。贼兵追击刘典，从王德榜的营地边上经过，官军从四面用枪射击他们，贼兵便往回逃走。这天晚上投降的贼兵超过四万，传言说汪海洋中炮死了，官军士气更为高昂。这时鲍超的部队也赶到了，贼兵出战抗拒，又被打得大败。左宗棠汇合闽、浙、江、粤各路人马合围嘉应。十二月，贼兵打开城门逃跑，官军把守住周围的所有屯塞，贼兵逃跑不得，跪地乞求免罪的达六万余人。俘获斩杀贼将领七百三十四人，首级可以计数出来的达一万六千多个。因这一战功，朝廷下诏赐予左宗棠双眼

　　同治五年正月，部队凯旋。左宗棠因为广东贼兵已经平息，首先建议裁兵减饷，增加团练的费用。又认为海关开禁，不制造装备船舰器械就不能图谋自强，于是左宗棠在马尾山下创建船厂，举荐起用沈葆桢主持船厂事务。正逢朝廷军队征讨西部边陲回族叛乱久未奏效，朝廷便诏令左宗棠转赴陕西、甘肃督军。十月，左挑选了自己部下的三千名精兵，向西进发，令刘典另外再招募三千人，相约如期在汉口会合，但行至中途，因为西捻军张总愚流窜到陕西，又命令刘典先入陕西剿贼。

　　陕西、甘肃回族民众多达上百万，与捻军相合。左宗棠行军停在武昌，上奏章说："我认为在东南作战用舟船方便，在西北作战则应用战马为宜。捻军、回族的马队在平原驰骋，官兵用步军来抵挡他们，一定没有取胜的指望。以马力而言，西域产的马不如北域产的马强健。捻军的战马多是北方产的，所以捻军的作战能力比回民更强悍。我的部队只有六千人，现打算购买口北的良马演习操练马队，兼造双轮炮车。从襄樊、邓县出紫荆关，直穿商州就可以到陕西。在陕西经营屯田，作长远的打算。因此要进兵陕西，一定先要清除紫荆关外的贼兵；进兵甘肃，一定先要清除陕西的贼兵；驻兵兰州，一定要先清除兰州附近各路贼兵。这样以后粮饷运输的道路就会畅通无阻，部队行进就会没有障碍。至于部队前进的快慢，则随机应势，我请求给我机动的权利，宽限一些时日，使得我能从容地谋划，以求得成功。"

　　同治六年春，左宗棠带领一万二千兵士向西进军。计划用炮车去制服贼兵的马队，而以马队去对付捻军的步兵。捻军猛然见到炮车，仗还没有打就狂奔而逃。当时陕西巡抚刘蓉已解任，而总督杨岳斌请求还乡的愿望也更加急切。朝廷下诏让宁夏将军穆图善代理都督，宗棠以钦差大臣的身份督办军务。兵分三路入关，而皖南镇总兵刘松山率老湘军九千人援助陕西，山西按察使陈湜主持黄河的防务，这些部队都隶属左宗棠指挥。刘松山屡次打败捻军之后，又会合蜀军将领黄鼎、皖军将领郭宝昌，大败贼兵于富平。捻军掠夺三原，沿渭水北岸向东进犯，回军则分出一部分人马向西进犯，在北山聚集。宗棠认为捻军比回军强大，应当先制伏捻军。于是下令各路人马沿河安营扎寨，希望短时间内在泾水、洛水之间歼灭捻军。捻军乘官军尚未集结完毕，又折向西渡过泾水和渭水，窥视河南、湖南。过了不久，官军大举向前进逼。捻军不能再向南前进，便奔赴白水，乘着大风雨，冒险进入北山。左宗棠为防止捻军和回军汇合的势头，而且又因为北山荒芜贫瘠，部队行军粮草接济不上，因此紧急扼守耀州。十月，捻军战败撤到宜川，余下的同伙果然逃窜到耀州，汇合回军攻打同官。留守耀州的官兵不能抵御，刘典、高连升急驰援助，大破贼兵。各路部队将领虽然屡次打败捻军，但始终被回军牵扰，部队前进缓慢；而在宜川的捻军大部队更是向北扰乱延长，抢掠绥德，直趋葭州，回军也从延安发兵攻陷绥德。左宗棠自己因为延长、绥德相继失陷，主动上书请罪，部阁商议给予左宗棠革职处分。当时北山以及扶风、岐山、汧阳、陇县、邠州、凤翔等地回民都纷纷响应叛军。捻军从南向北，分散一千多里，回军从西向东，也有一千多里。陕西地方官军和外来官军有作战能力的不到五万，然而回军与官军一旦交战总是败北。刘松山等攻克绥德，回军败走米脂。捻军又分道向南逃窜。于是刘厚基出兵东北追逐回军,刘松山等沿黄河西岸挟制捻军。官军抵达宜川,回军出动大兵阻挡,双方激战一天,官军攻破宜川。而西捻军最终取小道翻山到壶口,乘河面结冰渡过黄河。左宗棠奉接朝廷旨令,称山右毗连畿辅,令左宗棠亲率五千人马赶赴支援,让刘典代替左统督陕甘官军。

这年十二月,捻军从垣曲进入河南,进一步向北到定州,用游散的骑兵进犯保定,京师因此戒备森严。皇帝下诏严厉斥责督兵大臣,从左宗棠、李鸿章到河南巡抚李鹤年、直隶总督官文,都被革除职务。左宗棠到保定,刘松山等接连攻破贼兵所在的深县、祁州、饶阳、晋县等地。在这个时候,捻军在方圆数百里间奔走趋赴,从直隶窜向河南、山东,不久又渡运河,越吴桥,进犯天津。李鸿章提议筑长围以抵挡敌人;左宗棠则认为应当一边防守一边主动出击,运河西岸重点固守,东路就一定要有追击剿灭贼兵的部队,这样才可以扼制捻军长驱直入的气势,皇上两次首肯左宗棠的建议。于是各地来护防京师的部队大规模集结,左宗棠率军驻扎吴桥,捻军在陵邑、济阳一带徘徊,左宗棠汇合淮军、豫军接连打败捻军。张总愚逃到黄河边上死掉了,于是西捻平息。入朝拜见皇上,皇上对左宗棠大加褒赞,并且询问西部边陲部队还有多久能取胜班师,左宗棠回答要五年,后来果然如左宗棠所预言的那样。

同治七年十月,左宗棠率领部队回陕西,抵达西安。当时陕西东北的盗寇董福祥聚众多达十余万人,骚扰延安、绥德,而陕西西南的回军首领白彦虎等号称有二十万人马,盘踞在甘肃董志原。刘松山率部赶到,击溃地方盗寇,董福祥投降。但回军却更加四出掠劫,和在西南一带活动的白彦虎等合力骚扰秦川,黄鼎率部击败了他们。左宗棠进军乾州,暗探报告回匪将把总部迁到金积堡,左宗棠便遣兵攻击他们,终于攻下董志原,接连克复镇原、庆阳,回军死亡达三万人。收复后,督促回民中的壮丁耕作,教会他们区田、代田等法。选择险峻荒凉之地,国家发放巨额钱币,让官军收留的饥民及投降的十七万兵士全部居住在那里。左宗棠于同治八年五月,率军进驻泾州。

甘肃回族叛军里最有名的,西面的叫马朵三,盘踞在西宁;南面的叫马占鳌,盘踞在河州;北面的叫马化隆,盘踞在宁夏、灵州。马化隆以金积堡为老巢。金积堡在秦水、汉水两条河道之间,扼守黄河的咽喉要道,掌握着盐、马、茶叶贸易的巨额利润。环绕金积堡有五百多座营寨,人多势众,肆无忌惮,劫掠强取汉民的产业及子女。陕西的回民时常与他们做买卖,相互勾结接应。马化隆用新教煽动回族民众,购买军马,制造作战工具,而表面上佯装投诚以欺骗穆图善。董志原既已平定,陕西的回军窜到灵州,马化隆上书替陕西回军乞求招安。左宗棠洞察其中有诈,备足了三个月的军粮,先攻打金积堡,以作为收复甘肃全境的基础。等到刘松山追击陕西回军到灵州,扼守住永灵洞。马化隆非常害怕,就再次代陕西的回军乞求招安,打算行缓兵之计,穆图善相信了他,每天都在讲马化隆要来投降了。绥远城将官揭发刘松山滥杀无辜而引起了激变。但马化隆确实无意投降,他秘密召集各路回军一齐出动抢劫军饷。十一月,左宗棠进驻平凉。同治九年,刘松山阵亡,他兄长的儿子刘锦棠代替他领兵出战,屡战屡胜。中路、南路的官军也有战功,陕西回民得到安抚的有几千人。等到夺取秦坝关,马化隆更加窘困,跑到军营大门前乞求投降。官军把他杀了，将他的城堡夷为平地。将甘肃回民迁移到固原、平凉，陕西回民迁移到化平，把他们编队管理，严格约束，西宁、灵州全部平定。左宗棠上章奏请进一步收复河湟，而这时候发生了伊犁之变。朝廷下令左宗棠分兵屯守肃州，左便派遣徐占彪率六千人前往。

同治十年七月，左宗棠亲自率领大军从平凉移到静宁驻防。八月，到安定。贼寇聚集在河州，向东出来，一定要绕过洮河三甲集。三甲集西边太子寺，再往西是大东乡，都是险要之地。诸将分头出击，攻破平定了这些地方。当时回民首领马朵三已死，马占鳌看到官军步步深入，西宁的回军又已归顺朝廷，去路已断，于是也投降了。河州平定下来。

同治十一年七月，部队移驻兰州。徐占彪在此之前因为伊犁之变率兵向西，这时因肃州发生骚乱而使行军受阻。回族另一首领马文禄先已投降，听说关外战事紧急，便又占据城池发起反叛。徐占彪的部队到了，只得据城死守，并且向西宁乞求援助。陕西回民白彦虎、禹得彦也暗中响应马文禄。等到刘锦棠率军到达时，西宁地方的回民及陕西回民都纷纷叛变，推举马本源为元帅。西宁东北有湟水为阻，两山对峙，这就是古时称之为湟中的地方。贼兵占险要之地屯兵，不久败走，遗弃的大批马骡辎重堆满了山谷，他们逃往巴燕戎格。大通都司马寿又唆使向阳堡回民残杀汉民，背叛朝廷。同治十二年正月，刘锦棠进攻向阳堡，夺取城门而入，杀死马寿，接着攻破大通，直捣巴燕戎格，杀死马本源。于是黄河东、西众回军都向官军投降。马文禄盘踞肃州，假装请求招抚，暗中却进一步招募边外回民入城协助防守，官军接连进攻都未能攻下。八月，左宗棠到前线视察部队，马文禄登上城头看见左字帅旗，锐气顿减。左宗棠请求亲自出关讨贼，效力朝廷，没有得到同意。金顺、刘锦棠的部队大规模集结，马文禄走投无路，出城投降，被裂肢处死。白彦虎逃跑到关外，肃州得以平定。朝廷嘉奖左宗棠，赐陕甘总督协办大学士，加封一等轻车都尉。左宗棠上章奏请在甘肃开科举考场，设立学政。同治十三年，晋升左宗棠为东阁大学士，留在陕西总督的治所。从咸丰初年开始，天下大乱，广东寇盗最为严重，其次是捻军，再次是回民。左宗棠先后亲手平定了他们，到这时陕西、甘肃全部安定；塞外又平定回族，朝廷对左宗棠便特别的恩宠。

有位叫帕夏的塞外回族首领，本来是安集延部所属的和硕伯克。安集延原来属敖罕，敖罕后被俄罗斯吞灭，唯独安集延得以幸存。帕夏害怕俄罗斯的进逼，擅自进入边关，占据新疆喀什噶尔，后来慢慢侵占了南部的八个城池，又攻败盘踞在乌鲁木齐的回族人妥明。妥明本是西宁的回人，当初以传播新教而游说关外。同治初年，乘陕西、甘肃汉人、回民间有矛盾之机举兵发难，占据了乌鲁木齐。帕夏打败妥明并使他投降了之后，就兼并了北边的伊犁等城，收取那里的赋税收入。妥明不久被驱逐，在路上死了，而白彦虎逃到乌鲁木齐，仍旧归属帕夏。帕夏统辖和役使各路回军，派使者同英、俄勾结，购买军械器具装备自己。英国人暗中帮助他，想让他另立一个国家，以挟制俄国。正在这时，俄国以回民多次扰乱其边境为由，突然发兵驱逐回民，占领了伊犁，并扬言要取代乌鲁木齐。

光绪元年,左宗棠平定关中陇西之后,将要出关,这时朝中又起了海疆防守的争议。议论的人大多认为自清高宗平定新疆以来,每年要花费银两数百万,就像是一个无底的漏斗。现在竭尽天下的财力赡养西北官军,没有剩余财力来预防不测之需,尤为失策。应该遵照英国人的建议,准许帕夏自立为国,作为大清的藩国,停止西征,专力于海防。李鸿章持这种观点尤为竭力。左宗棠说:"关、陇刚刚平定,不及时规划这些回归国家的旧有之地,而割弃使他们自立为国,这是给自己留下后患。万一帕夏国不能长存,不是从西面被英国人所合并,即是向北归入俄罗斯的版图。我们的版图无缘无故缩小,边防险要尽皆散失,到那时,防守边疆的士兵不会比现在减少,粮饷费用也一如现在。这不仅无益海防之业,挫伤国威,而且助长叛乱。这是万万不可以的。"只有军机大臣文祥非常赞赏左宗棠的建议,于是通过决策让左宗棠出塞,不罢兵。授左宗棠为钦差大臣,统督军事。金顺为副将。

光绪二年三月,部队驻扎肃州。五月,刘锦棠向北翻过天山,会合金顺部队先攻打乌鲁木齐,攻克了乌城。白彦虎逃走到托克逊。九月,官军攻克玛纳斯南城,北路平息,于是谋划南路。左宗棠发布命令说:"回族各部被回首驱迫,厌烦战乱已经很久了。大军所到的地方,不要奸淫掠夺,不要残杀无辜,朝廷的仁义之师如及时之雨,现在正应是这么做的时候。"光绪三年三月,刘锦棠攻克达坂城,把所擒获的缠回全部释放,让他们回家。南路贼兵很恐惧,第二天,官军即收复托克逊城。徐占彪和孙金彪两支部队也接连攻破各个城隘,会合罗长祐等部队收复了吐鲁番,收降缠回达一万余人。帕夏服毒自杀,他的儿子伯克胡里杀害了自己的弟弟,逃往喀什噶尔。

白彦虎逃到开都河,左宗棠想趁势擒获他,奏章还没上,恰遇库伦大臣上书声言西部边境现在正应议定疆界,而朝中大臣也认为西域征战费用巨大,现在乌鲁木齐、吐鲁番既然已经回复,可以休兵罢战了。左宗棠感叹道:"现在正是有利之时,怎么能做出划边界退缩防守的计策呢?"便上疏据理力争,皇上觉得左宗棠的意见很对。当时俄国正与土耳其作战,金顺请求乘虚袭击伊犁。左宗棠说:"不行,出师没有名正言顺的理由,他们就会抓住口实了。"八月,与刘锦棠在曲会会师,就由大道向开都河进发,作为正面部队,余虎恩等从库尔出奇兵以助。白彦虎逃到库车,又到阿克苏,刘锦棠拦住攻击,白彦虎只好转而窜逃喀什噶尔。大军回返平定乌什,收复了南疆东部四座城池。何步云献喀什汉城向官军投降。伯克胡里搂纳白彦虎后,就合力攻打汉城。官军大部队人马赶到,他们又逃往俄国。南疆西部四城相继攻下,左宗棠向朝廷报捷,皇上下诏晋升左宗棠为二等侯。布鲁特十四部争相归附清朝。

光绪四年正月,左宗棠列条陈述有关在新疆建行省的事宜,同时请与俄国谈判有关归还伊犁和交换俘虏这两件事。朝廷派遣全权大臣崇厚出使俄国。俄国用通商、划分国界和索要赔款三件事相要挟。崇厚轻率地签订了条约,但朝廷有识之士纷纷反对,议论好久都没有决定下来。左宗棠上书说:"从俄国占据伊犁以来,蚕食侵占没有止日,新疆已有每日缩地百里的势头。俄国把伊犁看成自己的外府,等到我们要讨回土地,他们就索要赔款卢布五百万元。这样俄国归还伊犁,对俄国而言没有丝毫损伤,而我们得回伊犁,只不过是一片荒野郊原。现在崇厚又提出给俄国陬尔果斯河和帖克斯河,这就是把伊犁西南的土地划归给俄国。在军事上打不过人家的时候,才有割地求和这样的事。现在一箭未发,就马上送献战略要地,这条边界线是万万不可以答应的。俄国的商人目的想要进行贸易,他们的政府便在各地广设领事馆,想借通商之由深入腹地,这是商务里切不可准许的。我认为俄国人包藏祸心,妄自猜测我国可能已厌倦兵事,用全权大臣出使的办法来牵制边疆大臣。当今之计,应当先和俄国人谈判,委婉而运用计谋,另一方面,要准备在战场上决一高低,坚忍而务求胜利。我虽然衰老平庸不成样子了,但哪里敢不勉力效忠啊!"皇帝觉得左宗棠的话很有志气,非常嘉许。崇厚获罪离任,朝廷命曾纪泽出使俄国,更改前面的和约。这时左宗棠请求亲自出兵驻防哈密,策谋收复伊犁。命金顺从精河出发,作为东路,张曜率部沿特克斯河进兵作为中路,刘锦棠经过布鲁特游牧地区作为西路;又分别派遣谭上连等各带兵屯守喀什噶尔、阿克苏、哈密等地作为后路声援。这几路部队总共有马兵、步兵四万多人。

光绪六年四月,左宗棠为表示就死的决心命人抬着棺材从肃州出发,五月,抵达哈密。俄国人听说清军大兵出动,就增兵守卫伊犁、纳林河,另外派兵舰在海上巡弋,以震撼京师,天津、奉天、山东等地也同时告警。七月,朝廷下诏让左宗棠回京城任顾问,让刘锦棠代替他。俄国人也害怕我方官军的威武,担心事态发展后会引起决裂而挑起战端。第二年正月,和议达成了,俄国交还伊犁,海上兵舰也都撤走了。

左宗棠用兵善于审时度势,把握时机,不只用一种计谋策略。筹措西线战事,尤其注重以节制兵丁人数,保证粮饷充足为根本。刚开始西征,左宗棠担心各行省协助军饷不能按时到达,请求向外国做些借贷。沈葆桢反对他的建议,皇帝下诏说:"左宗棠以西线战事为己任,国家又何惜千万金。给拨款银两五百万,再准允他向外国借贷五百万。"左宗棠部队出塞共二十个月,新疆南北各城能全部收复,实在是军饷及时供给充足的功劳。当初议论西部边防事务时,左宗棠主张发展屯田,听到的人都认为左宗棠迂腐。等看到左宗棠上奏论述关内外过去屯兵的弊病,以及说既然挂名兵籍,就不能改为从事农业生产,因此应该将兵农划开为二,挑选精壮的人为兵丁,让老弱的人去屯田垦地,大家这才佩服左宗棠老谋深算。入朝觐见后,皇上赏赐左宗棠可以在紫禁城内骑马,可由内侍二人搀扶着上金銮殿,授予军机大臣职,兼负责译署。国家太平久了,军事松弛不振作了,而海外各国争相声言富强,虽然中国屡次平息大难,他们还是私下议论认为中国非常脆弱。等到左宗棠平息帕夏,外国人才渐渐传说他的战功。他刚入京师时,内城有教堂高楼,在楼上可以俯瞰宫殿,民间老百姓喧哗,都说左侯到了,教堂高楼就要被捣毁。为此左宗棠贴出告示让大家放心,于是喧哗停止了。左宗棠在老百姓中的威望已达到如此地步。但左宗棠在军机处、译署当值,同僚多厌烦埋怨他。宗棠自己也不乐意居住在京城之地,便称病乞求引退。九月,出任两江总督、南洋通商大臣。左曾出巡吴淞,路过上海时,洋人为左宗棠建树龙旗,鸣礼炮,迎导他非常恭敬。

光绪九年,法国人攻打越南,左宗棠自己请求到云南指挥军队。并下令让旧部王德榜在永州招募军队,号称"恪靖定边军"。法国很快就提出议和,于是停止了行动。光绪十年，云南、越南边军溃败，左宗棠被召入京，再次任职军机处。法军大举向我内地进犯。皇帝诏令左宗棠到福建视察部队，命王鑫之子王诗正暗中率军渡海到台湾，号称"恪靖援台军"。王诗正到台南，受到法兵阻击，而王德榜会合其他部队在谅山取得大捷。中法和议达成，左宗棠再次称疾请求告退。七月，在福州病逝，时年七十三岁，赠太傅，谥号文襄。将其灵位入祀于京师昭忠祠、贤良祠，并在湖南以及他立有战功的各省建立专祠祭祀。

左宗棠为人足智多谋，修养甚为深厚，天性刚峻。穆宗曾经告诫他要克服性情过于急躁的毛病。当初他还没有出山的时候，与曾国藩、胡林翼相交，其盛气在他们两人之上。那些发迹的各路将帅，大抵都是曾国藩所推荐来的，所以虽然显贵，但都非常尊敬和听从曾国藩。唯独左宗棠能与曾国藩相抗衡，一点也不退让，主意、志趣时而合时而不相合。曾国藩以学问深厚而约束自己，讨论外交时常常主张议和，而左宗棠对敌人常锋颖凛凛，士人因此而更加附和他。但左宗棠好骄傲自夸，所以出自他门下，有德性成大材的没有曾国藩门下的多。左宗棠有四个儿子：左孝威，举人，受庇荫成为主事，先死，设置牌坊表彰他的孝行；左孝宽，郎中；左孝勋，兵部主事；左孝同，江苏提法使。孙左念谦，承袭侯爵位，任通政司副使。

马新贻传

【题解】

和上述一些人相比，马新贻又是另一类型的人物。他以镇压太平军和捻军起家，做了巡抚、总督以后又以捕杀盗贼而受到清朝政府的信任。"盗贼"的具体情况很难一一查究，可以肯定的是其中的多数都是为生活所迫而走上这条路的。马新贻的下场就是对这种残酷镇压的报复。"张汶祥刺马"和"杨乃武小白菜"等案并称清末四大案，通过小说、笔记、戏曲、评书等等载体的传播，为江南一带百姓所熟知。至于被刺的真正原因，至今还没有结论。评书中说马新贻强占结义弟兄的妻子，从传中张之万等上奏中说到"妻为人所掠"这种含混的语气来看，也可以说事出有因。至于传说中他"得民心"，而民间传说中又把他说成一个丑恶的人，两种评价完全相反，如果用阶级观点来分析，也是不难理解的。

【原文】

马新贻，字谷山，山东菏泽人。道光二十七年进士，安徽即用知县，除建平，署合肥，以勤明称。咸丰三年，粤匪扰安徽，淮南北群盗并起，新贻常在兵间。五年，从攻庐州巢湖，新贻击败援贼，迭破贼盛家桥、三河镇、柘皋诸贼屯，寻古庐州。积功累擢知府，赐花翎，补庐州。七年，捻匪、粤匪合陷桃镇，分扰上下派河，新贻破贼舒城，记名以道员用。

八年，署按察使。贼犯庐州，新贻率练勇出城迎击，贼间道入城，新贻军溃失印，下吏议，革职留任。九年，丁母忧，巡抚翁同书奏请留署。十年，钦差大臣袁甲三为奏请复官。十一年，同书复奏荐，命以道员候补。丁父忧，甲三复奏请留军。同治元年，从克庐州，败贼寿州吴山庙，加按察使衔，署布政使。苗沛霖叛，从署巡抚唐训方守蒙城，屡破贼。二年，授按察使，寻迁布政使。

三年，擢浙江巡抚。浙江新定，民困未苏，新贻王，奏蠲逋赋。四年，复奏减杭、嘉、湖、金、衢、处七府浮收钱漕，又请罢漕运诸无名之费，上从之，命勒石永禁。筑海宁石塘、绿兴东塘，浚三江口。岐海为盗贼窟穴，遣兵捕治，擒其魁。厚于待士，会城诸书院皆兴复，士群至肄业，新贻皆祝若子弟，优以资用奖励之。严州、绍兴被水，蠲账核实，灾不为害。台州民悍，辄群聚械斗，新贻奏："地方官惮吏议，瞻顾消弭。请嗣后讳匿不报者参处；仅止失察，皆宽贷，仍责令捕治。"下部议行。象山、宁海有禁界地曰南田，方数百里，环海土寇丘财青等处窟其中，遣兵捕得财青置之法，南田万安。黄岩总兵刚泰出海捕盗，为所戕，檄副将张其光等击杀盗五十余。上以新贻未能豫防，下吏议。嘉兴、湖州北与苏州界，皆水乡，方乱时，民自卫枪于船，谓之"枪船"，久之聚博行劫为民害。新贻会江苏巡抚郭柏阴督兵擒斩其渠及悍党数十，枪船害始除。

擢闽浙总督。七年，调两江总督，兼通商大臣。奏言："标兵虚弱，无以壮根本。请选各营兵二千五百人屯江宁，亲加训练。"编为五营，令总兵刘启发督率缉捕，盗为衰止。宿迁设、旱两关，淮关于蒋坝设分关，并为商民扰累。新贻奏："蒋坝为安徽凤阳关辖境，淮关远隔洪泽湖，不应设为子口。当令淮关监督申明旧例，严禁需索。宿迁旱关非旧例，征数微，请裁撤，专收水关。"从之。幅匪高归等在山东、江苏交界占民圩，行劫，新贻捕诛其渠。

九年七月，新贻赴署西偏箭道阅射，事毕步还署，甫及门，有张汶祥者突出，伪若陈状，抽刀击新贻，伤肋，次日卒。将军魁玉以闻，上震悼，赐恤，赠太子太保，予骑都尉兼云骑尉世职，谥端愍。命魁玉署督，严鞫汶祥，词反复屡变。给事中王书瑞奏根究主使，命漕运总督张之万会讯。之万等以狱辞上，略言："汶祥尝从粤匪，复通海盗。新贻抚浙江，捕杀南田海盗，其党多被戮，妻为人所略。新贻阅兵至宁波，呈诉不准，以是挟仇，无他人指使。请以大逆定罪。"复命刑部尚书郑敦谨驰往，会总督会国藩覆讯，仍如原谳，汶祥极刑，并戮其子，上从之。

新贻官安徽、浙江皆得民心，治两江继会国藩后，长于综核，镇定不扰。江宁、安庆、杭州、海塘并建专祠。

【译文】

马新贻，字谷山，山东菏泽人。道光二十七年进士，分发安徽为即用知县，实授建平知县，代理合肥知县，以勤劳明察被人所称道。咸丰三年，太平军侵扰安徽，淮南淮北的盗贼纷纷兴起，马新贻常常在征战之中。咸丰五年，随同大军攻打庐州巢湖，马新贻打败来援的贼军，接连攻破盛家桥、三河镇、柘皋等处的贼军营垒，不久攻克庐州。由于前后战功升迁为知府,赏赐花翎,任命为庐州知府。咸丰七年,捻军、太平军合兵攻陷桃镇,分兵侵扰上、下派河,马新贻在舒城攻破贼军,记名以道员任用。咸丰八年,代理安徽按察使。贼人侵犯庐州,马新贻率领地方武装出城迎击,贼人从小路插入城内,马新贻率领的部队溃散,丢失印信,发交部里讨论处分,给予革职留任。咸丰九年,母亲去世守丧,巡抚翁同书上奏请求留下他继续代理按察使。咸丰十年,钦差大臣袁甲三为马新贻奏请官复原职。咸丰十一年,翁同书再次上奏保荐,诏命以道员候补。父亲去世守丧,袁甲三再次奏请把新贻留在军中。同治元年,随同大军克复庐州,在寿州吴山庙击败贼军,加封按察使衔,代理安徽布政使。苗沛霖叛变,马新贻随同代理巡抚唐训方守卫蒙城,屡屡击破贼军。同治二年,实授安徽按察使,不久升为布政使。

同治三年,升迁为浙江巡抚。浙江平定不久,百姓的困难处境还没有恢复,马新贻来到,上奏朝廷免去积欠的赋税。四年,又上奏减去杭州、嘉兴、湖州、金华、衢州、严州、处州七府加收的钱粮糙米,又请求废除漕运中各种巧立名目的费用,同治批准了,下诏把这些规定刻在石碑上永远禁止。修筑海宁的石塘、绍兴的东塘,修浚三江口。岐海是盗贼的巢穴,马新贻派兵搜捕,抓住了他们的头子。马新贻又厚待读书人,当时城里各个书院都重新招生复课,读书人纷纷前来学习,马新贻把他们看作自己的子弟一样,从优给予补助以示奖励。严州、绍兴遭受水灾,免除赋税发放赈济都审核属实,使水灾没有造成危害。台州民风强悍,动不动就聚械斗,马新贻上奏:"地方官害怕受到议处,总是顾虑重重私下了结。请求今后有隐瞒不上报的要给予参劾处分;如果仅仅是不了解情况,就可以宽免,但还是要责成他们逮捕处置。"朝廷发交部里讨论实行。象山、宁海有一片禁界地区叫作南田,方圆几百里,附近海里的强盗丘财青等都窝藏在里边,马新贻派兵抓到了丘财青以法处置,南田这才安定。黄岩总兵刚安泰出海搜捕海盗,反而被海盗所杀,马新贻派遣副将张其光等人袭击杀死五十多名海盗。同治因为马新贻没有能够事先防备,发交官员们议处。嘉兴、湖州的北部和苏州接界的地带,都是水乡,在兵乱的时候,百姓为了自卫在船上带枪,叫作"枪船",久而久之就聚赌抢劫成为百姓的祸害。马新贻会同江苏巡抚郭柏荫督率兵士抓获杀掉了他们的头子以及最凶悍的党徒几十人,枪船的危害才被清除。

调升闽浙总督。同治七年,调任两江总督,兼任通商大臣。上奏说:"总督的直属部队虚弱,不能使根本强壮。请求挑选各营的兵士二千五百人驻屯在江宁,亲自加以训练。"把这些兵士编为五个营,命令总兵刘启发督率搜捕,盗贼才逐渐平息。宿迁设立水、旱两个关卡,淮安关在蒋坝又设立分关,都成为商人的沉重负担。马新贻上奏说:"蒋坝是安徽凤阳关所管辖的地界,淮安关远隔着洪泽湖,不应该设立分关。应当命令淮安关的监督重新明确过去的规定,严厉禁止勒索。宿迁的旱关不是过去规定设立的,征税的数字也很小,请求下令裁撤,专由水关征税。"朝廷同意了。幅匪高归等人在山东、江苏交界的地方占据堤内的围地,抢劫百姓,马新贻抓获杀死了他们的头子。

同治九年七月,马新贻到官署的西偏道检阅射箭,检阅完了步行回官署。刚刚到达门口,有一个叫张汶祥的人突然冲上前来,假装好像递上状纸,抽出短刀直刺马新贻,刺中腋下,第二天就死了。将军魁玉把情况上奏,皇帝震动哀悼,赐予抚恤,追赠太子太保,给予骑都尉兼云骑尉的世袭官职,谥号为端愍。命令魁玉代理总督,严厉审讯张汶祥,供词屡次反复变化。给事中王书瑞上奏请求穷根究底地追查主谋,朝廷命令漕运总督张之万会同审讯。张之万等把供状呈交朝廷,大致说:"张汶祥曾经参加过太平军,又私下和海盗勾结,马新贻做浙江巡抚时,逮捕杀死了南田的海盗,他的同党大多被杀戮,妻子被人抢走。马新贻到宁波阅兵,张汶祥告状没有被批准,因此而怀有仇恨,没有别人指使。请求以大逆不道定罪。"朝廷又命令刑部尚书郑敦谨快马赶往江南,会同总督曾国藩再次审批,仍然和原来的判决一样,张汶祥被处以凌迟,并且把他的儿子斩首。皇帝批准了。

马新贻在安徽、浙江做官都能得到民心,治理两江是继曾国藩的后任,擅长综合分析,查核实际,安抚百姓不加打扰。江宁、安庆、杭州、海塘都为他立专祠祭祀。

冯子材传

【题解】

冯子材(1818~1903)清末将领。字南干,号萃亭,一作翠亭。广东钦州(今广西钦州县)人。行伍出身。早年曾随张国梁镇压太平军,升至提督。光绪八年(1882)退职。1884年法国侵略军进犯滇桂边境时,以广东高、雷、钦、廉四府团练督办参加抗战。次年二月,任广西关外军务帮办,在当地人民支持下,率领王孝祺、王德榜、苏元春等部,在中越边境抗击法国侵略者。镇南关(今友谊关)一役,冯子材年届七十,犹能奋不顾身,冲入敌阵肉搏,取得大捷。接着又在谅山等地大败法军。正要乘胜进军,朝廷下诏罢战。后历任广西、云南、贵州提督等职。谥号勇毅。

【原文】

冯子材,字翠亭,广东钦州人。初从向荣讨粤寇,补千总。平博白,赐号色尔固楞巴图鲁。改隶张国梁麾下,从克镇江、丹阳,尝一日夷寇垒七十余。国梁拊其背曰:"子勇,余愧弗如!"积勋至副将。国梁殁,代领其众。取溧水,擢总兵。

同治初,将三千人守镇江。时江北诸将多自置卡榷厘税,子材曰:"此何与武人事?"请曾国藩遣官司之。所部可两万,饷恒诎,无怨言。莅镇六载,待士有纪纲,士亦乐为所用。寇攻百余次,卒坚不可拔。事宁,擢广西提督,赏黄马褂,予世职。赴粤平罗肃,移师讨黔苗,克全茗、感墟。九年,出镇南关,攻克安边、河阳,凯旋,再予世职。光绪改元,赴贵州提督任。七年,还广西。明年,称疾归。

越二年,法越事作,张树声薪其治团练,遣使往趣驾。比至,子材方短衣赤足、携童叱犊归,启来意,却之。已,闻树声贤,诣广州,适张之洞至,礼事之,请总前敌师干卫粤、桂。逾岁,朝命佐广西边外军事。其时苏元春为督办,子材以其新进出己右,恒悒悒。闻谅山警,亟赴镇南关,而法军已焚关退。龙州危棘,子材以关前隘跨东西两岭,备险奥,乃令筑长墙,萃所部扼守,遣王孝祺勤军军其后为犄角。敌声某日攻关,子材逆料其先期至,乃决先发制敌。潘鼎新止之,群议亦不欲战。子材力争,亲率勤军袭文渊,于是三至关外矣。宵薄敌垒,斩馘多。

法悉众分三路入,子材语将士曰:"法军再入关,何颜见粤民?必死拒之!"士气皆奋。法军攻长墙亟,次黑兵,次教匪,炮声震山谷,枪弹积阵前厚寸许。与诸军痛击,敌稍却。越日复涌至,子材居中,元春为承,孝祺将右,陈嘉、蒋宗汉将左。子材指麾诸将使屹立,遇退后者刃之。自开壁持矛大呼,率二子相荣、相华跃出搏战。诸军以子材年七十,奋身陷阵,皆感奋,殊死斗。关外游勇客民亦助战,斩法将数十人,追至关外二十里而还。越二日,克文渊,被赏赉。连复谅城、长庆,擒斩三画、五画兵总各一,乘胜规拉木,悉返侵地。

越民苦法虐久,闻冯军至,皆来迎,争相犒问,子材招慰安集之,定剿荡北圻策。越人争立团,树冯军帜,愿供粮运做向导。北宁、河内、海阳、太原竞响,子材亦毅然自任。于是率全军攻郎甲,分兵袭北宁,而罢战诏下,子材愤,请战,不报,乃挈军还。去之日,越人啼泣遮道,子材亦挥涕不能已。入关至龙州,军民拜迎者三十里。命督办钦、廉防务,会办广西军务,晋太子少保,改三等轻车都尉。

十三年,讨平琼州黎匪,降敕褒嘉。调云南提督,称疾暂留。二十年,加尚书衔。值中日失和,命募旧部至江南待调发。和议成,还防。二十二年,赴本官。二十六年,入省筹防,会拳乱作,请募劲旅入卫,上嘉其忠勇,止之。逾岁,调贵州。二十八年,病免。明年,广西土寇蜂起,岑春煊檄其出治团防。方募练成军,率二子以进,而遘疾困笃。未几,卒,年八十六,谥勇毅,予建祠。

子材躯干不逾中人,而朱颜鹤发,健捷虽少壮弗如。生平不解作欺人语,发饷躬自监视,偶稍短,即罪司军糈者。治军四十余年,寒素如故。言及国梁,辄涔涔泪下,人皆称为良将云。

【译文】

冯子材,字翠亭,广东钦州人。最初跟从向荣讨伐广东的匪寇,补为定中千总。平定博白后,朝廷赐封号为色尔固楞巴图鲁。继而改隶于张国梁麾下,随从张国梁攻克镇江、丹阳两地,曾经一日之内率部队夷平敌寇堡垒七十余座。张国梁拍着他的肩膀说:"你如此勇敢,我惭愧不如你啊!"积累勋功,官升到副将职位。张国梁死后,替代张国梁统率他的部队。攻取溧水后,擢升为总兵。

同治初年,冯子材率领三千人守卫镇江。当时江北诸将领多擅自设置关卡,收取关税。冯子材说:"这和当兵的有什么相干呢?"请求曾国藩派遣有关官员专门负责关税之事。冯所属的部队大约有两万人,兵饷老是短缺,但冯从无怨言。冯子材坐镇镇江六年,对待士兵很有法度,士兵也都乐于听从冯子材的派遣使用。敌寇攻打镇江一百余次,始终因镇江城防守坚固而没有攻下。事态平息后,提升冯子材为广西提督,赏赐他黄马褂,授予世袭职务。后冯子材到广东平定罗肃，又移师讨伐贵州的苗族，攻克全茗、感墟。同治九年率军出镇南关，攻克安边、河阳、凯旋，再次被授予世袭职位。德宗即位改元光绪，冯子材到贵州就任提督。光绪七年，回到广西。第二年，自称有疾病回归故里。

又过了两年，法国人在中越边界频频挑衅，张树声请求冯子材帮助治理团练，派人前去请驾。使者到达时，冯子材正身穿短衣，赤着双足，带着童仆，吆喝着耕牛从田里回来。使者说明了来意，冯子材谢绝了邀请。过了些时候，冯子材听说张树声是个贤德的人，便来到广州。恰逢张之洞也到广州，对冯子材以礼相待，请冯子材总领前敌部队武装护卫广东、广西两省。过了一年，朝廷任命他辅佐广西边境外的军事。当时苏元春为广西督办，冯子材因为苏入宦时间不长却位居自己之上而经常郁郁不乐。听到谅山危急的警报后，立即赶赴镇南关，但法军已将镇南关烧毁并主动撤退了。龙州危急时，冯子材认为镇南关前方道口狭隘并跨东西两岭，极备险峻之势，便命令士兵在那里筑起一道长墙，集中自己的部队加以扼守，同时派遣王孝祺的勤王部队驻在关后与自己互为犄角。敌军声称在某日将来攻打关隘，冯子材猜度敌人一定会先期到达，于是决定先发制人。潘鼎新阻止这件事，大家的意见也不想打。冯子材极力相争，亲自率勤王部队袭击文渊，这样他第三次到了镇南关外。晚上时紧逼近敌军营垒，斩杀了不少敌人。

法国人把全部兵力分成三路进攻，冯子材对将士们说："法军如果再次进入关内，我们还有什么脸面见两广的父老乡亲？一定要誓死抵抗敌军！"将士们士气非常激奋。法军攻打长墙十分急迫，依次用非洲雇佣兵和当地教匪轮流攻击，炮声在山谷震荡，枪弹落到阵前积攒有一寸多厚。冯子材与诸路将士痛击敌人，敌人才逐渐退却。第二天法军又蜂拥而至，冯子材居中，苏元春后作援，王孝祺率领右路，陈嘉、蒋宗汉指挥左路。冯子材用军旗指挥将士使者，叫他们屹立关前，遇到临阵退却的便立斩勿论。冯子材亲自打开营寨的大门，手持长矛大声呼叫着，率领自己的两个儿子冯相荣、冯相华飞奔出去，与敌人展开肉搏。将士们看到冯子材已年届七十，仍奋不顾身，冲入敌阵，都非常感奋，因而都与敌作殊死搏斗。关外的游兵散勇和客家人也纷纷前来助战，斩杀法军将领数十人，追杀敌军至关外二十里以远才返回。过了两天攻克了被法军侵占的文渊，受到赏赐。后又接连收复了谅城、长庆，擒获斩杀了三划、五划军衔的兵总各一人，乘胜重新分划了拉木的归属，收复了全部的失地。

越南的老百姓受法军的暴虐已经很久了，听说冯子材的部队来了，就全部出来迎接，争相犒劳慰问。冯子材把百姓召集起来给予抚慰，又定下了剿荡北圻的军事策略。越南人还争相建立民团，树冯子材军的旗帜，并自愿为冯子材部队提供粮食、运输，作向导。北宁、河内、海阳、太原等地民众竞相响应，冯子材也毅然勇担重任。于是率领部队攻打郎甲，又分兵袭击北宁。这时朝廷停战求和的诏书传到，冯子材很愤慨，请求继续作战，但没有得到批准，只好率部队撤回。离开越南的那天，越南百姓都哭着来送行，人多得挤满了道路，冯子材也不能自禁，挥泪与越南百姓告别。进关到龙州，军民跪拜迎候长达三十里。皇帝诏令冯子材督办钦州、廉州防务，并参与办理广西军务，晋升为太子太保，改授三等轻车都尉。

光绪十三年,冯子材平定了琼州黎族的叛乱,皇帝特下敕令嘉奖表彰。调他到云南任提督,他称身体有病暂时留在广西。二十年,加封尚书衔。当时正值中日双方关系紧张,朝廷命令冯子材去招募旧部到江南集结,随时准备调发。不久,中日和谈成功,冯子材回防广西。二十二年,赴云南任提督。二十六年,入省筹划防务事宜,正巧义和拳在京津闹事作乱,冯子材奏请让他招募劲旅进京护卫,皇帝称赞了他的忠诚勇敢,但没有同意这样办。过了一年,调往贵州。二十八年,冯子材因病被免去官职。第二年,广西各地的土寇纷纷起事,岑春煊请冯子材出来训练团防。冯子材刚刚募集了人马,将其训练成军,并带了两个儿子想进送给岑春煊时,他的老病发作并加重了。不久便去世,享年八十六岁。皇帝赐谥号勇毅,并予以建祠祭祀。

冯子材身材不超过中等之人,但朱颜鹤发,其强健敏捷即使是少壮之人也比不上他。他生平不知道说欺人之语,给兵士们发饷钱时总是亲自监视,偶有稍微短缺、克扣的,立即给掌管军饷的人治罪。冯子材治理军务四十多年,一直过着清贫朴素的生活。一说到张国梁,他就涔涔泪下,不忘旧恩人,人们都称道冯子材是一个难得的良将。

邓世昌传

【题解】

邓世昌(1855~1894)清末著名海军将领。字正卿,广东番禺人。少年时曾跟西人学过数学。后进福建水师学堂,擅长测量和驾驶。毕业后先后在广东、福建任舰船管带及千总、守备等职。后李鸿章将其调北洋。曾随丁汝昌去英国购买舰船,借机又学习了海战技术。回来后出任致远号巡洋舰管带。光绪十四年(1888),随丁汝昌到台湾镇压当地少数民族的起义,升为总兵。旋又升为海军中军副将。光绪二十年(1894)中日甲午战争爆发。9月17日,邓世昌指挥致远号参加北洋海军在黄海与日军的大决战。经过一番激战后,致远号弹尽舰伤,邓世冒乃与将士互相激励,誓与敌人战死。邓下令舰船全速前进去猛撞敌舰吉野,但不幸被鱼雷击中。邓世昌与全舰官兵二百五十人一起壮烈牺牲。年仅三十九岁。谥壮节。

【原文】

邓世昌,字正卿,广东番禺人。少有干略,尝从西人习布算术。既长,入水师学堂,精测量、驾驶。光绪初,管海东云舰,微循海口。日本窥台湾,扼澎湖、基隆诸隘,补千总,调管振威舰。以捕海盗,迁守备。李鸿章治海军,高其能,调北洋。从丁汝昌赴英购铁舰,益详练海战术。八年,朝鲜内乱,复从汝昌泊仁川,为吴长庆陆军后距。事宁,迁游击,赐号勃勇巴图鲁。管扬威快舰,往来天津、朝鲜;冬寒冰冱,巡视台、厦海防。寻充经远、致远、靖远、济远四船营务处,兼致远管带。

十四年，台湾生番叛，以副将从汝昌往讨。战埤南，毁其碉寨，擢总兵。时定海军经制，借补中军副将，而以汝昌为提督，其左右翼总兵则闽人林泰曾、刘步蟾也。汝昌故不习海战，威令不行。独世昌以粤人任管驾，非时不登岸，闽人咸嫉之。

二十年夏，日侵朝，绝海道。鸿章令济远、广乙两船赴牙山，遇日舰，先击，广乙受殊伤；轰济远，都司沈寿昌，守备杨建章、黄承勋中炮死。济远逃，日舰追之，管带方柏谦竖白帜，追益亟，有水手发炮击之，折日舰了楼，柏谦虚张胜状，退塞威海东西两口。世昌愤欲进兵，汝昌尼其行，不果。已而日舰集大连湾，窥金州，我国海军乃大发，泊鸭绿江大东沟，以铁舰十当敌舰十有二。汝昌乘定远居中，列诸船左右张两翼。日舰鱼贯进，据上风，汝昌令轰击，距远不能中。日舰小，运棹灵，倏分倏合，弹雨垄集，定远被

邓世昌纪念馆

震，大纛仆。世昌见帅旗没，虑军心摇，亟取，致远纛竖之。战良久，定远击沉其西京丸，我之超勇毁焉。

世昌乘致远，最猛鸷，与日舰吉野浪速相当。吉野，日舰之中坚也。战既酣，致远弹将罄，世昌誓死敌。将士知大势败，阵稍乱，世昌大呼曰："今日有死而已！然虽死而海军声威弗替，是即所以报国也！"众乃定。世昌遂鼓轮怒驶，欲猛触吉野与同尽，中其鱼雷，锅船裂沉。世昌身环气圈不没，汝昌及他将见之，令驰救。拒弗上，缩臂出圈，死之。其副游击陈金揆同殉，全船二百五十人无逃者。经远管带总兵林永升、超勇管带参将黄建寅、扬威管带参将林履中并殒于阵。

事闻，世昌谥壮节，余皆优恤。世昌既死，诸船或沉或逃，遂不复成军。世昌临战以忠义相激励，死状尤烈，世与左宝贵并称双忠云。

【译文】

邓世昌，字正卿，广东番禺人。少年时就有办事的才干和心计，曾经跟西洋人学习数学。长大后，进水师学堂学习，精通于测量、驾驶。光绪初年，担任海东云号舰舰长，在海口一带巡查缉捕盗贼。日本窥伺台湾，邓世昌负责守卫澎湖、基隆等要地，并补为千总，调任振威号舰长。因为要缉捕海盗，又升为守备。不久李鸿章负责管理海军，认为邓世昌才能出众，就将他调往北洋水师。邓世昌跟了丁汝昌到英国购买军舰，通过参观学习，更加明白了训练海战的技术。光绪八年，朝鲜发生内乱，邓世昌又跟了丁汝昌驾舰到仁川停泊，作为陆军吴长庆的后援部队。战乱平息之后，升为游击，赐勇号勃勇巴图鲁，管扬威号快舰，来往于天津、朝鲜之间。冬天寒冷，海面都结了冰，邓世昌便南下巡查台湾、厦门一带的海防。不久受命负责经远、致远、靖远、济远四艘战舰营务处事务，并兼致远

号舰长。

光绪十四年，台湾的土著居民反叛，邓世昌以副将身份跟随丁汝昌前往征讨。和叛军在埤南交战，邓世昌摧毁了他们的碉堡庄寨，被提升为总兵。这时正好在制定建立海军建制，便借此机会将邓世昌补为中军副将，丁汝昌则为提督，海军的左右翼总兵分别是福建人林泰曾和刘步蟾。丁汝昌一向不熟悉海战，因此他的命令部下不能很好执行。只有邓世昌是广东人，又担任舰船总管，不到规定的时间决不让士兵上岸，因此福建人都很嫉妒他。

二十年夏，日军侵袭朝鲜，封锁住了海上通道。李鸿章命令济远、广乙两船开往牙山。途中遭遇日方军舰，敌人先开炮，广乙号遭严重创伤；日舰又炮击济远号，都司沈寿昌，守备杨建章、黄承勋中弹牺牲；济远号返转逃跑，日舰在后追赶，管带方柏谦竖起白旗表示投降，日舰见后追得更急，这时济远号上有一水手向日舰开炮射击，击毁了日舰的指挥中枢了楼。方柏谦夸张吹嘘了他的胜利战绩，返航后堵塞住了威海的东、西两处出海口。邓世昌气愤地要求出兵进攻，丁汝昌则阻止他的行动，没有让邓出击。不久，日本军舰集结大连湾，窥伺金州，我海军于是大举进发，停泊在鸭绿江的大东沟一带，以十艘大军舰对抗十二艘敌舰。丁汝昌乘坐定远号居中指挥，将其他舰船排列左右作为两翼。日军舰船首尾相接鱼贯而进，占据了上风，丁汝昌命令开炮轰击，但距离太远没有击中。日军舰船体积小，调头灵活，一会儿分开一会儿集中，弹雨聚集，定远号被击得震动，舰上的大旗倒下了。邓世昌见指挥各舰作战的帅旗没有了，担心各舰见后军心动摇，就急忙取出致远的大旗竖起来。双方交战很长时间，定远号击沉了日军的西京丸，而我方的超勇号也被击毁。

邓世昌驾驶的致远号，最为凶猛，它和日方军舰吉野号在海洋中的速度相当。吉野，是敌舰中的主力舰。战斗正激烈的时候，致远号的炮弹即将用完了，邓世昌发誓要和敌人一同死去。将士们知道大势已去，要失败了，阵脚有些混乱，邓世昌大呼说："今天只有一死而已！但是即使我们战死，也不能让我们海军的声威受到影响，这就是我们用来报效祖国的方式了。"众将士于是安定下来。邓世昌就驾驶军舰急驶向前冲去，想猛撞吉野号和它同归于尽，但不幸中了鱼雷，主机房炸裂，船沉了下去。邓世昌身上带了救生圈没有沉下去，丁汝昌和其他将士看见了，急命舰船开过去救援。但邓世昌拒绝上船，将双臂蜷缩让救生圈脱出，沉水而亡。致远号副游击陈金揆和邓世昌同时殉难，全船二百五十人没有一人弃船逃跑的。经远号管带总兵林永升、超勇号管带参将黄建寅、扬威号管带参将林履中也一起战死在战场。

事情奏报给皇帝，光绪帝赐邓世昌谥号为壮节，其余人都给予优厚的抚恤。邓世昌死后，其他的舰船有的给敌人击沉，有的逃走，终于不复成军。邓世昌在临战时以忠节义气与众将士互相激励，以身殉国的景状尤为壮烈，世人有把他和左宝贵并称为"双忠"的说法。

谭嗣同传

【题解】

谭嗣同(公元1865~1898年),字复生,号壮飞,湖南浏阳人。其父谭继洵曾官至湖北巡抚。谭嗣同九岁时从欧阳中鹄读书,喜经世致用之学,思想受到王夫之、黄宗羲以及早期改良主义者龚自珍、林则徐、魏源等的影响。1884年入新疆巡抚刘锦棠幕,以后曾往来于直、新、甘、陕、湘、鄂等省,结交各地名士。他又读了江南制造局和广学会翻译的西方自然科学、社会科学等著作,主张"变法图治"。1897年在长沙和他人创办时务学堂,设南学会,成为维新运动时期杰出的思想家、十九世纪末期改良主义政治运动中的激进分子、反封建文化思想斗争中的杰出人物,在湖南的变法运动中表现积极。1898年被光绪帝召入京师,参与变法事宜。慈禧太后发动政变,夺取光绪帝的政权,变法失败,他和刘光第、林旭等被捕牺牲。所著有《仁学》等哲学著作。

【原文】

谭嗣同,字复生,湖南浏阳人。父继洵,湖北巡抚。嗣同少倜傥有大志,文为奇肆。其学以日新为主,视伦常旧说若无足措意者。继洵素谨饬,以是颇见恶。嗣同乃游新疆刘锦棠幕,以同知入赀为知府,铨江苏。陈宝箴抚湖南,嗣同还乡佐新政。梁启超倡办南学会,嗣同为长之。届会期,集者恒数百人,闻嗣同慷慨论时事,多感动。

光绪二十四年,召入都,奏对称旨,擢四品卿、军机章京。四人虽同被命,每召对,嗣同建议独多。上欲开懋勤殿,设顾问官,令嗣同拟旨,必载明前朝故事,将亲诣颐和园请命太后。嗣同退谓人曰:"今乃知上绝无权也!"时荣禄督畿辅,袁世凯以监司练兵天津。诏擢世凯侍郎,召入见。嗣同尝夜诣世凯有所议。明日,世凯反天津。越晨,太后自颐和园还宫,收政权。启超避匿日本使馆,嗣同往见之,劝嗣同东游。嗣同曰:"不有行者,无以图将来;不有死者,无以酬圣主。"卒不去。未几,斩于市。著有《仁学》及《莽苍苍斋诗集》等。

谭嗣同

谭嗣同字复生,湖南浏阳人。父亲谭继洵,曾任湖北巡抚。谭嗣同少年时卓越豪迈有远大的志向,写的文章奇特奔放。他对学习以日日更新为主,对伦理道德的旧说法好像不足以留意。谭继洵一向谨慎周到,因此很不满意。谭嗣同便去新疆刘锦棠的幕府游历,以同知身份捐资成为知府,铨选到江苏任职。陈宝箴任湖南巡抚时,谭嗣同回湖南帮助陈宝箴办理新政。梁启超倡办南学会,谭嗣同担任会长。每当南学会开会时,参加会议的经常有几百人,听谭嗣同慷慨激昂谈论时局时,很多人为之感动不已。

光绪二十四年,谭嗣同被召到北京,在奏对时很合光绪帝的旨意,被提职为四品卿、军机章京。他和杨锐、刘光第、林旭等四人虽然一同被任命,但每次受召奏对时,只有谭嗣同的建议最多,光绪帝要开懋勤殿,设立顾问官,命令谭嗣同草拟圣旨,必定写明前朝的典故,将亲自到颐和园向慈禧太后请命。谭嗣同退朝以后对别人说:“现在才知道皇上绝对没有权力!”当时荣禄任直隶总督,袁世凯以监司身份在天津训练新军。光绪帝下诏提升袁世凯为侍郎,召他入朝觐见。谭嗣同曾经在晚上去袁世凯那里商议事情。第二天,袁世凯从北京返回天津。明天早晨,慈禧太后从颐和园回到宫里,从光绪帝手中收回一切政权。梁启超躲进日本使馆,谭嗣同去见他,他劝谭嗣同东渡日本。谭嗣同说:“没有起而行动的人,无法计划将来;没有敢于牺牲的人,无法报答圣天子。”最终也不肯出走。不多久,便被在街头上处死。谭嗣同的著作有《仁学》和《莽苍苍斋诗集》等。

毓贤传

【题解】

毓贤是晚清有名的酷吏,但是《清史稿》的作者把他的生平事迹重点放在支持义和团仇军杀教士上,谴责他“逢君之恶”。毓贤的残酷,传记中只说了一句“善治盗,不惮杀戮”,但是在1903年发表的《老残游记》,作者刘鹗支以极大的愤慨揭露了此人的暴政,在署理曹州知府不到一年的时间里,衙门前的“站笼”就站死了两千人,其中百分之九十五以上是无辜的百姓。也正由于此,他受到赏识,一步一步飞黄腾达。《老残游记》写毓贤,不但毫无隐讳,而且连姓名也只用同音字,“玉贤”,字“佐臣”。

【原文】

毓贤,字佐臣,内务府正黄旗汉军,监生。以同知纳贫为山东知府。光绪十四年,署曹州,善治盗,不惮斩戮。以巡抚张曜奏荐,得实授,累迁按察使,权布政使。二十四年,调补湖南,署江宁将军。裁革陋规万余两,上闻而嘉之。

是时李秉衡抚山东,适有大刀会仇西教,秉衡奖借之,戕德国二教士。廷议以毓贤官鲁久，谙河务，擢代之。既莅事，护大刀地会力。匪首朱红灯构乱，倡言灭教。毓贤令知府卢昌诒按问，匪击杀官军数十人，自称义和拳。毓贤为名曰"团"，团建旗帜，皆署"毓"字。教士乞保护，置勿问。匪浸炽，法使诘总署，乃征还。至则谒端王载漪、庄王载勋、大学士刚毅，盛言拳民忠勇得神助。俄拜山西巡抚之命，于是拳术渐被山西。平阳府县上书言匪事，毓贤痛斥之，匪益炽。毓贤更命制钢刀数百，赐拳童令演习，其酋出入抚署，款若上宾。

居无何，朝旨申命保教民，毓贤阳遵旨，行下各县文书稠叠，教士咸感悦。未几，又命传致教士驻省城，曰："县中兵力薄，防疏失也。"教士先后至者七十余人，乃扃聚一室，卫以兵，时致蔬果。一日，毓贤忽冠服拜母，泣不可止，曰："男勤国事，不复能顾身家矣！"问之不语。遽出，坐堂皇，呼七十余人者至，令自承悔教，教民不肯承，乃悉率出斩之，妇孺就死，呼号声不忍闻。

联军既陷天津，毓贤请勤王，未及行，朝旨趣之再。两宫已西幸，毓贤遇诸途，遂随扈行。和议成，联军指索罪魁。中外大臣复交章论劾，始褫职，戍新疆。十二月，行抵甘肃，而正法命下。时李廷箫权甘督。

廷箫，籍湖北黄安。以进士累官山西布政使，尝附毓贤纵匪。至是得旨，持告毓贤，毓贤曰："死，吾分也，如执事何？"廷萧虑遣及，元旦仰药死。兰州士民为毓贤呼冤，将集众代请命，毓贤移书止之。其母留太原，年八十余矣。一妾从行，令自裁。逾数日，伏诛未殊，连呼求速死，有仆助断其颈，为敛而葬之。

【译文】

毓贤，字佐臣，内务府正黄旗汉军，监生。从同知出钱捐纳为山东候补知府。光绪十四年，代理曹州知府，善于办理盗劫案，毫无顾忌杀戮犯人。由于巡抚张曜保奏推荐，由代理而成为实授，逐渐升迁到按察使，代理布政使。光绪二十四年，调补湖南，又代理江宁将军。在任上裁撤革除历来的陋规一万多两，光绪知道以后加以嘉奖。

当时李秉衡做山东巡抚，正好有大刀会敌视西方的基督教，李秉衡鼓励表扬大刀会，杀死了德国的两名教士。朝廷讨论认为毓贤在山东做官的时间长，懂得治理黄河的事务，就提升他代替李秉衡。到任视事以后，袒护大刀会尤其卖力。盗匪首领朱红灯制造乱，提出要消灭洋教。毓贤命令知府卢昌诒去查查审问，盗匪攻击杀死了官军几十个人，自称为义和拳。毓贤为他们把"拳"改名为"团"，团里竖起旗帜，都写上"毓"字。传教士们请求保护，毓贤置之不理。盗匪的势力逐渐扩大，法国公使向负责外交的部门提出抗议，这才把毓贤召回京师。抵达京师以后，谒见端王载漪、庄王载勋、大学士刚毅、大肆宣扬义和拳的拳民忠诚勇敢得到天神帮助。不久毓贤被任命为山西巡抚，于是义和拳的势力逐渐遍于山西。平阳知府知县上书陈述拳匪的情况，毓贤对他们痛加斥责，拳匪的势力更加猖獗。毓贤又下令打造钢刀几万把，赏赐给义和拳中的孩子练习，义和拳中的首领在巡抚衙门进进出出，毓贤像贵宾一样款待他们。

过了没有多久，朝廷下令申述要保护教民，毓贤表面上遵奉圣旨，向各县接二连三地发送公文,传教士都感动而且高兴。没有多久,又命令传教士都集中住到省城里来,说:"县里兵力薄弱,这样做是为了防止保护者的疏忽失误。"传教士前后来到的有七十多人,毓贤就把他们关在一间屋里,派兵防卫,经常送去菜蔬水果。一天,毓贤忽然穿上正式的冠服向他母亲叩头,哭得没完没了,说:"儿子我效忠于国家,不能再顾到一身和全家了!"问他为什么这样,不回答。匆匆忙忙赶到外边,端端正正地坐着,把七十多个传教士叫来,命令他们自己承认退出教会,传教士不肯答应,于是就全部拉出去把他们杀掉,女人孩子临死以前,呼喊哭叫的声音使人不忍听到。

八国联军攻陷天津以后,毓贤请求发兵辅助朝廷,没有等到出发,朝廷已经下旨再次催促。慈禧、光绪已经离京往西走,毓贤在路上遇见慈禧、光绪,就随驾西行到了西安。与八国联军的议和条约签订,联军指名索要罪魁祸首,京内外的大臣又不断上奏章弹劾毓贤,这才把他革职,遣戍新疆。十二月,走到甘肃,把毓贤斩首的命令又已下达。当时李廷箫代理陕甘总督。

李廷箫,原籍湖北黄安。由进士出身逐渐升官到山西布政使,曾经附和毓贤放纵拳匪。到这时候得到圣旨,拿去告诉毓贤。毓贤说:"死,是我的本分,可是阁下怎么办呢?"李廷箫担心惩罚到自己,大年初一吃毒药自杀。兰州绅士百姓为毓贤鸣冤叫屈,准备聚众代为请求,毓贤写信给他们劝阻。他的母亲留在太原,已经有八十多岁了。一个侍妾跟随着他,毓贤让她自杀。毓贤被处死没有断气,连连喊叫以求快点死去,有一个仆人帮他砍断脖子,并且收尸安葬。

聂士成传

【题解】

聂士成(？~1900)清末将领。字功亭。安徽合肥人。武童出身。同治元年(1862)入淮军当把总,参加镇压太平军、捻军,升任总兵。中法战争中率军渡海守台湾,屡挫法军。光绪二十年(1894)中日甲午战争时,率军抗日。在辽东战役中扼守大高岭,收复连山关分水岭,升直隶总督,继又击毙日将富刚三造。北洋武卫军建立后,任武卫前军统帅。1900年春,在天津一带屠杀义和团。后统率武卫前军抗击八国联军入侵,在天津八里台战死。著有《东游纪程》一书。

【原文】

聂士成,字功亭,安徽合肥人。初从袁甲三军讨捻,补把总。同治初,改隶淮军,从刘铭传分援江、浙、闽、皖,累迁至副将。东捻败,赐号力勇巴图鲁,擢总兵。西捻平,晋提督。光绪十年,法人据基隆,率师渡台湾,屡战却敌。还北洋,统庆军驻旅顺。十七年,海军大阅礼成,晋头品秩。调统芦台淮、练诸军,击热河朝阳教匪,擒斩其酋杨悦春,赏黄马裦,易勇号曰巴图隆阿。明年,授山西太原镇总兵,仍留芦台治军。请单骑巡边,历东三省俄罗斯东境、朝鲜八道,图其山川阮塞,著《东游纪程》。

逾岁,日韩乱起,随提督叶志超军牙山。闻高陞兵舰毁,语志超曰:"海道梗,牙山不可守。公州背山面江,势便利。"从之。士成乃先诸军发,次成欢,遇伏,迷失道,吏士无人色。士成见二鹤立冈阜,语众曰:"彼处无隐兵也!"遂出险,往就志超。志超已弃公州行,追及之。士成议趋平壤合大军,而鸿章檄令内渡,以故平壤陷,得免议。志超逮问,宋庆接统诸军,遣士成守虎山。未几,铭军溃,诸军皆走,士成犹悉力以御。日军大集,力不支,退扼大高岭。是时辽西危棘,士成请奇兵出敌后截其运道,诸帅不从,乃自率师逼雪里站而阵。除夕,置酒饮将士,预设伏以待,日军果来袭,大败之分水岭,斩日将富刚三造。优诏褒勉,授直隶提督。

和议成,还驻芦台。北洋创立武卫军,改所部三十营为前军,与宋庆、董福祥、袁世凯并为统帅。庆、福祥用旧法训练,世凯军仿日式,士成军则半仿德式,是为武卫四军。

二十六年,拳匪乱,戕总兵杨福同,命士成相机剿办。匪焚黄村、廊坊铁轨,士成阻止之,弗应,击杀数十人。其党大恨,诉诸朝,朝旨诃责士成。时匪麇集天津可两万,遇武卫军辄诟辱,士成检勒部下毋妄动。荣禄虑激变,驰书慰解之,士成复书曰:"匪害民,必至害国!身为提督,境有匪不能剿,如职何?"乃郁郁驻杨村观变。会英、法诸国联军至,士成三分其军,一护铁路,一留芦台,而自率兵守天津。连夺陈家沟、跑马厂、八里台,径攻紫竹林,喋血八昼夜,敌来益众,燃毒烟炮,我军稍却。士成立桥上手刃退卒,顾诸将曰:"此吾致命之所也,逾此一步非夫矣!"遂殒于阵,肠胃洞流。诏赐恤。阅二载,以世凯言,赠太子少保,谥忠节,建专祠。

【译文】

聂士成,字功亭,安徽合肥人。当初跟随袁甲三的部队讨伐捻军,补了一个把总的职位。同治初年,改而归属到淮军,随从刘铭传分别援助江、浙、闽、皖的部队,一步步升到副将的职位。打败东捻后,朝廷赐封给他力勇巴图鲁的称号,提拔他为总兵。平息西捻后,又晋升他为提督。光绪十年,法国人占据基隆,聂士成率领部队渡海峡到台湾,多次出战击退敌人。返回北洋海域后,统领庆军驻防旅顺。光绪十七年,海军大阅兵典礼取得成功,聂士成再次被晋升,官至头品秩。后被调去统率芦台的淮军和练军等,镇压热河朝阳一带的教匪,生擒匪首杨悦春,并将其斩首。因这一战功,皇帝赐他黄马褂,并将勇号改为巴图隆阿。第二年,任命为山西太原镇总兵,但仍留在芦台训练军队。他请求一个人骑马去巡察边境,先后巡察了东三省与俄罗斯东部接壤的边境、朝鲜的八道,并画出了这些地方的山川地形及险要所在,著了《东游纪程》一书。

过了一年,日本发兵侵略朝鲜,聂士成随提督叶志超带领部队到牙山。得知高升号兵舰被敌击毁的消息后,聂士成对叶志超说:"现在海上通道已被阻塞,牙山已不能再固守。公州背靠山又一面临江,地势对我们方便有利。"叶志超同意。聂士成于是带部分部队先行,停驻在成欢时,遇到日军的伏击,部队迷失了方向,将吏士兵都惶恐得面无人色。

这时聂士成望见不远处的山土丘上立有两只白鹤，就对大家说："那里没有敌军埋伏！"终于摆脱险境，想向叶志超大部队靠拢。但叶志超已放弃公州跑了，聂士成追赶上他们。聂士成提议率军前往平壤和当地军队一起结集成大部队，但这时李鸿章驰令要他们回国，因此后来平壤陷落，聂士成才没有被追究责任。而叶志超则被逮捕审讯，宋庆接替叶志超统率各军，他派遣聂士成守卫虎山。没多久，铭军被敌击溃，其他各军也都逃跑，只有聂士成全力抵抗。这时日军集结大部队进攻，聂士成兵力不支，只得退守大高岭。这时辽西也处在危急状态，聂士成建议派遣小分队绕到敌人后方，出其不意袭击敌人，截断他们的运输通道，但将帅们都不同意，于是聂就自己带了人马开进到雪里站这个地方安下阵寨。除夕这一天，聂士成摆设酒宴慰劳将士，同时设下伏兵等待敌人来袭击，日军果然来偷袭，聂士成部队在分水岭大败日军，杀死日军将领富刚三造。皇帝下诏书褒勉，任他为直隶提督。

与日本议和后，聂士成率部队回驻芦台。北洋武卫军创立，将聂所辖的三十个营改为武卫军前军。聂士成与宋庆、董福祥、袁世凯同为统帅。宋庆、董福祥用旧式方法训练部队，袁世凯部队仿照日本方式，聂士成则一半仿效德国方式，这四人的部队被称为武卫四军。

光绪二十六年，义和拳作乱，杀死了总兵杨福同，朝廷便命聂士成相机行事，剿灭查办义和团。拳匪焚烧黄村、廊坊两地的铁轨，聂士成派人去阻止，义和团不听劝阻，聂士成的士兵便杀了几十名义和拳的人。义和拳为此非常痛恨聂士成，向朝廷投诉，朝廷便下旨苛责聂士成。当时义和团聚集在天津人数已达两万，遇到武卫军就加以诟骂侮辱。聂士成总是约束自己的部下不要轻举妄动。荣禄怕事态发生激变，写信给聂士成慰问劝解。聂士成在回信中说："拳匪危害老百姓，将来一定会危害国家。我身为提督，管辖区内有匪而不能剿办，还怎么样履行职责？"于是闷闷不乐而驻军杨村观察事态的变化。这时，恰逢英、法等国联军进犯此地，聂士成将自己的部队分为三部分，一部分守护铁路，一部分留守芦台，而自己亲率一部分兵马守卫天津。聂军接连夺取陈家沟、跑马厂、八里台，一直攻打到紫竹林，喋血奋战八天八夜。敌人援军愈来愈多，并燃放毒烟炮，兵士们稍稍往后退却。聂士成立在桥上杀死后退的士兵，对身边的将领说："这里是我将要死的地方，从这里后退一步就不算堂堂七尺男子汉！"聂士成最后死在了阵地前，死时腹部洞穿，肠胃都流出来了。皇帝下诏赐给抚恤。过了两年，因袁世凯进言，又赐赠聂士成太子少保衔，赐谥号忠节，并建聂士成祠庙以供祭祀。

康有为传

【题解】

康有为（公元1858~1927年），原名祖诒，字广厦，号长素，广东南海人。1879年开始接触到西方资本主义和国内刚兴起的改良思想,1891年开始撰写阐述变法理论的著作。1898年参加会试,联合各省在京会试举人一千三百余人,发起"公车上书",提出维新纲领。在京发起组织强学会,推进变法维新从事宣传组织工作。光绪帝派他在总理各国事务衙门章京上行走。戊戌变法失败后逃亡国外组织保皇会。民国建立后,他于1919年参加了张勋的复辟活动,复辟失败,保皇派瓦解。康有为原先从朱次琦受学,后来独立研求经世致用之学。他不仅接受和总结了林则徐、龚自珍、魏源的变法维新思想,还接受了西方资产阶级的进化论、民主议会思想。主要著作有《孔子改制考》《新学伪经考》《大同书》《礼运注》《论语注》《中庸注》《春秋笔削大义微言考》等。

【原文】

康有为,字广厦,号更生,原名祖诒,广东南海人。光绪二十一年进士,用工部主事。少从朱次琦游,博通经史,好公羊家言,言孔子改制,倡以孔子纪年,尊孔保教,先聚徒讲学。入都上万言书,议变法,给事中余联沅劾以惑世诬民,非圣无法,请焚所著书。中日议款,有为集各省公车上书,请拒和、迁都、变法,格不达。复独上书,由都察院代递,上览而善之,命录存备省览。再请誓群臣以定国是,开制度局以议新制,别设法律等局以行新政,均下总署议。

康有为故居

二十四年,有为立保国会于京师,尚书李端棻,学士答致靖、张百熙,给事中高燮曾等,先后疏荐有为才,至是始召对。有为极陈:"四夷交侵,覆亡无日。非维新变旧,不能自强。变法须统筹全局而行之,遍及用人行政。"上叹曰:"奈掣肘何?"有为曰:"就皇上现有之权,行可变之事,扼要以图,亦足救国。唯大臣守旧,当广召小臣,破格擢用;并请下哀痛之诏,收拾人心。"上皆韪之。自辰入,至日久始退,命在总理衙门章京上行走,特许专折言事。旋召侍读杨锐、中书林旭、主事刘光第、知府谭嗣同参预新政。有为连条议以进,于是诏定科举新章,罢《四书》文,改试策论,立京师大学堂,译书局,兴农学,奖新书新器,改各省书院为学校,许士民上书言事,谕变法。裁詹事府、通政司、大理、光禄、太仆、鸿胪诸寺,及各省与总督同城之巡抚,河道总督,粮道、盐道,并议开懋勤殿,定制度,改元易服,南巡迁都。未及行,以抑格言路,首违诏旨,尽夺礼部尚书、侍郎职。旧臣疑惧,群起指责有为,御史文悌复痛劾之。上先命有为督办官报,复促出京。

上虽亲政,遇事仍承太后意旨,久感外侮,思变法图强,用有为言,三月维新,中外震御。唯新进骤起,机事不密,遂致害成。时传将以兵围颐和园劫太后,人心惶惑。上秫谕锐等筹议调和,有"朕位且不能保"之语,语具《锐传》。于是太后复垂帘,尽罢新政。以有为结党营私,莠言乱政,褫职逮捕。有为先走免,逮其弟广仁及杨锐等下狱,并处斩。

复以有为大逆不道,构煽阴谋,颁硃谕宣示,并籍其家,悬赏拘捕。有为已星夜出都航海南下,英国兵舰迎至吴淞。时传上已幽废,且被杀,有为草遗言,誓以身殉,将蹈海。英人告以讹传,有为始脱走,亡命日本,流转南洋,遍游欧、美各国。所至以尊皇保国相号召,设会办报,集赀谋再举,屡遇艰险不少阻。尝结富有会,起事江汉,皆为官兵破获,诛其党。连诏大索,毁所著书,阅其报章者并罪之。初,太后议废帝,称病征医,久闭瀛台,旦夕不测。有为闻之,首发其谋,清议争阻,外人亦起责言,两江总督刘坤一言"君臣之分已定,中外之口难防",始罢废立。拳匪起,以灭洋人、杀新党为号,太后思用以立成,遂肇大乱,凡与有为往还者,辄以康党得奇祸。

宣统三年,鄂变作,始开党禁,戊戌政变获咎者悉原之,于是有为出亡十余年矣,始谋归国。时民军决行共和,廷议主立宪,而有为创虚君共和之议,以"中国帝制行已数千年,不可骤变,而大清得国最正,历朝德泽沦浃人心,存帝号以统五族,弭乱息争,莫顺于此"。内阁总理大臣袁世凯徇民军请,决改共和,遂下逊位之诏。有为知空言不足挽阻,思结握兵柄者以自重,颇游说当局,数年无所就。丁巳,张勋复辟,以有为为弼德院副院长。勋议行君主立宪,有为仍主虚君共和。事变,有为避美国使馆,旋脱归上海。

甲子,移宫事起,修改优待条件,有为驰电以争,略曰:"优待条件,系大清皇帝与民国临时政府议定,永久有效,由英使保证,并用正式公文通告各国,以昭大信,无异国际条约。令政府擅改条文,强令签认,复敢挟兵搜宫,侵犯皇帝,侮逐后妃,抄没宝器,不顾国信,仓卒要盟,则内而宪法,外而条约,皆可立废,尚能立国乎?皇上天下为公,中外共抑,岂屑与争,实为民国羞也!"明年,移跸天津,有为来觐谒,以进德、修业、亲贤、远佞为言。丁卯,有为年七十,赐"寿",手疏泣谢,历叙恩遇及一生艰险状,悲愤动人。时有为怀今感旧,伤痛已甚,哭笑无端。自知将不起,遂草遗书,病卒于青岛。

有为天资瑰异,古今学术无所不通,坚于自信,每有创论,常开风气之先。初言改制,次论大同,谓太平世必可坐致,终悟天人一体之理。述作甚多,其著者有《孔子改制考》《新学伪经考》《春秋董氏学》《春秋笔削大义微言考》《大同书》、《物质救国论》、《电通》,及《康子内外篇》《长兴学舍》、《万木草堂》、《天游庐讲学记》,各国游记,暨文诗集。

【译文】

康有为字广厦,号更生,原名祖诒,广东南海人。光绪二十一年考中进士,被任命工部主事。少年时跟随朱次琦游学,广博精通经学、历史,酷好公羊派的学说,谈到孔子改制时,提倡用孔子诞生年代作为历史纪年,为了尊孔,保护教诲,首先聚集了门徒讲学。赴京师呈递万言书,议论变法,给事中余联沅弹劾康有为迷惑世人欺骗百姓,诋毁圣人无法无天,请求把他所写的书都烧掉。中日甲午战争后议定条款时,康有为聚集了各省在京参加考试的举人向朝廷上奏书,请求拒绝议和、迁都、变法,被阻碍而没它上达。康有为又单独上书,由都察院代奏,光绪帝看了奏书很赞成他的看法,命令将它誊录存放以便考虑。康有为再次请求光绪帝向群臣立誓制定国家大事,开办制度局讨论新的制度,另外设立法律局等机构以推行新的政事,都发下交总理衙门讨论。

光绪二十四年，康有为在北京成立了保国会，尚书李瑞棻、大学士徐致靖、张百熙，给事中高燮曾等人，都先后上奏疏推荐康有为的才能，这时才被光绪帝召见询问。康有为极力陈述："四边的外夷交替入侵，国家随时可能灭亡，如果不实行新政变更旧法，就不能自强。变更法制必须统筹全局加以推行，遍及到用人行政等各个方面。"光绪帝感叹道："怎奈我在做事时有人故意留难牵制？"康有为说："就皇上现在手中有的权力，实行可以变法的事情，抓住要点加以谋划，也足以挽救国家。只是朝廷的大臣们都很守旧，应当广泛召见职位低的官员，破格提拔任用；另外请求陛下颁布表示哀痛的诏书，可以收拾人心。"光绪帝认为都很对。康有为从上午辰时入见，到下午太阳偏西时才退出。命令康有为在总理衙门章京上行走，特别准许他可以专门上奏折谈事情。不久光绪帝又征召侍读杨锐、中书林旭、主事刘光第、知府谭嗣同参与新政。康有为接连向光绪帝上条陈，于是皇帝下诏制定科举考试的新章程，取消考试时用《四书》中的句子作试题，改为考政策和时事，开设京师大学堂、译书局，兴力农政，奖励新的著作和新式机器，把各省的旧式书院改为学校，允许士民百姓上书言事，告谕实行新政变更旧法。裁抑詹事府、通政司、大理寺、光禄寺、太仆寺、鸿胪寺等机构，以及各省和总督同城的巡抚、河道总督、粮道、盐道，并且商议开懋勤殿，定制度，改年号换服饰，去南方巡视迁国都，还没有来得及实行，因为向朝廷进言的途径受到遏制阻碍，首先违反了诏旨，被罢去礼部尚书、侍郎的官职。守旧的大臣们感到怀疑恐惧，纷纷起来指责康有为，御史文悌又对他痛加弹劾。光绪帝先命令康有为督办官方报纸，又催促他离开北京。

光绪帝虽然亲政，但是遇到事情仍旧要秉承慈禧太后的意旨，长期以来感到受外来的欺侮，想要变更旧法力图强盛，采纳康有为的意见，用三个月的期限推行新政，国内外都引起震动和期待。但是新入仕途的人骤然起用，事机不能保密，便促成祸端。当时盛传将要用军队包围颐和园劫持慈禧太后，人心惶恐疑惑。光绪帝下朱批告谕杨锐等人筹划商议进行调和，朱批中有"朕的皇位将不能保全"的话，这些话都记载在《杨锐传》里。于是慈禧太后重新垂帘听政，罢掉所有新政。她认为康有为结党营私，用坏话淆乱国家的政事，夺去官职下令逮捕。康有为事先逃走得以幸免，他的弟弟康广仁和杨锐等人被捉住投入监狱，一并被处死。又认为康有为有犯上谋反的反判行为，制造煽动阴谋，颁布朱批谕告向国内宣示，并且没收他的家产，悬赏捕拿。康有为已经连夜离开北京乘船南下，由英国兵船迎接抵达吴淞。当时传说光绪帝已经遭到幽禁废黜，而且被杀掉，康有为便起草了遗书，立誓以身殉节，将投海自尽。英国人告诉他这些都是误传，康有为这才脱身逃走，逃亡到日本，流转去南洋，又遍游欧美各国。所到的地方都用尊皇保国作为号召，设立保皇会创办报纸，收集经费计谋再次举事，屡次遭到艰难险阻而不稍停。他曾经组织了富有会。在长江汉水一带发动事变，都被清朝官兵破获，他的同党被处死。清政府连续下令大搜捕，把他所著的书加以焚毁，阅读他主办的报纸、文章的人都一并判罪。起初，慈禧太后打算废掉光绪帝，说他生病召来医生给他看病，长久禁闭在瀛台，生命危在旦夕无法预测。康有为听到消息以后，首先揭露这个阴谋，公正的评论进行抗争劝阻，外国人也纷纷起来加以指责，两江总督刘坤一说"君臣之分已定，中外之口难防"，这样才没有废黜光绪帝。义和拳起事，用灭洋人、杀新党作为口号，慈禧太后想借义和拳树立自己的威信，便造成后来的大乱，凡是和康有为有来往的，动辄以康有为同党的罪名遭到奇祸。

宣统三年，湖北爆发革命，清朝才开放党禁，因为参加戊戌政变而获罪的人全部被免罪，这时康有为逃亡国外已经十几年了，才打算回国。当时革命军已经决定实行共和政体，清政府却主张实行君主立宪，而康有为却创议实行虚君共和政体，认为"中国的皇帝制已经实行了几千年，不能突然改变，而大清得到的国家最纯正，清代历朝的德行恩泽深入人心，保留皇帝的尊号来统率全国的五大民族，消灭战乱平息纷争，没有比这种做法更为顺当。"内阁总理大臣袁世凯遵照革命军的要求，决定改为共和政体，于是清朝政府下了皇帝退位的诏书。康有为知道空话不足以挽回阻挡这种决定，想联结握有军权的人以加强自己的地位，对当时的执政者进行游说，经过几年而一无所成。民国六年，张勋复辟，任命康有为担任弼德院副院长。张勋打算实行君主立宪制度，康有为仍旧主张虚君共和政体。张勋复辟失败，康有为逃到美国使馆，不久便脱身回到上海。

民国十三年，驱逐溥仪出宫的事件发生，修改对清朝废帝的优待条件，康有为打电报到北京进行力争，大意说："优待条件，是大清皇帝和民国临时政府共同议定的，永远有效，由英国大使保证，并且用正式公文通告各国，用来昭示重要的信用，无异是国际条约。现在政府擅自改变条文，强迫对方签字认可，还胆敢带兵进宫搜查，侵犯皇帝，欺侮并驱逐后妃，查抄没收宫中的宝贝器物，不顾国家的信誉，仓促之间签订协定，那么以后国内的宪法，国际上的条约，都可以立即废除，这样还能够立国吗？皇上是天下为公，中国和外国共同敬仰，难道值得和你们相争。实际上是为民国感到羞耻！"第二年，溥仪移居天津，康有为从上海到天津拜见溥仪，用进德、修业、亲贤、远佞作为进言。民国十六年，康有为七十岁时，溥仪写了"寿"字赏赐给他，康有为亲笔上疏给溥仪表示感泣拜谢，一一叙述了清朝皇帝对自己的恩遇和个人一生艰难险阻的状况，写得悲愤动人。当时康有为怀今感旧，极其悲伤痛苦，无缘无故地忽哭忽笑。康有为自己知道病好不了，便起草了遗书，在青岛病逝。

康有为的天资奇异，对古今的学术无所不通，自信很坚定，常常有独创的见解，能够开风气之先。首先谈改制，其次谈论大同世界，认为太平盛世一定可以很容易地达到，最终领悟到天道和人事的关系互为一体的道理。康有为撰写的作品很多，著作有《孔子改制考》《新学伪经考》《春秋董氏学》《春秋笔削大义微言考》《大同书》《物质救国论》《电通》以及《康子内外篇》《长兴学舍》《万木草堂》《天游庐讲学记》，还有各国的游记以及文集、诗集。

洪秀全传

【题解】

洪秀全(1814~1864),太平天国领袖。广东花都区人。1814年1月1日出生在农民家庭,少年时接受传统封建教育,18岁当塾师。三次应科举试不中。鸦片战争后,社会矛盾激化,他吸取西方基督教教义中的平等思想,在1843年6月创拜上帝会。1844年4月和冯云山到广西贵县等地传教,11月回花县,随后在乡居两年中写成《原道救世歌》《原道醒世训》《原道觉世训》等文献,奠定了太平天国运动的理论基础。1847年他和冯云山在广西桂平市紫荆山建立拜上帝会总根据地,吸收杨秀清、萧朝贵、韦昌辉、石达开等组成领导核心。1851年1月11日,在桂平金田村发动起义,国号称太平天国,起义军称太平军。3月在武宣县东乡称天王。9月,攻克永安,12月诏封东、西、南、北、翼诸王,各王受东王杨秀清节制。此后转战桂、湘、鄂、赣、皖等省,1853年3月定都南京,称天京。入京后深居王宫,讲礼仪,图尊荣。5月,派兵北伐、西征。1854年初,颁布《天朝田亩

洪秀全雕像

制度》,规定农民平分土地办法,建立乡官制度。1856年4月至6月,破清军江北和江南大营。9月发生杨、韦事件,次年石达开出走。他提拔陈玉成、李秀成、洪仁玕等人建立新的领导核心,扭转了被动局面,1859年旨准颁行洪仁玕的《资政新篇》,1860年5月再破江南大营,乘胜进取苏南、浙江。第二次鸦片战争后,中外反动派加紧进攻太平天国,他缺乏积极的防御措施,滥封王爵,迷信"天父"。天京被围后,拒绝"让城别走"建议,食野草充饥,困守孤城。1864年6月1日,天京沦陷前夕病逝(一说病中服毒自尽)。

本篇将太平天国、太平军的兴衰存亡史集于洪秀全一传,在记述农民起义领袖洪秀全个人的悲壮历史的同时,带出杨秀清、冯云山、萧朝贵、韦昌辉、石达开、陈玉成、李秀成、李侍贤等一系列人物的人生经历和不同面貌,和一般列传着重记述传主一生经历的写法有点不同。

【原文】

洪秀全,广东花县人。少饮博无赖,以演卜游粤、湘间。有朱九畴者,倡上帝会,亦名

三点会,秀全及同邑冯云山师事之。九畴死,众以秀全为教主。官捕之急,乃往香港入耶稣教,藉抗官。旋偕云山传教至广西,居桂平。时秀全妹婿萧朝贵及杨秀清、韦昌辉皆家桂平,与相结纳。贵县石达开亦来入教。秀全尝患病,诡云病死七日而苏,能知未来事。谓:"上帝召我,有大劫,惟拜上帝可免。"凡会中人男称兄弟,女称姊妹,欲人皆平等,托名西洋教。自言通天语,谓天父名耶和华,耶稣其长子,己为次子。嗣是辄卧一室,禁人窥伺,不进饮食,历数日而后出。出则谓与上帝议事,众皆骇服。复造《宝诰真言》诸伪书,密为传布。潜蓄发,藏山菁间。嗾人分赴武宣、象州、藤县、陆川、博白各邑,诱众入会。

初,粤西岁饥多盗,湖南雷再浩、新宁李沅发复窜入为乱。粤盗张家福等各率党数千,四出俘劫。秀全乘之,与杨秀清创立保良攻匪会,练兵筹饷,归附者益众。桂平知县诱而执之,搜获入教名册十七本,巡抚郑祖琛不能决,遂释之。秀全既出狱,秀清率众迎归,招集亡命,贵县秦日纲、林凤祥、揭阳海盗罗大纲、衡山洪大全皆来附,有众万人。冯云山读书多智计,为部署队伍、攻守方略。以岁值丁未,应"红羊"之谶,遂乘势倡乱于金田。褫郑祖琛职,起前云贵总督林则徐为钦差大臣往督师。则徐薨于途,以两广总督李星沅代之,赴广西剿寇。寇窜平南恩旺墟,副将李殿元击却之,复回扑,巡检张镛不屈死;仍遁金田,星沅檄清江协副将伊克坦布往攻,被围阵亡。星沅檄镇远总兵周凤岐往援,战一昼夜,毙寇数百,围始解。上以寇势日炽,命前漕运总督周天爵署广西巡抚,乃请提督向荣专剿金田。

咸丰元年,秀全僭号伪天王,纵火焚其墟,尽驱众分扰桂平、贵、武宣、平南等县,入象州。上命广州副都统乌兰泰会讨,以大学士赛尚阿为钦差大臣,率都统巴清德、副都统达洪阿驰防。乌兰泰至象州,三战皆捷,疏言:"粤西寇众皆乌合,惟东乡僭号设官、易服蓄发有大志,凶悍过群盗,实腹心大患。"周天爵主滚营进逼,驱诸罗渌洞尽歼之,向荣不谓然,檄贵州镇总兵秦定三移营大林,堵北窜象州道,定三亦不奉命。四月,秀全自大林逸出走象州,犯桂平新墟。赛尚阿增调川兵,募乡勇,合三万人,分兵要隘。一日战七胜,斩捕二千,寇仍遁新墟。七月,窜紫金山。山前以新墟为门户,后以双髻山、猪仔峡为要隘。巴清德与川、楚乡勇出其后,上下夺双髻山,寇大溃,屯风门坳。向荣率诸军三路攻之,阵毙韦昌辉弟韦亚孙、韦十一等,始遁走。我军追之,会大雨,军仗尽失。

闰八月,寇分二路东走藤,北犯永安,陷之,遂僭号太平天国。秀全自为天王,妻赖氏为后,建元天德。以秀清为东王,军事皆取决,萧朝贵西王,冯云山南王,韦昌辉北王,石达开翼王,洪大全天德王;泰日纲、罗亚旺、范连德、胡以晃等四十八人任丞相、军师伪职。时官军势胜,寇知不可敌,有散志。秀清独建策封王以羁縻之,势烬而复炽。九月,大军移阳朔,会攻永安,贼分屯莫家村。乌兰泰建中军旗于秀才岭,上植一红盖,下埋地雷,诱敌燔杀四千,大军乘之,遂克莫家村。

二年正月,大兵围永安,毁东、西炮台。二月,石达开分兵为四,败我军于寿春营,进破古束冲、小路关。伪丞相秦日纲由水窦屯仙回岭。乌兰泰分兵夹击,毙寇数千,擒伪天德王洪大全,槛送京师,磔之市。时大雨如注,乌兰泰提精卒入山,山路泞滑,寇乘我军阵未定,短兵冲突,遂大败。秀全从杨秀清谋,由瑶山、马岭间道径扑桂林。乌兰泰率败卒追之城南将军桥,受重创,卒于军。三月,贼径趋广西省城。向荣先一时绕道至省,寇踵至,已有备,相持不能拔,解围而北。

冯云山、罗大纲先驱陷兴安、全州,将顺流趋长沙。浙江知县江忠源御之蓑衣渡,冯云山中炮死,寇退走道州。道州俗悍,多会匪,所至争为效死,势复张。六月,陷江华、宁远、嘉禾。七月,陷桂阳州,江忠源蹑至,一战走之,趋郴州。萧朝贵以胆智自豪,谓群寇迟懦,又询长沙守兵单,可袭而取也,乃率李开芳、林凤祥由永兴、茶陵、醴陵趋长沙,设幕城南。八月,萧朝贵攻南门,官兵击之,殪,尸埋老龙谭,后起出枭其首。秀全闻朝贵死,自郴州至,督攻益急,九月,掘隧道攻城,屡不获逞。

十月,秀全于南门外得伪玉玺,称为天赐,胁众呼万岁。遂夜渡湘水,由回龙塘窜宁乡,抵益阳。掳民船数千,出临资口,渡洞庭,陷岳州。城中旧储吴三桂军械,至是尽以资寇。寇入长江,旬日间夺五千艘,妇孺货财尽驱之满载。秀全驾龙舟,树黄旗,列巨炮,夜则张三十六灯,他船称是,数十里火光不绝如昼,遂东下,十一月,陷汉阳。十二月,攻武昌。时杨秀清司军令,李开芳、林凤祥、罗大纲掌兵事。值武、汉二江届冬水涸,乃掳船作浮桥,环以铁索,直达省城,分门攻之。向荣驰至,约城内夹攻,巡抚常大淳虑城启有失,不许。地雷发,城遂陷。秀全出令,民人蓄发束冠巾,建高台小别山下,演说吊民伐罪之意。

三年,上以赛尚阿久无功,授两广总督徐广缙为钦差大臣。时石达开攻武昌,广缙逗留岳州不敢进,上责其罪,更以向荣为钦差大臣,日夜攻之急,寇弃武昌驾船东下,众号五十万,资粮、军械、子女、财帛尽置舟中,分两岸步骑夹行,进向九江,下黄州、武昌、蕲水等十四州县;抵广济县,下武穴镇。两广总督陆建瀛率兵两万余,船千五百艘上溯,遇寇不战而走,前军尽覆,建瀛狼狈还金陵。寇薄九江而下,收官军委弃炮仗,破安庆,巡抚蒋文庆死之。寇夺银米无算,水陆并进,抵金陵,沿城筑垒二十四,具战船,起新州大胜关迤逦至七洲里止,昼夜环攻,掘地道坏城,守兵溃乱。建瀛易服走,为寇所戕。将军祥厚偕副都统霍隆武等守满城,二日城陷,皆死之。城中男女死者四万余,阉童子三千余人,泄守城之忿。

秀全既破金陵,遂建伪都,拥精兵六十余万。群上颂称明代后嗣。首谒明太祖陵,举行祀典。其祝词曰:"不肖子孙洪秀全得光复我大明先帝南部疆土,登极南京,一遵洪武元年祖制"。军士夹道呼汉天子者三,颁登极制诰。大封将卒,王分四等,侯为五等。设天、地、春、夏、秋、冬六官丞相为六等,殿前三十六检点为七等,殿前七十二指挥为八等,炎、水、木、金、土正副一百将军为九等,炎、水、木、金、土九十五总制为十等,炎、水、木、金、土正副一百监军为十一等,前、后、左、右、中九十五军帅为十二等,前、后、左、右、中四百四十五师帅为十三等,前、后、左、右、中二千三百七十五旅帅为十四等,前、后、左、右、中一万一千八百七十五卒长为十五等,前、后、左、右、中四万七千五百两司马为十六等;又自检点以下至两司马,皆有职同名目。其制大抵分朝内、军中、守土三途:朝内官如掌朝门左右史之类,名目繁多,日新月异;军中官为总制、监军、军帅、师帅、旅帅、卒长、两司马。凡攻城略地,尝以国宗或丞相领军,而练士卒,分队伍,屯营结垒,接阵进师,皆责成军帅,由监军、总制上达于领兵大帅以取决焉。其大小相制,臂使指应,统系分明,甚得驭众之道。守土官为郡总制、州县监军、乡军帅、乡师帅、乡旅帅、乡卒长、乡两司马。凡地方狱讼钱粮,由军帅、监军区画,而取成于总制,民事之重,皆得决之。

自都金陵,分兵攻克府、厅、州、县,遂即其地分军,立军帅以下各官,而统于监军,镇以总制,监军、总制受命于伪朝。自军帅至两司马为乡官,乡官者以其乡人为之也。军帅兼理军民之政,师帅、旅帅、卒长、两司马以次相承,皆如军制。此外又有女官,曰女军师、女丞相、女检点、女指挥、女将军、女总制、女监军、女军帅、女卒长、女管长,即两司马也,共女官六千五百八十四人。女军四十,女兵十万人,而职同官名目亦同。总计男女官三十余万,而临时增设及恩赏各伪职尚不在此数也。

其军制,每一军领一万二千五百人,以军帅统之,总制、监军监之。其下则各辖五师帅,各分领二千五百人。每师帅辖五旅帅,各分领五百人。每旅帅辖五卒长,各分领百人。每卒长辖四两司马,每两司马领伍长五人,伍卒二十人,共二十五人。

其阵法有四:曰牵阵法。凡由此至彼,必下令作牵阵行走法。每两司马执一旗,后随二十五人。百人则间卒长一旗,五百人则间旅帅一旗,二千五百人则间师帅一旗,一万二千五百人则间军帅一旗,军帅、监军、总制乘舆马随行。一军尽,一军续进。宽路则令双行,狭路单行,鱼贯以进。凡行军乱其行列者斩。其牵线行走时,一遇敌军,首尾蟠屈钩连,顷刻岔集。败则闻敲金方退,仍牵线以行,不得斜奔旁逸。曰螃蟹阵。乃三队平列阵也。中一队人数少,两翼人数多。其法视敌军分几队,即变阵以应之。如敌军仅左右队,即以中队分益左右,亦为两队。如敌军前后各一队,则分左右翼之前锋为一队,以后半与中一队合而平列,为前队接应。如敌军左右何队兵多,则变偏左右翼以与之敌。如敌军分四五队,亦分为四五队次第迎拒。其大阵包小阵法,或先以小队尝敌,后出大阵包之;或诈败诱敌追,伏兵四起以包敌军,穷极变化。至于损左益右,移后置前,临时指挥,操之司令,兵士悉视大旗所往而奔赴之,无敢或后。曰百鸟阵。此阵用之平原旷野,以二十五人为一小队,分百数十队,散布如星,使敌军惊疑,不知其数之多寡。敌军气馁,即合而攻之。曰伏地阵。敌兵追北至山穷水阻之地,忽一旗偃,千旗齐偃,瞬息千里,皆伏地不见。敌军见前寂无一卒,诧异徘徊。贼伏半时,忽一旗立,千旗齐立,急趋扑敌,往往转败为胜。

其营垒或夹江、夹河、浮筏、阻山、据村市及包敌营,为营动合古法。每数营必立一望楼了敌。守城无布帐,每五垛架木为板屋。木墙、土墙亦环度板屋。地当敌冲,则浚重壕,筑重墙,壕务宽深,密插竹签。重墙用双层板片,约以横木,虚其中如复壁,中填沙石砖土。筑二重墙筑物无定,或密排树株,或积盐包、糖包,及水浸棉花包,异常坚固。其攻城专恃地道,谓之鳌翻。土营而外,又有木营、金营。组织诸匠,各营以指挥统之。其总制至两司马皆如土营之制。立水营九军,每军以军帅统之,但未经训练,不能作战,专以船多威敌而已。

其旗帜亦有差等,伪东王黄绸旗,红字绿缘,方一丈;以下皆黄绸旗、红字,而以缘别。如伪西王白缘,伪南王紫缘,伪北王黑缘,伪翼王蓝缘,其尺丈长阔则以五寸递减。豫王、国宗黄绸尖旗、红字，其缘视何王国宗，即从何色。皆长阔八尺。侯，黄绸尖旗，长阔七尺八寸。丞相，黄绸尖旗，长阔七尺五寸。检点，黄绸尖旗，长阔七尺。以上皆红字、水红缘。指挥，黄绸尖旗，黑字、水红缘，长阔六尺五寸。将军至两司马，皆黄旗无缘，形尖，黑字，自长阔六尺以下递减至二尺五寸。每一军大小黄旗至六百五十六面之多。

军中号令，惟击鼓、敲金、吹螺、摇旗。凡起行出队，俱播鼓、吹螺、摇旗以集众。打仗则击鼓呐喊，收队则鸣钲。有老军、新军、童子军。尤善用间谍，混入敌营。又能取远势，声东击西，就虚避实。其以进为退，以退为进，往往令人不测，堕其术中。此其行军之大略也。

其服色尚黄。伪天王金冠，雕镂龙凤，如圆规沙帽式，上绣满天星斗，下绣一统山河，中留空格，凿金为"天王"二字。东王、北王、翼王冠如古兜鍪式，冠额绣双龙单凤，中立金字职衔。国宗略同诸王式。自检点至两司马，皆兽头兜鍪式，帽上龙以节数分等差。如诸王九节，侯相七节，检点、指挥、将军五节，总制、监军、军帅三节是也。袍服则黄龙袍、红袍、黄红马褂。伪天王黄缎袍，绣九龙。自诸王以下至侯相，递减至四龙。检点素黄袍，指挥到两司马皆素红袍。自伪王至两司马，皆绣职衔于马褂前团内。仪卫舆马，诸王皆黄缎轿绣云龙，侯、相、检点、指挥皆红缎轿，将军、总制、监军绿轿，军帅、师帅、旅帅蓝轿，卒长、两司马黑轿。

至金陵，始建宫室。毁总督署，复扩民居以广其址，役夫万余，究极奢丽。雕镂螭龙、鸟兽、花木，多以金为之。伪王皆建伪府，冯云山、萧朝贵早授首，其子亦袭封建府。其宗教制度，半效西洋。日登高殿，集众演说，与人民以自由权，解妇人拘束。定伪律六十二条，最为残酷。然行军严抢夺之令，官军在三十里外，始准掳劫；若官军在前，有取民间尺布百钱者，杀无赦。于安庆大星桥设榷关，拨炮船十艘，环以铁索，木筏横截江滨，以防偷漏。九江、芜湖及沿江州县岔河、小港地当行要者，一律设立伪卡，征收杂税。此其建国大略也。

既都金陵，欲图河北，罗大纲曰："欲图北必先定河南。大驾驻河南，军乃渡河，至皖、豫一出。否则先定南九省，无内顾忧，然后三路出师：一出湘、楚；一出汉中，疾趋咸阳；以徐、扬席捲山左，再出山右，会猎燕都。若悬军深入，犯险无后援，必败之道也。且既都金陵，宜多备战舰，精练水师，然后可战可守。若待粤之拖罟咸集长江，则运道梗矣。今宜先备木筏，堵截江面，以待战舰之成，犹可及也。"秀清方专政，不纳。乃遣伪丞相林凤祥、李开芳、罗大纲、曾立昌率众东下。秀全诏之曰："师行间道，疾趋燕都，无贪攻城夺地糜时日。"大纲语人曰："天下未定，乃欲安居此都，其能久乎？吾属无类矣！"

二月，林凤祥等陷镇江、扬州，令吴如孝等留守，分据浦口、瓜洲诸隘。向荣既复武昌，蹑寇而东，抵金陵，军孝陵卫，是谓江南大营。都统琦善亦以钦差大臣率直隶、陕西、黑龙江马步诸军军扬州城外，是谓江北大营。三月，向荣破通济门寇垒，袭占七桥瓮，夺获钟山围，歼寇无算，遂移大营逼城而军。四月，漕运总督杨殿邦进攻扬州，毁城外木城土垒，东路寇悉避入城。琦善、胜保先后督攻，五战皆捷。凤祥留立昌踞扬城，驱妇女及所劫货财运回金陵;率三十六军北窜,分忧滁州,踞临淮关,陷凤阳府。其酋朱锡锟、黄益芸等别率悍党犯浦口,攻六合,知县温绍原率乡团拒之,夜火其营,寇遁回金陵。五月,大兵围扬州,杀敌逾万。胜保自扬州蹑其后,力攻凤阳,寇遁河南。

杨秀清遣伪丞相吉文元由浦口窜亳州,偕林凤祥陷永城,犯开封。省官兵击破之,又败之汜水。寇奔黄河渡口,溺死无算。杨秀清遣伪豫王胡以晃陷安庆,又遣伪丞相赖汉英、石祥祯攻九江、湖口,进围南昌。湖北按察使江忠源驰援江西,入城固守。凤祥等自汜水败退,犯郑州、荥阳。六月,围怀庆,以地道攻城,不克。镇江寇出城扑我军,战北固山下,伏寇纵火,七营皆被焚。邓绍良退守丹阳,都司刘廷镖等督潮勇驰援,寇退入城,复扰丹徒镇,刘廷镖复击退之。向荣檄总兵和春与刘廷镖扎徒阳运河之新丰镇,寇始不敢南窜,常州获安。寇之围怀庆也,立木栅为城,深沟高垒,我兵相持几至六旬。讷尔经额亲督诸将分五路攻垒,毁其木栅,毙敌酋吉文元。凤祥受重创,解围而遁,河北肃清。

八月,凤祥窜山西,陷平阳,直抵洪洞;窜直隶,踞临洺关,扰至深州。赖汉英等解南昌围,入湖北,踞田家镇之半壁山。九月,踞入楚要隘,水陆并进,陷黄州。其窜深州者,陷之。旁扰栾城。十月,窜天津,踞静海、屯独流、杨柳青诸镇。汉阳之寇,分股北窜:一陷孝感、黄陂诸县,一由应城犯德安府,为防兵所遏,合众退黄州。秦日纲等陷安徽桐城、舒城,侍郎吕贤基死之。舒城既失,贼遂径扑庐州,陷之。庐州者,安徽文武大吏之所侨寓以为省治者也。十一月,秀全以扬州、镇江攻围急,遣赖汉英等领江西众,纠合仪征党援扬州;又令由安徽宁国湾沚进薄高淳湖,窥伺东坝,图解镇江之围,我军均击退之。寇复由三汊河进扑,死战不退。扬州寇曾立昌突出,与赖汉英同窜瓜洲。

上以寇扰长江,非立水师不能制其死命,乃命在籍侍郎曾国藩练乡勇、创水师讨寇。初,寇围南昌,城外寇垒仅文孝庙数座,官军屡攻不能克。郭嵩焘偶获谍讯之,则寇皆舟居,其垒则环三面筑墙而虚其后,专蔽舟楫而已。嵩焘因与江忠源议曰:"东南州县多阻水,江湖遇风,一日可数百里。官军率由陆路蹑寇,其势常不及。长江数千里之险独为敌有。且寇上犯以舟楫,而官军以营垒御之,求与一战而不可得,宜寇势之日昌也。"忠源即具疏请饬湖南北、四川仿广东拖罟船式,各造战舰数千,饬广东制备炮位以供战舰之用,并交曾国藩督带部署。奉旨允行。国藩遂治战船于衡湘。至是始成。共募水勇四千,分为十营;募陆勇五千,亦分十营。以塔齐布为军锋,国藩亲统大军发衡州,水陆夹江而下。

初,镇江、扬州、仪征、瓜洲四处寇互相应援,不得破。十二月,琦善以扬州寇退,瓜洲势孤,督军攻复仪征,乘胜追抵瓜洲。杨秀清遣胡以晃率党十余万攻庐州,巡抚江忠源昼夜抵御,以众寡不敌,城陷,死之。

四年正月,黄州寇张灯高会,总督吴文镕出其不意袭之,会大雪罢战。越数日,秀清分兵设伏山冈,命其党率城军扑营,文镕拒战,伏起火发,十三营皆溃,文镕死之。贼乘胜遂陷汉阳。二月,扬州军进剿瓜洲,总兵瞿腾龙阵亡。寇遣伪将孙寅山陷太平府,据为巢。自瓜洲结垒属于江,以达金陵,往来不绝。秀清复遣石祥祯会汉、黄寇党溯江直上,陷岳州,溯流至铜官渚,逼近长沙。曾国藩邀之靖港,而寇已由间道袭湘潭,副将塔齐布率兵千三百同水师血战五昼夜,毙寇数万。论者谓微此战,寇溯湘源以达粤,直下金陵,首尾一江相贯注,大局不可支矣。

是月,参赞大臣僧格林沁攻克独流寇巢,静海寇复窜踞阜城。僧格林沁攻毁堆村、连村、林家场三处寇垒,擒杀伪指挥、监军以下一百余人,悉遁入城。秀全念河北不能支,遣皖党由丰豆工偷渡黄河,窜山东金乡,进扑临清州,冀抒阜城之困。三月,寇以地雷陷城,寻为我军攻复,窜冠县、郓城,复据曹县,筑木城拒守。四月,胜保破其巢,追至漫口支河,逼溺水,伪丞相曾立昌、许宗扬皆溺死。伪副丞相陈世保已先于冠县烧毙,悉数歼除。踞阜城者即于是日全股南窜入连镇。僧格林沁及胜保会军合剿破之,诛林凤祥;复破之高唐州冯官屯,生擒李开芳,磔之京市。河北肃清,是后不复北犯,我军遂无后顾之忧。

初,长江为寇往来道,荆州当四路之冲,至省道梗,特召荆州将军官文统军讨寇。时沔阳、安陆、荆门、监利、京山、天门均陷,进窥荆州。云南普洱营游击王国才奉调至,一战败之,重镇始安。并克复监利、宜昌,寇遁洞庭湖,合股犯常德府。先是李侍贤常与陈玉成、李秀成谋解金陵围,犯江西、福建。伪启王梁成先犯陕西,后与捻合,欲犯湖南、河南,而陈玉成志在武昌、汉阳,乃领一队入梁子湖达武昌,渡江分犯,以全力图武昌,六月,陷之,并踞汉阳。巡抚青麟自缢不死,弃城走,寻正法。秀全以秦日纲留守武昌,授玉成伪殿右十八指挥;还陷田家镇,破广济、黄梅,连陷九江,升伪殿右三十检点。

杨秀清虽在军,而金陵之事一决于己,驿骑络绎,多稽时日。向荣军孝陵卫,称江南劲旅,秀清忧之,既克武昌,遂驰还金陵,命石达开代守武汉。官文自荆州下剿,克沔阳。初,寇欲先取长沙,踞上游为破竹之势,而韦志俊略湘潭不得志,退踞岳州,筑垒毁桥,意图久抗。我军水师设伏诱败之,七月,复岳州。寇由城陵矶来犯,我军分五路迎击,毙伪丞相汪得胜等二人,获船七十六,歼贼千余人。塔齐布阵斩悍酋伪丞相曾天养。闰七月,寇奔城陵矶,塔齐布策马率湘勇直入,毁营十三,毙两千人。陆军既胜,曾国藩饬李孟群率水师追剿,荆河东、西两岸寇垒悉夷。自此由荆入川,由岳州入湘,门户始固。初,武昌失陷,上以杨霈代总督,台勇克京山、安陆,复天门,生擒孔昭文等正法。余皆下窜,踞沔阳州仙桃镇。是月破其巢,并收复下游孝感、黄州、麻城诸县。寇悉窜黄州。

时金陵寇分股啸聚于太平府,与镇江遥为应援。向荣分兵四队击之,毙其伪国宗韦得玲、伪检点陈赟见、伪将军李长有、伪总制吴春和,遂复府城。杨秀清自率战,围军不利,三路皆溃;退入城,谓韦昌辉等曰:"江南大营不走,吾辈无安枕日矣!现其势方锐,不可敌也,当乘其罢徐图之。"金陵寇以乏粮,驱妇女之老而无色者出城,听其自散。尽取年十五以上、五十以下之妇女,指配给众,不从则杀之,守志者多自尽,死者万计。八月,总督杨霈收复黄州府属蕲水、广济、罗田诸县。曾国藩自克岳州后,议乘胜东下,先与塔齐布会攻崇阳,克之,生擒伪丞相金之亨等十一人。惟廖二逃窜,复句结余党,重失县城。国藩亲督水陆诸军攻武昌、汉阳。寇守城之法,不守陴而守险,洪山、花圆两路皆精锐所在。大军自螺山下剿,杨载福等率水师,罗泽南率陆师,三路同进,连克寇垒,焚毁敌船数千。李孟群、塔齐布进薄武昌,寇宵遁。杨昌泗亦攻汉阳,克之。黄州府城、武昌县均收复。九月,提督和春败寇庐江,擒伪监军任大纲等十七名。

下游知官军分路进剿,乃由田家镇纠当六千余,一由兴国分抄大冶以拒武昌军,一踞兴国以拒金牛军。罗泽南驰至兴国，败之，克州城。塔齐布赴大冶，击毙千余。彭玉麟、杨载福抵蕲州，烧寇船九十余艘。十月，楚军攻半壁山，寇置横江铁锁四道，拦以木牌，偏列枪炮。杨载福等率水师至田家镇，会陆师进攻，乘风纵火，破其垒，燔舟一万有奇。陈玉成弃蕲州窜陷广济，联合秦日纲、罗大纲等分扼要隘。塔齐布渡江追之，收后广济。寇退踞黄梅，黄梅为湖北、江西、安徽三省总汇之区。寇死拒，以万余守小池口抗水师，以数万拒大河埔，以万余扎北城外，又以数千游弋联络之。塔齐布与罗泽南登山下击兜杀，陈玉成缒城而逸，遂克黄梅。玉成自请罪，而秀成反加伪勋号曰成天裕。

时捻匪蜂起，粤寇与之联合，或令分扰，或令前驱，以牵制我军。秀成由庐州踞舒城，并扼桐城大、小二关，阻我南路之师。二关为安庆通衢，屡复屡失。京堂袁甲三檄参将刘玉豹、举人臧纡青等战夺两关，斩其目吴凤珠等十二名，进抵桐城。庐江寇纠安庆党来援，我军兜戮殆尽，而潜山援寇复至，臧纡青殁于阵。

十一月，国藩进军九江。玉成自黄梅败后，复纠安庆新到之众踞孔垅驿、小池口，与对岸九江相句连。李孟群七战七捷。塔齐布与罗泽南等由北岸进至濯港，进攻孔垅驿，破土城，纵火焚街市，寇无得脱者。小池口寇闻之，亦遁。乃调陆军攻九江，水师乘胜攻湖口，大纲趋救，大战梅家洲，毁小河簰船、沙洲桥垒。十二月，萧捷三率水师驰入鄱阳湖内，追至大姑塘。石达开联船为卡断其后，捷三不能返，遂与外江水师隔绝。达开潜以小舟驰袭国藩坐船，国藩跳入罗泽南营以免。大军之攻九江也，败寇收合溃散。分三道东陷黄梅。值岁除，潜至广济，火杨霈大营，霈突围出，不敢入武昌，走保德安。

五年正月，江苏巡抚吉尔杭阿克上海县，县自三年秋陷于贼，至是始复。秀全令皖寇大举犯湖北，中道自小池口沿江陷黄、蕲；复分党从富池渡江西，陷兴国、通城、崇阳、咸宁、通山，且掠江西武宁，所至胁众以行。湖北巡抚陶恩培甫莅任数日，时总督在外，未及议守备。城中兵仅二千，征兵半途闻警皆溃去。湖北、江西方千里，旬日骚然矣。始寇之起，所行无留难，其踞省府，胁取民财米，行道掠人夫，不用则遣还，未尝增众。及屡败，乃结土寇屯城镇，颇收拔悍鸷者，而任用石达开、陈玉成等，极称得人之盛。自汉口进襄河，上犯汉川，扰沔阳，进犯武昌，踞汉阳府城。沿江筑垒，并于汉阳下南岸嘴高筑炮台，以阻下游之师。时江西寇入腹地陷饶州。国藩亲至南昌，修整内湖水师，与罗泽南陆军相依。

二月，韦国宗等攻陷武昌，巡抚陶恩培等死之。寇溯汉江而上，以岳家口、仙桃镇为老巢。上以胡林翼巡抚湖北，国藩进吴城镇，屡书与议东南大势，以武昌据金陵上游，宜厚集兵力为恢复计。四月，陷德安府，杨霈退走襄阳，上褫其职，以官文为湖广总督。国藩屯南康，思整军出江谋进取，然寇已由都昌陷饶州，别由东流、建德窥乐平，屯景德镇，东犯祁门、休宁诸处。而湘军仅万余人，水陆分为四：李孟群等水师回援武昌，塔齐布留攻九江，罗泽南入江西攻饶州，国藩收萧捷三水师三营屯南康。罗泽南奔走往来，克广信府，收景德。寇之踞徽州者，与土匪相结，据险以抗我军。浙军出境击寇，复徽州，乘胜克休宁、黟县、婺源，生擒伪将军、两司马等八名。秀全命北固山、镇江、瓜洲、金山四路，约期进犯扬州。托明阿伏兵九洑洲，迎击破之，断铁锁船链，焚船三百，诸路寇被创而遁。饶州之寇分据乐平、德兴、弋阳，江西军率水陆师往剿。寇出五队来扑，不克而奔，郡城立复。秀全以金陵山三山为滨江要区，以精卒守之，水师不能上驶。托明阿督水师总兵吴全美沿江扫荡，焚船二百余艘，获拖罟、快蟹等船二十五艘、大小炮八十余尊，生擒伪先锋陈长顺等六十一名。吴全美乘势上山，蹋平营卡。江西肃清，水师始棹行无阻。

五月，秀全谋袭金口，断楚军粮道。林翼督军屡战，斩其伪丞相陈大为等，进屯纸坊，逼省城小东门。寇潜自他门出掠。林翼建议先攻汉阳，扼浈口、蔡店要隘，绝窜湘之路。开浚江堤，以水师腹背攻之，则汉阳可破，而鄂省咽喉已通，不难并力于武昌矣。初，寇由府河入湘，所过州邑悉残破无完土，复为官文伏军所狙击，分途溃退。六月，收复云梦、应城，二城者府河出入要道也，寇失之，大恐。我军进攻德安，断其出入，寇始不敢窥伺荆襄。七月，塔齐布卒于军。寇陷义宁，国藩遣罗泽南出奇兵复之。寇严守襄河、蔡店，上通德安，下达汉镇，互为应援。十二月，彭玉麟克蔡店，水陆并进，毁襄河铁索浮桥，蹋平南岸敌巢，而下游塘角、汉阳、大别山营垒焚毁殆尽，德安之寇益蹙。林翼既克蔡店，而汉川为蔡店后路，寇据此游行冲突，德安亦资以通声气。林翼与官文会军克复汉川，武汉首尾始联络一气。

芜湖之陷几二载矣。江、皖往来道梗。寇以为上下关键，水则联舰，陆则砲台，我军屡攻不能拔。是月，向荣督军分道击之，县城始复。楚南军亦攻复湖口、都昌。八月，按察使李孟群守金口，崇宁寇句结武昌城党分道来扑，陆营失守，林翼亦败于夆山，退保大军山。寇势复炽，分扰汉阳，并绕道袭陷汉川。九月，官文、林翼檄调罗泽南援武汉，泽南上书请率所部以行，谓："得武昌乃可控制江、皖，屏蔽江西，而后内湖外江声息可通，攻九江始操胜券。"国藩从之，乃部署援师五千人，自义宁趋通城。寇闻我军至桂口，分众来援，设木城重壕自固。泽南会军克之，进攻崇阳。桂口寇退入崇阳，密约通山来援。桂口与湖南、江西、湖北交界，形势奥衍，米粮充足。曩伪丞相钟酉义宁败后，踞此修土木城，跨山引涧，袤斜六里，欲踞一隅以掣三省之师，伺隙而动。泽南移得胜之兵先夺是隘，进克崇阳，焚寇垒，驰赴羊楼司扼敌上窜。

十月，克复庐州。庐州陷已三年矣，守之者为伪豫王胡以晃，与我军大小数百战，死伤万余，皆受创而去，是月始克之。其据德安者，众不过数千，恃武汉为下游奥主，襄、府二河群蚁聚。我军胜东挫西，疲于奔命，至是官文督兵力战，守城寇党陆长年、马超群潜赴大营投诚，约为内应。值大风雨，放火开门纳师，遂复其城。时寇之牵制我军者三路：自随、枣至襄阳为北路，武昌上下为南路，汉川中路。尾潜、沔，首德安为尤要，屡收屡陷。官文督军分四道齐集汉川，克之，遂率兵东下，与林翼合谋武汉。石达开自安庆率三万人上援武昌。泽南会林翼夹攻，连克蒲圻、咸宁；至金口，会攻武昌，破城外敌垒，驻军洪山。寇之踞武昌者，城外大垒八、小垒二。林翼与战，泽南袭之，破大垒一、小垒二。李孟群亦薄攻汉南，与官文军相声援。水师往来南北烧敌船，都兴阿以马队护之。群帅辑和，寇益不得逞。汉阳城外自龟山沿河而下，敌船林立。上游入江之梁子湖，下游金牛镇，群寇赴援。水陆各军督团勇犁巢扫穴，武汉外患至此尽除。

秀全以瓜、镇屡挫败，图往援，十一月，出龙脖子等处。向荣饬张国梁败之仙鹤门、甘家巷，又战七霞街，毙伪丞相周少魁等四十名；追至石埠桥，馘二千余，逃入城不敢复出。

秀全于对江九洑洲筑石垒，浚深壕，悉锐守之，为金陵屏蔽。寇窜江北，以此为出路，屡攻之未下也。六合知县温绍原克其垒，后复为寇据，同治二年始复之。瓜洲、镇江一水相望，两城往来无阻，并时有合窜扬州图北犯意。扬州军与瓜洲相持已二年余，托明阿以日战无效，谕士民筑长围于瓜洲之北以扼之，至是围成。寇水路分扑，大败去，夺其簰船，生擒伪参护郑金柱等十名。吉尔杭阿既克上海，移军镇江，是月营小九华山。又于黄鹤山、京畿岭筑城置炮台以逼之，并以地道轰城，寇死拒不得入。

十二月，无为寇纠合安庆、芜湖诸党东下，图解镇江之围。芜湖下至扬州，沿江汉河套港皆寇通薮。向荣檄水师泝江会攻，败之神塘河，又败裕溪口援寇于陶阳浦，生擒伪检点赵元发、伪将军王化兴等数十名。十二日，秀全遣李秀成等援镇江，我军御之石埠桥，寻由江州下窜下蜀街。先是杨秀清调上游芜湖、江北和、含及庐州众还江宁，统以李秀成及伪丞相陈玉成、伪春官丞相涂镇兴、伪夏官副丞相陈仁章、伪夏官正丞相周胜坤，取道栖霞、石埠，而豫遣城寇四出绁我军。向荣大营存兵不敷分布，檄芜湖邓绍良分军为张国梁、秦如虎应援，令吴全美以水师船攻大胜关，以分敌势；明安泰严堵秣陵关，咨吉尔杭阿等守丹阳，以固苏、常要隘。初，泽南既去江西，石达开乘虚复入义宁，败江西官军，陷新昌、瑞州、临江、袁州、安福、分宜、万载。江西、湖北隔绝，军势不能复振。曾国藩飞调副将周凤山统九江全军往援，遇寇樟树镇，以钩连枪败其藤牌手，并会水师毁敌船，新淦寇闻风窜走，遂复其城。

六年正月，石达开陷吉安，乃由湖北入通城。达开悍而多诈，肆扰江西，不急犯省城，不直指南康，先旁收郡县，遍置伪官，迫其土民，劫以助逆，因粮因兵，愈蔓愈广。其陷瑞州者为伪检点赖裕新，先陷袁州者为伪豫王胡以晃，先攻临江后攻吉安者为伪春官丞相张遂谋。广东土匪入江西者，以周培春党为众。又匪目葛耀明、邓象等均于瑞州入达开大股之中，匪目王义潮、刘梦熊分屯吉安、泰和，亦与达开合并为一。达开久居临江，为上下适中之地，凶悍之众，皆萃于此。南则窥伺赣州、南安以通粤匪，北则踞守武宁、新昌以通九江。达开进攻南昌，周凤山以九江全军守樟树镇。时达开众才数千余，乃张灯火山谷间为疑兵，率敢死士乘夜来袭，我军不战而溃。凤山走南昌，国藩亦移军省城。秀全益以皖、赣诸事付达开，寻陷进贤、东乡、安仁，破抚州。未几，建康、南昌相继失。泽南念国藩艰危，日夜忧愤，督战益急。秦日纲婴城待援，士卒多伤亡，阴穴城为突门。会达开率九江援党至，开城迎之。泽南要之突门，寇出直冲泽南军。泽南三退三进，军几溃，枪丸中左额，收军还，创发而殁。以李续宾领其众。

续宾初建议分屯窑弯绝寇粮，既代泽南，仍屯洪山，以游兵巡窑弯、塘角间。古隆贤率万人来援武昌，约城寇举燧为识，林翼谍知，佯举火，城寇出，陷伏大败。达开援众号十万，林翼分水陆力战，焚敌船七十，平八十垒。武昌寇大窘，城守益固。而江西请师日数至，义宁寇复犯崇通，九江寇合兴国、大冶土寇自武昌县进至葛店，谋袭巡抚大营。林翼以江西待援，分军四千一百人，以国藩弟国华统之，率刘腾鸿、刘连捷等道义宁，收咸宁、蒲圻、崇阳、通城、上高。湖南所遣援军将刘长祐收萍乡，萧启江收万载。国藩命李元度收东乡，周凤山等收进贤，刘子淳收丰城。五月，毕金科将千人防饶州，陷，旋收复。黄虎臣将三千五百人攻建昌,遇寇死。六月,彭玉麟收复南康。七月,刘腾鸿至瑞州,战寇,走之。

是时江西列县陷者四十余城,广东和平土寇犯定南、安远、信丰、长宁、上犹、崇义、雩都,省城不能救,军报数月不相闻。瑞州居江、湘之冲,有南北城,中隔一河。刘腾鸿援南城,韦昌辉自临江来援,至北城,遽挑战,腾鸿乘其弊攻之,从北岸渡河抄其后,南城兵角其前,寇大败。至是江湖路通,自长沙以至南昌无道梗忧。寇自陷吉、袁、瑞、临诸府,大修战船,议秋间围攻省城。瑞、临寇船出而下,湖口寇船入而上,困我水师,复于生米口筑立坚垒。七月,由松湖带战船三十余艘、陆寇千余,将抵瑞河口,我水师侦知,豫钉排桩,寇甫至,我军冲人,纵火焚之,复堵城寇于临江口,焚其船垒。生米口之寇闻之亦遁。八月,刘腾鸿等败临川伪指挥黄某,收复靖安、安义。宁都土寇袭陷建昌、铅山、贵溪,围广信。浙将饶廷选赴援,寇遁走。时江西寇势浩大,党类众多,欲以全力困江西。自去年十一月至本年二月,以石达开为主;三、四、五月,以黄玉昆为主;六、七月,以韦昌辉为主。九江则林启容,瑞州则赖裕新,湖口则黄文金,抚州则三检点,建昌则张三和,袁州则李能通,皆剧寇也。统计江西境内近十万人。

九月,国藩视师瑞州,李元度以抚州不克,饷益绌,乃分军略旁县募粮,且分寇势,遂收宜黄,复崇仁。是日城寇出攻江军,林原恩败死,元度突围免。抚州军俱溃,元度移屯贵溪。十月,复陷宜黄、崇仁,分陷金溪。福建援军将张从龙援建昌,军溃,特诏起黄冕知吉安府,率军往,以国藩弟国荃为军主。当是时,江西军分为四,湘军最强。国藩居水军中,刘长祐屯袁州,派队攻克分宜,援寇路绝。十一月,伪将李能通启西门纳官军,袁州复。国荃收安福。江西诸军稍振。

初,武昌久不下,林翼谓战易攻难,以分兵牵寇断其援路为要。是月,唐训方等败石达开于葛店。寇增召战舰复犯葛店,蒋益澧总六营往,逆战,克之。追奔至樊口,合水师燔其船,入武昌县城。石达开愤樊口之败,大集党万余,由广济、蕲水、黄冈至汉镇,密约伪丞相钟某坚守以待。官文获其伪谍,令都兴阿、多隆阿马步兜击,寇大溃。我军乘胜攻黄州,不能克。舒兴阿、舒保等将马队四百人渡江,寇于青山、鲁港间增十三垒相持。水陆合击破之,追奔至葛店,寇慑于骑军,乃大奔。自是水陆马步相辅,军势日盛,益募陆军五千、水军十营,增长围困之。武昌、汉阳同克复,击毙伪丞相钟某、伪指挥刘满,生擒伪将军、师帅、旅帅、两司马五百余名。武昌寇分七队突门出,生擒伪检点古文新等四人,毙先锋悍党八百余,死两万有奇。盖武汉自五年三月失守,至是已二十余月矣。寻复武昌县、黄州、兴国、大冶、蕲州,民兵复蕲水、广济、黄梅。陈师九江城下。十二月,国藩至九江劳军,议统水师决取九江,以联络内外。乃派千总张金璧等复建昌。李续宾追寇东下,复瑞昌。进攻九江,派军复德安。刘长祐由袁州赴分宜,寇退踞新喻溪,遇之宝山,降将李能通匹马冲阵,寇退入城,我军随之人,寇出东门遁。湖南援军将刘拔元等收永宁、永新、莲花厅、崇义、上犹。

寇陷镇江至是四年矣,是年京口为张国梁所迫,秀清命四伪丞相李秀成、陈玉成、陈仕章、涂镇兴往援。秀成欲一人渡江,潜往京口,约兵夹击,无敢应者。玉成乃夜乘小舟潜越水寨,纵兵击国梁军,秀成登高见城中兵出,遣镇兴、仕章当敌,而自率奇兵绕国梁军后击之。乘胜击丹徒,和春败走,遂渡瓜洲攻扬州,陷之。托明阿军溃退北路,诏德兴阿代领其军。伪顾王吴如孝守镇江,分兵踞高资。吉尔杭阿檄知府刘存厚扼之,金陵寇大恐。秀清遣悍党数万出句容来援,吉尔杭阿中炮死。存厚翼其尸不得出,亦战死。向荣急遣张国梁会救,克之。秀成以扬州孤悬江北,留守不便,遂弃去,窜回金陵。

当是时,向荣、张国梁负众望,称江南劲旅。然频年征战,馈饷乖时,士卒常忍饥赴敌,颇缺望,又分兵四出,所部兵力过单。杨秀清知可乘,请于秀全,定夹攻大营之策。五月,密约吴如孝率镇江寇自东而西,拊大军之背;金陵寇自西而东与相应,更命深水、金柱关诸寇旁出横截。秀清自率劲旅出广济门,先遣赖汉英率紫荆山诸党攻七桥瓮以挑之。向荣、张国梁狃常胜,并力截杀,汉英忽少却,向荣益策大军赴敌。吴如孝以镇江党突薄之,大营空虚,守兵惊散。向荣见大营火起,退无所据,军立溃。寇数路乘之,大军死伤遍地。国梁独以身翼荣出,稍收败卒退保丹阳。寇筑垒围之,向荣以病不能进,乃以军事付国梁,一恸而绝。

向荣既死,寇举酒相庆,颂秀清功。秀全益深居不出,军事皆决于秀清,文报先白其府,刑赏黜陟皆由之,出诸伪王上。如韦昌辉、石达开虽同起草泽,比于神将。大营既溃,南京无围师。秀清自以为功莫与京,险谋自立,胁秀全过其宅,令其下呼万岁。秀全不能堪,因召韦昌辉密图之。昌辉自江西败归,秀清责其无功,不许入城;再请,始许之。先诣秀全,秀全诡责之,越赴伪东王府请命,而阴授之计,昌辉戒备以往。既见秀清,语以人呼万岁事,昌辉佯喜拜贺,秀清留宴。酒半,昌辉出不意,拔佩刀刺之,洞胸而死。乃令于众曰:“东王谋反,吾阴受天王命,诛之。”因出伪诏,糜其尸咽群贼,令闭城搜伪东王党歼焉。东党恟惧,日与北党相斗杀,东党多死亡逃匿。秀全妻赖氏曰:“除恶不尽,必留后祸。”因说秀全诡罪昌辉酷杀,予杖,慰谢东党,召之来观,可聚歼焉。秀全用其策,而突以甲围杀观者。东党殆尽,前后死者近三万人。

时石达开在湖北洪山,黄玉昆在江西临江,闻乱趋归。达开颇诮让昌辉,昌辉怒,将并图之。达开缒城走宁国,昌辉悉杀其母妻子女。秀全责以太过,昌辉负诛秀清功大,不服,率其党围攻伪天王府,秀全兵拒败之。昌辉遁,渡江为逻者所获,缚送金陵磔之,夷其旗,傅首宁国。甘言召达开回,既至,或谓达开兵众功高,请留之京师,解其兵柄,否则又一杨秀清也。秀全心动,乃命如秀清故事辅朝政。达开危惧不自安,其党张遂谋曰:“王得军心,何郁郁受人制?中原不易图,曷入川作玄德,成鼎足之业?”达开从之,乃还走安徽,约陈玉成、李秀成偕行,二人不从,益不能还金陵。于是始起事诸悍党略尽,乃以伪春官正丞相蒙得恩为正掌率,调度军事;伪成天豫陈玉成为右正掌率,伪合天侯李秀成为副掌率,兵事专属秀成、玉成,均听蒙得恩节制;而内政则秀全兄弟伪安王洪仁发、伪福王洪仁达操之。

时我军自克复庐州,寇党窜踞三河,分营金牛,一路壁垒相望,屡抗我师。八月,和春督军乘夜逾壕火其药局,梯城而入,寇仓皇夺门出,追毙之巢湖。生擒伪指挥张大有、伪将军秦标盛等十一名,歼贼五千余。江南军克复高淳。九月,击败句容、溧水,二城近金陵为犄角。金陵闻其败，气阻，大营始安。巢县者，寇之老巢也，其水陆连营无数，所掠粮饷悉输金陵。巡抚福济与编修李鸿章督军攻复之。庐州所属州邑以次肃清。

七年正月，湖南援军吴坤修克安义、靖安，与民团会攻奉新，寇弃城遁。武昌之陷也，曾国藩遣彭玉麟援鄂；及石达开蹿江西，连陷瑞、临、袁、吉、建、抚诸郡，又檄玉麟赴援。寻国藩以父丧归，上命彭玉麟协同载福调度军事。九江为江西重镇，皖、楚咽喉，寇力争天险，汇踞九江，而以对岸黄梅之小池口为外蔽，进以犯湖北，退以扰赣、皖，游行掉臂，防不胜防。大军自达九江、宿松，诸酋聚众数十万，城于小池口，以遏官军，图上窜。是月寇分三路入犯，距黄梅县城数十里，知县单瀚元请空城诱入，都兴阿从其计，伏军四起歼之。寇弃城走，截斩其伪捣天侯陈某、伪天王钟某、曾某三名。小池口寇闻之丧胆，乃筑坚城为固守计；复于段窑、枫树坳、独山镇诸处依山砌石，为垒数十，引水浚壕，阻我军东下。都兴阿遣鲍超、多隆阿、王国才等分攻，悉平其垒。

四月，玉成犯湖北，众号十万。李续宾壁小池，鲍超移屯黄梅，遏其冲，分途迎击，大破之，军威始振。五月，李续宾攻九江，掘长壕困寇，设伏败之马宿岭、茶岭诸处。越旬余，安庆寇来援，合城寇三万，蜿蜒数里。我军水陆会剿，连战皆捷。闰五月，玉成复犯湖北，大小二十五战，亡七千有余。时蕲、黄一路寇猖甚，蕲州诸军并挫，赖舒保力战，水师左光培扼巴河，得免上窜。官文令唐训方增军守要，约都兴阿力扼黄梅，严防后路。以是黄州上下烽火不绝，而武汉帖然无恙。六月，续宾浚长壕合水师力攻九江，宿松、太湖群寇纠合皖省饥民十余万乘虚图武汉，且解九江之围。寇据黄梅、广济、蕲州、蕲水，分西路进，大小五十余战，死万余而势不稍衰。

初小池口之捷也，浔阳、湖口立望廓清；及皖寇上援九江，陆军梗阻，而上游水师又难骤撤，楚军马队不及万，寇所窜伏，崎岖泥淖，马队几无可施，惟将士一心，屹然不为所撼。杨载福、李续宾督水陆上援，多隆阿、鲍超攻贼童司牌，败之十里铺。寇造浮桥河中，东通北湖，西达武穴。续宾渡江平南岸寇屯，水师复焚寇艇，毁浮桥，寇不得逞。七月，黄梅寇以弱兵守垒，而以强悍骁勇者遍伏村落。多隆阿侦知，约鲍超直冲村落，毙五千余，而其在蕲、黄者仍不下数万。官文督军五路进攻，杜其上窜，擒渠扫穴，蕲、黄路通。寻又大破皖寇于黄冈、蕲水界，克复瑞州，我军直抵小池口。小池口与浔城隔江对峙，为江、皖入楚冲途。寇垒石为城，深沟高垒。胡林翼以寇焰正衰，约诸军先拔小池口，亲督唐训方、李续宜等由蕲水达黄梅坡下，建碉以塞宿松上窜之路。侦知城内爨具已毁于炮，炊烟断熄，乃令水陆环攻，射火入城。我军乘乱而登，寇尽殄灭。全楚始一律肃清。

江西军随复东乡。东乡隶抚州，寇踞之为抚州保障，复陷万年诸县。八月，将军福兴冒雨进攻，纵火平塘，绝寇窜路。平塘者，附城往抚州之冲也。寇果弃城而遁。初，寇踞石钟山，守湖口两岸，致水师隔绝。九月，克湖口，连破梅家洲，燔石钟山寇巢，殪万余。内湖外江至今三载始合。载福以取九江当先援彭泽，彭泽南有小孤山，寇筑城其上以守彭泽，为九江声援。载福会军攻克县城，尽扫小孤山寇巢。下游巨险悉夷。大军回向九江。十二月，长祐会攻临江府，拔之，寇窜湖北兴国州。复为续宾所歼，余众仅二百，皆凫水而逸。

寇之自楚北败窜回皖也，纠合河南捻匪，扑庐州及巢县、柘皋。我军进平拓皋寇垒，火巢湖派河两子铺寇船，寇踪遂绝。先是江南水师提督李德麟率红单船入皖，寇遏之繁昌县峡口，不得上，七阅月矣。载福督师东下，焚夺陈玉成所派战船略尽。连日焚华阳镇，复望江、东流，疾趋安庆，破枞阳大通镇，进克铜陵，驰入峡内，与红单船合。寇望风瓦解。逼泥汉伪城，李成谋掷火焚之，斩戮过当。时江西寇纠党党两万余，由浮梁、建德、都昌、鄱阳窜湖口，而宿松、太湖寇愤九江之败，纠党五六万，麇集于枫香驿、仙田铺等处，声势相依。官文檄唐训方壁陈园，固蕲州门户。多隆阿、鲍超等迎剿太湖，李续宜会水师分三路直捣，毙寇两万余，寇势大挫。

江南大营之退驻丹阳也，秀成踞句容，屡出窥伺。正月，国梁独率精卒间道抵城下，毁其外垒，毙寇千数百名，寇不敢复出。二月，金陵、安庆寇侦溧水势蹙，纠众至邹山，筑垒为援。和春乘寇营未定，邀而败之。寇渡河复结四垒，江南军三路败其众，合兵攻溧水城，前后平寇垒二十六座，歼三千，毙伪靠天侯以下十余名。移营已及一年，战功此为最烈。四月，瓜洲以我军围攻久，势频危，乃出背城计，水陆并扑，战土桥西里铺，不胜；复以战舰分两路进：一沿港助势，一渡江他扰，均为我水师所歼。寇之聚溧水者，屡招援党攻大营，死万余，复于邹山筑垒数十以抗我军。五月，总兵傅振邦破其外垒，继以火攻城。副将虎坤元乘内乱，斩守城悍酋而入，遂复其城。溧水既克，和春进规句容，与溧水相犄角。寇结外援，声势尚壮。国梁会军围攻，而自帅亲兵冲入，刺黄衣悍目数名，寇奔溃。和春进冲内壕，国梁首先登城，寇尸山积。闰五月二十五日，收复县城。九月，镇江寇出城至甘露寺，迳扑大营，和春迎剿败之。寇欲西窜接应金陵，国梁密于高资增营扼塞，寇亦筑垒，运粮河北。国梁遣参将余兆青等毁其炮台，而自率亲兵渡河，会水陆诸军鏖战六昼夜，沉巨船十余艘，削壁垒二，生擒魏长仁等六名，斩俘无数。

寇之踞瓜洲者，遥联金陵，近接镇江，阻官军进剿之路，历五年矣。适南岸寇援创于和春，德兴阿乘其隙，檄大军逾城而入，遂下瓜洲。十二月，国梁大捷于瓜洲南岸，阵斩伪王，夺垒十七，遂围镇江。秀全四遣众援，均为虎坤元所破。国梁督军攻四门坏垣，夺复其城，逸出者沿江搜杀近万人。惟吴如孝溃围遁入金陵，复窜聚安庆。而潜山太湖之寇又陷霍山，旋退出，欲从罗田、麻城上窜，踞独山、西河口为营。官文调马步军兼程驰防豫、皖交界之处，以固楚疆。八月，皖寇纠豫捻谋援金陵，犯商、固，扰光州、六安，窥伺随、枣一路。而太湖、渡石牌等处寇党连营三十里，众六七万，乘我军度岁，窜近蕲州，寻又窜荆桥、好汉坡诸处。多隆阿迎剿，败之仙田铺、风火山，追抵太湖，连营宿、太以扼寇冲。而秦日纲遣其党北趋，避实击虚，谋犯蕲州。蕲水、六安之寇亦力上窜，陷英山县，分七路窜罗田。罗田知县崔兰馨连日鏖战，收复英山。守备梁洪胜等督楚军擒伪丞相韦朝纲。寇出黄花岭，窜楚境枫树坳等处。都兴阿遣将往南阳河迎击。寇筑垒北岸，我军潜伏北岸山谷中，而列阵南岸。寇渡河而南，我军邀击之，乘胜北渡。寇阵山腰，溃寇踵至，伏兵起，毙寇无数。楚军势大振，宿、太诸营始纾后顾忧。

时秀全大会诸党，饬陈玉成为前军主将，以潜、太、黄、宿为根据，敌我上游楚师；杨辅清为中军主将，以殷家汇、东流为根据，敌我中路曾军；李侍贤为左军主将；李秀成为五军主将。

二月，和春攻破秣陵关，关为金陵南面外蔽，寇所严守者也。三月，和春率张国梁等围攻金陵。会秀全张筵饮群党酒，流丸坠秀全膝下，群骇愕。秀全曰："予已受天命，纵敌兵百万，弹丸雨下，又将如予何！况和春非吾敌也，诸将弄彼如小儿，特供一时笑乐耳，奚恐为？"初。寇屡伺我军懈，悉锐出犯，冀解其围，而雨花台争之尤力。和春严为防儆，寇果由雨花台攻大营，大败之。和春、张国梁作长围困寇，度地势险夷，沟而垣之，凿山越水，周城百余里。诸营大小相维，绝寇应援，秀全大惧，诫各门严备。潜结垒于寿德州，屡突长围，不克，死者枕藉。当是时，石达开在蜀，杨辅清窜闽，林绍璋败于湘，林启荣围于九江，黄文玉坐困于湖口，张朝爵、陈得才孤守皖省，陈玉成坐守小孤山、华阳镇一带，秣陵又陷，金陵老巢声援殆绝。而粮食尚充足，上游诸州县皆为寇据，呼吸可通，故寇虽危甓而未遽颠覆。

我军屡围金陵，玉成多方抗拒，而秀成出陷杭州，以掣围师之肘，我军不动。玉成乃自潜山、太湖下江浦，伺官军之虚，悉众攻大营，以冀解围。苏、常相继而陷。四月，李续宾、杨载福会攻九江，九江为金陵犄角，南岸肃清，专力攻九江。城寇被围久，以数千人撄城植蔬种麦供军食，其守愈暇，频伤攻城军士。嗣地道成，城破而复完。杨载福督水陆十六营攻四门，地雷再发，城崩百余丈，诸军跃登，毙寇万六七千。出城者水师扼之，俘斩无遗。林启荣、李兴隆均败死，磔其尸。九江既克，寇党无固志。楚南军先后收复新淦、崇仁，下抚州，克安乐、宜黄、安丰、新城诸县，收复建昌。国荃攻吉安，旁克吉水、万安二县。于是江西陷城收复八九矣。寇党畏慑，金陵寇亦穷甓。

秀全力图外扰，乃命寇将窜皖南北及闽、浙诸省，冀大军分援，以牵我师。玉成勾结捻首张洛行、龚瞎子，众号十万人，踞麻城，四门筑五十八垒，沟堑重叠，据险自固。而安庆暨英、霍诸寇又陷黄安，冀窥汉阳、德安，取道北窜。官文檄续宾上援，以纾麻城之患。先是秀全命赖汉英掠江西，皖寇入福建，陷政和县、邵武府，遂陷浦城，分扰建宁。五月，我军克复黄安、麻城，斩伪丞相指挥数十人；追至商城，并进剿太湖、潜山、英山、霍山诸寇。其党窜踞东安者，图为江南北声势。和春督军立复县城，金陵寇愈形危甓，急思溃窜。和春派水师分剿繁昌，毁其坚垒土桥，进破峨桥、鲁港等处。城寇愤恚，出太平、神策门分犯大营，张玉良、冯子材等陷阵败之，寇退。遂攻金川门，悉毁东北城外垒栅。

石达开乃自广丰陷江山县，金华、衢州、处州三府属邑焚掠殆遍。浙军败之寿昌七里亭。六月，寇窜全椒，踞滁州、九洑洲等处，浙军大败之，进克武义、永康、常山、江山、开化、缙云、宣平，衢围亦解。寇悉窜处州，陷之，周天受督军克复。会闽寇蜿蜒猖獗，所复各城旋失，又陷松溪、崇安、建阳等县，建宁府亦被围。浙江巡抚晏端书檄将驰援闽省，又出师江山界，剿浦城寇巢。

是时，上以浙、闽寇并起，乃起曾国藩率江西湘军援浙，旋命改援闽。国藩自铅山进军，寇大惧，图牵制之计，分万余人犯江西，围广丰、玉山，入踞安仁。闽军遂克光泽，收建阳，解顺昌围，连复松溪、政和、宁化、崇安，破浦城老巢，复邵武府，闽省肃清。国藩移军弋阳，亲督水陆各军克复安仁县城。八月，克吉安，擒伪先锋李雅凤、伪丞相翟明海，正法。江西列城皆复。进攻太湖,前月寇陷庐州,巡抚翁同书告急于续宾,官文以太湖方血战有功,疏留之。时寇于东岸及枫香铺、小池驿、东山头各筑营垒,续宾等分段攻城,焚其火药库,寇众骇散,遂克太湖,乘胜抵潜山。潜山、石牌为南北要冲,寇屡集党与援应,抗我东征之师。都兴阿等营北门彰法山,马步并进,寇败溃,毙七八千,遂复县城。我军分二路平上下石牌老巢。

九月,玉成自潜、太会九洑洲群寇下江浦,伺官军之虚,疾攻浦口,以冀解金陵之围。我军进退争一桥。遂大挫。和春派兵来援,寇分军缀之,仍力扑浦口。江北大营遂失陷。迭陷江浦、天长、仪征,并分攻六合,德兴阿遁。扬州贼破南门入,扬州陷。进犯邵伯县,国梁率军渡江,会北军克复府城,移攻仪征,亦克之。亟引兵救六合,阻于寇,不得骤进。寇穿地道陷城,补用道温绍原赴水死。寇渡江陷溧水,筑垒江蓝埠诸处,为扼要持久计。十月,和春遣总兵张玉良攻复溧水。寇夹攻高古山大营,国梁怒马陷阵,毙寇五六千。合兵追抵江宁镇,毁卡壁数十座。小丹阳以至采石矶老巢悉平。

初,胜保率皖军攻天长,捻首李昭寿以部众二千降,胜保奏请赏给花翎三品衔,赐名世忠,使为内应,遂克县城。大军之入皖也,克复桐城、舒城二县,寇悉遁三河。都兴阿会水师尽扫安庆城外寇垒。续宾追至三河,玉成、秀成、侍贤连江浦、六合、庐江众,又乞援捻匪,招颍、寿、光州群盗,合十余万,围官军三重,众寡不能敌,续宾死之。溃军至桐城,前留防四城军溃,不旬日,桐、舒、潜、太复陷。都兴阿收溃卒,由石牌驻军宿松,进剿黄泥营寇众,败之;复督鲍超、多隆阿大战荆桥、陈家大屋,平三十余垒,军势复振。玉成退还太湖,以为舒、桐已得而宿松不破,则安庆之守不固,与秀成谋再举。秀成知不可敌,不欲从,而玉成屡言有妙策,始与分道来犯,卒受大创而退。玉成留军太湖,而自还安庆。秀成率党还巢县、黄山。

是时江西寇复阑入闽界,躁将乐县,并陷浦城、永吉、建阳、顺昌、宁化、长汀等城,国藩入闽,军建昌。诸陷城以次复。寇复窜回江西,惟连城尚聚万余。复陷景德、东流,谋窜湖口、九江等处。国藩檄调道员张运兰倍道驰赴景德镇,屡战皆捷。初,寇踞景德镇,势焰薰炽。江右要冲之区,恣行无阻。国藩添派其弟国荃率湘军五千八百赴镇,助运兰攻剿。寇夜袭艇师,刘于淳燃火弹抛烧簰卡无数。寇弃镇窜浮梁,国荃等水陆进攻,复浮梁。寇走建德北去,江西稍定。

十一月,江南大营援军直隶通永镇总兵戴文英战死宁国湾沚。次日,帮办皖南军务浙江提督邓绍良,大营陷,死之。宁郡设防三百余里,皆邻寇巢,近则芜湖、青阳、繁昌、铜陵,远则无为、和州、滁州,渡江即至。而禄口、秣陵、深水败寇,勾合太平金柱关、东西梁山党众,潜山、太湖、舒、桐及枞阳、土桥败党,皆以宁国为通薮;防军仅七千有奇,又多调援他处,寇众兵单,故及于败。国藩疏陈目前缓急,宜先攻景德镇,保全湖口,上是其议。胡林翼先以丁母忧回籍,会三河变起,朝旨迫起督师,十二月,渡江驻黄州。时寇之踞南安者有五支:一为伪翼府宰制陈亨容、傅忠信、何名标,一为伪渠帅萧寿璜、蔡次贤,一为伪尚书周竹坡,一为伪军略赖裕发,一为伪承宣刘逸才,张遂谋,众七八万,将由南康犯赣州,筑伪城于新墟,设卡垒,踞村庄,绵亘二十余里。

　　九年正月，国藩檄萧启江设伏赤石塘，败寇，克新墟，进破南康池江、小溪、凤凰城、长江墟寇垒，并克崇义、南安，进解信丰之围。二月，江浦薛三元献城降，进克浦口，阵斩伪天福洪方，伪立天豫莫兴。寇觇李世忠击高旺，乘虚再陷浦口。世忠回军再克之，浦口肃清。李秀成急率悍贼七八万来犯，踞乌衣镇汉河。秀成复要陈玉成自庐州来援。乌衣镇属滁州、江浦交界锁钥，寇意在断绝浦营饷道，为张国梁击败。寇与闽、浙余寇皆趋郴、桂，所谓石达开三十万众后围宝庆者也。玉成由六合犯庐州，布政使李孟群被执，不屈，死之。三月，纠安庆党围扑定远护城营，筑坚垒数十以困我师。胜保袭破其垒，秀成东走，而党众日增。国梁于定远县西筑十里长墙御之，其北路自九里山至浦口，三四十里，寇垒殆遍。我军日战，副将郑朝栋、张占魁皆殁于阵。时浦口后路滁州、来安皆困于寇。世忠自浦口绕道回援胜保，撤乌衣汉口防军还定远，其地复为寇踞。和春虑江北军单，遣冯子材渡江援应。玉成度江浦、浦口未可力争，分党援六合；又谋趋天长、扬州，渡江攻南营后路，并袭北营。于是寇众四五万东趋六合，蔓延来安、盱眙诸境。

　　四月，玉成围扬州。提督德安击寇天长，失利，殁于阵。胜保率军进战石梁，互有死伤，还屯旧铺，扼盱眙前路，捍北犯。驻汉涧军为寇困，先后突围出。和春遣张玉良、安勇分六合军赴防扬州，以固清、淮门户。时池州、青阳寇逼石碛，窥湾沚。当涂、芜湖寇分壁青山、亭头逼黄池。我军败盱眙、汉涧及天长寇，天长寇分窜六合，并踞仪征江干东沟，图扑红山窑。其地距六合二十里，旁通瓜埠，为大营饷道咽喉。五月，鞠殿华督军破平六合东路王子庙、太平集寇垒。初，六合、仪征连界二十里，寇垒四十余，阻粮道。至是六合廓清。时六合以北、天长以南，寇麋集数万，饷道危急，由乌家集绕犯各军之背，世忠退保滁、来。寇趋旧铺，直犯盱眙，围胜保于桑树，都兴阿力战解之。寻旧铺寇犯红子桥，腾保及穆腾阿驰援，而寇已分犯盱眙，盱眙故无城，仓猝遂失。

　　六月，胜保攻克盱眙，追创之磨脐、天台诸山。扬州诸军安勇等闻天长寇回窜六合，赴仪征截击，大破于沙河、大小铜山。玉成愤甚，图报复，率死党攻来安。世忠守城，伏壮勇于两门外，自督军冲入寇营。寇乘虚袭城，伏起拦击，世忠返队夹攻，寇大败，夜走滁州。世忠由水口焚烧寇垒，寇大溃，纠合捻匪固定远，再败再进，我军众寡不敌，遂失陷。七月，玉成率死党攻来安，犯滁州，世忠击之，稍却；寻复纠众围来安，并分屯城西北卓家巢等处，寇垒几遍。世忠侦寇志已骄，潜伏兵挑战，伪败，寇笑官军怯；而世忠又环噪之，寇不为意，惟枪声绝续作备而已。世忠骤起鸣角而前，火其营，破二十八垒。会胜保解其围，世忠还滁州。八月，败寇西窜陷霍山，江长贵等击败太平郭村、宏谭踞寇，寻窜石埭，陷乌石垅，防营游击黄金祥退屯杨谿河。自去岁三河失陷，寇造伪城高二丈余，炮眼星列，环以深壕，椿签密布。与太湖互相援应，兼通粮道。

　　石牌镇隶安徽怀宁，当宿、望、潜、太之交，为由皖入楚要冲。官文以伪城不拔，终碍东征，乃令多隆阿统马步军会攻，拔伪城，击斩霍天燕石廷玉等四十七名，并拒败潜山、安庆援寇。伪顾王吴如孝者，寇之最悍者也，自镇江逸出，至皖北，纠捻沿淮肆扰；寻扑盱眙之清坝，为格兰额等枪毙，断其首。众南溃，九月，扰霍山下符桥。六安防军卢又熊等击败之，破毛坦厂寇垒，而庐州、安庆寇同犯六安，乃引军还盱眙。天长寇犯扬州，参将艾得胜、双喜等败死司徒庙。玉成率大股自甘泉山西窜仪征陈板桥，进援六合，围李若珠垒。冯子材御之失利，退屯段要口。寇踞红山窑，断李若珠营后路，饷运不通。

十月，若珠自八埠墙、陈家集溃围出，中数创，退屯扬州，死伤马步军二千八百余人。石埭夏村寇分股纠青阳寇万除，窜踞泾县查村，防军副将石玉龙败死南山岭。适周天受至自宁国，督天孚等力击之，寇退还查村。王浚破平陶美镇寇垒，阵斩伪丞相孙瑞亨。镇距秣陵关二十余里。卢又熊克霍山，寇自太平、芜湖犯宁国，陷黄池，高州镇总兵萧知音败退新丰镇。玉成及秀成自天长、六合纠大股窥伺江浦，分屯南北两岸。张国梁渡江遣水师破寿德州寇垒，水师曹秉忠破六合、红山窑、瓜埠寇七垒，彭常宣败寇于仪征泗源沟。时寇众悉踞扬州西北，寻陷江浦防军垒，周天培死之，大军退保江浦。寇乘势东伺扬、仪，西逼江浦，南窥溧水，势复炽。

寇自洪、杨内乱，镇江克复，秀全凶焰久衰，徒以陈玉成往来江北，句结捻匪，扰庐州、浦口、三河等处，迭挫我师。曾国藩以为廓清诸路，必先攻破江宁；欲破江宁，必先驻重兵于滁、和，而后可去江宁之外屏，断芜湖之粮道。欲驻滁、和，必先围安庆，以破陈玉成之老巢，兼捣庐州，以攻陈所必救。诚能攻围两处，略取旁县，备多力分，不特不敢悉力北窜齐、梁，并不敢一意东顾江浦、六合，盖寇未有不悉力以护其根本者也。于是定四路进兵之策：国藩任第一路，由宿松、石牌以窥安庆；多隆阿、鲍超任第二路，由太湖、潜山以取桐城；胡林翼任第三路，由英山、霍山取舒城；调回李续宜任第四路，由商、固以规庐州。以后平寇之策，皆不出此。

十一月，泾县查村寇犯吴正熙垒，不利，而章家渡亦为我军所挫。扬州寇踞甘泉山，马德昭破其垒。国梁督军攻江浦寇垒不下，寇掘地道攻城，玉良遣将缒城出，焚其垒，填塞地道。寇筑垒磨盘洲，我军四路蹙之，寇众大败狂奔，北门寇营亦同时攻破。其陈家集等处之寇窜回天长，南路之寇潜窥溧水，皆为防军击退。江长贵克太平，郭村、查村败寇窜泾县北路。副将荣升连破石柱坑、盘台寇卡，寇窜踞董家村、白茅塘，犯万级、黄柏两岭，荣升会徽军破之，覆其巢。寇又窜扰河西，为参将朱景山等所败。副将吴再升遂乘胜进剿黄池南岸牛头山寇垒，北岸寇纠众来援，分兵拒之，寇多死伤；北岸寇溃走渡河，我军遂收南岸。池州守城寇韦志俊献城于杨载福，其部下古隆贤等不从，回扑府城，城复陷。桐、潜寇援太湖，将袭天堂后路，余继昌会军团分路败之槎水畈，阵斩伪汉天侯、拱天豫二名，寇奔溃。

十二月，侍贤由芜湖金柱关率大股犯宁国，与黄池北岸寇合势，连日分扰黄冈桥、牛头山等处，再犯西河，萧知音、熊廷芳退走寒亭。寇围游击冉正祥垒，都司李培基驰援始解。玉成以定远、舒城、庐州寇众北犯寿州，翁同书令副将尹善廷率精锐驰援，挫寇于东、南两路。时玉成以楚师甚盛，欲图西窜六合拒楚师，因北犯寿州以牵制我军。寻自江浦回援安庆、太平，纠合捻首龚得树、张洛行等分道上犯，众号十余万。多隆阿、鲍超、蒋凝学御之潜山，连破灵港寇垒。芜湖寇进犯宣城、湾沚，周天受御之，不得逞；乃分众四窜，我军亦分拒于海南渡、浮桥口、清水谭、盐官渡。寇退踞许村埠，进犯西河，朱景山等创之，增军守东西岸。寇迭窥湾沚，我军渡河击之，宁国西北寇锋稍敛。先是铜陵、青阳寇常犯南陵、泾县之交，我军扼守云岭、苏岭，而设伏朝山要、三里甸，参将方国淮出奇击之。寇屡犯三里甸，陷国淮垒，复审越云岭，陷观岭防营。天受调金友堵清弋江，寇北走南陵，陈大富击之，寇复退入泾境。

自玉成回援安庆后，秀成独屯浦口，寇势已孤。时金陵困急，援兵皆不至。秀成以玉成兵最强，请加封王号寄阃外，秀全乃封玉成英王，赐八方黄金印，便宜行事。然玉成虽专阃寄，而威信远不如秀成，无遵调者。李世忠因致书秀成曰："君智谋勇功，何事不如玉成？今玉成已王，而君尚为将，秀全之愤愤可知矣。吾始反正，清帝优礼有加。以君雄才，胡为郁郁久居人下？盍从我游乎！"时伪兵部尚书莫仕葵以勘军在秀成营，书落其手，阅之大，以示秀成。秀成曰："臣不事二君，犹女不更二夫。昭寿自为不义，乃欲陷人耶？"仕葵曰："吾知公久矣。"乃代奏之。秀全命封江阻秀成兵，并遣其母、妻出居北岸，止其南渡。仕葵曰："如此，则大事去矣！"乃偕蒙得恩、林绍璋、李春发入伪宫切谏曰："昭寿为敌行间，王奈何堕其计，自坏长城？京师一线之路，赖秀成障之。玉成总军数月，不能调一军，其效可睹矣。今宜优诏褒勉，以安其心，臣等愿以百口保之。"秀全悟，召秀成入，慰之曰："如卿忠义，而误信谣传，朕之过也。卿宜释怀，戮力王室！"即进封伪爵为忠王荣千岁。寇自杨、韦拘杀，秀全以其兄弟仁发等主持伪政，伪幼西王萧有和，萧朝贵子也，秀全尤倚任之，而以一伪将畜秀成，不与闻大计。至是晋伪爵为王，乃大悦，以为秀全任己渐专，不料其疑己也。

浦口当金陵咽喉要地，迫于大军，而粮援无措；南渡时，见秀全问计，秀全语以"事皆天父排定，奚烦计虑？"又与仁发等谋留其助守金陵，秀成不可，曰："官军既以长围困我，当谋救困法，俱死于此无益也。"渡还，以黄子隆、陈赞明屯浦口，亲赴上游纠合皖南芜湖、宁国死党，谋间道犯浙江，分江南大营兵力，还解长围之困，其志固不在浙也。连日援太湖寇、捻攻鲍超潜山小池驿营垒不克。杨辅清、古隆贤用内应陷池州。韦志俊突围屯泥湾，收合散亡，移屯香口；迭败寇于八都坂、栗树街，俘斩伪将军陈松克等三十余人。

是年，秀全大封诸王。初，秀全定都金陵，一切文武之制，悉由伪东王杨秀清手定。是时为秀全建国极盛时代，其宫室制度：第一，为龙凤殿，即朝堂也，主议政、议战诸大事。每有大事，鸣钟击鼓，会议，秀全即升座，张红幔。诸王丞相两旁分坐，依官职顺列。贼将则侍立于后。议毕，鸣钟伐鼓退朝。第二，说教台，每日午，秀全御此，衣黄龙袍，冠紫金冕，垂三十六旒。后有二侍者持长旗，上书"天父、天兄、天王、太平天国"。台式圆，高五丈，阶百步。说教时，官民皆入听。其有意见者，亦可登座陈说。文左上，武右上。士民由前后路直上，立有一定之位。第三，军政议事局，军事调遣、粮饷、器械总登所。秀全自为元帅，当日伪东王为副元帅，北王、翼王为左、右前军副元帅，六官左、右副丞相为局中管理。各科员中，分军马、军粮、军械、军衣、军帐、军船、军图、军俘、军事诸科。又有粮饷转运局、文书管理局、前锋告急局、接济局，皆属军政议事局。内以六官左、右副丞相领之。其最尊者为军机会商局长，初以伪东王领之。遇有战事，筹划一切，则伪东王中坐，诸王、丞相、天将左右坐立，各手地图论形势，然后出师。秀清死，伪翼王领之。石达开去后，李秀成领之。秀成东入苏、杭，则有名无实，虚悬其位矣。其时寇之武备颇详尽。自诸伪王内讧，人心解体，秀全以为非不次拔擢，无以安诸将之心。然自此大封之后，几至无人不王，而丞相、天将之职多摄行。于是各持一军，势不相下，而调遣诸王者，仅陈玉成一人。故八年以前，寇之用兵，攻守并用。八年以后，不过用攻以救守，战局遂至日危，以底于亡。

十年正月，伪匡王、伪奉王、伪襄王纠合伪摄王自南陵犯泾县湾滩，游击王熊飞退走，寇遂蔓延黄村、焦石埠，进攻副将李嘉万，援师为杨名声所败，斩伪冈天燕赖文禾。寇审踞黄柏岭，其党寻大至，陷泾县。杨名声等退走旌德，寇踵至，明日亦陷。我军还守宁国。是时秀成自率悍党数千，已由宁国县间道犯广德。张国梁督水陆诸军渡江期大举，克浦口八垒，黄子隆、陈赞明遁；攻九洑洲，克其老巢，焚之。寇自咸丰四年筑垒九洑洲，内蔽江宁，外通大江，踞为南北水陆要区。江宁长围成后，浦口、九洑洲皆克，势大困。

秀成由皖犯浙，分我兵势，而诸将又以寇在陷阱，无能为役，习为骄佚，战志渐消，故有闰三月大营失败之祸。太湖寇、捻分四股来犯我军，知府金国琛会集诸军败之仰天庵、高横岭，生擒悍目蓝承宣，向扰害蕲、黄者，寸磔之。金国琛等复败寇、捻于潜山广福寨。玉成率龚得树、张洛行来援，乘雾移营于罗山冲、白沙畈，冀与城寇相通，以图牵缀我军。诸军会击，寇大败，擒斩伪庶天侯麦乌宿、伪军师汪遂林等。明日，鲍超等进攻小池驿，当东路；蒋凝学等攻罗山冲，当西路；多隆阿居中路策应。罗山冲寇蜂拥来扑，凝学连破冲口，攻入内山，马队继之，寇大败。值东南风作，以火焚之，毁垒百有数十。寇夺路狂奔，毙伪丞相叶荣发、伪将军舒春华等。城寇谋宵遁，伏军四起击之。是役也，歼寇两万余。益惶惧，窜入潜山，多隆阿督军尾击，克其城。

秀成、侍贤等至广德，诈为清军，陷之，杭、湖、苏、常并震。巡抚罗遵殿调徽、宁防军援剿广德，以保两浙门户。张芾遣周天孚驰防长兴四安镇，镇距广德四十里，当苏、浙之交。和春遣水陆军来会，秀成留陈坤书、陈炳文守广德，自率谭绍光、陈顺德、吴定彩等驰攻四安镇，陷之。和春遣水师会攻江宁上下两关，七里洲寇谢茂廷、寿德州寇秦礼国遣使诣大营乞降。江宁西北各门皆濒大江，洲堵错互，寇踞上、中、下三关，筑垒于寿德、七里各洲，与北岸九洑洲遥相倚藉。九洑洲既克，茂廷、礼国约举火为号，于是上下关同日而克。国梁增八垒于江东门，增四垒于安德门，毛公渡南北岸关隘悉为我夺，寇益大困。

秀全檄诸寇解金陵围。时秀成在皖，与其部下谋曰："清军精锐悉萃金陵城下，其饷源在苏、杭。今金陵城外长壕已成，清军内围外御。张国梁又桀黠善战，攻之难得志，不如轻兵从间道急捣杭州。杭州危，苏州亦必震动。清军虑我绝其饷源，必分师奔命以救。我瞷大营虚，还军以破围师，则苏、杭皆我有也。"乃自率数千精卒以行，连陷安吉、孝丰、长兴诸县。以其弟侍贤犯湖州，自率悍党陷武康，间道逾岭犯杭州。预结捻首张洛行、龚瞎子等，使内扰清、淮，以分江、皖兵力。

上命和春兼办浙江军务，而以张玉良总统援浙诸军。玉良分大营兵勇五分之二御之。秀成攻杭州，以地雷崩清波门，陷之，巡抚罗遵殿等均死难。秀成之破杭州也，祇一千二百五十先锋。诸处援兵不知虚实，闻城破，皆溃走。迨张玉良援军至，屯武林门，秀成曰："中吾计矣！"自以兵少，乃多制旗帜作疑兵，潜退出城，委之而去。玉良与将军瑞昌会击，立复省城。

三月，秀成回窜余杭，陷临安。旋为李定泰克复。孝丰、武康寇亦退走。时秀成及侍贤回广德，杨辅清亦自池州来会。李定泰等会图广德，寇已分走建平，陷之，连陷东坝、高淳，复诈为官军陷溧阳。自是江南大营后路骤急，苏、常俱大震。和春驰檄张玉良等还救常州。熊天喜等克广德，而杨辅清陷溧水，诈为官军袭金坛，为周天孚等所败，弃垒西窜。句容亦陷，句容当大营后路，饷道所必经，且与丹阳、镇江接壤，为常州门户。和春遣副将梁克勋赴援，不及，续遣副将张威邦由淳化进剿。何桂清遣将分防丹阳、镇江、瓜洲，冀通大营至苏、常水陆道路。马德昭等出屯郡城三十余里下弋桥，堵溧阳、宜兴各路寇内犯。米兴朝自广德进军克建平。

闰三月，寇自昌化出于潜，分犯分水，陷而旋复，进陷淳安。秀成约会诸酋同议救金陵之策，秀成与侍贤由淳化、辅清由溧水退秣陵关，玉成亦自江浦渡江来会，江宁寇争出筑垒接应。斯时大营四面受敌，而良将劲兵调援浙西者一万三千人，淳坝、宜兴防军又调去一千有奇，大营空虚，粮路又截断，乃改月饷积四十五日始一发。兵勇皆怨，心渐携贰。时群寇麇集，和春急调张玉良回援，何桂清留之不遣。寇至雄黄镇，我军御之不克。辅清由秣陵关至南门，玉成由江宁镇至头关，板桥、善桥诸寇皆集南岸。秀成由姚巧门进紫荆山尾，陈坤书、刘官芳由高桥门而来，侍贤由北门红山而至，辅清由雨花台，玉成由板桥、善桥，连日攻扑长围，国梁与王浚分督诸将力御，十五日夜，雷雨雹雪，大寒，总兵黄靖、副将马登富、守备吴天爵战死。大营火起，全军溃陷。和春、许乃钊退走镇江，再退丹阳，旋驰书趣国梁亦至，留冯子材守镇江，国梁语和春曰："六年向帅大营失陷，退扼丹阳。彼时京口未复，今东门之限在于镇江。舍此不守，是导寇而东也。"和春卒不能用，而宜兴同时亦失陷。

寇势大张，而秀全于战士不及奖叙，终日亦不问政事，只教人认实天情，自有升平之局。仁达、仁发忌秀成功，嗾秀全下严诏，饬秀成率所部限一月取苏、常。寇掠金坛四乡，大书于壁曰："攻野不攻城，野荒城自破。"我军屯六门，日与贼战，互有胜负。秀成自句容攻丹阳，国梁开南门酣战，秀成命力士溷入我军溃卒中，猝击国梁，被创大呼，入尹公桥下而死。秀成入丹阳，命收国梁尸，曰："两国交兵，各忠其事。生虽为敌，死尚可为仇乎？"以礼葬之下宝塔。和春奔常州，寇蹑其后。何桂清闻变跳走。是月，楚军援皖南，会克太平、建德、石埭三县。泾县张芾会同周天受等进毁白华、宴公堂一路寇垒，直抵城下，斩关直入，遂复县城。

四月，天长、六合寇乘金陵大营退守，分三路进犯：一由陈家集图扬城，一由东沟窥瓜洲，一由僧道桥编筏偷渡袭邵伯，皆为我军所截击，不敢逞，乃筑垒僧道桥图久踞。我军分左、右、中三路疾趋会攻，毁二垒，焚木城，积尸枕藉。寇合股退踞陈家集。扬州与镇江相为唇齿，李若珠咨艇师陈泰国等分扼各口。寇大逼常州，张玉良由杭郡率军先至，筑营寨大小四十余，悉为所破。常州陷，玉良败走无锡。秀成率所部精卒潜出九龙山，拊高桥之背，玉良军大败，无锡陷，败走苏州。和春创胸，至苏州济墅关而卒。玉良连败之师不能复战，寇薄苏州，玉良退走杭州。长洲、元和两县广勇李文炳、何信义开门迎秀成入踞之。巡抚徐有壬等同殉难。

秀成踞苏后，改北街吴氏复圆为伪府。秀成踞苏十有一日，出伪示安民。城厢内外凡收尸八万三千余具，而从者犹盛称秀成爱人不嗜杀也。寇踞苏城，复恣意掳掠，民竞团练为自保计。江、皖援浙诸军以次克复诸城，遂会剿淳安，寇败遁入徽州境。苏寇陷吴江，犯平望，浙江防军溃，江长贵负伤还走仁和塘栖镇，副将张守元亦溃于清杉闸。嘉兴危急，杭省大震。侍贤烧嘉兴南门入踞之。玉良攻嘉兴西、南两门，陈坤书、陈炳文求救于苏。适青浦周文嘉与洋军战，来告急，秀成乃先援青浦，击退洋军，直攻上海，不克，遂应嘉兴之援，由松江、浦邑而回战，取嘉兴、平湖，顺至嘉兴，连战五日，分一股上石门，断玉良来路。兵多降者，玉良回杭州。

五月，贵池、青阳寇犯泾县，总兵李嘉万等败死，杨名声退至太平黄花岭。寇陷广德，米兴朝军溃，奔孝丰，再退歙北箬岭外。初，泾县、广德同时告警，周天受遣援皆不及，而参将丁文尚守泾，又退走，寇遂由三豀窜旌德孙村。广德寇窥伺宁国，天受击却之。寇由宁国县东岸至旌德，与泾县合势。嘉定陷，薛焕寻克之，收太仓。寇攻镇江；陷青浦，陷松江。

寇之守江宁也，以安庆、庐州为犄角，以太平、芜湖为卫护。芜湖之南，有固城、南漪、丹阳、白臼诸湖，上可通宁国之水阳江、清弋江，下则止于东坝。掘东坝而放之，则可经太湖历苏州以达于娄江。芜湖孤悬水中，寇守之则易，官军攻之则难，是以踞五年血战不退，而黄池、湾沚屡次失利，皆以我无水师。寇坚忍善守，官军围攻屡年，往往因水路无兵，不能断其接济。今苏州既失，面面皆水，寇若阻河为守，陆军几无进攻之路，城外几无立营之所。则欲攻苏州，须立太湖水师，使太湖尽为我有，而后西可通宁国之气，东可拊苏州之背。因建淮阳、宁国、太湖速立水师之策。

寇陷江阴。玉良连以炮艇破嘉兴三塔、普济二寺，平新塍寇垒，移营逼西门、南门，破垒七。平望镇者，浙江之嘉兴、湖州，江苏之吴江总汇处也。寇踞沿河六里桥、梅堰诸处，遍筑坚垒，密钉排椿，扼险以阻江、浙之路。湖州赵景贤毁沿河寇垒，分军进克平望，会军于米市湖，毁炮台巢穴，进围嘉兴。寇既陷松江，遣其党窥上海。薛焕乘其不备，直捣南门而入，杀黄衣目十三名，夺船七十余艘，立复府城。自松江至上海，沿途围练截杀殆尽。

六月，杨辅清纠旌德、太平大股犯宁国。寇自长兴窜陷安吉，王有龄遣彭斯举赴援，遇于孝丰，失利，退走昌化。寇直犯于潜，陷之，杭省大恐。寇复由黄渡再陷嘉定，纠土匪进踞南翔镇，逼上海四十余里，再陷平望。苏州、嘉兴寇势复合。于潜寇连陷临安、余杭，分扰富阳。吴云会洋将华尔攻青浦急，伪宁王周文嘉乞援于苏州，秀成率大股亲援，我军败绩。寇收枪炮乘船再犯松江，陷之。江阴寇分党筑垒申港，掠船谋北渡，李若珠饬艇师破毁之，伪丞相方得胜遁。玉良以地雷崩嘉兴南门城垣，寇严拒不得进。刘季三等连克余杭、临安。浙西寇回窜孝丰，突犯建德。

七月，秀成毁松江城堞，率伪会王蔡元隆、伪纳王邝永宽北犯上海，号十万，焚掠泗泾，七宝民围御之，多死伤。寇屯徐家汇，薛焕督文武登陴固守。寇诈为官军赚城，城上询知，创却之。洋轮之泊黄浦江者，升开花炮于桅发之，寇始败退。孝丰寇陷广德，游击黄占起、江国霖战死。江长贵突围退至安吉,米兴朝奔四安。未几,赵景贤复广德,寇再陷踞之。寇复陷江险杨厍汛城,逼常熟二十余里。黄浦轮船洋兵以开花炮测击上海寇垒,六发,创及秀成。是夜秀成解围还青浦。时嘉兴寇告急,遂趋浙江。

初,副将陈汝霖率民围救松江,适上海解围,洋将华尔会守松江,赐号常胜军。秀成陷嘉善,陷平湖,锡龄阿兵勇皆溃,寇旋去,收之。寇陷金坛。知县李淮守百四十余日,粮尽援绝,川兵通寇,杀参将周天孚,陷之,李淮等皆战死。丹阳寇纠党六七千由新丰等处分道扑水师,谋掠舟北渡,并沿河筑垒,架炮轰射。周希濂督艇师乘烟雾对击,寇不支,遁回丹阳。玉良攻嘉兴两月不下,先后集兵三万有奇,而苏、常以北无牵制之师,松江、青浦之寇可直嘉兴,常州、宜兴之寇可直入长兴,建平、广德之寇可直入安吉,宁国、泾县之寇可直入于潜。

寇前自长兴迳逼省垣,虽经击退,并立复数城,而广德遂至不守。迨收复广德,而嘉善、平湖又复失陷。寇处处牵制我军,近复添筑营垒炮台,又偷劫五龙桥头卡,多方牿我军,实有罢乏不堪之势。秀成以嘉兴围急,率大股来援。玉良督战五日,胜负未决。秀成分股上趋石门,谋断大营后路。地形多支河,塘路绝,无可归。我军惧奔,玉良负创,疾驰还杭省。贼既解嘉兴之困,复陷石门,分两路直逼杭省:一趋塘栖,民围御之。退掠新市;一趋临平,吴再升败之,转走海宁。彭斯举等击斩颇众,寇悉退还石门,未几,石门寇亦退,再升进驻石门。马德昭由临平、长安相继前进。

八月,寇陷昭、常,再攻平湖、嘉善,陷之,是时秀成自嘉兴还苏州,奉秀全伪诏,趋还江宁,令经营北路。初,咸丰三年,林凤祥、李开芳北犯不返,秀成未敢轻举。适江西、湖北匪目四十余人具降书投秀成,邀其上窜,自称有众数十万备调遣。秀成覆书允之,留陈坤书驻守苏州,自返江宁,请先赴上游招集各股,再筹进止。秀全大怒,责其违令。秀成反复争辩,坚执不从,秀全卒不能强。于是取道皖南,上窜江、鄂。

秀成之在伪京与诸党会议也,曰:"曾国藩善用兵,将士听命,非向、张可比。将来七困天京,必属此人。若皖省无他故,尚不足虑。一旦有失,则保固京城,必须多购粮食,为持久之计。"秀全闻之,责秀成曰:"尔怕死!我天生真主,不待用兵而天下一统,何过虑也?"秀成叹息而出,因与蒙得恩、林绍璋等再三计议,金以秀成之策为然。因议定自伪王侯以下,凡有一命于朝者,各量其力出家财,广购米谷储公仓,设官督理之。俟缺乏时,平价出盐,如均输故事,以为思患预防之计。洪仁发等相谓曰:"经亦一权利也。"因说秀全用盐引、牙帖之法,分上、中、下三等:上帖取米若干石,中、下以次递减。此帖即充伪枢府诸伪王禄秩。收入后无须拨解,而稍提其税入公,大半皆入私囊。商贩非执有帖者,粒米不得入城,犯者以私贩论罪。如是,则法可行而利可获矣。洪氏诸伪王乃分售帖利,上帖售价有贵至数千金者。及商贩至下关,验帖官皆仁发辈鹰犬,百端挑剔,任意勒索。商贩呼吁无门,渐皆裹足;而诸伪王侯又因成本加重,售价过昂,不愿多出货金,米粮反绝。秀成言之秀全,请废洪氏帖。秀全以诘仁发,仁发以:"奸商每借贩米为名,私代清营传递消息。设非洪氏,谁能别其真伪? 此实我兄弟辈之苦心,所以防奸,非以罔利也。"秀全信其言,置之不问,秀成愤然而去。

寇陷宁国，提督周天受等死之。宁国之陷也，玉成与赖裕新、古隆贤、杨辅清四面围击。周天受战守七十余日，军中食乏，饷阻不能达，寇破竹塘、朝埠诸垒，副将朱景山等皆战死。旌德、太平两军力单不能救，寇乘势尽扫城外诸垒，城陷，天受遂遇害。宁国既失，南陵孤悬。总兵陈大富苦守阅半载，国藩檄令自拔出城，遣水师迎之，难民从者十余万。寇再陷太仓。玉成纠合江宁、丹阳、句容寇十余万，自九洑洲、新江头掠船二百余，日夜更番，意图乘虚下窜，为军团所败，窜六合。镇江寇船驶入丹徒、谏壁两镇港口，为水师李新明击退。冯子材寻进解镇江城围。侍贤率寇四万出广德攻陷徽州，署皖南道李元度溃走开化。寇趋祁门甚急，国藩檄邀运兰屯霍县，趣鲍超自太平还屯渔亭，以捍大营。徽州既失，杭、严两府防务益急。

寇之踞苏城也，同时城邑陷者数十。江阴居大江尾闾狼山对岸再陷于寇，寇踞之以窥江北，人心惶然。九月，通州知州张富年等会水师攻复其城。上月玉成率悍寇二十余万进陷白炉桥尹善廷垒，旋至马厂集，犯东津渡，黄鸣铎击却之。至是，图取寿州内东肥河，跨山越谷，盘行抵淮河岸，联营栉比。余党窜入姚家湾，掳船，欲水陆会攻。巡抚翁同书派炮艇沿河截击，寇乘雾凫水入小港，为黄庆仁围杀；复以步骑扑北关，城上弹丸雨下，夜纵火焚寇垒皆烬，城围立解。寇窜南路：一还定远山，一走庐江，一赴六安。徽州寇自淳安窜陷严州，进踞乌龙岭。江宁寇纠九洑洲寇船二百余艘下窜仪征，我军大败之东沟。副将格洪额会破盱眙竹镇集寇屯，擒斩伪检点汪王发等。曾秉忠破青浦寇于米家角，攻城三日不下，秉忠中创。参将李廷举攻宝山罗店，寇败并嘉定，旋再窜罗店踞之。寇拦入寿昌、金华，兵团复之。旋再陷再复。

十月，寇自淳安扰及威坪，兵团御之，回窜蜀口。徽州北路寇窜至杞樟里，逼昌化昱岭二十里。先是江西瑞金、广昌、新城、泸溪大股寇窥伺福建，汀州、邵武防军力御之，遂折窜建昌，而瑞金一股窜踞福建之武平，寻陷汀州，凶焰甚张。句容寇至镇江汤冈筑垒，冯子材击之不下。宁国寇直趋四安，破长兴长桥卡防，分窜广坤、梅溪。严州寇连陷桐庐、新城。苏州寇分股扑金山，我军击败之，遂克枫泾镇。寇复纠苏、常大股袭广富林，图犯松江。守将向奎军单，败退。曾秉忠回援，寇窜宝山罗店，都司姜德设伏败之，还青浦。玉良克严州。

新城寇窜陷临安。初，寿昌被陷，金华知府程兆纶督民围复之，桐庐亦同时收复。于是寇众悉趋富阳，副将刘贵芳、总兵刘季三败死，城遂陷。旋收复，毁江口浮桥。侍贤复纠集临安寇陷余杭，逼杭州省城。侍贤由严州还顾徽州，瑞昌等败寇秦山亭、古荡、观音桥，追至留下，寇弃垒走。省城解围，遂复余杭。侍贤不得志于杭州，自余杭直犯湖州。建昌寇间道犯铅山河口镇踞之。福建浦城、崇安，浙江衢州、常山、开化边防皆急。时徽州寇自深渡街口下窜天长，防军会水师大破于三河、衡阳等处。是股为天长葵天玉、陈天福会合秀成党三万余众，将谋渡河分扰淮阳。秀成窜皖南，逾羊栈岭，陷黟县，鲍超大创之，城立复，再破之卢村，阵斩伪丞相吴桂先，秀成受伤遁徽州。国藩饬将屯守卢村，村距黟县二十五里。是时侍贤自严还徽，辅清盘踞旌德，环二百里皆寇。秀成复由江苏上犯，越岭肆扰。我军疾驰百余里，力战两日，驱出岭，祁门大营始安。

赵景贤大破贼，解湖州城围。湖州自三月以来，迭被贼困，此赵景贤第三次解围也。先是寇踞杨家庄为老巢，以砺山、仁黄山为犄角，焚掠双林诸村镇，蔓延长兴、四安、太湖。景贤会军先攻砺山、仁黄，以孤老巢之势。我军踞仁黄，毁杨家庄，败寇西窜。天长寇掠下五庄舟船数百艘，欲犯湖路；我军克河口镇，复创之石溪；窜广丰，道员段起御之，寇间道走玉山。多隆阿、李续宜会军大破桐城寇陈玉成、龚得树于挂车河、鹤墩、香铺街等处，实平寇垒四十余，寇退奔舒城。

安庆者，江表之咽喉，平吴之根本也。寇援安庆，水陆阻梗，不能直抵江宁。玉成眷悉在安庆城中，邀合发、捻十余万人，图解城围。多隆阿、李续宜虽力挫之，仍分屯庐江、桐城，复纠集下游江宁、苏、常援寇并力上犯，逼近枞阳、桐城乡村，眈眈以伺我军之隙，将挟江南寇势全力谋楚军。时届冬令，安徽城河水涸，道路分歧。我军四路告急之书应接不暇，皖南、浙江之寇分三大枝窜入江西，祁门各营围裹于中，势颇危急。湖南道州寇亦窜江西。寇既陷吴，势必全力犯楚，此其深谋诡计。故安庆一城，寇以死力争之。

左宗棠之入景德也，闻南赣寇分党由贵溪过安仁，直扑饶、景，遣军迎败之周坊，寇窜陷德兴踞之。十一月，宗棠进克德兴，寇奔婺源，又克之。十日内转战三百余里，寇惊为神速。彭斯举解玉山城围，寇窜衢境，犯常山，与兵团战，败走开化埠。杨辅清自池州率党窜陷东流，进陷建德。水师收东流，而建德防军溃退。国藩遣唐义训驰击，至利涉口，寇筑垒河洲，列队以待，并以马队扼拒各卡。我军分东西两路缘山上，立破其卡；前军夹击河洲寇，后军抄其背，寇败走。我军复分为三进攻，寇出东门逸，遂复其城。寇复陷彭泽，阑入浮梁，越一日复之。寇趋马影桥，逼湖口。玉麟督水陆军力击之，遂收彭泽。寇宵遁，陷都昌、鄱阳。我师驰至都昌，击退踞寇，复之。

休宁寇犯上溪口，陷副将王梦麟垒。屯溪寇犯江湾，陷副将杨名声垒。古隆贤、赖裕新纠大股犯羊栈、桐林二岭，张运兰会军击之，寇由新岭退去，犯婺源。国藩督饬鲍超大破于黟县卢村，别军绕出羊栈，断寇归路。寇沿崖逃走，追军反出其前，迫之，坠崖死无算。而休宁城寇以鲍超回剿景德，由蓝田扰及小溪一带，张运兰击败之。别股屯郑家桥者进逼渔亭，我军两路抄击，寇狂奔，毙黄世瑚等；复败上溪口寇，追至马全街而还。自是岭外寇不敢轻入。玉成率众万余犯桐城、枞阳，我军镇静固守。寇踞七里亭，韦志俊扼枞阳街口。李成谋昇三版入莲花池护卫营卡，寇不得逞。

寇再犯景德镇，宗棠败之。鲍超进扼洋塘，宗棠进扼梅源桥。寇自下游纠大股屯洋塘对岸，我军大破之，伪定南主将黄文金负创西奔。时祁门三面皆寇，仅留景德镇一路以通接济，寇尽锐攻扑，欲得甘心焉。时国荃围安庆，寇势渐穷。十二月，玉成纠约秀成、辅清及捻匪并力西犯，其大股寇、捻俱众南岸渡江而北，会于无为、庐江，以图急援怀宁、桐城，势甚猖狭。多隆阿等会于枞阳一带，布署战守。皖南寇大股窜孝丰，又别股由昌化窜分水。嘉兴踞寇备具炮船，意图南下，寇势蔓延，浙东西同时告警。

十一年正月，傅忠信、谭体元、汪海洋、洪容海各挟众数万，弃石达开归秀成。秀成骤增众二十万，势大炽，由石埭分两路趋祁门，防军皆败。江长贵援大洪，唐义训迎战历口，斩伪麟天豫古得金，寇溃走常山。富阳、新城、临安皆为我军所克，解广信之围。寇窜铅山、弋阳、贵溪、金溪，渐逼建昌。秀成自去冬犯皖南黟县羊栈岭不得志，窜浙江常山、江山等处；今春以全力攻玉山，转围广丰，犯广信，志在踞守要地，以通徽、浙之路。犯建昌，作浮桥渡河，以大股屯水东，环城筑二十余垒，以浮桥通往来。江西寇黄文金犯景德镇，左宗棠、鲍超败之石门、洋塘，毙许茂材、林世发，文金跟跄宵遁。铜陵援寇与败匪合，复入建德，分踞黄麦铺诸处。鲍超督诸军乘胜压之，毙寇万计，追至建德，会水师收复县城，诛林天福。秀成梯攻建昌，参将富安等纵火具创退之，复潜为地道修子城备之。寇船犯太湖，陷东西山。全湖失陷，湖州北路七十二港横被窜扰。太湖，巨浸也，襟带苏、常、湖三郡，港口纷歧，多至百余。自苏、常陷后，沿湖要隘多为寇有。去冬间寇船自湖州出湖，迭犯西山、角头等处，为副将王之敬炮船所败。然所部不满十艘，募民船佐之，卒以众寡不敌败死。

二月，玉成图援安庆，纠合捻首龚瞎子，率五万人攻松子关。成大吉兵仅二千五百，寇多二十倍，分两路抄官军后，大吉令参将王名滔从左侧山横截而出，阵斩龚瞎子，寇惊溃。复选悍党分五路进，再战再败，捻散亡三万人。初，玉成嗾龚瞎子犯松子关，而自率悍党十余万，从霍山之黑石渡，袭余际昌营于乐儿岭，相持四昼夜，力竭而溃，遂抵英山，入蕲水，袭陷黄州。分党取蕲州，扰麻城，阑入黄安、黄坡、孝感、云梦诸县，并陷德安府、随州，势益猖獗。武昌戒严。

秀成闻玉成攻国荃久不下，分攻蕲、黄、广济，欲国藩赴援以分兵力。秀成叹曰："英王误矣！正使国藩得全力以攻皖，彼岂暇救此闲城哉！彼有长江之利，而我无战舰，安能绝其粮道？不能以我攻浙救京师为例也。"玉成屯孝感，而以德安、云梦、随州三处为长蛇阵，窥伺荆、襄。官文飞调李续宜、舒保、彭玉麟率水陆诸军回救。

侍贤窜踞休宁城，筑垒上溪口、河村、石田、小当等处，与休宁屯溪之寇互为犄角。国藩以休城不克，徽郡难图，祁门终属危地，檄朱品隆等进攻，焚诸垒，寇夜遁，收复县城。左宗棠进剿婺源寇，破侍贤于清华街，而城寇忽分党由中云窜入乐平界。宗棠亲率数营屯柳家湾，扼其冲，寇败退；而援寇漫野至，返旆截杀，复大溃而去。侍贤纠徽州悍党围王开林于婺源甲路，越三日，溃围出，还景德。

秀成率党窜抚州，为知府钟峻等击败，窜宜黄，复纠土匪陷遂安。国藩遣大富防景德。宗棠进军鄱阳，次鲇鱼山，闻寇偷渡昌江，图合围景德，旋移驻金桥。寇窜平湖，分由西路榉根岭、北路禾黍岭进犯，副将沈宝成当西面，江长贵出北路拒之。国藩复檄朱品隆由祁门驰援，歼寇越岭而逃；宗棠击破于乐平范家村，阵斩伪谢天义黄胜才、伪娆天福李佳普等。

侍贤率数万众潜匿于牛岭、柳家湾、回龙岭，翌日，齐进景德镇，陈大富战死，陷之。金鱼桥坐营后路已绝，遂移屯乐平。初，国藩至皖南，设粮台于江西，以景德镇为转运。寇之窥祁门者，屡遭挫败，遂悉锐再犯景德，冀绝大军饷道，至是陷之。国藩度粮路已断，惟急复徽州，可通浙米，亲至休宁攻徽寇，不克，仍屯祁门；而寇环攻不已，誓以身殉。宗棠大破寇于乐平，斩馘数万。侍贤遁，团建昌、抚州，攻之不下，遂陷吉安，大军旋复之，乃进陷瑞州。于是祁门之路始通。

三月，我军克新淦，解麻城围。繁昌获港、芜湖鲁港寇皆败走。民围克云梦，收应城、黄安、黄坡。全国琛会水师克孝感，进攻德安，逼城为垒。嘉兴寇窜陷海盐、平湖，宗棠败寇于龙珠、桃岭。寇渡吉水海滩，陷吉安，复为知府曾犯，发股窜峡江，与新喻贼合并，屯险冈岭，临江告警。玉成分股守德安、随州，牵缀我军，率悍党由蕲州、黄、广回宿松，进太湖大营后路，绕趋宿松桃花铺，迳窜石牌，逼安庆集贤关筑垒。未几，桐城、庐江伪章王林绍璋、伪干王洪仁玕等率两万自新安渡至横山铺，练谭一带，连营三十余里。至马踏石，窜安庆，与玉成会解城围，多隆阿分击败之。玉成阑入集贤关，攻围师各垒；复于菱湖两岸筑垒，阻水师进攻。杨载福遣军舁炮船入湖，毁寇船筏，复立垒湖嘴，使寇不敢逼水陆大营。多隆阿自桐城挂车河进攻安庆援寇林绍璋等于练谭、横山，逼溺菜子湖无数。黄文金纠芜湖寇及捻两万，筑垒天林庄二十余座，谋入安庆城，多隆阿诱毙二千，国荃围师不少动。水师焚夺寇船，断其接济，以困城寇。

侍贤自广信窜常山，陷之，入踞江山，旋由常山分股犯衢州。先是福建援师自衢防回援汀州，军势骤孤，故寇乘虚回窜。又别股由开化白沙关窜玉山童家坊，伪为难民呼城，炮创之；常山寇复至，会攻城，诈为援兵，奋力击之，退屯三里街、七里街，潜掘地道，道员王德榜缒城出，大破之，寇还常山。遂安寇直抵淳安港口，副将余永春中创败退；茶园寇踵至，再退桐关。严州大震。

四月，国藩自祁门移驻东流，多隆阿击败玉成，弃垒遁，屯集贤关。国藩复拨鲍超一军，胡林翼拨成大吉一军，同赴安庆。初，玉成即菱湖北岸筑垒十三，城寇叶芸来出城接应，亦筑五垒于南岸，以隔国荃与其弟贞干之师。国荃掘长壕，包寇垒于长壕之内。玉成前阻围师，后受鲍、成两军夹攻，计穷遁去，犹死守关内外寇垒，又于随州、德安各留悍寇牵掣我兵。官文派军攻德安，筑长围困之。

秀成踞义宁州查县，逼近湖南北边境。官文派军分守兴国及崇、通、山、冶四县。寇裹胁七八万人，一由苦竹、南楼二岭犯通城，一由蛇箭岭犯通山。我军众寡不敌，均被阑入，直抵崇阳之白霓桥。其窥伺兴国之寇，扑余际昌营，官军战失利，退大冶。寇随至大冶，并扰武昌。官文咨调李续宜等屯东湖、跕纸坊一带，相机进剿。秀成自孝丰窜四路，陷长兴、寿昌，分犯三里亭、千家村；复自瑞州分窜西路，连陷上高、新昌，北路陷奉新扰义安，以阻援师。连日曾秉忠等水陆诸军破走乍浦、平湖寇于金山各隘。金山与浙之平湖水陆交错，薛焕与秉忠商筹，平湖一日不复，松江属一日不安；谋越境会攻平湖，再图乍浦。

当陈玉成之退走也，多隆阿已进军磨盘山，遣温德勒克西、曹克忠、金顺等分途尾追。玉成复纠合林绍璋、洪仁玕、黄文金及格天义陈时永、捻首孙葵心共三万余，并力上犯，筑八垒于挂车河、崂峈尖迤西棋盘岭；率党破山内黄山铺团卡，仍出山外调黄文金四千余人伏山内，自率悍党分道进犯我垒。多隆阿分军设伏于棋盘岭、老梅树街，而自率马步各军分道拒战，寇后队忽自乱，老梅树街伏骑乘之，势不支。玉成督败党抵敌，而项家河寇垒为舒亮伏兵袭焚，烟焰突起，寇大惊，败奔桐城。八垒悉平，烧山内寇馆数十处，毙八千余。上命左宗棠帮办军务。

寇越衢州陷龙游,连陷汤溪、金华、绍兴、宁波皆大震。宁、绍为浙东完善之区,寇垂涎已久。金华既陷,势将内犯。寇犯丹徒,水军败之,毁寇浮桥。曾秉忠自金山攻青浦,寇坚壁不出,败嘉善援寇于章练塘。宝山防军姜德攻嘉定以分寇势。都兴阿败天长、六合窜寇于扬州西北乡,尽毁甘泉山寇垒。秉忠自金山泺泾率炮船进破白虎头、金泽镇寇巢,直抵浙境,败西塘援寇,进毁俞汇卡,寇退入嘉善。金华寇分股陷兰溪、武义。

五月,鲍超、成大吉破集贤关外赤冈岭寇垒三,歼寇三千余。伪屈天豫贾仁富、伪傅天安李仕福、伪垂天义朱孔棠等皆伏诛。大吉回援武昌,余一垒超独破之,擒斩刘玱林。玱林陷苏、常为前锋,自恃其勇,欲以孤垒遏官军,既伏诛,国荃军势自倍。国藩之移东流也,皖南寇度岭内空虚,纠众由方干岭樟树卫防军而入,潜陷黟县,筑垒西武岭等处,窥伺祁门。张运兰等克黟县,寇并入卢村十都,增垒抗拒。我军克其七垒,寇悉骈诛。徽州寇闻之窜走。

宗棠追剿侍贤至广信,以建德再陷,窜入鄱阳视田街,急回景德。寇宵遁,宗棠截之,大战枫树岭,寇走建德后河,遂复县城。运兰进攻徽州,复之。汀州寇由江西瑞金回窜。时江西寇窜江山,进陷遂昌。秀成以一股踞瑞州、义宁、武宁,分三路犯湖北,连陷南岸兴国、崇阳、通城、大冶、通山、武昌、咸宁、蒲圻,寇锋逼武昌省城。官文、李续宜会遣水陆军分道进剿,胡林翼亦自太湖移军还省,先援南岸,再图黄、蕲。

寇之窜扰江西者,自去冬以来,前后凡五大股,其由皖境窜入,自北而南三股:一曰黄文金,连陷建德、鄱阳六县;一曰李侍贤,连陷浮梁、景德等处。此二股均经左宗棠击退,未能深入江西腹地。一曰李秀成,连围玉山、广信、广丰三城,又深入内地,围建昌,扑抚州,均未破,窜入崇仁樟树镇、吉安峡江,并踞瑞州府城,分窜奉新、靖安、武宁、义宁各州县,又窜入湖北之兴国、大冶、蒲圻、崇、通等处。此北三股也。其由两广窜入,自南而北者二股:一曰广东股,其渠有周姓、许姓,上年由仁化、乐昌兰阆入江西,与李秀成联合,围攻广信、南丰、建昌各城,连陷湖口、兴安、婺源,经左宗棠攻克德、婺两城,遂归并徽州。一曰广西股,其渠为朱衣点、彭大瞬,本石达开之余党也。由江西窜出湖南,经过南赣,陷福建之汀州,回窜江西,蹂躏宁都、建昌、河口等处。其前队已由婺源窜浙,后队尚留抚州。此南二股也。五大股中,又分为三支、四支,忽分忽合,时南时北。

国藩令鲍超回援江西,由九江直捣建昌,先保江西省城。瑞州及各县踞寇逼近南昌,毓科留张运桂等扼屯城外,刘于浔屯安义堡,后营屯生米,丁峻屯临江,皆为省垣西路屏蔽。李续宜克武昌。寇陷松阳、处州、永康、缙云。缙云既复,寇窜永康。宗棠遣军克建德,国藩移屯婺源。婺源者,界江、皖、浙三省之冲也。赖裕新合汀州寇犯德兴,分党踞九都之新建,遣军败之。寇渡江窜浙江开化华埠,德兴、婺源肃清。游击黄载清克遂昌,松阳踞寇亦闻风遁,载清进攻宣平克之,寇窜武义,处属肃清。金华知府王桐等克永康,寇并趋金华。江险、常熟寇由海坝窜寿星沙,大肆焚掠。

六月,曾国荃会水师破菱湖北岸十三垒、南岸五垒,斩馘九千余。寇之踞湖北咸宁、蒲圻、通城者,我军均克复。寇由武宁犯建昌。金华寇出扰曹宅等处。李元度克义宁。张玉良等率水陆军围攻兰溪不下。寇侦严州军单,筑垒女埠,下窜严州,陷之,寻为张玉良所复。寇陷上高,扰万载。知县翁延绪等克复武宁。水师李德麟等击毁黄山、黄田、石牌三港寇船,寿星沙寇退回江阴。苏州寇扰青浦,李恒嵩自北竿山移屯塘桥,以固松江门户。嘉定寇纠苏州寇犯上海,我军御于真如。寇渡河窜华漕,夺踞参将王占魁垒,薛焕遣军夺还。寇走南翔,再败退嘉定。时江水盛涨,国藩檄杨载福图池州,牵制南岸。载福攻十日不能下,乃率李成谋三营至旧县,侦北岸无为濒江垒寇避水移神塘裹河,驶击破之,进攻州城,陈玉成、杨辅清死力抗拒,还军次大通,败青阳寇,还屯黄石矶。

曾国藩

七月,玉成纠辅清众十余万自无为州犯英山,绕宿松,径攻太湖,为救援安庆计。寇排队山冈作长蛇势。复有寇数万自龙山宫对岸至塔下,袤延二十余里,分路诱我军,我军坚守不动。夜大雨,贼汹涌潮进,城中飞丸随雨落,至晨围始解。玉成乃自小池驿进至清河高楼岭,欲结桐城寇包裹我军,以解安庆之围。攻扑六昼夜,玉成、辅清援桴鼓督军,挥刀砍不前者。我军奋击,大挫其锋。玉成、辅清率大队窜至高河铺、马鞍山,桐城围复合。安庆围师悉平城外诸垒。秀成自窜踞瑞州,分陷上高、新昌、奉新等县,以瑞州为老巢。官文檄元度会军攻克新昌、奉新、上高,败寇均趋瑞州。乃遣游击贺接华等会军直捣郡城,攻复之。官文以德安寇谋窥荆襄,派水陆诸军节次严剿,寇坚守,有冒死突出者,诸军击溃,寇不得入城。寇复出抄我军后以援前寇,乃断其归路,寇奔河西,伏兵四合,架梯入,立复府城。

程学启克安庆北门外三石垒,北门寇路已绝。德安寇窜河南信阳,转犯罗山、光山、商城,兵团截击,退奔皖境。鲍超督诸军大破丰城西北岸寇垒,东岸屯收樟树镇。初,超自九江进军,秀成闻风远遁,率瑞州、奉新、靖安、安义之寇,先分万人扰抚州;令玉成率悍党两万攻丰城,而自领大队由临江踞樟树、沙湖、丰城一带,绵亘百余里。先一日,超至丰城对河,值寇在樟树为浮桥,阵山冈,超分中、后、左、右四队齐进,寇摇旗迎拒,战一时许,大败,馘八千余人。

八月,克安庆城,城外四伪王窜集贤关。安庆既复,东南之势益促。水军进克池州,乘胜下剿,复铜陵县。时伪右军刘官才方盘踞池州,与安庆相犄角。内坚守石埭、太平,阻徽师进兵之路;外则上犯德、建、鄱阳,为江省北边之患。今与安庆相继而下,皖南军势益张。国荃与多隆阿会议,以桐城为七省要道、安庆咽喉,寇死守待援;玉成尚拥众数万,徘徊于集贤关内外,谋与桐城合并。乃会军进击,玉成、辅清皆大败,越山而逸,遂复其城。宿松、黄梅、蕲州、广济相继下。多隆阿进屯蕲州曹家渡,扼下游败寇,以绝黄州寇援。李续焘等会同水师进攻攻黄州,寇筑垒浚壕以抗我军。蒋凝学令投诚刘维桢服寇衣,伪为援众;复造玉成伪文,诱寇出,而设伏以待,寇果出,为我军所歼,立复黄州。

时秀成窜出丰城，踞白马寨，遣党攻抚州。鲍超驰至，抚围立解。寇走贵溪，得广东新寇，合大众据湖防河口，势甚汹涌。超分五路应之，蹋毁七十余垒，进复铅山。国藩移驻安庆省城。初，侍贤攻严州，两月不能下，乃于乌石、方门二滩连环筑垒，逼近外壕。城内粮尽援绝，副将罗大春受重伤，率将士突北门出，城遂陷。秀成自桐庐、新城进陷余杭。寇之窜贵溪者，闻鲍超自抚州至，豫遁走。初，闽寇三起，与花旗广匪先后由建昌窜至广信，与秀成并为一路。鲍超会屈蟠大破广信寇垒，立解城围。秀成败走铅山，筑七垒，与城寇相守御。超踵至，悉覆其垒，渡河攻城，克之。秀成窜围广丰，不克，分窜玉山，筑垒十余，复为道员王德榜所破。

秀成全股悉自江西窜犯浙境，一由玉山陷常山，一由广丰犯江山，龙游踞寇同时出扰，衢州危迫。是月知府张诗华克复泸溪、兴安各城。福建援军张启煊击寇浦江，失利，陷之。寇直犯五指山，金华大股踵至，米兴朝等迎击失利。义乌、东阳相继不守。启煊退守诸暨辟水岭，寇至再溃。九月，寇陷处州。

大军之破安庆也，无为州寇马玉棠妻子居安庆，曾国荃生致之，密谕玉棠献无为城。无为居皖北形势，控金陵，引芜湖，为寇必争之路。附近泥汊口、神塘河诸处，石垒星列，以阻我军。曾国荃会同水师抵泥汊口，垒高难仰攻，乃令筑寨安营，而自率劲旅迅赴杨家桥、凤凰颈，决堤断寇归路。寇大恐，遁入城。越日，攻神塘河，寇亦遁归，乘胜直抵城下。至是玉棠事泄，伪顶王朱王阴幽之。玉棠党举兵攻王阴，我军乘之，寇大溃。毙伪豫、侯、丞相等，城立复。

秀成由临浦陷萧山，再由萧山塘路窜杭州，陷诸暨、绍兴府城，分窜新昌、嵊县。上虞、余姚均先后失守。国荃连破运漕镇及东关镇，镇在无为、含山之界，外濒大江，内连巢湖，寇粮皆屯于此，上济安庆、庐州，下输金陵，为南北锁钥。伪巨王洪某率众五六千，并炮船数十，守之。寇失此益胆落。

十月，楚军克复随州。湖北自黄州、德安复后，惟随州以孙捻援应，扰及襄阳，冯坚死抗。官文击退豫捻，复用降将刘维桢取黄州计，诱寇出城败之，克复州城。多隆阿收舒城、庐江，李续宜部将蒋凝学屯六安、霍山，宗棠屯婺源，张运兰等屯徽州，李元度新军出广信，寇悉赴浙江，而皖南寇聚保庐州。宗棠议大举援浙，浙寇猖獗，全省糜烂，逼近省垣。

上命曾国藩管辖江苏、安徽、江西、浙江军务。秀全见各省攻讨严剧，迭克名城，金陵唾手可下，乃大惧，令秀成、侍贤分途窜扰，分我兵力。秀成窜浙江，叠陷各郡邑，直至余杭，浙省戒严。寇从塘路抵杭州，扑武林门外卖鱼桥，踞我营卡。寇队寻大至，运粮道阻。提督张玉良来援，与城军夹守。寇乃自海潮寺至凤凰山，环木栅实土其中为坚壁，使城外隔绝，日以枪炮轰城。玉良攻木栅，中炮死。内外兵益惧，而城中久乏粮，人多饿死。自萧山、诸暨等城陷后，援兵路绝。寇寻陷奉化、台州，十一月，由慈溪犯陷镇海。台州寇分股陷黄岩、宁波，会同辅清由浙江严州遂安逾岭回窜徽州，复蔓延衢属开化，其谋在深入江、皖腹地，阻我援浙之师。

宗棠于广德奉督办浙江军务之命，以寇围徽郡，当入浙后路，遣军至婺源，会防军援剿。辅清大举分犯徽州、休宁,两败于屯溪、篁墩,遂趋南路,迳逼严郡;而秀成已陷杭州,满城亦相继失守。辅清率宁国寇围攻徽州、休宁两城,伪成天安窜休宁之屯溪,寻又窜篁墩。十二月,总兵张运桂坚守徽城待援,乘间出击破寇垒。寇复踞屯溪、市街、潜口一带,以绝徽军粮道。国藩调总兵朱品隆驰赴休宁,与唐义训先破屯溪街口寇卡,毁河边四垒,进平石桥、潜口寇巢,寻派军护粮赴徽。寇由万安街分股包抄,我军备击之,寇不敢遇。张运桂以严市街为寇踞,粮道梗阻,与休宁军会商兜剿,毁寇十余垒,辅清受伤。值除夕大雪,寇掠无所得,悉遁去,围立解。

是月提督李世忠克复天长、六合。寇自八年踞六合,屡攻不下。黄雅冬思反正,潜约世忠先削其外垒,而已为内应。世忠自滁州至六合,遂大破寇垒,斩冯惢林,直造城下。黄雅冬倒戈,纵火拔关,我军拥入城,擒斩冲天福林国安、顶天燕江玉城、攀天福魏正福五十余人,皆悍党也。诏黄雅冬更名朝栋。世忠以黄朝栋密约天长寇陈世明为内应,朝栋所部未尽剃发,诈为援寇进城下,世明拔关纳军,遂克之。

是岁汀州寇窜陷连城,分窜上杭。江西寇复阑入武平境,时寇谋分股:一图窥龙、岩,一由清流、宁化扰延平、邵武。总督庆端以延平为全省关键驰往驻扎;克连城,进攻汀州,创洪容海,克之。而江西续窜武平之寇,亦为副将林文察等击败。国藩疏请饬庆端严守浦城,俾寇不得由闽境窜江西。

同治元年正月,是时浙、苏两省膏腴尽为寇有,全浙所存,尚有湖州、海宁两城,又孤悬贼中,独衢州一府尚可图存。国藩疏荐福建延邵建宁道李鸿章署理江苏巡抚,别立一军,由沪图苏;以围攻金陵属曾国荃,以浙事属左宗棠。于是东南寇势日就衰熄。世忠攻江浦,约刘元成、单玉功为内应,杀伪报王、伪宗王、操天福等七十余名,立复江浦;至浦口,复克其城。自江、浙两省寇纠众数十万,并力东犯,连陷奉贤、南汇、川沙等厅、县,烽火遍浦东,逼上海。各隘防军遇寇辄溃走。寇既为法船所击退,踞天马山陈防桥,复为李恒嵩所破,败入青浦城中。其浦东大股踞高桥,欲断我要隘。美人华尔、白齐文扑寇巢,毁其壁,进攻浦东、浦南,大破之。寻嘉定、青浦寇进逼七宝,以窥上海,围防军郭太平营。薛焕督军解其围,甫还军,寇复大至。

李鸿章率湘、淮军援江苏,营上海城南。黄翼升统水师相继至。宗棠出岭攻开化,杨辅清纠众踞张村、银坑、石佛岭,窥伺衢州,连战走之,阵斩蓝以道,开化肃清。九洑洲寇窜江浦、浦口、和州,分党犯桥林。二月,嘉善、平湖寇水陆犯金山、洙泾,七日,陷之。松江、上海俱震。东梁山伪爱王黄崇发、西梁山伪亲王某、裕溪口伪善王陈观意纠合雍家镇寇,分股上窜五显庙、水家村、汤家沟,水师李成谋登岸破之,斩黄崇发。初,宗棠既克开化,进军常山璞石,侦李侍贤喉寿昌、兰溪寇纠遂安恭天议赖连绣犯开化马金,谋长围困我。宗棠回攻遂安。乘援寇未集,先剿克之。

三月,李元度败寇于江山碗窑,再败小青湖援寇。江山贼进陷峡口闽军曾元福垒,踞之,连营数十里。宗棠自常山遣军进剿。林文察之克遂昌也,寇并聚松阳,蔓延云和、景宁,寻以次击退,进规处州,破寇松阳平港头寇垒,寇奔处州碧湖。上年国藩檄鲍超平青阳城外寇垒,作长围困之。伪奉王古隆贤潜纠浙江死党三万余人进扑铜陵,分我军势。

超率援军尽扫横塘等处百余卡三十六垒。古隆贤侦知大军北出，阴统泾、太悍寇筑九垒于青阳猪婆店阻我师，以通粮道。适超凯旋，进逼青阳，克之。

国荃既募湘勇回安庆，国藩饬令攻取巢县、含山、和州、西梁山等处，以为欲制寇死命，先自巢始，遂进屯县城东北。刘连捷等赴望山冈以扼南路，寇乘我垒未定来犯，拒败之。初，寇踞江岸以北，上援庐州，下卫江宁，分布坚城，拒守要塞，通上下之气，杜我进兵要路。至是攻破巢县铜城闸、雍家镇，旋收巢县，复合山，再会水师大破裕溪口寇屯。

寇之踞金陵也，以全力扼东西梁山，两山对峙，大江至此一束，水急流洄，视小孤山尤为形胜。国荃以此关为金陵锁钥，循江上逼西梁山而阵。寇走江州，水陆争起搏击，遂克之。自是金陵重镇已失其半。伪匡王赖文鸿窜繁昌县，纠约踞寇扑我三山峡营、曾贞干乘寇未逼，督军分道驰剿，寇大乱，殪其渠吴大嘴，遂克繁昌。芜湖援寇潜屯鲁港以图抗拒，贞干会同水师夺其船百余艘，夷三垒十余卡，余悉遁芜湖；贞干督各军驰抵南陵，立复其城。鲍超既克青阳，议先取石埭、太平以固徽州之防，继取泾县以达宁国之路；乃分军五路，由龙口直抵石埭，寇矢石交下，总兵娄云庆从西、北二门攻入，立复县城。寇大惧，纠集南陵援寇大至，屯甘棠镇阻我师。我军分三路进击，破十七垒，遂复太平，擒斩伪主将徐国华等三十七人。先是超攻青阳时，有伪佐将张遇春率众万余乞降，超纳之，令暂屯景德三溪。至是太平贼寇将北走，张遇春骤起歼之。超回军挟之，进攻泾县，复其城，遂东渡清弋江，进规宁国。

李侍贤自陷常山，与龙游寇同扑衢州，总兵李定泰等败之，复常山，解衢州之围。宗棠驰至常山，攻克招贤关，以通衢州粮道。其扑江山之寇，檄李元度会攻石门花园港寇巢，毁十四垒，寇势不支，乘夜向台州潜遁。是时杨辅清由淳化犯遂安，宗棠自常山进屯开化图之，寻遣刘典进攻遂安；辅清退走淳安、昌化，窜皖南犯宁国。四月，仪征寇败后，窜扰沙漫洲等处，水师击走之，扬境肃清。浙军会民团克复台州仙居、黄岩、太平、宁海、缙云、乐清、慈溪等县，擒斩延天义李元徕，伪王李洪藻、李遇茂，伪主将李尚扬。寻进克宁波府镇海、青田二县。台、处寇上窜温州，踞太平岭及任桥、瞿溪，寻分窜瑞安，张启煊营陷，退守县城。楚、皖军会克庐州，秀成窜扰苏、常，玉成则盘踞皖、楚之交。

自大军克复安庆，玉成率党自石牌而上，调宿松、黄梅之寇同至野鸡河，欲赴湖北德安、襄阳招集其党，群酋不从，乘夜由六安走庐州，众渐携贰。秀全复督责甚切，玉成惧，力守庐州不敢走，皖、楚诸军困之，日盼外援。而颍郡解围后，伪扶王陈得才西窜，伪天将马融和随张洛行远遁，外援遂绝。多隆阿与皖军张得胜设伏诱贼出战，两军合击，寇大败，遂克府城，诛伪官二百十三名。玉成奔寿州，尚有死党二千，以苗沛霖阴受伪封，往乞援；沛霖缚之，献颍州胜保大营，并擒伪导王陈士才、伪从王陈德、伪统天义陈聚成、伪天军主将向土才、伪虔天义陈安成、伪祷天义梁显新，及亲随伪官二十余，并正法。秀成闻玉成死，顿足叹曰："吾无助矣！"玉成凶狠亚杨秀清，而战略尤过之，军中号"四眼狗"。自玉成伏诛，楚、皖稍得息肩，而金陵势益孤矣。

民团克宁海、象山、奉化。李世忠大破寇于六合八步桥，寇窜滁州来安，又大败。寇势大馁。华尔等克柘林，谋捣金山卫。知府李庆琛攻太仓，秀成率伪听王陈炳文、伪纳王郜云官来援，逼青浦。李恒嵩失利，退走塘桥。嘉定、宝山皆震。寇别队由娄塘攻陷嘉定，英、法二提督及我军突围走上海。鸿章饬军驻法华镇，扼沪西，寇遂逾青浦，迳逼松江。秀全自窜踞金陵，以东西梁山为锁钥，以芜湖为屏蔽，而尤以金柱关为关键。自国荃破太平府，彭玉麟破金柱关，黄翼升往袭东梁山，一战而下，贞干循江进克芜湖，提督王明山等复攻破烈山石垒，未逾三日，上下要隘悉为我有。从此上而宁国，下而江宁，寇均失所恃矣。

国荃进军江宁镇，屯板桥，潜袭秣陵关，进破大胜关、三汊河，直抵雨花台军焉。江北浦口、六合败寇悉聚江边，李世忠蹙之，渡还九洑洲。江北肃清。五月，伪什天安吴建瀛统众聚南汇，与淋天福刘二林屡为秀成养子所凌，至是来降，我军整队入城。秀成养子方踞金山卫，来犯，复纠川沙寇回扑，复为我军所败，直逼川沙。寇由海塘窜出，遂复川沙，进攻松江。寇逼泗泾，防军游击林丛文败退北门。华尔由青浦回援，鸿章令程学启扼虹桥，分青浦、松江后路。寇陷湖州，福建粮储道赵景贤拔刀自刭，贼夺之，囚一年余，秀成礼待之极厚，终日骂不绝口，谭绍光举枪一声殒。

初，寇围逼松江，鸿章以松江扼青浦东、西之中，为最要地，自赴新桥，令程学启时出兵缀寇。寇初营西门妙严寺土城，华尔以炮毁之。寇复攫据之，增筑炮台，环合四门。常胜军战寇窦福滨，城军乘夜分门出击，寇窜遁。乃简精卒破天马山寇营，突入青浦，尽焚辎重。寇死战，并力守松江。其分屯广福林及泗泾之寇，鸿章进击败之。寇遁入营，断桥以拒。刘铭传等屯奉贤，陈炳文、郜云官等率众数万围新桥程学启营，填壕拔鹿角，学启不及以枪炮御，掷砖石击之，寇藉尸登壕，学启开壁突击，寇始却，而分股逾新桥逼上海。鸿章将七营往援，大破之，追至新桥，学启大呼夹击，寇解围遁。陈炳文、郜云官皆负伤窜走。进军泗泾，寇大溃，尽烧其垒。广福林、塘桥寇亦退。上海、松江俱解严。

初，李世忠遣军自六合通江集南渡，连破石埠桥、龙谭、东阳寇垒，寇悉遁句容。自是九洑洲寇外援尽绝。秀全遣江宁寇大攻石埠桥曾玉梁垒，世忠遣义子李显发往援，入垒会守。陈坤书自句容进攻龙谭、东阳诸垒，守军黄国栋等退并石埠，而寇攻益急，显发会水师力战，尽平其垒。解石埠围。时李秀成自松、沪败还，谋连合杭、湖寇众救援江宁。秀全遣悍党两万攻大营，国荃设伏败之。连日宗棠督军攻衢州，东、南、北三路寇垒皆尽。

初，秀全以大军骤逼城下，日出扑犯，辄被创，趣浙酋李侍贤、苏酋李秀成还救江宁，而宗棠攻衢州，与李侍贤相拒遂安、龙游间。鸿章新克松江厅、县，秀成奔命未遑，乃与诸党议曰：“曾国荃兵力厚集于金陵，为久困之计。我势日蹙，不如先围宁国、太平，断其后路。我军势既振，敌乃可图也。”秀全以久困，虑粮不继，仍促其入援。秀成不得已，乃先遣悍党数万自苏西援。时宁国余寇窜并江宁，屯于淳化镇者亦不下两万余。六月，宗棠自衢州进军龙谭。侍贤自遂安败后，复纠合金华及温、处悍党，分屯南岸湖镇、罗埠，北岸兰溪之永昌、太平、祝家堰、诸葛村、孟塘、油埠、裘家堰。宗棠驻谭石望，距城十五里，遣睦金城会刘培元驻城西圭塘山，屈蟠、王德榜驻紫金旺，崔大光驻城北对河茶圩，刘典驻高桥。先是李侍贤侦我军平衢州寇垒，将进军龙游，纠党潜趋兰溪、严淳，乘虚袭遂安，为就粮江、浙断我饷道计。宗棠遣军大破之，寇由寿昌退还金华。七月，我军进败龙游寇，毁兰溪、油埠寇屯，阵斩伪骏天义邓积士等。宣平、处州、余姚、寿昌均以次收复。

是时杨辅清纠众十余万窜踞宁国府城，复分党屯聚团山、寒亭等处，阻我进兵之路。鲍超饬将卒扑寒亭，寇出巢猛拒，总兵宋国永横跃入阵，伏起扼归路，寇惊溃，平寒亭管家桥、楠家甸、狮子山寇馆数十处，寇垒三十五座。伪卫王杨雄清纠合余众遁回宁郡。辅清闻寒亭战败，即纠党绕城结垒，延三十余里。鲍超进壁乌纱铺，饬娄云庆设伏望城冈，以轻兵诱寇。寇以我兵寡，直压山冈而下，我军张两翼却之。寇见旌帜遍山谷，误为援寇，反斗中伏，我军复断其后，毙无算。望城冈及抱龙冈十数村皆平。寇复阴结别股筑垒坚拒，鲍超率各军逼垒而营。各伪王出大队于南、北两门夹攻，鲍超分军进搏，寇败走浮桥，我军焚桥截杀，无得脱者。寇复收余烬，再战再败，辅清单骑脱走。立收宁国府、县二城。初，辅清闻超军至，数遣使乞援于江宁，秀全遣伪保王洪容海率悍寇赴之，容海者石达开死党也，既至，慑超威，乞降，超许之，而郡城已克。容海奔广德，袭献州城，率众六万就抚，复本姓童。

江宁援寇大举犯垒，分二十余队牵制各军，而以锐卒突雨花台。国荃拔卡纵击，大破之，解围去。潘鼎新等会克金山卫城，地界江、浙，为浦东门户，至是一律肃清。是月鸿章督诸军会攻青浦，克其城。谭绍光方踞湖州，闻青浦已失，恐官军蹑其后，乃合嘉、湖、苏、昆寇犯松、沪西北，进窥青浦，学启会水师击却之。寇攻北竿山垒不获逞，遂东趋攻北新泾，北新泾为上海西路之蔽，防军大战却之。寇分窜法华，逼上海。鸿章调诸军自金山卫、青浦、松陵回援，悍寇两万围官军，学启战逾时，寇大溃。北新泾之寇凭河据垒，伏左右以待我军。鸿章亲督阵，与学启军合，尽毁寇营，绍光遁喜定。上海危而复安。

八月，寇陷慈溪，华尔复，受创，寻卒。嵊县、新昌寇陷奉化。闰八月，奉化寇窥宁波，宗棠饬蒋益澧等进平兰溪裘家堰寇垒，毙伪元天福万兴仁、伪捷天福刘茂林等。罗埠踞寇伪戎天义李世祥乞降，益澧攻罗埠，世祥应之，破五垒。湖镇寇闻之遁，我军渡河破五星街。此皆龙游、汤溪要冲也。益澧攻汤溪不下，军多死伤。宗棠进营新凉亭，逼龙游城五里，饬益澧由罗埠进攻汤溪。刘典屯扼油埠、湖镇，以堵兰溪、金华援寇。

九月，鸿章会常胜军攻嘉定，克之。绍光及伪听王陈炳文复纠援寇十余万，分道自太仓、昆山来犯，北由蟠龙镇至四江口，图据黄渡以当青浦；南由安亭至方泰镇，图入南翔。寻我军却寇南翔，寇乃于三江口、四江口立左右大寨，设浮桥潜渡，困我水师；而青浦西北洋新泾、赵屯桥、白鹤江寇益蔓延，扰及重固镇张堰，距青浦十余里。黄翼升率水师自青浦出冲敌舟，寇扼白鹤江不得进，别队犯黄渡，李鹤章会击败之。时四江口久被围，绍光屯吴淞江口，炳文踞南岸。鸿章督诸军至黄渡，分三路进击，自辰至未，屡冲不动。鸿章督战益急，诸军逾壕直逼寇营，学启炮伤胸，复裹创疾战，寇由南岸溃而北。四江营守将皆冲围而出，寇退昆山。我军毁其浮桥石卡殆尽，毙数万，夷垒二百座。寇自是不复窥松、沪，悉力坚守昆山、太仓，尤为苏州门户，寇所必争者也。

宁国再陷，寇复由句容进薄镇江，壁汤冈。冯子材督军破汤冈九垒，寇归青山老巢，乘胜拔之，窜还句容。初，伪护王陈坤书纠众四五万图犯金柱关，彭玉麟御之花津，五战皆捷。寻寇以战舰数百从东坝拖出，我军毁其浮桥，寇乃不敢渡河。至是悍寇结筏偷渡，屡逼金柱关,我军水陆大举,败之花山。寇遁上驷坡,而水师已先毁浮桥,寇回戈转斗,诸军合击,歼万余。其窑头等处尚延袤百余里,我军环攻,焚其垒。花津、清山、象山、采石矶诸寇巢悉数平毁。自是芜湖、金柱关六十里之间寇踪以绝。

时大营军士患疫方稍止,秀成亲率十三伪王,号称六十万,麇集金陵,东自方山,西至板桥镇,旗帜林立,直逼我军营垒,尤趋重于东西两隅。曾贞干等击败之小河边城寇援,寇寻由东西两路进攻,分党趋洲上,抄出猛字等营后,我军分路击退之。寇之围逼西路者,历六昼夜,为我军击败。寇悉向东路,逼营而阵,潜通地道,百计环攻。各军将士负墙露立,掷火球击寇。寇负板蛇行而进,填壕欲上,我军丛矛击刺,寇拽尸复进,抵死不退。飞弹伤国荃颊,血流交颐,仍裹创上壕守御。侍贤自浙东来援,急攻吉后营炮台。国荃引军驰救,寇来益众,用箱匮实土排砌壕间,暗凿地道。我军以火箭攒射,随出锐卒击之,贼锋稍挫,遂毁西路寇垒。东路之寇环逼不已,嘉字、吉后两营地道轰发,寇拥入塌口,我军分路冲出决战,塌口以内之寇诛戮无遗。壕外寇复举旗督战,各营同出抄杀,寇精锐悉挫折。复于东路别开地道,西路决江水淹绝运粮之路。贞干在高坡增筑小营,令水师驻双闸护饷道。我军凡破寇地道五处,寇计益穷。国荃乘势进拔十余卡,破东路四垒,西南诸垒望风惊溃,追至南路牛首山一带,平垒数十座,搜剿至方山之西。雨花台守众勾结城寇绝我军归路,我军左右荡决,寇分路而遁,重围始解。是役也,秀成自苏,侍贤自浙,先后围攻大营四十六昼夜。国荃率诸将居围中,设奇破之,弟贞干力顾饷道,将士狞目鬃面,皮肉几尽。

大营解围后,秀成仍屯秣陵关、六郎桥一带。侍贤谓秀成曰:"今江北方空虚,出其不料,驰攻扬州、六合,括其粮以济军;复分兵攻国藩于安庆,彼必分军驰救。我今屯秣陵、溧水之师,乘虚击之,鲜不济矣。"秀成纳之,别遣伪纳王部永宽、伪对王洪元春等自九洑洲渡江,窜越江浦、浦口者五六万。洪元春陷巢县、含山、和州,遂踞运漕镇、铜城闸、东关各隘,知无为州米足兵单,径扑州城。提督萧庆衍攻运漕、铜城,会彭玉麟水师焚毁三石卡,进破运漕镇,连覆陶家嘴、昆山冈寇垒,绕出铜城闸后。闸口寇闸围而出,冈东、闸西寇皆遁走。国荃遣军守东、西梁山顾江隘,令李昭庆带五营自芜湖北渡援无为,以保皖南各军运道。国藩调李续宜、毛有铭移防庐州。赖文鸿、古隆贤等自广德、宁国窜入旌德,总兵朱品隆败之,解围去。其攻泾县之寇,亦被援军击退。先是昌化寇率众数万窜入绩溪,冀绝旌德防军粮路,唐义训会浙军克之。

十月,我军连复上虞、嵊县、新昌。宗棠屡攻龙游、汤溪、兰溪、严州诸处,破垒卡三十余,惟附城诸垒不可破。寇以死守城,穴墙开炮,军士多伤亡。龙游、汤溪两城为金华要道,必两城下,后路清,而后可攻金华。兰溪一水直达严州,必兰溪下,饷道通,而后可收严郡。此三城者,所谓如骨之梗在喉也。十一月,寇窜太平、黟县,进陷祁门,将窥伺江西饶州、景德。宗棠恐阻粮路,檄军助剿,未至而祁门已克。魏喻义攻严州,严州形势,外通怀宁,内达杭州。宗棠援浙,谋首下严州,而寇在三衢,图犯江西,断我饷道。乃先清衢郡,饬刘典攻兰溪以分寇势,踞寇伪朝将谭富与兰溪谭星为兄弟,互相首尾。喻义屯铜关,据险设卡。谭富纠桐庐、浦江诸寇屡来犯,喻义伏兵钟岭脚,歼寇前锋,寇惊还,闭城固守。是夜我军梯城而入，残寇万余，立克府城，焚船三百余艘，获伪印二百九十三颗，余弃械投诚。

是时绍兴伪首王范汝增、伪戴王黄呈忠、伪梯王练业绅率大股由诸暨、东阳、义乌、永康西窜金华，号称十万，以援汤溪、龙游。分党窜武义，林文察败之。丹阳、句容寇窜镇江，冯子材督军大破于丁村、薛村诸处。寇踞常熟、昭文二县以窥江北。距城十八里有福山者，为江南重镇，与江北狼山镇对峙，由江入海之锁钥也。二县守寇钱桂仁、骆国忠、董正勤与太仓酋钱寿仁密通款我军，李鹤年攻城，寇约内应。国忠夜饮桂仁酒，就座斫杀伪冯天安钱嘉仁，伪逮天福姚得时，以城降。明日，会水师周兴隆破平福山、浒、白、徐六泾诸海口寇垒，进规太仓，而苏州内应事泄。谭永光悉众争常熟，招江阴、无锡寇六七万来会，又令杨舍寇乘隙陷福山。官军固守常、昭。

十二月，寇围而攻之，团勇溃。周兴隆告急，鸿章遣援，而江阴杨库寇已窜福山各口阻援师；遣常胜军及水师攻福山口河西寇垒，不下。寇攻常熟急，西、北门营垒已失，常胜军阻寇福山不得达。李鹤年攻太仓，寇援甚众，亦难骤进。鸿章增调浦东军由海道绕赴福山，会师援剿。鹤年等自望仙桥进攻太仓，败之。时蒋益澧攻汤溪不下，刘璈会攻兰溪寇垒亦失利，刘典合水陆进攻，寇坚伏不出。龙游、汤溪援寇适大至，乘间西趋扰江、皖，益澧等迎击汤溪援寇于金华白龙桥，大创之。伪扶王陈得才、伪端王蓝成春、伪增王赖文光、伪顾王梁成富、伪主将马融初，皆陈玉成悍党也。玉成命北犯牵制官军，而得才见庐州被围急，欲南援，为防军所扼，奔窜于河南、湖北、山、陕之间，与诸捻合，遂成流寇。

二年正月，秀成调集常州、丹阳诸寇屯江宁下关、中关，号二十万，自九洑洲陆续渡江，意欲假道皖北，窜扰鄂疆，截断江、皖各军运道，图解江宁之困，盖近攻不如取远势也。既渡江，陷浦口，李世忠退入江浦。伪匡王赖文鸿、伪奉王古隆贤、伪襄王刘官方纠合花旗广寇数万围泾县。鲍超自宁驰援，诱之入伏，寇败还垒，而垒已为我军所焚，寇大奔，立解城围。及还军，而西河寇乘虚犯垒，见超帜，仓皇遁去。蒋益澧、康国器克汤溪，金华寇恃汤溪、龙游、兰溪三城为犄角，我军攻汤溪，寇势渐蹙。伪朝将彭禹兰诣营乞降，益澧令内应，诱诛伪天将李尚扬等八名。是夜彭禹兰启西门纳军，杀九千余，城寇遂尽。伪戴王黄呈忠、伪首王范汝增、伪梯王练业绅自白龙桥退奔金华，龙游寇闻风而遁，左宗棠收之，刘典收兰溪，高连升等收金华，而武义、永康、东阳、义乌、浦江皆相继收复。

浙东败寇从于潜、昌化越丛山关，窜皖南绩溪，复逾箬岭，归旌德，并句容、太平大股麇集石埭，谋西上。建德大震，江西饶州、九江边亦急。刘典等克诸暨，谭星自浦江败后，窜踞桐庐，宗棠饬刘培元会水军合击之，遏其西趋。蒋益澧乘势进攻绍兴，提督叶炳忠会英、法军克之。败寇万余，与桐庐踞寇沿江筑垒抗拒，我军水陆合攻，遂复桐庐。萧山寇亦窜走，浙东肃清。

左宗棠遣益沣进攻杭州。先是杨辅清纠合群党，啸聚西河、红杨树、麒麟山一带，十余万人，以一大股抄出高祖山，先以一小队绕过山背，扬言上犯泾县，实欲图鲍超老营。二月，寇分三四万众围高祖山八营，鲍超分军三路，伏兵莈苓山傍以断其后。战逾时，寇哗乱奔，近莈苓山，伏起，寇骇惧，遂平高岭、周家桥、马家园、小淮窑诸垒。寇之由河西遁入湾汊者，为水师击败，并入梅岭、麒麟山。鲍超遣将分攻之，积尸若阜，并收复仰贤圩各处，余分道窜逸。伪怀王周逆等纠众窜至句容城外，会合丹阳伪效天义陈酉，图由九洑洲北渡。冯子材扼桥据险，分队进攻，直趋牧马口，沿村十余里敌卡林立，官军直突，屹不稍动。守备李耀光阵斩执旗寇，捣中坚，官军无不以一当百，立毁牧马口敌卡。东湖寇亦败溃，进毁南路柏林村老巢，斩陈酉马下，即四眼狗玉成之叔也，寇骇奔，向西南窜走。

皖西寇犯休宁，分掠建德，西侵江西鄱阳、彭泽，东扰池州，围青阳，续由江浦县新河口迄遍西窜巢、含、全椒之间，南岸则金柱关。时踞皖南寇约有三起：一为胡、黄、古、赖诸寇，节踞宁国、太平、石埭、旌德者也；一为花旗，此广东匪，前由广东、湖南、江西入浙、皖者也；一为谭星，即兰溪抗官军者也。徽防诸军纷纷告警。当曾国藩之视师东下也，寇攻常熟益急，谭绍光又益以炮船二百艘，突地攻城，降将骆国忠悉力扼守。鸿章遣军攻太仓、昆山分寇势，别遣英将戈登助剿福山，会潘鼎新等水陆军夺石城，夜毁城垒，翌日寇入西山，而福山火起，乃开门悉锐出击，寇尽溃，擒斩悍酉孝天义朱衣点。常熟、昭文城围立解。太平踞寇图祁门，江西军王沐败寇于徽州屯溪。草市寇再败于严寺街、长林、潜口等处，死近万人，退奔休宁、蓝田一带，西通渔亭。未几，寇复进踞潜口，祁门防军御之黟县渔亭，大破之，阵斩伪天将刘官福。

寇之初起也，禁令严明，听民耕种，故取江南数郡之粮出金柱关，江北数郡之粮出裕溪口，并输江宁。今耕者废业，烟火断绝，寇行无人之境，而安废、芜湖、庐州、宁国、东西梁山、金柱关、裕溪口，暨浙之金华、绍兴，山川筋络必争之地，寇悉丧失，我军足致其死命。昔年寇之所至，筑垒如城，掘濠如川，近乃日近草率，群酉受封至九十余王之多，各争雄长，败不相救，识者知其亡无日矣。

寇复由宁国绕出青阳，分扰建德、东流。三月，由东流犯江西彭泽，进逼祁门；由建德窥饶州，犯梅林营垒。刘典督军败之，遂大破潜口寇屯。徽州、休宁解严。乃赴渔亭，会克黟县，斩伪绚天义古文佑。追寇出岭外，平寇垒二十余，岭内一律肃清。太仓踞寇伪会王蔡元隆诈降郊迎，我军至城下，伏起，枪伤李鹤章，程学启殿军而退。鸿章橄戈登会攻太仓，克之。黄文金合许家山各处寇十余万，由祁门进逼，与参将韩进春血战四时，阵斩伪孝王胡鼎文，群寇夺气。

寇攻庐州，犯舒城。李秀成将由舒城、六安上窜，一出黄州，一出汉口，扰犯湖北，掣我南岸之师以援北岸，掣我下游之师以援上游，皆为解金陵围计也。湖北为数省枢纽，曾国藩调成大吉回屯湋口，橄水师赴武、汉严防。秀成来犯石涧埠，进逼我军，昼夜猛攻，相持不下。寇复于前营增百垒，层层合围。彭玉麟派队来援，会军夹击，尽平群垒，秀成遁走。其犯庐江、舒城者悉败走。悍寇马融和自豫间道犯桐城，我军败之三里街，遁往孔城，与秀成合而为一。秀成遣伪富天豫张承得等围六安，败死。六安者淮南要冲也。余寇走庐州，鲍超追击，会攻巢县，先破东关、铜城闸二隘，遂克其城。金山、和州相继皆下。

李侍贤自金陵败遁，纠悍党数万屡犯金柱关。花津、上驷渡、万顷湖、涂家渡及燕子矶、伏龙桥、护驾墩、湾汊、黄池诸处寇垒，皆为我军所覆。自是寇不敢轻渡西岸，遁溧水、丹阳一带。四月，水师杨政谟袭破杭州闸口寇船，登岸进毁望江门寇垒，寇大震，急招新城寇还救。蒋益澧进攻富阳,富阳一城为杭州上游关键,贼严防御,船垒相辅。杭州援寇屯新桥,与城寇相为犄角。秀成令陈炳文等舍苏州、常、昭,急援富阳,并纠苏、常、嘉兴悍党由余杭趋临安,窜新城,扰富阳军后路。魏喻义等督兵进击,寇复乘雾分道攻扑新城,大败,向临安遁走。伪慕王谭绍光、伪来王陆顺德等率大股犯太仓双凤镇,攻昆山后路,图解城围。我军鏖战三昼夜,破之。伪天将夏天义率悍党数万久踞昆山、新阳县城,鸿章督率程学启、戈登会水师大破昆山,寇垒二十四,毙万余。有正义镇者,为苏城援昆山必由之路,学启攻之,破石垒二。寇见归路已断,夺路狂奔,遂进克同城昆山新阳。王沐自黟县回援景德,寇败于陈家畈、包家墩,窜安宁岭外。

时江宁攻围久,百计欲解城围,既分股由徽、宁窥伺江西,由含、和一带图犯湖北,而由湖北下窜之捻,自蕲水分为四枝,一回窜黄州,一扑宿松,越潜、太,以扑庐、桐。寇、捻句合,凶焰甚张。此皆李秀成所规划也。我军克复福山后,江阴县属扬库汛为江边险要,寇纠众死守,以蔽江阴。我军水陆会攻,斩赵尚林等,立复汛城,而润北、润西、塘市屯寇均弃垒遁还无锡、常州;我军克复建德,连复巢、含和三城。于是皖北寇全遁,皖南寇势亦衰。

初,秀成自六安败后,率众东窜,声言回救苏州。国荃急争江宁老巢,攻其必救,使城下之寇不暇还趋苏郡,而北岸之寇亦不敢专注扬州。乃率军分六路并进,潜袭雨花台及聚宝南门石垒,肉薄登城,遂夺雨花台,乘胜猛攻东、西、南各卡九垒,皆克之。群寇溃奔,我军追击于长干桥,蹙入水者无数。未几,城寇出,又败退,毙六千余,寇势从此衰减。秀成在江北,闻雨花台失,益惶惧,又以昆山新克,苏州亦受逼,乃与诸伪王改图南渡。于是天长、六合、来安次第解围。而寇之分踞乔林小店者,冒雨掠舟,喧阗不绝。五月,浦口寇弃城遁走,而江浦寇忽献书乞降,鲍超等察其诈,引军急进,水师次江浦。寇闻风亦宵遁,九洑洲伪城踞寇闭门不纳,寇骇窜芦苇中,溺死者无算。江浦、浦口两城寇,尽蹙之入江,江北肃清。

曾国荃连日破平下关、草鞋峡、燕子矶,收宝金圩,距芜湖、金柱关百里内已无寇踪。进攻克九洑洲。寇之左中关者,附城为垒,卒不稍动。其坚踞九洑洲者,下有列船,上有伪城,群炮,轰发不息;复于东、西、南三面分伏洋枪队,伺间出击,我军多损伤。彭楚汉等负创角战,乘风纵火,夜二鼓,扑墙而入,聚残无一脱者。九洑洲既克,谋者谓浙攻富阳,沪军攻苏州,江宁亦宜速合围,使备多力分。国藩亦主合围制敌为上策。秀成南渡后,连营于江阴、无锡数十里,声言援江阴攻常熟。鸿章督诸军攻破七十五垒,顾山以西寇皆尽。

寇自失九洑洲,下关江上接济已断,粮食渐乏,谍赴苏州、嘉兴,力图接济。秀全以城围日逼,留秀成共守老巢,缓援苏州。六月,秀全遣党出仪凤门犯鲍超营,出太平门犯刘连捷营,不克而退。七月,犯下关,亦为我军击却。八月,国荃攻印子山,破其石垒,阵斩伪佩王冯真林。明日,破七桥瓮石垒一、土垒三,伪梯王练茶发伏诛。国荃调江浦、浦口防军,别募万人,为火举围城之计。是日程学启会水师逼娄、葑,规取苏州。

初,建德南窜寇败于汪村,伪匡王赖文鸿创而堕马,群寇卫之遁。越二日,复败于分流木塔曹家渡，自是浮梁北路稍靖。先是黄文金纠合诸酋由皖入江，分扰鄱阳、浮梁、祁门、都昌境内，每为我军所扼，不得深入；乃折而西趋湖口，分三路：上路由文桥，中路由梧桐岭，下路由大平关，而文桥寇势最盛，文金亲踞其中。寻自文桥扑犯坚山大营，江忠义会诸军直前迎击，破其七垒，文金窜皖南，江西肃清。

文金绕越池州围青阳。八月，富阳寇怀新桥寇互相犄角，抗我围师。蒋益澧督诸军日夜轰击，先破寇援，毁倚城大垒及大小诸卡，城寇不支，逃入新桥，城立复。我军复由鸡笼山绕出新桥，并力追杀，寇垒悉数芟夷。江阴踞寇日久负隅，我军攻之，势渐蹙。是月陈坤书及潮武齐区五大股众十余万分道来援，亘数十里，西自江边，东至山口，沿途扎木城十余，其中营垒大小百余，守御坚固。我军水陆分攻，郭松林潜自山后噪而入，纵横冲突。铭传直捣中坚，寇大溃。有内应者，夜三鼓，梯城而入。伪广王李恺顺坠水死，遂克其城。秀成自江宁返苏，谋解城围，与程学启、戈登战苏州宝带桥，败北，奔至盘门。我军毁沿途诸卡，秀成率大股来争，我军力击败之。初，寇于娄门外附城筑十九垒，学启屯外跨塘，炮力不能及寇垒，乃移壁永安桥。城中出夷人百余，发炸炮助之。未几，寇分门大出，水陆军力御，寇败退。学启以寇垒既多固，不得前，而城东南宝带桥为太湖锁钥，寇立石营一、土营三，悉力拒守，遂谋先破之以挫其势。乃分水陆军为三路，先破土营，寇弃垒走，石营亦旋溃。秀成亲率援师抵御，学启督军却之。我军攻无锡贼，败之芙蓉山。伪潮王黄子隆出拒，再败走，刃及其肩，几成擒；郭松林追及城下，破平西北两城垒，烧寇船百余艘。

蒋益澧既克富阳，移师杭州，康国器趋余杭。伪归王邓光明、伪听王陈炳文、伪享王刘酋及伪朝将汪海洋，于附城要隘筑垒树棚，自前仓桥、女儿桥、老人畈、东塘、西岩埠、观音桥、三墩，直至武林门、北新关，横至古荡，连营四十余里，以拒我军。海洋自杭州上援余杭，为我军击败。寇旋由前仓渡河，结垒西葛村，我军再击走之。我军攻杭州江干十里街，破街口寇垒。我水陆军大举攻青阳。初，黄文金在都昌、湖口等处战败而东，遂略地池州，直薄青阳城外，近城半里，环筑六十六垒；又数里，筑七十余垒。曾国藩调水陆军进攻，江忠义督所部渡河，从山后缘岩而上，骤攻寇垒。寇纠众抄我军后路，忠义挥众荡决，寇败若潮涌，平一百三十余垒，殄万余，寇遁归石埭一带，城围立解。

李侍贤、林绍璋等合股内犯，由无锡南门至坊前、梅村三十里；高桥大股亦分众七八千人扰至西高山，出芙蓉山后；城寇出北门犯塘头东亭。官军分路迎剿，设伏诱击，寇大乱，败走，陆寇歼诛殆尽，夺寇船六十余，民船五百余。秀成自苏州率伪纳王郜云官、伪来王陆顺德、伪趋王黄章桂、伪祥王黄隆芸、伪纪王黄金爱来援，进逼大桥角营。夷酋白齐文以轮船大炮为寇前驱，李鹤章以连珠喷筒破之。寇水陆皆败，毙万余。别股犯缑山，亦败走。秀成子及宿祥玉、黄隆芸皆溺死，秀成顿足大哭。程学启再败寇于齐、娄、葑三门，追至护城河边始敛军。

九月，杭州城寇大出，由蛮头山、凤凰山、九耀山、雷峰塔犯我军新垒，蒋益澧督诸军迎击，大破之。我军进壁天马山、南屏山、翁家山。时杭寇凶狡者，以邓光明、汪海洋为最，陈炳文次之。其计以杭州为老巢，以余杭为犄角，均赖嘉兴、湖州之援，便资其接济。

嘉兴入杭之路,则在余杭,故我军议先克余杭,扼截嘉、湖之路,以并合围。蒋益澧,一军逼扎凤山、清波各门,扼其西面;余杭一城已围其东南,而北路无重兵,两城之寇往来如故。

寇自大桥角战败,势渐蹙。秀成纠无锡、溧阳、宜兴贼八九万,船千余艘,泊运河口;而自率悍党踞金匮县后宅,连营互进。李鹤章谓寇以河为固,不宜浪战,宜结营制之。我军叠败坊前、梅村、安镇、鸿山之寇,而寇之大股全集西路,志在保无锡以援苏州。郎中潘增玮进攻蠡口、黄埭之策,程学启乃与戈登攻破蠡口,进击黄埭,毁其四垒,擒斩伪天将万国镇。五龙桥者在宝带桥西五里,由澹台湖鲇鱼口达太湖以通浙之要隘也。学启率戈登会水师先后破寇六营。于是我军扎永安桥而娄门路断,扎宝带桥而葑门路断,克五龙桥而盘门、太湖之路又断。寇乃勾结浙党,图扑吴江,以扰我后。学启率水陆军击破嘉、湖援寇,擒斩伪贵王陈得胜及悍党四十余,追至平望,断其桥。从此攻苏之军无牵制之患。

伪平东王何明亮等以刘典屯绩溪,不克上犯徽、歙,遂由宁国千秋关窜浙江,陷昌化,扰于潜。其前窜广德者,复折踞孝丰。刘典遣军出绩溪昱岭关援剿。江宁军自攻克江东桥、上方桥,而城东数隘未下。近城者曰中和桥,曰双桥,曰七桥瓮,稍远者曰方山、土山,曰上方门、高桥门,迤南则为秣陵,以至博望镇,皆金陵外辅也。国荃以东路未平,不能制寇死命,令诸军东渡。提督萧衍庆过河破五垒,城寇出争,击退之,遂克上方门、高桥门、双桥门。右路方山、土山之寇亦弃垒而奔。七桥瓮踞寇仓皇欲遁,而城中忽出大股来援,两军相搏,总兵萧孚泗乘夜纵火,寇冒火突出,遂克七桥瓮。其博望镇,总兵朱南桂已先五日袭取之。博望镇既失,则秣陵关之势孤;七桥瓮既失,则中和桥之势孤。总兵伍维寿等南略秣陵关,寇弃垒奔溃。自是钟山西南无一寇寇巢。

伪奉王古隆贤诣朱品隆降,收复石埭、太平、景德三城,徽州肃清。余寇窜踞宁国、广德、孝丰之间,势甚涣散。宗棠饬刘典由昌化、于潜趋临安,进剿孝丰,为规取湖州之地。十月,易开俊克宁国县城。自是东坝黎立新上书请为内应,建平张胜禄上书请献城池。鲍超等遂合趋东坝,绕垒环攻。杨辅清从乱军中逸出,寇立献伪城。东坝既克,建平张胜禄等郎于是日斩伪跟王蓝仁得,举城降,而溧水寇杨英清亦缴械降,遂收二城。国荃克淳化镇、解溪、龙都、湖墅、三岔镇等隘,毁寇垒二十余。江宁城东南百里内巢略尽。

苏州军自黄埭攻浒墅关,破王瓜泾、观音庙寇垒,直抵浒墅,击走伪来王陆顺德,进毁十里亭。虎丘、枫桥寇皆遁。蹑至阊门,寇大恐。李鹤章败寇无锡鸭城桥,破西仓寇垒,直抵茅塘桥。李侍贤调常州陈坤书来援,城寇黄子澄出迎,我军纵击败之。秀成闻浒关已失,退屯北望亭,谋返苏州老巢。坤书还走常州,侍贤遁宜兴、溧阳,我军乘之,下寇垒百余。鸿章督军攻娄门寇。苏州四年自我军连克要隘,乃于胥、葑、娄等门凭河筑垒数十,娄门外石垒尤坚。至是我军由南、北岸而进,秀成等突出娄门拒战,程学启与常胜军分队以应,援寇遁入城。水师会攻娄、葑门外寇垒二十余,皆下。我军连克齐、盘门各垒,三面薄城,寇众恟惧,而秀成及谭绍光犹图固守,他酋部云官等皆有二心,密请于鸿章乞反正,许之。学启、戈登单舸见云官等,命斩秀成、绍光以献;而云官不忍杀秀成,许图绍光。秀成觉之,涕泗握绍光手为别,乘夜率万人自胥门出走嘉善。部云官杀谭绍光,率伪比王伍贵文，伪康王汪安均，伪宁王周文佳，伪天将范起发、张大洲、汪环武、汪有为，开齐化门迎降，鸿章受之。云官等未剃发，要总兵、副将等官，并请自领其众屯守盘、齐、胥、阊四门。程学启虑其不可制，密请于鸿章诛之，立复苏省。

秀成以轮船炸炮越无锡水师北窜。十一月，李鹤章克同城无锡、金匮，追擒黄子隆与子德懋并诛之。刘秉璋等攻浙西，平湖寇陈殿选献城乞降。连日乍浦贼熊建勋、海盐澉浦贼皆反正。十二月，秀成留苏州败党分布丹阳、句容间，自率数百骑潜入江宁太平门，苦劝秀全弃城同走。秀全侈然高座曰：“我奉天父、天兄命，令为天下万国独立真主，天兵众多，何惧之有？”秀成又曰：“粮道已绝，饥死可立待也！”秀全曰：“食天生甜露，自能救饥。”甜露，杂草也。秀成以秀全恋老巢不肯去，非口舌所能争，乃贻书溧阳约李侍贤，锐意走江西。

初，寇自咸丰十年破江宁长围，迭陷苏、常、嘉、湖，上窜江西、湖北，掳胁溃兵、游匪以百万计，尽得东南财赋之区，日以强大。自去岁屡战屡败，各城精锐散亡不下十万。今年春夏间窜皖北，我军截杀解散又十数万。其自九洑洲过江，仅存四五万人。秀全惊惶失措，赖秀成回江宁主持守局，而秀成以苏州为分地，事急回援。今巢穴已失，党羽又孤，踉跄而走，随行仅两万余人，欲赴金陵，解围无术。力劝秀全突围上窜回粤，以图再举。常州陈坤书、溧阳李侍贤皆听秀成为进止，而杭州陈炳文系安徽人，邓光明湖南人，闻秀成有回粤之谋，皆不愿从，秀全亦屡劝不听。

国荃自四月间掘地道，至是始成，而寇附城筑墙号“月围”，下穿横洞以防隧道。故城崩，而犹阻月围横洞不能克。刘铭传进攻常州西路，奔牛踞寇邵志伦，罗墅湾踞寇夏登山、万锡阶，石桥湾踞寇张邦振皆诣我军乞降，收众万六千人。惟孟河贼尚踞汛城，辄出犯降人垒，铭传一鼓下之。潘鼎新克屿城，李鸿章等破常州东门、南门石垒。明日，张树声傍城东北筑垒，破小门、土门。连日嘉兴、桐乡、石门寇犯屿城，海宁寇犯澉浦、海盐，伪章王林绍璋自句容援常州，均为我军击走。

程学启克平望镇。平望东连嘉兴，西接湖州，南通杭郡，为苏、浙枢纽，浙寇精锐多聚守此，今被我军攻克，嘉兴藩篱已失，踞寇夺气。寇犯镇江甘棠桥张文德垒，冯子材等助击破之，斩李秀成养子伪冈天义黄茜。十二月，伪会王蔡元隆献城降，左宗棠受之，改名元吉。海宁濒海，为杭州东北屏蔽。元吉拥众，致攻杭之师未能合围；今幡然附款，杭州之势益孤，东北两面围渐合。嘉兴贼伪荣王廖发受呈降书，程学启虑有狡谋，诫军严备。杭州踞寇伪听王陈炳文遣人诣降，而无降书，宗棠趣蒋益澧攻城益急。

秀成会李侍贤犯江西，既以溧阳至饶州浮梁数百里处处乏食，虑裹粮疾趋为难，因趣侍贤持二十日粮，道长兴、广德、宁国入江西，先踞膄区待己。于是侍贤遣党西窜，行甚疾。曾国藩遣军屯休宁，沈葆桢遣军屯婺源，玉山拒之。四月，川督骆秉璋破贼天全，生擒伪翼王石达开，磔于市。自洪秀全倡乱，封五伪王：冯云山、萧朝贵皆败死，杨秀清、韦昌辉，自相贼杀，石达开避祸出奔，自树一帜，历犯浙江、福建、两湖、两广诸省，并扰及滇、黔，蓄意入川，以图窃据，至是为川军擒戮。凡伪五王前后皆诛灭矣。

三年正月，蒋益澧饬降人蔡元吉袭桐乡不下。桐乡为杭、嘉要道，益澧遣将分屯东北门,伪朝将何培章来降,遂收桐乡。令培章率降众屯乌镇、双桥、阻杭、嘉道,绝寇粮。湖、杭寇皆来争,击走之。我军进屯嘉兴,联络苏师,规复郡城。广德、宁国寇窜犯浙江昌化,副将刘明珍不知寇众寡,进击,创矛,退扼河桥。寇寻分党:一窜徽州绩溪,一窜淳安,谋渡威坪河进窥遂安。时侍贤上犯,冀冲过徽州,就食江西。其大势趋重遂安,扰及开化马金街,其地与休宁、婺源、常山、玉山接壤。王开琳自徽州进遂安,连破寇于中州昏口。黄少春驰入县城,败寇遂安城北,蹙人郭村,歼之。寇后队仍由章村窜昏口,少春击破之新桥,开琳复绕出昏口败之。其窜往开化华埠仅千余。

侍贤句合黄文金及广德余党由宁国上窜,陷绩溪,退踞雄路、孔灵等处,图扑徽州。唐义训自徽州出扎吴山铺,败之,毁雄路寇馆。援寇至,我军奋击,再破之,县城立复。鸿章派郭松林、戈登等攻宜兴、荆溪,寇开城出拒,枪子伤松林右肘。我军屯三里桥,与常胜军会击,伪代王黄精忠由溧阳来援,拼死相扑,我军屹立不动,以洋枪排击之,寇死伤相继,无退志。我军三路包抄,寇始夺路狂奔,城寇势益不支,开西门而逸,遂复两县城。是城濒太湖西岸,当江、浙冲道,为常郡后路。自是常郡寇益蹙,苏州、无锡之防益固。

戈登进围溧阳。溧阳为李侍贤老巢,又江宁后路要隘。常州、金坛在其北,句容、丹阳值其西,长兴、广德当其南,面面寇巢,前与鲍超东坝、溧水之师相隔绝,后距李鸿章常州军亦稍远,孤军深入,李鸿章戒戈登慎进止。寻溧阳酋吴人杰降,戈登复其城。郭松林等进攻金坛,败伪列王古宗成、伪襄王刘官方于杨巷。是时常州陈坤书合丹阳、句容之寇十余万,由西路绕出常州之北,日犯我军,李鹤章督军击败之。寇以我军城围日紧,分犯江阴、常熟、无锡,以图分我兵势。李鹤章撤围师,坚守勿战,别调军援三县。李鹤章等寻解无锡城围。江阴守将骆秉忠与杨鼎勋等内外夹攻,寇亦败走;乃并趋常熟,北自杨舍、福山,南自颜山、王庄,数十里皆寇。黄翼升会同城军夹击,克王庄、颜山、陈市寇垒,追杀二十余里。寇由大河回扑常熟,水师截之,首尾不能相顾,掩杀无算。常熟之围立解。

初,秀成入江宁说秀全出走,不听,秀成尤粮食不继,遣党百计偷运。国荃约杨岳斌水陆巡逻,遇奸民运米入城,辄夺之。秀成遣养子李士贵率党数千出太平门赴句容接粮入城,伏兵要之,寇弃粮走。国荃锐意合围,江宁城延亘百余里,自我军驻师雨花台,夺取附近诸隘,东、西、南三面为官军所据,惟钟山石垒未克。城北两门尚未合围。秀成自将出钟山南,攻朱洪章营,败退登山。沈鸿宾等挟火箭掷垒中,寇突火跳,遂克钟山石垒,寇所署伪天保城者也。国荃分檄诸将屯太平门、洪山、北固山,塞神策门,余玄武湖阻水为围。于是江宁四面成包举之势,寇援及粮路皆绝。

二月,寇以运粮路绝,日驱妇孺出城以谋节食。城西北多园圃,豫种麦济饥。初,程学启进攻嘉兴,破小西门、北门寇营,残余净尽,擒伪天将刘得福、慕天义贾慕仁。而湖州寇屡窜南木、坛丘、四亭子、新塍,思犯盛泽、平望,以图嘉兴,不得逞;又犯盛泽,围王江泾后路营,亦为我军所败。而城守甚固,我军多伤亡,又遇雨不能进攻,学启急思复嘉兴,分门攻击,增筑月墙,寇拼死抗拒;又以地雷巨炮轰蹋城垣百余丈,击毁炮台,贼争负土填城缺。湖州贼又自新塍来援,学启会军猛攻,肉薄登城,丸创其首,部将大愤,纵横刺射,寇众溃,遂克嘉兴,伪荣王廖发受、伪挺王刘得功皆伏诛。援寇黄文金还湖州。

寇之分窜江西者，叠经我军截杀，阑入金溪。道员席宝田由安仁驰击，复其县城。寇由沪溪趋建昌，宝田会军败之。寇蔓延于新城、南丰。提督黄仁翼进攻新城，克之，余窜入福建建宁县境。南丰之寇亦经宝田击败，斩伪天侯张在朋，寇弃垒狂奔，退至城下，合围攻之。

蒋益澧克杭州，康国器等同日收余杭，寇分窜德清、武康等处。宗棠饬军分路进取。三月，罗大春等各率所部扑垒环攻，降人杨芸桂开门迎纳官军。援贼回斗，炮击之，败走。德清寇鏖战四时亦大败。武康、德清皆复。我军进逼石门，踞寇邓光明降。其图窜孝义之寇，亦截杀无算。鲍超等会克句容，伪汉王项大英、伪列王方成宗皆伏诛。伪守王方海宗遁金坛宝堰，宝堰南距金坛四十五里，北达丹阳。方海宗与伪显王袁得厚合谋阻进兵之路，鲍超攻之，闭垒不出，乃负草填壕，一跃而入，寇向金坛、丹阳遁去。

鲍超进攻金坛，设伏茅山，大败追寇，城寇丧胆，启南门遁走，遂复其城。败寇二三千，屯踞南渡，伪植王林得英约会常州西路孟河、吕城诸寇，欲由金坛归并广德，同踞南渡。鸿章檄道员吴毓芬等会水陆军分三路夜袭其巢，阵斩林得英及秋天安黄有才等，珍寇殆尽。其攻丹阳者，为镇江、扬州防军，援寇一由常州运河，一由江阴孟河大至，詹启纶、张文德会击败之，援寇退屯丹阳东北一带。丹阳一城多聚巨酋，伪然王陈时永为陈玉成叔父，伪来王赖桂芳为洪秀全妻弟，因其内哄，我军乘之，陈时永创仆，斩之。其党自缚赖桂芳及伪广王李恺瞬、伪列王金友顺、伪梁王凌郭钧、伪邹王周林保，并伪义、安、福、燕、豫诸目，献军前乞降，皆骈诛，遂克其城。至是常州、镇江各属俱告肃清。

寇自德清、武康、石门克后，李侍贤及伪听王陈炳文、伪康王汪海洋等仍坚踞湖州。是时浙江惟湖州、长兴、安吉三城未下，湖州寇于附城二三十里修筑坚垒，复于长兴、安吉各隘连营数十里，相为犄角。高连升击之于湖州境，寇分窜昌化、分水，防军刘明珍截斩数百。李侍贤绕越老竺岭，窜皖南绩溪，复间道走歙西，窜屯溪；陈炳文、汪海洋由歙北窜浙境，分犯淳化、遂安。遂安防军截击歙南小川，窜寇败还杨村。唐义训等进剿失利，于是岭内遍地皆寇，徽、休、祁、黟岌岌难保。寇前队由龙湾、婺源窜江西，后之续至者络绎不绝。国藩调石埭、青阳防军入岭援徽，檄鲍超率全军援江西。

陈坤书之踞常州四年矣，自苏军力攻，以炸炮毁城，寇死守，取旧棺败船堵城缺，以枪炮拒我军。时城西寇垒二十里夹河环列，刘铭传等攻破十四垒，余垒皆不战而溃，而河干寇垒二十余又为张树声等所破，于是寇西道皆绝，惟小南门、西门附城十余垒，我军复击平之。陈坤书塞门不纳败党，恐官军夺入，悍贼皆死城下。城围既合，筑长墙，伏奇兵，备大举。水陆军发炮轰城，风烟迷漫，寇如坠雾中。俄，城坏数十丈，寇以人塞缺口，炸丸迸裂，人与砖石齐起天际，然旋散旋集，盖苏省各路败寇，积年麇聚于此，犹图万死一生计也。鸿章益挥军迫登，我军偕藤牌、喷筒直前，寇倾火药，以长矛格刺，军士十坠六七。龚生阳突入，擒陈坤书，周盛波擒伪列王费天将，战城上良久，寇大溃，缒城出者复为我军所歼，我军亦死亡千数百人。常州之失以咸丰十年四月初六日，越四年而复，日月皆不爽，亦一奇也。陈坤书凌迟处死，枭示东门。

时常州败寇窜徽州，我军击破之。余窜江西，围玉山，副将刘明珍等阵斩珊天安等，毙寇二千。李侍贤越金溪犯抚州河东湾，猛攻东门，为我军击退。忽突起攻桥，环呼城中内应，冀乱我军，刘于淳炮毙多名，余遁金溪，城围立解。伪列王林彩新窜江西弋阳，我军追抵湖西，挥军抄击，寇败窜黄沙港。对岸杨家坡寇党从上游渡寇千余来援，诸军沿河截击，鏖战逾时，寇始毙，多落水死。

侍贤等先后由浙犯徽，由徽入江西。江阴、杨舍及常州城外之寇，由丹阳、湖州上窜徽南，其酋为林彩新及伪麟王朱某、伪爵潘忠义等，从昌化进老竹岭，阑入歙境。唐义训伏兵钟塘岭后，以五营进，遇寇大战，伏起，歼其前锋。时金国琛等行抵富阳，隔河而屯，寇众列山冈上下，我军俟寇涉水将半，突出奋击；唐义训尾而至，夹击之，寇不支，遁向黄山小路。我军驰抵五弓桥，再败寇，因循河埋伏兵。寇正渡时，伏突起，寇大惊乱，生擒林彩新等十名，阵斩潘忠义等十四酋，死亡者两万余人。

是月洪秀全以金陵危急，服毒死。群酋用上帝教殓法，绣缎裹尸，无棺椁，伪宫内，秘不发丧。其子年十六，袭伪位。秀全生时即号其子为幼主。或曰本名天贵福，其刻印称洪福，旁列"真王"二文，误合为"瑱"，其称洪福瑱以此。然谛观印文，实"真主"二小字，非"真王"也。

时湖州寇方窜湖滨杨溇大钱口，潘鼎新分军屯南浔，而寇恃长兴为声援。长兴在湖州西，毗连宜兴、溧阳及广德州。宗棠贻书鸿章，移嘉兴之师助攻长兴。鸿章遣诸军分道往取，水师入夹浦口。五月，鼎新进扎吴溇，水师破平夹浦石垒。鼎新连破吴溇、殷渎村，毁其卡垒。郭松林毁长兴城东上革桥、跨塘桥寇垒。湖州、广德、四安寇率数万分路来援，依山筑垒，绵亘林谷。松林等击湖州援寇，刘士奇击广德、四安援寇，寇垒悉平毁，歼溺万余人。而湖北广德寇复添拨大股折回，我军乘贼众喘息未定，合力痛剿，追杀二十余里，寇乃远遁。我军乘夜攻城，以炸炮轰塌城垣十余丈，松林等首先冲入，遂复长兴县城。江西贵溪盛源洞等处寇分踞小巷一带，筑垒修卡，我军饬炮船驰赴黄土墩，以枪炮击之，寇仓皇败窜，水陆诸军扑卡而入，擒斩多名，寇大溃。贵溪寇垒一律肃清。浙军进规湖州，攻复孝丰县城，生擒伪感王陈荣，毙千余。是月伪扶王陈得才等合捻窜扰孝感、云梦等县。

上以江宁垂克，而河南捻犯麻城、皖城，深入江西，恐掣全局，趣国荃迅取金陵。国荃进攻钟山龙脖子，寇所称地保城也。我军自得伪天保城后，城寇防守益严。是城扼建要害，寻为李祥和所破。国荃筑炮台其上，日发巨炮轰击，居高临下，全城形势皆在掌中。六月十六日，国荃饬诸军发太平门地雷，塌城垣二十余丈，前敌总兵李臣典、朱洪章等九人先登，诸将分门合力，攻克江宁省城，获伪玉玺二方、金印一方。是夜，寇自焚伪天王府，秀成携秀全幼子从城垣倒口遁去，并以己马与之乘以行。国荃令闭门封缺口，搜杀三日，毙寇十余万，凡伪王以下大小酋约三千余。最后城西北隅清凉山伏寇数千出与官军死战，卒歼之。其伪天王府妇女多自缢，及溺城河而死。国荃派马队追至淳化镇，生擒伪列王李万才。其自城破后逸出者，洪秀全之兄伪巨王、伪幼西王、伪幼南王、伪定王、伪崇王、伪璋王悉为马队杀毙。萧孚泗搜获李秀成及洪仁发、洪仁达于江宁天印山。搜掘洪秀全尸于伪宫，戮而焚之。国藩亲讯秀成等，供谳成，骈诛于市。

七月，鲍超连克东乡、金溪，杨岳斌等连克崇仁、宜黄，潘鼎新会克湖州，杨昌浚等克安吉，斩伪驸马列王徐朗。寇并窜广德、长兴，守军吴毓芬克四安镇，刘铭传克广德。初，秀全幼子自江宁出亡，悍党卫至州城；至是城克，伪昭王黄文英等挟之走宁国。八月，唐义训等败湖州余寇于歙县，歼酋目伪幼孝王等九人。连日刘光明等大破寇于昌化、淳安，伪堵王黄文金、伪偕王谭体元伏诛。李远继挟秀全幼子奔江西广信，于是浙江平。

初，秀全幼子及黄、李诸酋由宁国趋昌化之白牛桥，谭酋及伪乐王之子莫桂先、伪首王范汝增等由宁国趋淳安威坪，约同窜徽境，众尚十数万。刘光明击白牛桥寇，黄酋中炮死，弟文英代领其众，踉跄西奔。黄少春斩谭体元于洪桥，并诛莫桂先等酋百五十余人。刘明珍率所部由淳化上趋，值黄文英、李远继来犯，明珍偕魏喻义等分兵御之，创黄文英于阵。李远继挟秀全幼子遁至徽、歙之交。寇由建口渡河，我军乘其半济击之，大溃，斩伪列王邱国文等，收降卒六千余。余党向绩溪而逸。其已渡建口者，窜至遂安，黄少春等复击走之。伪列王刘得义、萧雅泗等率两万人投诚。洪氏势益孤，乃由遂安昏口遁走开化，窜入江西。

九月，鲍超击伪康王汪海洋于宁郡，大破之，擒斩伪朝将王金瑞等百二十余人。席宝田追剿湖州逃寇，大歼于广昌白水岭，擒伪干王洪仁玕、伪恤王洪仁政及伪昭王黄文英，皆伏诛。沈葆桢克雩都、会昌，练勇克瑞金。宝田追寇于石城，游击周家良搜获秀全幼子于黄谷，槛致南昌省城，诛之。各路官军截剿余寇殆尽，于是洪氏遂灭。

论曰：秀全以匹夫倡革命，改元易服，建号定都，立国逾十余年，用兵至十余省，南北交争，隐然敌国。当时竭天下之力，始克平之，而元气遂已伤矣。中国危亡，实兆于此。成则王，败则寇，故不必以一时之是非论定焉。唯初起必托言上帝，设会传教，假"天父"之号，应"红羊"之谶，名不正则言不顺，世多疑之；而攻城略地，杀戮太过，又严种族之见，人心不属。此其所以败欤？

【译文】

洪秀全，广东花县人。年轻时饮酒、赌博、耍无赖，以算卦为业，出游粤、湘之间。有个名叫朱九畴的人，创立上帝会，亦名三点会，洪秀全和他的同乡冯云山拜他为师。朱九畴死后，会徒们推举洪秀全做教主。官府追捕洪秀全非常急迫，他就到香港入耶稣教，借此抗拒官府。不久他和冯云山到广西传教，居住在桂平。当时，日后成为洪秀全妹婿的萧朝贵及杨秀清、韦昌辉都家居桂平，洪秀全与他们结识相交。贵县的石达开也来入上帝会。洪秀全曾生过病，他骗人说自己病死七天又苏醒过来，能预知将来的事。他宣称："上帝召我到天堂去，告诉我世上有大灾大难，只有敬拜上帝才可免灾消难。"凡是入了上帝会的人，男的互称兄弟，女的互称姊妹，想要人人都能平等，洪秀全借用了西方耶稣教的教义。他说自己通晓天上的言语，说上帝名字叫耶和华，耶稣是他的大儿子，自己是他的二儿子。他病死复苏以后就躺在一间屋里，禁止别人窥探，不吃不喝，经过几天后才出屋。出屋后就说自己前几天在与上帝商议大事，民众听后个个惊骇、敬服。洪秀全又编造《宝诰真言》(指《太平天日》)等伪书，秘密传布。他偷偷留了长发，藏身在山野间。唆使别人分赴武宣、象州、藤县、陆川、博白各地，诱使民众入上帝会。

当初，粤西闹饥荒盗贼众多，湖南的雷再浩、新宁的李沅发又跑到那里去作乱。粤地的盗匪张家福等人各自带领匪徒数千人，到处俘人劫财。洪秀全趁此机会，和杨秀清创立保良攻匪会，操练兵马，筹集粮饷，归附他们的人一天比一天多起来。桂平知县用计诱捕了洪秀全，搜获入上帝会的名册十七本，广西巡抚郑祖琛对如何处置洪秀全犹豫再三，最后释放了他。洪秀全出狱之后，杨秀清率领会徒迎接他回来。洪秀全、杨秀清广招亡命之徒，贵县的秦日纲、林凤祥、揭阳的海盗罗大纲、衡山的洪大全都来归附，他们的部下有一万人。冯云山好读书、多智谋，他负责组织部队，制定战略。因为这年正逢上丁未，应合了"红羊"的谶言，洪秀全就乘机在金田起事作乱。皇上革了郑祖琛广西巡抚官职，起用前云贵总督林则徐为钦差大臣前往督师。林则徐病死在途中，皇上任命两广总督李星沅接替林则徐为钦差大臣到广西讨灭洪秀全的太平军。太平军进入平南的恩旺墟，浔州副将李殿元将他们打退，后来太平军又转回攻打恩旺墟，秦川巡检张镛不屈战死；太平军又逃回金田，李星沅传令清江协副将伊克坦布前去进攻，他被包围阵亡。李星沅传令镇远总兵周凤歧去援救，作战一天一夜，击毙太平军数百人，围困才得以解除。皇上因为太平军军力日益强大，命令前漕运总督周天爵任代理广西巡抚，又命广西提督向荣专门进讨金田的太平军。

咸丰元年，洪秀全非法自称为天王，放火烧掉了他驻地的村落屋舍，驱使全体部属分别去扰掠桂平、贵县、武宣、平南等县，进入象州。皇上命令广州副都统乌兰泰会同讨伐，任命大学士赛尚阿为钦差大臣，率领都统巴清德、副都统达洪阿赶到前线布防。乌兰泰到象州，打了三仗都取得胜利，上疏说："粤西的匪寇都是乌合之众，只有以武宣东乡为据地的洪秀全，非法自称天王，设置官职，改变服饰，留着长发，胸怀大志，凶悍超过其他贼寇，实在是朝廷的心腹大患。"周天爵主张步步为营，进逼敌人，把太平军驱赶到罗渌洞地区全部消灭，向荣不认为这种主张有效，他传令贵州镇总兵秦定三率兵移驻大林地区，堵住太平军北进象州的通道，秦定三不执行命令。四月，洪秀全率部从大林逃出奔往象州，占领了桂平的新墟。赛尚阿增调川兵，招募乡勇（清政府的地方武装，与原文中的"乡团""民团""团勇""团练""练勇"，所指大致相同），合计三万人，分兵把守险要之地，一天里击败了太平军的七次进攻，捕杀太平军两千人。太平军又逃回新墟。七月，太平军进入紫金山（按：应为紫荆山），他们在山前，把新墟作为门户；在山后，把双髻山、猪仔峡作为险阻。巴清德的部队和川、楚的乡勇出现在山后，反复夺双髻山，太平军大败，移驻风门坳。向荣率领各军分三路进攻，在战场上击毙韦昌辉的弟弟韦亚孙、韦十一等，太平军这才逃走。我官军追击他们，恰巧遇上大雨，军火兵器全部丧失。

闰八月，太平军分两路东进藤县，向北进犯永安，在攻下永安后，就非法地定国号为太平天国。洪秀全自称为天王，封妻赖氏为王后，建立年号为"天德"（按："天德"应是清代天地会起义首领应用的年号）。把杨秀清封为东王，军事归他指挥裁决；封萧朝贵为西王，冯云山为南王，韦昌辉为北王，石达开为翼王，洪大全为天德王；封秦日纲、罗亚旺、范连德、胡以晃等四十八人任丞相、军师等伪官。这时官军势盛，洪秀全的部属心知敌不过官军,有散伙的想法。杨秀清独自献计用封王的方法来拴住他们的心,因此太平军的势力便又死灰复燃起来。九月,官军大部队移兵阳朔,合力攻打永安。洪贼分兵驻守莫家村。乌兰泰在秀才岭树立中军帅旗,岭上还竖起一顶红伞,下面埋设地雷,引诱敌兵上来,炸死、烧死敌兵四千人,官军乘机进击,就攻占了莫家村。

咸丰二年正月,官军围攻永安,摧毁了敌军的东、西两炮台。二月,石达开分兵四路,在寿春营打败我官军,又进兵攻破古束冲、小路关。伪丞相秦日纲从水窦移驻仙回岭。乌兰泰分兵夹击,打死太平军数千,捉住了伪天德王洪大全,用槛车解送京师,在京师街市用磔刑(一种肢解肢体至死的酷刑)将他处死。当时大雨如注,乌兰泰带领精兵入山,山路泥泞滑溜,太平军趁官军还未布定阵势,持短武器冲锋突击,于是官军大败。洪秀全听从杨秀清的计谋,从瑶山、马岭抄小路直扑桂林。乌兰泰率领败兵追赶到城南将军桥,受了重伤,死在军中。三月,贼兵直奔广西壮族自治区桂林。向荣绕道比他们先到省城桂林,太平军随后赶到,向荣已对城防作了布置,双方相持很久,太平军不能打下桂林,就撤围向北进军。

冯云山、罗大纲率领的前锋部队攻陷兴安、全州,将要顺水路奔往长沙。浙江知县江忠源在蓑衣渡抵御他们,冯云山中炮战死,太平军败退,改走道州。道州民风强悍,多天地会匪徒,太平军所到之处,他们都争相为之效力,太平军的势力又进一步扩大。六月,太平军攻陷江华、宁远、嘉禾。七月,攻陷桂阳州,江忠源跟随着赶到,只打了一仗他就败逃了,太平军直抵郴州。萧朝贵以胆大多谋自负,说太平军中别的各路部队行动迟缓、胆子小,又刺探到长沙城守兵人少力单,能够袭取,就率领李开芳、林凤祥从永兴、茶陵、醴陵直达长沙,在长沙城南门外设置指挥部。八月,萧朝贵进攻南门,官军回击,萧朝贵被大炮轰死,尸体埋在老龙潭,后被挖出割去首级。洪秀全听到萧朝贵战死,从郴州赶到,督促攻城更加急迫,九月,挖掘地道攻城,但多次没有得逞。

十月,洪秀全在长沙南门外得到假的皇帝玉印,称它为天赐之物,威逼民众呼喊万岁。接着在夜里渡过湘水,从回龙塘进入宁乡,到达益阳。掳掠民船数千只,装运军队出临资口,渡越洞庭湖,攻下岳州。岳州城中从前储藏着吴三桂部队的军火兵器,到此时全部用来资助了太平军。太平军离开岳州进入长江,十天内夺得五千条船,妇女孩子及货物钱财都满载在船上。洪秀全乘着龙船,船上竖着黄旗,排列着大炮,夜里挂着三十六盏灯,其他船也大致这样,江面上几十里火光不绝,明亮如同白昼。太平军顺流东下,十一月,攻陷汉阳。十二月,进攻武昌。这时杨秀清负责发布军令,李开芳、林凤祥、罗大纲协助掌管军事。当时正值武昌、汉阳的长江、汉江到冬天水枯时期,就掳夺民船搭成浮桥,用铁索将船环连,一直通到省城武昌城下。太平军进攻武昌各城门。向荣领兵赶到,约城内守军由内向外对太平军进行夹击。湖北巡抚常大淳担心城门打开后要失事,不同意。太平军引爆了攻城地道里的地雷,武昌被攻陷。洪秀全发布命令,百姓留头发戴冠巾,在小别山下建高台,让部下向百姓演说吊民伐罪的道理。

咸丰三年,皇上因赛尚阿长期无战功,改封两广总督徐广缙为钦差大臣。当时石达开进攻武昌,徐广缙停留在岳州不敢出兵,皇上责怪他有罪,任用向荣替代他为钦差大臣。向荣日日夜夜急攻武昌，太平军放弃武昌驾船顺流东下，兵力号称五十万，资粮、军械、子女、财帛全部放在船内，两岸步兵、骑兵夹江而行，向九江进军，一路攻下黄州、武昌、蕲水等十四个州县；到达广济县，攻下武穴镇。两广总督（按：应为两江总督）陆建瀛率领两万多兵力，战船一千五百艘向长江上游进发，与太平军遭遇，不战而逃，前锋部队全部被太平军消灭，陆建瀛狼狈地逃回金陵。太平军逼近并攻下九江，获取了官军抛弃的火炮、兵器。又攻下安庆，巡抚蒋文庆死于这次战役。太平军夺取了无数银粮，水陆两路并进，直达金陵城下。陆路部队沿城扎营二十四座，水路部队排列战船，从新州的大胜关起一直绵延到七洲里为止。太平军白天黑夜四面攻城，挖了地道用地雷爆破城门，守城的官兵慌乱逃散。陆建瀛换了衣服逃走，被太平军杀了。将军祥厚同副都统霍隆武等防守由满洲兵（旗兵）驻防的内城。太平军攻打二天后内城被攻破，祥厚、霍隆武及守兵都战死。金陵城中男男女女死的有四万多人，儿童三千多人被阉割，借此发泄对守城官军的愤恨。

洪秀全占领金陵后，就在这里建伪都。他拥有精兵六十多万。许多人呈颂文称颂他是明朝皇室后裔。洪秀全首次拜谒明太祖陵，举行祭祀大典。他在祭典上的祝词中说："不肖子孙洪秀全已经恢复了我大明先帝的南部国土，在南京登位，完全遵从了洪武元年祖制。"军士们多次夹道高呼洪秀全为汉天子。洪秀全颁布了登极制诰。大封将卒，官阶共分十六个品级；王分为四个品级，侯为第五品级。设置天、地、春、夏、秋、冬六官丞相，为第六品级，殿前三十六检点为第七品级，殿前七十二指挥为第八品级，炎、水、木、金、土正副一百将军为第九品级，炎、水、木、金、土九十五总制为第十品级，炎、水、木、金、土正副一百监军为第十一品级，前、后、左、右、中九十五军帅为第十二品级，前、后、左、右、中四百四十五师帅为第十三品级，前、后、左、右、中二千三百七十五旅帅为第十四品级，前、后、左、右、中一万一千八百七十五卒长为第十五品级，前、后、左、右、中四万七千五百两司马为第十六品级。另外，从检点以下到两司马，都各有职同官的名称（按：谓除正职官外，还设职同官。凡杂职及各典官，其职位与正职官同等的称"职同"）。他们的官制大致可分朝内、军中、守土三类：朝内官的官职如有称为掌朝门左右史之类的，名称繁多，还经常在增加；军中官的官职称为总制、监军、军帅、师帅、旅帅、卒长、两司马。凡是攻城略地一类的事，常由国宗（按：诸王兄弟封为国宗）或丞相统领部队，而操练士兵、划分队伍、驻防扎营、进军上阵，就都由军帅具体负责，由监军、总制向上呈报给领兵大帅，由他做出决定。军中官职自大到小，递相制约，上令下行，管辖分明，真是找到了领导管理属下的好办法。守土官的官职称为郡总制、州县监军、乡军帅、乡师帅、乡旅帅、乡卒长、乡两司马。凡是地方上的狱讼或收缴钱粮之事，由军帅、监军分别操办，而决定权则在总制手中，重要的民事，都由总制做出决定。

自从建都金陵后，他们派兵攻下府、厅、州、县，就在所占地区分兵驻守，设军帅以下各官职，归监军统领，上面还有总制管辖。监军和总制听从太平天国伪朝廷的命令。从军帅直到两司马是乡官，乡官都是由当地人士担任的。军帅兼理军事和民事，师帅、旅帅、卒长、两司马依次相互管辖，完全与军队的官制相同。此外又有女官，名称叫女军师、女丞相、女检点、女指挥、女将军、女总制、女监军、女军帅、女卒长、女管长,女管长即两司马,共有女官六千五百八十四人。女军共四十个军,女兵十万人,女官也有职同官名称,设置制度与男官相同。总计男女官共三十多万人,而临时增设和恩赏的各种伪职还不在此数内。

他们的军队编制是:每一军统领一万二千五百人,由军帅统率他们,总制、监军监督他们。每一个军帅下面管辖五个师帅,各师帅分别领二千五百人。每一个师帅管辖五个旅帅,各旅帅分别领五百人。每一个旅帅管辖五个卒长,各卒长分别领一百人。每一个卒长管辖四个两司马,每一个两司马分别领伍长五人、伍卒二十人,共计二十五人。

他们的作战阵法有四种:第一种叫牵阵法。凡是部队行军,一定要下令实行牵阵行走法。每个两司马拿一面旗子,后面跟随二十五人。如果后面跟随的是一百人的行列,就在前面加卒长的一面旗子;如果是五百人的行列,就在前面加进旅帅的一面旗子;如果是二千五百人的行列,就在前面加进师帅的一面旗子;如果是一万二千五百人的行列,就要在前面加进军帅的一面旗子。军帅、监军、总制,乘车马随部队一起行进。一个军走尽,另一个军再接下去走。如果是宽路,就命令排成双行走,狭路就排成单行,一个挨一个走。凡是行军时扰乱部队行列的,要斩首。部队牵连成线直行时,一遇到敌军,首尾就盘曲钩连,顷刻间分股集中。若被敌军打败,要听到敲钲声才能撤退,撤退时仍要牵连成线直行,不能往横斜处奔逃。第二种叫螃蟹阵。这是三队平列的阵法。中间的一队人数少,左右两队人数多。螃蟹阵要看敌军分成几队,即刻改变阵法与之相应。如果敌军只分左右两队,就把中间一队分散,充实到左右两队中去,也排成两队。如果敌军前面、后面各有一队,就分开左右两队的前锋合为一个队,把左右两队的后面一半和中间一队合起来成平列队形,作前面一队的接应。如果敌军左右两队中哪一队的兵员多,就相应改变左右两队的兵力与它相当。如果敌军分成四五个队,就也分成四五个队依次对抗。螃蟹阵中大的队列包围敌军小的队列的方法,有的是先用小部队试探敌军,然后出动大的队列去包围它;有的是装败引诱敌军追赶,然后伏兵四面出动包围它,其方法变化无穷。至于左右队列兵员的增多减少,队列的挪前移后,战斗当时的指挥调度,都操在指挥员手里,士兵们都看大旗前往的方向而跟着往上冲,不敢落在后面。第三种叫百鸟阵,此阵用在平原旷野的作战中,把二十五人编成一小队,派出一百几十队,分散布列,犹如星星,使敌军惊慌疑惑,弄不清兵士数量的多少。当敌军失去勇气和信心时,就把分散的小队聚合起来向敌军展开攻击。第四种叫伏地阵。敌军追赶败兵到了无路可逃的地方,突然一面旗子倒下,其他无数旗子也随着一齐倒下,转眼间广阔的地区内士兵们都伏在地上看不见了。敌军看到前面寂静没有一个士兵,觉得意外和奇怪,徘徊不进。这时偷偷伏在地上多时的部队,突然一面旗子竖立起来,其他无数面旗子也随着一齐竖立起来,士兵们迅速扑向敌人,往往能转败为胜。

他们的营垒,有的建在江的两旁、河的两旁、浮在水面的筏子上、险阻的山冈上、靠近村市的地方以及敌营的周围,构筑营垒的方式常合乎古法。每几个营垒一定建立一座望楼瞭望敌军。守城不设布做的营帐,每五个城墙垛口,架设木料做成一座板屋。木墙、土墙上也四周设置板屋。如果营垒所在地正对着敌军的交通要道，就要挖掘重重壕沟，构筑重重垒墙。壕沟一定要既宽又深，密集地插上竹签。第一道墙用两层木板，以横木加以固定，两层木板中间留下空隙，如同复壁，在空隙处填入沙石砖土。构筑第二道墙，建筑材料没有定规，或者用密排的树根，或者用堆积起来的盐包、糖包及用水浸过的棉花包，非常坚固。他们攻城专靠挖地道，称为"鳌翻"。军中除设有土营之外，还有木营、金营。各营组织、管理各种匠人，都由指挥统领。木营、金营中从总制到两司马的设置，都和土营相同。他们还设立水营九个军，每个军由军帅统领，但水营的部队未经训练，不能打仗，专门以船多来威慑敌人而已。

他们的旗子也有等级差别。伪东王用黄绸旗，红色字，镶一道绿边，长阔都是一丈；东王以下诸王都是黄绸旗、红色字，只用不同的镶边来区别，如伪西王镶白边，伪南王镶紫边，伪北王镶黑边，伪翼王镶兰边，他们的旗子的尺寸长阔都按五寸依次递减。豫王、燕王都用黄绸尖旗，红色字，镶浅红边。国宗用黄绸尖旗，红色字，他们的旗子镶边的颜色，要看他们是哪个王的国宗，王用何色，所属国宗也用何色。豫王、燕王、国宗的旗子都是长阔各八尺。侯，用黄绸尖旗，长阔各七尺八寸。丞相，用黄绸尖旗，长阔各七尺五寸。检点，用黄绸尖旗，长阔各七尺。以上自侯至检点的旗子，都是红色字，镶浅红边。指挥，用黄绸尖旗，黑色字，浅红边，长阔各六尺五寸。从将军到两司马，都用黄旗，不镶边，尖形，黑色字，旗子的尺寸将军是长阔各六尺，将军以下按官衔品级的不同依次递减到长阔各二尺五寸。每一个军大大小小的黄旗达到六百五十六面之多。

军中号令，只有打鼓、敲钲、吹螺号、摇旗几种。凡是出动、开拔部队，都用打鼓，吹螺号、摇旗来集合士兵。打仗冲锋就打鼓呐喊，收兵就敲钲。军中分老军、新军、童子军。太平军特别善于利用间谍混入敌军军营。还能够深思远谋，声东击西，避开敌方主力，挑虚弱的打。他们以进为退，以退为进，往往让人无法预料，掉入他们的圈套中。这就是他们行军打仗的大概情况。

他们的服色崇尚黄色。伪天王的金冠，雕刻着龙和凤，像圆规沙帽的式样，上端绣着满天的星斗，下端绣着统一的山河，中央留出空格，用黄金凿成"天王"两字。东王、北王、翼王的帽子像古代的头盔式样，冠额上绣着二龙一凤，中央嵌立着金字的官衔。国宗的帽子大致与诸王的式样相同。从检点到两司马，他们的帽子都是兽头夹盔的式样，帽上绣的龙以节数来区别他们的不同官阶品级。如诸王，绣的龙有九节，侯相七节，检点、指挥、将军五节，总制、监军、军帅都是三节。所穿袍服，有黄龙袍、红袍、黄红马褂。伪天王穿黄缎袍，上面绣九条龙。从诸王以下直到侯、相，依品级顺序递减到四条龙。检点穿丝绸黄袍，从指挥到两司马，都穿丝绸红袍。从伪王到两司马，都在马褂前的圆团内绣上职衔名称。仪仗车马，诸王都乘黄缎轿，上面绣着云中龙，侯、相、检点、指挥都乘红缎轿，将军、总制、监军乘绿轿，军帅、师帅、旅帅乘兰轿，卒长、两司马，乘黑轿。

他们到了金陵，开始造宫室。捣毁了原两江总督署造王宫，又侵占民宅来扩大宫址，征用民夫一万多人，把洪秀全的王宫造得极其奢华壮丽。雕刻的龙、鸟兽、花木，很多是用黄金做成的。诸伪王都建伪王府，冯云山、萧朝贵已经被打死，他们的儿子也承袭王的封号建王府。他们的宗教制度，多半仿效西方国家。每天登上高殿，聚集百姓向他们发表演说，说要给人民自由的权利，要解除妇女所受的束缚。制订了伪律六十二条，刑罚十分残酷、严厉，然而在行军打仗时关于抢掠财物的命令规定得特别严格，官军在三十里以外，才准许掳掠，如果官军就在近前，有夺取百姓一尺布、一百文钱的，就杀而不赦。在安庆的大星桥设立征税关卡，拨了炮船十艘，用铁索相连，把木筏横截在江边，以防止偷逃税收。九江、芜湖以及沿江州、县中地处交通要道的支河、小港，一律设立伪税卡，征收杂税。这是他们建国初期的大概情况。

他们定都金陵之后，想夺取黄河北部地区。罗大纲说："想夺取黄河北部地区一定先要平定黄河南部地区。天王若驻留黄河之南，我军就渡过黄河，如果不这样做，那么就应该先平定南方九省，待没有内顾之忧了，然后再三路出师：一路出师湘、楚；一路出师汉中，速攻咸阳；另一路从徐州、扬州以强大声势占领山东，再出师山西，与他路兵马会合后进攻燕京。如果孤军深入河北，进入险要地区而无后援，这是必败的用兵方法。现在既然已经定都金陵，那就应该多备战舰，精心训练水师，这样做后才既能战又能守。如果要等待粤地充作战舰的拖罟船全集中到长江，那么我们的水运道路就要被阻塞了。如今应当先备木筏，堵截住长江水面，以等待战舰的造成，这样还来得及北进。"这时杨秀清正大权在握，不采纳罗大纲的建议。于是杨秀清就派伪丞相林凤祥、李开芳、罗大纲、曾立昌率兵东进。洪秀全对他们下诏令说："部队走捷径，快速到达燕京，不要在沿途贪图攻城夺地的战功而浪费时间。"罗大纲对别人说："天下还未平定，就想安居在这金陵京都，这样能长久吗？我辈要灭门了！"

咸丰三年二月，林凤祥等攻陷镇江、扬州，命令吴如孝等留守在那里，分别据守浦口、瓜洲等险要之地。向荣在收复武昌后，随着太平军向东而来，直达金陵城下，驻扎在孝陵卫，这称为江南大营。都统琦善也以钦差大臣身份率领直隶、陕西、黑龙江的骑兵、步兵几个军驻扎在扬州城外，这称为江北大营。三月，向荣攻破通济门太平军的营垒，袭击占领了七桥瓮，夺取了钟山围，歼灭很多太平军，于是把大营移到了金陵城旁并在那里驻军。四月，漕运总督扬殿邦进攻扬州，摧毁了扬州城外的木城和土堡，东路的太平军全部躲入扬州城内。琦善、胜保先后督攻扬州，五次战斗都打胜了。林凤祥留曾立昌守扬州城，而把所掳掠的妇女、货财运回金陵；林凤祥等率领三十六个军北进，分兵骚扰滁州，占据临淮关，攻陷凤阳府。太平军将领朱锡锟、黄益芸等另率强悍部队进犯浦口，攻打六合，六合知县温绍原率领乡团抵抗，在夜里放火烧了太平军营垒，太平军的这支部队逃回金陵。五月，官军围困扬州，杀死太平军超过一万人。胜保从扬州尾随在林凤祥部队的后面，奋力攻打凤阳，林部逃向河南。

杨秀清派伪丞相吉文元从浦口窜往亳州，和林凤祥合兵攻陷永城，进攻开封。豫省官兵击败了他们，又在汜水再次击败了他们。太平军逃往黄河渡口，淹死了很多人。杨秀清派伪豫王胡以晃攻陷安庆，又派伪丞相赖汉英、石祥祯进攻九江、湖口，进而包围南昌。湖北按察使江忠源发兵急援江西，入南昌城固守。林凤祥等在汜水败退后，进犯郑州、荥阳。六月，包围怀庆，用地道攻城，没能攻下。镇江的太平军出城猛攻我官军，在北固山下交战，太平军潜入官军营垒放火，七个营垒都被烧毁。邓绍良退守丹阳，都司刘廷镛等人督率潮州兵迅速前去援救，太平军退入镇江城，又骚扰丹徒镇，刘廷镛再次击退了他们。向荣传令总兵和春与刘廷镛扎营在丹徒、丹阳间运河边的新丰镇，太平军这才不敢向南进攻，常州得到了安全。太平军包围怀庆时，立木栅筑城，挖深壕沟，筑高营垒，我官军和太平军相持近六十天。讷尔经额亲自督领几位将军分成五路进攻太平军营垒，摧毁了木栅城，击毙了他们的头目吉文元。林凤祥受重伤，撤围逃走，至此，黄河以北的太平军被官军全部清除。

八月，林凤祥窜入山西，攻陷平阳，直达洪洞；又进入直隶，占领临洺关，一直进犯到深州。赖汉英等在南昌撤围，进入湖北，占领了田家镇的半壁山。九月，占夺楚域的险要之地，水陆两路并进，攻陷了黄州。他们流窜到深州的部队，又分兵骚扰栾城。十月，窜往天津，占领静海，驻兵在独流、杨柳青等重镇。汉阳的太平军，分几股向北进犯：一股攻陷孝感、黄陂等县，一股从应城进攻德安府，被守城官军挡住，合兵退入黄州。秦日纲等人攻陷安徽的桐城、舒城，侍郎吕贤基死于这次战役。舒城失守后，贼兵猛攻庐州，将此城攻陷。庐州，是安徽文武大官寄寓于此作为省治的地方。十一月，洪秀全因为官军围攻扬州、镇江十分急迫，派赖汉英等带领江西的部队，纠合仪征的太平军援救扬州；又命令太平军从安徽宁国的湾沚进逼高淳湖，伺机牟取东坝，企图解除官军对镇江的围困。我官军都击败了他们。太平军又从三汊河进兵猛攻官军，拼死战斗不退兵。扬州太平军头目曾立昌率部冲出，与赖汉英部一起逃往瓜洲。

皇上以为太平军侵扰长江地区，如果不设立水师就不能置太平军于死地，就命令在湖南湘乡原籍的礼部侍郎曾国藩训练乡勇、创建水师讨伐太平军。当初，太平军围攻南昌，南昌城外太平军的营垒只有文孝庙那里的几座，而官军却多次攻不下。郭嵩焘偶然抓到太平军的间谍加以审讯，才知道太平军都住在船上，他们构筑的营垒是围绕三面筑墙而后面让它空着、专门用来掩蔽战船的船体。郭嵩焘于是对江忠源发议论："东南的州县多为河流所阻隔，江湖里遇上风，一天可行数百里。官军都由陆路追赶贼寇，那情势必定经常赶不上。长江几千里的天险被贼寇独占了。他们用战船向长江上游进犯，而官军仅用陆上营垒来抵挡它，即使想求得与他们打一仗也无法做到，贼寇的势力日益强大，是很自然的事情了。"江忠源就上疏请求皇上命令湖南、湖北、四川仿照广东拖罟船的式样，各造战船几千艘，同时命令广东制造供战船使用的火炮，一起交曾国藩统领指挥。皇上降旨同意执行。曾国藩就在衡阳、湘潭制办战船。官军水师到这时才建立。一共招募水勇四千人，分为十个营；招募陆勇五千人，也分为十个营。让塔齐布担任先锋，曾国藩亲自统领大军从衡州出发，水陆两路顺江而下。

当初，镇江、扬州、仪征、瓜洲四处太平军互相呼应、支援，官军攻不破。十二月，琦善认为扬州太平军已撤退，瓜洲太平军的兵力少，就督率官军进攻收复了仪征，乘胜一直追到瓜洲。杨秀清派胡以晃率领十余万太平军攻打庐州，巡抚江忠源日夜抵抗，因为太平军人多而官军人少，没能抵抗得住，庐州城被攻陷，江忠源死于这次战役。

咸丰四年正月，黄州的太平军正张灯结彩，聚会欢饮，总督吴文镕出其不意袭击他们，遇上大雪双方收兵。过了几天，杨秀清分兵埋伏在山冈，命令他的部将率领黄州城的太平军进攻官军军营，吴文镕出兵抵抗，太平军的伏兵出动交火，官军十三个营都被打垮，吴文镕死于这次战役。太平军于是趁胜攻陷汉阳。二月，扬州的官军进讨瓜洲，总兵瞿腾龙阵亡。太平军派伪将军孙寅山攻陷太平府，占为驻兵据点。从瓜洲构筑营垒一直连到长江边，以直达金陵，太平军在这一线往来不断。杨秀清又派石祥祯会同汉阳、黄州的太平军逆江直上，攻陷了岳州，逆湘江而上到达铜官渚，逼近长沙。曾国藩在靖港拦截，而太平军已由小道袭击湘潭，官军副将塔齐布率领一千三百兵力会同水师与太平军血战五天五夜，击毙了太平军几万人。评论军事的人说若没有这次战斗，太平军可逆流进入湘江之源到达粤地，从那里可直达金陵，首尾一江可以相关联，那样，朝廷的局面就无法撑持了。

这个月(即二月)，参赞大臣僧格林沁攻占了独流的太平军据点，但静海的太平军又进犯并夺取了阜城。僧格林沁攻毁堆村、连村、林家场三处太平军营垒，捕杀了伪指挥、监军以下太平军头目一百多人，其他的太平军全部逃进阜城城内。洪秀全考虑到黄河以北的太平军抵挡不了官军的攻势，就派皖地的太平军从丰豆工偷渡黄河，流窜到山东金乡，进而猛攻临清州，企图解除阜城被围的困境。三月，太平军用地雷攻陷了临清州城，不久又被我官军收复，他们逃往冠县、郓城，又占领曹县，筑木栅城防守。四月，胜保攻破了他们的木栅城，追到漫口支河，逼他们下河，伪丞相曾立昌、许宗扬都淹死。伪副丞相陈世保已在他们之前在冠县被官军烧死。这支皖地来的太平军部队已全部被歼灭。据守在阜城内的太平军在曾立昌等人被淹死的当天全部向南逃入连镇。僧格林沁和胜保的军队会合起来共同把他们打败，杀死了林凤祥；又在高唐州冯官屯打败了他们，活捉了李开芳，他后来在京都街市上被处以磔刑。黄河以北全部清除了太平军，这以后太平军不敢再向北部进犯，我官军于是没有了后顾之忧。

当初，长江是太平军往来的通道，荆州地处交通要冲，到省城的水道被阻塞，朝廷特召荆州将军官文统领部队攻讨太平军。当时沔阳、安陆、荆门、监利、京山、天门都被太平军攻陷，他们进而准备攻打荆州。云南普洱营游击王国才奉调到达，一仗就打败了太平军，荆州这个重镇才得到安定。同时又收复了监利、宜昌，太平军逃入洞庭湖，合兵进犯常德府。在这以前，李侍贤曾和陈玉成、李秀成谋划解除金陵被围的局面，出兵进犯江西、福建。伪启王梁成先进犯陕西，后来与捻军合兵，想进犯湖南、河南，而陈玉成志在夺取武昌、汉阳，就领一路部队入梁子湖到达武昌附近，渡江后分兵出击，用尽全力想占领武昌，六月，攻陷武昌并占了汉阳。巡抚青麟上吊而没有死成，弃城逃走，不久被朝廷处死。洪秀全让秦日纲留守武昌，封陈玉成为伪殿右十八指挥；陈玉成回师途中，又连续攻陷田家镇、广济、黄梅和九江，升官为伪殿右三十检点。

杨秀清虽然人在前方部队中，但京都金陵方面的事仍要由他决定，驿骑传令往返道上，常常拖延日期。向荣驻军孝陵卫，称得上是太平军在江南的实力强大的对手，杨秀清对此深感担忧，在占领武昌后，就急速回到金陵，命令石达开代守武昌、汉阳。官文从荆州向长江下游攻讨太平军，攻克了沔阳。当初，太平军想先夺取长沙，这样可倚靠占据上游向下游进兵,形成势如破竹的有利局面。但韦志俊进攻湘潭失利,退守岳州,筑营垒毁桥梁,想做长期抵抗,我官军水师设伏兵诱败了他,七月,收复岳州。太平军从城陵矶进犯岳州,我官军分五路迎击,击毙伪丞相汪得胜等二人,夺得战船七十六艘,歼敌一千多人。塔齐布在战场上杀掉了悍勇的太平军头目伪丞相曾天养。闰七月,太平军逃回城陵矶,塔齐布骑马率领湘勇冲入,摧毁营垒十三座,击毙敌兵两千人。陆路部队获胜后,曾国藩命令李孟群率领水师追击,荆河东、西两岸太平军的营垒全被夷平,从此由荆州可入川,由岳州可入湘,出入的门户才得以稳固。当初,武昌失陷,皇上命杨霈代任总督,他率领台州乡兵攻克京山、安陆,收复天门,活捉了孔昭文等并将他们处死。太平军余部向下游逃窜,占领了沔阳州的仙桃镇。就在这个月(闰七月),官军攻破仙桃镇,并收复下游的孝感、黄州、麻城等县。太平军全部逃往黄州。

这时金陵的太平军分成几股屯集在太平府,和镇江的太平军遥相呼应、支援。向荣分兵四队进击他们,击毙伪国宗韦得玲、伪检点陈赞见、伪将军李长有、伪总制吴春和,收复了太平府府城。杨秀清亲自率军战斗,围城失利,三路军队都大败;退入金陵,杨秀清对韦昌辉说:"江南大营不撤,我们就没有睡安稳觉的日子! 现在向荣军势正盛,我们不能和他硬拼,应当等他军势衰疲时慢慢再对付他。"金陵的太平军因为缺粮,把年纪大又无姿色的妇女赶出城,听任她们逃散。把年龄在十五以上、五十以下的妇女,全部指定配给太平军兵士。不服从的就杀掉,守贞节的妇女有很多自杀了。被杀或自杀而死的妇女以万计算。八月,总督杨霈收复黄州府的蕲水、广济、罗田等属县。曾国藩从攻下岳州后,就商议趁胜向东进军的事,先和塔齐布合兵进攻并占领了崇阳,活捉伪丞相金之亨等十一人。只有廖二逃走,他又勾结余党,使官军重又失去了这个县城。曾国藩亲自督领水、陆各军攻打武昌、汉阳。太平军守城的方法是不守城墙而守城外险要之地,他们在洪山、花园的两路都是精锐部队。官军从螺山向下进讨,杨载福等人率领水师,罗泽南率领陆军,三路并进,接连攻下敌营,烧毁敌船几千艘。李孟群、塔齐布进逼武昌,武昌的太平军连夜逃走。杨昌泗同时进攻并占领了汉阳。黄州府城、武昌县都收复了。九月,提督和春在庐江打败太平军,活捉伪监军任大纲等十七人。

长江下游的太平军得知官军分路进讨,就从田家镇纠合六千多人,一队从兴国分兵包抄大冶以抵抗武昌官军,一队留在兴国以抵抗金牛的官军。罗泽南急速进兵兴国,打败了他们,攻占了兴国这个州城。塔齐布赶到大冶,击毙敌人一千多。彭玉麟、杨载福到蕲州,烧掉敌船九十多艘。十月,楚军进攻半壁山,太平军横江安置铁索四道,设木牌拦阻,到处安放着枪炮。杨载福等人率领水师到田家镇,会同陆军一起进攻,借风势放火,摧毁了太平军的营垒,烧毁他们的战船一万多艘。陈玉成放弃蕲州去进犯并攻陷了广济,联合秦日纲、罗大纲等分兵把守险要路口。塔齐布渡过江追击他们,收复了广济。太平军退守黄梅,黄梅是湖北、江西、安徽三省的交接之地。太平军在那里死守抵抗,用一万多兵力守小池口来抵抗官军水师,用几万兵力守大河埔,用一万多兵力驻扎在北城外,又用数千兵力来回巡逻联络。塔齐布和罗泽南一同登山向下进击围杀,陈玉成从城墙上悬下绳索逃出,官军于是收复了黄梅。陈玉成自己请求治罪,而李秀成(按:应为洪秀全)

反加封他成天裕(按:应为成天豫)的伪爵号。

这时捻匪四起,太平军和它联合,有时叫它分兵骚扰,有时让它打先锋,以此来牵制我官军。李秀成从庐州出兵占领舒城,同时扼守桐城大、小两关,阻挡我南路的官军。两关是安庆的通道,官军屡得屡失。京堂袁甲三传令参将刘玉豹、举人臧纡青等人进攻两关,结果攻下了两关,并杀掉了守关的头目吴凤珠等十二人,进军到达桐城。庐江的太平军纠合安庆的部队来援救,被我官军差不多全部围杀尽,但潜山敌人的援兵又开到,臧纡青阵亡。

十一月,曾国藩进兵九江。陈玉成在黄梅战败后,又纠合安庆新开到的部队据守孔垄驿、小池口,与江对岸的九江相沟通。李孟群七战七胜。塔齐布与罗泽南等人从北岸进军到濯港,进攻孔垄驿,攻破了太平军的土城,放火焚烧街市,那里的太平军没有一人能够逃脱。小池口的太平军得知孔垄驿已失,也逃走了。官军就调集陆军攻九江,水师趁胜进攻湖口,罗大纲率兵援救,双方在梅家洲大战。官军烧毁了他们在小河的木筏战船和沙洲的桥头营垒。十二月,肖捷三率领水师快速进入鄱阳湖内,一直追到大姑塘,石达开连接战船形成关卡截断了肖捷三的后路,使他不能返回,这样肖捷三部就和外江水师隔断。石达开偷偷用小船飞快地袭击曾国藩的座船,曾国藩跳入小船逃到罗泽南水营才免于丧命。在官军进攻九江的时候,战败的太平军又纠合各路败兵,分三路向东攻陷了黄梅。正值除夕那天,偷袭广济,火烧杨霈大营,杨霈突围而出,不敢进武昌,逃到德安自保。

咸丰五年正月,江苏巡抚吉尔杭阿攻占上海县,该县在咸丰三年秋陷落在太平军手里,到如今才收复。洪秀全命令皖地的部队大举进犯湖北,途中从小池口沿着长江攻陷黄州、蕲州,又分兵从富池渡江西进,攻陷兴国、通城、崇阳、咸宁、通山,又夺取江西武宁,所到之处裹胁百姓而走。湖北巡抚陶恩培刚到任几天,当时总督在外,没来得及商议城防之事。城中守兵只有两千人,所征新兵半路上得知情况危急都逃散了。湖北、江西方圆广达千里,只十天光景就普遍骚动不安。太平军开始起兵时期,所过之地不被阻挠为难,占领省城州府后,强夺百姓财货米粮,行军途中掠取民夫,不用时就将他们遣返,所以兵员未曾增多。等到屡败之后,就勾结地方匪寇屯兵留守城镇,广为收纳和提拔凶猛勇敢的人;而任用石达开、陈玉成等人,很可说是获得人才的极致。太平军从汉口进占襄河,向上游进犯汉川,骚扰沔阳,进犯武昌,占领汉阳府城。沿长江筑营垒,并在汉阳城下汉水入江口南岸高筑炮台,用来阻挡下游的官军。这时江西的太平军进入江西内地,攻陷饶州。曾国藩亲自到达南昌,整治内湖水师,与罗泽南的陆军相互依靠。

二月,国宗韦志俊等人攻陷武昌时,巡抚陶恩培等人死于这次战役。太平军逆汉江而上,以岳家口、仙桃镇作为屯兵据点。皇上任命胡林翼为湖北巡抚,曾国藩进驻吴城镇后,多次写信与胡林翼商议东南形势,认为武昌地处金陵上游,应当集结重兵作收复武昌的打算。四月,太平军攻陷德安府,杨霈败退到襄阳,皇上革去了他的官职,改任官文为湖广总督。曾国藩屯兵南康,考虑着整顿部队出兵长江牟取战功,但太平军已从都昌攻陷了饶州,另从东流、建德谋夺乐平,屯兵于景德镇,向东进犯祁门、休宁等地。而湘军只有一万多人，水陆分成四路：李孟群等水师回兵援救武昌，塔齐布留下进攻九江，罗泽南入江西攻饶州，曾国藩收编肖捷三水师三个营屯驻南康。罗泽南奔走往来，攻克了广信府，收复了景德镇。据守在徽州的太平军，与当地土匪勾结，占据险要地势与我官军对抗。浙军出境进击太平军，收复徽州，趁胜攻下了休宁、黟县、婺源，活捉伪将军、两司马等八人。洪秀全命令北固山、镇江、瓜洲、金山四路部队，约定日期进攻扬州。托明阿在九洑洲布下伏兵，迎头击败了他们，砍断横江的铁锁、船链，烧毁敌战船三百艘，几路太平军受重创逃走。饶州的太平军分别据守乐平、德兴、弋阳，江西军率水师陆师前去讨伐，守敌出动五个队猛攻，不胜而逃，郡城立即收复。洪秀全认为金陵山三山是临江要地，用精兵把守，官军的水师无法上行。托明阿督促水师总兵吴全美沿江扫荡，烧毁敌战船二百多艘，缴获敌拖罟、快蟹等战船二十五艘，大小炮八十多尊，活捉伪先锋陈长顺等六十一人。吴全美趁胜攻上山，摧毁了守敌的营垒关卡。江西清除了太平军，水师从此舟行无阻。

五月，洪秀全图谋袭取金口，截断楚军运粮的道路。胡林翼督领官军多次作战，杀掉了太平军伪丞相陈大为等人，进军驻扎纸坊，逼近省城武昌的小东门。城内守敌偷偷地从其他城门出外劫掠。胡林翼建议先攻汉阳，把守住涢口、蔡店的险要路口，阻断太平军逃向湘地的道路。同时挖开江堤，用水师两面夹攻太平军，这样汉阳就可攻破，而鄂省的交通咽喉已通，就不难合力夺取武昌了。当初，太平军从府河进入湘地，他们所过的州县都残破一空，后来他们又被官文的伏兵阻击，分路败退。六月，官军收复云梦、应城，这两座城是府河出入的。要道，太平军失去它们，十分惊恐。我官军进攻德安，截断了他们出入的通道，他们这才不敢谋夺荆州、襄阳。七月，塔齐布病死在军中。太平军攻陷义宁，曾国藩派遣罗泽南采用突然袭击方式收复了此城。太平军严守襄河、蔡店，这两地上通德安，下达汉镇，彼此可以互相呼应、支援。十二月，彭玉麟攻占蔡店，水陆两路并进，摧毁襄河铁索浮桥，消灭了敌军南岸据点，下游塘角、汉阳、大别山的敌军营垒几乎全部被烧毁，德安的敌军更加感到紧迫。胡林翼虽已攻下蔡店，但汉川是蔡店的后路，敌军盘踞在这里四出突击，德安的守敌也凭借它与外面联络。胡林翼与官文合兵收复汉川，武昌、汉阳的官军这才前后联成一气。

芜湖的失陷已近二年了，江、皖的往来道路因此受阻。太平军把芜湖看作是长江上下游极关紧要的地方，在江面上联舰为卡，在陆岸上高筑炮台，我官军多次进攻未能攻下。这个月，向荣督率官军分路进击，才收复了芜湖县城。楚南军也收复了湖口、都昌。八月，按察使李孟群把守金口，崇宁的太平军联络武昌城的太平军分路赶来攻打，官军陆军营垒失守，胡林翼也在多山被打败，退兵据守大军山。太平军的势力又旺盛起来，他们分兵骚扰汉阳，并绕道袭击、攻陷了汉川。九月，官文、胡林翼传令征调罗泽南去援救武昌、汉阳，罗泽南上书曾国藩请求准许率部出发，信上说："夺得武昌就可以控制江、皖，庇护江西，此后内湖外江才可互通声气，取得联系，这样，进攻九江就能稳操胜券了。"曾国藩同意他的意见，就安排援兵五千人，从义宁往通城进发。太平军探知我官军已到桂口，就分兵增援桂口，设木城、重壕固守。罗泽南合兵攻下了桂口，接着进攻崇阳。桂口的太平军退入崇阳,暗地里约通山的太平军来支援。桂口和湖南、江西、湖北交界,地形幽深复杂,米粮充足。从前太平军伪丞相钟某在义宁战败后,盘踞在这里修土城、木城,跨山引水,工事分布在南北长六里的斜坡,太平军想借这一边远地方牵制三省的官军,伺机而动。罗泽南出动得胜之师先夺下这一险要关口,然后进兵攻下崇阳,烧毁敌人营垒,急速赶到羊楼司阻止敌军向长江上游逃跑。

十月,官军收复庐州。庐州陷落已有三年了,驻守在那里的是伪豫王胡以晃,他的部队与我官军大小仗打了数百次,死伤一万多人,都是受到重创后才退走的,直到这个月官军才收复该城。太平军占领德安的部队,人数不过几千,但凭借武昌、汉阳的庇护成为下游的主宰,襄河、府河的太平军纷纷聚集在这里。我官军东胜西败,疲于奔命,到这时官文才督率官军全力攻打德安,守城的太平军陆长年、马超群偷偷到官军大营投诚,约定做内应配合攻城。当时正遇上大风雨,他们放火打开城门让官军进入,于是收复了德安城。这时牵制我官军的太平军有三路:从随州、枣阳到襄阳为北路,武昌上下为南路,汉川为中路。地处尾部的潜江、沔阳及首部的德安特别重要,官军多次收复又多次失陷。官文督率官军分四路会集到汉川,收复了潜江、沔阳,接着领兵东下,与胡林翼合力谋夺武昌、汉阳。石达开从安庆率领三万人逆江而上增援武昌。罗泽南会合胡林翼两面夹攻,接连攻下了蒲圻、咸宁;到达金口,合兵攻打武昌,攻破了城外的敌军营垒,驻兵在洪山。防守武昌的太平军,城外有大营垒八座,小营垒两座,胡林翼与他们正面交战,罗泽南进行偷袭,攻下大营垒一座、小营垒两座。李孟群也逼攻汉阳南部,与官文的部队相互声援。官军水师南北往返放火烧敌军战船,都兴阿在陆岸用骑兵掩护他们。官军主帅们和睦协作,使太平军的作战计划更加无法实现。汉阳城外从龟山沿河而下,布满着敌船。从上游的流入长江的梁子湖,下游的金牛镇,几路太平军纷纷赶往武昌援救。官军水、陆各军督领团勇扫荡敌人的营垒、据点,武昌、汉阳外围的太平军到这时已除尽。

洪秀全因为瓜洲、镇江的太平军多次被官军挫败,想出兵援救,十一月,从龙脖子等处出兵。向荣派出张国梁在仙鹤门、甘家巷打败了他们,又在七霞街与他们交战,击毙了伪丞相周少魁等四十人;追到石埠桥,又歼敌二千多人,敌军逃回金陵不敢再出来。洪秀全在金陵长江对岸的九洑洲筑石垒,挖深壕,派精兵把守,用它作金陵的屏障。太平军窜往江北,把这里作为通道,官军多次进攻它未能攻下。六合知县温绍原攻下了那石垒,后又被太平军重新占领,直到同治二年才收复。瓜洲、镇江隔江相望,两城往来畅通无阻,这两地的太平军常有合力向北进犯扬州的企图。扬州官军与瓜洲太平军相持已有二年多,托明阿因日日作战无效,命令军士、百姓在瓜洲的北面筑长围扼制太平军,到这时这一长围已筑成。太平军从水路分路猛攻,大败而退,官军夺取了他们的筏船,活捉伪参护郑金柱等十人。吉尔杭阿在攻占上海后,移兵镇江,就在这月扎营于小九华山。又在黄鹤山、京畿岭筑城安置炮台威逼镇江守敌,同时挖地道用地雷炸城墙,但镇江守敌拼死抵抗,官军无法攻入城内。

十二月,无为的太平军纠合安庆、芜湖等地的太平军向东进发,想解除镇江被围的局面。从芜湖到扬州,沿江的支流港湾都是太平军的往来集聚之地。向荣传令水师逆江而上合兵进攻，在神塘河打败了太平军，又在陶阳浦打败了裕溪口来的太平军援兵，活捉伪检点赵元发、伪将军王化兴等几十人。十二日，洪秀全派遣李秀成等人援救镇江，我官军在石埠桥阻截，不久他们由江州向下逃往下蜀街。在这以前，杨秀清调上游芜湖、江北和州、含山及庐州的太平军回江宁(即金陵，下同)，任命李秀成及伪丞相陈玉成、伪春官丞相涂镇兴、伪夏官副丞相陈仁章、伪夏官正丞相周胜坤统领这支部队，取道栖霞、石埠，并预先派遣城中的太平军四面出动牵制我官军。向荣大营的兵力不够分散开来防守，传令芜湖邓绍良分出部分兵力为张国梁、秦如虎作后援，命令吴全美用水师战船进攻大胜关，以分散敌军的兵力；命令明安泰严密把守秣陵关，建议吉尔杭阿等守住丹阳，以巩固苏州、常州要地。当初，罗泽南离开江西以后，石达开又乘虚攻入义宁，打败江西官军，攻陷新昌、瑞州、临江、袁州、安福、分宜、万载。江西、湖北隔断，官军的军势不能重振。曾国藩快速调副将周凤山统率围困九江的全部军队前去救援，在樟树镇与太平军遭遇，官军用勾连枪击败了敌军的藤牌手，并会合水师烧毁敌军战船，新淦的敌军闻风而逃，于是官军收复了新淦城。

咸丰六年正月，石达开攻陷吉安，于是由湖北进入通城。石达开强悍而多诈，大肆侵扰江西，不急于进攻省城南昌，也不直趋南康，先广夺郡县，遍置伪官，逼迫地方百姓帮助他做坏事，从当地取粮取兵，占地越来越广，兵力越来越多。太平军攻陷瑞州的是伪检点赖裕新，先攻陷袁州的是伪豫王胡以晃，先攻下临江后又攻下吉安的是伪春官丞相张遂谋。广东土匪进入江西的，以周培春的部队人数为最多。另有土匪头目葛耀明、邓象等都在瑞州加入石达开的大部队，土匪头目王义潮、刘梦熊分别屯驻吉安、泰和，也与石达开的部队合并为一。石达开长期住在临江，这里是江西上下的适中地段，凶猛强悍的人，很多聚集在这里。从这里，向南可以伺机夺下赣州、南安从而与粤地土匪取得联络，向北可以据守武宁、新昌而上通九江。石达开进攻南昌，周凤山率围困九江的全部军队据守樟树镇。当时石达开身边的兵力只有几千人，就在山谷间点上灯火让官军误以为太平军留在山上，自己亲率敢死队趁夜偷袭，我官军不战而逃。周凤山逃到南昌，曾国藩也把部队转移到南昌。洪秀全从此更加把皖、赣战场的各种事务托付给石达开，不久石达开又攻陷进贤、东乡、安仁，并攻破了抚州。不久，建康、南昌(按:疑当作"建昌、南康")相继失陷。罗泽南考虑到曾国藩战事失利，处境艰危，日夜忧愤，更加急迫地督军进攻武昌，秦日纲环城自守，等待援军，士兵伤亡很多，暗中在城墙上挖洞造突围用的小门，正好这时石达开率领九江的援军到达武昌，就打开城门迎接他们。罗泽南在突围用的小门那里拦阻太平军，太平军从门中涌出直冲向罗泽南的部队。罗泽南三退三进，顽强战斗，最后官军几乎溃败，罗泽南被太平军的枪弹击中左额，收兵回营后，伤发而死。朝廷任命李续宾统领他的部队。

李续宾开初建议分派军队驻扎窑弯来阻断太平军运粮的道路，在接替罗泽南的职务后，就驻军洪山，派小股部队巡逻在窑弯、塘角之间。古隆贤带领一万人来援救时，和武昌城内的太平军约定以举烽火作为信号，胡林翼秘密刺探到这一情况，冒举烽火，城内的太平军出城，陷入官军埋伏，大败。石达开援军号称十万，胡林翼分水、陆两路奋力战斗，烧毁敌船七十艘，摧毁敌军八十座营垒。武昌的太平军处境窘迫，然而守城更加顽强。江西方面的官军一天几次来向胡林翼求援，义宁的太平军又进犯崇通，九江的太平军纠合兴国、大冶的土匪从武昌县进兵到葛店，想袭击巡抚大营。胡林翼因江西急待援军，派兵四千一百人，让曾国藩的弟弟曾国华统领。曾国华率领刘滕鸿、刘连捷等取道义宁，收复咸宁、蒲圻、崇阳、通城、上高。湖南所派援军的将领刘长佑收复萍乡，肖启江收复万载。奉曾国藩的命令，李元度收复东乡，周凤山等人收复进贤，刘子淳收复丰城。五月，毕金科带领一千人防守饶州，曾失陷，后立即又收复。黄虎臣带领三千五百人进攻建昌，与太平军遭遇，战死。六月，彭玉麟收复南康。七月，刘腾鸿到达瑞州，打跑了太平军。

这时江西失陷的县城有四十多座，广东和平地区的土匪进犯定南、安远、信丰、长宁、上犹、崇义、雩都，省城南昌不能派兵救援，军情消息几个月也听不到。瑞州位居江、湘要冲，有南北两城，中间隔一条河。刘腾鸿援兵抵达南城，正好韦昌辉从临江来瑞州救援，刚到北城，就匆忙上阵挑战，刘腾鸿趁他疲惫困乏时进攻他，从北岸渡河包抄到他的后面，南城的官军顶在他的前面，韦昌辉的部队大败。到这时江湖水路才通畅，从长沙一直到南昌不再有道路受阻之忧。太平军自从攻陷吉安、袁州、瑞州、临江等府城后，大力修治战船，计划秋天围攻省城。瑞州、临江两地太平军的战船顺流而下，湖口的战船则逆流而上，围困我官军水师，他们又在生米口筑设坚固的营垒。七月，太平军从松湖带领三十多艘战船，一千多陆军，将要到达瑞河口，我官军水师侦察到这情况后，预先钉上了一排排木桩，敌军刚到，我官军就冲入，放火烧敌船，又在临江口堵住城中敌军，烧毁他们的船只营垒。生米口的守敌闻讯也逃跑了。八月，刘腾鸿等人打败临川伪指挥黄某，收复靖安、安义。宁都土匪攻陷了建昌、铅山、贵溪，包围了广信。浙江将领饶廷选赶往救援，包围广信的敌军逃跑。当时江西太平军的势力很大，部队很多，想用全力困厄江西。从去年十一月到本年二月，以石达开的部队为主；三月、四月、五月，以黄玉昆的部队为主；六月、七月，以韦昌辉的部队为主。九江是林启容统领部队，瑞州是赖裕新，湖口是黄文金，抚州是三检点，建昌是张三和，袁州是李能通，都是悍勇的贼寇。总计江西境内的太平军有近十万人。

九月，曾国藩到瑞州视察部队，李元度因为不能攻下抚州，军粮更加不足，就分派军队进攻周围的县城广征粮食，同时分散太平军的兵力，于是收复了宜黄、崇仁。这一天（应是"这个月"。原文"是日"为"是月"之误），抚州太平军出城进攻江西军，林原恩战败而死，李元度突围出来免于一死。进攻抚州的官军都溃散了，李元度移兵驻扎在贵溪。十月，太平军又攻陷宜黄、崇仁，同时分兵攻陷金溪。福建援军将领张从龙援救建昌，被太平军打败。皇上特诏起用黄冕任吉安知府，黄冕率领部队前往，以曾国藩的弟弟曾国荃为军帅。在这时，江西官军分为四部分，其中湘军最强。曾国藩在水师部队里，刘长佑驻兵在袁州，派兵攻下分宜，太平军援兵的通道被切断。十一月，太平军伪将军李能通打开西城门放官军进城，袁州被官军收复。曾国荃收复了安福。江西诸路官军军势稍有振兴。

当初，官军对武昌久攻不下，胡林翼认为一般仗好打，攻坚仗难打，应当把分兵牵制敌军、截断他们的后援道路作为主要战术。这个月，唐训方等人在葛店打败石达开。敌军增派战舰重又进犯葛店，蒋益澧统领六个营前往迎战，占领了葛店，一直追赶敌军到樊口，联合水师焚毁了他们的战船，进入武昌县城。石达开因樊口兵败十分愤怒，大规模集合部队达一万多人，从广济、蕲水、黄冈进军到汉镇，秘密与伪丞相钟某约定，叫他坚守住省城武昌等待援兵到来。官文搜获太平军的伪军事文书，得知了情况，命令都兴阿、多隆阿率领骑兵、步兵包抄围击，敌兵大败。我官军趁胜攻打黄州，不能攻下。舒兴阿、舒保等带领骑兵四百人渡江，太平军在青山、鲁港之间增置十三座营垒与官军相持。官军水、陆两军合击攻破了这些营垒，一直把敌军追赶到葛店，敌军怕官军骑兵，继续快速奔逃。从此官军水军、陆军、骑兵、步兵相互协助，军势日益壮大，又征募陆军五千人，水军十个营，增筑长围围困敌军。武昌、汉阳一起收复，击毙伪丞相钟某、伪指挥刘满、活捉伪将军、师帅、旅帅、两司马五百多人。武昌敌军分七队从城门突围而出，官军活捉了伪检点古文新等四人，击毙前锋精锐部队八百多人。敌军共死两万多人。武昌、汉阳自咸丰五年三月失守，到这时收复，先后已有二十多个月了。不久，官军又收复武昌县、黄州、兴国、大冶、蕲州，民团收复了蕲水、广济、黄梅。官军兵临九江城下。十二月，曾国藩到九江慰劳围城部队，商议统领水师坚决夺下九江，以使内外江贯通。于是派千总张金璧等人收复了建昌。李续宾追击贼寇向东进军，收复了瑞昌，为了进攻九江，派兵先收复了德安。刘长祐从袁州向分宜进军，太平军退往新喻溪据守，双方在宝山遭遇，降将李能通单人匹马冲陈，敌军退入城内，我官军紧随着追进城内，敌军从东门逃出。湘南援军将领刘拔元等人收复了永宁、永新、莲花厅、崇义、上犹。

太平军攻陷镇江到这时已有四年了。这一年（指咸丰六年）京口（即镇江，下同）被张国梁围逼，杨秀清命令四个伪丞相李秀成、陈玉成、陈仕章、涂镇兴前去援救。李秀成想单身渡江，秘密进入京口，与镇江守兵相约内外夹击张国梁，但无人敢支持他这样做。陈玉成就夜里带领部队乘着小船偷越过官军水寨，四处打击张国梁部队，李秀成登高看见城内太平军守军已出城，就派涂镇兴、陈仕章抵挡住正面的官军，自己带兵绕道到张国梁部队后面出其不意发动袭击。太平军趁胜进攻丹徒，和春败退，于是就渡江到瓜洲，进击并攻陷了扬州。托明阿的部队向北败退，皇上下诏任命德兴阿代为统领这支部队。伪顾王吴如孝守卫镇江，他派兵占领了高资。吉尔杭阿传令知府刘存厚出兵围困高资，金陵的太平军十分惊恐。杨秀清派遣强悍部队几万人从句容出动前来救援，吉尔杭阿中炮而死。刘存厚因保护他的尸体不能逃出，也战死。向荣急派张国梁合兵救援，收复高资。李秀成认为扬州孤立无援地处在江北，留守不便，就弃城离开，返回金陵。

在这时，向荣、张国梁享有声望，被人赞为江南官军的精锐部队。然连年打仗，不能按时发放军粮，士兵们常忍着饥饿上战场，颇感失望，又分兵四面出击，安排在身边的兵力过分单薄。杨秀清知道可以利用官军的这些弱点，就在请求洪秀全同意后定下了两面夹攻江南大营的计划。五月，秘密约定吴如孝率领镇江的太平军从东向西，打击官军的背部；金陵的太平军从西向东与他们相配合，打击官军的腹部；再命令溧水、金柱关各太平军部队从旁边出兵阻截。杨秀清亲自率领精锐部队从广济门出动，先派赖汉英率领紫荆山(按:应为紫金山)的几支太平军进攻七桥瓮(按:应为七瓮桥,同下)以挑动官军出战。向荣、张国梁习惯于常胜,合力截击拼杀,赖汉英忽然稍向后退,向荣更是策动官军向敌军冲杀。吴如孝率镇江的太平军突然迫近官军大营,官军大营力量空虚,守兵惊慌逃散。向荣见大营起火,已是退无据守之地,于是官军立即败逃。太平军分几路追逐,官军死伤遍地。张国梁独自用身体保护向荣逃出,收聚少量败兵退守丹阳。太平军筑营垒包围丹阳,向荣因病不能再领兵,就把军中的事托付给张国梁,向荣极度悲伤,不久就死了。

向荣死后,太平军设宴庆贺,颂赞杨秀清的功劳。洪秀全更加深居不出,军事都由杨秀清决定,朝中公文要先向东王府禀报,官员的刑赏升降都由杨秀清裁定,权力在其他伪王之上。如韦昌辉、石达开虽然和杨秀清一起自民间起事,但比起杨秀清来如同他的副将。江南大营被打垮后,南京已经没有官军的包围部队了。杨秀清自认为功劳没有人比他大,暗中策划自立为君王,威逼洪秀全到他的王府去,让自己的部下喊他为万岁。洪秀全不能忍受,于是召回韦昌辉密谋除掉他。韦昌辉从江西战败回到金陵,杨秀清责备他没立战功,不许他入城。待韦昌辉第二次请求后才允许他入城。韦昌辉先到洪秀全处,洪秀全假装责备他,催促他快到伪东王府去请示,然而却向他传授除掉东王的计策,韦昌辉做好准备到了东王府。见到杨秀清后,杨秀清告知人们高喊他为万岁的事,韦昌辉假装高兴向他拜贺。杨秀清设宴留请韦昌辉,饮酒过半,韦昌辉出其不意,拔出身上佩刀向杨秀清刺去,杨秀清胸部被刺穿而死。韦昌辉对人们下令说:"东王谋反,我私下接到天王的命令,杀死了他。"于是取出伪诏书。韦昌辉把杨秀清的尸体剁成肉酱让大家吞食,命令关闭城门搜寻伪东王部属加以消灭。东王的部属惊恐不安,天天与北王韦昌辉的部属相互格斗残杀,东王部属大多死亡或逃匿。洪秀全的妻子赖氏说:"除恶不尽,必留后患。"接着就劝说洪秀全假装责罚韦昌辉杀人过多,将他处以杖刑,以此对东王部属表示慰问和歉意,并召请他们前来观看韦昌辉受刑,可乘此机会将他们全部消灭。洪秀全采用赖氏的计谋,突然出动全副武装的士兵围杀观看的人。东王部属差不多全被杀尽,前前后后被杀的有近三万人。

这时石达开在湖北洪山,黄玉昆在江西临江,得知发生内乱急归金陵。石达开痛责韦昌辉,韦昌辉发怒,想一起把他除掉。石达开从城墙悬绳而下逃往宁国,韦昌辉把他的母、妻、子女全部杀掉。洪秀全责备韦昌辉做得太过分了。韦昌辉依仗他杀杨秀清功劳大,不服,率领他的部属围攻伪天王府,洪秀全的部队抵抗并击败了他。韦昌辉逃走,渡江时被太平军巡逻部队抓获,捆绑着送到金陵,用碟刑处死,他的一族也被杀灭,他的首级被传送到宁国。洪秀全用甜言蜜语召请石达开回金陵,石达开回金陵后,有人认为石达开兵多功高,请求洪秀全把他留在京都,解除他的兵权,不这样做,又会出现一个杨秀清。洪秀全听后动了心,就命令石达开像从前杨秀清那样留京辅佐朝政。石达开内心忧惧不安,他的亲信张遂为他出主意说:"翼王您得军心,为什么要郁郁不快受人控制?中原不易得手,何不入川做刘玄德,完成三足鼎立的大业?"石达开采纳了他的主意,于是返回安徽,邀约陈玉成、李秀成和他一起走,陈、李两人不同意,石达开更加不能再回金陵。

在这时，太平天国开始起事时的几个强悍的首领大都已死，洪秀全就任命伪春官正丞相蒙得恩为正掌率，掌管军事上的指挥调度；任命伪成天豫陈玉成为右正掌率，伪合天侯李秀成为副掌率，具体打仗的事专归陈、李两人负责，两人都听从蒙得恩的节制调度；内政则由洪秀全之兄伪安王洪仁发、伪福王洪仁达掌管。

这时，我官军在收复庐州后，太平军逃到三河据守，同时分兵驻扎在金牛，三河、金牛一线太平军筑了很多营垒，多次抵抗我官军的进击。八月，和春督率部队趁夜越过城壕放火烧了太平军的弹药库，用云梯攻入城中，敌人匆忙慌张地夺门逃出，官军追击，将他们消灭于巢湖。活捉伪指挥张大有、伪将军秦标盛等十一人，消灭贼军五千多人。江南军收复高淳。九月，官军打败句容、溧水的太平军，句容和溧水接近金陵，形成犄角之势，可以夹击和牵制金陵。金陵的太平军听到这两地兵败的消息后，气馁无斗志，官军江南大营才得以安定。巢县，是太平军的重要据点，那里太平军的水营、陆营极多，从那里所掠取的军粮全部输送金陵。巡抚福济和编修李鸿章督领官军攻打并收复了该城。庐州府所管辖的州县先后全部清除了太平军。

咸丰七年正月，湖南援军吴坤修攻占了安义、靖安，和民团合兵进攻奉新，奉新守敌弃城逃走。武昌失陷的时候，曾国藩曾派遣彭玉麟援救鄂地；等到石达开蹂躏江西，连续攻陷瑞州、临江、袁州、吉安、建昌、抚州等郡，又传令彭玉麟赶去援救。不久，曾国藩因父丧归乡，皇上命令彭玉麟协同杨载福掌管军事指挥调度。九江是江西重镇，皖、楚的咽喉要道，太平军力争九江这一长江天险，会兵据守在那里，又把对岸黄梅县的小池口作为外围的屏障，这样，进可以侵犯湖北，退可以骚扰赣、皖，灵活机动，辗转自如，使官军防不胜防。自官军大部队到达九江、宿松地区后，太平军的头目们就集合了数十万兵力，在小池口筑城，用来遏制官军，谋求向上游进犯。这个月太平军分三路进犯，距离黄梅县城几十里，知县单瀚元请求用空城计引诱太平军进城，都兴阿同意他这样做。太平军进城后官军伏兵四面出动把他们歼灭。太平军残兵弃城逃走，官军拦截和杀掉了伪捣天侯陈某、伪天王的女婿钟某及曾某等三人。小池口的太平军听到黄梅兵败，惊恐万分，就筑坚城打算固守；又在段窑、枫树坳、独山镇等处依山砌石，筑营垒几十座，并引水灌满战壕，用来阻止我官军东下。都兴阿派鲍超、多隆阿、王国才等分路进攻，把太平军的营垒全部摧毁。

四月，陈玉成进犯湖北，兵力号称十万。李续宾在小池扎营，鲍超移兵驻守黄梅，截断他们的进军道路，分路迎头痛击，太平军大败，官军的军威开始振作起来。五月，李续宾进攻九江，挖长壕围困太平军，设下伏兵在马宿岭、茶岭等处打败了他们。过十天多，安庆的太平军来援救，同九江城的太平军合起来共三万兵力，军阵绵延几里。我官军水军、陆军合力进击，连打几仗都取得了胜利。闰五月，陈玉成又进犯湖北，与官军打了大小二十五仗，死亡七千多人。当时蕲州、黄州一路的太平军十分猖狂，蕲州的几路官军都受挫，多亏舒保奋战，水师左光培扼守巴河，才使太平军不能向上游进犯。官文命令唐训方增兵守住要道，约请都兴阿全力扼守黄梅，严密防守官军后退之路。因此黄州上、下虽战火不断，但武昌汉阳却能安然无恙。六月，李续宾挖深长壕会同水师全力进攻九江，宿松、太湖等地的太平军纠合皖省的十多万饥民乘官军兵力不足之机夺取武昌、汉阳，同时解九江之围。太平军占领黄梅、广济、蕲州、蕲水，分四路进犯，与官军打了大小五十多仗，战死一万多人而攻势仍一点也没有减弱。

当初，官军在小池口打了胜仗，浔阳、湖口的太平军立即可望肃清；等到皖地的太平军向上游援救九江，官军陆军的道路受阻，而上游的水师又难以立即撤走，楚军的骑兵不到一万人，太平军活动的地方，崎岖不平，多泥沼，骑兵的威力无法施展开来，只靠着官军将士同心合力，才没被吓倒，依然屹立不动。杨载福、李续宾督领水师向上游救援，多隆阿、鲍超进攻贼军据点童司牌，在十里铺将他们打败。太平军在河中架造浮桥，向东通到北湖，向西到达武穴。李续宾渡过江消灭了南岸的敌军据点，水师又烧毁了敌军的战艇并烧毁了浮桥，使敌军的计划落了空。七月，黄梅的太平军用弱兵驻守营垒，而把强悍骁勇的兵士四散埋伏在村落里。多隆阿侦察到这一情况后，约请鲍超直冲村落，打死敌军五千多人，但是在蕲州、黄州两地的敌军仍不少于几万。官文督领官军分五路进攻，堵住敌军向上游进犯的道路，捉住了敌军的头目，扫除了敌军的营垒，于是官军在蕲州、黄州两地可通行无阻。不久，官军在黄冈、蕲水交界处又大败了敌军，收复了瑞州，一直进军到小池口。小池口与九江城隔江对峙，是江、皖入楚的交通要道，太平军在那里垒石为城，挖深壕，筑高垒。胡林翼认为敌军气陷正在衰落，约请其他几部分官军先攻占小池口，自己督领唐训方、李续宜等人从蕲水到达黄梅县山坡下，筑建碉堡堵住宿松敌军向上游进犯的道路。胡林翼侦察到黄梅城中敌军的炊具已被官军的炮火摧毁，炊烟断灭，就命令官军水陆两路围攻，将火箭射入城。我官军趁城中敌军大乱，登上城墙，把敌军全部消灭。整个楚地的太平军至此全部肃清。

江西军接着收复了东乡。东乡隶属抚州，太平军据守在这里作为抚州的屏障，又攻陷了万年等几个县。八月，将军福兴冒雨进攻，在平塘放火，阻断敌军逃路。平塘，是近城地方通往抚州的要道。敌军果然弃城逃走。当初，太平军盘踞石钟山，守住湖口两岸，使得内湖外江的官军水师失去联系。九月，官军占领湖口，随着又攻下梅家洲，烧毁了石钟山敌军的据点，歼敌一万多人。内湖外江的官军三年来直到这时才得以贯连。杨载福认为想夺取九江应当先取彭泽，彭泽南面有小孤山，太平军在山上筑城以便防守彭泽，声援九江。杨载福合兵攻下了彭泽县城，扫除了小孤山的敌军据点。长江下游太平军据守的险要处全被官军扫平。官军大部队回兵直往九江进发。十二月，长祐合兵攻打并占领了临江府，敌军逃往湖北兴国州，又被李续宾歼灭，敌军死里逃生的只有二百人，都是泅水逃走的。

太平军从楚北败逃回皖的时候，纠合河南捻匪，猛攻庐州和巢县、柘皋。我官军进兵扫平了枯皋敌军的营垒，放火烧了巢湖支河两子铺那里的敌船，这才不见了敌军的踪迹。在这以前江南水师提督李德麟曾率领红单船(广东商船，清军多用于作战)，入皖，因太平军在繁昌县峡口拦截，不能向上游进发，滞留了七个月。杨载福率军向东顺流而下，把陈玉成所派遣的全部战船不是烧毁就是夺获。连日间火烧华阳镇，收复望江、东流，快速向安庆进军，攻下枞阳的大通镇，进而攻下铜陵，官军战船驰入峡内，与红单船会合。敌军望风瓦解。逼攻泥汉伪城时，李成谋的部队将火把扔入城内焚烧，敌军被杀的人超过半数。这时江西的太平军纠集两万多人，从浮梁、建德、都昌、鄱阳进犯湖口，宿松、太湖的太平军对九江战役的失败愤恨不平，纠集五、六万人，汇集在枫香驿、仙田铺等地，彼此相互依托、声援。官文传令唐训方在陈园扎营，固守蕲州的出入口。多隆阿、鲍超等人迎头讨击太湖的敌军，李续宜会合水师兵力分三路直入敌军屯集处，击毙敌军两万多人，敌军受到严重挫伤。

　　江南大营退兵驻守丹阳时，李秀成盘踞在句容，多次出兵企图夺取丹阳。正月，张国梁独自率领精兵抄小路到达句容城下，摧毁了敌军城外的营垒，击毙敌军一千几百人，敌军不敢再从句容出兵进犯丹阳。二月，金陵、安庆的太平军探知溧水的部队军情吃紧，纠集部队到邬山，筑营垒援助溧水。和春趁邬山的太平军扎营未稳，将他们拦击打败。敌军渡河又筑四个营垒，江南军分三路进兵打败了他们，进而合兵攻打溧水城，前前后后共扫平敌军营垒二十六座，歼敌三千人，击毙伪靠天侯以下十多人。江南大营移营到丹阳已有一年时间，所立战功以这次战役为最大。四月，瓜洲的太平军因为被我官军围攻很久，形势频频处于危急之中，就做背城之战，水路陆路一起向官军猛攻，在土桥、西里铺与官军作战，没有取胜；又用战舰分两路进犯：一路沿港行进，以助军威，一路渡江侵扰其他地方，两路都被我官军水师歼灭。聚首在溧水的太平军，多次招引援军攻打丹阳大营，死一万多人，又在邬山筑营垒几十座抗击我官军。五月，总兵傅振邦攻破溧水城外的营垒，接着用火攻城。副将虎坤元趁城内慌乱，杀了守城的强悍的太平军头目后攻入城，于是收复了溧水。溧水收复以后，和春进而想夺下句容，这样就与溧水成犄角之势，可用来牵制和夹击金陵之敌。句容的敌军与外面的援军相勾结，还有壮大的军势。张国梁合兵围攻句容，自己率领亲兵冲入敌阵，刺杀穿黄衣的强悍头目数人，敌军逃散。和春进兵冲入内壕，张国梁首先登上城墙，敌军尸体堆积如山。闰五月二十五日，官军收复了句容县城。九月，镇江的太平军出城到达甘露寺，直扑丹阳大营，和春迎头击败了他们。敌军企图向西逃窜与金陵相接应，张国梁暗中在高资增筑营垒扼守险要地段，敌军也筑营垒，从秦淮河的北边运粮。张国梁派遣参将余兆青等摧毁敌军的炮台，而自己率领亲兵渡过秦淮河，会合水军、陆军与敌军激战六个昼夜，击沉敌军大战船十余艘，摧毁敌军营垒两座，活捉魏长仁等六人，杀死和俘获很多敌军。

　　盘踞在瓜洲的太平军，远处可与金陵联络，近处可与镇江接应，阻断官军进兵讨伐的道路，这种情况已延续五年了。正好南岸太平军的援兵被和春重创，德兴阿趁敌军防线上有漏洞，传令官军大部队越城而入，于是夺下了瓜洲。十二月，张国梁在瓜洲南岸打了大胜仗，在战场上杀了伪王，攻夺营垒十七座，进而包围镇江。洪秀全四处派遣太平军去援救，都被虎坤元击败。张国梁督领官军攻镇江四门，攻塌了城墙，收复了镇江城，逃出的太平军被官军沿江搜捕杀掉近一万人。只有吴如孝突围逃入金陵，后又逃聚到安庆。潜山、太湖的太平军又攻陷霍山，不久撤出，想从罗田、麻城向长江上游进犯，盘踞独山、西河口，在这里设营。官文调动骑兵、步兵日夜兼程急速行军到豫、皖交界处设防，以巩固楚地的边界。八月，皖地的太平军纠合豫地的捻军图谋援救金陵，进犯商城、固始，侵扰光州、六安,伺机谋夺随州、枣阳一线。太湖、渡石牌等地的太平军扎营绵延三十里,兵力六、七万,趁我官军正在过年,进军到靠近蕲州的地方,不久又进犯荆桥、好汉坡等地。多隆阿迎头讨击,在仙田铺、风火山打败了他们,一直追到太湖县,在宿松、太湖扎连营来扼制敌军的进兵之路。秦日纲派遣他的部队向北进兵,避实击虚,企图进犯蕲州。蕲水、六安的太平军也合力向上游进犯,攻陷了英山县,分兵七路进犯罗田。罗田知县崔兰馨连日与敌军激战,收复了英山县。守备梁洪胜等人督领楚军捉住了伪丞相韦朝纲。太平军向黄花岭出动,进犯楚境内的枫树坳等地。都兴阿派遣将领到南阳河迎击。太平军在北岸筑营垒,我官军潜伏在北岸的山谷中,而在南岸摆开战阵。太平军渡过河向南进兵,我军进行拦击,打败他们后乘胜渡河北进,敌军的阵地在山腰,败兵一个跟着一个想逃往那里,我官军的伏兵出动,杀死很多敌军。楚军军势大振,在宿松、太湖等处驻守的官军这才解除了后顾之忧。

这时洪秀全同各太平军高级将领会面,任命陈玉成为前军主将,把潜山、太湖、黄梅、宿松作为根据地,抵挡我上游的楚官军;任命杨辅清为中军主将,把殷家汇、东流作为根据地,抵挡我官军中路曾国藩部队;任命李侍贤为左军主将;任命李秀成为五军主将。

二月,和春攻下秣陵关,此关是金陵南面的外围屏障,是太平军严密防守的地方。三月,和春率领张国梁等人围攻金陵。正好洪秀全在设宴请部将们饮酒,流弹落在他的膝下,部将们又惊又怕。洪秀全说:"我已接受天命,即使敌人陈兵百万,弹丸如雨点般落下,又能把我怎样呢!何况和春不是我的对手,你们各位将领摆弄他如同摆弄小孩一样。流弹落我膝下只不过是供我们一时的笑乐罢了,你们害怕什么呢?"当初,太平军多次趁我官军稍有松懈,就派精锐部队出击,希望能解除围困,雨花台的太平军争取解围尤为卖力。和春严密防范,太平军果然从雨花台进攻官军大营(按:其时,和春立大营在孝陵卫一带),被打得大败。和春、张国梁筑长围围困敌军,依照地势的高低,掘壕沟,筑高墙,跨山越水,围着金陵城绵亘百余里。官军的大小营垒联结在一起,断绝了太平军的救援之路,洪秀全十分害怕,下令对金陵各门严加防备。太平军暗中在寿德州扎营筑垒,多次冲击长围,未成,死了大量士兵。在这时,石达开在蜀地,杨辅清逃窜入闽地,林绍璋在湘地战败,林启荣被包围在九江,黄文玉被死困在湖口,张朝爵、陈得才孤守皖省,陈玉成困守在小孤山、华阳镇一带,秣陵关又被官军所夺,救援金陵太平军老巢的援兵差不多没有了。但金陵粮食还充足,上游的许多州县都在太平军手里,还可与他们互相联系,所以金陵的敌人虽然危急却还不至于立即灭亡。

我官军多次围攻金陵,陈玉成百般抗拒,而李秀成出兵攻陷杭州,以牵制围攻金陵的官军,但我官军仍紧紧围住金陵不放。陈玉成于是从潜山、太湖进兵到江浦,等待官军防守中出现漏洞,就全力进攻官军大营,希图借此解金陵之围。苏州、常州相继被太平军攻陷。四月,李续宾、杨载福合兵攻打九江,九江与金陵成犄角之势,这时长江南岸的太平军已被肃清,故而可以全力进攻九江。九江城内的太平军被官军围困已久,用几千人环城种菜种麦供应士兵食用。九江的守城敌军越来越空闲没事干,有时又多次击伤我官军攻城的军士。以后官军把地道挖成,用地雷炸开了城墙,但又被太平军修复。杨载福督领水军、陆军十六个营攻打九江四座城门，地雷又炸，城墙倒塌一百多丈，各路官军跃上城墙，杀敌一万六、七千人。逃出城的敌军被水师拦截，全被抓获或杀死。林启荣、李兴隆都战败而死，他们的尸体被肢解。九江被官军攻下后，太平军已无坚定的斗志。楚南军先后收复了新淦、崇仁，攻下了抚州，又攻克了安乐、宜黄、安丰、新城等县，收复了建昌。曾国荃进攻吉安，又在吉安附近攻下吉水、万安两县。在这时，江西失陷在太平军手里的县城已十之八、九被收复了。江西的太平军惊恐万状，金陵的太平军也感到窘困、紧迫。

洪秀全力图出兵向外骚扰，就命令太平军将领进犯皖南、皖北及闽、浙各省，希望官军分兵援救，这样就可以牵制我官军。陈玉成勾结捻军首领张洛行、龚瞎子，兵力号称十万，据守麻城，城四门共筑五十八座营垒，壕沟重重，凭借险要地势固守。安庆同英山、霍山的几支太平军又攻陷了黄安，企图伺机攻下汉阳、德安，由此取道向北进犯。官文传令李续宾出兵救援，以解除麻城敌军的威胁。在这以前，洪秀全命令赖汉英夺江西，皖地的太平军进入福建，攻陷了政和县、邵武府，接着攻陷浦城，分兵骚扰建宁。五月，我官军收复黄安、麻城，杀了伪丞相、指挥几十人；追赶太平军到商城，并且进而讨伐太湖、潜山、英山、霍山等地的太平军。盘踞在东安的太平军，想为江南、江北的太平军造声势。和春督领官军立即收复了东安县城，金陵的太平军更加显得困危紧迫，急于想溃围逃窜。和春派遣水师分兵进攻繁昌，摧毁了那里的坚固营垒和土桥，进而攻下峨桥、鲁港等处。金陵城内的太平军十分愤恨，从太平、神策两门出城分兵进犯官军大营，张玉良、冯子材等冲上敌阵打败了他们，敌军撤退，于是官军进攻金川门，全部摧毁了金陵东北城外的营垒和木栅。

石达开从广丰进兵攻陷江山县，金华、衢州、处州三府的属县差不多全被焚烧劫掠。浙军在寿昌的七里亭打败了他们。六月，太平军进犯全椒，盘踞在滁州、九洑洲等地，浙军把他们打得大败，进兵攻下了武义、永康、常山、江山、开化、缙云、宣平，衢州的围困也解除了。太平军全部逃往并攻陷了处州，后来周天受督领官军将它收复。正好这时闽地的太平军人多势盛，极其猖狂，官军所收复的各城不久便又失陷，太平军还攻陷了松溪、崇安、建阳等县，建宁府也被太平军包围。浙江巡抚晏端书传令部将急援闽省，又出兵到江山地界，讨击浦城太平军的据点。

这时，皇上因为浙、闽的太平军同时兴起，于是让曾国藩出来率领江西湘军援助浙江，不久又命令他改援闽省。曾国藩从铅山进军，太平军十分害怕，策划出牵制官军的计谋，派一万多人进犯江西，包围广丰、玉山，进入安仁据守。闽军攻克光泽，收复建阳，解除了顺昌的围困，又接连收复了松溪、政和、宁化、崇安，攻破了浦城太平军的据点，又收复邵武府，闽省的太平军至此全部清除。曾国藩移军到弋阳，亲自督领水、陆各军收复安仁县城。八月，攻占吉安，捉住伪先锋李雅凤、伪丞相翟明海，将他们处死。江西各城都被官军收复。官军进攻太湖县城，前月太平军攻陷庐州，巡抚翁同书向李续宾告急，官文因为李续宾将要在太湖血战立功，向朝廷上疏要求让李续宾留在太湖不去援救庐州。官军进攻太湖时太平军在长河东岸和枫香铺、小池驿、东山头各处筑起营垒，李续宾等分段攻城，放火烧了他们的火药库，太平军士兵惊恐逃散，于是官军攻占了太湖，趁胜进兵到达潜山。潜山、石牌是南北交通要道，太平军多次在这里集结部队救援接应，抗击我官军东征部队。都兴阿等在北门彰法山扎营，骑兵、步兵一起发动进攻，太平军败逃，击毙敌军七、八千人，于是收复了潜山县。官军分成两路扫平了上、下石牌的太平军据点。

九月，陈玉成从潜山、太湖与在九洑洲的太平军会合东下江浦，等到官军防线出现漏洞，就速攻浦口，希望以此解除官军对金陵的围困。我官军寸土必争，乃至为争一桥而进退往复。于是受到严重挫折。和春派兵来援救，太平军分兵牵制他们，主力仍然猛攻浦口。江北大营于是失陷。太平军连续攻陷江浦、天长、仪征，并且分兵进攻六合，德兴阿逃走。进攻扬州的贼兵攻破南门入城，扬州失陷。太平军又进犯邵伯县，张国梁率领官军渡江，与北路官军合兵收复府城，然后移兵攻打并占领了仪征。张国梁急速领兵援救六合，但被太平军挡住，不能快速前进。太平军挖地道攻陷了六合城，补用道温绍原投水自杀。太平军渡江攻陷溧水，在江蓝埠等处筑营垒，作扼制要冲长期坚持的打算。十月，和春派遣总兵张玉良进攻并收复了溧水。太平军两面夹攻高古山官军大营，张国梁策马冲击敌阵，击毙太平军五、六千人。官军合兵追赶太平军到江宁镇，烧毁敌军关卡、壁垒几十座。从小丹阳直到采石矶的敌军据点都被扫平。

当初，胜保率领皖军进攻天长，捻军首领李昭寿带领部属两千人投降，胜保向朝廷奏请赏给他花翎三品官衔，赐名世忠，让他在官军攻城时充做内应，于是就攻下了天长县城。官军大部队进入皖地，收复桐城、舒城两县，太平军全部逃往三河。都兴阿会同水师完全扫除了安庆城外的敌军的营垒。李续宾追赶太平军到达三河，陈玉成、李秀成、李侍贤会合江浦、六合、庐江的太平军，又向捻匪求援，招集颖州、寿州、光州的盗匪，兵力合计有十多万，围困官军三层，官军寡不敌众，李续宾死于这次战役。官军败兵到达桐城，先前留下防守四座城的官军也溃逃，不到十天，桐城、舒城、潜山、太湖四城重又失陷。都兴阿收集败兵，从石牌进驻宿松，进讨黄泥营的太平军，将他们打败；又督领鲍超、多隆阿在荆桥、陈家大屋与太平军大战，扫除了敌军三十多座营垒，官军军势重又振作起来。陈玉成退回太湖，他认为舒城、桐城虽已夺到手但宿松攻不下，安庆的防守就不会牢固，因此和李秀成商议再次攻打宿松。李秀成知道敌不过官军，不想同意，然而陈玉成多次说有良策，李秀成与他分路进犯宿松，结果是受到官军重创而退兵。陈玉成留部队驻守太湖，自己回到安庆。李秀成率领部队回到巢县、黄山。

这时江西的太平军又闯入闽境，扰掠将乐县，连续攻陷浦城、永吉、建阳、顺昌、宁化、长汀等城。曾国藩进军闽省，驻扎在建昌。先后收复了失陷的各县城。太平军又逃回江西，他们在福建只有连城一地还聚集一万多兵力。他们重又攻陷景德镇、东流，企图进犯湖口、九江等地。曾国藩传令调道员张运兰日夜兼程迅速赶到景德镇，与太平军打了几仗都胜了。起初，太平军盘踞景德镇，气焰正盛，在江西要冲地区，横行无忌。曾国藩增派他弟弟曾国荃率领五千八百名湘军赶到景德镇，帮助张运兰攻讨太平军。太平军在夜里袭击官军水师，刘于淳点燃火弹掷出烧毁敌簰卡（交通兼作战工具，用竹木编排浮于水面）极多。太平军放弃景德镇进占浮梁，曾国荃等人率领水师、陆师同时进攻，收复了浮梁。太平军取道建德向北撤离，江西局势稍显安定。

十一月，江南大营援军将领直隶通永镇总兵戴文英在宁国湾沚战死。戴文英战死的第二天，帮办皖南军务的浙江提督邓绍良也在大营失陷时死去。官军在宁国郡的三百多里防线，都邻近太平军的据点，近处有芜湖、青阳、繁昌、铜陵，远处有无为、和州、滁州，太平军渡江就到。而禄口、秣陵、溧水太平军的败兵及与他们勾结的太平、金柱关、东、西梁山的太平军，同潜山、太湖、舒城、桐城、枞阳、土桥的太平军败兵，都把宁国作为出入、聚集的地方；当地防军(清军的一兵种)只有七千多人，又经常要到别处去增援，太平军人多官军人少，所以遭到失败。曾国藩向朝廷上疏陈说目前战事的轻重缓急，以为应当先进攻景德镇，保全湖口，皇上认为曾国藩的建议正确。胡林翼原先因为母亲去世回原籍服丧，正遇上三河战事发生，李续宾战死，朝廷下旨紧急起用他出来督领官军，十二月，胡林翼率兵渡江驻守黄州。这时盘踞在南安的太平军有五支部队：一支是伪翼王府宰制陈亨容、傅忠信、何名标的部队，一支是伪渠帅肖寿璜、蔡次贤的部队，一支是伪尚书周竹坡的部队，一支是伪军略赖裕发的部队，一支是伪承宣刘逸才、张遂谋的部队，共有兵力七、八万，将从南康进犯赣州，在新墟筑伪城，设关卡营垒，据守村庄，扎营绵延二十多里。

咸丰九年正月，曾国藩传令肖启江在赤石塘设下伏兵，打败了太平军，攻下新墟，进兵攻破南康池江、小溪、凤凰城、长江墟的敌军营垒，同时攻占了崇义、南安，进而解除了太平军对信丰的围困。二月，江浦的薛三元献城投降，官军进兵攻占浦口，在战场上杀掉了伪天福洪方、伪立天豫莫兴。太平军看到李世忠在进攻高旺，就趁浦口官军守兵不足再次攻陷浦口。李世忠回兵再次攻占浦口，浦口的太平军全被清除。李秀成急忙率领强悍的贼寇七、八万来进犯官军，据守在乌衣镇汉河。李秀成又约陈玉成从庐州前来增援。乌衣镇是滁州、江浦交界处的出入口，太平军据守在这里，意在截断浦口官军的运粮通道。后来这支部队被张国梁击败。这支部队和闽、浙的太平军余部都跑到了郴州、桂阳，这就是人们所说的后来围困宝庆的石达开的三十万人的部队。陈玉成从六合进犯庐州，布政使李孟群被太平军捉住，不屈而死。三月，太平军纠集安庆的部队围击定远的官军护城营，筑坚固的营垒几十座来围困我官军。胜保袭击攻破了他们的营垒，李秀成向东进兵，他的部众日益增多。张国梁在定远县西筑十里长墙防御太平军，他的北面从九里山到浦口，三四十里内，布满了太平军的营垒。我官军天天与太平军奋战，副将郑朝栋、张占魁都死在战场上。这时浦口后路的滁州、来安都被太平军围困。李世忠从浦口绕道回兵增援胜保，把乌衣镇汉口的防军撤回到定远，乌衣镇汉口又被太平军占领。和春担心江北官军兵力薄弱，派遣冯子材渡过江去救援接应。陈玉成估计江浦、浦口无力夺回，就分兵支援六合；又打算进兵到天长、扬州，渡过江进攻江南大营的后路，并袭击江北大营。于是太平军四、五万人向东进兵到六合，部队布满在来安、盱眙等地。

四月，陈玉成围困扬州。提督德安在天长进击敌军失利，死在战场上。胜保率领部队进攻石梁，与太平军互有死伤，回兵驻扎在旧铺，控制盱眙前路，抗御北犯之敌。驻守在汉涧的官军被太平军围困，先后突围而出。和春命令张玉良、安勇分派六合的部队去防守扬州，以巩固清河、淮安的出入口。这时池州、青阳的太平军逼近石硪，谋夺弯沚。

当涂、芜湖的太平军在青山、亭头分别筑营垒紧逼黄池。我官军打败盱眙、汊涧及天长的太平军，天长的太平军分股逃窜到六合，并且占领了仪征江岸的东沟，企图进犯红山窑。红山窑那地方距离六合二十里，旁边可通瓜埠，是官军大营运粮通道的咽喉。五月，鞠殿华督领部队扫平六合东路王子庙、太平集的太平军营垒。起初，六合、仪征二十里的交界处，太平军筑营垒四十多座，阻断了官军运粮的道路。至此时六合清除了太平军。这时六合以北、天长以南，集聚着太平军几万兵力，官军粮道危急，太平军从乌家集绕道进犯各路官军的后部，李世忠退兵保守滁州、来安。太平军进兵旧铺，直攻盱眙，在桑树围困胜保，都兴阿奋力作战为他解了围。不久旧铺的太平军进犯红子桥，胜保同穆腾阿急往救援，但太平军已分兵进犯盱眙，盱眙本来没有城墙，很快就失陷了。

六月，胜保攻下盱眙，追击敌兵到磨脐、天台等山并重创了他们。扬州的几路官军将领安勇等得知天长的太平军回头向六合逃窜，就赶往仪征截击，在沙河、大小铜山将敌军打得大败。陈玉成十分恼怒，图谋报复，率领亲信部队攻打来安。李世忠防守来安城，他在两城门外埋伏下壮勇的士兵，自己督领部队冲入敌军营垒。太平军趁来安城防守薄弱进行袭击，不料伏兵起来拦击，而李世忠又调转队伍夹攻太平军，太平军大败，连夜逃往滁州。李世忠在水口放火烧敌军的营垒，敌军败逃，后纠合捻匪围攻定运，他们多次败退后又多次往前冲，我官军寡不敌众，定远城终于失陷。七月，陈玉成率领亲信部队攻打来安，进犯滁州，李世忠阻击他们，敌军稍向后退；不久他们又纠集部队围攻来安，并分兵驻守城西北的卓家巢等地，在那里遍筑营垒。李世忠探知太平军因获胜已志骄意满，就偷偷埋伏下军队向敌挑战，假装失败，敌军讥笑官军胆小；李世忠又叫士兵在敌营四周大声叫嚷，敌军不以为意，只是枪声断断续续响起表示有所戒备而已。李世忠猛然站起吹响军号冲上前去，放火烧敌军军营，攻下了二十八座营垒。正遇上胜保率军前来解围，李世忠就回到滁州。八月，太平军的败兵向西逃窜并攻陷了霍山，江长贵等击败了盘踞在太平郭村、宏潭的太平军，不久，太平军逃窜到石埭，攻陷了乌石垅，防营游击黄金祥退到杨溪河驻守。自从去年三河失陷后，太平军在那里筑伪城高二丈多，城墙上炮眼密集，城四周用深壕围绕，壕中木椿、竹签密布。三河的太平军与太湖的太平军互相救援接应，而且还互用运军粮的道路。

石牌镇隶属安徽怀宁，处在宿松、望江、潜山、太湖的交界地，是从皖进入楚境的交通要道。官文认为不攻下太平军的这座伪城，最终将要妨碍官军的东征，就命令多隆阿统领骑兵、步兵合力进攻，终于攻下了这座伪城，击杀了霍天燕石廷玉等四十七人，并抵御、击败了从潜山、安庆来的太平军援兵。伪顾王吴如孝，是太平军里最为强悍的人，他从镇江逃出，到了皖北，纠合捻军沿着淮河大肆扰掠；不久又猛攻盱眙的清坝，被格兰额等人用抢击毙，割下了他的脑袋。太平军向南逃散，九月，骚扰霍山的下符桥。六安的防军卢又熊等人率部击败了他们，攻下了毛坦厂敌军的营垒，后因庐州、安庆的太平军一起进犯六安，才领军回到盱眙。天长的太平军进犯扬州，官军参将艾得胜、双喜等在司徒庙战败而死。陈玉成率领大部队从甘泉山向西进犯仪征的陈板桥，进而派援兵攻六合，包围李若珠的营垒。冯子材抵御失利，退兵驻守段要口。太平军据守在红山窑，截断了李若珠十月,李若珠从八埠墙、陈家集突围出来,身上数处负伤,退兵驻守扬州,死伤骑兵、步兵共二千八百多人。在石埭夏村的太平军分成几股,纠合青阳的太平军一万多人,进犯并占据了泾县的查村,防军副将石玉龙在南山岭战败而死。正好周天受从宁国到达这里,督领周天孚等人奋力阻击敌军,敌军退回到查村。王浚扫平了陶美镇的太平军营垒,在战场上杀了伪丞相孙瑞亨。陶美镇距离秣陵关二十多里。卢又熊攻占了霍山,太平军从太平、芜湖进犯宁国,攻陷了黄池,高州镇总兵萧知音败退到新丰镇。陈玉成和李秀成从天长、六合纠集大股部队想伺机进犯江浦,分兵驻守在长江南北两岸。张国梁渡过江派遣水师攻下寿德州敌军的营垒。水师曹秉忠攻下六合、红山窑、瓜埠敌军的七座营垒,彭常宣在仪征的泗源沟打败了敌军。这时太平军全部据守在扬州西北,不久,他们攻陷了江浦防军的营垒,周天培死在这次战役中,官军大部队退守江浦。太平军乘胜向东谋夺扬州、仪征,向西进逼江浦,向南欲攻溧水,他们的气焰又嚣张起来。

自洪、杨内乱及镇江被官军收复以后,洪秀全的气焰长期低落,只是让陈玉成出入江北,勾结捻匪,进扰庐州、浦口、三河等地,使我官军多次受挫而已。曾国藩认为要肃清各路太平军,一定得先攻下江宁;而想要攻下江宁,则一定得先在滁州、和州驻重兵,这样做以后,才能清除江宁的外围屏障,截断江宁通往芜湖的运粮道路。想在滁州、和州驻重兵,一定得先围困安庆,攻破陈玉成的这个根据地,同时出兵庐州,进攻陈玉成的这个一定要救援的地方。如果真能包围进攻这两地,再夺取附近的一些县城,那么太平军需要防守的地方多,军力就会分散,不但不敢全力向北进犯齐、梁,而且也不敢专心一意地到东面去照应江浦、六合,因为敌人是不可能不用全力去保护自己的生存基础的。于是制定了四路进兵的策略:曾国藩担任第一路,从宿松、石牌进军夺取安庆;多隆阿、鲍超担任第二路,从太湖、潜山进军夺取桐城;胡林翼担任第三路,从英山、霍山进军夺取舒城;调回李续宜担任第四路,从商城、固始进军牟取庐州。从此以后平定太平军的策略,都不超出这个范围。

十一月,泾县查村的太平军进攻吴正熙的营垒,失利,章家渡的太平军也被我官军挫败。扬州的太平军据守在甘泉山,马德昭攻破他们的营垒。张国梁督领官军进攻江浦城外太平军的营垒,没有攻下,太平军挖地道进攻江浦城,张玉良派遣将士从城墙悬绳而出,放火烧毁太平军的营垒,填塞地道。太平军在磨盘洲筑营垒,我官军分四路逼攻,太平军大败急逃,北门太平军的营垒也同时被攻下。陈家集等地的太平军逃回天长,南路的太平军偷偷袭击溧水,都被防军击退。江长贵攻下太平、郭村、查村的太平军败兵逃往泾县北路。副将荣升连续攻下石柱坑、盘台太平军的关卡,敌军逃往董家村、白茅塘据守,并进犯万级、黄柏两座山岭。荣升会合徽州军攻破了他们,把他们全部消灭。太平军又进扰河西,被参将朱景山等人打败。副将吴再升于是乘胜进讨黄池南岸牛头山太平军的营垒,北岸的太平军纠集部队来支援,官军分兵抗击,太平军死伤很多人;北岸太平军的援兵败逃渡河,我官军于是收复南岸。池州守城的太平军将领韦志俊向杨载福献城投降,他的部下古隆贤等不服从,回兵池州,池州城重又失陷。桐城、潜山的太平军增援太湖,将要袭击天堂后路,余继昌会合官军、民团分路在槎水畈击败了他们,在战场上杀了伪汉天侯、拱天豫二人,太平军败逃。

十二月,李侍贤从芜湖、金柱关率领大股部队进犯宁国,和黄池北岸的太平军合力,连日分别侵扰黄冈桥、牛头山等地,重又进犯西河,萧知音、熊廷芳败退到寒亭。太平军包围游击冉正祥的营垒,都司李培基速去救援才解除了围困。陈玉成派定远、舒城、庐州的太平军向北进犯寿州,翁同书命令副将尹善廷率领精锐部队赶去救援,在东、南两路打败了他们。这时陈玉成因见楚师军力很强大,想向西进犯六合抵御楚师,于是向北进犯寿州以牵制我官军。不久,陈玉成从江浦回兵增援安庆、太平,纠合捻军首领龚得树、张洛行等人分路向上游进犯,兵力号称十多万。多隆阿、鲍超、蒋凝学在潜山抵抗他们,连续攻下灵港太平军的营垒。芜湖的太平军进犯宣城、湾沚,周天受抵御他们,使他们未能得逞;于是太平军分兵四面出击,我官军也分兵在海南渡、浮桥口、清水潭、盐官渡进行抵抗。太平军退守许村埠,进犯西河,朱景山等重创了他们,并增兵防守东、西岸。太平军多次想夺取湾沚,我官军渡过河打击他们,宁国西北部太平军的锋芒这才稍微收敛了一些。在这以前,铜陵、青阳的太平军经常进犯南陵、泾县的交界地区。我官军扼守云岭、苏岭,而在朝山要、三里甸设下伏兵,参将方国淮率兵出其不意地袭击他们。太平军多次进犯三里甸,攻陷了方国淮的营垒,又越过云岭,攻陷观岭官军防守的营垒。周天受调遣金友的兵力堵住清弋江,太平军向北逃到南陵,遭到陈大富的阻击,他们又退入泾县境内。

自陈玉成回兵增援安庆后,李秀成独自驻守浦口,兵力已显得孤单。这时金陵窘困危急,援兵却都不来。李秀成认为陈玉成兵力最强,请求洪秀全加封他为王,将在外统兵的重任托付给他,洪秀全于是封陈玉成为英王,赐给他八方黄金印,准许他遇事自行决断处置不必等待上奏。然而陈玉成虽然独掌军权,威望却远不如李秀成,没有人听从他的指挥调度。李世忠于是写信给李秀成说:"您的智谋、勇气、功劳,那方面比不上陈玉成?如今陈玉成已加封为王,而您却仍然任将,洪秀全的昏聩可以想见了。我当初反正降清时,清帝给予优待礼遇。凭您的雄才大略,为何要郁郁不快长久地处在别人之下?何不跟我一起反正呢!"当时伪兵部尚书莫仕葵因为勘查军情正在李秀成营中,此信落在他的手里,读后十分吃惊,把信给李秀成看。李秀成说:"臣下不侍奉两个君主,犹如女子不更换两个丈夫。昭寿(李世忠降清前的名字)自做不义之事,难道还要陷我于不义吗?"莫仕葵说:"我了解您已经很久了。"于是莫仕葵代李秀成向洪秀全奏明此事。洪秀全命令封锁长江阻挡李秀成的部队,并遣送李秀成的母亲、妻子出金陵城住到长江北岸,禁止李秀成渡江到南面来。莫仕葵说:"这样做大事就不可挽回了!"于是同蒙得恩、林绍璋、李春发进入伪天王宫直言进谏说:"李昭寿替敌人施离间之计,天王您为何落入他的圈套,自己毁坏保卫天国的长城?京师金陵一带地区,都依靠李秀成在保卫。陈玉成统领军队几个月,不能调动一支部队,他的作用如何可以看到了。现在您应该下诏奖励李秀成,以便安定他的心。我们愿用全家性命为他作担保。"洪秀全醒悟过来,召李秀成入京,安慰他说:"像你这样的忠义,而朕却误信谣传,这是朕的过错。你不要把此事放在心上,要为天国而同心合力!"就进封李秀成伪爵号为忠王荣千岁。太平军自杨、韦变乱后,洪秀全用他的兄弟洪仁发等人主持伪朝政,伪幼西王萧有和,是萧朝贵的儿子,洪秀全尤其器重信任他,而只给李秀成一个伪将官衔,不让他参与商定军国大事。到这时李秀成晋升伪爵封王,十分高兴,以为洪秀全逐渐一心一意信任自己,没有料到洪秀全还会怀疑自己。

浦口是处于金陵出入口的重要地区,被官军大部队困迫,难以得到军粮、援兵;李秀成南渡到金陵后,在洪秀全召见他时曾向洪秀全询问对策,洪秀全告诉他说:"凡事都已由天父安排定,还有什么需烦劳我们去考虑的呢?"洪秀全又和洪仁发等人商议留住李秀成让他帮助守卫金陵,李秀成不同意,说:"官军已经用长围困住我们,应当谋求解困的办法,都死守在金陵是没有好处的。"李秀成渡江回到浦口后,派黄子隆、陈赞明驻守浦口,自己亲自到上游纠合皖南芜湖、宁国的亲信部队,谋划从小道进犯浙江,分散江南大营的兵力,再回兵解除、官军对金陵的围困,他的目标本来就不在夺取浙江。连日增援太湖的太平军和捻军进攻鲍超在潜山小池驿的营垒,没有攻下。杨辅清、古隆贤利用内应攻陷了池州。韦志俊在池州突围后驻守在泥湾,收集逃散的部属,移兵驻守香口;他多次在八都坂、栗树街战败太平军,捕杀了伪将军陈松克等三十多人。

这一年,洪秀全大封诸王。当初,洪秀全在金陵定都,所有军政制度,全由伪东王杨秀清一手制定。当时是洪秀全建立太平天国以后的最盛时期,那时的宫室制度是:第一,是龙凤殿,也就是朝堂,专门在这里商议有关政治、军事的各项大事。每有军政大事,就敲钟击鼓,会集大臣商议,洪秀全立即登上王座,张设红色帐幔。诸王、丞相在两旁分别按官职大小次序坐定。将领就侍立在后面。商议结束,敲钟击鼓退朝。第二,是说教台,每当中午,洪秀全就到这里,身穿黄色龙袍,头戴紫金冕,前后垂着三十六根玉串。身后有两个侍从拿着长旗,旗上写"天父、天兄、天王、太平天国"字样。说教台呈圆形,高五丈,有百步台阶。说教的时候,官吏、百姓都进去听。听众中有主张或看法的,也可以登座讲说。文官从左面上台,武官从右面上台,士人百姓从前后的台阶直上,台上设有固定的座位。第三,是军政议事局,这是总管军事调遣、军粮军饷、兵器军械的地方。洪秀全自任元帅,封当时的伪东王为副元帅,封北王、翼王为左、右前军副元帅,封六官左、右副丞相为局中管理。各科的人员中,分为军马、军粮、军械、军衣、军帐、军船、军图、军俘、军事等科。还有粮饷转运局、文书管理局、前锋告急局、接济局,都隶属于军政议事局。粮饷转运等局内由六官左、右副丞相统管。军政议事局中地位最高的是军机会商局长,当初由伪东王担任。若遇到战争发生,要筹划有关战争的一切事宜,那么伪东王就在当中坐定,诸王、丞相、天将等人在左右坐着或站着,各人手拿地图论说军事形势,然后再出兵。杨秀清死,军机会商局长由伪翼王担任。石达开出走后,由李秀成担任。李秀成向东进入苏州、杭州,军机会商局长就变得有名无实,虚设其位了。当时太平军的军事准备非常严密周详。自诸伪王发生内讧后,人心涣散,洪秀全认为如果不越级提拔将领,就不能安定诸将士的心。然而从这次大封以后,几乎到了无人不封王的程度,丞相、天将的职位大都成了兼任的。于是各王都控制一军,势不相让,而有权调遣诸王的,只有陈玉成一人。所以咸丰八年以前,太平军用兵之法是攻守并用。八年以后,只不过是用进攻来援救守军,太平军的军事形势于是到了日益危急的地步,以至于最终灭亡。

咸丰十年正月,伪匡王、伪奉王、伪襄王纠合伪摄王从南陵进犯泾县湾滩,官军游击王熊飞退走,太平军的势力于是蔓延到黄村、焦石埠,进攻官军副将李嘉万的部队,太平军的援兵被杨名声击败,将领伪冈天燕赖文禾被杀。太平军进犯并据守在黄柏岭,其他的太平军部队不久就大量到达这里,攻陷了泾县。杨名声等人败退到旌德,太平军尾随而来,第二天旌德也被攻陷。我官军回兵驻守宁国。这时李秀成亲自率领强悍士卒几千人,已经从宁国县抄小路进攻广德。张国梁督领水陆各军渡过长江决定大规模展开攻势,攻下了浦口八座太平军营垒,黄子隆、陈赞明逃走;进攻九洑州,攻下了太平军的这个据点,放火将它烧毁。太平军从咸丰四年开始在九洑州筑构营垒,对内庇护江宁,对外直通大江,盘踞在那里把它作为控制南北水陆交通的要地。江宁官军的长围筑成之后,把浦口、九洑州都攻下了,金陵的形势极为窘困。

李秀成从皖地进攻浙江,分散了我官军的兵力,而官军很多将领又认为太平军已落入陷阱,无力再组织战役,就骄逸成习,斗志逐渐消退,所以才发生了闰三月的大营失败的灾祸。太湖的太平军、捻军分四路来进攻我官军,知府金国琛会合诸路官军在仰天庵、高横岭打败了他们,活捉了太平军强悍的头目蓝承宣,他是从前扰害蕲州、黄州的人,被处以一寸寸分解肢体的极刑。金国琛又在潜山的广福寨打败太平军和捻军。陈玉成率领龚得树、张洛行前来援救,趁着下雾天气移兵在罗山冲、白沙畈扎营,企图和潜山城内的太平军相通连,以便牵制我官军。官军各路部队合力进击,太平军大败,捕杀伪庶天侯麦乌宿、伪军师汪遂林等人。第二天,鲍超等人进攻小池驿,处在东路位置;蒋凝学等人进攻罗山冲,处在西路位置;多隆阿处在中路位置,对东、西两路作呼应配合。罗山冲的太平军蜂拥攻来,蒋凝学接连攻破罗山冲出入口,攻入山中。官军骑兵继步兵而入,太平军大败。当时正遇上东南风大作,官军用火攻,烧毁了太平军营垒一百几十座。太平军夺路急逃,官军击毙伪丞相叶荣发、伪将军舒春华等人。潜山城中的太平军想在夜里逃跑,官军伏兵四面出动阻击。这次战役,消灭太平军两万多人。太平军更加惶恐,逃入潜山。多隆阿督领官军尾随追击,攻下了潜山城。

李秀成、李侍贤等到达广德,装扮成清军蒙骗守城官军,攻陷了广德,杭州、湖州、苏州、常州都受到震动。巡抚罗遵殿调遣徽州、宁国防军去援救,讨击广德的太平军,以保卫两浙的门户。张芾派遣周天孚急速赶去防守长兴的四安镇,该镇距离广德四十里,位于苏、浙的交界处。和春派遣水军、陆军到这里来会合。李秀成让陈坤书、陈炳文留守广德,自己率谭绍光、陈顺德、吴定彩等人急速攻打四安镇,攻下了它。和春派水师合力进攻江宁上、下两关,七里洲和寿德洲的太平军头目谢茂廷、秦礼国派出信使到官军大营请降。江宁西北各城门都濒临大江,江中沙洲交错,太平军据守上、中、下三关,在寿德、七里各洲构筑营垒,与长江北岸的九洑州遥相呼应、倚靠。九洑州被官军攻占后,谢茂廷、秦礼国与官军约定举火把为信号,于是上、下两关被同日攻下。张国梁在江东门增筑八座营垒,在安德门增筑四座营垒,毛公渡南北岸的重要关口全部被我官军夺走,金陵太平军的处境更加窘困。

洪秀全传令各路太平军力解金陵之围。这时李秀成在皖地,他和部下商议说:"清军的精锐部队全都会集在金陵城下,他们的军粮来源于苏州、杭州。如今金陵城外清军的长壕已经筑成,他们把金陵围在里面,把我军的援兵挡在外面。张国梁又嚣狂善战,进攻他难以成功,不如用轻装的士兵从小道急攻杭州。杭州危急,苏州必然震动。清军担心我军断绝他们的军粮来源,必定会分兵奔赴救援。待我军探视到清军大营兵力虚弱,就回兵击败他们围困金陵的部队,这样,苏州、杭州也都属于我们了。"于是李秀成就亲自率领几千精兵出发,连续攻陷安吉、孝丰、长兴等县。让他的堂弟李侍贤进犯湖州。自己率领强悍部队攻陷武康,抄小路越过山岭进攻杭州。他预先联络捻军首领张洛行、龚瞎子等,让他们在江外骚扰清河、淮安,以便分散江、皖官军的兵力。

皇上命令和春兼办浙江军务,而任用张玉良来统领援助浙江的各路官军。张玉良分出大营五分之二的兵士来抗御李秀成。李秀成进攻杭州,用地雷炸崩了清波门,攻陷了杭州,巡抚罗遵殿等都死于这次灾难。李秀成攻下杭州,只带了一千二百五十人的先锋部队。各地来的官军援兵不知李秀成兵力的虚实,听说杭州城已被攻下,就都逃散了。等到张玉良的援兵到达,驻扎在武林门,李秀成说:"中我的计了!"因为自己的兵力少,李秀成就制作了很多旗帜设疑兵来迷惑官军,又偷偷地退出杭州城,甩下官军离去。张玉良与将军瑞昌合兵进击,立即收复了省城杭州。

三月,李秀成回兵进犯余杭,攻陷临安。不久临安又被李定泰收复。孝丰、武康的太平军也退走。这时李秀成和李侍贤回到广德,杨辅清也从池洲前来会合。李定泰等人合兵想夺下广德,而太平军已分兵直趋建平并把它攻陷了,连着又攻陷了东坝、高淳,又冒充官军攻陷了溧阳。从此江南大营的后路频频告急,苏州、常州都大受震动。和春急速传令张玉良等回兵援救常州。熊天喜等攻下了广德,而杨辅清攻陷了溧水,又冒充官军袭击金坛,被周天孚等人打败,抛弃了营垒向西逃窜。句容也失陷了,句容地处大营后路,是官军运输军粮的必经之路,而且与丹阳、镇江接壤,是常州的门户。和春派遣副将梁克勋赶去救援,已来不及了,又续派副将张威邦从淳化进击。何桂清派遣将领分兵防守丹阳、镇江、瓜洲,希望能打通大营到苏州、常州的水陆道路。马德昭等人出兵驻守离郡城常州三十多里的下弋桥(按:应为卜弋桥),堵住溧阳、宜兴各路太平军向里进犯。米兴朝从广德进军攻占了建平。

闰三月,太平军从昌化经于潜,分兵进犯分水,攻陷后不久又被官军收复,又进兵攻陷淳安。李秀成同太平军备首领约会,共商援救金陵的策略,李秀成与李侍贤从淳化、杨辅清从溧水分别退兵到秣陵关,陈玉成也从江浦渡江前来会合,江宁的太平军争着出来筑营垒接应。这时官军大营四面受敌,而良将精兵调出增援浙西的多达一万三千人,在淳坝、宜兴的防军又调走一千多人,大营兵力虚弱,运粮道路又被截断,于是把按每月发放的军粮改成四十五天才发一次。兵士们都埋怨,渐生离心。这时各路太平军汇合在一起,和春急忙忙调张玉良回兵支援,但何桂清留住他不放。太平军进军到达雄黄镇,我官军抵御未胜。杨辅清从秣陵关进军到达南门,陈玉成从江宁镇进军到达头关,板桥、善桥的许多太平军都集中到南岸。李秀成从姚巧门进军到紫荆山(按:应为紫金山)尾,陈坤书、刘官芳从高桥门来,李侍贤从北门红山(按:应作洪山)来,杨辅清从雨花台来,陈玉成从板桥、善桥来,连日猛攻官军围困金陵的长围。张国梁与王浚分别督领各将领奋力抵御,十五日的夜里,雷电冰雹,雨雪交加,天气极其寒冷,总兵黄靖、副将马登富、守备吴天爵都战死。大营起火,官军全军崩溃。和春、许乃钊退到镇江,再退到丹阳,立即急速传信催促张国梁也到丹阳,只留冯子材防守镇江。张国梁对和春说:"咸丰六年向荣主帅的大营失陷,退守丹阳。那时京口没有收复,如今我们大营的势力范围东边到达镇江,舍弃镇江不派重兵守卫,是引导敌军往东而来。"和春最终未能采用张国梁的建议,而宜兴也在这时失陷了。

太平军的势力大大扩展了,然而洪秀全对前方将士不按功劳等第加以奖励,整日也不问政事,只教大家认识到确有天意,就自然会有太平强盛的局面出现。洪仁达、洪仁发嫉妒李秀成的战功,怂恿洪秀全下严诏,限令李秀成率领自己的部队在一个月内夺下苏州、常州。太平军劫掠金坛各处乡村,在墙上写着:"攻野不攻城,野荒城自破。"我官军驻守金坛六门,天天与贼军战斗,互有胜败。李秀成从句容进攻丹阳,张国梁打开南门与他激战,李秀成命令强壮有力的士兵混在我官军的败兵里面,出其不意地袭击张国梁,张国梁被重创后大声呼叫,冲入尹公桥下死去。李秀成进入丹阳,命令收殓张国梁的尸体,说:"两国打仗,各方将帅都忠于自己的职责。活着虽是敌人,死后还应该成为仇人吗?"依礼将张国梁埋葬在下宝塔。和春逃往常州,太平军尾随他的后面。何桂清听到丹阳兵败的消息后急忙逃跑。这个月,楚军增援皖南,合兵攻占了太平、建德、石埭三县。在泾县的张带会合周天受等人进兵摧毁白华、宴公常一路的太平军营垒,一直进兵到达城下,破关直入,收复了泾县县城。

四月,天长、六合的太平军趁金陵的官军大营撤退,分三路进犯:一路从陈家集企图夺取扬州城,一路从东沟企图夺取瓜洲,一路从僧道桥编木筏子偷渡后袭击邵伯,三路都受到我官军的拦击,不敢再逞能,于是就在僧道桥筑营垒想长期据守。我官军分成左、右、中三路急速行军合力进攻僧道桥,摧毁敌军营垒两座,烧掉他们所筑的木城,敌军积尸遍地。太平军合股退到陈家集据守。扬州与镇江唇齿相依,李若珠与水师陈泰国等人商议分兵扼守各个出入通道。太平军大举进逼常州,张玉良从杭州率领官军比太平军先到达这里,筑成大小营寨四十多座,这时全被太平军攻破。常州失陷,张玉良败逃到无锡。李秀成率领他部队的精兵偷偷地从九龙山出发,从背后打击高桥官军,张玉良军大败,无锡失陷,张玉良败逃到苏州。利春胸部受重伤,到苏州济墅关(按:应是浒墅关)死去。张玉良连吃败仗的部队不能再打仗,太平军逼近苏州,张玉良逃到杭州。长洲、元和两县的广勇将领李文炳、何信义打开城门迎接李秀成进入城中。巡抚徐有壬等人同时殉难。

李秀成占领苏州后,把北街的吴氏复园改为伪忠王府。他占领苏州十一天后,出伪告示安民。苏州城内外一共收殓尸体八万三千多具,然而李秀成的手下人还是大赞李秀成爱惜人命不好杀人。太平军占领苏州城后,又任意掳掠,百姓为保护自身考虑,争着参加团练。江、皖支援浙江的诸路官军依次收复各城,接着联合进击淳安,太平军战败逃入徽州境内。苏州的太平军攻陷吴江,进犯平望,浙江防军败逃,江长贵负伤后退回到仁和的塘栖镇,副将张守元也在清杉闸败逃。嘉兴危急,杭州省城大受震动。李侍贤焚烧嘉兴南门攻入城中据守。张玉良进攻嘉兴西、南两门,太平军头目陈坤书、陈炳文向苏州求救兵。正遇上青浦周文嘉同洋军作战,来苏州告急,李秀成就先援青浦,击退洋军,直攻上海,未取胜,于是就答应嘉兴的请援要求,从松江、浦邑回兵作战,夺取嘉兴(按:疑为嘉善)、平湖,顺利地到达嘉兴,与官军连续作战五天,分出一股兵力溯运河向上到达石门,截断张玉良的来路。官兵中很多人向太平军投降,张玉良回到杭州。

五月,贵池、青阳的太平军进犯泾县,总兵李嘉万等人战败丧命,杨名声退兵到太平的黄花岭。太平军攻陷广德,米兴朝的部队大败,逃往孝丰,又退到歙县北部的箬岭外面。起初,泾县、广德同时告急,周天受派出的援兵都来不及赶到,而参将丁文还驻守在泾县,但后来又退走离开了,太平军于是从三溪进犯旌德的孙村。广德的太平军谋夺宁国,周天受击退了他们。太平军从宁国东岸进兵到旌德,与泾县的太平军联成一体。嘉定失陷,薛焕不久收复了该城,又收复了太仓。太平军进攻镇江;攻陷青浦,又攻陷了松江。

太平军防守江宁的时候,把安庆、庐州作为犄角,用来夹击和牵制官军,把太平、芜湖作为卫护,用来阻挡官军的进攻。芜湖的南面,有固城、南漪、丹阳、白臼(按:应为石臼)等湖,向上游可与宁国的水阳江、清弋江相通,向下游则可到达东坝。如果掘开东坝放水,那就可以经过太湖进入苏州而到达娄江。芜湖孤处在水中,太平军防守它容易,官军进攻它则难,因此太平军据守在那里五年,任官军与它血战也不撤走,而黄池、湾沚官军也多次失利,这都是因为我官军在这里没有水师的缘故。太平军顽强、善于防守,官军围攻多年,常常由于水路没有兵力,不能阻断他们来自水上的接济。如今苏州失陷后,苏州处处是水,太平军如果倚仗河流进行防守,那么官军的陆军几乎找不到进攻的道路,城外几乎没有筑构营垒的地方。因此,想要进攻苏州,必须建立太湖水师,让太湖全部掌握在官军的手里,这样做以后,向西可以与宁国取得联系,向东可以打击苏州的背部。于是官军制定了在淮阳、宁国、太湖快速建立水师的计划。

太平军攻陷江阴。张玉良连续用炮艇击毁嘉兴三塔、普济两寺,扫平了新塍太平军的营垒,移兵逼近嘉兴的西门、南门,攻下了那里的敌军营垒七座。平望镇,是浙江的嘉兴、湖州和江苏的吴江三地的会合处。太平军据守在沿河的六里桥、梅堰等地,筑满了坚固的营垒,布设了密集的竹钉和排排木桩,控制险要的据点来阻断江、浙的通道。湖州的赵景贤摧毁了沿河的太平军营垒,分兵进攻并占领了平望,在米市湖会集部队,全部摧毁了太平军的炮台、据点,进而包围嘉兴。太平军攻陷松江以后,派出部队谋夺上海。薛焕趁敌军不备,直捣松江南门由此入城,杀掉了敌军穿黄衣的头目十三人,夺得敌船七十多艘,立即收复了松江府城。从松江到上海,沿途太平军的败兵差不多全被团练截杀。

六月,杨辅清纠集旌德、太平的太平军大股部队进犯宁国。太平军从长兴进犯并攻陷了安吉,王有龄派遣彭斯举赶去支援,与太平军在孝丰相遇,官军失利,退兵到昌化。太平军急速进犯于潜,将此城攻陷,杭州省城深感惊恐。太平军又从黄渡再次攻陷嘉定,纠集土匪进兵占领南翔镇，此镇逼近上海，与上海相距仅四十多里。太平军再次攻陷平望。苏州、嘉兴两地的太平军联成一体。于潜的太平军连续攻陷临安、余杭，分兵骚扰富阳。吴云与洋将华尔合兵急攻青浦，伪宁王周文嘉向苏州请求援兵，李秀成率领大股部队亲自去援救，我官军大败。太平军收缴了枪炮后乘船再次进犯松江，将此城攻陷。江阴的太平军分兵在申港筑营垒，抢夺船只企图向北渡过长江，李若珠命令水师击毁了他们的营垒和船只，伪丞相方得胜逃跑。张玉良用地雷炸塌了嘉兴南门的城墙，太平军严密防守，官军不能攻进城。刘季三等人连续收复余杭、临安。浙西的太平军回兵攻入孝丰，突袭建德。

七月，李秀成毁坏了松江的城墙，率领伪会王蔡元隆、伪纳王郜永宽向北进犯上海，兵力号称十万，在泗泾烧掠，七宝的民团抗击他们，死伤很多。太平军驻兵徐家汇，薛焕督领文武官员登上城墙固守。太平军冒充官军想用蒙骗手法夺城，被官军探知，使他们受创而退兵。停泊在黄浦江的洋兵军舰，在桅台上升起开花炮发射，太平军这才从徐家汇败退。孝丰的太平军攻陷广德，游击黄占起、江国霖战死。江长贵突围后退兵到安吉，米兴朝逃往四安。没多久，赵景贤收复广德，太平军又再次攻陷、占据了广德。太平军又攻陷江阴的杨库汛城，此处逼近常熟，相距仅二十多里。黄浦江外国军舰上的洋兵用开花炮瞄准射击围攻上海的太平军营垒，打了六发炮弹，伤着了李秀成。当天夜里李秀成撤围回到青浦。当时嘉兴的太平军向李秀成告急，李秀成就移兵浙江。

当初，副将陈汝霖率领民团援救松江，等到上海解除了太平军的围困，洋将华尔就和他联合防守松江，朝廷赐称华尔的部队为"常胜军"。李秀成连续攻陷嘉善、平湖，锡龄阿的士兵都逃散，太平军不久离去，这些县城又被官军收复。太平军攻陷金坛。知县李淮守卫金坛一百四十多天，粮尽援绝，官军的川兵通敌反叛，杀了参将周天孚，太平军于是攻陷了金坛，李淮等人都战死。丹阳的太平军纠集六、七千人从新丰等地分路猛攻水师，想夺船北渡，并沿运河筑营垒，架炮射击。周希濂督领水师趁着烟雾与太平军对射，太平军顶不住，逃回丹阳。张玉良进攻嘉兴有两个月时间，仍未攻下，先后共集合兵力三万多，苏州、常州以北已没有牵制太平军的官军部队，所以松江、青浦的太平军可以直入嘉兴，常州、宜兴的太平军可以直入长兴，建平、广德的太平军可以直入安吉，宁国、泾县的太平军可以直入于潜。

太平军先前从长兴直逼杭州省城，虽然已经被官军击退，并立即收复了几个县城，然而广德终至于失守。等到收复广德，而嘉善、平湖又再次失陷。太平军到处牵制我官军，新近又增筑了营垒、炮台，又偷袭五龙桥头关卡得手，多方引导我官军犯错误，使官军处于疲惫不堪的局面。李秀成因为嘉兴被官军围困很危急，率领大股部队前来援救。张玉良督领将士连战五天，双方胜负未定。李秀成分出一股部队溯运河而上赶往石门，企图截断官军大营的后路。当地的地形是支流多，水路截断，官军无法退归。我官军惶恐奔逃，张玉良负伤，骑快马逃回杭州省城。贼军解除了官军对嘉兴的围困后，又攻陷了石门，分成两路向杭州省城进逼：一路向塘栖，民团抵御他们，他们退兵到新市进行劫掠；一路向临平，吴再升战败了他们，他们转去海宁。彭斯举等人击杀很多太平军，太平军全部退回到石门。没多久，石门的太平军也撤退了，吴再升进驻到石门。马德昭从临平、长安相继向前推进。

八月，太平军攻陷昭文、常熟，再次进攻并打下了平湖、嘉善。这时李秀成从嘉兴回到苏州，接到洪秀全叫他速回江宁的伪诏，洪秀全命令他向北路进军。当初，在咸丰三年，林凤祥、李开芳向北进犯，终至不返，鉴于此，李秀成不敢轻举妄动。正好这时江西、湖北土匪头目四十多人写了降书寄给李秀成，邀请他到长江上游去，自称有几十万兵力可供他调遣。李秀成回信答应了他们，让陈坤书留守苏州，自己回到江宁，请求洪秀全同意他先到长江上游去招集各股土匪部队，然后再筹划如何进军。洪秀全大怒，责备李秀成违反诏令，李秀成反复争辩，坚决不听从洪秀全的命令，洪秀全最后终于不能勉强他服从。于是李秀成取道皖南，向长江上游进犯江西、湖北。

李秀成在伪京金陵与诸部将会集商议军务的时候，说："曾国藩善于用兵，将士听从他的命令，不是向荣、张国梁所能相比的。将来第七次围困天京，必定是此人。如果皖省不出别的事，还不值得去忧虑。一旦皖省出事，那么如要保牢天京，就必须多购粮食，作持久战的打算。"洪秀全听到此话后，责备李秀成说："你怕死！我是上帝所生的真主，不须用兵天下自会统一，你为何过分忧虑呢？"李秀成叹着气出来，就和蒙得恩、林绍璋等人反复讨论商议，大家全认为李秀成的主意是对的。因而商议决定从伪王、侯以下，凡是在朝廷任官职的，各自量力拿出家财，大量购买米谷储藏在公仓内，设置官员管理公仓。等到米谷缺乏时，就平价卖出，像古代的均输法那样，作为预防灾患的一种办法。洪仁发等人相互商议说："这也是一种权力和获利之道啊！"于是劝说洪秀全用类似盐引（政府给予商人凭以运销食盐的专利权证）、牙帖（发放给贸易经纪人的营业执照）的方法，分成上、中、下三等：上帖可以取米若干石，中、下帖取米数顺次递减。这种帖就充当伪枢府各伪王的俸禄。售帖的收入不必上缴，只要稍微提些售帖税缴入公家即可，所得大半都可进入私囊。商贩如果不持有这种帖，一粒米也不能带进城，违反的以私贩处罪。像这样，则此法既可推行而私利也可以得到。洪秀全本族的诸伪王于是分别售帖获取帖利，上帖卖出价有贵到几千金的。等到商贩到金陵下关，验帖官都是洪仁发等人的爪牙，对商贩百般挑剔，任意勒索。商贩们呼告无门，渐渐不到金陵来了；而诸伪王、侯又因成本加重，米的售价太高，不愿意多出家财购米，米粮反而断绝了。李秀成向洪秀全讲明情况，请求废除洪氏帖。洪秀全因此事追问洪仁发，洪仁发用下面的话回答道："奸商常常借贩米为名，私下替清军传送消息。如果不是我们洪氏的手下人当验帖官，谁能够辨清他们的真假？这实在是我们兄弟们的苦心所在。这样做是用来防止奸细，而不是用来获取私利的。"洪秀全相信了他的话，对洪仁发他们的所作所为置之不问，李秀成愤慨地离开。

太平军攻陷宁国，提督周天受等人死于这次战役。宁国失陷的时候，陈玉成与赖裕新、古隆贤、杨辅清从四面进行围击。周天受守卫战斗七十多天，军中缺乏粮食，军粮受阻不能运到，太平军攻破竹塘、庙埠各官军营垒，副将朱景山等人都战死。旌德、太平两地官军军力单薄不能出兵援救，太平军趁着这种有利形势全部清除了宁国城外的各座营垒，宁国沦陷，周天受于是遇害。宁国失陷以后，南陵就处于孤立无援境地。总兵陈大富苦守历时半年，曾国藩传令他自动率部撤离该城，并派遣水师接应他们，跟从他们一起撤离的难民有十多万。太平军重又攻陷太仓。陈玉成纠合江宁、丹阳、句容的太平军十多万人，从九洑洲、新江头掠夺二百多条船，日夜轮番渡江，企图趁官军兵力不足向下游进犯，被官军、民团击败，逃往六合。包围镇江的太平军的船只驶进丹徒、谏壁两镇的港口，被水师李新明击退。冯子材不久进兵解除了太平军对镇江城的围困。李侍贤率领四万太平军从广德出兵攻陷徽州，代理皖南道李元度败逃到开化。太平军急速进兵祁门，曾国藩传檄请求张运兰驻兵霍县，催促鲍超从太平回兵驻守渔亭，以便捍卫大营。徽州失陷以后，杭州、严州两府的防务更加吃紧。

太平军占领苏州的时候，同时失陷的城邑有好几十座。地处长江出口处及狼山对岸的江阴再次落入太平军手中，太平军盘踞在这里时时想向江北进犯，使得人心惶惶不安。九月，通州知州张富年等人会合水师进攻并收复了江阴城。上个月陈玉成率领强悍部队二十多万人攻陷白炉桥尹善廷的军营，随后赶到马厂集，进犯东津渡，黄鸣铎击退了他们。到这个月，又想夺取寿州境内的东肥河，他们翻山越谷，曲折行进到达淮河岸边，所筑营垒，鳞次栉比。他们的一股部队进入姚家湾，掠夺船只，想水陆两路合攻官军。巡抚翁同书派炮艇沿河拦击，太平军趁着雾色泅水进入小港，被黄庆仁围杀；太平军又用步兵、骑兵冲向北关，官军从城上射下如雨点般的枪弹，在夜里放火彻底烧毁了太平军的营垒，太平军对北关城的围困立即解除。太平军向南路逃窜：一股回到定远山，一股到庐江，一股到六安。徽州的太平军从淳安进犯并攻陷了严州，进兵占领乌龙岭。江宁的太平军纠集九洑洲敌船二百多艘向下游进犯仪征，我官军在东沟将他们打得大败。副将格洪额合兵攻破盱眙竹镇集太平军驻兵的据点，捕杀了伪检点汪王发等人。曾秉忠在半家角打败青浦的太平军，但进攻青浦城三天没能攻下，曾秉忠负伤。参将李廷举进攻宝山的罗店，那里的太平军战败后与嘉定的太平军合，不久又再次进攻并占领了罗店。太平军闯入寿昌、金华，官军、民团接着又收复了这两城。不久，再次失陷又再次收复。

十月，太平军从淳安进扰到威坪境内，官军、民团进行抵御，太平军回兵进犯蜀口。徽州北路的太平军进兵到杞樟里，逼近昌化的昱岭，相距仅二十里。在这以前，江西瑞金、广昌、新城、泸溪的太平军大股部队企图进入福建，汀州、邵武的防军奋力抵御，才使他们折回建昌，但瑞金的一股进犯并占领了福建的武平，不久又攻陷汀州，气焰极为嚣张。句容的太平军到镇江的汤冈筑营垒，冯子材出击未能攻下。宁国的太平军直奔四安，攻下长兴的长桥官军卡防，分兵进犯广坤、梅溪。严州的太平军连续攻陷桐庐、新城。苏州的太平军分兵猛攻金山，我官军击败了他们，接着官军就攻下了枫泾镇。太平军又纠集苏州、常州的大股部队袭击广富林，企图进犯松江。守将向奎因军力单薄，战败退兵。曾秉忠回兵支援，太平军逃往宝山的罗店，都司姜德设埋伏击败了他们，太平军逃回青浦。张玉良攻占严州。

新城的太平军进犯并攻陷临安。当初，寿昌被攻陷，金华知府程兆纶督领民团收复了该城，桐庐也同时被收复。在这种情况下，太平军全力进攻富阳，副将刘贵芳、总兵刘季三战败丧生，富阳城于是失陷。不久官军收复了富阳，烧毁了江口的浮桥。李侍贤这时又纠集临安的太平军攻陷余杭，逼近杭州省城。李侍贤从严州回兵救援徽州，瑞昌等人在秦山亭、古荡、观音桥打败了他们，一直追赶到留下，敌军抛弃营垒逃跑。杭州省城解除了太平军的围困，接着官军收复了余杭。李侍贤在杭州未能得手，就从余杭急速进犯湖州。建昌的太平军抄小路进犯并占领了铅山的河口镇。福建的浦城、崇安、浙江的衢州、常山、开化边防都连连告急。这时徽州的太平军从深渡街口向下游进犯天长，防军会同水师在三河、衡阳等地大败了他们。这股太平军是由天长的葵天玉、陈天福会合李秀成的部队三万多人组成的，将要渡过河分兵骚扰淮阳。李秀成进犯皖南，越过羊栈岭，攻陷黟县，鲍超重创了他们，黟县城立即被官军收复，又在卢村打败了他们，在战场上杀死了伪丞相吴桂先，李秀成受伤逃往徽州。曾国藩命令将领驻守卢村，该地距离黟县二十五里。这时，李侍贤已从严州回到徽州，杨辅清盘踞在旌德，周围二百里内都有太平军。李秀成又从江苏向上游进犯，越过同诸岭大肆骚扰。我官军急行军一百多里，奋力与敌军战斗两天，把敌军从岭内驱赶出去，祁门官军大营这才平安。

赵景贤大败贼军，解除了他们对湖州城的围困。湖州从三月以来，多次被贼军围困，这是赵景贤第三次解围。在这以前，太平军据守杨家庄作为据点，把砺山、仁黄山作为犄角，以牵制我官军，他们焚烧、抢掠双林等村镇，势力蔓延到长兴、四安、太湖等地。赵景贤合兵先攻打砺山、仁黄，把据点杨家庄的敌军孤立起来。我官军占领仁黄，烧毁杨家庄据点，太平军败兵向西逃跑。天长的太平军掠获下五庄几百艘船，想进犯太湖一路；我官军攻占河口镇，又在石溪重创了他们；敌军进犯广丰，道员段起抵御他们，敌军从小路奔往玉山。多隆阿和李续宜合兵在挂车河、鹤墩、香铺街等地大破桐城的陈玉成、龚得树，扫平敌军营垒四十多座，敌军败逃往舒城。

安庆，是通往江南的咽喉要地，夺取安庆是平定苏南太平军的关键。太平军援救安庆，水路陆路都被官军阻断，不能直通江宁。陈玉成的家眷都在安庆城内，陈玉成纠合太平军、捻军共十多万人，企图解除官军对安庆的围困。多隆阿、李续宜虽然奋力挫败了他们，但他们仍然分兵驻守庐江、桐城，又纠集下游江宁、苏州、常州的太平军援军合力向上游进犯，逼近枞阳、桐城乡村，虎视眈眈专待我官军防线出现漏洞，就将倚仗江南太平军的势力全力进攻楚军。当时正值冬季，安徽城河水枯，到处是岔路小道。我官军四面各路告急的文书应接不暇，皖南、浙江的太平军分成三大股部队窜入江西，祁门各军营被太平军包围在中间，形势十分危急。湖南道州的太平军也进犯江西。太平军既然已占领苏南，就势必会全力进犯楚地，这是他们的深谋诡计。所以安庆一城，太平军拼死也要争夺到手中。

左宗棠进入景德镇的时候，听说南赣的太平军分兵从贵溪经过安仁，直扑饶州、景德镇，就派出部队在周坊迎头击败了他们，敌军逃往德兴并将它攻占。十一月，左宗棠进兵收复德兴，太平军逃往婺源，官军又收复了该城。十天之内，官军转战三百多里，太平军惊叹官军进兵神速。彭斯举解除了太平军对玉山城的围困，太平军逃入衢州境内，进犯常山，与官军、民团作战，失败后逃往开化埠。杨辅清从池州率领部队进兵攻陷东流，进而又攻陷建德。水师收复东流，但建德的防军败退。曾国藩派遣唐义训急速进击，官军到达利涉口,太平军在河洲上筑营垒,排开队列等待官军,并用骑兵扼守住各个关卡。我官军分成东、西两路沿山而上,立即攻下了敌军的关卡;前头的官军两面夹攻河洲上的敌军,后头的官军抄到敌军的背后进行攻击,敌军败逃。我官军又分成三路发动进攻,太平军从东门逃出,于是官军收复了建德城。太平军又攻陷彭泽,闯入浮梁,过了一天官军收复了浮梁。太平军急速进兵到马影桥,逼近湖口。彭玉麟督领水、陆两军奋力进击,于是收复了彭泽。太平军在夜里逃跑,后又攻陷了都昌、鄱阳。我官军急速赶到都昌,击退据守在那里的太平军,将都昌收复。

休宁的太平军进犯上溪口,攻陷了副将王梦麟的营垒。屯溪的太平军进犯江湾,攻陷了副将杨名声的营垒。古隆贤、赖裕新纠集大股部队进犯羊栈、桐林两岭,张运兰合兵阻击,太平军从新岭撤退,进犯婺源。曾国藩指示鲍超在黟县卢村大败他们,又另派一支官军绕道出现在羊栈岭,截断他们的退路。太平军沿着山崖逃跑,追赶他们的官军反而跑到了他们的前面,迫着他们向后退,敌军落崖而死的人很多。休宁城的太平军因见鲍超回兵进讨景德镇,就从兰田扰掠到小溪一带,张运兰将他们击败。太平军另一股驻扎在郑家桥的部队进兵逼近渔亭,我官军两路围击,太平军拼命奔逃,官军击毙黄世瑚等人;官军又打败上溪口的太平军,一直将他们追到马全街才收兵返回。从此岭外的太平军不敢轻易进入岭内。陈玉成率领一万多人进犯桐城、枞阳,我官军镇静地坚守阵地。太平军占据七里亭,韦志俊扼守住枞阳街口。李成谋抬来三块打土墙用的夹板放在莲花池保护营卡,太平军无法夺下官军的营卡。

太平军再次进犯景德镇,左宗棠打败了他们。鲍超进兵扼守洋塘,左宗棠进兵扼守梅源桥。太平军从下游纠集大股部队驻扎在洋塘对岸,我官军将他们打得大败,伪定南主将黄文金负伤后向西奔逃。这时祁门三面都有太平军,仅仅剩下景德镇一路尚可运入接济物品,太平军派出全部精锐部队猛攻景德镇,只有拿下景德镇才甘心。这时曾国荃围困安庆,太平军渐感窘迫。十二月,陈玉成邀约李秀成、杨辅清和捻匪合力向西进犯,其中一大股太平军和捻军全部从南岸渡江北行,在无为、庐江会集,企图急速去救援怀宁、桐城的太平军,气势极为嚣张。多隆阿等人会合在枞阳一带,作战和防守的部署。皖南的太平军大股部队进犯孝丰,又分出一支部队从昌化进犯分水。盘踞嘉兴的太平军准备了炮船,企图南下。太平军的势力向各处蔓延,浙东、浙西同时告急。

咸丰十一年正月,傅忠信、谭体元、汪海洋、洪容海各带着几万兵力,离开石达开投奔李秀成。李秀成顿然增加兵力二十万,势力大盛,从石埭分成两路急攻祁门,防军都被打败。江长贵出兵援救大洪,唐义训在历口迎战太平军,杀了伪麟天豫古得金,敌军败退到常山。富阳、新城、临安都被我官军攻占,并解除了太平军对广信的围困。太平军进犯铅山、弋阳、贵溪、金溪,渐渐逼近建昌。李秀成自去年冬天进犯皖南黟县羊栈岭未取得成功,就转往浙江常山、江山等地;今年春天他用全力进攻玉山,转而围困广丰,进犯广信,他的用心在于扼守重要地区,以沟通徽、浙的联系。李秀成进犯建昌,造浮桥渡河,让大部队驻守在河东,又在建昌城四周筑了二十多座营垒,利用浮桥互相往来。江西的太平军头目黄文金进犯景德镇,左宗棠、鲍超在石门、洋塘打败了他,击毙许茂材、林世发,黄文金在夜里慌忙逃跑。铜陵的太平军援军和败匪联合起来，又攻入建德，分兵据守黄麦铺等地。鲍超督领各路官军乘胜压向敌人，击毙数以万计的敌军，一直追赶到建德，会合水师收复了建德县城，杀了林天福。李秀成用云梯攻建昌城，参将富安等人扔火具使敌军受创退却，又秘密地挖地道、修内城防备敌人。太平军的战船进犯太湖，攻陷东、西山。整个太湖失陷，湖州北路七十二水港横遭扰掠。太湖，是大湖，联结苏、常、湖三州，分岔的港口纷繁歧出，多达一百有余。自从苏州、常州失陷后，沿太湖的要口大多被太平军占有。去年冬季里太平军战船从湖州出湖，多次进犯西山、角头等地，被副将王之敬的炮船打败。但是王之敬的部队炮船不满十艘，其他助战的船只都是从民间招募来的，最后因众寡不敌，战败而死。

二月，陈玉成企图救援安庆，纠合捻军首领龚瞎子，率领五万人攻打松子关。成大吉只有二千五百人的兵力，敌军多于他二十倍，敌军分成两路抄到官军后面，成大吉命令参将王名滔从左侧的山上冲出当间截击敌军，在战场上杀掉了龚瞎子，敌军受惊逃散。敌军又再挑选强悍部众分成五路进攻。再战再败，捻军逃失和死亡的有三万人。当初，陈玉成唆使龚瞎子进犯松子关，而自己亲率强悍部队十多万人，从霍山到达黑石渡，在乐儿岭袭击余际昌的部队，与官军相持四个昼夜，最后力尽而败，于是到达英山，进入蕲水，袭击攻陷了黄州。又分兵夺取蕲州，骚扰麻城，闯入黄安、黄坡、孝感、云梦等县，并攻陷德安府、随州，气焰日益嚣张。官军在武昌进行严密防备。

李秀成得知陈玉成因为攻打围困安庆的曾国荃久不得手，就分兵去攻打蕲州、黄州、广济，想诱使曾国藩赶去救援而分散他的兵力。李秀成叹息着说："英王用兵有误啊！这样做正好让曾国藩能用全力进攻皖地，他哪里有闲空去救援蕲州、黄州、广济这些无关大局城邑呢！曾国藩的水师占有长江的方便条件，而我军没有战舰，这样怎能截断他的粮道？不能够把我以前进攻浙江救援京师的做法作为先例搬用啊。"陈玉成驻扎在孝感，其他兵力在德安、云梦、随州三地连成一线摆开长蛇阵，伺机夺取荆州、襄阳。官文速调李续宜、舒保、彭玉麟率水陆各军回兵救援。

李侍贤盘踞休宁城，在上溪口、河村、石田、小当等地构筑营垒，与休宁、屯溪的太平军互为犄角，以牵制、夹击官军。曾国藩认为不占领休宁城，徽州就难以夺到手，祁门也终究是属于不安全的地方，因此传令朱品隆等人进攻休宁，官军焚毁了太平军的许多营垒，太平军在夜里逃跑，休宁县城被官军收复。左宗棠进兵讨击婺源的太平军，在清华街打败了李侍贤的部队，而婺源城内的太平军突然分兵从中云进入乐平境内。左宗棠亲自率领几营兵力驻守柳家湾，扼守住那里的交通要道，太平军败退；太平军的救兵铺地而来，官军回兵截击，太平军又大败逃走。李侍贤纠集徽州的强悍部队在婺源甲路包围王开林，经过三天战斗，王开林突围而出，回到景德镇。

李秀成率领部队进犯抚州，被知府钟峻等人击败，窜往宜黄，又纠合土匪攻陷遂安。曾国藩派遣陈大富防守景德镇。左宗棠进军鄱阳，临时驻扎在鲇鱼山，得知太平军偷渡昌江，企图合兵围困景德镇，就立即移兵驻守金桥。太平军进攻平湖，分别从西路樵根岭及北路禾黍岭进犯。副将沈宝成抵挡西面的太平军，江长贵由北路抵御敌军。曾国藩又传令朱品隆从祁门急速率兵救援,歼灭了敌军,敌军越过山岭逃走;左宗棠在乐平范家村击败了敌军,在战场上杀了伪谢天义共同胜才、伪娆天福李佳普等人。

李侍贤率领几万人潜伏在牛岭、柳家湾、回龙岭,第二天,一起进攻景德镇,陈大富战死,景德镇失陷。金鱼桥的官军因为军营后路已被太平军阻断,就移兵驻守乐平。当初,曾国藩到皖南,在江西设置粮台(经理行军时饷需的机构),把景德镇作为转运站。进攻祁门的太平军多次遭到失败,于是出动全部精锐部队再次进攻景德镇,企图截断官军运送军粮的道路,到这时终于攻陷了景德镇。曾国藩考虑到粮路已被太平军截断,只有快速收复徽州,才可从浙江运来粮米,于是亲自到休宁进攻徽州的太平军,但未能拿下徽州,仍旧屯驻祁门;太平军不停地从四周进攻祁门,曾国藩发誓要在祁门以身殉职。左宗棠在乐平将太平军打得大败,杀死太平军几万人。李侍贤逃跑,前去包围建昌、抚州,进攻这两城都未能攻下,就去攻陷了吉安,官军立即又把吉安收复,太平军就进兵攻陷了瑞州。于是祁门的粮道才得以畅通。

三月,我官军攻占新淦,解除了太平军对麻城的围困。繁昌荻港、芜湖鲁港的太平军都败逃了。民团攻占云梦,收复应城、黄安、黄坡。金国琛会合水师打下孝感,又进攻德安,逼近德安城构筑营垒。嘉兴的太平军进兵攻陷海盐、平湖,左宗棠在龙珠、桃岭打败敌军。太平军渡过吉水,入陷吉安,后又被知府曾咏等人收复。太平军从吉安向东进犯,分成几股进犯峡江,与新喻的贼兵合并,驻扎在阴冈岭,临江的官军告急。陈玉成分出几股兵力驻守德安、随州,以牵制我官军,自己率领强悍部队从蕲州、黄梅、广济回兵宿松,进入太湖官军大营的后路,绕道奔赴宿松的桃花铺,直入石牌,逼近安庆的集贤关构筑营垒。没多久,桐城、庐江的伪章王林绍璋、伪干王洪仁玕等人率领两万人从新安渡到达横山铺、练潭一带,扎连营三十多里。他们进兵到马踏石,前往安庆,与陈玉成会合想解除官军对安庆城的围困,多隆阿分兵击败了他们。陈玉成闯入集贤关,进攻围困安庆的官军各营垒;又在菱湖两岸筑营垒,阻挡官军水师的进攻。杨载福派军队把炮船抬进湖内,摧毁了敌军的船只木筏,又在湖口处筑营垒,使太平军不敢逼近包围安庆的官军水、陆军大营。多隆阿从桐城挂车河出兵,在练潭、横山进攻前来援救安庆的太平军头目林绍璋等人,逼使无数敌军淹死在菜子湖里。黄文金纠集芜湖的太平军和捻军两万人,在天林庄筑营垒二十多座,图谋进入安庆城,多隆阿诱杀了其中的两千人,曾国荃围困安庆的部队屹立不动。水师烧毁、夺取太平军的船只,断绝运往安庆的接济物品,用这种办法使安庆城内的太平军陷入困境。

李侍贤从广信进犯并攻陷了常山,进入江山据守,不久从常山分兵进犯衢州。在这以前,福建来的官军援兵从衢州防线回兵救援汀州,衢州官军的兵力顿然变得薄弱,所以太平军乘虚回兵进犯。又有另外一股太平军从开化的白沙关进犯玉山的童家坊,假冒难民喊叫开城门,被官军识破,用炮重创了他们;常山的太平军又到达,他们合兵攻城,冒充官军援兵,又被官军识破,奋力阻击他们,敌军退兵屯驻于三里街、七里街,偷挖地道,道员王德榜率领部队从城墙悬绳而出,大败了他们,敌军退回到常山。遂安的太平军进兵直达淳安港口,官军副将余永春受伤败退;茶园的太平军紧接着又赶到,官军又退到桐关。严州大受震动。

四月，曾国藩从祁门移兵驻扎在东流，多隆阿击败陈玉成，太平军抛弃营垒逃跑，屯驻于集贤关。曾国藩又调拨给鲍超一个军，胡林翼调拨给成大吉一个军。鲍超、成大吉两人一起赶往安庆。当初，陈玉成在菱湖北岸筑营垒十三座，安庆城内的太平军头目叶芸来出城接应，也在南岸筑营垒五座，用来隔开曾国荃和他弟弟曾贞干的部队。曾国荃挖长壕，把敌军营垒包围在长壕里面。陈玉成前面为官军围城部队所阻，后面受到鲍超、成大吉两军的夹攻，无计可施只好逃离，但太平军还是死守住集贤关内外的营垒，又在随州、德安各留下强悍部队牵制我官军。官文派兵进攻德安，筑长围围困这座城。

李秀成占领义宁州的武宁县，逼近湖南、湖北边界。官文派遣官军分兵防守兴国和崇阳、通城、通山、大冶四县。太平军威迫七、八万兵士，一路从苦竹、南楼两岭进犯通城，一路从蛇箭岭进犯通山。我官军寡不敌众，两城都被敌军攻入，太平军一直进兵到崇阳的白霓桥。那些谋夺兴国的太平军，猛攻余际昌的营垒，官军战斗失利，退兵到大冶。太平军尾随到大冶，并骚扰武昌。官文商调李续宜等人驻守东湖、跕纸坊一带，相机进讨敌军。李秀成从孝丰向四面进犯，攻陷长兴、寿昌，分兵进犯三里亭、千家村；又从瑞州分兵进犯西路，接连攻陷上高、新昌，又在北路攻陷奉新并骚扰义安，以此阻挡官军的援兵前进。连日来曾秉忠等人的水、陆各军在金山各要隘打跑了乍浦、平湖的太平军。金山和浙江的平湖水陆联结，薛焕与曾秉忠商议，平湖一日不收复，松江就跟着一日不得平安；计划越过江、浙边界合兵进攻平湖，然后再夺取乍浦。

在陈玉成败退的时候，多隆阿已经进兵磨盘山，派遣温德勒克西、曹克忠、金顺等人分路尾随追击陈玉成的部队。陈玉成又纠合林绍璋、洪仁玕、黄文金和格天义陈时永、捻军首领孙葵心一共三万多兵力，合力向上游进犯，在挂车河、峤峣尖以西的棋盘岭筑八座营垒；又率领部队攻下山内黄山铺的民团关卡，还出山外调来黄文金的四千多人潜伏在山内，自己率领强悍部队分路进攻我官军营垒。多隆阿分兵在棋盘岭、老梅树街设下埋伏，自己率领骑、步兵各军分路抗击敌军，太平军后面的队伍突然无故自乱，老梅树街埋伏的骑兵乘机出击，太平军支持不住。陈玉成督领败兵抵抗，这时项家河的太平军营垒被舒亮的伏兵袭击焚烧，烟火冲起，太平军大惊，败逃到桐城。太平军的八座营垒全被官军扫除，官军还烧毁了山内太平军的房舍几十处，击毙太平军八千多人。皇上命令左宗棠帮办军务。

太平军绕过衢州攻陷龙游，连续攻陷汤溪、金华，绍兴和宁波都大受震动。宁波和绍兴是浙东的富饶地区，太平军对它垂涎已久。金华失陷以后，太平军必将向那里面进犯。太平军进犯丹徒，水师击败了他们，摧毁了他们的浮桥。曾秉忠从金山进攻青浦，太平军加固工事，不出来迎战，官军在章练塘打败嘉善来的援敌。宝山防军将领姜德进攻嘉定，用来分散太平军的兵力。都兴阿在扬州西北乡下打败从天长、六合来犯的太平军，全部摧毁了甘泉山敌军的营垒。曾秉忠从金山的洙泾率领炮船进兵攻下白虎头、金泽镇的太平军据点，直达浙江境内，打败西塘的敌军增援部队，进兵摧毁俞汇敌军的关卡，敌军退到嘉善。金华的太平军分成几股攻陷了兰溪、武义。

五月，鲍超、成大吉攻下集贤关外面赤冈岭的太平军营垒三座，歼灭太平军三千多人。伪屈天豫贾仁富、伪傅天安李仕福、伪垂天义朱孔棠等人都被处死。成大吉回兵增援武昌，余下的一座太平军营垒被鲍超独自攻下，并捕杀了刘玱林。刘玱林在攻陷苏州、常州时担任前锋，仗着自己勇敢，想靠一座营垒遏阻官军的进攻，他被杀后，曾国荃的军势自然倍增。曾国藩移兵东流的时候，皖南太平军估计岭内官军兵力空虚，就纠集部队从方干岭樟树卫的防军成区那里进入，偷偷地攻陷了黟县，在西武岭等地筑营垒，谋夺祁门。张运兰等人收复了黟县，太平军并入卢村、十都（按：应为七都）的部队，增筑营垒顽抗。我官军攻下他们七座营垒，敌人全被杀掉。徽州的太平军得知兵败情况后逃跑。

左宗棠追讨李侍贤进兵到广信，因为建德再次落入太平军手中，太平军又窜入鄱阳的视田街，所以左宗棠急速回兵景德镇。太平军在夜里逃跑，左宗棠进行拦击，在枫树岭大战，太平军逃往建德后河，官军就收复了建德县城。张运兰进攻徽州，收复了此城。汀州的太平军从瑞金窜回江西。这时江西的太平军进犯江山，进兵攻陷遂昌。李秀成用一股部队据守瑞州、义宁、武宁，其他部队分成三路进犯湖北，连续攻陷长江南岸的兴国、崇阳、通城、大冶、通山、武昌、咸宁、蒲圻，前锋逼近武昌省城。官文、李续宜共同派遣水军、陆军分路进兵讨伐，胡林翼也从太湖移兵回湖北，先增援南岸的官军，再谋夺黄州、蕲州。

进犯扰掠江西的太平军，从去年冬天以来，前后一共有五大股，其中从皖境窜入，从北向南的有三股：一是黄文金部队，连续攻陷建德、鄱阳等六个县；一是李侍贤部队，连续攻陷浮梁、景德镇等地。这两股后来都被左宗棠击退，未能深入江西内地。一是李秀成部队，连续包围玉山、广信、广丰三城，又深入到江西内地，包围建昌，猛攻抚州，都没有攻入，转而攻入崇仁樟树镇、吉安峡江，并占领瑞州府城，分兵进犯奉新、靖安、武宁、义宁各州县，又攻入湖北的兴国、大冶、蒲圻、崇阳、通城等地。以上是北面的三股。其中从两广窜入，从南向北的有二股：一是广东股，它的头目有姓周的，姓许的，上一年从仁化、乐昌闯入江西，与李秀成联合，围攻广信、南丰、建昌各城，连续攻陷湖口、兴安、婺源，在左宗棠攻下建德、婺源两城以后，这股太平军就到徽州去同那里的太平军合并。一是广西股，其头目是朱衣点、彭大瞬，他们本是石达开的余党。此股从江西攻出进入湖南，又经过南赣，攻陷福建的汀州，又回兵进犯江西，大肆扰掠宁都、建昌、河口等地。此股的前锋部队已从婺源进入浙江，后面的部队还留在抚州。以上是南面的二股。五大股中，又分成三支、四支，一会儿分开，一会儿合并，时而向南攻，时而向北攻。

曾国藩命令鲍超回兵支援江西，从九江直入建昌，先保住江西省城南昌。占领瑞州及所属各县的太平军进军逼近南昌，毓科留下张运桂等人驻兵扼守南昌城外，让刘于浔驻守安义堡，后营部队驻守生米，丁峻驻守临江，这些地方都是省城南昌西路的屏障。李续宜攻下武昌县城。太平军攻陷松阳、处州、永康、缙云。缙云被官军收复后，太平军逃入永康。左宗棠派兵攻下建德，曾国藩移兵驻守婺源。婺源，是位于江西、皖、浙三省之间的交通要道。赖裕新联合汀州的太平军进犯德兴，分兵占领九都的新建，官军派兵击败了他们。太平军渡江逃入浙江开化的华埠，德兴和婺源的太平军全被官军清除。官军游击黄载清攻下遂昌，盘踞在松阳的太平军闻风而逃，黄载清进攻宣平并打下此城，太平军逃入武义,处州各属县的太平军全部被官军清除。金华知府王桐等人攻下永康,太平军全部逃往金华。江阴、常熟的太平军从海坝进犯寿星沙,大肆烧杀劫掠。

六月,曾国荃会合水师攻下菱湖北岸太平军的十三座营垒及南岸的五座营垒,杀敌九千多人。被太平军盘踞的湖北咸宁、蒲圻、通城,都被我官军收复。太平军从武宁进犯建昌。金华的太平军出城扰掠曹宅等地。李元度攻下义宁。张玉良等人率领水军、陆军围攻兰溪,没有攻下。太平军探知严州官军军力孤单,在小码头筑营垒,向下进犯严州,攻陷了此城,不久被张玉良收复。太平军攻陷上高,骚扰万载。知县翁延绪等人收复武宁。水师李德麟等人击毁黄山、黄田、石牌三港的太平军战船,寿星沙的太平军退回到江阴。苏州的太平军进扰青浦,李恒嵩从北竿山移兵驻守塘桥,以加强对松江出入口的保卫。嘉定的太平军纠合苏州的太平军进犯上海,我官军在真如阻击。太平军渡过河进犯华漕,攻夺了参将王占魁的营垒,薛焕派兵又将它夺回。太平军逃往南翔,又败退到嘉定。当时长江水势猛涨,曾国藩传令杨载福谋夺池州,以牵制长江南岸的太平军。杨载福进攻池州十天,不能攻下,就率领李成谋三个营到旧县城,探知北岸无为临江营垒里的太平军因避水涨转移到了神塘里河,就驶往那里把他们击败,然后进攻州城无为,陈玉成、杨辅清拼命抵抗,官军回兵暂驻大通,打败了青阳的守敌,回兵驻守黄石矶。

七月,陈玉成纠合杨辅清共出动十多万兵力从无为州进犯英山,绕道宿松,直攻太湖。这是为救援安庆而做出的军事行动。太平军在山冈列队摆出长蛇阵。又有几万太平军从龙山宫对岸一直到塔下,绵延二十多里,分路引诱我官军出击,我官军坚守阵地不出动。夜里下大雨,贼军如潮水般发起进攻,城中飞射的枪弹随着雨点落下,到早晨敌军的围攻才解除。陈玉成于是从小池驿进兵到清河高楼岭,想联合桐城的太平军包抄我太湖官军,以解除官军对安庆的围困。太平军猛攻太湖城六个昼夜,陈玉成、杨辅清拿着鼓槌击鼓督促军队攻城,挥刀砍杀不向前冲击的人。我官军奋力反击,大大挫伤了敌军的锐气。陈玉成、杨辅清率领大队人马窜到高河铺、马鞍山,官军对桐城的包围圈又合拢。围困安庆的官军全部扫平了城外太平军的许多营垒。李秀成自从进据瑞州以后,分兵攻陷了上高、新昌、奉新等县,以瑞州作为重要据点。官文传令李元度合兵攻下了新昌、奉新、上高,太平军的败兵全逃往瑞州。官文就派遣游击贺接华等人合兵直捣瑞州州城,将它收复。官文因为德安的太平军谋夺荆州、襄阳,就派水、陆各军有步骤地严加讨伐,太平军坚守德安城,有冒着生命危险冲出城的,官军就将他们击散,使他们不能再回到城内。德安城的太平军又出城抄到我官军背后来支援城里的太平军,官军就截断他们的归路,这些太平军逃往河西,官军四面包围德安城,架云梯攻入城,立即收复了府城德安。

程学启攻下了安庆北门外的三座石营垒,北门太平军的通道已被切断。德安的太平军逃往河南信阳,转而进犯罗山、光山、商城,官军、民团加以拦击,太平军退到皖省境内。鲍超督领各军严重摧毁了丰城西北岸的太平军营垒,在东岸驻守的太平军受惊逃散,刘于浔趁机收复了樟树镇。当初,鲍超从九江进军,李秀成闻风远逃,率领瑞州、奉新、靖安、安义的太平军,先分兵一万人骚扰抚州;又让陈玉成率领强悍部众两万人进攻丰城,而自己率领大队人马从临江进兵占领樟树、沙湖、丰城一带,扎营绵延一百多里。官军收复樟树镇的前一天,鲍超到达丰城对面河岸,正好太平军在樟树架浮桥,在山冈摆阵势,鲍超把部队分成中、后、左、右四个队,一起冲向前。太平军摇旗迎战,战斗了一个时辰左右,敌军大败,被杀掉八千多人。

八月,官军攻下安庆城,城外太平军的四个伪王逃往集贤关。安庆收复以后,东南太平军的形势更加紧迫。水军进兵攻下池州,乘胜向下游讨伐敌军,收复了铜陵县。当时伪右军刘官才正盘踞在池州,与安庆互成犄角牵制我官军。对内可坚守石埭、太平,阻断徽州官军进兵的道路;对外可向上游进犯德安,新建、鄱阳,成为江西省北边的祸患。如今池州与安庆相继被官军攻下,皖南官军的军势更增强了。曾国荃与多隆阿会面商议,认为桐城是七省交通要道、安庆的出入口,太平军死守在那里等待援兵;陈玉成还拥有几万兵力,在集贤关内外徘徊不前,想与桐城的太平军合并。于是合兵进击桐城,陈玉成、杨辅清都被打得大败,越过山岭逃走,于是官军收复了桐城。宿松、黄梅、蕲州、广济也相继被官军收复。多隆阿进军驻守在蕲州的曹家渡,扼制下游的太平军败兵,以断绝他们对黄州太平军的增援。李续宾等人联合水师进攻黄州,太平军筑坚垒挖深壕抗拒官军。蒋凝学命令投诚过来的刘维桢穿着太平军的服装,装扮成援兵;又假造了陈玉成的伪文书,引诱太平军出城,而在城外埋下伏兵等待,太平军果然出城,被成官军歼灭,黄州立即被官军收复。

这时李秀成逃离丰城占领白马寨,派遣部队进攻抚州。鲍超急速赶到那里,太平军对抚州的围困立即解除。太平军奔往贵溪,遇上广东进入江西的一股太平军,合并成大部队占领湖防河口要地,气势汹汹。鲍超分兵五路抗击,摧毁敌军营垒七十多座,进兵收复铅山。曾国藩移兵驻守安庆省城。当初,李侍贤进攻严州,两个月未能攻下,于是在乌石、方门二滩一个挨一个地筑营垒,逼近了严州城外的战壕。严州城内粮尽援绝,副将罗大春身负重伤,率领将士从北门突围而出,城于是失陷。李秀成从桐庐、新城进兵攻陷余杭。窜入贵溪的太平军,得知鲍超从抚州赶来,预先逃跑了。起初,闽地的太平军三股,与花旗(广东天地会在保存原来组织和花色旗帜的情况下加入太平军,称"花旗")广匪先后从建昌进至广信,与李秀成的部队合并在一起。鲍超会合屈蟠的部队严重摧毁了广信太平军的营垒,立刻解除了太平军对该城的围困。李秀成败退到铅山,筑了七座营垒,与城中的太平军共同防守,鲍超紧接着赶到,全部摧毁了他们的营垒,渡河进攻铅山城,将它收复。李秀成又跑去围攻广丰,没有攻下,就分兵进犯玉山,在那里筑营垒十多座,又被道员王德榜击毁。

李秀成的整股部队从江西进犯浙境。一股从玉山攻陷常山,另一股从广丰进犯江山,据守在龙游的太平军同时出击,衢州危急。这个月里知府张诗华收复泸溪、兴安各城。福建援军将领张启煊在浦江阻击太平军,失利,浦江城失陷。太平军急速进犯五指山,金华的一大股太平军紧接着到来,米兴朝等人迎击失利。义乌、东阳相继失守。张启煊退兵驻守在诸暨的辟水岭,太平军赶到,官军再次败退。九月,太平军攻陷处州。

官军大部队攻下安庆的时候,无为州太平军头目马玉棠的妻、儿居住在安庆,被曾国荃活捉,曾国荃秘密告诫马玉棠献无为城投降。无为占着皖北的重要地势,可控制金陵、芜湖，是太平军必争的军事要道。无为附近的泥汊口、神塘河等地，太平军筑了密集的石垒，来阻挡我军。曾国荃会同水师进兵到达泥汊口，见太平军营垒高大难以向上进攻，就命令部队筑寨安营，而自己率领精兵迅速赶往杨家桥、凤凰颈，掘开堤岸引水截断太平军的退路。太平军十分害怕，逃回到无为城内。第二天，官军进攻神塘河，那里的太平军也逃回到城内，官军乘胜追击直达无为城下。到这时马玉棠准备献城投降的事泄露了，他被伪顶王朱王阴幽禁。马玉棠的部下起兵攻打朱王阴，我官军乘机攻城，太平军大败。击毙伪豫、侯、丞相等，无为城立即被官军收复。

李秀成从临浦攻陷萧山，再从萧山水路进犯杭州，攻陷诸暨、绍兴府城，分兵进犯新昌、嵊县。上虞、余姚都先后失守。曾国荃接连攻下运漕镇和东关镇，这两镇位于无为和含山的交界处，外临长江，内连巢湖，太平军的军粮都屯集在这里，向上游可接济安庆、庐州，向下游可输送到金陵，是南北的军事要地。太平军伪巨王洪某率领五、六千士兵，加上炮船几十艘，驻守在这里。太平军失掉这两个镇后，更加气丧胆寒。

十月，楚军收复随州。湖北自从黄州、德安被官军收复后，只有随州因为有孙葵心的捻军的支援接应，骚扰到襄阳境内，倚仗着随州坚固的城墙拼死抵抗。官兵击退豫地的捻军后，又用降将刘维桢装扮成太平军攻取黄州的老办法，引诱随州太平军出城从而击败他们，收复了随州城池。多隆阿收复舒城、庐江，李续宜部将蒋凝学驻守六安、霍山，左宗棠驻守婺源，张运兰等人驻守徽州，李元度的新军从广信出兵进击敌军。太平军全部开赴浙江，只剩皖南的太平军聚集在一起守卫庐州。左宗棠提议大规模增援浙江，因为浙江的太平军猖獗，全省遭毁伤破坏，已逼近省城杭州了。

皇上命令曾国藩掌管、统辖江苏、安徽、江西、浙江的军务。洪秀全看到各省官军加强攻讨，连连收复名城，金陵处于官军唾手可得的危险境地，感到十分恐惧，就命令李秀成、李侍贤分路出兵骚扰，以分散我官军兵力。李秀成进犯浙江，连续攻陷各个郡邑，直到余杭，浙江官军采取严格的警戒措施。太平军从水路到达杭州，猛攻武林门外卖鱼桥，占领我官军营卡。接着部队就大批到达这里，官军运送粮食的道路被阻断。提督张玉良前来救援，在城外与杭州城内的官军一起防守。太平军于是从海潮寺到凤凰山，环立木栅把土填在里面筑成坚壁，把城内外的官军隔断，天天用枪炮轰击杭州城。张玉良进攻木栅，中炮死去。城内外官军更加恐惧，而城内因长期缺粮，很多人饿死。自从萧山、诸暨等城失陷以后，官军援兵前进的道路已被阻断。太平军不久又攻陷奉化、台州，十一月，太平军从慈溪进犯并攻陷镇海。台州的太平军分成几股攻陷黄岩、宁波，会同杨辅清从浙江严州的遂安越过山岭回兵进犯徽州，又把军力一直蔓延到衢州的属县开化，他们的用意在于深入江西、皖省内地，以阻遏我官军增援浙江的部队。

左宗棠在广德接到皇上让他督办浙江军务的命令，因为太平军围困徽州，敌军的位置处在入浙官军的后路，就派兵到婺源，会合防军支援浙江官军讨击太平军。杨辅清大规模分兵进犯徽州、休宁，分别在屯溪、篁墩被官军打败，就走南路，直逼严州；这时李秀成已经攻陷杭州，满洲旗兵守卫的内城也随着失陷。杨辅清率领宁国的太平军围攻徽州、休宁两城，伪成天安进犯休宁的屯溪，接着又进犯篁墩。十二月，总兵张运桂坚守在徽州城等待援兵，趁敌军不备时出城击毁了他们的营垒。太平军又据守屯溪、市街、潜口一带，以截断徽州官军运送军粮的道路。曾国藩调总兵朱品隆急速进兵休宁，与唐义训先摧毁了屯溪街口的太平军关卡，攻毁河边的四座太平军营垒，进而扫平了石桥、潜口太平军的据点，不久派兵护送军粮到徽州。太平军从万安街分成几股包抄官军运粮部队，我官军奋力反击，太平军不敢再来阻挡。张运桂因见严市街被太平军占领，官军运送军粮的道路受阻，就和休宁官军会面商议联合讨击太平军，摧毁了十多座敌军营垒，杨辅清受伤。这时正遇上除夕下大雪，太平军没有掠夺到什么东西，就全部逃跑了。太平军对徽州、休宁的围困立即解除。

这个月提督李世忠收复天长、六合。太平军从咸丰八年起盘踞在六合，官军多次进攻没能攻下。太平军在六合的头目黄雅冬想向官军投诚，秘密约定李世忠先扫平城外的太平军营垒，自己在城内配合行动。李世忠从滁州进兵到六合，严重摧毁了敌军营垒，杀了冯旮林，直达六合城下。城内的黄雅冬倒戈，放火并打开城门，我官军拥进城内，捕杀了冲天福林国安、顶天燕江玉城、攀天福魏正福等五十多人，都是强悍的太平军头目。朝廷下诏赐黄雅冬改名朝栋。李世忠因为黄朝栋曾密约天长太平军头目陈世明做内应，黄朝栋的部队又没有全部剃发，因此让他们装扮成敌军援兵来到天长城下，陈世明打开城门放官军进入，天长县于是被官军收复。

这一年汀州的太平军进犯并攻陷连城，分兵进犯上杭。江西的太平军又闯入武平境内，当时太平军想分成几股进兵，一股图谋进犯龙岩，一股从清流、宁化骚扰延平、邵武。总督庆端认为延平是全省最关紧要的地方，急速进兵到那里驻扎；官军收复连城，进攻汀州，重创洪容海，收复了汀州。从江西继续进犯武平的太平军，也被副将林文察等人击败。曾国藩上疏请求皇上命令庆端严密防守浦城，使太平军不能从闽境进犯江西。

同治元年正月，这时浙江、江苏两省的富饶地区全被太平军占领，整个浙江留在官军手里的，还有湖州、海宁两城，但这两城又孤处在太平军的包围之中。只有衢州一府官军还可图存自保。曾国藩上疏向皇上推荐福建省延邵建宁道李鸿章试任江苏巡抚，另建一支新军，从上海谋夺苏州；把围攻金陵的任务交给曾国荃，把浙江的军事交给左宗棠。于是东南部太平军的势力就日渐衰落。李世忠进攻江浦，约刘元成、单玉功做内应，杀了伪报王、伪宗王、操天福等七十多人，立即收复了江浦。进兵到浦口，又收复了该城。太平军从江苏、浙江两省纠集几十万兵力，合力向东进犯，连续攻陷奉贤、南汇、川沙等厅、县，战火遍及浦东，逼近上海。在各要隘的防军，一遇到太平军就败逃。太平军被法国战船击退以后，据守在天马山陈防桥，又被李恒嵩击败，退到青浦城。在浦东的太平军大股部队据守高桥，想截断我官军的重要交通道路，美国人华尔、白齐文猛攻太平军据点，摧毁了他们的营垒，接着进攻浦东、浦南、大败了太平军。不久，嘉定、青浦的太平军进兵逼近七宝，图谋夺取上海，围困了防军郭太平的营垒。薛焕督领部队解除了太平军的围困，刚回兵，太平军又大量到达。

李鸿章率领湘、淮军增援江苏，在上海城南扎营。黄翼升统领的水师随后也到达。左宗棠越过山岭进攻开化，杨辅清纠合部队据守张村、银坑、石佛岭，谋夺衢州，官军连续战斗将他们打跑,在战场上杀了兰以道,开化的太平军全部被官军清除。九洑洲的太平军进犯江浦、浦口、和州,分兵进犯桥林。二月,嘉善、平湖的太平军从水、陆两路进犯金山、洙泾,七日,将金山、洙泾攻陷。松江、上海都受到震动。东梁山伪爱王黄崇发、西梁山伪亲王某、裕溪口伪善王陈观意纠合雍家镇的太平军,分成几股向上游进犯五显庙、水家村、汤家沟,官军水师李成谋上岸打败了他们,杀掉了黄崇发。起初,左宗棠攻下开化以后,向常山璞石进军,探知李侍贤唆使寿昌、兰溪的太平军纠合遂安的恭天义赖连绣进犯开化马金,图谋筑长围围困我官军。左宗棠回兵进攻遂安,趁太平军的增援部队没有到达,先讨击并收复了遂安。

　　三月,李元度在江山碗窑打败太平军,又打败了小青湖的太平军援军。江山的贼军攻陷了峡口闽军曾元福的营垒,据守在那里,扎连营长达几十里。左宗棠从常山派兵讨击。林文察攻下遂昌的时候,那里的太平军合并到松阳,并蔓延到云和、景宁,不久官军依次将他们击退,并进兵谋夺处州,摧毁了松阳平港头的太平军营垒,那里的太平军逃往处州的碧湖。前一年曾国藩传令鲍超扫平青阳城外太平军的营垒,筑长围围困他们。伪奉王古隆贤偷偷地纠合浙江的三万多太平军进军猛攻铜陵,以分散我官军兵力。鲍超率领援军全部扫除了横塘等地太平军的一百多个关卡和三十六座营垒。古隆贤探知官军大部队向北进军,就暗中率领泾县、太平的强悍部队在青阳猪婆店筑了九座营垒阻遏我官军前进,以便将运送军粮的道路打通。正好鲍超打胜仗归来,进军逼近青阳,将它攻占。

　　曾国荃招募湘勇回到安庆以后,曾国藩命令他攻取巢县、含山、和州、西梁山等地,曾国藩认为若要把太平军置于死地,必须先从攻占巢县入手,于是曾国荃进兵驻扎在巢县县城东北。刘连捷等人率部队赶到望山冈以便控制南路,太平军趁我官军扎营未定前来进犯,被官军阻击打败。当初,太平军据守在江岸以北,向上可以支援庐州,向下可以保卫江宁,贼兵分布在坚固的城垒中,固守在要塞里,和上、下游取得联络,堵住我官军进兵的要道。到这时官军攻下巢县铜城闸、雍家镇,不久又攻下了巢县,收复了含山,又会合水师严重摧毁了裕溪口的太平军据点。

　　太平军盘踞金陵,用全力扼守东、西梁山,两山对峙,长江流到这里紧收成一束,急水回流,地势比小孤山更加险要。曾国荃认为这里是金陵军事防守的重地,就沿江向上游逼近西梁山,在那里摆开战阵。太平军逃往江州,水军、陆军争相奋起与太平军搏击,于是收复了这地方。从此金陵军事防守的重镇已有一半落入官军之手。伪匡王赖文鸿进入繁昌县,纠合、邀约据守在那里的太平军猛攻我官军的三山峡营垒,曾贞干趁太平军还没有逼近,督领部队分路迅速出击,太平军大乱,官军杀死了他们的首领吴大嘴,于是收复了繁昌。芜湖的太平军援兵偷偷地在鲁港驻兵企图阻击官军,曾贞干会同水师夺走了他们的一百多艘船,扫平了他们的三座营垒十多个关卡,残余敌军全都逃往芜湖;曾贞干督领各军急速进兵到南陵,立即收复了该城。鲍超收复青阳以后,主张先夺取石埭、太平以巩固徽州的防线,接着夺取泾县以打通进兵宁国的道路;于是分兵五路,从龙口直达石埭,守城敌军放箭、投石,总兵娄云庆从西、北二城门攻入城,立即收复了石埭县城。太平军十分害怕，纠集南陵的援兵大量赶来，驻扎在甘棠镇阻击我官军。我官军分三路进击，摧毁太平军十七座营垒，于是收复了太平城，捕杀了伪主将徐国华等三十七人。在这以前，当鲍超进攻青阳的时候，有太平军伪佐将张遇春带领一万多人请求投降，鲍超收纳了他们，命令他暂时驻扎在景德镇三溪。到这时太平城的贼军将要向北逃跑，张遇春急速出兵把他们歼灭。鲍超回兵带着张遇春的部队，进攻泾县，收复了该城，于是向东渡过清弋江，进兵谋划夺取宁国。

李侍贤自攻陷常山后，与龙游的太平军一起猛攻衢州，总兵李定泰等人击败了他们，收复了常山，解除了太平军对衢州的围困。左宗棠迅速进兵到达常山，攻下了招贤关，以打通往衢州运送军粮的道路。为了对付那些猛攻江山的太平军，左宗棠传令李元度合兵攻打石门花园港敌军的据点，摧毁了敌军营垒十四座，敌军招架不住，趁夜偷偷逃往台州。这时杨辅清从淳化进犯遂安，左宗棠从常山进兵驻扎在开化等着打击敌军，接着派遣刘典进攻遂安；杨辅清退往淳安、昌化，又窜入皖南进犯宁国。四月，仪征的太平军被打败后，进扰沙漫洲等地，水师将他们击退，扬州境内的太平军全部被官军清除。浙军会合民团收复了台州府仙居、黄岩、太平、宁海、缙云、乐清、慈溪等县，捕杀了延天义李元徕、伪王李洪藻及李遇茂、伪主将李尚扬。不久又进兵攻下了宁波府的镇海、青田两县。台州、处州的太平军向上进犯温州，据守在太平岭及任桥、瞿溪。接着分兵进犯瑞安，张启煊的营垒被太平军攻陷，官军退守瑞安县城。楚军、皖军合兵攻下庐州，李秀成进扰苏州、常州，陈玉成盘踞在皖、楚交界处。

自官军收复安庆以后，陈玉成率领部队从石牌向上游进军，调来宿松、黄梅的太平军与他一同到达野鸡河，想到湖北德安、襄阳招集他的旧部，但许多头目不愿跟他到湖北去，于是陈玉成率部趁夜从六安赶往庐州，部下逐渐离心离德。洪秀全又督责得很急切，陈玉成害怕，只得全力守在庐州不敢离开，皖、楚各军围困庐州，陈玉成天天盼望外面的太平军前来救援。而太平军对颍州的围困被解除后，伪扶王陈得才向西逃跑，伪天将马融和跟随张洛行远逃，外面的援兵于是断绝。多隆阿与皖军首领张得胜设下埋伏引诱贼军出城作战，两军合力进击，太平军大败，于是收复了庐州府城，杀了伪官二百十三人。陈玉成奔往寿州，当时他还有亲信部属两千人，因为苗沛霖从前曾偷偷接受过太平天国的封号，所以陈玉成去向他请求援助；苗沛霖将陈玉成捆绑起来，送往颍州胜保大营，并捉住伪导王陈士才、伪从王陈德、伪统天义陈聚成、伪天军主将向士才、伪虔天义陈安成、伪祷天义梁显新，还有陈玉成的侍从伪官二十多人，陈玉成和这些人都被官军处死。李秀成得知陈玉成已死，跺着脚叹息说："我没有相助的人了！"陈玉成在打仗凶狠上稍差于杨秀清，但军事谋略上要胜过他，官军中称他为"四眼狗"（陈两目下都有黑点，所以清兵这样称他）。自陈玉成被处死后，楚、皖稍得以松口气，而金陵太平军的军力就更为孤单了。

民团攻下宁海、象山、奉化。李世忠在六合的八步桥大败太平军，太平军窜入滁州来安，又被打得大败。太平军的士气极为低落。华尔等人攻下柘林，计划攻夺金山卫。知府李庆琛进攻太仓，李秀成率领伪听王陈炳文、伪纳王部云官前来救援，进逼青浦。李恒嵩阳击失利,败退到塘桥。嘉定、宝山都受震动。另一支太平军部队从娄塘攻陷嘉定,英军法军的两位提督和我官军一起突围逃到上海。李鸿章命令部队驻守法华镇,控制沪西,太平军于是越过青浦,直逼松江。洪秀全自盘踞金陵以后,把东、西梁山作为军事防守重地,把芜湖作为屏障,特别是把金柱关当作最关紧要的地方。从曾国荃攻下太平府后,彭玉麟攻下了金柱关,黄翼升出兵袭击东梁山,一战就拿下,曾贞干沿江进军攻占芜湖,提督王明山等人又攻下烈山的太平军石营垒,不超过三天,长江上、下游的险要之地都被我官军占有。从这以后,上到宁国,下到江宁,太平军都失去了可依仗之地。

曾国荃向江宁镇进军,驻扎在板桥,偷袭秣陵关,进兵攻下大胜关、三汊河,直达雨花台附近并驻军在这里。江北浦口、六合的太平军败兵全都集中在江边,李世忠紧逼他们,他们就渡过江回到九洑州。江北的太平军全部被官军清除。五月,伪什天安吴建瀛统领部众集中到南汇,他与淋天福刘二林多次被李秀成的养子欺压,到这时来向官军投降,我官军列队进入南汇城。李秀成的养子正据守在金山卫,他出兵进犯南汇,又纠集川沙的太平军向官军反扑,又被我官军打败,官军直逼川沙。太平军从海塘逃出,于是官军收复川沙,进攻松江。太平军进逼泗泾,防军游击林丛文败退到北门。华尔从青浦回兵援救,李鸿章命令程学启扼守虹桥,分散青浦、松江太平军后路的兵力。太平军攻陷湖州,福建粮储道赵景贤拔刀自杀,被贼寇夺下刀,他被囚禁一年多,李秀成对他的礼待极为优厚,但他终日骂声不绝于口,谭绍光举起枪把他一枪打死。

当初,太平军围攻松江,李鸿章认为松江处于青浦东、西之间,是最为重要的地方,曾亲自到新桥,命令程学启时常出兵牵制太平军。太平军本来在松江西门妙严寺土城驻兵,华尔用炮把土城炸毁。太平军又把它夺过来,在那里增筑炮台,紧闭四门。常胜军在窦福滨与太平军交火,松江城内的官军趁夜分别从各城门出兵打击土城的太平军,太平军败逃。于是官军挑选精兵攻下天马山太平军营垒,冲入青浦,全部烧毁了太平军的武器、粮草。太平军拼死战斗,官军合力守卫松江。那些分别驻守在广福林和泗泾的太平军,被李鸿章进兵击败。他们逃入营垒,毁桥顽抗。刘铭传等人收复奉贤,陈炳文、郜云官(按:即郜永宽,下同。)等人率领几万太平军围攻新桥的程学启营垒,他们填平战壕,拔掉鹿角等障碍物,程学启来不及用枪炮抵御,掷砖石阻击他们,太平军踩在尸体上跨过战壕,程学启打开垒门出兵冲击敌军,太平军这才退却,而他们又分成几股越过新桥进逼上海。李鸿章带领七个营去救援,大败了太平军,追到新桥,程学启大叫着出来夹击敌军,太平军撤围而逃。陈炳文、郜云官都负伤逃走。官军向泗泾进兵,太平军大败,他们的营垒全被官军烧毁。广福林、塘桥那里的太平军也撤退。上海、松江都解除了戒严状态。

起初,李世忠派兵从六合通江集渡江向南进军,连续摧毁石埠桥、龙潭、东阳太平军的营垒,这些地方的太平军全逃往句容。从此九洑州太平军的外援全部断绝。洪秀全派遣江宁的太平军大规模进攻石埠桥曾玉梁的营垒,李世忠派他的义子李显发前往增援,进入曾玉梁的营垒联合防守。陈坤书从句容进攻龙潭、东阳官军的各座营垒,官军守军黄国栋等人退到石埠与那里的官军合并,太平军进攻石埠更加急迫,李显发会同水师奋力战斗,全部扫平了太平军营垒,解除了太平军对石埠的围困。这时李秀成从松江、上海败回，想联合杭州、湖州的太平军救援江宁。洪秀全派出强悍部队两万人进攻官军大营，曾国荃设伏兵击败了他们。左宗棠连日来督领部队进攻衢州，东、南、北三路太平军的营垒全被官军扫除。

当初，洪秀全因见官军大部队迅速逼近金陵城下，就每天派兵出城进犯官军，但总是被官军打败，于是就督促浙江太平军的首领李侍贤、苏州太平军的首领李秀成回兵援救江宁。而当时左宗棠正进攻衢州，与李侍贤相持在遂安与龙游之间。李鸿章新近攻下松江各厅、县，李秀成疲于奔命，就与他的部将商议说："曾国荃的兵力多集结在金陵，做长期围困金陵的打算。我军形势日益紧迫，不如先去围攻宁国、太平，截断曾国荃军的后路。等我军军势振作以后，就可以设法对付围困金陵的敌军了。"洪秀全因为金陵长期被官军围困，担心粮食不进来，仍旧督促李秀成到金陵来支援。李秀成不得已，就先派出强悍部队几万人从苏州向西增援金陵。当时宁国太平军的残部逃到江宁，与江宁的太平军合并，驻守在淳化镇的太平军也不少于两万多人。六月，左宗棠从衢州向龙潭进军。李侍贤在遂安被官军击败后，又纠合金华及温州、处州的强悍部队，分别驻守在南岸的湖镇、罗埠、北岸兰溪的永昌、太平、祝家堰、诸葛村、孟塘、油埠、裘家堰。左宗棠驻扎在潭石望，离城十五里，派遣眭金城会同刘培元驻守在城西圭塘山，派遣屈蟠、王德榜驻守在紫金旺，派遣崔大光驻守在城北对河的茶圩，派遣刘典驻守在高桥。在这以前，李侍贤探知我官军扫平衢州太平军营垒，将要向龙游进军，就纠集部队偷偷地开往兰溪、严淳，趁官军不备袭击遂安，这是为太平军移兵到江、浙粮多之处以取得给养和截断我官军运送军粮的道路而做出的军事行动。左宗棠派兵大败了他们，太平军从寿昌退回到金华。七月，我官军进兵打败龙游的太平军，摧毁了兰溪、油埠的太平军据点，在战场上杀了伪骏天义邓积士等人。宣平、处州、余姚、寿昌都依次被官军收复。

这时杨辅清纠集十多万太平军进犯并占领宁国府城，又分兵屯集在团山、寒亭等地，阻挡我官军进兵的道路。鲍超命令将士猛攻寒亭，太平军冲出据点猛烈抵抗，总兵宋国永打横插入敌阵，官军伏兵出动控制了太平军的归路，太平军受惊逃散，官军扫平了寒亭管家桥、楠家甸、狮子山太平军的屋舍几十处，营垒三十五座。伪卫王杨雄清纠合残部逃回宁国府城。杨辅清得知寒亭战败，就纠集部队围着宁国城筑营垒，绵延三十多里。鲍超进兵到乌纱铺扎营，命令娄云庆在望城冈布下伏兵，用少量兵力引诱敌人。太平军以为我官军人数少，从山冈上直压着往下冲，我官军张两翼包抄打退了他们。太平军看见旗帜遍布山谷，误认为是自己的援军，又返回聚合因而中了官军埋伏，我官军又截断了他们的后退道路，前后击毙了很多太平军。望城冈及抱龙冈十几处太平军据点全被官军扫平。太平军又暗暗集结成另一股部队，筑营垒顽抗，鲍超率领各军逼近敌军营垒扎营。各伪王从宁国南、北两城门出动大队人马夹攻官军，鲍超分兵进击，太平军战败逃往浮桥，我官军烧桥拦杀，那里的太平军没有一个得以逃脱。太平军又收集残部，再战再败，杨辅清单人骑马逃走。官军立即收复宁国府、宁国县两城。起初，杨辅清听说鲍超的部队到达，多次派人向江宁请求援兵，洪秀全派遣伪保王洪容海率领精悍部队赶去支援，洪容海本是石达开的亲信部将，到达宁国后，慑于鲍超的声威，请求投降，鲍超答应了他，而当时宁国府城已经收复。洪容海赶往广德，袭取并向官军献出广德城，率领六万太平军接受安抚，恢复了他本来的童姓。

增援江宁的太平军大举进攻官军围兵的营垒，分成二十多队牵制官军各军，而用精锐部队冲击雨花台官军军营，曾国荃开营纵兵出击，大败了他们，太平军撤围而去。潘鼎新等人合兵攻下金山卫城，此城，位于江苏、浙江交界处，是浦东的出入口，至此，这里的太平军全部被官军清除。这个月李鸿章督领各军合力进攻青浦，收复了该城。这时，谭绍光正盘踞在湖州，得知青浦已失守，担心官军从背后袭击他，就纠合嘉定、湖州、苏州、昆山的太平军进犯松江、上海西北，企图夺取青浦，程学启会合水师击退了他们。太平军进攻北竿山官军营垒未得手，就向东进攻北新泾，北新泾是上海西路的屏障，防军与他们大战将他们击退。太平军分兵进犯法华，进逼上海。李鸿章调各军从金山卫、青浦、松陵回兵救援，太平军强悍部队两万人围攻官军，程学启奋战超过一个时辰，大败了太平军。北新泾的太平军凭借河流依托营垒，埋伏在左右两边等待我官军到来。李鸿章亲自督阵，与程学启的部队会合作战，全部摧毁了太平军的营垒，谭绍光逃往嘉定。上海转危为安。

八月，太平军攻陷慈溪，华尔收复了此城，但在这次战役中，华尔受伤，不久死去。嵊县、新昌的太平军攻陷奉化。闰八月，奉化的太平军图谋夺取宁波，左宗棠命令蒋益澧等人进兵扫平兰溪裘家堰的太平军营垒，官军击毙了伪元天福万兴仁，伪捷天福刘茂林等人。驻守在罗埠的伪戎天义李世祥求降，蒋益澧进攻罗埠，李世祥做内应配合，攻毁了太平军的五座营垒。湖镇的太平军闻风而逃，我官军渡过河在五星街将他们打败。以上这些地方都是龙游、汤溪的交通要道。蒋益澧多次攻打汤溪没有攻下，官军死伤很多。左宗棠进兵驻扎在新蚓亭，此地逼近龙游城，与该城相距仅五里，左宗棠命令蒋益澧从罗埠进攻汤溪。刘典扼守油埠、湖镇，以便堵住兰溪、金华来的太平军增援部队。

九月，李鸿章会同常胜军进攻嘉定，将此城攻下。谭绍光与伪听王陈炳文又纠集援兵十几万，分路从太仓、昆山来犯，北路从蟠龙镇到达四江口，企图占领黄渡来挡住青浦的官军；南路从安亭到达方泰镇，企图攻入南翔。不久我官军在南翔打退了太平军，太平军于是在三江口、四江口分立左右大寨，架浮桥偷渡，围困我官军水师；而青浦西北洋新泾、赵屯桥、白鹤江的太平军兵势日益蔓延，已扰掠到重固镇张堰境内，距离青浦只有十多里。黄翼升率领水师从青浦出动打击敌船，但因为太平军扼守白鹤江，官军无法前进。太平军另一支部队进犯黄渡，李鹤章合兵将他们击败。这时四江口长期被太平军围困，谭绍光驻扎在吴淞江口，陈炳文据守在南岸。李鸿章督领各军到达黄渡，分成三路进击太平军，从辰时到未时，多次发动进攻但敌军营垒仍安然不动。李鸿章督战更加急切，各军跨过战壕直逼太平军营垒，程学启被太平军炮火击伤胸部，又裹住伤口死战，太平军从南岸向北败退。四江口营垒的官军守将都从敌军的围困中冲出，太平军退到昆山。我官军差不多把太平军的浮桥、石卡全部摧毁，击毙敌军几万人，摧毁敌军营垒二百座。太平军从此不再谋夺松江、上海，而全力去坚守昆山、太仓，这两地特别重要，是苏州的进出口，太平军的必争之地。

宁国再次失陷，太平军又从句容进兵逼近镇江，在汤冈筑营垒。冯子材督领官军摧毁了汤冈的九座营垒，太平军退回到青山据点。官军乘胜攻下青山，太平军逃回到句容。起初，伪护王陈坤书纠集四五万兵力企图进犯金柱关，彭玉麟在花津阻击，打了五仗全都获胜。不久，太平军将几百艘战舰从东坝拉出，我官军毁坏了他们的浮桥，太平军于是不敢渡河。到这时强悍的敌军编制筏子偷渡，多次逼攻金柱关，我官军水军、陆军大举进击，在花山将他们打败。敌军逃往上驷坡，但水师已先毁坏了浮桥，敌军回兵搏杀，官军各军合力进击，歼敌一万多。太平军在窑头等地的兵力仍分布在一百多里的范围内，我官军从四面发动进攻，烧毁了他们的营垒。花津、清山、象山、采石矶等地敌军的据点全都被拔除。从此芜湖、金柱关六十里之内没有了太平军的踪迹。

这时，官军大营中士兵患传染病的情况刚刚稍有好转，李秀成就亲自率领十三个伪王，兵力号称六十万，云集到金陵，东面从方山起，西面到板桥镇止，旗帜林立，直逼近我官军营垒，特别把重点放在金陵东、西两边的官军。曾贞干等人击败开到小河边城的太平军援兵，太平军不久从东、西两路发动进攻，分兵到洲上，抄道出现在官军猛字等营的后面，我官军分路将他们击退。围攻西路的太平军，经过六个昼夜的战斗，终于被我官军打败。太平军全部向东路发起进攻，在逼近官军营垒的地方布下战阵，偷偷挖通地道，千方百计围攻官军。官军各军将士靠着垒墙露身而立，投掷火球打击敌军，敌军背着木板匍匐前进，将木板架在战壕上想冲上来，我官军用密集的枪矛击刺，敌军拉走尸体又往上冲，死也不退。飞来的枪弹击伤了曾国荃的面颊，血流满腮，曾国荃包扎完伤口仍旧上壕守卫。李侍贤从浙东来增援，急攻官军吉后营炮台。曾国荃带兵奔往救援，太平军来兵更多，他们把装满土的箱柜堆砌在壕沟内，还暗暗挖了地道。我官军用火箭密集射击，随后出动精锐部队冲击敌军，贼寇的锐气稍受挫折，官军接着摧毁了西路的敌军营垒。东路的太平军围逼不止，官军嘉字、吉后两营的地道炸开，太平军拥进塌口，我官军分路冲出和他们决战，拥进塌口里面的太平军全被击毙。战壕外面的太平军头目又举起旗帜督战，官军各营同时冲出包抄击杀，太平军的精锐部队全都遭到失败。太平军又在东路另挖地道，在西路掘开江堤用江水淹断官军运军粮的道路。曾贞干在高坡上增筑小营垒，命令水师驻守双闸保护运送军粮的道路。我官军一共摧毁太平军五处地道，他们的作战办法更加少了。曾国荃乘胜进兵拔掉太平军十多个关卡，摧毁东路四座敌军营垒，西南的各个营垒的敌军望风逃散，官军追到南路牛首山一带，扫平敌军营垒几十座，一直搜剿到方山以西。雨花台的守敌勾结金陵城内的太平军截断我官军归路，官军左右冲击，太平军分路逃跑，他们对官军大营的重重围困这才得到解除。这次战役，李秀成从苏州来，李侍贤从浙江来，先后围攻官军大营四十六个昼夜。曾国荃率领各将领处在太平军的包围之中，设奇计打败了他们，他的弟弟曾贞干奋力保护运送军粮的道路，将士们眼射凶光，脸上漆黑，瘦得皮包骨。

官军解除了太平军对大营的围困以后，李秀成仍驻扎在秣陵关、六郎桥一带。李侍贤对李秀成说："如今清军在江北的兵力正好空虚，我军出其不意，急攻扬州、六合，搜求那里的粮食来接济我军；再分兵在安庆进攻曾国藩，清军大营一定会分兵赶去援救。我们现在驻扎在秣陵、溧水的部队，到那时可以趁他们兵力空虚时出击，不能成功的可能性是很小的。"李秀成采纳了李侍贤的建议，分别派遣伪纳王郜永宽、伪对王洪元春等人从九洑洲渡江，越过江浦、浦口的太平军有五、六万人。洪元春攻陷巢县、含山、和州，接着占据运漕镇、铜城闸、东关各要隘，探知无为州官军粮食充足而兵力少，就直扑无为州城。提督萧庆衍进攻运漕镇、铜城闸，会合彭玉麟的水师，烧毁太平军的石卡三座，进兵攻下运槽镇，接着连续摧毁陶家嘴、昆山冈的太平军营垒，绕道出现在铜城闸的后面。闸口的太平军突围而出，冈东、闸西的太平军都逃跑。曾国荃派兵防守东、西梁山看守住这长江的险要之地，命令李昭庆带五个营的兵力从芜湖渡江向北援救无为，以保卫皖南各军的运输道路。曾国藩调李续宜、毛有铭移兵防守庐州。赖文鸿、古隆贤等人从广德、宁国进入旌德，总兵朱品隆将他们打败，太平军撤围而走。那些进攻泾县的太平军，也被官军援军击退。在这以前，昌化的太平军头目率领几万人攻入绩溪，企图截断旌德防军的运粮道路，唐义训会同浙军将绩溪城收复。

十月，我官军接连收复七虞、嵊县、新昌。左宗棠多次进攻龙游、汤溪、兰溪、严州等地，攻毁敌军营垒、关卡三十多座，只是近城的一些敌军营垒未能攻下。太平军拼死守城，在城墙上凿洞设炮位射击，官军兵士死伤很多。龙游、汤溪两城是通往金华的要道，一定攻下这两城，使金华的后路不再有太平军兵力，然后才能进攻金华。从兰溪一条水路可直达严州，一定要攻下兰溪，使运送军粮的水道畅通，然后才可以收复严州。龙游、汤溪、兰溪这三个县城不能攻下，对官军来说，真所谓像骨头梗阻在喉咙里。十一月，太平军进入太平、黟县，攻陷祁门，图谋夺取江西饶州、景德镇。左宗棠担心运粮道路被太平军阻断，传令部队协助讨击，这支部队还未到达，祁门已被官军收复。魏喻义进攻严州，严州的地理形势，对外可通怀宁，对内直达杭州。左宗棠出兵支援浙江，计划首先要攻下严州，但这时太平军在三衢（即衢州），企图进犯江西，截断我官军运粮道路。于是左宗棠先发兵扫除衢州的太平军，命令刘典进攻兰溪以分散太平军兵力，衢州守敌伪朝将谭富与兰溪守敌谭星是兄弟，他们互相接应。魏喻义屯驻铜关，凭险设立关卡。谭富纠合桐庐、浦江各地的太平军多次来进犯，魏喻义在钟岭山脚下埋下伏兵，歼灭了敌军的前锋部队，敌军受惊退回衢州，紧闭城门固守。这天夜里我官军架云梯攻入衢州城，歼灭守敌一万多人，立即收复了衢州府城，烧毁敌船三百多艘，缴获伪印二百九十三颗，守敌残部放下武器向官军投降。

这时在绍兴的伪首王范汝增、伪戴王黄呈忠、伪梯王练业绅率领大股部队从诸暨、东阳、义乌、永康向西进入金华，兵力号称十万，用以援救汤溪、龙游的太平军。他们分兵进犯武义，被林文察击败。丹阳、句容的太平军进犯镇江，冯子材督领官军在丁村、薛村等地大败了他们。太平军据守常熟、昭文两县以伺机进犯江北。距这两县城（按：常熟、昭文同城而治）十八里处有福山的地方，是江南重镇，它与江北的狼山镇隔江对峙，是从长江入海的要隘。这两县的守敌头目钱桂仁、骆国忠、董正勤与太仓的守敌头目钱寿仁秘密与我官军通好言和，在李鹤年攻城的时候，他们约好做内应配合行动。骆国忠夜里请钱桂仁饮酒，在宴席上砍杀了伪冯天安钱嘉仁、伪逮天福姚得时，向官军献城投降。第二天，他们会同水师周兴隆攻下福山、浒浦、白茆、徐六泾等海口的太平军营垒，进而谋夺太仓，这时苏州方面内应的事情(按：指徐少蘧等太平军内奸乘忠王带兵攻杭州之机谋在苏州叛乱之事)泄露了。谭永光(按：应为谭绍光)用全部兵力夺常熟，招集江阴、无锡的太平军六、七万人前来会合，又命令杨舍的太平军趁官军不备攻陷了福山。官军固守常熟、昭文。

十二月，太平军围攻常熟、昭文，当地团勇败逃。周兴隆告急，李鸿章派兵援救，而江阴杨库的太平军已经进入福山各要口阻击官军援兵；李鸿章又派常胜军及水师进攻福山口河西的太平军营垒，未能攻下。太平军进攻常熟十分紧急，官军在西、北门的营垒已经失守，常胜军又为福山的敌军所阻不能到达常熟。李鹤年进攻太仓，由于太平军援兵极多，很难迅速攻下。李鸿章增调浦东官军从海路绕道开赴福山，与其他官军会合援讨太平军。李鹤年等人从望仙桥进攻太仓，打败了那里的太平军。当时蒋益澧进攻汤溪未能攻下，刘璈合兵进攻兰溪太平军营垒也失利，刘典会合水军、陆军进攻，敌军坚持伏兵不出。从龙游、汤溪来的太平军援军正好大量到达，趁官军不备向西扰掠江西、皖省，蒋益澧等人在金华白龙桥迎击汤溪来的太平军援军，大败了他们。伪扶王陈得才、伪端王蓝成春、伪增王赖文光、伪顾王梁成富、伪主将马融初，都是陈玉成生前的强悍将领。当年陈玉成命令他们向北进犯牵制官军，陈得才见庐州被官军围困十分紧急，想向南去救援，被防军阻住，奔逃到河南、湖北、山西、陕西之间，与诸路捻军会合，最后成为流寇。

同治二年正月，李秀成调集常州、丹阳等地的太平军驻扎在江宁下关、中关，兵力号称二十万，从九洑洲陆续渡过长江，想取道皖北，进扰鄂境，截断江西、皖省各地官军的运输道路，企图解除官军对江宁的围困，在太平军看来，大概是近攻不如先远夺来得有效。渡江以后，太平军攻陷浦口，李世忠退到江浦。伪匡王赖文鸿、伪奉王古隆贤、伪襄王刘官方纠合广东花旗贼寇几万人围攻泾县。鲍超从宁国急速出兵救援，把太平军引诱进埋伏圈，太平军被击败返回营垒，但营垒已被我官军烧毁了，他们狂奔逃散，官军立即解除了太平军对泾县城的围困。等到鲍超回兵宁国的时候，西河的太平军趁宁国兵力空虚进犯官军营垒，看见鲍超的军旗，慌张逃跑。蒋益澧、康国器攻下汤溪，金华的太平军凭借汤溪、龙游、兰溪三城形成犄角之势，以牵制、夹击官军，如今我官军攻下汤溪，使敌军形势渐趋紧迫。伪朝将彭禹兰到官军军营求降，蒋益澧让他当内应配合行动，诱杀了伪天将李尚扬等八人。这天夜里彭禹兰打开汤溪西城门让官军进入，杀掉九千多太平军，汤溪城内的守敌于是全部被消灭。伪戴王黄呈忠、伪首王范汝增、伪梯王练业绅从白龙桥逃回金华，龙游守敌闻风而逃，左宗棠收复了龙游，刘典收复了兰溪，高连升等人收复了金华，武义、永康、东阳、义乌、浦江也都相继被官军收复。

浙东的太平军败兵从于潜、昌化越过丛山关，进入皖南绩溪，又越过箬岭，进入旌德，会合句容、太平的大股部队云集在石埭，想向西进犯。建德大受震动，江西饶州、九江方面也告急。刘典等人攻克诸暨，谭星自在浦江被官军打败后，进据桐庐，左宗棠命令刘培元会同水师合力攻打谭星，阻止他向西进犯。蒋益澧趁有利形势进攻绍兴，提督叶炳忠会合英军、法军收复了绍兴。一万多太平军败兵，与据守桐庐的太平军一起沿江筑垒抗拒官军,我官军水军、陆军合力进攻,于是收复了桐庐。萧山的太平军也逃跑了,浙东的太平军全部被官军清除。

左宗棠派遣蒋益澧进攻杭州。在这以前,杨辅清纠合徒党聚集在西河、红杨树、麒麟山一带,有十多万兵力,派一大股部队抄道出现在高祖山,先派一个小队绕过山背,对外扬言要向上进攻泾县,实际上是想夺取在宁国的鲍超老营。二月,太平军分兵三、四方人围攻高祖山八个营的官军,鲍超分兵三路,在茯苓山边设下伏兵以截断太平军的后路。战斗超过一个时辰,太平军喧哗乱奔,走近茯苓山,官军伏兵出动,太平军惊骇恐惧,于是官军扫平了高岭、周家桥、马家园、小淮窑等地的太平军营垒。从河西逃入湾泆的太平军,被水师击败,逃入梅岭、麒麟山与那里的太平军合并。鲍超派遣将领分别向梅岭、麒麟山进攻,太平军积尸如山丘,官军同时还收复了仰贤

左宗棠

圩各地,太平军的残部分路逃跑。伪怀王周某等纠合部队进兵到句容城外,与丹阳守敌头目伪效天义陈某会合,企图从九洑洲向北渡江。冯子材控制桥头依凭险要地势,分队向敌军发起进攻,直奔牧马口,沿村十多里敌军关卡林立,官军直冲,敌军屹立不动。守备李耀光在战场上杀了掌旗的太平军头目,捣毁了敌军指挥部,官军个个以一当百,立即摧毁了牧马口的敌军关卡。东湖的太平军也败逃了,官军进兵摧毁了南路柏林村的太平军据点,将太平军头目阵某斩于马下,此人就是"四眼狗"陈玉成的叔父。太平军惊狂奔走,向西南方向逃窜。

皖西的太平军进犯休宁,分兵扰掠建德,向西侵犯江西鄱阳、彭泽,向东骚扰池州,围困青阳,接着从江浦县新河口出兵,队伍曲折连绵地向西进入巢县、含山、全椒之间,在南岸,则进犯金柱关。当时盘踞在皖南的太平军大约有三群:一是胡鼎文、黄文金、古隆贤、赖文鸿,也就是盘踞在宁、太平、石埭、旌德的那一群;一是花旗,这是广东的土匪,是以前从广东、湖南、江西进入浙、皖的那一群;一是谭星,就是在兰溪抵抗官军的那一群。在徽州驻防的各路官军纷纷告急。正当曾国藩督师东下的时候,太平军加紧进攻常熟,谭绍光又给他们增调来二百艘炮船,太平军掘地攻城,降将骆国忠全力进行防守抵御。李鸿章派兵进攻太仓、昆山以分散太平军进攻常熟的兵力,另外又派遣英将戈登帮助官军讨击福山的太平军,正好当时潘鼎新等人率领的水军、陆军夺取了石城,夜里摧毁了城中的营垒,第二天太平军逃入西山,而福山的太平军营垒又起火,于是打开石城城门全力出击,福山的太平军全部溃败,捕杀了凶悍的头目孝天义朱衣点。太平军对常熟、昭文的围困立即解除。盘踞在太平的太平军想夺取祁门,江西军王沐在徽州屯溪打败了他们。草市的太平军,又在严寺街、长林、潜口等地被击败,死了近一万人,其余的退到休宁、蓝田一带,这里向西可通到渔亭。没多久,太平军又进攻潜口,祁门的防军在黟县的渔亭阻

击，大败了他们，在战场上杀掉了伪天将刘官福。

太平军刚在金陵建立大业的时候，禁令严明，任民耕种，所以能获取江南几郡的粮食从金柱关运出，获取江北几郡的粮食从裕溪口运出，一起送往江宁。如今种田人不再种田，人烟断绝，太平军行军在无人的荒境，而安庆、芜湖、庐州、宁国、东梁山、西梁山、金柱关、裕溪口，连同浙江的金华、绍兴，这些山川通道兵家必争之地，太平军已经全部丧失，我官军足以置他们于死地了。从前太平军所到之处，筑营垒巨大坚固如城，挖战壕深阔如河，近日却筑营控壕一天比一天草率，众头目受封王的多达九十多个，他们各争高低，败不相救，有见识的人都知道太平军距离灭亡已经没有多少日子了。

太平军又从宁国绕道出现在青阳，然后分兵进犯建德、东流。三月，太平军从东流进犯江西彭泽，进兵逼近祁门；从建德谋夺饶州，进攻梅林官军营垒。刘典督领官军将他们打败，接着摧毁了潜口太平军的据点。徽州、休宁的官军解除了戒严状态。官军于是开赴渔亭，合兵攻下黟县，杀了伪绚天义古文佑。官军追击太平军把他们赶到岭外，扫平太平军营垒二十多座，岭内的太平军全部被官军清除。据守在太仓的伪会王蔡元隆假装投降在郊外迎接官军，我官军到城下，太平军伏兵出动，用枪击伤了李鹤章，程学启的部队走在最后面掩护官军撤退。李鸿章传令戈登会合官军进攻太仓，收复了该城。黄文金纠合许家山各地的太平军十多万人，从祁门进攻官军，与参将韩进春血战四个时辰，官军在战场上杀了伪孝王胡鼎文，太平军胆气尽失。

太平军进攻庐州、舒城。李秀成准备从舒城、六安向上游进犯，一支部队出兵黄州，一支部队出兵汉口，骚扰进犯湖北，牵制南岸的官军以援助他们北岸的部队，牵制长江下游的官军以援助他们上游的部队，这些都是为了解除官军对金陵的围困而设计的。湖北是几个省相互联系的中心，曾国藩调成大吉回兵驻守澴口，传令水师到武昌、汉阳严密防守。李秀成来进犯石涧埠，进兵逼近我官军，日夜猛攻，双方相持不下。太平军又在前锋部队中增筑了一百多座营垒，层层包围官军。彭玉麟派兵来支援，合兵夹击太平军，全部扫平了他们的营垒，李秀成逃走。那些进犯庐江、舒城的太平军都败逃了。强悍的太平军头目马融和从豫省抄小路进犯桐城，我官军在三里街将他打败，马融和逃往孔城，同李秀成的部队合并。李秀成派遣伪富天豫张承得等人围攻六安，张承得战败而死。六安，是淮南的交通要道。围六安的太平军残部逃往庐州，鲍超追击，合兵攻打巢县，先攻破东关、铜城闸两个要隘，接着攻下了巢县城。金山、和州相继都被官军攻下。

李侍贤自从在金陵战败后，纠集强悍部队几万人多次进犯金柱关。花津、上驷渡、万顷湖、涂家渡及燕子矶、伏龙桥、护驾墩、湾沚、黄池等地太平军的营垒，都被我官军摧毁。从这以后太平军不敢轻易渡江到西岸，而躲藏在溧水、丹阳一带地区。四月，水师杨政谟袭击攻毁了杭州闸口的太平军战船，又上岸击毁瞭望江门的太平军营垒，敌军大为震动，急忙招呼新城的太平军回兵救援。蒋益澧进攻富阳，富阳一城是杭州上游最关紧要的地方，贼兵用战船、营垒相助，严密防守。杭州来的敌军援兵驻扎在新桥，与富阳城内的太平军形成犄角之势，以牵制和夹击官军。李秀成命令陈炳文等离开苏州、常熟、昭文，急速支援富阳，并且纠集苏州、常州、嘉兴的强精部队从余杭奔赴临安，进犯新城，骚扰进攻富阳的官军的后路。魏喻义等人督领官军进击,太平军又趁下雾分路猛攻新城,被官军打得大败,向临安逃跑。伪慕王谭绍光、伪来王陆顺德等人率领大股部队进犯太仓双凤镇,进攻昆山官军后路,企图解除官军对昆山的围困。我官军与太平军激战三个昼夜,打败了他们。伪天将夏天义率领强悍部队几万人长期据守在昆山、新阳县城,李鸿章督率程学启、戈登会合水师摧毁了昆山太平军营垒二十四座,击毙太平军一万多人。正义镇,是苏州太平军援救昆山的必经之路,程学启进攻此镇,摧毁太平军石营垒二座。昆山的太平军见归路已被官军截断,夺路狂奔,官军于是进兵攻下了同城而治的昆山、新阳。王沐从黟县回兵支援景德镇,在陈家畈、包家墩打败太平军,太平军逃往安宁岭外。

这时江宁长期被官军围攻,太平军千方百计想解除官军对江宁城的围困。已经分股从徽州、休宁伺机牟取江西,从含山、和州一带图谋进犯湖北,而从湖北向长江下游进犯的捻军,又在蕲水分成四支,一支回兵进入黄州,一支猛攻宿松,越过潜山、太湖扑向庐州、桐城。太平军与捻军勾结,气焰很嚣张。这些军事行动都是李秀成策划的。我官军收复福山后,隶属于江阴县的杨库汛是长江边的险要之地,太平军聚集部队死守在那里,以庇护江阴。我官军水路、陆路合力进攻,杀了赵尚林等人,立即收复杨库汛城,在涠北、涠西、塘市等地驻守的太平军都抛弃营垒逃回无锡、常州。我官军收复建德,又连续收复巢县、含山、和州三城。于是皖北的太平军全部逃跑,皖南的太平军军势也衰落了。

当初,李秀成自六安兵败后,就率领部队向东进犯,扬言要回兵救援苏州。曾国荃急忙出兵争夺江宁这个太平军的老巢,进攻太平军的这个必救之地,可使金陵城下的太平军无暇抽兵远赴苏州,北岸的太平军也不敢专心进攻扬州;于是曾国荃就率领官军分成六路一起进兵,偷袭雨花台及聚宝南门太平军的石营垒,肉搏登上城墙,终于夺得了雨花台,又乘胜猛攻金陵东、西、南面太平军的各个关卡和九座营垒,把它们全部攻下。太平军败逃,我官军追击到长干桥,被官军逼进水里淹死的太平军极多。没多久,江宁城里的守敌出击,又败退,官军毙敌六千多人,太平军的军力从此衰减。李秀成在江北,得知雨花台失守,更加惊慌,又因为昆山新近被官军攻下,苏州也受到官军的进逼,就与诸伪王一起改变计划渡江向南。于是天长、六合、来安一个接着一个解除了太平军的围困。据守在乔林小店的太平军,冒雨抢夺船只,喧闹声不断。五月,浦口的太平军弃城逃跑,江浦的太平军忽然向官军送信请求投降,鲍超等人识破他们的骗术,领兵急进,水师也停驻于在江浦。江浦的太平军闻风也连夜逃跑,据守在九洑州伪城的太平军紧闭城门不放他们进去,他们吓得窜进芦苇丛,溺水而死的人很多。江浦、浦口两城的太平军,全部被官军逼入长江淹死,江北的太平军全部被官军清除。

曾国荃几天内接连攻下下关、草鞋峡、燕子矶,收复宝金圩,距离芜湖、金柱关一百里以内已经没有太平军的踪迹。又进攻收复了九洑州。在中关的太平军,依城筑营垒,始终死守,不稍微动一动。那些坚守九洑洲的太平军,下有一排排战船,上有伪城,许多炮轰射不停;又在东、西、南三面分别埋伏洋枪队,趁官军不备就出击,我官军多被损伤。彭楚汉等人负伤后仍然与太平军搏斗,并趁着刮风天气放火,夜里二鼓时分,官军爬墙而入,全歼了那里的太平军,无一人逃脱。九洑洲收复以后,官军中出谋献策的人认为浙军应进攻富阳，沪军应进攻苏州，对江宁也应迅速合围，使太平军到处防备兵力分散。曾国藩也主张合围江宁制服敌人是上策。李秀成渡江向南后，在江阴、无锡扎连营，绵延几十里，扬言要救援江阴和进攻常熟。李鸿章督领各军攻毁七十五座敌军营垒，顾山以西的太平军已全部被官军清除。

太平军自从失去九洑洲以后，长江上运到下关的接济物品已经断绝，粮食渐渐缺乏，发文书到苏州、嘉兴，力图得到接济物品。洪秀全因为官军围攻金陵城一天比一天紧迫，就留李秀成和自己共守金陵，暂缓救援苏州。六月，洪秀全派兵出仪凤门进攻鲍超的军营，出太平门进攻刘连捷的军营，都不胜而退。七月，进攻下关，也被我官军击退。八月，曾国荃进攻印子山，摧毁了太平军的石营垒，在战场上杀了伪佩王冯真林。第二天，又摧毁了七桥瓮的太平军石营垒一座，土营垒三座，伪梯王练茶发被杀。曾国荃调来江浦、浦口的防军，另外又招募一万士兵，制订了大举（按："火举"为"大举"之误）围城的计划。这天程学启会同水师进逼娄门、葑门，计划夺取苏州城。

当初，从建德向南进犯的太平军在汪村被官军打败，伪匡王赖文鸿受伤从马上跌下，他的部下保护他逃跑。过了两天，又在分流木塔曹家渡被打败，从此浮梁北路稍微太平一些。在这以前，黄文金纠合太平军的一些头目从皖省进入江西，分别在鄱阳、浮梁、祁门、都昌境内骚扰，但常常受到我官军的阻遏，不能深入到江西内地；于是他们转过来向西进犯湖口，分兵成三路：上路经过文桥，中路经过梧桐岭，下路经过太平关，其中经过文桥的一路太平军军力最盛，黄文金亲自在这一路指挥。不久，太平军从文桥猛攻坚山官军大营，江忠义会同各军上前迎击，攻毁敌军七座营垒，黄文金逃往皖南，江西的太平军全部被官军清除。

黄文金绕道越过池州围攻青阳。八月，富阳的太平军与新桥的太平军互成犄角之势，抵抗我围攻富阳的官军。蒋益澧督领各军日夜轰击，先打败了增援的敌军，摧毁依城而筑的敌军大营垒及大小各类关卡，富阳城内的太平军招架不住，逃到新桥，官军立即收复了富阳城。我官军又从鸡笼山绕道出现在新桥，全力追杀太平军，太平军的营垒全部被官军扫平。据守江阴的太平军长期负隅顽抗，我官军不断进攻他们，形势渐渐紧迫。这个月陈坤书和潮武齐分成五大股共十多万兵力，分路来救援江阴，部队绵延几十里，西面从江边起，东面一直到山口，沿途筑木城十多座，其中大小营垒有一百多座，防守坚固。我官军从水路和陆路分别进攻，郭松林偷偷从山后呐喊着攻入敌营，横冲直撞，到处击杀敌兵。刘铭传直捣敌军指挥部，敌军大败。江阴城内的太平军有做官军内应配合行动的，夜里三鼓时分，官军架云梯攻入城，伪广王李恺顺落水而死，官军于是收复了江阴城。

李秀成从江宁回到苏州，谋划解除官军对苏州城的围困，他与程学启、戈登在苏州宝带桥交战，失败后逃到盘门。我官军摧毁了沿路的太平军不少关卡，李秀成率领大股兵力来争夺，我官军奋力将他们击败。当初，太平军在娄门外依城墙筑了十九座营垒，程学启驻扎在外跨塘，炮火射程不能到达敌军营垒，因而移兵驻在永安桥。城里面出来一百多洋人，发炮援助太平军（按：当时有部分洋人投李秀成，帮助作战），没多久，苏州城内的太平军分别从各城门大批涌出，官军水、陆军全力阻击，太平军败退。程学启认为敌军营垒既多而且坚固，官军无法前进，而城东南的宝带桥是太湖的军事防守重地，太平军筑一座石营垒、三座土营垒，全力进行防守，就考虑先攻毁这里的营垒来挫伤太平军的军势。于是把水军、陆军分成三路，先攻毁土营垒，敌军弃垒逃走，石营垒中的守敌也接着逃散。李秀成亲自率领援兵阻击，程学启督领官军将他们打退。我官军进攻无锡的贼军，在芙蓉山打败了他们。伪潮王黄了隆出兵抵抗，又失败逃跑，官军用刀砍伤了他的肩膀，他几乎被官军俘获；郭松林追赶太平军到达无锡城下，扫平了西北两座依城而筑的营垒，烧毁敌船一百多艘。

蒋益澧收复富阳以后，移兵向杭州进发，康国器进军余杭。伪归王邓光明、伪听王陈炳文、伪享王刘某及伪朝将汪海洋，在靠近杭州城的要口筑营垒、立木寨，从前仓桥、女儿桥、老人畈、东塘、西溪埠、观音桥、三墩，一直到武林门、北新关，打横一直到古荡，扎连营绵延十多里，来抗拒我官军的进攻。汪海洋从杭州向上增援余杭，被我官军击败。太平军接着从前仓渡河，在西葛村筑营垒，我官军又把他们击退。我官军进攻杭州江边的十里街，攻毁街口敌军营垒。我水军、陆军大举进攻围困青阳的太平军。当初，黄文金在都昌、湖口等处战败而向东进犯，在池州攻城夺地，直逼青阳城外，在近城半里处，绕城筑了六十六座营垒；又在近城几里处，筑了七十多座营垒。曾国藩调了水军、陆军向围困青阳的太平军发动进攻，江忠义率部渡过河，从山后面攀岩而上，急攻敌军营垒。敌军纠集部队抄我官军的后路，江忠义指挥官军冲锋扫荡，敌军兵败如潮退，官军扫平一百三十多座敌军营垒，歼灭敌兵一万多人，敌军逃回到石埭一带，官军立即解除了太平军对青阳的围困。

李侍贤、林绍璋等人合兵向里进犯，从无锡南门一直向坊前、梅村深入三十里；高桥太平军的大股部队也分兵七、八千骚扰到西高山一带，出现在芙蓉山的后面；无锡城内的太平军出北门进犯塘头东亭。官军分路迎讨，设伏兵诱击，太平军大乱，败逃，陆路的太平军差不多全部被歼灭，夺获敌船六十多艘和敌军从民间掠来的民船五百多条。李秀成从苏州率领伪纳王郜云官、伪来王陆顺德、伪趋王黄章桂、伪祥王黄隆芸、伪纪王黄金爱前来救援，进逼大桥角官军军营。洋兵头目白齐文用轮船大炮为太平军开道（按：白齐文是"常胜军"前任领队，这时已向李秀成投降，帮助太平军作战），李鹤章用连珠喷筒（一种喷火武器）打败了他。太平军水路、陆路都被打败，被官军击毙一万多人。另一股太平军进犯缑山，也失败逃跑了。李秀成的儿子及宿祥玉、黄隆芸都淹死，李秀成顿足大哭。程学启又在齐门、娄门、葑门打败苏州太平军，一直追到护城河边才收兵。

九月，杭州城内的太平军大规模出动，从蛮头山、凤凰山、九耀山、雷峰塔进犯我官军新筑的营垒，蒋益澧督领各军迎击，大败了他们。我官军进驻天马山、南屏山、翁家山。这时杭州的太平军头目，以邓光明、汪海洋最为凶恶狡诈，陈炳文在其次。他们计划以杭州为大本营，把余杭作为犄角，来牵制夹击官军，这两地都依靠嘉兴、湖州的援助，借助它们提供接济物品。嘉兴进入杭州的通道，就在余杭，所以我官军议定先攻下余杭，控制、截断嘉兴、湖州通往杭州的道路，而后再一起合围杭州。蒋益澧的一支部队逼近杭州城，在凤山、清波各门扎营，控制住杭州城的西面；对余杭城，官军已围住它的东南面，但在北太平军自从在大桥角战败以后,形势日渐紧迫。李秀成纠集无锡、溧阳、宜兴的贼军八、九万人,一千多艘战船,停泊在运河口;自己率领强悍部队驻守在金匮县的后宅,扎连营交错向前推进。李鹤章认为太平军把河当作坚固屏障,官军不适宜同他们水战,应当筑营垒制服他们。我官军多次打败坊前、梅村、安镇、鸿山的太平军,但太平军的大部队全部集中在西路,目的在于保卫无锡以便救援苏州。郎中潘增玮提出进攻蠡口、黄埭的策略,程学启于是与戈登攻下蠡口,进击黄埭,摧毁太平军四座营垒,捕杀了伪天将万国镇。五龙桥在宝带桥西边五里,是从澹台湖鲇鱼口进入太湖通往浙江的要隘。程学启率领戈登会同水师先后在那里攻毁太平军六座营垒。这时,我官军驻兵在永安桥,从而使太平军通往娄门的道路断了,驻兵在宝带桥,从而使太平军通往葑门的道路也断了,如今攻下五龙桥,而让太平军通往盘门及太湖的道路又断了。苏州的太平军于是勾结浙江的太平军,企图猛攻吴江,以骚扰我官军的后路。程学启率领水军、陆军击败嘉兴、湖州来的太平军援兵,捕杀了伪贵王陈得胜和他的强悍部属四十多人,一直追到平望,切断了他们的浮桥。从此进攻苏州的官军没有被太平军牵制的担忧了。

伪平东王何明亮等人因为刘典驻扎在绩溪,不能向上进犯徽州、歙县,就从宁国千秋关进入浙江,攻陷昌化,骚扰于潜。那些从前进入广德的太平军,又折回据守孝丰。刘典派遣部队出绩溪昱岭关援助讨击太平军。江宁官军自攻下江东桥、上方桥后,未能攻下金陵城东的一些要口。其中近城的要口叫中和桥、双桥、七桥瓮,离城稍远的要口叫方山、土山、上方门、高桥门,城以南的要口就是秣陵关,再南面还有博望镇,都是金陵外围的护城据点。曾国荃认为东路的太平军没有清除,就不能置金陵之敌于死地,就命令各军渡河向东。提督肖衍庆渡过河后攻下五个敌军营垒,城内的太平军出来争夺,被官军击退,接着官军攻下了上方门、高桥门、双桥门。右路方山、土山的太平军也扔下营垒逃走。七桥瓮的守敌慌慌张张想要逃跑,城中忽然冲出大股敌军前来增援,官军与他们搏杀,总兵萧孚泗趁着黑夜放火,敌军冒火冲出逃走,于是官军收复了七桥瓮。那个博望镇,总兵朱南桂已经在五天前攻夺了下来。丢了博望镇以后,在秣陵关的太平军就变得势孤力单了;丢了七桥瓮以后,在中和桥的太平军也变得势孤力单了。总兵伍维寿等人向南攻打秣陵关,那里的守敌扔下营垒逃散。从此钟山西南不再有一个太平军的据点。

伪奉王古隆贤到朱品隆处投降,官军收复石埭、太平、景德镇三城,徽州的太平军被官军全部清除。太平军残部据守在宁国、广德、孝丰之间,军心十分涣散。左宗棠命令刘典从昌化、于潜进兵临安,进而讨击孝丰,为的是准备夺取整个湖州地区。十月,易开俊攻下宁国县城。这以后东坝的黎立新上书请求做内应配合官军行动,建平的张胜禄上书请求献城投降。鲍超等人于是合兵开赴东坝,围绕敌军营垒从四面发动进攻。杨辅清从乱军中逃出,东坝守敌立即献伪城投降。东坝收复后,在建平的张胜禄等人就在官军收复东坝的当天杀掉伪跟王蓝仁得,带领全城太平军投降,溧水的太平军头目杨英清也缴出武器投降,官军于是收复了建平、溧水两县城。曾国荃攻下了淳化镇、解溪、龙都、湖墅、三岔镇等要隘,摧毁太平军营垒二十多座。江宁城东南百里以内太平军的据点差不多全被官军拔除。

　　苏州的官军从黄埭进攻浒墅关，攻下了王瓜泾、观音庙太平军的营垒，一直进兵到浒墅关，打跑了伪来王陆顺德，进兵摧毁了十里亭。虎丘、枫桥的太平军都逃跑了。官军追击太平军到达阊门，敌军大惊。李鹤章在无锡鸭城桥打败太平军，攻下西仓敌军营垒，直达茅塘桥。李侍贤调常州陈坤书来援救，无锡城内的太平军头目黄子澄出城接应，我官军迎头痛击打败了他们。李秀成得知浒墅关已失守，就退兵驻守北望亭，计划返回苏州据点。陈坤书掉头逃往常州，李侍贤逃往宜兴、溧阳，我官军乘胜追击，攻下敌军营垒一百多座。李鸿章督领官军攻打娄门的太平军。四年来，在我官军连续攻下苏州的要隘后，苏州的太平军就在胥门、葑门、娄门等地依河筑了几十座营垒，娄门外的石营垒尤其坚固。到这时我官军从南、北岸同时向石营垒发动进攻，李秀成等人冲出娄门阻击，程学启与常胜军分队应战，太平军援军逃进城内。水师会同陆师攻打娄门和葑门外的太平军二十多座营垒，都攻了下来。我官军连续攻下齐门、盘门各太平军营垒，从三面逼近苏州城，守城的太平军恐惧万分，李秀成和谭绍光还想坚守，别的头目如郜云官等人都生二心，秘密向李鸿章请求投降，李鸿章同意了他们。程学启、戈登乘一条小船与郜云官等人相见，命令他们砍下李秀成和谭绍光的首级献上；但郜云官不忍心杀李秀成，只答应杀谭绍光。李秀成发觉这情况，流着泪与谭绍光握手诀别，趁夜带领一万多人从胥门冲出奔往嘉善。郜云官杀了谭绍光，带领伪比王伍贵文、伪康王汪安均、伪宁王周文佳(按：即周文嘉)、伪天将范起发、张大洲、汪环武、汪有为，打开齐化门迎接官军来受降，李鸿章接受了他们的投降。郜云官等人没有剃发，想要总兵、副将等官职，并且请求让他们自己领着部属驻守在盘、齐、胥、阊四门。程学启担心郜云官等人无法控制，就秘密请示李鸿章把他们杀掉，官军立即收复了省城苏州。

　　李秀成用轮船火炮越过无锡水师的防线向北逃跑。十一月，李鹤章攻下同城而治的无锡、金匮，追捕到黄子隆和他的儿子黄德懋，把他们一起杀掉。刘秉璋等人进攻浙西太平军，平湖守敌陈殿选献城求降。接连几天，乍浦贼军头目熊建勋、海盐澉浦的贼军都投降了。十二月，李秀成留苏州的败兵驻扎在丹阳、句容之间，自己率领几百骑兵偷偷进入江宁太平门，苦劝洪秀全放弃金陵城和他一起出走。洪秀全坐在高座上说大话道："我奉天父、天兄之命，做天下万国唯一的真主，天兵很多，我有什么可害怕的？"李秀成又劝道："我们的运粮道路已被截断，马上会饿死的！"洪秀全说："吃上天赐给的甜露，自然能解救饥饿。"甜露，就是杂草。李秀成认为洪秀全留恋金陵不肯离开，不是用口舌能够劝得动的，就送信到溧阳与李侍贤相约，决心到江西去。

　　当初，太平军自咸丰十年攻破官军在江宁的长围后，连续攻陷了苏州、常州、嘉兴、湖州，向长江上游进犯江西、湖北、强抓、裹胁散兵、流匪，兵力达百万，把东南部财赋所出的地区令夺在手里，一天比一天强大。从去年开始屡战屡败，驻守在各城的精锐部队逃亡的不少于十万。今年春、夏之间太平军进犯皖北，被我官军截杀、击散的又是十来万。太平军从九洑洲过江，只剩下四、五万人。洪秀全惊慌失措，想依靠李秀成回江宁主持守御的军务，然而李秀成因为苏州是他分管的地方，那里军情紧急需要回去救援。如今苏州这一重要据点已经失去，他的部队又势孤力单，慌张地从苏州逃跑时，随行的只有两万多人，想到金陵去，又无法解除官军对金陵的围困。所以李秀成力劝洪秀全突围向上游逃跑然后回到粤地，等待机会再图发展。常州的陈坤书、溧阳的李侍贤或进或退都听李秀成的，但杭州的陈炳文是安徽人，邓光明是湖南人，得知李秀成有回粤地的打算，都不愿意跟从，洪秀全对李秀成的多次劝告也不听从。

曾国荃从四月间开始挖地道，到这时才完成，但太平军在近城筑名叫"月围"的墙，下面凿横洞作防备官军的地道。所以城墙虽被官军挖塌，但还是受阻于月围、横洞，无法把城攻下。刘铭传进攻常州西路，奔牛守敌邵志伦、罗墅湾守敌夏登山和万锡阶、石桥湾守敌张邦振都到我官军营地求降，官军收编太平军降兵一万六千人。只有孟河的贼军还据守在汛城，他们总是出城进犯降兵的营垒，刘铭传一次战斗就把汛城攻下了。潘鼎新攻下屿城，李鸿章等人攻下常州东门和南门的太平军石营垒。第二天，张树声挨近常州城东北筑营垒，攻下小门和土门。接连几天，嘉兴、桐乡、石门的太平军进犯屿城，海宁的太平军进犯澉浦、海盐，伪章王林绍璋从句容来增援常州，都被我官军击退。

程学启收复平望镇。平望镇东面连接嘉兴，西面连接湖州，南面通往杭州，是江苏、浙江之间的交通枢纽，浙江的太平军精锐部队多聚首在这里，如今被我官军攻下，嘉兴的屏障已失去，嘉兴守敌胆气尽失。太平军进犯镇江甘棠桥张文德的营垒，冯子材等人协助将他们击败，杀了李秀成的养子伪冈天义黄某。十二月，伪会王蔡元隆向官军献城投降，左宗棠接受了他的投降，将他改名为元吉。海宁城地处海边，是杭州东北面的屏障。以前蔡元吉在这里聚众据守，使得进攻杭州的官军不能将杭州完全包围起来；如今他回心转意归降朝廷，杭州太平军的军势就更加孤单了，官军对杭州东、北两面的包围逐渐合拢。嘉兴贼军头目伪荣王廖发受向官军呈上降书，程学启担心其中有诈，告诫部队严加防备。杭州守敌伪听王陈炳文派人前来求降，但没有降书，左宗棠催促蒋益澧加紧进攻杭州城。

李秀成会同李侍贤进犯江西，李秀成因为溧阳到饶州浮梁几百里的地方处处缺粮，又担心带着军粮难于快速行军，因而催促李侍贤带二十天的食粮，取道长兴、广德、宁国进入江西，先占领富饶的地区等待自己。于是李侍贤派兵向西进犯，行军非常迅速。曾国藩派兵驻守休宁，沈宝祯派兵驻守婺源、玉山，阻击李侍贤的部队。四月，四川总督骆秉璋在天全打败贼军，活捉伪翼王石达开，将他在闹市上处以磔刑。洪秀全发动叛乱时，封过五个伪王：冯云山、萧朝贵，都战败而死；杨秀清、韦昌辉，自相拼杀而死；石达开，避祸离开金陵，自树旗帜，先后进犯浙江、福建、两湖、两广几省，并且骚扰到滇、黔境内，他早就有进入四川的打算，想窃据四川为王，到这时才被川军捉住杀掉。共计五个伪王先后都被杀灭。

同治三年正月，蒋益澧命令降将蔡元吉袭击桐乡，没有攻下。桐乡是杭州、嘉兴之间的交通要道，蒋益澧派遣将领分别驻扎在桐乡城的东、北门外，伪朝将何培章来向官军投降，于是收复了桐乡。蒋益澧命令何培章带领降兵驻守在乌镇、双桥，阻断杭州、嘉兴间的通道，断绝太平军的粮食。湖州、杭州的太平军都来争夺乌镇、双桥，被官军击败退走。

我官军进兵驻扎在嘉兴城外，联络苏州的官军，准备收复嘉兴郡城。广德、宁国的太平军进犯浙江昌化，副将刘明珍不明敌军兵力的多少，出兵进击，被敌军枪矛刺伤，退兵扼守河桥。太平军不久分成几路：一路进犯徽州绩溪，一路进犯淳安，企图渡过威坪河夺取遂安。这时李侍贤向上游进犯，想快速越过徽州到江西，以便取得粮食供应。太平军的总趋势是侧重进攻遂安，扰掠到开化马金街，这里与休宁、婺源、常山、玉山接壤。王开琳从徽州进入遂安，连续在中州昏口大败太平军。黄少春快速进入遂安县城，在遂安城的北面打败太平军，逼他们进入郭村，歼灭了他们。太平军后面的部队仍从章村窜入昏口，黄少春在新桥击败了他们，王开琳又绕道出现在昏口将他们打败。太平军逃往开化华埠的只有一千多人。

李侍贤纠合黄文金和广德的太平军残部从宁国向上游进犯，攻陷绩溪，退守雄路、孔灵等地，企图猛攻徽州。唐义训从徽州出兵驻扎在吴山铺，打败了敌军，摧毁了雄路敌军的屋舍。敌军的援兵开到，我官军奋力进攻，又把他们打败，绩溪县城立即被官军收复。李鸿章派遣郭松林、戈登等人进攻宜兴、荆溪，太平军打开城门出兵抵抗，子弹射伤了郭松林的右肘。我官军驻兵三里桥，与常胜军联合打击太平军，伪代王黄精忠从溧阳来救援，拼命猛攻，我官军屹立不动，用洋枪打击他们，敌军死伤接连不断，但没有退兵的意思。我官军分三路包抄他们，敌军这才夺路狂逃，城里的太平军眼看越来越招架不住，就打开城西门逃走，于是收复这两个县城（按：宜兴、荆溪同城而治）。这两个县城濒临太湖西岸，地处江苏、浙江之间的交通要道，是常州府的后路。从此常州府的太平军形势更加紧迫，官军在苏州、无锡的防守更加巩固。

戈登进兵围攻溧阳。溧阳是李侍贤的根据地，又是江宁后路的要口。常州、金坛在它的北面，句容、丹阳在它的西面，长兴、广德在它的南面。溧阳的北面、西面、南面都是太平军的地盘，戈登的部队前面和鲍超的驻在东坝、溧水之间的部队相隔绝，后面离开李鸿章的常州军也稍远，孤军深入去围攻溧阳，李鸿章告诫戈登对部队的进退要持谨慎态度。不久，溧阳太平军头目吴人杰投降，于是戈登收复了溧阳城。郭松林等人进攻金坛，在杨巷打败了伪列王古宗成、伪襄王刘官方。这时驻在常州的陈坤书纠合丹阳、句容的太平军十多万人，从西路绕道出现在常州的北面，天天进犯我官军，李鹤章督领部队击败了他们。太平军因为我官军围攻常州城一天比一天紧迫，就分别进犯江阴、常熟、无锡，想以此分散我官军的兵力。李鹤章撤去围困常州的官军，坚持只防守不进攻，分别调动部队去增援那三个县。李鹤章等不久解除了太平军对无锡城的围困。江阴守将骆秉忠与杨鼎勋等人内外夹攻，进犯江阴的太平军也败逃了；于是太平军合在一起去进犯常熟，北面从杨舍、福山起，南面从颜山（按：应为"顾山"，下同）、王庄起，几十里内全是太平军。黄翼升会同常熟城内的官军内外夹击太平军，攻下王庄、颜山、陈市的敌军营垒，追杀太平军走了二十多里。太平军从大河回兵猛攻常熟城，水师将他们阻截住，使他们首尾不能相顾，官军发动突然袭击杀死了很多太平军。太平军对常熟的围困立即被官军解除。

当初，李秀成到江宁劝说洪秀全出走，洪秀全不听，李秀成担心粮食接济不上，派出人员千方百计偷运粮食。曾国荃约请杨岳斌在水路、陆路巡逻，碰到奸民运米进城，就没收。李秀成派养子李士贵带领几千太平军从太平门出城到句容接运粮食进江宁城，官军埋伏兵力拦击，太平军抛下粮食逃跑。曾国荃决心要对江宁进行全面包围，江宁城延绵一百多里，自从我官军驻兵雨花台后，又夺得了附近的一些要口，江宁东、西、南三面都被官军占据，只剩钟山的石营垒没有攻下，江宁城北的两座城门还未完全围住。李秀成自己领着部队从钟山南面出来，进攻朱洪章的营垒，败退后登上钟山。沈鸿宾等人带着火球箭把它扔进敌军营垒里，太平军从火里冲出逃跑，于是官军攻下了钟山石营垒，这钟山石营垒，就是太平军所命名的伪"天保城"。曾国荃分别传令几位将领驻扎在太平门、洪山、北固山，堵住神策门，剩下玄武湖隔水进行围困。于是江宁四面形成被包围的局面，太平军的援兵和运粮道路都断了。

二月，太平军因为运粮的道路已断，天天驱赶江宁城内的妇女和孩子出城以求节省粮食。江宁城西北面园圃多，太平军预先种了麦子救饥。当初，程学启进攻嘉兴，攻下了小西门、北门太平军的营垒，把那里的太平军全部消灭，活捉了伪天将刘得福、慕天义贾慕仁。当时湖州的太平军多次进入南木、坛丘、四亭子、新塍，想进犯盛泽、平望，以救援嘉兴，但未能成功；现在他们又来进犯盛泽，围攻王江泾后路的官军营垒，也被我官军击败。太平军对嘉兴城的防守十分坚固，我官军伤亡很多，又遇到下雨不能进攻，程学启急着想收复嘉兴，带兵分别向各城门进攻，太平军在近城处增筑"月围"墙，拼命抵抗；官军又用地雷、巨炮轰塌了一百多丈长的城墙，击毁了城上的炮台，守城贼军争着背土填平城墙缺口。湖州的贼军又从新塍来救援，程学启合兵猛攻，登城肉搏，子弹打伤了程学启的头部，他的部将愤怒万分，纵横刺射，太平军败逃，于是收复了嘉兴城，伪荣王廖发受、伪挺王刘得功都被处死。来嘉兴救援的黄文金退同到湖州。

分别进入江西境内的太平军，多次遭到我官军截击追杀，闯进了金溪。道员席宝田从安仁快速出击，收复了金溪县城。太平军从泸溪奔赴建昌，席宝田合兵击败了他们。太平军的兵力散布在新城、南丰。提督黄仁翼进攻新城，收复了它，太平军残部逃到福建建宁县境内；南丰的太平军也被席宝田击败，杀了伪天侯张在朋，敌军扔下营垒狂逃，退到城下，官军将他们全部包围起来加以攻打。

蒋益澧收复杭州，康国器等人在同一天里收复了余杭，太平军分别逃到德清、武康等地。左宗棠命令官军分路进兵追剿。三月，罗大春等人各自率部猛攻敌军营垒，从四面围攻武康县城，降将杨芸桂打开城门迎接官军进城。增援的贼军回兵攻城，官军用炮轰击，他们战败逃走。德清的太平军与官军激战四个时辰后也大败。武康、德清都被官军收复。我官军进兵逼近石门，守敌邓光明投降。那些企图逃往孝义的太平军，也被官军阻截追杀死了很多人。鲍超等人合兵收复句容，伪汉王项大英、伪列王方成宗都被处死。伪守王方海宗逃到金坛宝堰，宝堰南面距离金坛县城四十五里，北面可直达丹阳。方海宗与伪显王袁得厚合谋在宝堰截堵官军进兵的道路，鲍超进攻他们，他们紧闭营垒不出战，于是官军就背草包填战壕，冲进他们的营垒，敌军往金坛、丹阳逃跑。

鲍超进攻金坛，在茅山设下伏兵，大败敌军后又紧追不舍，金坛城内的守敌吓破了胆,打开南面城门逃跑,官军于是把金坛城收复。太平军败兵二、三千人,据守在南渡,伪植王林得英与常州西路孟河、吕城等地的太平军约会,想把广德的太平军合并到金坛的太平军里来,共同据守南渡。李鸿章传令道员吴毓芬等人会合水军、陆军分成三路夜里袭击他们的据点南渡,在战场上杀了林得英和林天安黄有才等人,差不多全部消灭了这里的太平军。那负责进攻丹阳的,是镇江、扬州的防军,太平军援兵一路从常州运河,另一路从江阴孟河大量到达丹阳,詹启纶、张文德合力击败了他们,太平军援兵退到丹阳东北一带驻守。在丹阳一城中聚集了太平军的很多大头目,伪然王陈时永是陈玉成的叔父,伪来王赖桂芳是洪秀全的妻弟,因为他们之间发生内部争斗,我官军乘机进攻,陈时永受伤倒地,被官军杀掉。太平军自己把赖桂芳及伪广王李恺瞬、伪列王金友顺、伪梁王凌郭钧、伪邹王周林保连同封伪义、安、福、燕、豫等爵号的头目捆绑着送到官军面前求降,这些人全部被处死,于是收复了丹阳城。到这时常州、镇江各属县的太平军都被清除了。

自德清、武康、石门被官军收复后,李侍贤同伪听王陈炳文、伪康王汪海洋等人仍旧坚守在湖州。这时浙江只有湖州、长兴、安吉三城未被官军攻下。湖州的太平军在湖州城附近的二、三十里内修筑了坚固的营垒,又在长兴、安吉各要口扎连营,绵延几十里,与湖州形成犄角,以牵制和夹击官军。高连升在湖州境内进击太平军,太平军分别逃往昌化、分水,防军将领刘明珍拦击杀死了数百名太平军。李侍贤绕道越过老竺岭,进入皖南绩溪,又从小路进入歙县西部,进犯屯溪;陈炳文、汪海洋从歙县北部进入浙江境内,分别进犯淳化、遂安。遂安防军在歙县南部的小川进行拦击,太平军战败逃回杨村。唐义训等人进兵讨击失利,于是岭内遍地都是太平军,徽州、休宁、祁门、黟县处境危险难以自保。太平军前锋部队从龙湾、婺源进入江西,后续部队络绎不绝跟着到达。曾国藩调动石埭、青阳的防军进岭内增援徽州,传令鲍超率领全军增援江西。

陈坤书盘踞在常州已经有四年了,自江苏官军奋力进攻、用火炮炸毁城墙以后,太平军仍旧死守,拿旧棺材破船堵住城墙缺口,用枪炮抗击我官军。这时常州城西河两岸的敌军营垒一个连着一个绵延二十里,刘铭传等人攻下了十四座,其他的敌军营垒都不战自溃,河岸上的二十多座敌军营垒又被张树声等人攻下,于是敌军西面的通道都被官军截断,只剩下小南门、西门近城有十多座营垒,我官军又接着把它们扫平了。陈坤书紧闭城门不放太平军败兵逃进来,怕官军也乘机夺门而入,许多强悍的贼兵都死在城下。官军在完全包围了常州城后,筑起长墙,埋伏下发动袭击的部队,准备大规模攻城。水军、陆军开炮轰城,风烟迷漫,太平军像坠落在雾中。不一会,城墙倒塌几十丈,太平军用人来填塞缺口,官军的炮弹炸开,人同砖石一齐飞到天上,但太平军打散了又立即聚拢,因为江苏省各路的太平军败兵,多年来积聚在这里,他们还想在万死中求得一生。李鸿章指挥官军急速登城,我官军都手执藤牌、喷火筒向前冲,城墙上的太平军倾倒火药,用长矛搏斗刺杀,官军兵士十分之六、七从城墙上摔下。龚生阳冲入城,活捉了陈坤书,周盛波活捉了伪列王费天将。双方在城墙上搏斗了很长时间,太平军大败,从城墙上悬绳逃出的贼兵又被我官军歼灭,我官军也死亡一千几百人。常州在咸丰十年四月初六失陷,过了四年收复,失陷和收复的日、月完全一样,这也是一件奇事。陈坤书被凌迟(一种分割肉体至死的酷刑)处死,首级挂在东门示众。

这时常州的败兵逃到徽州,我官军击败了他们。其余的逃入江西,围攻玉山,副将刘明珍等人在战场上杀了珊天安等人,击毙太平军两千人。李侍贤越过金溪进犯抚州河东湾,猛攻抚州东门,被我官军击退。太平军又突然冲上来进攻河桥,绕城呼喊城中的内应快配合行动,想用这种办法来扰乱我官军,刘于淳用炮击毙了太平军多人,其余的逃往金溪,太平军对抚州城的围困立即解除。伪列王林彩新逃入江西弋阳,我官军追赶到湖西,进行包抄围击,太平军战败后逃到黄沙港。该港对岸杨家坡的太平军从上游用船渡过一千多贼兵来增援,各路官军沿河拦击,激战超过一个时辰,敌军开始招架不住,很多人落水淹死。

李侍贤等人先后从浙江进犯徽州,从徽州进入江西。江阴、杨舍及常州城外的太平军,从丹阳、湖州向上游进犯徽州南部,他们的头目是林彩新及伪麟王朱某、伪爵将潘忠义等人,他们从昌化进入老竹岭,闯进歙县境内。唐义训在钟塘岭后面设下伏兵,用五个营向前推进,遇到太平军后大战一场,伏兵出动,歼灭了太平军的前锋部队。这时金国琛等人行军到达富阳,与太平军隔河驻扎,太平军排列在山冈的上上下下,我官军等到太平军涉水过河将近一半时,突然冲出,奋力进击;唐义训尾随太平军之后到达,前后夹击太平军,太平军招架不住,向黄山小路逃去。我官军赶到五弓桥,再次打败敌军,接着沿河埋下伏兵。太平军正在渡河时,伏兵突然跃起,太平军十分慌乱,官军活捉了林彩新等十人,在战场上杀了潘忠义等十四个头目,太平军死了两万多人。

这个月里洪秀全因见金陵形势危急,服毒而死。太平军头目们采用上帝教的入殓法,把洪秀全的尸体用绣缎裹住,不用棺椁,埋在伪天王宫内,不公布他死的消息。他的儿子年龄十六岁,承袭伪天王位。洪秀全活着的时候就称他的儿子为幼主。有人说洪秀全的儿子本名天贵福,他的刻印上称"洪福",旁边横刻着"真王"两字,误合为"瑱"字,他被称为洪福瑱的原因就在这里。然而仔细看那印文,实际上是横刻着"真主"两字,不是"真王"。

这时湖州的太平军正逃往湖边的杨渌大钱口,潘鼎新分兵驻扎在南浔,在逃的敌军要依靠长兴太平军的支援。长兴在湖州西面,与宜兴、溧阳及广德州接壤。左宗棠写信给李鸿章,请他调动嘉兴的部队助攻长兴。李鸿章派遣各军分路去夺取长兴,水师进入夹浦口。五月,潘鼎新进兵驻扎在吴渌,水师扫平了夹浦的太平军石营垒。潘鼎新连续攻下吴渌、殷渌村,摧毁了那里太平军的关卡和营垒。郭松林摧毁了长兴城东面上莘桥、跨塘桥的太平军营垒。湖州、广德、四安的太平军头目率领几万人分路来援救,依山筑营垒,众多的营垒绵延在林谷之中。郭松林等人进击湖州来的太平军援兵,刘士奇进击广德、四安来的太平军援兵,太平军的营垒全部被官军扫平摧毁,太平军战死、淹死的有一万多人。但湖北(按:当作安徽)广德的太平军又增派出一大股兵力折回进犯官军,我官军趁他们喘息未定时,合力痛击,追杀二十多里,太平军这才远逃。我官军趁夜攻城,用火炮轰塌城墙十多丈,郭松林等人首先冲进去,于是收复了长兴县。江西贵溪盛源洞等地的太平军分兵据守在小巷一带，筑营垒，修关卡，我官军命令炮船急速驶入黄土墩，用枪炮射击他们，那里的太平军慌忙败逃，水、陆各军冲进太平军关卡，捕杀了守敌多人，敌军大败。至此，贵溪太平军的营垒全部被官军清除。浙军进兵准备夺取湖州，攻下了孝丰县城，活捉伪感王陈荣，击毙太平军一千多人。在这个月，伪扶王陈得才等人纠合捻军进扰孝感、云梦等县。

皇上因为江宁即将收复，但河南的捻军进犯麻城、皖城，已深入江西境内，担心这样会牵制全局，就催促曾国荃迅速夺下金陵。曾国荃进攻钟山龙脖子，这就是太平军称为地保城的地方。我官军自夺下伪天保城后，伪地保城的敌军防守更加严密。这城筑建在和控制着军事要害之地，不久被李祥和攻下。曾国荃在城上筑炮台，天天发射巨炮轰击太平军，此城居高临下，整个金陵城形势，都在此城视线范围之内。六月十六日，曾国荃命令各军引发太平门的地雷，炸塌城墙二十多丈，前敌总兵李臣典、朱洪章等九人首先登上城墙，各将领合力分攻各城门，终于攻下了江宁省城，缴获伪玉玺二方，金印一方。这天夜黑，太平军自己放火烧毁伪天王府，李秀成带着洪秀全的年纪还小的儿子洪福瑱从城墙塌口处逃出，并用自己的战马让他骑着一起逃奔。曾国荃命令关闭城门、堵住城墙缺口，官军在城内搜杀三天，击毙太平军十多万人和伪王以下大小头目约三千多人。最后，在城西北角清凉山潜伏的几千太平军冲出来和官军死拼，终于也被歼灭。那些伪天王府的妇女大多自缢和投在城河里死去。曾国荃派骑兵追到淳化镇，活捉了伪列王李万才。那些在官军破城后逃出的人，如洪秀全的哥哥伪巨王（按：巨王应为洪秀全兄洪仁发之子）、伪幼西王、伪幼南王、伪定王、伪崇王、伪璋王，全被官军骑兵杀死。萧孚泗在江宁天印山搜捕到李秀成及洪仁发、洪仁达。官军在伪天王宫内搜掘出洪秀全的尸体，用刀切割后放火焚烧。曾国藩亲自审讯李秀成等人，在对李秀成等人的自供审决定案之后，将他们一起在市上处死。

七月，鲍超接连攻下东乡、金溪，杨岳斌等人接连攻下崇仁、宜黄，潘鼎新合兵攻下湖州，杨昌浚等人攻下安吉，杀了伪驸马列王徐朗。太平军一起逃往广德、长兴，驻守在那里的官军将领吴毓芬攻下四安镇，刘铭传攻下广德。起初，洪秀全的年纪还小的儿子洪福瑱从江宁逃出，一些强悍的太平军将士保护他到达州城广德；到这时广德城被官军收复，伪昭王黄文英等人带着他逃往宁国。八月，唐义训等人在歙县打败了湖州太平军的残部，杀了太平军头目伪幼孝王等九人。接连几天刘光明等人在昌化、淳安大败太平军，杀死了伪堵王黄文金、伪偕王谭体元。李远继带着洪福琪逃往江西广信，于是浙江平定。

起初，洪秀全的年纪还小的儿子洪福瑱和黄文金、李远继等太平军头目从宁国逃往昌化的白牛桥，谭体元及伪乐王的儿子莫桂先、伪首王范汝增等人从宁国逃往淳安的威坪，约定一起进入徽州境内，当时太平军的人数还有十几万。刘光明进击白牛桥的太平军，黄文金被官军的炮火击中死去，他的弟弟黄文英接替他统领部队，慌张地向西奔逃。黄少春在洪桥杀了谭体元，一起被杀死的有莫桂先等太平军头目一百五十多人。刘明珍率领他的部队从淳化向上进军，正好遇上黄文英、李远继来进犯，刘明珍同魏喻义等人分兵阻击，在战场上打伤了黄文英。李远继带着洪福瑱逃到徽州、歙县的交界处。太平军从建口渡河,我官军趁他们渡河到一半时发动进攻,敌军大败,官军杀了伪列王邱国文等人,收编降兵六千多人。太平军残部向绩溪逃跑。那些已经渡过建口的太平军,逃到了遂安,黄少春等人又把他们打跑。伪列王刘得义、肖雅泗等人率领两万太平军向官军投降。洪秀全太平军的军力更加孤单,就从遂安昏口逃往开化,进入江西。

九月,鲍超在宁都郡进击伪康王汪海洋,大败了他们,捕杀了伪朝将王金瑞等一百二十多人。席宝田追赶讨击湖州的太平军逃兵,在广昌白水岭聚歼了他们,捉住伪干王洪仁玕、伪恤王洪仁政及伪昭王黄文英,都将他们处死。沈葆桢攻下雩都、会昌,练勇攻下瑞金。席宝田在石城追击太平军,游击周家良在黄谷搜捕到洪秀全的年纪还小的儿子洪福琪,用槛车解到南昌省城,将他处死。经各路官军阻截讨击,太平军的残余部队差不多全部被消灭,于是洪秀全的势力灭亡。

李塨传

【题解】

李塨(公元1659~1733年),字刚主,号恕谷,保定蠡县人。少年时从颜元受学,发挥颜氏学说,世称"颜李之学"。晚年修葺习斋学舍,在其中讲学,提出"理在事中"的主张。他注重实际知识,反对理学家的空谈误国。著作有《周易传注》《筮考》《论语传注》《大学传注》《中庸传注》等。

【原文】

李塨,字刚主,蠡县人。弱冠与王源同师颜元。躬耕善稼穑,虽俭岁必有收,而食必粢粝,妻妾子妇执苦身之役。举康熙二十九年举人。晚岁授通州学正,浃月,以母老告归。塨博学工文辞,与慈溪姜宸英齐名。又尝为其友治剧邑,逾年,政教大行,用此名动公卿间。明珠、索额图当国,皆尝延教其子,不就。安溪李光地抚直隶,荐其学行于朝,固辞而不谢。诸王交聘,辄避而之他。既而从和毛奇龄学。著《周易传注》七卷,《筮考》一卷,《郊社考辨》一卷,《论语传注》二卷,《大学传注》一卷,《中庸传注》一卷,《传注问》一卷,《李氏学乐录》二卷,《大学辨业》四卷,《圣经学规》二卷,《论学》二卷,《小学稽业》五卷,《恕谷后集》十三卷。

塨学务以实用为主,解释经义多与宋儒不合。又其自命太高,于程、朱之讲学,陆、王之证悟,皆谓之空谈。盖明季心学盛行,儒禅淆杂,其曲谨者又阔于事情,沿及顺、康朝,犹存余说,盖颜元及塨力以务实相争。存其说可补诸儒枵腹之弊,然不可独以立训,尽废诸家。其论《易》,以观象为主,兼用互体,谓"圣教罕言性天,《乾坤》四德,必归人事,《屯蒙》以下,亦皆以人事立言。陈抟《龙图》,刘牧《铭隐》,以及探无极、推先天,皆使《易》道入于无用"。排紧未免过激。然明人以心学窜入《易》学,率持禅偈以诂经,言数者反置象占于不问。诬饰圣训,弊不可穷。塨引而归之人事,深得垂教之旨。又以《大学》格物为《周礼》三物,谓孔子时古大学教法所谓六德、六行、六艺者,规矩尚存。故格物之学,人人所习,不必再言。唯以明德、亲民标其目,以诚意指其入手而已。格物一传,可不必补。其说本之颜元。毛奇龄恶其异己,作《逸讲笺》以攻之。而当时学者多韪塨说焉。

【译文】

李塨字刚主,蠡县人。二十岁时和王源一同拜颜元为老师。他亲自种地善于农业劳动,即使在歉收的年份也一定有收获,而自己吃的是粗劣的食物,妻妾媳妇们都从事辛苦的劳动。他在康熙二十九年考中举人,晚年被授为通州学正,两个月以后,因为母亲年老请假回家。李塨学问渊博而精于文辞,和慈溪的姜宸英齐名。又曾经为他的朋友治理政务繁重的县份,一年以后,政令教化得到普遍推行,因此名声震动了朝廷中的大官。明珠、索额图主持国政时,都曾经聘请李塨做他们孩子的教师,李塨不去。安溪的李光地做直隶巡抚时,向朝廷推荐李塨的学问德行,被他坚决推辞而不表示感谢。亲王们互相聘请他,李塨便躲避到别的地方。不久以后他跟从毛奇龄学习。他的著作有《周易传注》七卷、《筮考》一卷、《郊社考辨》一卷、《论语传注》二卷、《大学传注》一卷、《中庸传注》一卷、《传注问》一卷、《李氏学乐录》二卷、《大学辨业》四卷、《圣经学规》二卷、《论学》二卷、《小学稽业》五卷、《恕谷后集》十三卷。

李塨的学术务必以实用为主,解释经书的义理时很多地方和宋朝的儒家不同。又因为他高傲自负,对程颢、朱熹的讲学,陆九渊、王夫之的证悟,都认为是空谈。由于明朝时心学的盛行,儒佛二教淆乱混杂,而那些表面廉洁谨慎、实际上却是虚伪一套的人,又远离事物的情理,沿袭到顺治、康熙朝,还残留其余的说法,颜元和李塨努力用务实的主张和他们互相争论。保存李塨的学说可以弥补其他儒家肚子空虚的弊端,然而不能单独把它立为训则,完全废掉其他儒家的主张。李塨谈到《易经》,以观察天象为主,兼用卦爻二至四、三至五,两体交互各成一卦的方法,说"先圣们的教导很少说到人得之于自然的本性,《乾》卦《坤》卦的元、贞、利、亨四德,必定归结到人世上的各种事情,《屯》卦《蒙》卦以下,也都以世上的各种事情创立学说。陈搏的《龙图》,刘牧的《钩隐》,以及探求派生宇宙万物的本原,推测先于天时而行事,都使得《易经》的道理入于无用之地",这种排斥攻击未免过于偏激。然而明朝人把心学窜入《易》学之中,通常用佛经中的颂词来训诂经书,说术数的人反而置卦象占卜于不顾。诽谤掩饰先圣的遗训,这种弊端便无穷无尽。李塨引导并把它归结到人世上的各种事情,深得先圣流传教化的宗旨。又以为《大学》中的推究事物的原理就是《周礼》中的三物,说孔子时古代大学的教育法则所谓的六矩还留存至今。所以推究事物原理的学问,人人都会学习,不必再说,只是用明德、亲民作为标志,用诚意指导他们着手而已。格物的一传,可以不必补进去。李塨的学说是以颜元为根源的,毛奇龄厌恶他不符合于自己的学说,写了《逸讲笺》攻击他,而当时的学者中很多人都同意李塨的学说。

孙奇逢传

【题解】

孙奇逢(1585~1675)，字启泰，号钟元，学者称夏峰先生，两征不就又称孙征君，斋名岁寒居，直隶容城人。万历二十八年中举，和左光斗、魏大中、周顺昌等交往。明末避乱入易州五公山隐居不仕。晚年移居苏门夏峰，与弟子躬耕自给。学宗陆九渊、王守仁，后亦服膺程颐、朱熹之学，和黄宗羲、王守仁，后亦服膺程颐、朱熹之学，和黄宗羲、李颙并称三大儒。孙奇逢能诗文，工书法，为学"以填独为宗，以休认天理为要，以日用伦常为实际"。著有《读易大旨》《理学传心纂要》《畿辅人物考》《中州人物考》《历大案录》《甲申大难录》《岁寒居文集》《孝友堂家乘》《夏峰先生集》等。

【原文】

孙奇逢，字启泰，又字钟元，容城人。少倜傥，好奇节，而内行笃修。负经世之学，欲以功业自著。年十七，举明万历二十八年顺天乡试。连丁父母忧，庐墓六年，旌表孝行。与定兴鹿善继讲学，一室默对，以圣贤相期。

天启时，逆阉魏忠贤穷朝柄，左光斗、魏大中、周顺昌以党祸被逮。奇逢、善继故与三人友善。是时善继以主事赞大学士孙承宗军事。奇逢上书承宗，责以大义，请急疏救。承宗欲假入观面陈，谋未就而光斗等已死厂狱。逆阉诬坐光斗等赃钜万，严追家属。奇逢与善继之父鹿正、新城张果中集士民醵金代输。光斗等卒赖以归骨，世所传范阳三烈士也。台垣及巡抚交章论荐，不起。孙承宗欲疏请以职方起赞军事，其后尚书范景文聘为赞尽，俱辞不就。时畿内贼盗继横，奇逢摧家入易州五峰山，门生亲故从而相保者数百家。奇逢为部署守御，弦歌不辍。顺治二年，祭酒薛所蕴以奇逢学行可比元许衡、吴澄，荐长成均，奇逢以病辞。七年，南徙辉县之苏门。九年，工部郎马光裕奉以夏峰田庐，遂率子弟躬耕，四方来学者亦授田使耕，所居成聚。居夏峰二十有五年，屡徵不起。

奇逢之学，原本象山、阳明，以慎独为宗，以体认天理为要，以日用伦常为实际。其治身务自刻厉。人无贤愚，苟问学，必开以性之所近，使自力于庸行。其与人无町畦，虽武夫悍卒、野夫牧竖，必以诚意接之。彤此名在天下而人无忌嫉。著《读易大旨》五卷。奇逢学《易》于雄县，至年老，乃撮其体要以示门人。发明义理，切近人事。以《象》《传》通一卦之旨，由一卦通六十四卦之义。其生平之学，主于实用，故所言皆关法戒。又著《理学传心纂要》八卷，录周子、二程子、张子、邵子、朱子、陆九渊、薛瑄、王守仁、罗洪先、顾宪成十一人，以为直接道统之传。

康熙十四年，卒，年九十二。河南北学者祀之百泉书院。道光八年，从祀文庙。奇逢弟子甚众，而新安魏一鳌、清苑高镐、范阳耿阳极拜痤游最早。及门问答，一鳌为多。睢

【译文】

孙奇逢字启泰，又字钟元，容城人。少年时为人洒脱不受世俗的拘束，喜爱非凡的操守，平日家居时操行诚笃完善。负有经世致用的学识，以为国家进功立业为己责。十七岁时，参加明朝万历二十八年的顺天乡试中举，因为接连遭到父母亲的丧事，在墓旁结庐守孝六年之久，他的孝行受到朝廷的表彰。孙奇逢和定兴的鹿善继讲学，同处一室默默相对，以圣贤相互期许。

天启年间，阉党魏忠贤窃夺了朝廷大政，左光斗、魏大中、周顺昌因为党祸被逮捕。孙奇逢、鹿善继过去和这三人关系很好。这时鹿善继担任主事辅佐大学士孙承宗料理军事，孙奇逢上书给孙承宗，晓以大义，请他急速上奏疏加以援救。孙承宗想趁入觐皇帝时当面陈奏，计策还没有想好而左光斗等人已在太监的东厂监狱中被迫害致死。阉党诬陷左光斗等人贪赃上万，向他们的家属严加追逼。孙奇逢和鹿善继的父亲鹿正、新城的张果中召集士人百姓凑钱代为偿还，左光斗等人的遗骨最后才赖以送还，这就是世上所传说的范阳三烈士。台垣大臣和巡抚交相上奏章举荐孙奇逢，不被起用。孙承宗要上奏疏请求任命他为兵部职方赞助军事，之后尚书范景文聘请他为赞画，都被他推辞不肯就任。当时京师附近盗贼蜂起，孙奇逢带领全家到易州的五峰山中，跟从并保护他的学生和亲朋故旧有几百家之多。孙奇逢加以部署防守御敌，奏乐歌唱不停。顺治二年，国子监祭酒薛所蕴认为孙奇逢的学识操行可以比得上元朝的许衡、吴澄，推荐他任国子学的校长，孙奇逢以有病推辞。顺治七年，南迁辉县的苏门。顺治九年，工部郎马光裕赠给他夏峰的田地和庐舍，孙奇逢便率领子弟亲自耕种，对四方来向他求学的人也分给田地让他们耕种，他们所住的地方成了聚落。他住在夏峰二十五年，屡次受到朝廷征召而不去就任。

孙奇逢的学说，原来渊源于陆九渊、王阳明，以慎独为宗旨，以研究认识天理为大要，以日用伦常为实际。他治身务求对自己刻苦严厉。对人不论贤明愚钝，如果向他问学，一定用性格之所近加以开导，使他们对自己的日常行为严格要求。他和人交往不分界限，虽然是武人悍卒、农夫牧童，一定用诚意结交。因此名满天下而别人对他毫无嫉妒。著有《读易大旨》五卷。孙奇逢曾学习《易经》，到年老时，才摘取它的大体要旨向学生传授，阐明其中的意义哲理，都切合人世上的各种事情。用《象》《传》陈述一卦的要旨，从一卦陈述六十四卦的要义。他生平的治学，主要在于实用，所以所说的都关涉法守戒律。孙奇逢还著有《理学传心纂要》八卷，记录周敦颐、程颢、程颐、张载、邵雍、朱熹、陆九渊、薛瑄、王守仁、罗洪先、顾宪成十一人，作为直接道统的小传。

康熙十四年，孙奇逢去世，享年九十二岁。黄河南北的学者在百泉书院对他祭祀。道光八年，在文庙从祀孔子。孙奇逢的学生很多，而新安的魏一鳌、清苑的高钤、范阳的耿阳是最早随从孙奇逢游学的。受业弟子的问答，以魏一鳌为最多。睢州的汤斌、登封的耿介都是做官到监司以后去孙奇逢那里受业的。

黄宗羲传

【题解】

黄宗羲(公元 1610~1695 年),字太冲,号南雷,浙江余姚人。明清之际的思想家、史学家,学者称梨洲先生。其父黄尊素被太监魏忠贤陷害,他入都讼冤,用铁锥毙伤仇人。他历经明王朝灭亡、农民起义和清政权建立等重大历史事件,有鉴于封建制度的腐朽,从多方面进行了深刻的抨击,提出若干具有进步性的唯物主义主张,曾领导"复社"成员,坚持反宦官权贵的斗争。清兵南下后,他招募义兵,组织义军"世忠营",在四明山结寨抗清,被鲁王任命为左副都御史。明亡以后隐居不出,著《明夷待访录》,对封建制度作了尖锐的批判。晚年时专心致力于学术研究,在哲学思想上反对宋儒"理直气先"的主和。其他著作有《明儒学案》等,开浙东史学研究的先河。此外,他在算术、天文等自然科学以及乐律、经史百家的研究方面,也有较高的成就,著有《律吕新义》《明文海》《大统法辨》等。

【原文】

黄宗羲字太冲,余姚人,明御史黄尊素长子。尊素为杨、左同志,以劾魏阉死诏狱,事具明史。思宗即位,宗羲入都论冤。至则逆阉已毙,即具疏请诛曹钦程、李实。会廷鞫许显纯、崔应元,宗羲封簿,出所袖锥锥显纯,流血被体;又殴应元,拔其须归祭尊素神主前;又追杀牢卒叶咨、颜文仲,盖尊素绝命于二卒手也。时钦程已入逆案,实疏辨原疏非己出,阴致金三千求宗羲弗质,宗羲立奏之,谓:"实今日犹能贿赂公行,其所辨岂足信?"于对簿时复以锥锥之。狱竟,偕诸家子弟设祭狱门,哭声达禁中。思宗闻之,欢曰:"忠臣孤子,甚恻朕怀。"归,益肆力于学。愤科举之学锢人,思所以变之。既,尽废家藏书读之,不足,则钞之同里世学楼钮氏、澹生堂祁氏,南中则千顷堂黄氏、绛云楼钱氏,且建续钞堂于南雷,以承东废之绪。山阴刘宗周倡道蕺山,以忠端遗命从之游,而越中承海门周氏之绪,援儒入释,姚江之绪几坏。宗羲独约同学六十余人力排其说。故蕺山弟子如祁、章诸子皆以名德重,而御侮之功莫如宗羲。弟宗炎、宗会,并负异才,自教之,有"东浙三黄"之目。

戊寅,南都作防乱揭攻阮大铖。东林子弟推无锡顾杲居首,天启被难诸家推宗羲居首。大铖恨之刺骨,骤起,遂按揭中一百四十人姓氏,欲尽杀之。时宗羲方上书阙下而祸作,遂与杲并逮。母氏姚欢曰:"章妻、滂母乃萃吾一身耶?"驾帖未行,南都已破,宗羲踉跄归。会孙嘉绩、熊汝霖奉鲁王监国,尽江而守。宗羲纠里中子弟数百人从之,号世忠营。授职方郎,寻改御史,作《监国鲁元年大统历》颁之浙东。马士英奔方国安营,众方其当诛,熊汝霖恐其挟国安为患也,好言慰之。宗羲曰:"诸臣力不能杀耳!春秋之孔子,岂能加于陈恒,但不谓其不当诛也。"汝霖谢焉。又遗书王之仁曰:"诸公不沉舟决战,盖意在自守也。蕞尔三府，以供十万之众，必不久支，何守之能为？"闻者皆韪其言而不能用。

至是孙嘉绩以营卒付宗羲，与王正中合军得三千人。正中者，之仁从子也，以忠义自矢。宗羲深结之，使之仁不得挠军事。遂渡海屯潭山，由海道入太湖，招吴中豪杰，直抵乍浦，约崇德义士孙奭等内应。会清师纂严不得前，而江上已溃。宗羲八四明山结寨自固，余兵尚五百人，驻兵杖锡寺。微服出访监国，戒部下善与山民结。部下不尽遵节

黄宗羲讲学图

制，山民畏祸，潜焚其寨，部将茅翰、汪涵死之。宗羲无所归，捕檄累下，携子弟入剡中。闻鲁王在海上，仍赴之，授左副都御史。日与吴钟峦坐舟中，正襟讲学，暇则注《授时》《泰西》《回回》三历而已。

宗羲之从亡也，母氏尚居故里。清廷以胜国遗臣不顺命者，录其家口以闻。宗羲闻之，亟陈情监国，得请，遂变姓名间行归家。是年监国由健跳至澥洲，复召之，副冯京第乞师日本。抵长崎，不得请，为赋《式微》之章以感将士。自是东西迁徙无宁居。弟宗炎坐与冯京第交通，刑有日矣，宗羲以计脱之。甲午，张名振遣间使至，被执，又名捕宗羲。丙申，慈水寨主沈尔绪祸作，亦以宗羲为首。其得不死，皆有天幸，而宗羲不慑也。其后海上倾覆，宗羲无复望，乃奉母返里门，毕力著述，而四方请业之士渐至矣。

戊午，诏徵博学鸿儒。掌院学士叶方蔼寓以诗，敦促就道，再辞以免。未几，方蔼奉诏同掌院学士徐元文监修《明史》，将徵之备顾问，督抚以礼来聘，又辞之。朝论必不可致，请敕下浙抚钞其所著书关史事者送入京，其子百家得预参史局事。徐乾学侍直，上访及遗献，复以宗羲对，且言："曾经臣弟元文疏荐，惜老不能来。"上曰："可召至京，朕不授以事。即欲归，当遣官送之。"乾学对以笃老无来意，上欢息不置，以为人材之难。宗羲虽不赴徵车，而史局大议必咨之。《历志》出吴任臣之手，总裁千里遗书，乞番正面后定。尝论《宋史》别立《道学传》，为元儒之陋，《明史》不当仍其例。朱彝尊适有此议，得宗羲示众，遂去之。卒，年八十六。

宗羲之学，出于蕺山，闻诚意慎独之说，缜密平实。尝谓明人讲学，袭语录之糟粕，不以《六经》为根底，束书而从事于游谈。故问学者必先穷经，经术所以经世。不为迂儒，必兼读史。读史不多，无以证理之变化；多而不求于心，则为俗学。故上下古今，穿穴群言，自天官、地志、九流百家之教，无不精研。所著《易学象数论》六卷，《授书随笔》一卷，《律吕新义》二卷，《孟子师说》二卷。文集则有《南雷文案》《诗案》。今共存《南雷文定》十一卷，《文约》四卷。又著《明儒学案》六十二卷，叙述明代讲学诸儒流派分合得失颇详，《明文海》四百八十二卷，阅明人文集二千余家，自言与《十朝国史》相首尾。又《深衣考》一

卷,《今水经》一卷,《四明山志》九卷,《历代甲子考》一卷,《二程学案》二卷,辑《明史案》二百四十四卷,又《明夷待访录》一卷,皆经世大政。顾炎武见而欢曰:"三代之治可复也!"天文则有《大统法辨》四卷,《时宪书法解新推交食法》一卷,《圆解》一卷,《割圆八线解》一卷,《授时法假如》一卷,《西洋法假如》呈卷,《回回法假如》一卷。其后梅文鼎本《周髀》言天文,世惊为不传之秘,而不知宗羲实开之。晚年又辑《宋元学案》,合之《明儒学案》,以志七百年儒苑门户。宣统元年,从祀文庙。

【译文】

黄宗羲,字太冲,余姚人,是明朝御史黄尊素的长子。黄尊素是杨涟、左光斗志同道合的好友,因为弹劾太监魏忠贤死在诏狱里,他的事迹见于《明史》。明思宗即位后,黄宗羲赴京师为父亲申冤。抵达时太监魏忠贤已被分尸处死,便写了奏疏请求皇帝处死曹钦程、李实。正逢朝廷审问许显纯、崔应元,黄宗羲和他们对簿公堂,拿出衣袖中所藏的铁锥子刺许显纯,刺得遍体流血;又殴打崔应元,拔下崔的胡须带回家在黄尊素的牌位前作为祭奠,又追杀监狱中的守兵叶咨、颜文仲,因为黄尊素是死在两个守兵之手的缘故。当时曹钦程已经牵连到魏忠贤的逆案中,李实上疏申辩原先的奏疏并非出自己手,暗地里送给黄宗羲三千两银子请求他不要出面对质,黄宗羲立即把这件事奏报朝廷,说:"李实直到现在还敢用金钱公开行贿,对他的申辩怎么能相信?"在和李实对簿公堂时又用铁锥子刺他。事情结案以后,他和受害各家的子弟到狱门前设祭台对亲人祭奠,痛哭声传到皇宫里。明思宗听到以后,叹息说:"忠臣孤子,朕的心中很可怜他们。"黄宗羲回家以后,更加奋力学习。痛恨科举之学禁锢人们的思想,考虑加以改变。不久以后,取出家里的藏书进行攻读,感到书不够,又到同乡世学楼钮氏、澹生堂祁氏家里去抄书,又南方的有千顷堂黄氏、绛云楼钱氏。他又在南雷建起"续钞堂",以继承黄东发开创的传统。山阴的刘宗周在蕺山倡导道学,以黄尊素生前的遗命跟从刘宗周游学。而越中一带继承海门周氏学说的,援引儒学介入佛学,姚江的学说遗风几乎被败坏。黄宗羲独自约集了六十多个同学竭力排斥这种学说,所以刘宗周的学生像祁彪佳、章潢等人都以名望道德自重,而御敌防侮的功劳却不及黄宗羲。黄宗羲的弟弟黄宗炎、黄宗会都身负不凡的才干,黄宗羲亲自教育他们,有"东浙三黄"之称。

崇祯十一年,南京有人写了《防乱揭》攻击阮大铖。东林党的子弟们推举无锡的顾杲为首,天启年间被太监魏忠贤陷害的各家推举黄宗羲为首。阮大铖对他们恨之入骨,突然行动,按照揭帖上一百四十人的姓名,要全部杀死。当时黄宗羲刚去朝廷上书,而灾祸发生,于是和顾杲一同被逮捕。他的母亲姚氏叹息说:"章的妻子、潢的母亲的遭遇,怎么都集中到我的身上了?"朝廷的书疏还没有颁行,南京已被清兵攻破,黄宗羲才急匆匆地奔走回家。正巧孙嘉绩、熊汝霖侍奉鲁王朱以海在浙东监国,划浙江据守。黄宗羲纠集了家乡的几百个子弟跟随鲁王,号称"世忠营"。黄宗羲被授职方郎,不久改任南明的御史,制成《监国鲁元年大统历》在浙东颁行。马士英逃奔到方国安的军营,众人都说他应当受诛,熊汝霖怕他会挟制方国安造成祸患,便用好话安慰他。黄宗羲说:"臣子们的力量不能杀死他！春秋时的孔子，怎么能加在陈恒身上，但是不能说他不应当被处死。"熊汝霖向他表示道谢他又送书信给王之仁说："诸公不想破釜沉舟和敌人决一死战，用意是在保守自己。小小的三处府库要供给十万之众的需求，一定无法长久支持，怎么能够防守？"听到这些话的人都同意他的说法却不能采用。

这时孙嘉绩把军营中的士兵交给黄宗羲，和王正中的军队合在一起共有三千人。王正中是王之仁的侄子，以忠义自我振奋。黄宗羲和他结下深交，使得王之仁不能干扰军事。黄宗羲于是渡海到潭山驻屯，从海路进入太湖，招收吴中地方的豪杰之士，直抵乍浦，约崇德的忠义之士孙奭等人做内应。恰巧清朝的军队集中严防无法前进，而江上的黄宗羲的部队已经溃败，他只得进入四明山结成营寨自己固守，剩下的士兵还有五百人，在山里的杖锡寺驻兵。他穿了平常百姓的衣服出访监国的鲁王，告诫部下好好地和四明山的百姓结交。部下不能完全遵守他的节制，山里的老百姓惧怕兵祸，偷偷地放火焚烧黄宗羲的营寨，部将茅翰、汪涵被烧死。黄宗羲失去了归处，清朝追捕他的檄文一再下达，他只好携带子弟到浙江的剡中。黄宗羲听说鲁王到了海上，于是赶赴那里，被授予左副都御史。每天和吴钟峦在船里，正襟危坐地谈论学问，空暇时便注解《授时历》《泰西历》和《回回历》三种历书。

黄宗羲跟随鲁王监国流亡，母亲还住在老家。清朝朝廷对被灭亡国家不顺从命令的遗臣，记录他们家中的人口上报。黄宗羲听到这个消息，匆忙向监国鲁王陈诉衷情，得到准许，便更名改姓从小路回到家里。这一年监国鲁王从健跳到了瀚洲，又征召黄宗羲，充当冯京第的副手去日本乞求派援军。到达长崎，没有被接见，便赋诗《式微》用以感动部下的将士。从此开始东西迁徙，没有安定的住所。弟弟黄宗炎因为和冯京第有来往被判罪，受刑已经有相当日子，黄宗羲用计使他逃走。顺治十一年，张名振所派负有伺隙行事使命的使者到来，被捉住，又指名逮捕黄宗羲。顺治十三年，慈水寨的寨主沈尔绪起事，也以黄宗羲为首领。他所以没有死，都有上天的保佑，而黄宗羲自己并不惧怕。以后南明小朝廷在海上覆灭，黄宗羲完全绝望，便奉迎母亲返回故里，用全力著书立说，而四面八方向他请教学问的读书人也逐渐去他那里。

康熙十七年，朝廷下诏征求博学鸿儒，掌院学士叶方蔼寄诗给黄宗羲，敦促他上路就任，再次推辞得以避免。过了不久，叶方蔼奉诏同掌院学士徐元文监修《明史》，打算征召黄宗羲作为顾问，地方的督抚大员以礼去聘请他，又被推辞。朝廷议论认为黄宗羲一定不会接受征召，请求下令浙江巡抚把黄宗羲著作中有关历史的部分抄写送到北京，他的儿子黄百家可以参与修史局的事情。徐乾学侍奉皇帝轮值讲学时，康熙问到前朝还有哪些遗贤，又以黄宗羲的名字回答，并且说："他曾经被臣的弟弟徐元文上奏疏举荐，可惜因为年纪太老不能来。"康熙说："可以召他到北京来，朕不交给他任务，就是他要回去，当即派遣官员送他回去。"徐乾学答复说黄宗羲病重年老不会有来意，康熙听后叹息不止，认为招致人才很难。黄宗羲虽然不肯来，而修史局凡有重要的问题，一定向他征求意见。《历志》出于吴任臣之手，修史总裁从千里之外将书稿送给他，请黄宗羲审订改正而后定稿。曾经说到《宋史》另外列有《道学传》，是元朝者的鄙陋所致，《明史》不应该按照《宋黄宗羲的学说,源于刘宗周的蕺山学派,所接受的是诚意慎独的学说,严密平允实在。黄宗羲曾经认为明朝人讲学,沿袭语录的糟粕部分,不以《六经》为基础,把书束之于高阁而只是从事于交游叙谈,所以请问学业的人必须先深入研究经籍,经学是用以治理世事的。如果不想成为拘泥保守的儒者,必须在读经时兼读史书。所读史书不多,无从证明事理的变化;读书多而不从思想的条理上去探求,就只能是平常的学问。所以对上下古今、各家之说要深入研究融会贯通,从天官书、地理志以及三教九流诸子百家的教义,精心研究。黄宗羲所著的有《易学象数论》六卷、《授书随笔》一卷、《律吕新义》二卷、《孟子师说》二卷。他的文集有《南雷文案》和《南雷诗案》。现存的共有《南雷文定》十一卷、《文约》四卷。他还著有《明儒学案》六十二卷,书中叙述明代所有讲学的儒学人物的源流派别间、分合得失很详细,所编著的《明文海》四百八十二卷,编纂过程中阅读了明朝人的文集二千多家,自己说它和《十朝国史》互为首尾。又著有《深衣考》一卷、《今水经》一卷、《四明山志》九卷、《历代甲子考》一卷、《二程学案》二卷,辑录《明史案》二百四十四卷,又《明夷待访录》一卷,都是有关治理世事的重大政事。顾炎武看到后感叹说:"象夏周商三代那样政治清明安定可望得到恢复了!"关于天文的著作有《大统法辨》四卷、《时宪书法解新推交食法》一卷、《割圆八线解》一卷、《授时法假如》一卷、《圆解》一卷、《西洋法假如》一卷、《回回法假如》一卷。以后梅文鼎按《周髀算经》谈到天文,当世都感到惊奇认为它是不传的秘密,而不知道实际上是黄宗羲的首创。黄宗羲在晚年时又编辑《宋元学案》,合上《明儒学案》,记录了七百年间儒学人物不同学派的师承源流。宣统元年,黄宗羲被送进文庙陪祭孔子。

李颙传

【题解】

李颙(公元 1627~1705 年),字中孚,号二曲,陕西盩屋人。自幼苦学,遍读经史诸子以及释道之书。先在江南讲学,后主讲关中书院。他和孙奇逢、黄宗羲并我三大儒,屡拒清政府博学鸿词的征召。学宗朱熹、陆九渊,曾和顾炎武反复辩论"体用"的问题。他重视实学,把"格物致知"的"物",扩充到"礼乐兵刑、赋役农屯"等实用学问。著作有《四书反身录》《二曲集》,曾进呈康熙,得到嘉奖。

【原文】

李颙,字中孚,盩屋人。又字二曲,二曲者,水曲曰盩,山曲曰屋也。布衣安贫,以理学倡导关中,关中士子多宗之。父可从,为明材官。崇祯十五年,张献忠寇郧西,巡抚汪乔年总督军务，可从隋征讨贼。临行，抉一齿与颙母曰："如不捷，吾当委骨沙场。子善教吾儿矣。"遂行。兵败，死之。颙母葬其齿，曰："齿塚。"时颙年十六，母彭氏，日言忠孝节义以督之，颙亦事母孝。铠寒清苦，无所凭借，而自拔流俗，以昌明关学为己任。有馈遗者，虽十反不受。或曰："交道接礼，孟子不却。"颙曰："我辈百不能学孟子，即此一事不守孟子家法，正自无害。"

先是颙闻父丧，欲之襄城求遗骸，以母老不可一日离，乃止。既丁母忧，庐墓三年，乃徒步这襄城，觅遗骸，不得，服斩衰昼夜哭。知县张允中为其父立祠，且造塚于战场，名之曰"义林"。常州知府骆钟麟尝师事颙，谓祠未能旦夕竣，请南下谒道南书院，且讲学以慰学者这望，颙赴之，凡讲于无锡，于江阴，于靖江、宜兴，所至学者云集。既而幡悔曰："不孝！汝此行何事，而喋喋于此？"即戒行赴襄城。常州人士思慕之，为肖像于延陵书院。颙既至襄城，适祠成，乃哭祭招魂，取塚土西归附诸墓，持服如初丧。

康熙十八年，荐举博学鸿儒，称疾笃，舁状至省，水浆不入口，乃得予假。自是闭关，晏息土室，惟昆山顾炎武至则款之。四十二年，圣祖西巡，召颙见，时颙已衰老，遣子慎言诣行在陈情，以所著《四书反身录》《二曲集》奏进。上特赐御书"操志高洁"以奖之。颙谓："孔、曾、思、孟、立言垂训，以成《四书》，盖欲学者体诸身，见诸行。充之为天德，达之为王道，有体有用，有补于世。否则假途干进，于世无补，夫岂圣贤立言之初心，国家期望之本意耶？"居恒教人，一以反身实践为事，门人录之，为七卷。是时容城孙奇逢之学盛于北，余姚黄宗羲之学盛于南，与颙鼎足称三大儒。晚年寓富平，关中儒者咸称"三李"。三李者，颙及富平李因笃、郿李柏也。

【译文】

李颙字中孚，盩厔人，又字二曲。所谓二曲，水曲叫盩，山曲叫厔。李颙身为平民而安于贫困，在关中提倡理学，关中的读书人对他都很尊崇。他的父亲李可从，曾经做过明朝的材官。崇祯十五年，张献忠入寇郧西，陕西巡抚汪乔年总督军事事务，李可从曾跟随汪乔年出征讨伐张献忠。临出发前，李可从拔出一颗牙齿交给李颙的母亲说："假如不能得胜，我就葬身在战场上。请你好好教育我的儿子。"于是出发。军队打了败仗，李可从牺牲。李颙的母亲交这颗牙齿埋在地下，叫作"齿冢"。当时李颙才十六岁，母亲彭氏，每天对他讲忠孝节义的道理加以督管，李颙服侍母亲也很孝顺，尽管饥寒清苦，没有什么可以依靠，但是他能超越世俗的一般人，以提倡阐明关学为自己的责任。有人向他馈赠东西，虽然多次送来也不肯接受。有人对他说："来往交道接受礼物，孟子也不推辞。"李颙却说："我们这些人学不到孟子的地方有上百处，就这一件事不遵守孟子的家法，自然没有害处。"

起先，李颙听到父亲牺牲的消息，准备去襄城寻找遗骨，因为母亲年老一天不能离开，便作罢。不久他的母亲去世，为了遵守丧礼在墓旁结庐守丧三年，之后步行去襄城，寻觅父亲的骸骨，没有找到，穿了用粗麻布制成的丧服昼夜痛哭。知县张允中为他的父亲建立祭祀的祠堂，并在战场上造了墓冢，名叫"义林"。常州知府访钟麟曾经拜李颙为

学者们对他的仰望,李颙于是去南方,凡是在无锡、江阴、靖江、宜兴等地讲学时,来听讲
的学者云集一起。既而幡然悔悟说:"我真是不孝顺!这次来是因为什么事情,却在这里
喋喋不休地讲学?"便恪守戒律的操行去襄城。常州的人士在他离开后很想念敬慕他,在
延陵书院画了李颙的肖像。李颙到了襄城,恰好祠堂建成,便痛哭祭祀招他父亲的亡魂,
取了坟墓上的泥土向西回家,将它放在祖坟一起,像刚遇到丧事那样穿上孝服。

康熙十八年,李颙被人举荐为博学鸿儒,他自称患有重病,请人用床板抬着自己到省
里,不饮水浆,才获得准许告归。从此便闭门不出,在土室里生活作息,只有昆山顾炎武
来家时才款待他。康熙四十二年,清圣祖去西部地方巡视,召李颙来见,当时李颙已经很
衰老,派儿子李慎言到皇帝临时居留的地方陈诉实情,把自己所著的《四书反身录》《二曲
集》进呈给皇帝。清圣祖特别赏赐御笔写的"操志高节"给他表示奖励。李颙说:"孔子、
曾子、子思、孟子,立言垂训,形成后来的《四书》,为了使后世的学者做到身体力行。如果
能充实完善自己就上天的福德,如果能做到它就是王者的正道,体用合一,对世间就有所
帮助,否则靠这些作为途径以求取官职,对世间就是毫无帮助。这难道是圣贤立言的初
衷、国家期望的本意吗?"家居时常常教育别人,专门以要求自身付诸实践为自己的职责,
学生们把这些话记录下来,一共有七卷。这时容城孙奇逢的学说在北方盛行,余姚黄宗
羲的学说在南方盛行,和李颙的学说鼎足而立称为三大儒。李颙晚年住在富平,关中地
方的儒士都称道"三李"。三李,就是李颙和富平的李因笃、郿县的李柏。

陆世仪传

【题解】

陆世仪(公元 1611~1672 年),字道威,号刚斋,又号桴亭,江苏太仓人。曾从学刘宗
周。明亡后隐居讲学,历主东林、毗陵、太仓等书院。学宗程颢、程颐、朱熹,以"居敬穷
理"为主,着重内心修养。著作有《思辨录》《复社纪略》等。

【原文】

陆世仪,字道咸,太仓州人。少从刘宗周讲学。归而凿池十亩,筑亭其中,不通宾客,
自号桴亭。与同里陈瑚、盛敬、江士韶相约,为迁善改过之学。或横经论难,或即事穷理,
反覆以求一是。甚有商榷未定,撤夜忘寝,质明而后断,或未断而复辨者。著《思辨录》,
分小学、大学、立志、居敬、格致、诚正、修齐、治平、天道、人道、诸儒异学、经、子、史籍十四
门。世仪之学,主于敦守礼法,不虚谈诚敬之旨,施行实政,不空为心性之功。于近代讲
学诸家,最为笃实。其方曰:"天下无讲学之人,此世道之衰;天下皆讲学之人,亦世道之
衰。嘉、隆之间,书院篇天下,呼朋引类,动辄千人,附影逐声,废时失事,甚有借以行其私

者,此所谓处士横议也。"又曰:"今所当学者不止六艺,如天文、地理、河渠、兵法之类,皆切于世用,不可不讲。"所方深切著明,足砭虚憍之弊。其于明儒薛、胡、陈、王,皆平心论之。又尝谓学乾曰:"世有大儒,决水别立宗旨。"故全祖望谓国初儒者,孙奇逢、黄宗羲、李颙最有而世仪少知者。同治十一年,从祀文庙。

【译文】

陆世仪字道威,太仓州人。少年时曾经跟从刘宗周讲学。回家以后便开凿面积有十亩的池塘,在塘中修建了亭榭,不和宾客来往,自称"桴亭"。他和同乡陈瑚、盛敬、江士韶相互约定研讨改正过失向善的学问,讨论时横陈经书辩论诘难,遇到眼前的事情便深入研究其中的道理,反复求得一个准确的结论。甚至有商榷没有定论的,便彻夜不睡,到天刚亮时而后做出论断,或者是还没有论断便继续论辩。陆世仪著有《思辨录》,分小学、大学、立志、居敬、格致、诚正、修齐、治平、天道、人道、诸儒异学、经、子、史籍十四个门类。陆世仪的学说,主要在于勉励他人遵守礼仪法度,不要空谈虔诚尊敬尊长的意旨,施行实在的政治,不徒然做佛教所谓的心性之功。陆世仪在近代的讲授学说的各家中,最为诚笃切合实际。他说过这样的话:"天下如果没有讲学的人,这就是古道的衰败;天下如果都是讲学的人,这也是世道的衰败。嘉庆、乾隆之间,天下都是书院,招引同类、呼喊友朋,动辄就是上千人,附着他人的身影追随他人的声音,耗费光阴耽误事情,甚至有凭借这些来实现自己私利的,这就是所谓的没有当官的士人肆意议论。"又说:"现在所应当学习的远不止六艺,像天文、地理、河渠、兵法之类,都切合于当世的实用,不能不讲习研讨。"所说的话含意深切通晓明白,足以针砭虚妄骄傲的弊病。他对明朝儒者薛瑄、胡居仁、陈献章、王守仁,都去掉成见平心而论。他又曾经对学者们说:"世上有大儒家,决不外立有宗旨。"所以全祖望说清初的儒者,以孙奇逢、黄宗羲、李颙最有名,而很少有知道陆世仪的。同治十一年,进入文庙陪祀孔子。

张履祥传

【题解】

张履祥(公元 1610~1674 年),字考夫,浙江桐乡人。明朝生员,世居杨园村,学者称为"杨园先生"。曾受学刘宗周,以文章操行和同乡颜统、钱寅等人相砥,努力于躬身实践,重视国济民之学,晚年时专注于程、朱理学。著有《愿学记》《读易笔记》《言行见闻录》《初学备忘》《补农书》等。

【原文】

张履祥,字考夫,桐乡人。明诸生。世居杨园村,学者称为杨园先生。七岁丧父。家贫,母沈教之曰:"孔、孟亦两家无父儿也,只因有志,便做到圣贤。"长,受业山阴刘宗周之门。时东南文社各立门户,履祥退然如不胜,惟与同里颜统、钱寅、海盐吴蕃昌辈以文行相砥刻。统、寅、蕃昌相继殁,为之经纪其家。自是与海盐何汝霖、乌程凌克贞、归安沈磊切劘讲习,益务躬行。尝以为圣人之于天道,"庸德之行,庸言之谨",尽之矣。来学之士,一以友道处之。谓门人当务经济之学,著补《晨书》。岁耕田十余亩,草履箬笠,提筐佐饁。尝曰:"人须有恒业。无恒业之人,始于丧其本心,终于丧其身。许鲁齐有言:'学者以治生为急。'愚谓治生以稼穑为先。能稼穑则可以无求于人,无求于人,则能立廉耻,知稼穑之艰难,则不妄求于人,不妄求于人,则能兴礼让。廉耻立,礼让兴,而人心可正,世道可隆矣。"初讲宗周慎独之学,晚乃专意程、朱。践履笃实,学术纯正。大要以为仁为本,以修己为务,而以《中庸》为归。

康熙十三年,卒,年六十四。著有《源学记》《读易笔记》《读史偶记》《言行见闻录》《经正录》《初学备忘》《近古录》《训子语》《补晨书》《丧葬杂录》《训门人语》及《文集》四十五卷。同治十年,从祀文庙。

履祥初兄事颜统。周钟之厉桐乡也,至其门者钟接。统曰:"钟为人浮伪,不宜为所惑。"履祥尝曰:"自得士风,而始闻过。余不失足于周钟、张溥之门者,皆其力也。"

【译文】

张履祥字考夫,桐乡人,明朝的生员。世代住在杨园村,学者们称他为杨园先生。他七岁时丧父,母亲沈氏教导他说:"孔子、孟子也是两家没有父亲的孩子,只是因为有志向,便做到圣贤。"年长以后,在山阴刘宗周门下接受学业。当时东南一带的文社各立门户,张履祥谦退似乎不能胜任,只是和同乡颜统、钱寅,海盐的吴蕃昌等人以文章操行相互严格磨砺。颜统、钱寅、吴蕃昌相继去世,张履祥为他们的家事经营料理。以后又和海盐的何汝霖、乌程的凌克贞、归安的沈磊切磋讲习学问,更加努力于亲身实战。曾经认为圣人之于自然规律的关系用"庸德之行,庸言之谨"这两句话,就可以概括了。来向他求学的士子,张履祥一贯用朋友之道和他们相处。他认为学生们应当努力从事经国济民的学问,著有《晨书》。张履祥每年耕种十几亩田,脚穿草鞋头戴斗笠,手提篮筐给耕田的人送饭。曾经说:"人必须有长远的产业,没有长远产业的人,起初会丧失他的本心,最终会丧失他的身躯。许鲁齐有句话:'学者以治生为急。'我认为经营家业必须以从事耕种农作物为首。能够种田就可无求于别人,无求于别人就能树立廉耻感;知道种田的艰难,就不至于随意乞求别人,不随意乞求别人,就能兴起礼让的风气。廉耻感建立,礼让的风气兴起,人心就能端正,世道就能兴盛。"起初讲授黄宗周"慎独"的学说,晚年时才专心一意于程、朱理学。亲身实践履行诚笃实在,学术纯正。主要的宗旨是以仁爱为根本,以修养自己为要务,而以《中庸》为指归。

康熙十三年,张履祥去世,终年六十四岁。他的著作有《源学记》《读易笔记》《读史偶记》《言行见闻录》《经正录》《初学备忘》《近古录》《训子语》《补晨书》《丧葬杂录》《训门人语》和《文集》四十五卷。同治十年,在文庙陪祀孔子。

张履祥起初对颜统象服侍兄长那样。周钟寓居在桐乡，去他那里的人一个接一个。颜统对张履祥说："周钟的为人浮夸虚假，不应当被他迷惑。"张履祥曾经说："我自从结交颜士凤以后，才开始知道自己的过失错误。我没有在周钟、张溥的门下丧失节操，都是出于他的力量。"

颜元传

【题解】

颜元(公元1635~1704年)，字易直，又字浑然，号习斋，河北博野人。初好陆九渊、王守仁，后崇程、朱理学，再后转向批判程、朱。晚年主讲于漳南书院，设立文事、武备、经史、艺能等科，和学生李塨倡导注重实学、反对死读书的学风，世称颜李学派。他抨击宋儒"读书静坐"和空谈"心性命理"之学，强调"行"在认识过程中的作用。他在政治上反对豪强兼并，主张垦荒、均田、兴水利。著作有《习斋记余》《四书正误》《四存编》等。

【原文】

颜元，字易直，博野人。明末，父戍辽东，殁于关外。元贫无立锥，百计觅骨归葬，世称孝子。居丧，守朱氏《家礼》惟谨。古《礼》，"初丧，朝一溢米，夕一溢米，食之无算。"《家礼》删去"无算"句，元遵之。过朝夕不敢食，当朝夕，遇哀至，又不能食，病几殆。又《丧服传》："既练，舍外寝，始食菜果。饭素食，哭无时。"《家礼》改为"练后，止朝夕哭，惟朔望未除者会哭，凡哀至皆制不哭。"元亦遵之。既觉其过抑情，校以古《丧礼》非是。因叹先生制礼，尽人之性，后儒无德无位，不可作也。于是著《存学》《存性》《存治》《存人》四编以立教。名其居曰习斋。

肥乡漳南书院，邑人郝文灿请元往教。有文事、武备、经史、艺能等科，从游者数十人。会天大雨，漳水溢，墙垣堂舍悉没，人迹殆绝。元叹曰："天下欲行吾道也！"乃辞归。后八年而卒，年七十。门人李塨、王源编元《年谱》二卷，钟錂辑《言行录》二卷，《辟异录》二卷。

【译文】

颜元字易直，博野人。明朝末年，他的父亲在辽东戍守，死在关外。颜元穷得没有立锥之地，千方百计找到父亲的遗骨回乡埋葬，世上称他为孝子。居丧期间，遵守朱氏的《家礼》顺从小心。古代的《仪礼》中，《丧服》说"初丧时，早晨一溢米，傍晚一溢米，食用时要不足此数。"《家礼》中删去了最后一句，颜元遵守这一礼制，过了早晨和傍晚就不敢进食，而正值早晨和傍晚时，遇到吊丧的人来，又不能进食，病得几乎死去。又《丧服传》中说："已经过了父母死后一周年的祭礼，治丧者可以不再住在中门外的房屋，开始食用菜蔬果品。吃饭用素食,不需按时哀哭。"《家礼》改成"过了父母死后一周年的祭礼,停止早晨和傍晚时的哀哭,只是在初一、十五没有除去丧服的人在一起哀哭,凡是吊丧的人来到时都克制不哭。"颜元也遵守这一礼制。既而感到它过分压抑遗属的哀痛之情,便用古代的《丧礼》加以校对,才发现《家礼》不对。颜元因而感叹先王制定礼仪,完全符合人的本性。后来的儒者缺少道德声望和身份地位,做不到这些。颜元于是写出《存学》《存性》《存治》《存人》四篇以树立教化,把自己的住处命名为"习斋"。

肥乡在所漳南书院,当地人郝文燦请颜元去书院教授。书院有文事、武备、经史、艺能等科,跟随颜元游学的有几十人。正逢天降大雨,漳水漫出河道,书院的院墙讲堂房屋全部被水淹没,人们几乎绝迹。颜元叹息说:"老天不让我推行自己的主张!"便辞掉教职回老家。又过了八年便去世,终年七十岁。他的学生李塨、王源编了颜元的《年谱》二卷,钟錂辑录了《言行录》二卷、《辟异录》二卷。

顾炎武传

【题解】

顾炎武(公元1613~1682年),初名绛,字宁人,自署蒋山佣,学者称亭林先生,江苏昆山人。少年时曾参加"复社",进行反宦官权贵的斗争,以后又参加昆山、喜定一带的人民抗清起义。明鲁王时官兵部职方郎中。明亡后坚决不仕,拒绝了清政府开博学鸿词科和明史馆时的征召。他还南北奔走,和下层社会联系,组织秘密团体,进行反清活动。晚年时定居陕西,著书立说。顾炎武学识渊博,对典制、郡邑掌故、天文、河漕、兵农、经史、音韵训诂都很有造诣。所著《天下郡国利病书》是一部很有价值的经济史稿。他重视踏实治学,即所谓"博学于文",又重视经世致用。晚年时治经侧重考据,开清代朴学风气之先。清代的考据家部分接受了他的"博学于文""行己有耻"的精神。其他著作有《日知录》《肇域志》《音学五书》《亭要诗文集》等。

【原文】

顾炎武,字宁人,原名绛,昆山人。明诸生。生而双瞳,中白边黑。读书目十行下。见明季多故,讲求经世之学。明南都亡,奉嗣母王氏避兵常熟。昆山令杨永言起义师。炎武及归庄从之。鲁王授为兵部司务,事不克,幸而得脱,母遂不食卒,诫炎武弗事二姓。唐王以兵部职方郎召,母丧未赴,遂去家水返。炎武自负用世之略,不得一遂,所至辄小试之。垦田于山东长白山下,畜牧于山西雁门之北、五台之东,累致千金。篇历关塞,四谒孝陵,六谒思陵,始卜居陕之华阴。谓"秦人慕经学,重处士,持清讲,实他邦所少;而华阴缭毂关河之口,虽足不出户,亦能见天下之人、闻天下之事。一旦有警,入山守险,不过十里之遥;若有志四方,则一出关门,亦有建令之便。"乃定居焉。

生平精力绝人，自少一对老，无一刻离书。所至之地，以二赢二马载书，过边塞亭障，呼老兵卒询曲折，有与平日所闻不合，即废书对勘；或平原大野，则于鞍上默诵诸经注疏。尝与友人论学云："百余年来之为学者，往往言心言性，而茫然不得其解也。命与仁，夫子所罕言；性与天道，子贡所未得闻。性命之理，著之《易传》，未尝数以语人。其答问士，则曰'行己有耻'，其为学，则曰'好古敏求'。其告哀公明善之功，先之以博学。颜子几于圣人，犹曰'博我以文'。自曾子而下，笃实无如子夏，言仁，则曰'博学而笃志、切问而近思'。今之君子则不然，聚宾客门

顾炎武

人数十百人，与之言性；舍多学而识以求一贯之方，置四海之困穷不言，而讲危微精一；是必其道高于夫子，而其弟子之贤于子贡也。《孟子》一书，言心言性亦谆谆矣，乃至万章、公孙丑、陈代、陈臻、周霄、彭更之所问，与孟子之所答，常在乎出处去就辞受取与之问。是故性也、命也、天也，夫子之所罕言，而今之君子之所恒言也。出处去就乱受取与之辨，孔子、孟子之所恒言，而今之君子之所罕言也。愚所谓圣人之道者如之何？曰'博学于文，行己有耻'。自一身以至于天下国家，皆学之事也。自子臣弟友以至出入往来辞受取予之间，皆有耻之事也。士而不先方耻，则为无本之人；非好古多闻，则为空虚之学。以无本之人，而讲空虚之学，吾见其日从事于圣人，而去之弥远也。"

炎武之学，大抵主于敛华就实。凡国家典制、郡邑掌故、天文仪象、河漕兵农之属，莫不穷原究委，考正得失，撰《天下郡国利病书》百二十卷；别有《肇域志》一编，则考索之余，合图经而成者。精韵学，撰《音论》三卷。言古韵暑，自明陈第，虽创关榛苏，犹未邃密。炎武乃推寻经传，探讨本原。又《诗本音》十卷，其书主陈第诗无协韵之说，不与吴棫本音争，亦不用棫之例，但即本经之韵互考，且证以他书，明古音原作是读，非由迁就，故曰本音。又《易音》三卷，即《周易》以求古音，考证精确。又《唐韵正》二十卷，《古音表》二卷，《韵补正》一卷，皆能追复三代以来之音，分部正帜而知其变。又撰《金石文字记》《求古录》，与经史相证。而《日知录》三十卷，尤为精诣之书，阅积三址余年而后成。其论治综核名实，于礼教尤兢兢。谓风俗衰，廉耻这防溃，由无礼以权之，常欲以古制率天下。炎武又以杜预《左传集解》时有阙失，作《杜解补正》三卷。其他著作，有《二十一史年表》《历代帝王宅京记》《营平二州地名记》《昌平山水记》《山东考古录》《京东考古录》《谲觚》《菰中随笔》《亭林文集》《诗集》等书，并有补于学术世道。清初称学有根柢者，以炎武为最，学者称为亭林先生。

又广交贤豪长者，虚怀商榷，不自满假。作《广师篇》云："学究天人，确乎不拔，吾不如王寅旭；读书为己，探赜洞微，吾不如杨雪臣；独精《三礼》，卓然经师，吾不如张稷若；萧然物外，自得天机，吾不如傅青主；坚苦力学，无师而成，吾不如李中孚；险阻备尝，与时屈伸，吾不如路安卿；博闻强记，群书之府，吾不如吴志伊；文章尔雅，宅心和厚，吾不如朱锡

邑;好学不倦,笃于朋友,吾不如王山史;精心六书,信而好古,吾不如张力臣。至于达而在位,其可称述者,亦多有之,然非布衣之所得讲也。"

康熙十七年,诏举博学鸿儒科,又修《明史》,大臣争荐之,以死自誓。二十一年,卒,年七十。无子,吴江潘耒叙其遗书行世。宣统元年,从祀文庙。

【译文】

顾炎武字宁人,原名绛,昆山人,是明朝的生员。出生时眼珠有两个瞳孔,中间白而四周黑。读书时一目十行。他看到明朝变故很多,所以讲求经世致用的学问。明朝在南京亡国后,侍奉继母王氏躲避兵祸到了常熟。昆山县令杨永言组织了义军,顾炎武和归庄便投向杨永言。南明的鲁王授他为兵部司务,事情没有成功,幸而得以脱身,他的母亲便绝食而死,死前告诫顾炎武不要到异姓的清朝做事。南明的唐王朱聿键征召他为兵部职方郎,因为母亲的丧事没有赴任,便离家不再回去。顾炎武认为自己怀有为世所用的策略,不得一展自己的志愿,因此在所到的地方就稍稍地试一下。他在山东的长白山下开垦农田,在山西的雁门北面、五台的东面放牧,积累了千两白银。顾炎武走遍了边关要塞,四次到明孝陵拜谒,六次拜谒明思陵,才在陕西的华阴去住下来。他认为"陕西人仰慕经学,尊重不在朝做官的读书人,支持公正的评论,这一些都是别的地方所缺少的;而华阴控扼潼关和渭河的路口,虽然足不出户,也能见到天下的人,听到天下的事。一旦有警报,就能进山把守险要的地方,不过只有十里路那样的距离;如果有志于东南西北四方,那么一出潼关的关门,也有居高临下其势不可阻挡的便利"。因此在这里定居。

顾炎武生平精力过人,从少年到老年,没有一时一刻离开书本。他所到的地方,常常用二头骡二匹马装载了书籍,经过边境要塞和驻兵的堡垒,就叫来老兵向他们询问当地事情的曲折经过,凡是有跟平时听到的不符的地方,就取出随身带的书籍查对;如果是在平原旷野,就在马鞍上默读各种经书的注疏。他曾经和朋友在谈论学问时说:"一百多年来做学问的人,往往说心说性,而使人茫然得不出它的正确解释。命和仁,是孔夫子很少提到的;性和天道,是子贡所没有听到的。性命的道理,在《易传》有所提到,而未曾屡屡告诉别人。他回答问学的士人,就说'行己有耻',做学问,就说'好古敏求'。孔子告诉鲁哀公要取得聪明善良的成效,首先是博学。颜回几乎是圣人,还说'博我以文'。从曾子以下,笃行诚实没有超过子夏的,谈到仁,就说'博学而笃志,切问而近思'。现在的君子却不是这样,聚集起几十上百宾客学生,和他们说心说性,舍弃多学习而增长知识,却求得用一种道理贯穿于事物中的方法,把天下的困苦贫穷搁置一旁而不述及,却在讲什么危言微旨精粹纯一,这难道是他们的思想学说都比孔子高明,而他们的学生都比子贡贤良吗?《孟子》这本书里,说到心和性时都是教诲不倦,乃至于万章、公孙丑、陈代、陈臻、周霄、彭更等提出的问题,和孟子的回答,常常在于进退去留辞受取予之间。因此性、命、天这些道理,孔子很少谈到,而现在的君子却时常谈起。进退去留辞受取予的辨别,孔子、孟子常常谈到,而现在的君子却很少谈起。我认为圣人的主张怎么样?就是'对礼乐制度的学识广博,凡自己认为可耻的事就不去做'这样的两句话。从自我一身以至于

天下国家,都是要学习的事。从父子君臣兄弟朋友以至于进退去留辞受取予之间,都存在是否可耻的事。作为读书人而不首先说是否耻辱,就是没有根基的人;不是好古多闻,就是空洞的学问。没有根基的人去讲空洞的学问,我看他每天声称从事于圣人的言行,而离开圣人的言行更远了。"

顾炎武的学术,大抵主张抑制徒有浮华而注重实际。凡是国家的典章制度、郡邑掌故、天文仪象、河漕兵农之类,无不深究事物的始末,考证得失,著有《天下郡国利病书》一百二十卷,另外有《肇域志》一编,是在考证求索之余,将文字和地理图合在一起所写成的。他精通音韵学,著有《音论》三卷。谈古韵的,从明朝的陈第起,虽然从荒芜中开创了道路,但是还不够深邃严密。顾炎武便从经传中推索寻求,追溯事物的根本。在他的《诗本音》十卷一书中,主张陈第的涛没有协韵的说法,不和吴棫的本音说争论,他不采用吴棫的例子,但就《诗经》本书中的韵律相互考证,并用其他书做证明,说明古音原来就是这种读法,不是由于迁就而改变的,所以称为本音。又如《易音》三卷,就是根据《周易》以求古音,考证精确。又《唐韵正》二十卷、《古音表》二卷、《韵补正》一卷,都能上溯恢复夏、商、周三代以来的音韵,分门别类而知道它的演变。又著有《金石文字记》《求古录》,和经书历史相互证明。而他的《日知录》三十卷,尤其是造诣精深的书,是积累了三十多年的心得所写成的。书中论及治理时能综合事物的名称和实际加以考核,对礼仪教化尤其小心谨慎。认为风俗衰败,廉耻的堤防就会崩溃,从没有礼仪这一点来权衡,常常要用古代的制度作为天下的楷模。顾炎武又因为杜预的《左传集解》中常常出现错处,便写成《杜解补正》三卷。顾炎武其他的著作有《二十一史年表》《历代帝王宅京记》《营平二州地名记》《昌平山水记》《山东考古录》《京东考古录》《谲觚》《菰中随笔》《亭林文集》《亭林诗集》等,对学术和社会风气都很有补益。清初号称学有根底的,以顾炎武为最著名,学者们称他为亭林先生。

顾炎武又广交贤良豪杰年老的人,虚心和他们商讨问题,对自己不满足宽容。写了《广师篇》说:"通晓有关天道人事方面的学问,根底牢固而不可动摇的,我不如王寅旭;读书为自己,探索深奥的道理洞察细微,我不如杨雪臣;独一精通《三礼》,特出的讲授经书的教师,我不如张稷若,超脱于世事之外,自得造化的奥秘,我不如傅青主;坚持到老努力学习,没有教师而自己有所成就,我不如李中孚;备尝辛苦困厄,和人世间的潮流一起沉浮,我不如路安卿;知识丰富记忆力强,饱学而有才能,我不如吴志伊;文章写得出众,为人忠心厚道,我不如朱锡鬯;好学不倦,对朋友真诚,我不如王山史;精心于六书,信而好古,我不如张力臣。至于显达而在官位、可以称赞叙述的,也有不少,然而不是我一个平民百姓所能够议论的。"

康熙十七年,朝廷下诏顾炎武举博学鸿词,又修纂《明史》,大臣们争相举荐他,他誓死不从。康熙二十七年去世,享年七十岁。顾炎武没有儿子,吴江潘耒将他的遗书编列成序流行于世。宣统元年,顾炎武被送入文庙陪祀孔子。

胡渭传

【题解】

胡渭(1633~1714),原名渭生,字朏明,晚号东樵,浙江德清人。清初著名经学家,尤擅长于儒家经典中的历史地理学与考据学,和阎若璩齐名,有"一代儒宗"之称,是韩嘉考据学派的先驱。胡渭十五岁时为县学生,后屡试不第,遂入京就读太学,并客居大学士冯溥幕府。康熙十七年,坚持不就博学鸿儒,此后绝意科举,笃志穷经,曾参与撰写《资治通鉴长编》《大清一统志》的编写、分纂工作。著有《禹贡锥指》《易图明辨》《洪范正论》《大学翼真》等。胡渭晚年,从抗清反清立场转向对清朝统治者采取合作支持的态度。

【原文】

胡渭,初名渭生,字朏明,德清人。渭年十二而孤,母沈,攜之避乱山谷间。十五为县学生,入太学,笃志经义,尤业与地之学。尝馆大学士冯溥邸。尚书徐乾学奉诏修《一统志》,开局洞庭山,廷常熟黄仪、顾祖禹,太原阎若璩及渭分纂。渭著《禹贡锥指》二十卷,图四十七篇。谓汉、唐二孔氏,宋蔡氏,于地理多疏舛。如三江当,主郑康成说;《禹贡》"达于河",《河》当从《说文》作"菏";"荥波既豬",当从郑康成作"播";梁州黑水与道川之黑水,不可溷为一。乃博稽载籍,考其同异而折衷之。山川形势,郡国分合,道里远近夷险,一一讨论详明。又汉、唐以来,河道迁徙,为民生国计所击,故于《道河》一章,备考决溢改流之迹。留心经济,异于迂儒不通时务。间有千虑一失,则不屑阙疑之过。

又撰《易图明辨》十卷,专为辨定《图》《书》而作。初,陈搏推阐《易》理衍为诸图,其图本准《易》而生,故以卦多反覆研求无不符合。传者务神其说,遂归其图于伏羲,谓《易》反由图而作。又因《击辞》"河图、洛书"之文,取大衍算数作五十五点之图,以当《河图》;取《乾击度》太乙行九宫法,造四十五点之图,以当《洛书》;其阴阳奇偶,亦一一与《易》相应。传者益神其说,又真以为龙马神龟之所负,谓伏羲由此而有先天之图。实则唐以前书绝无一字符验,而突出于北宋之初,由邵子以及朱子,亦但取其数之巧合,而未暇究其太古以来从谁授受,故《易学启蒙》《易本义》前九图皆沿其说。同时袁枢、薛季宣皆有异论,然《宋史儒林传》《易学启蒙》朱子本嘱蔡元定创藁,非朱子自撰。《晦庵大全集》载《答刘君房书》曰:"《启蒙》本欲学者且就《大传》所言卦画著数推寻,不须过为浮说。而自今观之,如《河图》《洛书》,亦不免尚有胜语。"至于《本义》卷首九图,为门人所依附,朱子当日未尝坚主其说。元陈应润作《爻变义蕴》,始指诸图为道家假借。吴澄、归有光诸人亦相继排紧,毛奇龄、黄宗羲争之尤力。然皆各据所见抵其鳞隙,尚未能穷溯本末,一一抉所自来。渭则于《河图》《洛书》,五行、九宫,参同、先天、太极,《龙图》,《易数铭隐图》,《启蒙图》《书》,先天、后天、卦变、象数流弊,皆引据旧文,互相参证,以箝依托之口。使学者知图、书之说，乃修束、术数二家旁分《易》学之支流，非作《易》之根柢，视《禹贡锥指》尤为有功经学。

又撰《洪范正论》五卷，谓汉人专取灾祥，推衍五行，穿凿附会，事同谶纬，乱彝伦攸叙之经，其害一；《洛书》本文具有《洪范》，非龟文，宋儒创为黑白之点，方员之体，九十之位，变书为图，以一对九数十数，刘牧、蔡季通纷纭更定，其害二；《洪范》元无错简，王柏、胡一中等任意改窜，其害三。渭又撰《大学翼真》七卷，大旨以朱子为主，仅谓《格致》一章不必补傅，力辟王学改本之误。所见切实，视泛为性命理气之谈者，胜之远矣。

渭经术湛深，学有根柢，故所论一轨于正。汉儒传会之谈，宋儒变乱之论，扫而除焉。康熙四十三年，圣祖南巡，渭以《禹贡锥指》献行在，圣祖嘉奖，御书"耆年笃学"四大字赐之，儒者咸以为荣。五十三年，卒，年八十有二。

渭子彦升，字国贤。雍正八年进士，授刑部主事，改山东定陶县知县。著《春秋说》《四书近是》《业书录要》。又于乐律尤有心得，著《乐律表微》八卷。

渭同郡佩孙，字丹颖，归安人。亦汉古《易》，不言图、书，著《易守》四十卷。于《易》中三圣人所未言者不加一字，故曰"字"。

【译文】

胡渭，起初名叫渭生，字胐明，德清人。胡渭十二岁时丧父，母亲沈氏，带着他到山谷中躲避战乱。他十五时成为县学生，进入太学，专心致志于儒家经书的义理之学，尤其精通地理学。曾经在大学士冯溥家中教书。尚书徐乾学奉皇帝的诏命修篡《大清一统志》，在洞庭山设立修书局，聘请常熟黄仪、顾祖禹，太原阎若璩和胡渭分别编篡。胡渭著有《禹贡锥指》二十卷，地图四十七篇。认为汉代、唐代的孔安国、孔颖达，宋代的蔡元定，在谈到地理方面有许多疏忽舛误。例如"三江"应当采取郑康成的说法；《禹贡》中"达于河"的"河"字，应当随《说文解字》中的解释作"菏"字；"荥波既豬"，应当按郑康成的说法作"播"字；梁州的黑水和导川的黑水不能混而为一。便广为查考记载册籍，考证其中的相同或差异之处加以折中。对山川的形势，郡国的分合，道里的远近平坦险恶，逐个讨论详细明白。又如汉代、唐代以来黄河河道的迁徙变化，关系到国家和百姓的生计，所以在《导河》一章里，全面考证了黄河决口泛滥河流改道的痕迹。他留心于经国济民，有别于迂腐的读书人的不懂当世的要务。偶而他的考虑也会有疏漏的地方，则是由于他轻视疑难之处不加评论的过失。

胡渭又著有《易图明辨》十卷，是专门为了辨定《河图》《洛书》而写的。起初，陈抟推断阐明《易经》的义理扩充延伸为各种图像，这些图像本来是根据《易经》而得出的，所以用卦爻反复研讨探求没有不符合的地方。流传下的人为了神化这种传说，便把这些图像归之于伏羲氏，认为《易经》是由于图像而创作的。又因为《系辞》中有"河图、洛书"的字样，采用大数五十演卦制成五十五点的图像，以配合《河图》；采用《乾凿度》中的太乙推行九宫的算法，制成四十五点的图像，以配合《洛书》；其中的阴阳奇数偶数，也都一一和《易经》互相对应。传授的人更加神化自己的说法，又真以为它们是龙马和神龟背负而出现的，说是伏羲氏因此而得到先天的图像。实际上唐代以前的书籍中绝对没有一个字说到这些符验，而突然在北宋初年出现，从邵雍以及朱熹，也只是采取它数字的巧合，而无暇推究从太古以来从谁那里授受的，所以《易学启蒙》《易本义》前面的九个图都沿袭这些说法。同时袁枢、薛季宣都有不同的论述，然而《宋史·儒林传》中称：《易学启蒙》原先是朱熹嘱咐蔡元定写的初稿，不是朱熹自己所著。《晦庵大全集》所载的《答刘君房书》说："《易学启蒙》本来是使学习它的人就《大传》所说的卦画卜筮推索寻求，不必过于发挥虚浮不实的议论。而从现在来看，象《河图》《洛书》，也不免还有多余的话。"至于《易本义》卷首的九幅图，被学生等所依托附会，朱熹当时也没有坚持主张这种说法。元代的陈应润写了《爻变义蕴》，开始指出这些图是道家的假借。吴澄、归有光等人也相继予以排斥攻击，毛奇龄、黄宗羲的争辩尤其努力。然而都是各自根据所见到的排击它的漏洞，还没有能追根究底，逐一指出它的原因。胡渭却对于《河图》《洛书》，五行、九宫、参同、先天、太极、《龙图》《易数钩隐图》《启蒙图》《尚书》，先天、后天、卦变、象数的流弊，都引证依据旧的经典，相互参照证明，以钳制依凭俘托的口实，使学习的人知道《河图》《洛书》的说法，是修炼家、术数家旁分《易经》学说的支流，不是研究《易经》的根本所在，只要看《禹贡锥指》一书，它对经义之学尤其有功。

胡渭又著有《洪范正论》五卷，说汉代人专门摘取灾异祥瑞现象，推广敷衍阴阳五行，加以穿凿附会，这种事等于迷信的谶纬，扰乱了天地人的常道等级次第的常规，这是第一个害处；《洛书》的原文都在《洪范》里，并非龟背的纹理，宋代的学者首创绘制黑色白色的点，方形和圆形的体式，九和十的方位，把文字改变成图形，以至有九数十数，刘牧、蔡季通纷纷变更改定。这是第二个害处；《洪范》的文字原来没有错简的地方，王柏、胡一中等人任意改变窜脱，这是第三个害处。胡渭又著有《大学翼真》七卷，大意以朱熹的学说为主，只是认为《格致》这一章不必补传，极力排除王阳明学派擅改本义的错误。见解很切合实际，比起那些泛泛谈性命理气的人来说，要超过很多。

胡渭的经术精湛深刻，学问很有根底，所以所论述的见解都符合正统。对汉代学者穿凿附会的说法、宋代学者变异淆乱的言论，一概加以扫除。康熙四十三年，清圣祖玄烨到南方巡视时，胡渭在皇帝的临时住所献上《禹贡锥指》，受到清圣祖的嘉奖，亲笔写了"耆年笃学"四个大字赏赐给他，学者都认为这件事很光荣。康熙五十三年胡渭去世，终年八十二岁。

毛奇龄传

【题解】

奇龄（公元 1623～1713 年），字大可，又字初晴，一名甡，字齐于，浙江萧山人，学者称西河先生。与其兄先万龄有名于时。明亡后，采取消极避世态度，藏匿于南山土屋中，后因论诗得罪遭陷害，改名后游历江淮、山东、湖北、河南等地达十余年，得以结识阎若璩、朱彝尊等学者，从事"考索经史"之学。康熙十七年，参加博学鸿儒制科，授职翰林院检讨，入馆纂修《明史》，二十四年告归，僦居杭州，以著述授徒为业。康熙二十八年、三十八年皇帝南巡时，毛奇龄历次赶赴行宫迎驾、献书，受到嘉奖。他反程朱、反理学，在所著的数十种经学著述中，较著名的有《太极图说遗议》《河图洛书原舛篇》《周礼问》《经问》《大学证问》《四书改错》等，反映了他在经学、史学、文学方面的造诣。又通音律，著有《竟山乐录》。

【原文】

毛奇龄，字大可，又名甡，萧山人。四岁，母口授《大学》即成诵。总角，陈子龙为推官，奇爱之，遂补诸生。明亡，哭于学官三日。山贼起，窜身城南山，筑土室，读书其中。

顺治三年，明保定伯毛有伦以宁波兵至西陵，奇龄入其军中。是时马士英、方国安与有伦犄角，厅龄曰："方、马国贼也，明公为东南建义旗，何可与二贼共事？"国安闻之大恨，欲杀之，奇龄遂脱去。后怨家屡陷之，乃变姓名为王士方，亡命浪游。及事解，以原名入国学。康熙十八年，荐举博学鸿儒科。试列二等，授翰林院检讨，充《明史》纂修官。二十四年，充会试同考官，寻假归，得痹疾，遂不复出。

初著《毛诗续传》三十八卷，既以避雠流寓江、淮间，失其藁。乃就所记忆著《国风省篇》《诗札》《毛诗写官记》。复在江西参议道施闰章所与湖广杨洪才说《诗》，作《白鹭洲主管说诗》一卷。明嘉靖中，鄞人丰坊伪造《子贡诗传》《申培诗说》行世，奇龄作《诗传诗说驳议》五卷，引证诸书，多所纠正。省通籍，进所著《古今通韵》十二卷，圣祖善之，诏付史馆。

《太极图说》图

归田台，僦居杭州，著《仲氏易》，一日著一卦，凡六十四日而书成，托于其兄锡龄之绪言，故曰"仲氏"。又著《推易始末》四卷，《春秋占筮书》三卷，《易小帖》五卷，《易韵》四卷，《河图各书原舛编》一卷，《太极图说遗议》一卷。其言《易》发明荀、虞、干、侯诸家，旁及卦变、封综之法。奇龄分校会闱时，阅《春秋》房卷，心非渭《传》之偏，有意撰述，至是乃就经文起义，著《春秋毛氏传》三十六卷，《春秋简书刊误》二卷，《春秋属辞比事记》四卷，条例明晰，考据精核。又欲全著《礼经》，以衰病不能，乃次第著昏、丧、祭礼、宗法、庙制及郊、社、禘、祫、明堂、学校诸问答，多发先儒所未及。至于《论语》《大学》《中庸》《孟子》，各有考证，而《大学证文》及《孝经问》，援据古今，辨后儒改经之非，持论甚正。

奇龄淹贯群书，所自负者在经学，然好为驳辩，他人所已言者，必力反其词。古文《尚书》自宋吴棫后多疑其伪，及阎若璩作《疏证》，奇龄力辨为真，遂作《古文尚书冤词》。又删旧所作《尚书广听录》为五卷，以求胜于若璩，而《周礼》《仪礼》，奇龄又以为战国之书。所作《经问》，指名攻驳者，惟顾炎武、阎若璩、胡渭三人。以三人博学众望，足以攻击，而余子以下不足齿录，其傲睨如此。

素晓音律，家有明代宗藩所传唐乐笛色谱，直史馆，据以作《竟山乐录》四卷。及在籍，闻圣祖论乐谕群臣以径一围三隔八相和一之法，因推阐考证，撰《圣谕乐本解说》二卷，《皇言定声录》八卷。三十八年，圣祖南巡，奇龄迎驾于嘉兴，以《乐本解说》二卷进，温谕奖劳。圣祖三巡至浙，奇龄复谒行在，赐御书一幅。五十二年，卒于家，年九十一。门人蒋枢编辑遗集，分经集、文集二部，经集自《仲氏易》以下凡五十种，文集合诗、赋、序、记及他杂著凡二百三十四卷。《四库全书》收奇龄所著书目多至四十余部。奇龄辩证《图》《书》，排击异学，尤有功干经义。弟子李塨、陆邦烈、盛唐、王锡、章大来、邵廷采等，著录者甚众。李塨、迁采自有传。

邦烈，字又超平湖人。尝取奇龄经说所载良为《圣门释非录》五卷，谓圣问口语未可尽非云。

【译文】

毛奇龄字大可，又名甡，萧山人。四岁时，母亲向他口授《大学》，他就能诵读。儿童时，陈子龙担任推官时，特别喜欢他，便把他补为秀才。明朝灭亡时，他在学宫里大哭了三天。山里的盗贼蜂起，毛奇龄只身逃避到县城南面的山中，修筑了土房子，在里面读书。

顺治三年时，明朝的保定伯毛有伦带领宁波的士兵来到西陵，毛奇龄投奔到毛有伦的军队里。这时马士英、方国安和毛有伦形成犄角之势，毛奇龄说："方、马是国家的盗贼，明公您为东南树起了义旗，怎么能和这两个贼子在一起共事？"方国安听说后对他大为痛恨，要杀死他，毛奇龄便只得逃走。后来他的仇家一再陷害他，便改姓更名为王士方，逃亡在外而流浪。等到事情过去，用原来的姓名进入国子学。康熙十八年，被荐举为博学鸿儒科，经过考试排在第二等，授职担任翰林院检讨，充当《明史》的纂修官。康熙二十年，担任会试同考官，不久请假回原籍，患了风痹病，便不再出来做官。

起初著有《毛诗续传》三十八卷，既而因为躲避仇人在长江、淮河一带居处不定，书稿因而遗失。毛奇龄便就记忆所及写了《国风省篇》《诗札》《毛诗写官记》。又在江西参议道施闰章那里和湖广的杨洪才讲解《诗经》，著有《白鹭洲主客说诗》一卷。明朝嘉靖年间，鄞县人丰坊伪造了《子贡诗传》《申培诗说》在世间流传，毛奇龄著了《诗传诗说驳议》五卷，引证各种书籍，纠正了许多谬误之处。到了进士及第以后，向皇帝呈进所著的《古今通韵》十二卷，清圣祖认为很好，下诏把这部书交付给史馆。

毛奇龄回乡以后，在杭州租房居住，著作《仲氏易》，一天写一卦，经过六十四天就把书写成，因为托名于他哥哥毛锡龄所写的绪言，所以称"仲氏"。又著有《推易始末》四卷、《春秋占筮书》三卷、《易小帖》五卷、《易韵》四卷、《河图洛书原舛编》一卷、《太极图说遗议》一卷。其中说到《易经》发挥阐明了荀况、虞卿、干宝、侯生各家的见解，以及卦变、卦综的方法。毛奇龄分别校阅会试考卷时，读到《春秋》房闱的考卷，心中不同意胡渭《传》中的偏见，有意针对加以撰写陈述，这时便从经文立义发凡，著有《春秋毛氏传》三十六卷、《春秋简书刊误》二卷、《春秋属辞比事记》四卷，条例明白清晰，考据详细翔实。又打算撰写完备了《礼经》，因为体衰多病没有如愿，便按先后次序写出婚、丧、祭礼、宗法、庙制和郊、社、禘、祫、明堂、学校等问答，其中对以前的儒者所没有谈到的地方有许多发明。至于对《论语》《大学》《中庸》《孟子》，都各有考证，而《大学证文》和《孝经问》中，引授依据古今的材料，辨明宋代以后的儒生窜改经义的错误，所持的论点很正确。

毛奇龄渊博而贯通群书，自负擅长于经学，然而喜欢对别人的见解加以辩驳，别人所已经说到的，一定极力反驳对方的论点。《古文尚书》从宋代的吴棫以后许多人都怀疑它是伪书，到阎若璩写出《尚书疏证》，毛奇龄却极力申辩《古文尚书》是真的，于是写了《古文尚书冤词》。他又删改以前所写的《尚书广听录》为五卷，以图超过阎若璩，对《周礼》《仪礼》，毛奇龄又认为都是战国时期的书。他所著的《经问》，指名道姓加以反驳的，只有顾炎武、阎若璩、胡渭三人。这是因为这三个人博学有名望，值得进行攻击，而其余的人都等而下之不足挂齿，他的骄傲貌视一切竟到了这种程度。

毛奇龄素来通晓音乐声律，家里有明代的宗室藩王所传下来的唐代音乐笛色谱，在史馆任职时，根据它写出《竟山乐录》四卷。他回原籍以后，听说清圣祖在论乐时告诉群臣以经一围三隔八相生的方法，因此推演阐述加以考证，写出《圣谕乐本解说》二卷、《皇言定声录》八卷。康熙三十八年，清圣祖到南方巡视，毛奇龄在嘉兴迎接皇帝，进呈《乐本解说》二卷，得到皇帝谕令嘉奖。清圣祖第三次南巡到浙江时，毛奇龄又去皇帝的驻所拜见，得到皇帝赏赐的一幅御书。康熙五十二年，在家里去世，终年九十一岁。他的学生蒋枢编辑遗集，分为经集、文集二部，经集从《仲氏易》以下一共五十种，文集加上诗、赋、序、记和其他杂著一共二百三十四卷。《四库全书》中收毛奇龄所著的书目多到四十余部。《毛奇龄辩证》《河图》《洛书》，排斥攻击异端之说，对维护经义尤其有功劳。

阎若璩传

【题解】

阎若璩（公元 1636~1704 年），字百诗，号潜兵，山西太原人，古代经营盐业，迁居江苏淮安。曾帮助徐乾学在洞庭山修纂《大清一统志》。他长于考据，对地理学方面造诣精深，所著《四书释地》。对人名、物类、训诂、典制等考证有据。著作有《古文尚书疏证》《潜丘札记》《毛朱诗说》《日知录补正》《博渊掌录》等。

【原文】

阎若璩，字百诗，太原人。世业监，侨寓淮安。父修龄，以诗名家。若璩幼多病，读书阅记不出声,年十五,以商籍补山阳县学生员。研究经史,深造自行。尝集陶弘景、皇甫谧语题其柱云:"物不知,以为深耻;遭人而问,少有暇日。"其立志如此,海内名流过淮,必主其家。年二十,读《尚书》至古文二十五篇,即疑其伪。沉潜三十余年,乃尽得工春结所在,作《古文尚书疏证》八卷。引经据古,一一陈其矛盾之故,古文之伪大明。所列一百二十八条,毛奇龄《尚书古文冤词》百计相轧,终不能以强辞夺正理,则有据之言先立于不可败也。

康熙元年,游京师,旋改归太原故籍,补廪膳生。十八年,应博学鸿儒科试,报罢。昆山顾炎武以所撰《日知录》相质,即为改定数条,炎武虚心从之。编修汪琬著《五服考异》,若璩纠其谬,尚书徐乾学欢服。及乾学奉敕修《一统志》,开局洞庭山,若璩与其事。若璩于地理尤精番,山川形势,州郡沿革,了如指掌,撰《四书释地》五卷,及于人名物类训诂典制,事必求其根底,言必求其依据,旁参互证,多所贯通。又据《孟子》七篇,参以《史记》诸书,作《孟子生卒年月考》一卷。又著《潜丘札记》六卷,《毛朱诗说》一卷,手校《困学纪闻》二十卷,因浚仪之旧而校正笺说推广之。又有《日知录补正》,《丧服异注》,宋刘攽、李焘、马端临、王应麟四家逸事,《博湖掌录》诸书。

世宗在潜邸闻其名,延入邸中,素观所著书,每进一篇必称善。疾革,请移就城外,以大状为兴,上施青纱帐二十人舁之出,安稳如休簧。康熙四十三年,卒,年六十九。世宗遣使经纪其丧,亲制诗四章,复为文祭之。有云:"读书等身,一字无假,孔思周情,旨深言大。"金谓莫若璩不能当也。

【译文】

阎若璩字百诗,太原人。世代经营盐业,在淮安侨居。父亲阎修龄,因为有写诗的专长而自成一家。阎若璩年幼时多病,读书时默默牢记口不出声,十五岁时,因为是商籍的缘故补为山阳县县学的学生。他研究经籍和历史,通过深造自己有所心得。曾经集陶弘景、皇甫谧的话写在柱子上说:"一物不知,以为深耻;遭人而问,少有暇日。"他立下的志向就是这样。海内的名流经过淮安,必定去他的家里。二十岁时,读《古文尚书》到第二十五篇,就怀疑它是伪书。潜心研究三十多年,全部得出它的症结所在,写出《古文尚书疏证》八卷。引经据典,一指出其中的矛盾所在,《古文尚书》的伪处于是大白。所列举的一百二十八条,毛奇龄在《古文尚书冤词》一一书中千方百计予以驳斥,最终也不能用强词夺正理,这是由于有根据的论述先立于不败之地的缘故。

康熙元年,他到北京游历,不久便回到太原原籍,补廪膳生。康熙十八年,参加博学鸿儒科的考试,落第。昆山顾炎武拿自己所著的《日知录》向他征求意见,阎若璩就给他改定了几条,顾炎武便虚心地采纳了。编修汪琬著有《五服考异》,阎若璩指出了书中的错误,为尚书徐乾学所叹服。等到徐乾学奉敕命修纂《一统志》,在洞庭山开设了修纂局,阎若璩也参与了这件事情。阎若璩对地理方面尤其精密确实,对山川的形势,州郡的沿革,了如指掌,著有《四书释地》五卷,凡关于人名、物类、训诂、典制,每件事必定寻根究底,说法必定要求有所依据,广泛地引用材料作依据或例证,很多地方能够互相贯通。又根据《孟子》的七篇，参考《史记》等书，著有《孟子生卒年月考》一卷。又著有《潜丘札记》六卷、《毛朱诗说》一卷，亲手校订《困学纪闻》二十卷，依据浚仪的旧址而驳正笺说加以推广。此外还有《日知录补正》《丧服异注》，宋朝刘攽、李焘、马端临、王应麟四家的遗闻逸事和《博湖掌录》等著作。

清世宗胤禛还是皇子时，就听说他的名声，把他请到府邸，索取阎若璩的著作阅读，每进献一篇看了以后必定加以称赞。病重时，他请求移住城外，用大床做成大轿，上面蒙了青纱帐，用二十人抬了它出城，安稳得如卧床一样。康熙四十三年，去世，享年六十九岁。清世宗派使者料理阎若璩的丧事，并亲自作诗四首，还写了文章祭他。其中有"读书等身，一字无假，孔思周情，旨深言大。"的话，别人都说只有阎若璩才能配得上这些话。

惠栋传

【题解】

惠栋(公元 1697~1758)，字定宇，号松崖，江苏吴县人。仓继录祖父惠周惕、父亲惠士奇的家学，对于经史、诸子百家、稗官野乘，无不贯通，对《易经》尤其精通，著作有《九经古义》《易汉学》《周易述》《禘说》《古文尚书考》等。

【原文】

栋，字定宇。元和学生员。自幼笃志向学，家多藏书，日夜讲诵。于经、史、诸子、稗官野乘及七经毖纬之学，靡不津逮。小学本《尔雅》，六书本《说文》，余及《急就章》、《经曲释文》，汉、魏碑碣，自《玉篇》《广韵》而下勿论也。乾隆十五年，诏举经明行修之士，陕甘总督尹继善、两江总督黄延桂交章论荐。会大学士、九卿索所著书，未及呈亓，罢归。

栋于诸经熟洽贯串，谓诂训古字古音，非经师不能辨，作《九经古义》二十二卷。尤邃于易，其撰《易汉学》八卷，掇拾孟喜、虞翻、荀爽绪论，以见大凡。其末篇附以己意，发明汉《易》之理，以辩证《河图》《洛书》、先天、太极之学。《易例》二卷，乃镕铸旧说以发明《易》之本例，实为栋论《易》诸家发凡。其撰《周易述》二十三卷，以荀爽、虞翻为主，而参以郑康咸、宋成、干宝之说，约其旨为注，演其说为疏。书垂成而疾革，遂阙《革》至《未济》十五卦及《序卦》《杂卦》两传，难为未善之书，然汉学之绝者千有五百余年，至是而粲然复明。撰《明堂大道录》八卷，《禘说》二卷，谓禘行于明堂，明堂法本于《易》。《古文尚书考》二卷，辨郑康成所传之二十四篇为孔壁真古文，东晋晚出之二十五篇为伪。又撰《后汉书补注》二十四卷，《王士祯精华录训纂》二十四卷，《九曜齐笔记》《松崖文钞》诸书。嘉定钱大昕尝论："宋、元以来说经之书盈屋充栋，高者蔑古训以夸心得，下者袭人言以己有。独惠氏世守古学，而栋所得尤精。插诸前儒，当在何休、服虔之间，马融、赵岐辈不及也。"卒，年六十二。其弟子知名者，余萧客、江声最为纯实。

【译文】

　　惠栋字定宇,元和县的县学生。从幼年起就誓志学习,家里的藏书很多,白天黑夜地讲解诵读,对于经、史、诸子、稗官野乘和佛教的七种经典和纬书,无不融会贯通。小学本《尔雅》、六书本《说文》,其他的像《急就章》《经典释文》,汉、魏的碑文刻石,从《玉篇》《广韵》以下的就不必说了。乾隆十五年时,朝廷下诏荐举通晓经书操行有修养的文士,陕甘总督尹继善、两江总督黄廷桂相互上奏章推荐惠栋。巧逢大学士、朝中的九卿向他索取他的著作,惠栋没有能及时呈进,于是作罢回家。

　　惠栋对各种经籍熟悉博洽融会贯通,认为训诂古字古音,不是讲授经书的教师就不能辨别,著有《九经古义》二十二卷。对《易经》尤其精通,他所著的《易汉学》八卷。撷取孟喜、虞翻、荀爽的首先阐述的见解,从而可以看出大概。书的末篇附录自己的意思,发挥阐明汉代《易经》的义理,用来辩证《河图》《洛书》、先天、太极的学说。《易例》二卷,是融会旧的说法来发挥阐明《易经》的根本条例,实际是惠栋论述《易经》各家的凡例。他撰写《周易述》二十三卷,以荀爽、虞翻为主,而参考郑康成、宋咸、于宝的说法,概括他们的要旨作为注解,发挥他们的说法作为疏通。这本书将要写成而病情危急,便缺了《革》到《未济》十五卦以及《序卦》《杂卦》两传,虽然是不够尽善的书,然而汉代以来治经的学问中断了一千五百多年,到这时又鲜明地重新发出光辉。惠栋撰写《明堂大道录》八卷、《禘说》二卷,说古代帝王祭祖的典礼应该在宣明政教的明堂举行,明堂法的本源出自《易经》。《古文尚书著》二卷,辨别郑康成所传的二十四篇是孔子旧宅夹壁中的真正古文经传,东晋时晚发现的二十五篇是假的经传。又撰写《汉书补注》二十四卷、《王士禛精华录训纂》二十四卷、《九曜斋笔记》《松崖文钞》等书。嘉定钱大昕曾经谈道:“宋代、元代以来解说经传的书真是多得充满屋子,高明的是轻视古代的训解来夸耀自己的心得,低下的只是抄袭别人的说法作为自己的见解。只有惠姓这一家世世代代遵守古代的学说,而惠栋所得到的成果尤其是精华。和前代的那些儒者比较,应当在何休、服虔之间,马融、赵岐等人还不及他。”去世时是六十二岁。他的学生中知名的,以余萧客、江声最为纯朴实在。

全祖望传

【题解】

　　全祖望(公元 1705～1755 年),字绍衣,学者称谢山先生,浙江鄞县人。乾隆元年(1736)参加会试得中进士,授职翰林院庶吉士,受权贵排斥,辞官回家,先后主持蕺山书院、端溪书院的讲席,并专心著述。他一生佩服黄宗羲,研治宋末和南明史事,留意乡土文献,曾续修黄宗羲的《宋元学案》,七次校核《水经注》,三次笺经《困学纪闻》。所著有

《鲒埼亭集》。

【原文】

全祖望，字绍衣，鄞县人。十六岁能为古文。讨论经史，证明掌故。补诸生。雍正七年，督学王兰生选以充贡，入京师，旋举顺天乡试。户部侍郎李绂见其文，曰："此深宁、东废后一人也！"乾隆元年，荐举博学鸿词。是春会试，先成进士，选翰林院庶吉士，不再与试。时张廷玉当国，与李绂不相能，并恶祖望，祖望又不往见，二年，散馆，真之最下等，归班以知县用，遂不复出。方词科诸人未集，绂以问祖望，祖望为记四十余人，各列所长。性伉直，既归，贫且病，饔飧不给，人有所馈，弗受。主蕺山、端谿书院讲席，为士林仰重。二十年，卒于家，年五十有一。

祖望为学，渊博无涯涘，于书无不贯串。在翰林，与绂共借《永乐大典》读之，每日各尽二十卷。时开明史馆，复为书六通移之，先论艺文，次论表，次论忠义、隐逸两列传，皆以其言为韪。生平服膺黄宗羲，宗羲表章明季忠节诸人，祖望益广修粉社掌故、桑海遗闻以益之，详尽而核实，可当续史。宗羲《宋元学案》甫创草藁，祖望博采诸书为之补辑，编成百卷。又七校《水经注》，三笺《困学纪闻》，皆足见其汲古之深。又答弟子董秉纯、张炳、蒋学镛、卢镐等所问经史疑义，录为《经史问答》十卷。仪徵阮元尝谓经学、史才、词科三者得一足传，而祖望兼之。其《经史问答》，实足以继古贤，启后学，与顾炎武《日知录》相埒。晚年定文藁，删其十七，为《鲒埼亭文集》五十卷。

【译文】

全祖望字绍衣，鄞县人。他十六岁时就能写古文，和人讨论经籍历史时，用掌故加以证明。补为生员。雍正七年，督学王兰生挑选他进国子监肄业，因此到了北京，不久以后参加顺天乡试中举。户部侍郎李绂见到他的文章，说："这是王深宁、黄东发以后的第一人！"乾隆元年，被荐举博学鸿词，同年春天参加举人的会试，先得中进士，被选为翰林院庶吉士，以后不再参加考试。当时张廷玉执政，和李绂不睦，连同讨厌全祖望，全祖望又不去进见他。乾隆二年，全祖望在散馆时被排在最后一等，他原来是进士而没有授他别的官职，只被任命为知县，所以便不再出来做官。正好翰林院的翰林们还没有聚集，李绂去问全祖望，全祖望为他记下四十多人的姓名，列举出各人的所长。全祖望性格刚直，回家以后，贫困而且有病，早晚的饮食都没有保证，别人对他有所馈赠，都不肯接受，他曾经主持蕺山书院、端谿书院的讲席，受到文士们的敬仰和尊重。乾隆二十年，在家中逝世，享年五十一岁。

全祖望研究学问，渊博得无边无际，对于书籍无不融会贯通。在翰林院任职期间，和李绂共同借出《永乐大典》阅读，每天各人可以读完二十卷。当时开设明史馆修《明史》，他又移送六件文书给明史馆发表自己的想法，首先谈艺文，其次谈表，再其次是谈忠义、隐逸两个列传，都认为他的见解很正确。全祖望一生佩服黄宗羲，黄宗羲曾经表彰明朝尽忠守节的一些人，全祖望更加广为纂修粉社的掌故、世间变迁的遗闻予以增益，材料详尽而且考核真实,可以作为连续的史书看待。黄宗羲的《宋元学案》刚写好草稿,全祖望便博采许多书中的材料为这部书做了补辑工作,编成一百卷。又先后七次校核《水经注》,三次笺注《困学纪闻》,从中足以看出他吸引古书的深度。全祖望又把自己回答学生董秉纯、张炳、蒋学镛、卢镐等人对经书历史中疑难意义的问题,记录成《经史问答》十卷。仪征的阮元曾经说经学、史才、词种三者只要一种有成就,就足以传世,而全祖望却兼而有之。他的《经史问答》,实在足以继承古代的贤人,启发后来的学者,它和顾炎武的《日知录》不相上下。晚年自定著作文稿,删掉十分之七,这就是《鲒埼亭文集》五十卷。

钱大昕传

【题解】

钱大昕(1728~1804年),字晓征,嘉定(今江苏嘉定)人,清代著名的史学家、金石学家和音韵学家。他曾参加过《热河志》《续通志》《一统志》的编修,一生著述甚丰,属于史学范围的除《二十二史考异》外,还有《元史艺文志》《诸史拾遗》《通鉴注辨证》等等,而《潜研堂文集》和《十驾斋养新录》是由长年积累的读书笔记、序跋、书信、答问等文字集结成的两部综合性著作。最能体现钱大昕史学造诣的还是《二十二史考异》。此书一百卷,所考二十二史,是指二十四史中除《旧五代史》和《明史》以外的二十二种正史。钱大昕认为"二十二家之书,文字繁多,义例纠纷。舆地则今昔异名,侨置殊所;职官则沿革迭代,冗要逐时。欲其条理贯串,了如指掌,良非易事"。于是仿《通鉴考异》体例,编撰此书,考订二十二史的各个方面。考订文字也是此书的一大特色。钱大昕认为史文的训诂对正确理解文义和校勘讹误的重要,很重视训诂,并且也不忽略少数民族词汇等等。钱大昕认为"史家所当讨论者有三端:曰舆地,曰官制,曰氏族"。所以《二十二史考异》对《地理志》《职官志》都考订得比较精审,另外,对名物、典章也多有涉及。由于钱大昕学识渊博,能触类旁通,故在考证时,能以史证史,也能以经证史,以金石铭文等资料证史,以至于据音韵学训读史书文字,所以考订出二十二史的很多错误,有助于人们能在较可靠的史料基础上研究历史。另外,对于钱大昕的元史研究也不忽视,这不仅仅是因为他已取得的成就,更重要的是他开了研究元史之前河。

【原文】

钱大昕,字晓征,嘉定人。乾隆十六年召试举人,授内阁中书。十九年进士,选翰林院庶吉士,散馆授编修。大考二等一名,擢右春坊右赞善。累充山东乡试,湖南乡试正考官,浙江乡试副考官。大考一等三名,擢翰林院侍讲学士。三十二年,乞假归。三十四年,补原官。入直上书房,迁詹事府少詹事,充河南乡试正考官。寻提督广东学政。四十年,丁父艰,服阕,又丁母艰,病不复出。嘉庆九年卒,年七十七。

大昕幼慧,善读书。时元和惠栋、吴江沈彤以经术称,其学求之《十三经注疏》,又求之唐以前子、史、小学。大昕推而广之,错综贯串,发古人所未发。任中书时,与吴烺、褚寅亮同习梅氏算术。及入翰林,礼部尚书何宗国世业天文,年已老,闻其善算,先往见之,曰:"今同馆诸公谈此道者鲜矣。"

大昕于中、西两法,剖析无遗。用以观史,自《太初》《三统》《四分》,中至《大衍》,下迄《授时》,朔望薄蚀,凌犯进退,抉摘无遗。汉《三统术》为七十余家之权舆,论文奥义,无能正之者。大昕衍之,据班《志》以阐刘歆之说,裁《志》文之讹,二千年已绝之学,昭然若发蒙。大昕又谓:"古法岁阴与太岁不同,《淮南天文训》摄提以下十二名,皆谓岁阴所在。《史记》大初元年年名焉逢摄提格者,岁阴,非太岁也。东汉后不用岁阴纪年,又不知太岁超辰之法,乃以太初元年为丁丑岁,则与《史》《汉》之文皆悖矣。"又谓:"《尚书纬》四游升降之说,即西法曰躔最高、卑之说,宋杨忠辅《统天术》以距差乘躔差,减气汎积为定积,梅文鼎谓郭守敬加减岁余法出于此。但《统天》求汎积,必先减气差十九日有奇,与郭又异,文鼎不能言。大昕推之同,凡步气朔,必以甲子日起算,今《统天》上元冬至乃戊子日,不值甲子,依《授时》法当加气应二十四日有奇,乃得从甲子起。今减去气差,是以上元冬至后甲子日起算也。既如此,当减气应三十五日有奇,今减十九日有奇者,去躔差之数不算也。求天正经朔又减闰差者,经朔当从合朔起算。今推得《统天》上元冬至后等一朔乃乙丑戌初二刻弱,故必减闰差而后以朔实除之,即《授时》之朔应也。"

大昕始以辞章名,沈德潜《吴中士子诗选》,大昕居一。既乃研精经、史,于经义之聚讼难决者,皆能剖析源流。文字、音韵、训诂、天算、地理、氏族、金石以及古人爵里、事实、年龄。了如指掌。古人贤奸是非疑似难明者,典章制度昔人不能明断者,皆有确见。帷不喜二氏书,尝曰:"立德立功立言,吾儒之不朽也。先儒言释氏近于墨,予以为释氏亦终于杨氏为已而已。彼弃父母而学道,是视己重于父母也。"

大昕在馆时,常与修《音韵述微》《续文献通考》《续通志》《一统志》《天球图》诸书。所著有《唐石经考异》一卷,《经典文字考异》一卷,《声类》四卷,《廿二史考异》一百卷,《唐书史臣表》一卷,《唐五代学士年表》二卷,《宋学士年表》一卷,《元史氏族表》三卷,《元史艺文志》四卷,《三史拾遗》五卷,《诸史拾遗》五卷,《通鉴注辨证》三卷,《四史朔闰考》四卷,《吴兴旧德录》四卷,《先德录》四卷,洪文惠、洪文敏、王伯厚、王弇州四家《年谱》各一卷,《疑年录》三卷,《潜研堂文集》五十卷,《诗集》二十卷,《潜研堂金石文跋尾》二十五卷,《养新录》二十三卷,《恒言录》六卷,《竹汀日记钞》三卷。族子塘、玷,能传其学。

【译文】

钱大昕,字晓征,嘉定人。乾隆十六年参加朝廷召试为举人,授予内阁中书官。十九年举进士,选为翰林院庶吉士,在散馆学习期满授予编修。参加大考中二等第一名,升为右春坊右赞善。历任山东乡试、湖南乡试正考官,浙江乡试副考官。参加大考中一等第三名,升为翰林院侍讲学士。三十二年,请求准假还乡。三十四年,补原来的官职。入宫当值上书房，调任詹事府少詹事，担任河南乡试正考官。不久为广东提督学政。四十年，遭父丧，丧服期满，又遭母丧，有病不再出来为官。嘉庆九年去世，终年七十七岁。

钱大昕少年聪慧，喜欢读书。当时元和惠栋、吴江沈彤以经术而闻名于世，钱大昕向他们求学《十三经注疏》，又求学唐代以前的子、史以及小学。钱大昕能将这些学问推而广之，错综条贯，发古人之所未发，有新的见解。担任中书时，和吴烺、褚寅亮一起学习梅氏算术。到他进入翰林院，礼部尚书何宗国一生研究天文，年事已高，听说钱大昕善于算术，就先往见他，说："现在同馆诸公当中谈论算术的人很少了。"

钱大昕对于中、西两法，剖析得非常透彻，无所遗漏。用中西法观察历史，自《太初历》《三统历》《四分历》，中经《大衍历》，下至《授时历》，对于历法中的朔望薄蚀，凌犯进退，都毫无遗漏地选择出来。汉代《三统术》是七十多家历法的始祖，其中错字深义，没有人能勘正解释。钱大昕推演《三统术》，根据《汉书·律历志》用以阐述刘歆的学说，裁定《律历志》的讹误，二千年来已绝迹的学问，明显得如启发蒙昧。钱大昕又说："按古法岁阴和太岁不同，《淮南子·天文训》所列摄提以下十二名，都说的是岁阴的所在。《史记》记太初元年年名为焉逢摄提格，这是岁阴，不是太岁。东汉以后不用岁阴纪年，而又不懂太岁超辰计算法，就以太初元年为丁丑年，这样和《史记》《汉书》的记载都相反了。"又说："《尚书纬》的四游升降学说，就是西法的日最高、最低的学说，宋代杨忠辅《统天术》用距差乘躔差，减去气汎积为定积，梅文鼎说郭守敬的加减岁余法就出自此。但是《统天术》求汎积，一定先减气差十九日有余，与郭宗敬的说法又不同，对此梅文鼎无法解释。钱大昕推算它们相同，凡推算气朔，一定以甲子日为起算，现在《统天术》上元冬至乃是戊子日，不遇甲子，按《授时历》的推算法应当加上气应二十四日有余，就能从甲子日起算。现在减去气差，是以上元冬至后甲子日为起算。既然如此，应当减去气应三十五日有余，现在减去十九日有余的，是除去躔差之数不算。求天正经朔又减去闰差的，经朔应当从合朔起算。现在推得《统天术》上元冬至后第一个朔日是乙丑戌初二刻弱，所以一定要减闰差而后用朔实相除，所得结果就是《授时历》的朔应。"

钱大昕以辞章闻名于世，沈德潜编《吴中七子诗选》，钱大昕列居首位。以后就精心研究经史，对于经义中众说纷纭难以决断的内容，都能剖析阐述其源流，至于文字、音韵、训诂、天文算术、地理、氏族、金石以及古人的爵位乡里、事迹、年龄，钱大昕也了如指掌。还有古人的奸贤是非有疑问好像难以明白的，典章制度以前人们不能明断的，钱大昕都有明确的见解。只不喜欢道、释二氏之书，他曾说："树立道德、树立功业、树立议论，这是我们儒家的不朽之处。先儒说释氏近于墨家，我以为释氏也最终与杨氏相同只为自己而已。他们抛弃父母而去学道，是看待自己重于父母。"

钱大昕在翰林院时，常参与修《音韵述微》《续文献通考》《续通志》《一统志》《天球图》诸书。他自己著述有《唐石经考异》一卷，《经典文字考异》一卷，《声类》四卷，《廿二史考异》一百卷，《唐书史臣表》一卷，《唐五代学士年表》二卷，《宋学士年表》一卷，《元史氏族表》三卷，《元史艺文志》四卷，《三史拾遗》五卷，《诸史拾遗》五卷，《通鉴注辨证》三卷，《四史朔闰考》四卷，《吴兴旧德录》四卷，《先德录》四卷，洪文惠、洪文敏、王伯厚、王弇州四家《年谱》各一卷,《疑年录》三卷,《潜研堂文集》五十卷,《诗集》二十卷,《潜研堂金石文跋尾》二十五卷,《养新录》二十三卷,《恒言录》六卷,《竹汀日记钞》三卷。同族子弟钱塘、钱坫、能传播钱大昕的学问。

王鸣盛传

【题解】

王鸣盛(1722~1798 年),字凤喈,嘉定(今江苏嘉定)人。他学识淹通,自己对此颇得意,曾说:"我于经有《尚书后案》,于史有《十七史商榷》,于子有《蛾术篇》,于集有诗文,以敌弇州四部,其庶几乎?"《十七史商榷》一百卷,是与《廿二史札记》《二十史考异》鼎立为三的史学名著。此书所谓的《十七史》,包括《史记》《汉书》《后汉书》《三国志》《晋书》《宋书》《南齐书》《梁书》《陈书》《魏书》《北齐书》《周书》《隋书》《南史》《北史》《新唐书》《新五代史》等十七部正史。书中虽然也论及《旧唐书》和《旧五代史》,但未列入数内。王鸣盛在自序谈及作书的目的:"学者每苦正史繁塞难读,或遇典制茫昧,事迹樛葛,地理职官,眼眯心督。试以予书为孤竹老马,置于其旁而参阅之,疏通而证明之,不觉如关开节解,筋转脉摇,殆或不无小助也。"王鸣盛详考史实,勘正本文错误,确实达到了撰述此书的目的,有益于后学,后人对此书评价甚高。对此书中的不少谬失,当时人就已察觉,并向他提出,遗憾的是,王鸣盛自视颇高,不肯正视,故仍保留至今。另外,《蛾术篇》作为一部内容广泛的学术著作,也颇有影响。

【原文】

王鸣盛,字凤喈,嘉定人,幼从长洲沈德潜受诗,后又从惠栋问经义,遂通汉学。乾隆十九年,以一甲进士授翰林院编修,大考翰詹第一,擢侍读学士。充福建乡试正考官,寻擢内阁学士,兼礼部侍郎。坐滥支驿马,左迁光禄寺卿。丁内艰,遂不复出。

鸣盛性俭素,无声色玩好之娱,晏坐一室,呷唔如寒士。尝言:"汉人说经必守家法,自唐贞观撰诸经义疏而家法亡,宋元丰以新经学取士而汉学殆绝,今好古之儒皆知崇注疏矣,然注疏惟《诗》《三礼》及《公羊传》犹是汉人家法,他经注则出魏、晋人,未为醇备。"著《尚书后案》三十卷,专述郑康成之学,若《郑注》亡逸,采马、王注补之。《孔传》虽出东晋,其训诂犹有传授,间一取焉。又谓东晋所献之《太誓》伪,而唐人所斥之《太誓》非伪,故附书今文《太誓》一篇,存古之功,自谓不减惠氏《周易述》也。又著《周礼军赋说》四卷,发明郑氏之旨。又《十七史商榷》一百卷,于一史中纪、志、表、传互相稽考,因而得其异同,又取稗史丛说以证其舛误,于舆地、职官、典章、名物每致详焉。别撰《蛾术编》一百卷,其为目十:《说录》《说字》《说地》《说制》《说人》《说物》《说集》《说刻》《说通》《说系》,盖仿王应麟、顾炎武之意,而援引尤博。诗以才辅学,以韵达情。古文用欧、曾之法,

【译文】

王鸣盛,字凤喈,嘉定人。幼时随长洲沈德潜学习诗赋,后又从惠栋学习经书之义理,于是精通汉学。乾隆十九年,因考中一等进士而授翰林院编修,参加大考又因翰詹第一,而提升为侍读学士。担任福建乡试正考官,不久提升为内阁学士,兼礼部侍郎。因滥支驿站马匹而获罪,降为光禄寺卿。遭母丧,归乡服丧,于是就不再出来为官。

王鸣盛生性俭约朴素,没有声音女色玩赏物品的欢娱,安逸地坐在一间屋里,发出呻唔之声如同一介寒士。曾经说:"汉人讲经必定守家法,自从唐代贞观年间撰述诸经义疏而家法丧失,宋代元丰年间以新经学取士而汉学几乎绝迹,现在喜好古学的儒者都知道尊崇注疏,然而注疏中唯有《诗》《三礼》及《公羊传》还是汉代人的家法,其他经书的注则出于魏、晋时人,还不深厚完备。"王鸣盛著《尚书后案》三十卷,专门阐述郑康成的学说,如果其中《郑注》有亡逸,就采用马融、王肃的注补上。《孔传》虽出于东晋,《孔传》的训诂还有传授,间或也一取《孔传》的训诂,又说东晋所献的《太誓》是伪书,而唐代人所指责的《太誓》不是伪书,所以在书中附今文《太誓》一篇,保存古代的功绩,自己说此书不逊于惠栋的《周易述》。又著《周礼军赋说》四卷,发挥弘扬郑玄的宗旨。又撰《十七史商榷》一百卷,在一史中的纪、志、表、传之间互相考核,因而发现它们的异同,又取野史丛说用此辩证它的谬误,对于地理、职官、典章、名物往往极为详尽。另外撰著《蛾术编》一百卷,此书列目为十篇:《说录》《说字》《说地》《说制》《说人》《说物》《说集》《说刻》《说通》《说系》,大概是模仿王应麟、顾炎武撰书之意,但援引内容尤其广博。王鸣盛的诗以才华辅托学问,以音韵表达情感。王鸣盛的古文尊用欧阳修、曾巩的做法,阐发许慎、郑玄的道理,还有《诗文集》四十卷。他于嘉庆二年去世,终年七十六岁。

戴震传

【题解】

戴震(公元 1723~1777 年),字慎修,又字东原,安徽休宁人。年轻时随父到江西南丰,曾在邵武课徒为生。后从学于江永。二十四岁时著《考工记图注》。1762 年中举人,以后屡次会试不中。乾隆三十八年(1723 年),以纪昀等推荐,被任命为四库全书馆纂修官。戴震是清代著名的唯物主义哲学家,对天文、数学、历史、地理学等均有造诣,又精通古音韵学,从训诂入手探讨古书义理,为一代考据大师。著作有《原善》《孟子字义疏证》《声韵》《长主言疏证》等,被后人编为《戴氏遗书》。

【原文】

戴震,字东原,休宁人。读书好深湛之思,少时塾师授以《说文》,三年尽得共节目。

年十六七，研精注疏，实事求是，不主一家。与郡人郑牧、汪肇龙、方矩、程瑶田、金榜从婺源江永游，震出所学质之永，永为之骇欢。永精《礼经》及推步、钟律、音声、文字之学，惟震能得其全。

性特介。年二十八补诸生，家屡空，而学日进。与吴县惠栋、吴江沈彤为忘年友。以避雠入都，北方学者如献县纪昀、大兴朱筠，南方学者如嘉定钱大昕、王鸣盛、余姚卢文绍、青浦王昶，皆折节与交。尚书秦蕙田纂《五礼通考》，震任其事焉。

乾隆二十七年，举乡试，三十八年，诏开四库馆，徵海内淹贯之士司编校之职，总裁荐震充纂修。四十年，特命与会试中式者同赴殿试，赐同进士出身，改翰林院庶吉士。震以文学受知，出入著作之庭。馆中有奇文疑义，辄就咨访。震亦思勤修其职，晨夕披检，无间寒暑。经进图籍，论次精审。所校《大戴礼记》《水经注》尤精核。又于《永乐大典》内得《九章》《五曹算经》七种，皆王锡阐、梅文鼎所未见。震正为补脱以进，得旨刊行。四十二年，卒于官，年五十有五。

戴震

震之学，由声音、文字以求训诂，由训诂以寻义理。谓："义理不可空恁胸臆，必求之于古经。求之古经而遗文垂绝，今古悬隔，必求之古训。古训明则古经明，古经明则贤人圣人之义理明，而我心之同然者，乃因之而明。义理非他，存乎典章制度者也。彼歧古训、义理而二之，是古训非以明义理，而义理不寓乎典章制度，势必流入于异学曲说而不自知也。"

震为学精诚解辨，每立一义，初若创获，乃参考之，果不可易。大约有三：曰小学，曰测算，曰典章制度。

其小学书有《六书论》三卷，《声韵考》四卷，《声类表》九卷，《方言疏证》十卷。汉以后转注之学失传，好古如顾炎武，亦不深省。震谓："指事、象形、谐声、会意四者为书之体，假借、转注二者为书之用。一字具数用者为假借，数字共一用者为转注。初、哉、首、基之皆为始，邛、吾、台、予之皆为我，其义转相注也。"又自汉以来，古音寝微，学者于六书之故，靡所从人。顾氏《古音表》，入声与《广韵》相反。震谓："有人无人之韵，当两两相配，以入声为之枢纽。真至仙十四韵，与脂、微、齐、皆、灰五韵同入声；东至江四韵及阳至登八韵，无与之配。鱼、虞、模、歌、戈、麻六韵，《广韵》无入声，今同以铎为入声，水与唐相配。而古音转及六书谐声之故，胥可由此得之。"皆古人所未发。

其测算书《原象》一卷，《迎日推策记》一卷，《勾股割圆记》三卷，《厉问》一卷，《古厉考》二卷，《续天文略》三卷，《策算》一卷。自汉以来，畴人不知有黄极，西人入中国，始云赤道极之外又有黄道极，是为七政恒星右旋之枢，诧为《六经》所未有。震谓："西人所云赤极,即《周髀》之正北极也,黄极即《周髀》之北极璿玑也。《虞书》'在璿玑玉衡,以齐七政',盖设璿玑以插黄道极也。黄极在柱史星东南,上弼、少弼之间,终古不随岁差而改。赤极居中,黄极环绕其外,《周髀》固已言之,不始于西人也。"

震所著典章制度之书未成。有《诗经二南补注》二卷,《毛郑诗考》四卷,《尚书义考》一卷,《仪经考正》一卷,《考工记图》二卷,《春秋即位改元考》一卷,《大学补注》一卷,《中庸补注》一卷,《孟子字义疏证》三卷,《尔雅文字考》十卷,《经说》四卷,《水地记》一卷,《水经注》四卷,《九章补图》一卷,《屈原赋注》七卷,《通释》三卷,《原善》三卷,《绪言》三卷,《直隶河渠书》一百有二卷,《气穴记》一卷,《藏府算经论》四卷,《葬法赘言》四卷,《文集》十卷。

震卒后,其小学,则高邮王念孙、金坛段玉裁传之;测算之学,则曲阜孔广森传之;典章制度之学,则兴化任大椿传之;皆其弟子也。后十余年,高宗以震所校《水经注》问南书房诸臣曰:"戴震尚在否?"对曰:"已死。"上惋惜久之。

【译文】

戴震字东原,休宁人。读书时喜好作深刻的思考,少年时家塾老师教他学《说文解字》,三年以后全部掌握了书里的难点。十六七岁时,钻研精于注疏古书,实事求是,不拘泥于一家之说。和同乡人郑牧、汪肇龙、方矩、程瑶田、金榜跟从婺源江永学习,戴震把自己在学习中遇到的问题提出来向江永请教,江永为之惊骇感叹。江永精于《礼经》和推算天文历法、乐律、音韵和文字学等学问,只有戴震能学到江永的所有学问。

戴震性格特别耿直。二十八岁时补为生员,家里经常穷困,而学识一天比一天长进。他和吴县的惠栋、吴江的沈彤是不拘年龄辈分的莫逆之交。他为了躲避仇人到了北京,北方的学者象献县的纪昀,大兴的朱筠,南方的学者象嘉定的钱大昕、王鸣盛,余姚的卢文绍,青浦的王昶,都屈驾和他交往。尚书秦蕙田编纂《五礼通考》时,请戴震担任这项工作。

乾隆二十七年,戴震在乡试时中举。乾隆三十八年,皇帝下诏开设四库馆,征召全国中学识渊博贯通的士人担任编辑校对的职务,《四库全书》的总裁纪昀推荐戴震为纂修。乾隆四十年,特别命令他和在会试时考中进士的人一起参加殿试,被赐予同进士出身,改授翰林院庶吉士。戴震以文学方面的才能受到知遇,出入于朝廷修书的部门。四库馆中遇到奇怪的文章和怀疑不决的文义,经常向戴震咨询。戴震也想努力尽到自己的职责,从早到晚翻看查阅,不分寒暑。对经手的进呈图书册籍,评议优劣精到审慎。他所校对的《大戴礼记》《水经注》尤其精确。他又从《永乐大典》中辑出《九章算术》《五曹算经》等七种书,都是王锡阐、梅文鼎所没有见过的。戴震将它们改正讹误、补增脱漏后进呈,得到御旨准许刊刻行世。乾隆四十二年,在任官职期间去世,终年五十五岁。

戴震的学问,是从音韵、文字方面去推求训诂,从训诂去寻找文义道理。他说:"书中的文义道理不能空凭自己心里毫无根据的猜测,一定要到古代的经书中去寻找。寻找的古代经书而留存的文字已经残缺不全,现在和古代因为年代相距已久,应该从古代的训解中去寻找。古代的训解清楚那么古代的经籍就清楚了，古代的经籍清楚了那么古代圣贤的含义道理就清楚了，而我的心里同样这么想，便因为如此而得以明白。所谓义理不是别的，它是保存在典章制度中的。如果割裂古代训解和义理分而为二，肯定古代的训解而不是弄清义理，而义理不是蕴藏在典章制度之中，势必流于非正统的学派和歪曲的说法之中而自己却不知道。"

戴震做学问能认真地解析辨别，每当确立一个含义，开始时如果提出新见解，便参考引证，最后也不能改变。大约有三类：小学、测算、典章制度。

戴震的小学著作有《六书论》三卷、《声韵考》四卷、《声类表》九卷、《方言疏证》十卷。汉代以后有关转注的学问已经失传，好古的学者像顾炎武，对它也不能深刻领会。戴震说："指事、象形、谐声、会意四项是文字的本体，假借、转注二项是文字的用法。一个字具有几种用法的属于假借，几个字共有一种用法的属于转注。初、哉、首、基这些字都是开始的意思，卬、吾、台、予这些字都是指我的意思，它们的意义都是可以辗转互训的。"又从汉代以来，文字的古代读音渐渐衰微不清，学者对汉字的六种造字方法的缘故，无从深入理解。顾炎武的《古音表》，入声和《广韵》相反。戴震说："有入声和没有入声的音韵，应当两两相配，用入声作为关键。从直字到仙字的十四韵，和脂、微、齐、皆、灰五韵，同属入声；从东字到江字四韵以及从阳字到登字八韵，和支、之、佳、咍、萧、宵、肴、豪、尤、侯、幽十一韵同属入声；从浸字到凡字九韵的入声，就遵从《广韵》，没有和这九个韵的入声配对的。鱼、虞、模、歌、戈、麻六韵，《广韵》中没有入声，现在同样以铎为入声，不和唐韵相配，而古代音韵的递转和六种造字条例中形声字的缘故，都可以从这里得到答案。"这都是古人所没有阐发的。

戴震的测算著作有《原象》一卷、《迎日推策记》一卷、《勾股割圆记》三卷、《历问》一卷、《古历考》二卷、《续天文略》三卷、《策算》一卷。从汉代以来，历算家不知道有黄极，西方人来到中国，才开始提到赤道极之外又有黄道极，它是日、月、金、木、水、火、土恒星向右运行的关键，夸耀这是中国的《六经》中所没有的。戴震说："西方人所说的赤极，就是《周髀算经》中的正北极，黄极就是《周髀算经》中的北极璇玑。《虞书》'在璇玑玉衡，以齐七政'，这是用以玉为饰的天体观测仪器来模拟黄道极。黄极在柱史星的东南，在上弼和少弼之间，自古以来不随岁差而改变。赤极在中间，黄极围绕在赤极外面，《周髀算经》中早已谈到，不是从西方人才开始的。"

戴震所著有关典章制度的书没有完成。此外有《诗经二南补注》二卷、《毛郑诗考》四卷、《尚书义考》一卷、《仪经考正》一卷、《考工记图》二卷、《春秋即位改元考》一卷、《大学补注》一卷、《中庸补注》一卷、《孟子字义疏证》三卷、《尔雅文字考》十卷、《经说》四卷、《水地记》一卷、《水经注》四十卷、《九章补图》一卷、《屈原赋注》七卷、《通释》三卷、《原善》三卷、《绪言》三卷、《直隶河渠书》一百零二卷、《气穴记》一卷、《藏府算经论》四卷、《葬法言》四卷、《文集》十卷。

戴震去世以后，他的文字学，由高邮的王念孙、金坛段玉裁传下来；天文历算学，由曲阜的孔广森传下来；典章制度学，由兴化的任大椿传下来；这些人都是戴震的学生。十几年以后,乾隆皇帝以戴震所校的《水经注》向南书房的臣子们问道:"戴震还在吗?"臣子们回答说:"已经去世了。"皇帝惋惜了很久。

汪中传

【题解】

汪中(公元1745~1794年),字容甫,江苏江都人。少年孤贫,先受母教,曾帮助书商售书,因此遍读经史百家。工骈体文,有诗名,尤长于史学。他和王念孙等相过从,切磋问学,曾广泛考证先秦古籍和三代以前学校制度的兴废沿革。著作很多,有》《《春秋述义》《墨子序》《荀卿子通论》《贾谊新书序》《广陵通典》《金陵地图考》等。

【原文】

汪中,字容甫,江都人。生七岁而孤,家贫不能就外傅。母邹,授以《四子书》。稍长,助书贾鬻书于市,因遍读经、史、面家,守目成育,遂为通人。年二十补诸生。乾隆四十二年,拔贡生,提学使者谢墉,每试别置一,署名诸生前。尝曰:"余之容甫,爵也。若以学,当北面事之。"其敬中如此。以母老竟不朝考。五十一年,侍郎朱主江南试,谓人曰:"吾此行心得江中为选首。"不知其不与试也。

中颛意经术,与高邮王念孙、宝应刘台拱为友,共讨论之。其治《尚书》,有《尚书考异》。治《礼》,不《仪礼》校本,《大戴礼记》校本。治《春秋》,有《春秋述义》。治《小学》,不《尔雅》校本,及《小学说文求端》。中尝谓国朝古学之兴,顾炎武开其端。《河》《洛》矫诬,至胡渭而绌。中、西推步,至梅文鼎而精。力攻古文者,阎若璩也,专治汉《易》者,惠栋也。凡此皆千余年不传之学,及戴震出而集其大成。拟作六儒颂。未成。

又尝博考稽秦古籍三代以上学制度废兴,使知古人所以为学者。凡虞、夏第一,《周礼》之制第二,啁衰列国第三,孔门第四,七十子后学者第五。列通论、释经、旧闻、典籍、数典、世官、目录凡六。而自题其端曰:"观《周》礼太史云云。当时行一中则有一书,其后执书以行事,又其后则事废而书存。至宋儒以后,则并其书之事而去之矣。"又曰:"有官谇之典型籍,有学士大夫之典型籍,故之传闻,行一事,有一书,傅之后世,奉以为成宪。此官府之典型籍也。先王之礼乐政事,遭世之衰废而不秩,有司秆其文,故老能言其事,好古之君子,悯其浸久而遂亡也,而书之简异此学生士大夫之典型籍也。"又曰:"古有也。敬非其官,官亦夫有也。其所谓士者,非王侯公卿大夫之则一命之士,外此则乡学、小学而不在上而在下,及其衰也,诸子各学其学鸣,而先王之道荒矣。然当诸侯去籍秦政焚书,有司所掌,荡然无存,期望赖学士相传,存其一二,斯不幸澡之幸也。"又曰:"孔子所言,则学士所能为者,留为世教。若其政教之大者,圣人无位,有复以教子弟。"又曰:"古人学在官府,人世其官故官世其业。官既失守,故专门之学废。"其书薹划略具,亦未成,乃即其考三代典礼及文字训诂、名物象数,益以论撰之文,《为述学》内、外篇,凡六卷。

其有功经义者,则有若《释三九》《妇人无主答问》《女子许嫁而婿死从死及守志议》。《居丧释服义》。其表章经传及先儒者,则有若《周官征文》,《左氏春秋释疑》,《荀卿子通论》,《贾谊新书序》。其他考证之文,亦有依据。

中又熟于诸只地理,山川扼要,讲画了然,著有《广陵通典》十卷,《秦蚕食六国表》,《金陵地图考》。生平于诗文书翰无所不工,所作《广陵对》《黄鹤楼铭》《汉上琴台铭》,皆见称于时,他著有《经义知新记》一卷。《大戴礼正误》一卷,《遗诗》一卷,五十九年,卒,年五十一。

中事母以孝闻,左右服,劳,有矢烦辱。居丧,哀戚地人,其于各友故旧,汉后衰浇,相存问过于从前,道光十一年,旌孝之。

【译文】

汪中字容甫,江都人。七岁时丧父,家中贫穷不能到外面去读书。母亲邹氏,亲自教他《四子书》。汪中年纪稍大以后,帮助书商在市场上售书,因此读遍了经、史、百家,一看就能读出来,成了有学问而能融会贯通的人。二十岁时,被补为生员。乾隆四十二年,汪中由于才识优秀被选拔贡于京师,成为贡生,提学使者谢塘,每当贡生参加考试时另外设置一榜,把汪中的名字写在其他贡生的前面,曾经说:"我先于汪容甫的,是官爵而已,如果说学问,我应当尊他为老师。"谢塘对汪中竟如此尊崇。汪中因为母亲年老最终没有参加贡生的廷试。乾隆五十一年,侍郎朱珪主持江南的考试,对别人说:"我这次去江南主试,一定要把汪中选为第一名。"朱珪不知道汪中不参加考试。

汪中专意于经术之学,和高邮的王念孙、宝应的刘台拱是朋友,常常在一起讨论。他研究《尚书》,有《尚书考异》;研究《仪礼》,有《仪礼》校本、《大戴礼记》校本;研究《春秋》,有《春秋述义》;研究《小学》,有《尔雅》校本和《小学说文求端》。汪中曾经认为清朝研究古学的兴起,是从顾炎武开端的。《河图》《洛书》假托名义进行诬陷,到胡渭时才有所减少。中国和西方的天文历算,到梅文鼎时而精深。努力专攻古文经籍中文字的,是阎若璩。专门研究汉代《易经》的,是惠栋。凡此种种都是千年以来没有流传而中断的学术,到戴震出现后才集大成。汪中本来要写《六儒颂》,没有写成。

汪中又曾经广泛考证先秦古籍和夏、商、周以前学校制度的兴废沿革,从中使人了解古人怎样学习的情形。虞、夏时的制度为第一,《周礼》中的制度为第二,周衰以后的列国为第三,孔子之门为第四,孔子七十二弟子以后的学者为第五。又排列通论、释经、旧闻、典籍、数典、世官六个目录。在开头题写道:"看《周礼》中的太史云云,当时做一件事就有一本记载,以后就按照记载来做事,再往后就是事情已经废止而记载依然存在。到宋代的儒士以后,连记载带事都不存在了。"又说:"有官府的法典图籍文献,有学士大夫的法典图籍文献,元老旧臣的传闻。做一件事有一本记录,流传到后世,奉它为旧时的法律,这便是官府的法典图籍文献。先王时的礼乐制度施政办事,遭到世代的衰败废弃而没有失去,是因为官吏能守护着文献,元老旧臣能叙述这些事情。好古的君子,怜悯它年月久远招致消亡,而写在简册上,这就是学士大夫的法典图籍文献。"又说:"古代当学士的,是百官之长,是教导官吏们怎样做事,学士们诵读的只是诗书而已。其他的图籍文献,则都是由官府收藏而世世代代加以守护,民间是没有的。如果不是有关的官吏,其他官员也是没有士。所谓的士,也不是王侯公卿大夫的儿子,而是官职低微的士人,除此以外就是地方所办的乡学、官学而已。自从周朝所设大学辟雍的制度失传,太史的官职丧失了平日的操守,于是平民中出现了传授学业的老师,民间携带文具记录王事的士人多了起来。教学的官员,记录的职务,不在上面而在下面。到这种状况衰退以后,先秦时各个学派对各自的学说展开了争鸣,而先王的正道就荒废了。然而当诸侯失去了册籍,秦始皇焚书以后,官府所掌管的图籍文献,荡然无存,却还靠了文人、学者的相互传授,保存下来的有十分之一二,这是不幸中的大幸。"又说:"孔子所说的,文人、学者所能做到的,保留下来作为当时的正统思想。至于像刑赏和教化中的重大事情,由于圣人没有爵位,不再对自己的子弟进行教授。"又说:"古人的学校都在官府,人们世代担任这种官职,所以官吏世代都从事这种事业。官吏失去了他们的职守,所以专门的学问就废弃了。"他的书稿大体已经草拟好,但是最终也没有成书。后来就把自己考订的夏、商、周三代的典章礼制和文字训诂、名物象数,加上论述撰写的文章,编成《述学》的内篇和外篇,一共六卷。

他对经书的义理做出成绩的,比如像《释三九》《妇人无主答问》《女子许嫁而婿死从死及守志议》《居丧释服解义》。显扬儒家典籍的经和传以及古代儒者的著作,有《周官征文》《左氏春秋释疑》《荀卿子通论》《贾谊新书序》。汪中其他的考证文章著作,也都有依据。

汪中又熟悉历史上的地理、名山大川和险要的地方,讲解绘图一目了然,著有《广陵通典》十卷、《秦蚕食六国表》《金陵地图考》。汪中生平对诗文书札无所不精,所做的《广陵对》《黄鹤楼铭》《汉上琴台铭》,都受到当时人们的夸奖。他还著有《经义知新记》一卷、《大戴礼正误》一卷,《遗诗》一卷。他在乾隆五十九年去世,终年五十一岁。

汪中侍奉母亲以孝顺闻名,在母亲身旁服侍勤劳,不辞繁重杂乱。在守丧期间,哀伤悲痛超过一般人,对于知己和过去的老友,凡是他们死后家境衰落困难的,对他们的问候超过生前。道光十一年,被表扬为孝子。

焦循传

【题解】

焦循(公元 1763～1820 年),字理堂,又字里堂,江苏扬州人。嘉庆六年(1801 年)中举人。曾祖、祖父、父亲世代相传《易》学,焦循幼年时即继承家学,后应礼部试不第,推托有病十几年不进城市,建"雕菰楼",在其中读书写作。他博学强记,对经史、历算、声韵、训诂等都有造诣,用数理解释《周易》。著作有《孟子正义》《六经补疏》《春秋传杜氏集解补疏》《书义丛钞》《里堂学虎记》《雕菰楼文集》等。

【原文】

焦循,字里堂,甘泉人。嘉庆六年举人,曾祖源、祖馈、父蒽,世传《易》学。循少颖异,八岁在阮赓尧家与宾客辨壁上"冯夷"字,曰:"引当如《楚辞》读皮冰切,不当读如缝。"阮奇之,妻以女。既壮,雅尚经术,与阮元齐名。元督学山东、浙江,俱招循往游。性至孝,丁父及嫡母谢艰,哀毁如礼。一应礼部试,后以生母殷病愈而神未健,不复北行。殷殁,循毁如初。服除,遂托足疾不入城市者十余年。葺其老屋,曰半九书塾,复构一楼,曰雕菰楼,有湖光山色之胜,读书著述其中。尝欢曰:"家虽贫,幸蔬菜不乏。天之疾我,福我也。吾老于此矣!"嘉庆二十五年,卒,年五十八。

循博闻强记,识力精卓。每遇一书,无论隐奥平衍,必究其源,以故经史、历算、声音、训诂无所不精。幼好《易》,父问《小畜》"密云"二语何以复见于《小过》,循反复其故不可得。既学洞渊九容之术,乃以数之比例,求《易》之此例,渐能理解,著《易通释》二十卷。自谓所悟得者,一曰旁通,二曰相错,三曰时行。又以古之精通《易》理,深得羲、文、周、孔之恉者,莫如孟子。生孟子后,能深知其学者,莫如赵氏。伪疏踳驳,未能发明,著《孟子正义》三十卷。谓为《孟子》作疏,其难有十,然近代通儒,已得八九。因博采诸家之说,而下以己意,合孔、孟相传之正恉,又著《六经补疏》二十卷。以说汉《易》者每屏王弼,然弼解箕子用赵宾说,读彭为旁,借雍为瓮,通乎为浮,解斯为斯,盖以六书通借。其解经之法,未远于马、郑诸儒,为《周易王注补疏》二卷。以《尚书》伪《孔传》说之善者,如《金滕》"我之不辟",训辟为法,居东即东征,罪人即管、蔡,《大诰》周公不自称王,而称成王之命,皆非马、郑所能及,为《尚书孔氏传补疏》二卷。以《诗》毛、郑义有异同,《正义》往往杂郑于毛,比毛于郑,为《毛诗郑氏笺补疏》五卷。以《左氏传》"称君君无道,称臣臣之罪",杜预扬其词而畅衍之,预为司马懿女壻,目见成济之事,将以为司马饰,即用以己饰。万斯大、惠士奇、顾栋高等未能摘隐而废覆,为《春秋传杜氏集解补疏》五卷。以《礼》以时为大,训诂名物,亦所宜究,为《礼记郑氏注补疏》三卷。以《论语》一书,发明羲文、周公之恉,参伍错综,引申触类,亦与《易》例同,为《论语何氏集解补疏》三卷。合之为二十卷。又录当世通儒说《尚书》者四十一家,书五十七部,仿卫湜《礼记》之例,以时之先后为序,得四十卷,曰《书义丛钞》。又著《禹贡郑注释》一卷,《毛诗地理释》四卷,《毛诗鸟兽草木虫鱼释》十一卷,《陆玑疏考证》一卷,《群经营室图》二卷,《论语通释》一卷。又著有《雕菰楼文集》二十四卷,《词》三卷,《诗话》一卷。

循壮年即名重海内,钱大昕、王鸣盛、程瑶田等皆推敬之。始入都,谒座主英和,和曰:"吾知子之字曰里堂,江南老名士,屈久矣!"殁后,阮元作传,称其学"精深博大,名曰通儒",世谓不愧云。

【译文】

焦循字里堂,甘泉人。嘉庆六年中举人,曾祖父焦源、祖父焦馈、父亲焦蒽,世代相传

《易经》的学问。焦循少年时特别聪明，八岁时在阮赓尧的家里和宾客们辨认墙壁上的"冯夷"二字，说："这应当像《楚辞》中那样读作皮冰两字切合而成一音，不应该读作缝字的声音。"阮赓尧对他很惊奇，把女儿许配给焦循。他到了壮年时，平素爱好经学，和阮元齐名。阮元在山东、浙江督学时，都请焦循去游历。他的性格特别孝顺，遭到父亲和嫡母谢氏的丧事时，遵奉丧礼过分悲哀而损坏了身体。焦循参加过一次礼部考试，后来因为生母殷氏虽然病愈而神志没有恢复健康，就不再去北方。殷氏去世时，焦循像当初嫡母去世时同样地悲哀，按丧礼规定除掉丧服以后，便推托有病十几年不进城市。他修理了自己住的老房子，称为"半九书塾"，又建起一座楼，取名"雕菰楼"，周围的自然风景很美，在这里读书写作。他曾经感叹说："家里虽然贫穷，幸亏不缺少蔬菜淡饭，老天使我得病，是令我得福，我就终老在这里了。"嘉庆二十五年，焦循去世，终年五十八岁。

焦循的知识丰富记忆力强，学识能力精细卓越。每遇到一本书，不论是隐晦深奥平坦广阔，必定研究它的根源，所以对经史、历算、音韵、训诂无不精通。焦循幼年时喜欢读《易经》，父亲问他《小畜》中的"密云"两句话怎么又在《小过》中出现，焦循反复思考没有找到缘故。后来学了洞渊的勾股形上九种容圆的算法，便用数字的比例，推求《易经》的比例，渐渐能够理解，写出《易通释》二十卷。他自称所悟到的，一是旁通，二是相错，三是时行。又认为古代精通《易经》的哲理，深得伏羲、文王、周公、孔子宗旨的，没有人及得上孟子的。孟子诞生以后，能够深刻了解他的学说的，都及不上赵岐。伪劣的注疏杂乱之极，对原意不能阐明，焦循于是写出《孟子正义》三十卷。他认为替孟子作注疏，困难的地方有十，然而近代的学识渊博的儒者，已经解决了十之八九。因此博采各家的学说，并且加进了自己的意见，合孔子、孟子相传的真正宗旨，又写出《六经补疏》二十卷。因为解说汉代《易经》的儒者每每屏弃王弼的主张，然而王弼解说箕子用赵宾的说法，读彭为旁，借为雍，通乎为浮，解斯为厮，这是用六书作为通借。焦循解经的方法，没有远离马融、郑玄这些儒者，写出《周易王注补疏》二卷。认为伪造的《孔安国传》《古文尚书》中有些说法是对的，例如《金縢》中的"我之不辟"，训释辟字是法字，居东就是东征，罪人就是指管叔、蔡叔，《大诰》中的周公不自称王，而称成王之命，都不是马融、郑玄所能及得上的，写出《尚书孔氏传补疏》二卷。又因为《诗经》毛公和郑玄的笺注有不同的地方，《五经正义》中往往在毛公的笺注中夹杂了郑玄的笺注部分，焦循将毛公和郑玄的笺注部分做比较，写出《毛诗郑氏笺补疏》五卷。因为《左传》中有"称君君无道，称臣臣之罪"的说法，杜预张扬其词而加以发挥，杜预是司马懿的女婿，亲眼目睹成济的事情，以此为司马氏作掩饰，也以此为他自己作掩饰。他认为万斯大、惠士奇、顾栋高等人没有能揭露检举坏人和隐藏的坏事，便写出《春秋传杜氏集解补疏》五卷。认为《礼记》按季节为要旨，解释古书文义和名号物色，也应该研究，写出《礼记郑氏注补疏》三卷。又因为《论语》中阐发申明了伏羲、文王、周公的宗旨，错综复杂，引申推而了解同类的其他事物，也和《易经》的例子相同，写出《论语何氏集解补疏》三卷。以上合起来一共二十卷。又记录当代学识渊博的儒者解说《尚书》的四十一家，书五十七部，仿照卫湜《礼记》的体例，按照时间的先后为序，一共四十卷，书名《书义丛钞》。又著有《禹贡郑注释》一卷、《毛诗地理释》四卷、

《毛诗鸟兽草木虫鱼释》十一卷、《陆玑疏考证》一卷、《群经营室图》二卷、《论语通释》一卷。又著有《雕菰楼文集》二十四卷、《词》三卷、《诗话》一卷。

焦循壮年时就已经名闻天下，钱大昕、王鸣盛、程瑶田等人都推崇尊敬他。他初到北京时，拜见主考官英和，英和说："我知道您的字号叫里堂，是江南的老名士，委屈您很久了！"焦循去世后，阮元为他写了传记，称赞他的学识是"精深博大，名曰通儒"，当世的人认为焦循无愧于这一评价。

王先谦传

【题解】

王先谦(？～1917年)，字益吾，长沙(今湖南长沙)人。他热衷于讲学、著述、刻书，对经、史、子、集都有研究，而且旁及外国史，并著有《日本源流考》《外国通鉴》。最能反映王先谦史学成就的重要典籍则是《汉书补注》一百卷和《后汉书集解》一百二十卷。《汉书》已有颜师古注，而王先谦认为，"然未发明者固多，句读讹误，解释足春驳之处，亦迭见焉"，清代"海内耆古之士，承流向风，研究班义，考正注文，著述美富，旷隆往代，但散见诸书，学者罕能通习"，于是王先谦"究心班书，博求其义，荟最编摩"，终成《汉书补注》一书。此书是在颜师古注的基础上加注，除有词语注释、名物、典章的考证外，也有对文字的勘正，而且多是王先谦的注。《后汉书集解》，虽称集解，但主要是唐章怀太子注和清惠栋注，王先谦又采集今古诸说益之。这两部书，都因考证翔实，材料丰富为人称道，尤其是《汉书补注》。

【原文】

王先谦，字益吾，长沙人。同治四年进士，选庶吉士，授编修。光绪元年，大考二等，擢中允，充日讲起居注官。历上疏言言路防弊，请筹东三省防务，并劾云南巡抚徐之铭。六年，晋国子监祭酒。八年，丁忧归，服阕，仍故官。疏请三海停工。出为江苏学政。十四年，以太监李莲英招摇，疏请惩戒。略言："宦寺之患，自古为昭，本朝法制森严，从无太监揽权害事。皇太后垂帘听政，一禀前谟，毫不宽假，此天下臣民所共知共见者。乃有总管太监李莲英，秉性奸回，肆无忌惮。其平日秽声劣迹，不敢形诸奏牍。惟思太监等给使宫禁，得以日近天颜；或因奔走微长，偶邀宸顾，度亦事理所有。何独该太监夸张恩遇，大肆招摇，致太监篾小李之名，倾动中外，惊骇物听，此即其不安本分之明证。《易》曰'履霜坚冰'，渐也。皇太后，皇上于制治保邦之道，靡不勤求凤夜，遇事防维。今宵小横行，已有端兆。若不严加惩办，无以振纲纪而肃群情。"疏上不报。

先谦历典云南、江西、浙江乡试，搜罗人才，不遗余力。既莅江苏，先奏设书局，仿阮元《皇清经解》例，刊刻《续经解》一千四百三十卷。南菁书院创于黄体芳，先谦广筹经费，每邑拔取才士入院而督教之，诱掖奖劝，成就人才甚多。开缺还家，历主思贤讲舍、狱麓、城南两书院，其培植人才，与前无异。三十三年，总督陈夔龙、巡抚岑春蓂奏以所著书进呈，赏内阁学士衔。宣统二年，长沙饥民哄围抚署，卫兵开枪击毙数人，民情愈愤，匪徒乘之放火烧署。省城绅士电请易巡抚，以先谦名首列，先谦不知也。总督瑞澂奏参，部议降五级。同乡京官胡祖荫等以冤抑呈递都察院，亦不报。国变后，改名遁，迁居乡间，越六年卒。著有《尚书孔传参正》三十六卷，《三家诗集义疏》二十八卷，《汉书补注》一百卷，《荀子集解》二十卷，《日本源流考》二十二卷，《外国通鉴》三十卷，《虚受堂诗文集》三十六卷等。

【译文】

王先谦，字益吾，长沙人。同治四年中进士，选为庶吉士，授予编修官。光绪元年，参加大考中二等，提为中允，担任日讲起居注官。依次上疏讲言路防弊事，又请求筹划东三省的防务，并且弹劾云南巡抚徐之铭。六年，升为国子监祭酒。八年，遭父母之丧，服丧期满，仍任原官职。上疏请求令三海停工。出京城任江苏学政。十四年，因太监李莲英张扬，王先谦上疏请求给予惩戒。上疏大意说："宦官的祸患自古以来就很明显，本朝法制森严，从来没有宦官擅揽大权危害朝政的事。皇太后垂帘听政，一向秉承前人谋略，毫不宽容，这是天下臣民所共同了解和共同看到的。只有总管太监李莲英，秉性邪恶，肆无忌惮。李莲英平日的污秽名声以及恶劣行迹，不敢形容于奏折之上。只考虑到太监等人供宫禁驱使，能够每天亲近帝王左右，或因事奉命奔走稍有长处，偶然求得帝王的眷顾，估计也是属于情理之中。为什么只该太监夸张他们所得到的恩遇，大肆张扬，以致太监篦小李的名字，震动朝廷内外，警骇众人的视听，这就是太监不安本分的明证。《易经》说'走在霜上而知坚冰'，这是因为事物都有渐进的过程。皇太后、皇上对于造成安定政局保护国家的方法，无不勤奋地日夜寻求，遇事即防备四维。现在的小规模横行，已露出苗头。如果不严加惩办，就没有办法振兴法度，整肃众人的情绪。"疏奏上，没有回音。

王先谦先后掌管云南、江西、浙江的乡试，对于搜罗人才，他不遗余力。已就任江苏，先奏明朝廷在江苏设书局，效仿阮元《皇清经解》的体例，刊刻《续经解》一千四百三十卷。南菁书院开创于黄体芳，王先谦为书院广筹经费，从各地选拔有才之士入院学习，而且亲自督教学生，劝导奖励他们，从而造就的人才颇多。王先谦被饬令开缺本官职后回到家乡，先后执掌思贤讲舍，以及狱麓、城南两个书院。他继续培植人才，和以前没有差别。光绪三十三年，总督陈夔龙、巡抚岑春蓂上奏把王先谦所著的书进呈朝廷，朝廷赏王先谦内阁学士的官衔。宣统二年，长沙的饥民哄围巡抚官署，卫兵开枪打死数人，民情愈加激愤，匪徒乘此机会放火烧巡抚官署。省里的绅士打电报到北京，请求撤换巡抚，电报把王先谦的名字列在首位，然而王先谦并不知道。总督瑞徵上奏弹劾王先谦，吏部讨论降王先谦五级。同乡京官胡祖荫等人把冤抑呈递到都察院，也没有回音。辛亥革命以后，王先谦改名为遁，迁到乡间居住，过了六年去世。他的著作有《尚书孔传参正》三十六卷，《三家诗集义疏》二十八卷，《汉书补注》一百卷，《荀子集解》二十卷，《日本源流考》二十二卷,《外国通鉴》三十卷,《虚受堂文集》三十六卷等。

梁份传

【题解】

梁份(公元1641~1729年),清初地理学家。字质人,江西南丰人。少年时候曾跟随彭士望、魏禧学习,讲求经世致用之学,在历史地理方面有着深入的研究。他曾对山海关进行过评论,认为在近三百年当中,作为军事要塞,山海关对国家兴亡产生过深刻影响。梁份一生没有取得过功名,喜好游历山川名胜,足迹几乎踏遍祖国山河。由于亲身考察,他对山川地理风貌及军事要塞位置的研究多具真知灼见。他的著作有《西陲今略》《怀葛堂文集》等。

【原文】

梁份,字质人,南丰人。少从彭士望、魏禧游,讲经世之学。工古文辞。尝只身游万里,西尽武威、张掖,南极黔、滇,遍历燕、赵、秦、晋、齐、魏之墟,览山川形势,访古今成败得失,遐荒轶事,一发之于文。方苞、王源皆重之。其论山海关,谓:"关自明洪武间始设,隋置临榆于西,唐为榆关。东北古长城,燕、秦所筑,距关远,皆不足轻重。金之伐辽,自取迁民始。李自成席卷神京,败石河而失之。天之废兴,人之成败,而决于山海一隅。荒榛千百年之上,偏重于三百年间。天下定则山海安,山海困则天下举困,其安危之重如此。"生平以未游山海为憾。为人朴挚强毅,守穷约至老不少挫。卒,年八十九。著有《怀葛堂文集》十五卷、《西陲今略》八卷。

【译文】

梁份,字质人,江西省南丰人。少年时跟随彭士望、魏禧学习,讲究经世致用的学问,很擅长写散文。曾经独自一人游历了很多地方,向西最远到过武威、张掖,南边最远到过贵州、云南,游遍了燕、赵、秦、晋、齐、魏古代各国的故城遗址,饱览了祖国山河的地理形势,采访、调查了古今成败的得失乃至边远广大的地方的逸闻轶事,所有这些,激发了他的创作热情,他的文学才华得到了进一步的施展。方苞、王源都非常器重他。梁份在评论山海关时说:"山海关自从明朱元璋时代开始设置,隋代曾在它的西面设置临榆,唐代时它被称作榆关。它的东北面的古长城,是春秋时代燕国、秦国所构筑,距关隘很远,都不关紧要。金讨伐辽,是从占领山海关迁民开始的,李自成虽然曾攻占北京,却由于在山海关附近的石河打了败仗而丧失了天下。所以说,国家的兴废,帝业的成败,都取决于山海关这个地方。山海关虽然荒废孤寂了千百年之久,近三百年间却地关紧要。天下安定,那么山海关就平静,山海关一旦告急,那么全国就将处于危难之中。它的地理位置对于国家安危的重要性就是这样。"他为平生从没游历过山海关感到很遗憾。他为人朴实、真诚,性格刚毅、坚强,保持固守节操,一直到老没有丝毫改变。他死时,八十九岁。他的著作有《怀葛堂文集》十五卷、《西陲今略》八卷。

钱谦益传

【题解】

钱谦益(1582~1664),明末清初诗人、散文家。字受之,号牧斋,晚号蒙叟、东涧遗老。常熟(今属江苏)人。明万历进士,曾任礼部侍郎、尚书。清兵南下,率先迎降,以礼部侍郎管秘书院事。后因事狱,遇赦,居家著述至终。

钱谦益学问渊博,泛览子、史文籍与佛藏。论诗文倡"情真"以反对模拟;倡学问以反对空疏。其文融学问于抒发思想性情中,规模阔大,其诗也颇有特色。有《初学集》《有学集》《投笔集》等。

【原文】

钱谦益,字受之,常熟人。明万历中进士,授编修。博学工词章,名隶东林党。天启中,御史陈以瑞劾罢之。崇祯元年,起官,不数月至礼部侍郎。会推阁臣,谦益虑尚书温体仁、侍郎周延儒并推,则名出己上,谋沮之。体仁追论谦益典试浙江取钱千秋关节事,予杖论赎。体仁复贿常熟人张汉儒讦谦益贪肆不法。谦益求救于司礼太监曹化淳,刑毙汉儒。体仁引疾去,谦益亦削籍归。

流贼陷京师,明臣议立君江宁。谦益阴推戴潞王,与马士英议不合。已而福王立,惧得罪,上书诵士英功,士英引为礼部尚书。复力荐阉党阮大铖等,大铖遂为兵部侍郎。顺治三年,豫亲王多铎定江南,谦益迎降,命以礼部侍郎管秘书院事。冯铨充明史馆正总裁,而谦益副之。俄乞归。五年,凤阳巡抚陈之龙获黄毓祺,谦益坐与交通,诏总督马国柱逮讯。谦益诉辩,国柱遂以谦益、毓祺素非相识定谳。得放还,以著述自娱,越十年卒。谦益为文博赡,谙悉朝典,诗尤擅其胜。明季王、李号称复古,文体日下,谦益起而力振之。家富藏书,晚岁绛云楼火,唯一佛像不烬,遂归心释教,著《楞严经蒙钞》。其自为诗文,曰《牧斋集》,曰《初学集》《有学集》。乾隆十三年,诏毁板,然传本至今不绝。

【译文】

钱谦益,字受之,常熟(今属江苏)人。明代万历年间考中进士,授编修官。他学问渊博,擅长辞章,是东林党人。天启(1621~1627)年间,受到御史陈以瑞的弹劾而罢官。崇祯元年(1628)又被起用做官,不到几个月,就升为礼部侍郎。正好碰上推举阁臣,谦益考虑尚书温体仁、侍郎周延儒会同时被推举,而他们的名声在己之上,因此图谋败坏其声誉。而温体仁则追究钱谦益在浙江主持乡试时受钱千秋贿赂的事，判处杖责，准予赎罪。体仁又贿赂常熟人张汉儒揭发钱谦益贪赃枉法。钱谦益向司礼太监曹化淳求救，把汉儒用酷刑打死。体仁称病辞官，钱谦益也被削职为民。

流寇攻陷北京，明朝大臣商议在江宁（今江苏南京）另立新君。钱谦益私下拥戴潞王，和马士英意见不合。不久，福王立为新君，钱谦益怕被降罪，上书对马士英歌功颂德，马士英推荐他做了礼部尚书。马又极力推荐阉党阮大铖等人，大铖于是做了兵部侍郎。顺治三年（1646），豫亲王多铎平定江南，钱谦益归降清廷，被授予礼部侍郎的官衔，兼管秘书院事。冯铨任明史馆正总裁，钱谦益是副手。不久，请假回归故里。顺治五年（1648），凤阳巡抚陈之龙逮住了黄毓祺，钱谦益犯了和他私通的罪，皇上下旨让马国柱逮捕审讯。谦益作了辩诉。马国柱于是判谦益一向和毓祺并不相识定了案。谦益获释回乡，以写作自娱，过了十年才去世。

钱谦益写作思路开阔，内容丰富，熟悉历朝典章制度，诗尤其擅长。明末王世贞，李攀龙号称复古，文风江河日下，谦益挺身而出，极力加以振兴。他家里藏书丰富，晚年绛云楼起火，只有一尊佛像没有烧掉，于是皈依佛教，写了《楞严经蒙钞》。他自己创作的诗文，叫《牧斋集》，叫《初学集》《有学集》。乾隆十三年（1748），皇上下诏烧毁印版，可是，流传下来的集子至今仍能见到。

吴伟业传

【题解】

吴伟业（1609～1672），明末清初诗人。字骏公，号梅村。先世居司业等职。明亡后，被迫出仕，后归隐故里。

今存诗一千多首，与钱谦益、龚鼎孳并称"江左三大家"。其词清丽哀婉，感人至深，广为传诵。有《梅村家藏稿》《梅村诗余》等。

【原文】

吴伟业，字骏公，太仓人。明崇祯四年进士，授编修，充东宫讲读官，再迁左庶子。弘光时，授少詹事，乞假归。顺治九年，用两江总督马国柱荐，诏至京。侍郎孙承泽、大学士冯铨相继论荐，授秘书院侍讲，充修《太祖、太宗圣训》纂修官。十三年，迁祭酒。丁母忧归。康熙十年，卒。

传业学问博赡，或从质经史疑义及朝章国故，无不洞悉原委。诗文工丽，蔚为一时之冠，不自标榜。性至孝，生际鼎革，有亲在，不能不依违顾恋，俯仰身世，每自伤也。临殁，顾言："吾一生遭际，万事忧危，无一时一境不历艰苦。死后敛以僧装，葬我邓尉、灵岩之侧。坟前立一圆石，题曰'诗人吴梅村之墓'。勿起祠堂，勿乞铭。"闻其言者皆悲之。著

【译文】

吴伟业，字骏公，太仓(今属江苏)人。明崇祯四年(1631)考取进士，授官编修，充任东宫讲读官，再升为左庶子。弘光年间(1645)任少詹事，后请假回归故里。清顺治九年(1652)，因为两江总督马国柱的推荐，被召进京。侍郎孙承泽、大学士冯铨又相继举荐，授官秘书院讲读，担任《太祖、太宗圣训》的纂修官。顺治十三年(1656)，升为祭酒。因母病故，还家守丧。康熙十年(1671)去世。

吴伟业学问渊博，有人向他请教经史疑义和国家典章文物方面的问题，对事情原委，无不了解得一清二楚。诗文工巧清丽，蔚然成为一时文坛领袖，却并不自我标榜。他生性极孝，遇上江山易主的变故，有父母在，不能不顾恋亲人而为新朝之臣，想起自己身世，常常独自感伤。临终之时，看着周围的人说："我一生遭遇，事事都有忧虑和危险，无一时无一处没有经历过艰苦。我死后用僧衣装殓，葬我在邓尉和灵岩两山的旁边。坟前立一块圆石，题上'诗人吴梅村之墓'。不要造祠堂，不要请人作铭。"听到他说的人，都心里很难受。他的著作有《春秋地理志》《氏族志》《绥寇纪略》《梅村集》。

施闰章传

【题解】

施闰章(1618～1683)，清代诗人。字尚白，一字屺云，号愚山，又号蠖斋，宣城(今属安徽)人。顺治进士，官至侍读。

施闰章以诗名噪清初，所著《蠖斋诗话》主张"诗有本""言有物"，反对人议论，推尊唐人。其诗空灵凝练，意境幽深，与宋琬合称"南施北宋"，有《学余堂文集诗集》。

【原文】

施闰章，字尚白，号愚山，宣城人。祖鸿猷，以儒学著。子姓传业江南，吾家法者推施氏。

闰章少孤，事叔父如父。从沈寿民游，博综群籍，善诗古文辞。顺治六年进士，授刑部主事，以员外郎试高等。擢山东学政，崇雅黜浮，有冰鉴之誉。秩满，迁江西参议，分守湖西道。属郡残破多盗，遍历山谷抚循之，人呼为"施佛子"。尝作《弹子岭》《大坑叹》等篇告长吏，读者皆曰："今之元道州也。"尤崇奖风教，所至辄葺书院，会讲常数百人。新淦民兄弟忿戾不睦，一日闻讲礼让孝弟之言，遂相持哭，诣阶下服罪。峡江患虎，制文祝之，俄有虎堕深堑，患遂绝。岁旱，祷雨辄应。康熙初，裁缺归。民留之不得，乃醵金创龙冈书院祀之。

初，闰章驻临江，有清江环城下，民过者成曰："是江似使君。"因改名"使君江"。及是倾城送江上，又送至湖。以官舫轻，民争买石膏，载之，乃得渡。

十八年，召试鸿博，授翰林院侍讲，纂修明史，典试河南。二十二年，转侍读，寻病卒。

闰章之学，以体仁为本，置义田，赡族好，扶掖后进。为文意朴而气静，诗与宋琬齐名。王士禛爱其五言诗，为作《摘句图》。士禛门人问诗法于闰章，闰章曰："阮亭如华严楼阁，弹指即见。予则不然，如作室者，瓴甓木石，一一就平地筑起。"论者皆谓其允。著有《学余堂集》《矩斋杂记》《蠖斋诗话》，都八十余卷。

闰章与同邑高咏友善，皆工诗，主东南坛坫数十年，时号"宣城体"。

【译文】

施闰章，字尚白，号愚山，宣城（今属安徽）人。祖父鸿猷，是著名儒学家。子孙在江南讲授儒学，成为世代衣钵相传的施家学派。

闰章少年丧父，把叔父当父亲看待。他与沈寿民交往，博览群书，擅长写诗和古文。顺治六年（1649）考中进士，授官刑部主事，考升一级为员外郎。后擢升作山东学政，崇尚高雅，排斥浮靡，有"冰鉴"的美誉。任期届满，升为江西参议，分管湖西道。所属州郡残破多盗，闰章走遍了所有山谷，抚慰那里的百姓，人们称他为"施佛子"。他曾写过《弹子岭》《大坑叹》等作品来告诫官吏们，读过的人都说："他可是今天的元道州（元结）啊！"闰章特别崇尚奖励教育，每到一处，就修建书院，讲学时听众常有好几百人。新淦（今江西新干）百姓中，有一对弟兄反目成仇，一天，听讲礼让和孝敬父母尊敬兄长的话后，就互相抱头哭泣，跑到闰章住处台阶下认错悔过。峡江一带闹虎灾，闰章写文章为百姓祝祷，不久，有老虎掉入深沟而死，虎患就平息了。干旱之年，祈祷甘霖，总是有求必应。康熙初年（1662），因裁减官员而回归故里。老百姓挽留不成，为了感激他，就集资造了龙冈书院来纪念他。

当初闰章住临江（今属江西）时，有清江在城下围绕，经过那儿的百姓都说："这江就像使君。"因此，改名为"使君江"。到了这时候，全城百姓送他到江边，又送到鄱阳湖边。因为官船轻，百姓们争着买石膏放在上面，船才破浪而去。

康熙十八年（1679），被召应试博学鸿儒，授官翰林院侍讲，编纂明史，主持河南乡试。康熙二十二年（1683），调任侍读，不久，病故。

闰章的学术理论，以仁爱为本，置办义田，周济同族和好友中的穷苦人，培养扶植年轻后生。所写文章，内容朴实，文气纡徐；诗和宋琬齐名。王士禛爱喜他的五言诗，为它写了《摘句图》。王士禛的门人向闰章请教诗法，闰章说他："王士禛诗像仙家楼阁，弹指之间，就显现出来。我却不是如此，好像造房子，砖瓦木石，一点点从平地筑起。"评论的人都说话说得中肯。他的著作有《学余堂集》《矩斋杂记》《蠖斋诗话》，共八十多卷。

闰章和同乡高咏交好，都擅长写诗，几十年来成为东南文坛盟主。他们的诗，当时被称之为"宣城体"。

朱彝尊传

【题解】

朱彝尊(1629~1709),清代词人,学者。字锡鬯,号竹垞,浙江秀水(今嘉兴)人。康熙时举博学鸿词科,授检讨,曾参加纂修明史。

朱彝尊通经史,能诗词古文。于词推崇姜夔,为浙西词派的创始者。其词追求技巧、讲究声理和词字的琢磨,风格清雅疏宕。编有《词综》《明诗综》等书。有《经义考》《日下旧闻》《曝书亭集》。

【原文】

朱彝尊,字锡鬯,秀水人,明大学士国祚曾孙。生有异秉,书经目不遗。家贫客游,南逾岭,北出云朔,东泛沧海,登之罘,经瓯越。所至丛祠荒冢、破炉残碣之文,莫不搜剔考证,与史传参较同异。归里,约李良年、周筼、缪泳辈为诗课,文名益噪。

康熙十八年,试鸿博,除检讨。时富平李因笃,吴江潘耒、无锡严绳孙及彝尊皆以布衣入选,同修《明史》。建议访遗书,宽期限,毋效《元史》之迫时日。辨方孝孺之友宋仲珩、王孟氲、郑叔度、林公辅诸人咸不及于难,则知《从亡》《致身录》谓诛九族,并戮其弟子朋友为一族不足据。所谓九族者,本宗一族也。又言东林不皆君子,异乎东林者,亦不皆小人。作史者未可存门户之见,以同异分邪正。二十年,充日讲起居注官,典试江南,称得士。入值南书房,赐紫禁城骑马。数与内廷宴,被文绮、时果之赉,皆纪以诗。旋坐私挟小胥入内写书被劾,降一级,后复原官。三十一年,假归,圣祖南巡,迎驾无锡,御书"研经博物"额赐之。

当时王士祯工诗,汪琬工文,毛奇龄工考据,独彝尊兼有众长。著《经义考》《日下旧闻》《曝书亭集》。又尝选《明诗综》,或因人录诗,或因诗存人,铨次为最当。卒,年八十一。子昆田,亦工诗文,早卒。孙稻孙,举乾隆丙辰鸿博,能世其家。

【译文】

朱彝尊,字锡鬯,秀水(今浙江嘉兴县)人,明朝大学士朱国祚的曾孙。他生下来就有特殊的天赋,读书能过目不忘。家境贫寒,客游他乡,往南越过五岭,往北远出云朔(今山西祁县西),往东泛舟海上,登上之罘岛,经历瓯越(今浙南温州一带)。所到荒祠野坟之处,对残破的香炉和墓碣上的铭文、碑文,无不一一搜罗、整理、考证,和史传上的记载比较、核对同异。回归故里后,邀请了李良年、周筼、缪泳等人组织诗社,创作诗歌,文名越来越大。

康熙十八年(1679),参加博学鸿词科考试,授官检讨。当时富平李因笃、吴江潘耒、

无锡严绳孙和朱彝尊都以平民的资格被入选,一起撰写《明史》。朱彝尊等人建议寻访遗失的典籍,放宽撰史期限,不要像写《元史》那样匆匆忙忙,限定时日。并从方孝孺的朋友宋仲珩、王孟氩、郑叔度,林公辅那些人都没有被杀的事实,辨析《从亡》《致身录》所说的诛灭九族,而一起杀死他的弟子朋友算作一族是不足为据的。所谓九族,实际上是本家一族罢了。朱彝尊又说过东林党不全是君子,不是东林党的也不全是小人。写史的人不可有门户之见,用党同伐异的态度来区分邪恶与正义。康熙二十年(1681),担任日讲起居注官。又主持江南的乡试,被称赞为能选拔人才的人。后又进入南书房值勤,御赐紫禁城骑马的特权。几次参加内廷的宴会,对赏赐披挂彩绸和新鲜时果的事,都用诗纪实。不久,因为私自挟带小吏入内写书而被弹劾,官降一级,以后又官复原职。康熙三十一年(1692),请假回归老家。康熙皇帝巡察江南时,在无锡迎驾,皇上赐给他亲笔题写"研经博物"的匾额。

当时王士祯诗写得好,汪琬文章写得出色,毛奇龄则擅长考据,唯独朱彝尊兼有众人之长。著作有《经义考》《日下旧闻》《曝书亭集》。又曾选编《明诗综》,或因人录诗,或因诗存人,编次极为恰当。死时,年八十一。子昆田,也擅长写诗,早逝。孙稻孙,乾隆丙辰年(1736),考取博学鸿儒,能继承祖业,世代相传。

尤侗传

【题解】

尤侗(公元 1618~1704 年),清代文学家。字同人,一字展成,号悔庵,晚年自号西堂老人。江南长洲(今江苏苏州)人。明诸生,入清,考中顺治三年(公元 1646 年)副榜贡生。九年授永平推官,后因坐挞旗丁降调辞归。康熙十八年(公元 1679 年)举博学鸿儒,授翰林院检讨,参与修《明史》,后告老归家。四十二年康熙帝南巡,尤侗献诗,升任侍讲。尤侗才情敏捷,文多新警之思,顺治及康熙时在文坛上影响很大,被目为才子名士。他的著作浩繁,大都收入《西堂全集》和《余集》。另有《鹤栖堂集》诗文各三卷,是晚年作品。

【原文】

尤侗,字展成,长洲人。少补诸生,以贡谒选。除永平推官,守法不挠。坐挞旗丁镌级归。侗天才富瞻,诗文多新警之思,杂以谐谑,每一篇出,传诵遍人口。康熙十八年,试鸿博列二等,授检讨,与修《明史》。居三年告归。圣祖南巡至苏州,侗献诗颂。上嘉焉,赐御书"鹤栖堂"额,迁侍讲。

初,世祖于禁中览侗诗篇,以才子目之。后入翰林,圣祖称之曰:"老名士"。天下羡其荣遇。侗喜汲引才隽,性宽和,与物无忤。兄弟七人甚友爱,白首如垂髫。卒,年八十七。著《西堂集》《鹤栖堂集》,一百余卷。

【译文】

尤侗,字展成,江苏长洲人。年轻时考中了秀才,曾经以贡生的身份被吏部选派任职。后被授予永平县的推官,他严格执法,不徇情不妥协。因用鞭子打了满人押船运粮的兵获罪,受到降级惩罚,回了老家。尤侗天赋很高,诗文中有很多新颖、含义深刻的观点,而又在表达上举重若轻,幽默、诙谐,每一篇诗歌出来,即被广为传诵。康熙十八年,他参加博学鸿词科的考试,列为第二等,被授予翰林院检讨,参与修订《明史》。居官三年后回到家乡。康熙南下巡视到苏州,尤侗献诗歌功颂德,皇帝予以嘉奖并赏赐亲笔题写的"鹤栖堂"匾额,他又被提为翰林院侍讲。

当初,世祖在皇宫中阅读尤侗的诗篇,就把他视为才子,后来他进了翰林院,康熙又把他称作"老名士"。天下人都非常羡慕皇帝对他的赏识和他的幸运。尤侗喜欢延揽、推荐有才能的人,他性情温和,待人厚道,与周围的人相处得很融洽。他弟兄七个人,非常友爱,到老依然像孩童时期一样亲密。尤侗死时八十七岁。作有《西堂集》《鹤栖堂集》,一共有一百多卷。

万斯同传

【题解】

万斯同(1638～1702年),字季野,鄞县(今浙江鄞县)人。康熙十八年徐元文监修明史,延请万斯同,于是万斯同以布衣入史局,不署衔,不受俸,诸编修稿都送给他复审,《明史稿》五百卷都田万斯同手定,后经王鸿绪改动,撰成《明史稿》,最终成为《明史》的蓝本。万斯同很重视正史中的"表",他认为史书有表所以通纪传之穷,表立而纪传之文可省,故表不可废,他以《史记》《汉书》都有"表",而《后汉书》以下至《五代史》,仅《新唐书》有表,于是宗《史记》《汉书》例撰成《历代史表》五十三卷。此表依《史记》《汉书》例撰成《历代史表》五十三卷。此表依《史记》《汉书》,列诸王世表、外戚侯表、将相大臣及九卿年表等,又依《新唐书》例,作方镇年表、诸镇年表,另外还自创宦者侯表和大事年表。此书除取材于正史的本纪、列传、志之外,还参考《唐六典》《通典》《文献通考》《通志》《册府元龟》等书,以及各家杂史,加以汇集编次,"使列朝掌故,端绪厘然,于史学殊为有助"。当然此书也偶有脱略,"然核其大体,则精密者居多",瑕不掩瑜,《历代电表》仍是一部良史之作。万斯同还著有《昆仑河源考》《历代宰辅汇考》《明河渠考》等等。

【原文】

万斯同,字季野,鄞县人。父泰,生八子,斯同其季也。兄斯大,《儒林》有传。性强记,八岁,客座中能背诵《扬子法言》。后从黄宗羲游,得闻蕺山刘氏学说,以慎独为宗。

以读书励名节与同志相劘切，月有会讲。博通诸史，尤熟明代掌故。康熙十七年，荐鸿博，辞不就。

初，顺治二年诏修《明史》，未几罢。康熙四年，又诏修之，亦止。十八年，命徐元文为监修，取彭孙通等五十人官翰林，与右庶子卢君琦等十六人同为纂修。斯同尝病唐以后史设局分修之失，以谓专家之书，才虽不逮，犹未至如官修者之杂乱，故辞不应选。至三十二年，再召王鸿绪于家，命偕陈廷敬、张玉书为总裁。陈任本纪，张任志，而鸿绪独任列传。乃延斯同于家，委以史事，而武进钱名世佐之。每覆审一传，曰某书某事当参校，顾小史取其书第几卷至，无或爽者。士大夫到门咨询，了辨如响。

尝书抵友人，自言："少馆某所，其家有列朝实录，吾默识暗诵，未敢有一言一事之遗也。长游四方，辄就故家耆老求遗书，考问往事。旁及郡志，邑乘，私家撰述，靡不搜讨，而要以实录为指归。盖实录者，直载其事与言，而无可增饰者也。因其世以考其事，核其言而平心察之，则其人本末可八九得矣。然言之发或有所由，事之端或有所起，而其流或有所激，则非他书不能具也。凡实录之难详者，吾以他书证之。他书之诬且滥者，吾以所得于实录者裁之。虽不敢具谓可信，而是非之枉于人者盖鲜矣。昔人于《宋史》已病其繁芜，而吾所述将倍焉。非不知简之为贵也，吾恐后之人务博而不知所裁，故先为之极，使知吾所取者有所捐，而所不取，必非其事与言之真，而不可溢也。"又以："司马、班史皆有表，而后汉、三国以下无之。刘知几谓得之不为益，失之不为损。不知史之有表，所以通纪、传之穷者。有其人已入纪、传而表之者，有未入纪、传而牵连以表之者。表立而后纪、传之文可省，故表不可废。读史而不读表，非深于史者也。"尝作明开国讫唐、桂功臣将相年表，以备采择。其后明史至乾隆初大学士张廷玉等奉诏刊定，即取鸿绪史稿为本而增损之。鸿绪稿，大半出斯同手也。

平生淡于荣利，修脯所入，辄以赒宗党。故人冯京第死义，其子没不得归，为醵钱赎之。尤喜奖掖后进。自王公以至下士，无不呼曰万先生。李光地品藻人伦，以谓顾宁人、阎百诗及万季野，此数子者，真足备石渠顾问之选。而斯同与人往还，其自署则曰"布衣万某"，未尝有他称也。卒，年六十。著《历代史表》，创为《宦者侯表》《大事年表》二例。又著《儒林宗派》。

名世，字亮工。康熙四十二年一甲进士，授编修。夙负文誉，王士祯见其诗激赏之。鸿绪聘修《明史》，斯同任考核，付名世属辞润色之。官至侍读，坐投诗诣年羹尧夺职。

【译文】

万斯同，字季野，鄞县人。父亲万泰，生有八个儿子，万斯同是他的第八个儿子。哥哥万斯大，《儒林》内有传。万斯同生来记忆力极强，八岁时，面对满座宾客能背诵《扬子法言》。后来跟随黄宗羲游学，能够了解蕺山刘氏的学说，以慎独为宗旨。用读书勉励名节，与志同道合的人相切磋学问，每月都有会讲。万斯同广通诸史，尤其精熟明代掌故。康熙十七年，因他学识渊博，推荐他为官，万斯同推辞而不赴任。

当初，顺治二年朝廷诏令修《明史》，不久停罢。康熙四年，又下诏修《明史》，也停止了。十八年，命令徐元文为监修，选取彭孙遹等五十人官为翰林，与右庶子卢君琦等十六人同为纂修。万斯同曾怨恨唐代以来撰史设史局分别修撰造成的失误，因此说，专家撰史，虽然专家、个人才学不及众人，但所撰史书还不至于像官修史书那么杂乱，所以推辞不膺选。到三十二年，朝廷再次从家中将王鸿绪召出，命令他偕同陈廷敬、张玉书为总裁。陈廷敬负责本纪，张玉书负责志，而王鸿绪一人负责列传。就到家中延请万斯同，把撰史之事委托给他，而且由武进的钱名世帮助他。每当复审一传，说某书某事应当参校，回首让小史取书带几卷来，没有一点差错的。士大夫到万斯同门上咨询，回答得明白透彻，声音洪亮。

曾写信给友人，自称："年轻时在某处教馆，那家有各朝的实录，我默看暗读，不敢遗落一言一事。长大后游历四方，就到世代仕宦之家和有宿学的老人处访求遗书，考察询问过去的事。旁及郡志、县志、私家撰述，没有不搜寻研讨的，而主要的实录为指意归向。这是因为实录，直书其事件及议论，而不可加以增添和修饰。按其时代以考察其事，核查其言论而以公平之心去考察，则其人的本末就能得到十之八九了。然而言论的发出抑或有它的缘由，事情的发生抑或有它的起因，而它的流布抑或有所激发，则没有其他的书是不能完备的。凡是实录难以详尽的，我就以其他书补证。其他书记载不实而且杂滥的，我就以我所知道的实录裁定。虽然不敢完全称之可信，然而是非枉曲于人的大概就很少了。前人对于《宋史》，已经怨它繁芜，而我的记述将倍于《宋史》。不是不知道简赅的可贵，我恐怕以后的人一心求博而不知应有所裁剪，所以先为其极力穷尽，使后人了解我所取录的是有所舍弃的，而所不取录的，必然是其事实与言论不真实的而且不能增溢。"又认为司马迁、班固所撰史书都有表，而后汉、三国两史以下没有表。刘知几说得到史表不为有益，失掉史表也不为损失。他不了解史书有表，可以通达纪、传的终极。有的人已入纪、传而又列之于表，有的人没有入纪、传，而牵连于表中得以记载，史书立表之后纪传的一些记载即可省略，所以史表不能废弃。读史而不读表的人，不是深刻了解历史的人。万斯同曾经作明代开国到唐、桂功臣将相年表，以备选择。这以后《明史》到乾隆初年大学士张廷玉等奉诏令刊定，就取王鸿绪的史稿以此为基础而有所增删。王鸿绪的明史稿，大半出于万斯同之手。

万斯同平生淡薄荣誉利禄，教书所得，就用以周济宗族里人。朋友冯京第死于节义，他的儿子没入官府不能回家，万斯同募集钱财将冯子赎出。万斯同尤其喜欢勉励提携后进。从王公以至下士，没有不称他为万先生的。李光地评判人的流品等级，认为顾宁人、阎百诗和万季野，这几个人，真可以备石渠阁顾问的人选。而万斯同和人交往，他自题名则为"布衣万某"，不曾有其他的称谓。去世，终年六十岁。著述有《历代史表》，创作《宦者侯表》《大事年表》两例，又著有《儒林宗派》。

钱名世，字亮工。康熙四十二年一等进士，授予编修。久负文坛荣誉，王士祯看到他的诗强烈地赞赏他。王鸿绪受聘修《明史》，万斯同担任考核，而交钱名世为文润色。为官至侍读学士，后因送诗向年羹尧谄媚而获罪，被夺官职。

刘献廷传

【题解】

　　刘献廷(公元 1648~1695 年)，清代地理学家。字继庄，一字君贤，别号广阳子。生于顺治五年七月二十六日(公元 1648 年 9 月 13 日)，卒于康熙三十四年七月六日(公元 1695 年 8 月 15 日)，北京大兴人。祖籍江苏苏州。康熙二十六年(分元 1687 年)入京师，参与增订《明史·历志》和纂修《大清一统志·河南志》。1691 年沿长江到湖北、湖南等地考察。他主张做学问要经世致用，注重实地考察，对历法、数学、音韵等学科都有贡献，而在地理方面贡献尤大。他的著作存有《广阳杂记》，对古今气候变迁，各地物候的异同，河流侵蚀作用，地理位置对城市发展的影响，都有独到的见解。他认为地理书籍按照固定项目只讲"人事"是不够的，还应阐述"天地之故"，即探讨自然规律，为如何研究地理学指出一条正确的道路。由于刘献廷具有强烈的民族民主思想，并在人文地理学方面有独到见解，后人把以他为首的学派称为"广阳学派"。

【原文】

　　刘献廷，字继庄，大兴人，先世本吴人也。其学主经世，自象纬、律历、音韵、险塞、财赋、军政、以逮岐黄、释老之书，无所不究习。与梁溪顾培、衡山王夫之、南昌彭士望为师友，而复往来昆山徐乾学之门。议论不随人后。万斯同引参《明史》馆事，顾祖禹、黄仪亦引参《一统志》事。献廷谓诸公考古有余，实用则未也。

　　其论方舆书："当于各疆域前，测北极出地，定简平仪制度，为正切线表，而节气之后先，日食之分秒，五星之凌犯占验，皆可推矣。诸方七十二候不同，世所传者本之《月令》。乃七国时中原之气候，与今不合，则历差为之。今宜细考南北诸方气候，取其核者详载之，然后天地相应，可以察其迁变之微矣。燕京、吴下，水皆南流，故必东南风而后雨。衡、湘水北流，故必北风而后雨。诸方山水向背分合，皆纪述之，而风土之刚柔，暨阴阳燥湿之征，可次第而求矣。"

　　其论水利，谓："西北乃先王旧都，二千余年未闻仰给东南。何则？沟洫通，水利修也。自刘、石云扰，以讫金、元，千余年未知水利为何事，不为民利，乃为民害。故欲经理天下，必自西北水利始矣。西北水利，莫详于《水经》郦《注》。虽时移势易，十犹可得六七。郦氏略于东南，人以此少之。不知水道之当详，正在西北。"于是欲取二十一史关于水利农田战守者，考其所以，附以诸家之说，为之疏证。凡献廷所撰著，类非一人一时所能成，故卒不就。

　　又尝自谓于《华严》字母悟得声音之道，作《新韵谱》，足穷造化之奥。证以辽人林益长之说，益自信。其法先立鼻音二，各转阴、阳、上、去、入之五音共十声，而不历喉腭舌齿唇之七位。故有横转，无直送，则等韵重叠之失去。次定喉音四，为诸韵之宗，从此得半音、转音、伏音、送音、变喉音。又以二鼻音分配之。一为东北韵宗，一为西南韵宗，八韵立，而四海之音可齐。于是以喉音互相合，得音十七；喉音鼻音互相合，得音十；又以有余不尽者三合之，得音五：共三十二音，为韵父，而韵历二十二位，为韵母。横转各有五子，而万有不齐之声摄于此矣。

同时吴殳盛称其书。他所著多佚。殁后，弟子黄宗夏辑录之，为《广阳杂记》。全祖望称为薛季宣、王道父一流云。

【译文】

刘献廷，字继庄，北京大兴人，他的祖先原本是吴地人。他治学主张经世致用，从阴阳五行、天文历法、语言音韵、战略要地、财政税收、军事政治，乃至医学、佛教道教的书籍，没有不研究，不学习的。他同梁溪的顾培、衡山的王夫之、南昌的彭士望互为师友，他自己常出入往来于昆山的徐乾学门下。刘献廷很有主见，从不人云亦云。万斯同曾荐引他到明史馆工作，顾祖禹、黄仪也邀请他参与编撰《大清一统志》的工作。刘献廷认为上述的诸位学者在研究历史方面绰绰有余，而在实践方面则很是欠缺。

他在研究地理方面的书中写道："应当在国家的各个边界上，测出北极星出没的位置，建立简平仪制度，划出正切线表，这样，节气的先后，日食的时间，金、木、水、火、土五大行星互相侵犯的占卜检验就都可以推算出来了。全国各地七十二时令并不一致，眼下所实行的依据是《月令》。这是春秋七国时中原地带的气候，同现在已经不一样了，所以造成历法和现实难以吻合。当今应该仔细考察南北各地的气候，择取其中确切的数据加以详细记录，然后对照各地的不同气候，就可以观察出它们之间的细微变化了。燕京、吴下的水，都是从北向南流，所以必然是刮东南风之后才下雨，衡水、湘水由南向北流，所以必然是刮北风然后才下雨。应将各地山山水水的方向位置、聚散分合的走向，全部加以记载叙述，那么各地区风土的刚柔，以及阴阳燥湿的特征和规律，就可以按顺序推算、探索了。"

他在研究水利方面的书中说："西北地区是先王的故都，二千多年以来，从没有听说过仰仗东南地区的供给而生存着，为什么呢？这是因为田间水道相通，水利兴修得好。自刘渊、石勒侵扰，以至金朝、元朝；千百年来根本不懂兴修水利是怎么样的事，西北地区不但没有为百姓带来利益，反而带来了灾害。因此如果打算治理天下，一定要从治理西北地区的水利开始。西北地区的水利情况，没有再详细于郦道元的《水经注》的了。虽然现在与过去撰写《水经注》时的情况不同，时势已发生了变化，但仍可以从《水经注》中得到很多收益。郦道元为《水经》作注时，对于东南地区写得比较简略，有人为此批评他。殊不知应当予以详细说明的水道，正是在西北地区。"于是他计划将二十一史中有关水利农田、军事要地的记载加以整理，考证原委，再附加上各家学说，为他们做解释论证。大概列献廷计划撰写的巨著，大都不是一人一时就可以完成的吧，所以最后他没能完成。

他还曾经自称从《华严》一书的字母领悟到汉语发音的规律，他创作的《新韵谱》，完全掌握了宇宙的奥秘。当他用辽人林益长的理论印证后就更加自信了。他的方法是先确立两个鼻音，再各自按阴平、阳平、上声、去声、入声的变化，得到十个声母，而不用经过喉、腭、舌、齿、唇等七个部位。所以发音有横转音，没有直送音。这样就避免了等韵学科中有重叠的不足之处。其次确定四个喉音，作为各个韵母的依据，从而得到半音、转音、伏音、送音、变喉音。再用两个鼻音加以分解配合，一部分是东北方面的韵宗，一部分是西南方面的韵宗。八个韵都确立之后，全国各地的汉语发音就统一了。于是用喉音加以配合，得到了十七个音；喉音、鼻音互相结合，能得到十个音；再把剩余的音融汇进去加以参照配合，又得到五个音，合计是三十二个音，它们是韵父，而音韵经过的二十二个位置，是韵母。横转各自得到五个子音，于是各地丰富而变化的声音，就都在《新韵谱》中体现出来了。

与刘献廷同时期的吴殳极其称赞他的著作。但他的著作大多散失了。他死后，他的学生黄宗夏加以整理、辑录，编撰成《广阳杂记》，全祖望称他是薛季宣、王道父一类的人。

纳兰性德传

【题解】

纳兰性德(1655～1685)，清代满族词人。原名成德，字容若，号楞伽山人。自幼勤于修文习武。康熙进士，官一等侍卫。

其词以小令见长，多感伤情调，间有雄浑之作，风格清新。其《侧帽集》《饮水词》在当时广为流传。工书法，精于书画鉴赏。有《通志堂集》。

【原文】

性德，纳喇氏，初名成德，以避皇太子允礽嫌名改。字容若，满洲正黄旗人，明珠子也。

性德事亲孝，侍疾衣不解带。颜色黧黑，疾愈乃复，数岁即习骑射，稍长，工文翰。康熙十四年成进士，年十六。圣祖以其世家子，授三等侍卫，再迁至一等。令赋乾清门应制诗、译御制《松赋》，皆称旨。俄疾作，上将出塞避暑，遣中官将御医视疾，命以疾增减告。遽卒，年止三十一。尝奉使塞外有所宣抚，卒后，受抚诸部款塞。上自行在遣中官祭告，其眷睐如是。

性德乡试出徐乾学门。与从研讨学术，尝衷刻宋、元人说经诸书，书为之序，以自撰《礼记陈氏集说补正》附焉，合为《通志堂经解》。

性德善诗，尤长倚声。遍涉南唐、北宋诸家，穷极要眇。所著《饮水》《侧帽》二集，清新秀隽，自然超逸。尝读赵松雪自写照诗有感，即绘小像，仿其衣冠。坐客期许过当，弗应也。乾学谓之曰："尔何似王逸少！"则大喜。好宾礼士大夫，与严绳孙、顾贞观、陈维崧、姜宸英诸人游。贞观友吴江吴兆骞坐科场狱戍宁古塔,赋《金缕曲》二篇寄焉,性德读之叹:"山阳《思旧》,都尉《河梁》,并此而三矣!"贞观因力请为兆骞谋,得释还,士尤称之。

【译文】

性德,姓纳喇(纳兰),初名成德,因避东宫太子允礽嫌名,改称性德,字容若,满洲正黄旗人,太傅明珠之子。

性德孝敬父母,双亲有病,衣不解带,昼夜服侍,脸色黄黑,直到病愈才恢复原样。

性德只有几岁时,就学会了骑马和射箭,再大一些就很会写诗作文了。康熙十四年(1675)成为进士,当时,只有十六岁。圣祖因为他是世家子弟,授三等卫官职,不久,又升至一等。皇上命他写乾清门应制诗和翻译御作《松赋》,都合乎心意。不久,得了病,皇上将要出塞避暑,派了太监带了太医给他看病,并命令向他报告纳兰性德的病情。可是性德很快就病故了,年纪只有三十一岁。他曾经奉命出使塞外,对那里的部落进行安抚工作,死后受安抚的各部款塞通好,归顺朝廷。皇上从他行幸所在地派人往性德灵前祭告此事。皇上对他就这样眷恋青睐。

性德乡试,主考老师是徐乾学,以后跟着老师一起研讨学术,曾集中刻印了宋元人说经的各种书籍,为书写了序,把自己撰写的《礼记陈氏集说补正》附在后面,合为《通志堂经解》。性德善于写诗,尤其擅长填词。遍读南唐、北宋诸家词作,参透其中奥妙。所作《饮水》《侧帽》二集,清新秀隽,自然超逸。曾读赵松雪自写照诗有感,立即按照诗中描述的穿戴画了小像。座客对他称赞过了头,就不理不睬。乾学对他说:"你多么像王逸少!"就非常高兴。他好礼敬士大夫,跟严绳孙、顾贞观、陈维崧、姜宸英那些人交好。贞观的朋友吴江吴兆骞犯科场违律案被贬戍守宁古塔(今吉林宁安),写了两首《金缕曲》寄给他。性德读后叹息说:"向子期的《思旧赋》、李都尉的《河梁诗》和这,是三篇同调之作啊!"贞观于是请他为兆骞想想办法,终于获释而还。士大夫们更加称颂他。

查慎行传

【题解】

查慎行(1650~1727),清代诗人。初名嗣琏,后改慎行,字悔余,号初白。海宁(今属浙江)人。康熙时举人,赐进士出身,官编修。

查慎行诗法唐宋,声名早著。其诗多纪行旅,以空灵创新为尚,工于刻画锻炼,多采用白描手法。对诗坛影响颇大。也能词。有《敬业堂诗集》。

【原文】

查慎行,字悔余,海宁人。少受学黄宗羲。于经邃于《易》。性喜作诗,游览所至,辄有吟咏,名闻禁中。康熙三十二年,举乡试。其后圣祖东巡,以大学士陈廷敬荐,诏诣行在赋诗。又诏随入都,直南书房。寻赐进士出身,选庶吉士,授编修。时族子昇以谕德直内廷,宫监呼慎行为"老查"以别之。帝幸南苑,捕鱼赐近臣,命赋诗。慎行有句云:"笠檐蓑袂平生梦,臣本烟波一钓徒。"俄宫监传呼"烟波钓徒查翰林"。时以比"春城寒食"之韩翃云。充武英殿书局校勘,乞病还。坐弟嗣庭得罪,阖门就逮。世宗识其端谨,特许放归田里,而弟嗣瑮谪遣关西,卒于戍所。

嗣瑮,字德尹。康熙三十九进士,官至侍讲。性警敏,数岁即解切韵谐声。诗名与慎行相埒。慎行著《敬业堂集》《周易玩辞集解》,又补注《苏诗》,行于世。嗣瑮著《查浦诗钞》《音类通考》。

【译文】

查慎行,字悔余,海宁(今属浙江)人。小时候,投师在黄宗羲门下。在经术方面,对《周易》的研究有很深的造诣。生性喜欢写诗,游览所到之处,就要吟诗抒怀,名声传于宫中。康熙三十二年(1683),考取举人。后来圣祖皇帝东巡沿海一带,由于大学士陈廷敬的推荐,下旨让他到皇上临时住处赋诗,又命他随驾入京,在南书房值班。不久,赐他进士出身,被选为庶吉士,授编修官。当时,他的族子查昇以谕德的官衔在内廷值班,宫中太监叫慎行为"老查",以便和查昇相区别。皇上去南苑,捕鱼赐给近臣,命赋诗,查慎行有诗句说:"笠檐蓑袂平生梦,臣本烟波一钓徒。"一会儿,宫中太监便叫开了"烟波钓徒查翰林"。当时人们把他比作写"春城寒食"的唐代诗人韩翃。他充任武英殿书局的校勘,后请病假坷乡。因受弟嗣庭犯罪的牵连,全家被逮捕。世宗雍正皇帝知道他正直谨慎,特别开恩,放他回乡。而弟弟嗣瑮,被贬遣发关西,死在那里。

查嗣瑮,字德尹,是康熙三十九年(1700)进士,官位最高到侍讲。他生性机敏,几岁时就懂得切韵谐声。诗歌名声和查慎行不相上下。查慎行的著作有《敬业堂集》《周易玩辞集解》,还补注了《苏诗》,流传于世。嗣瑮著作有《查浦诗钞》《音类通考》。

厉鹗传

【题解】

厉鹗(1692~1752),清代文学家。字太鸿,号樊榭,浙江钱塘(今杭州)人。康熙举人。无意仕进,以歌咏自娱,著述以终。

厉鹗曾漫游名山大川,其诗多游览之作,宗南朝大、小谢和唐代王、孟、韦、柳一派,以取法宋人为主。是清代雍正、乾隆时"宋诗派"代表作家。又是"浙派"词巨子,风格清秀、恬淡,推崇周邦彦、姜夔。

精熟辽、宋史实,著《宋诗纪事》。有《樊榭山房集》《南宋院画录》等书。

【原文】

厉鹗,字太鸿,钱塘人。家贫,性孤峭,不苟合。始为诗即得佳句。于学无所不窥,一发之于诗。康熙五十九年,李绂典试浙江,得鹗卷,阅其谢表,曰:"此必诗人也!"亟录之。计偕入都,尤以诗见赏汤右曾。再试礼部不第。乾隆元年,举鸿博,误写论置诗前,又报罢。其后赴都铨,行次天津,留友人查为仁水西庄,觞咏数月,不就选,归。卒,年六十一。

鹗搜奇嗜博。扬州马曰琯小玲珑山馆富藏书,鹗久客其所,多见宋人集,为《宋诗记事》一百卷。又《南宋画院录》《辽史拾遗》《东城杂记》诸书,皆博洽详赡。诗刻铼,尤工五言,有自得之趣。诗余亦擅南宋诸家之长。先世本慈溪,徙居钱塘,故仍以四明山樊榭名其集云。鹗尝与赵信、符曾等人各为《南宋杂事诗》一百首,自采诸书为之注,征引浩博,考史事者重之。

【译文】

厉鹗,字太鸿,钱塘(今浙江杭州)人。家境清贫,性格孤傲,不随便交友。刚做诗,就有好句。在学问上无所不通,诗中均有所体现。康熙五十九年(1720),李绂在浙江主持乡试,得到了厉鹗的试卷,看了他的谢恩表,说:"这一定是个诗人。"急忙把他录取了,决定带他进京。他在写诗上尤其被汤右曾所赏识。可是两次参加礼部主持的考试都未考中。乾隆元年(1736),考取了博学鸿儒,但因误把论写在诗前,又告作罢。以后赴京候选,行经天津,留在朋友查为仁的水西庄上,饮酒吟诗好几个月,不去听选,后来就回家了。死时六十一岁。

厉鹗喜欢搜集奇闻趣事,广泛阅读各种书籍。扬州马曰琯的小玲珑山馆藏书丰富,厉鹗长久客居在那里,见到了许多宋代人的集子,写了《宋诗记事》一百卷,还有《南宋画院录》《辽史拾遗》《东城杂记》等书,内容都是既广博,又详细。诗深刻精炼,尤其擅长五言诗,有悠悠自得之趣。词也熔南宋各家之长于一炉。他祖上本是慈溪(今属浙江)人,后移居杭州,所以仍以四明山樊榭来为他的集子命名。厉鹗曾经跟赵信、符曾等人各自编选了《南宋杂事诗》一百首,亲自从各种书籍中搜集材料,给它作注,所征引资料极为广泛丰富,被考核史实的专家所看重。

赵一清传

【题解】

赵一清(公元1736~1795年),清代乾隆年间地理学家,字诚夫,浙江仁和人,国子监监生。毕生研究《水经注》。他与全祖望交谊很深。两人身处异地,共同研究《水经注》。每有所得,便千里致函相告切磋。赵一清研究《水经注》的贡献大致有三个方面:首先是对《水经注》流传过程中错讹混淆的地方进行了校正补缺，有《刊误》十二卷；其次是在研究专著的体制上有所创新，附录上下卷，将历史上研究《水经注》的作家、专著卷数、评语、序跋皆予以辑录考证，极便读者；再其次即最重要的是，他从《玉海》中辑得《水经》的目录及所少于《唐六典》中的二十一篇，并通过杂采他书，终于补足了《唐六典》所记载的我国河流水道总数共一百三十七条的数目，在《水经注》研究上做出了重大贡献。被称作是清乾隆时期研究《水经注》三大家之一。

【原文】

一清，字诚夫，仁和人。国子监生。父昱，季父信，见《厉鹗传》。一清禀其家学，博极群书。《水经注》传写讹夺，欧阳玄、王祎称其经、注混淆，祖望又谓道元注中有注。一清因从其说，辨验文义，离析之，使文属而语不杂。又《唐六典》注称桑钦所引天下之水百三十七，江、河在焉，今少二十一水。考《崇文总目》，《水经注》三十六卷，盖宋代已佚其五卷。此二十一水，即在所佚中。于是杂采他书，证以本注，得滱、洺等十八水。又分漯水、漯余水、清、浊漳、大小辽水，增多二十一，与《六典》注合。为《水经注释》，又成《水经笺刊误》，以正朱谋㙔之失。方观承督直隶，撰《直隶河渠志》，一清所草创，而戴震要删之。其自著有《东潜文集》。

【译文】

赵一清，字诚夫，浙江仁和人，是国子监的监生。关于他父昱、叔叔信的事迹，参见《厉鹗传》。一清继承家学，博览群书。《水经注》在传定过程中有很多错误和缺字的地方，欧阳玄、王祎认为原文与注释混淆，分不清哪些是原文部分，哪些是注释部分，史学家全祖望又认为郦道元的注释里还包含有注释。一清于是依从他们的学说，对《水经注》仔细辨别、检验行文内容，加以剖析、研究，把原文和注释分解开，使原文和注释各归其类，使语言纯正、不驳杂。另外，《唐六典》的注释里认为汉代桑钦所称引的我国的河流水道共一百三十七条，包括长江和黄河，一清核对后，发现《水经注》上少记载了二十一条。他考证了《崇文总目》，证实《水经注》三十六卷，在宋代时已佚失了五卷。这二十一条河流水道就记载在那佚失的五卷中。于是他广泛参考其他书籍，再参照《水经注》，查找出滱、洺等十八条水道。又把漯水、漯余水、清漳、浊漳，加上大小辽水予以分辨考证，增多了二十一条，与《六典》的注释正好相吻合。他写了《水经注释》，又写出了《水经笺刊误》，用以纠正朱谋㙔的错误。方观承任直隶总督时，曾写过《直隶河渠志》，是一清为他写的草稿，戴震加以润色、删削的。赵一清自己著有《东潜文集》。

袁枚传

【题解】

袁枚(1716~1797),清代诗人、诗论家。字子才,号简斋。钱塘(今浙江杭州)人。乾隆进士,曾任江宁等地知县。辞官后居江宁,筑园于小仓山,号随园主人。

袁枚是清乾嘉时期代表诗人之一,与赵翼、蒋士铨并称"乾隆三大家"。论诗鼓吹"性灵",创性灵说,《随园诗话》为其主要论诗著作。其诗多记游、咏史之作,真率自然,风格清灵。有《小仓山房集》《随园诗话》《子不语》等传世。

【原文】

袁枚,字子才,钱塘人。幼有异禀。年十二,补县学生。弱冠,省叔父广西抚幕,巡抚金鉷见而异之,试以《铜鼓赋》,立就,甚瑰丽。会开博学鸿词科,遂疏荐之。时海内举者二百余人,枚年最少,试报罢。乾隆四年,成进士,选庶吉士。改知县江南,历溧水、江浦、沭阳,调剧江宁。时尹继善为总督,知枚才,枚亦遇事尽其能。市人至以所判事作歌曲刻行四方。枚不以吏能自喜,既而引疾家居。再起发陕西,丁父忧归,遂牒请养母。卜筑江宁小仓山,号随园,崇饰池馆,自是优游其中者五十年。时出游佳出水,终不复仕。尽其才以为文辞诗歌,名流造请无虚日,诙谐诔荡,人人意满。

《随园诗话》书影

后生少年一言之美,称之不容口。笃于友谊,编修程晋芳死,举借券五千金焚之,且恤其孤焉。

天才颖异。论诗主抒写"性灵"。他人意所欲出,不达者悉为达之。士多效其体。著《随园集》,凡三十余种。上自公卿下至市井负贩,皆知其名。海外琉球有来求其书者。然枚喜声色,其所作亦颇以滑易获世讥云。卒,年八十二。

【译文】

袁枚,字子才,钱塘(今浙江杭州)人。小时就有特殊的天赋。十二岁时,就破例增补为县学生。二十岁时到广西抚幕探望叔父。巡抚金鉷见到他就觉得很不一般,命他写《铜鼓赋》来试一试他的才能,结果一挥而就,很有文采。正好碰上博学鸿词科的考试,于是写了奏疏推荐他。当时四方前来应试的二百多人,袁枚年纪最小,结果没有取上。乾隆四年(1739),考取进士,被选为庶吉士。后到江南改任知县,做过溧水、江浦、沭阳的父母官,最后在江宁(今江苏南京)任职。当时尹继善作总督,了解袁枚是个人才,而袁枚遇事也极力发挥他的才能。以至于市上的人把他断案之事写成歌曲刻印下来,传遍了四面八方。袁枚不因自己有做官才能而沾沾自喜,不久就告病回家闲居。后来被再次起用到陕西做官,因父病故,回家守丧,于是写了呈文,请求朝廷准他养母送终。他又在江宁小仓山卜卦选地,造起一座园林,称为随园,园内建筑壮丽,景观都经着意雕饰,从此就在其中优游自得地生活了五十年。他还经常外出游历好山好水,终生不再做官。他把他的才能全用在写诗作文上,四方名流没有一日不来拜访请教,彼此插科打诨,谈天说地,人人心里都很痛快。年轻后生一句话说得妙,赞不绝口。袁枚很重友情,编修程晋芳死了,拿出五千两银子的借券焚烧了,并主动抚恤他留下的孤儿。

袁枚是个超凡拔俗的天才,论诗主张抒写"性灵"。别人想要表达却表达不出来的意思,他都能表达出来。文人墨客很多效仿他的作品。他的著作有《随园集》,共三十多种。上至朝廷公卿,下至市井商贩都知道他的名字。海外琉球也有来要他的书法的。可是袁枚喜欢声色,他的作品也颇因油滑、浮浅受到世人的讥讽。他去世时,年八十二岁。

赵翼传

【题解】

赵翼(1725~1810年),字耘崧,阳湖(今江苏常州),是清代著名史学家。他平生史著颇丰,其中《廿二史札记》是其力作,在清代史学史上具有重要地位。此书三十六卷,五百四十四条,以笔记体裁撰成,所涉正史从《史记》到《明史》,共二十四种,其中又以宋以后诸史用功最勤。由于当时《旧唐书》和《旧五代史》作为正史尚未得到官方的正式承认,所以此书题为《廿二史札记》。此书对于二十四史的诸多情况都做了考订分析,如对各史参与编著的人员、时间,所采材料的来源、编著的情况、编写方法的优劣、史料的真伪和价值,以及一代的兴衰变革等等,都有系统深入的评论。赵翼能涉及如此广泛的内容,考辨分析较为精当,其主要原因在于他运用了札记这种灵活的治学方式。札记是与清初考据同时兴起的,很多学者采用这种形式取得成果,赵翼即是其中之一。还有,赵翼少有门户之见,故能兼采众家之长,融会贯通,而能发他人所未发。然而,在当时的政治压力下,赵翼论事也有所顾忌,如他赞成秦桧主和,斥责明末主张抗清志士误国等,遭后人讥讽。赵翼的史学活动除传中记载外,还参与纂修《国朝宫史》、纂修《平定准噶尔略》、改纂《通鉴辑览》等。

【原文】

赵翼,字耘松,阳湖人。生三岁能识字,年十二,为文一日成七篇,人奇其才。乾隆十九年,由举人中明通榜,用内阁中书,入直军机,大学士傅恒尤重之。二十六年,复成进士,殿试拟一甲第一,王杰第三。高宗谓陕西自国朝以来未有以一甲一名及第者,遂拔杰而移翼第三,授编修。

后出知镇安府。粤民输谷常社仓,用竹筐,以权代概。有司因购马济滇军,别置大筐敛谷,后遂不革,民苦之。翼听民用旧筐,自权,特羡去,民由是感激,每出行,争肩舆过其村。先是镇民付奉入云南土富州为奸,捕获百余人,付奉顾逸去,前守以是罢官。已而付奉死,验其尸良是。总督李侍尧疑其为前守道地,翼申辨,总督怒,劾之。适朝廷用兵缅甸,命翼赴军赞画,乃追劾疏还。傅恒既至滇,经略兵事,议以大兵渡戛鸠江,别遣偏师从普洱进。翼谓普洱距戛鸠江四千余里,不如由江东岸近地取猛密,如其策入告,其后夏鸠兵遭瘴多疾病,而阿桂所统江东岸一军独完,卒以蒇事。寻调守广州,擢贵西兵备道。以广州瀽狱旧案降级,遂乞归,不复出。

五十二年,林爽文反台湾,侍尧赴闽治军,邀翼与俱。时总兵柴大纪城守半载,以易子析骸入告。帝意动,谕大纪以兵护民内渡。侍尧以询翼,翼曰:"总兵欲内渡久矣,惮国法故不敢。今一弃城,则鹿耳门为贼有,全台休矣!即大兵至,无路可入。宜封还此旨。"侍尧悟,从之,明日接追还前旨之谕,侍尧膺殊赏;而大将军福康安续至,遂得由鹿耳门进兵破贼,皆翼计也。

事平,辞归,以著述自娱。尤邃史学,著《廿二史札记》《皇朝武功纪盛》《陔余丛考》《檐曝杂记》《瓯北诗集》。嘉庆十五年,重宴鹿鸣,赐三品衔。卒,年八十六。同时袁枚、蒋士铨与翼齐名,而翼有经世之略,未尽其用。所为诗无不如人意所欲为,亦其才优也。

其同里学人后于翼而知名者,有洪亮吉、孙星衍、赵怀玉、黄景仁、杨伦、吕星垣、徐书受,号为"昆陵七子"。亮吉、星衍、怀玉自有传。

【译文】

赵翼,字耘松,阳湖人。出世三年就能认字,十二岁时,一天能写成七篇文章,人们为他的才华感到惊异。乾隆十九年,由举人考中明通榜,被内阁中书任用,入宫当值军机处,大学士傅恒尤其器重他。二十六年,又成为进士,殿试打算取赵翼为一等第一名,王杰第三名。高宗说陕西从国朝以来没有一个以一等第一名中选的人,于是把王杰提到第一名而将赵翼移到第三名,授予编修。

后来出京城为镇安府知府。粤地百姓往常社仓交谷,用竹筐,以秤砣代替斗趟示。主管部门因为要买马接济滇军,另外设大筐收谷,后来就不改了,百姓以此为苦。赵翼允许百姓沿用旧筐,自己过秤,把盈余的拿走,于是百姓感激赵翼,争着用肩舆抬着他经过他们的村落。以前镇安府百姓付奉到云南土富州做不法的事,捕获一百多人,付奉回首而逃逸,前任知府因为此事而罢官。后来付奉死,验证尸体确实是付奉。总督李侍尧怀疑赵翼为前任知府开脱,赵翼申辩,总督发怒,上奏弹劾赵翼。适逢朝廷要对缅甸用兵,命令赵翼前往军中帮助谋划,于是追回弹劾赵翼的上疏。傅恒已到达云南,筹划战事,议论以大规模军队渡戛鸠江,另外派遣偏师从普洱进军。赵翼说普洱距离戛鸠江有四千多里,不如由江东岸就近夺取猛密,按赵翼所提计策入告朝廷。这以后戛鸠江一带军队遭到瘴气的侵扰患病人很多,而只有阿桂所统帅的江东岸一支军队保持完整,终于完成预定计划。不久,调赵翼守广州,提升为贵西兵备道。因为广州评议罪责的旧案而降官级,于是请求辞官还乡,从此再没有出来为官。

乾隆五十二年,林爽文在台湾造反,李侍尧前往福建掌管军队,他邀请赵翼与他一同前往。当时总兵柴大纪已坚守城池半年之久,他把城内易子而食、折骨而炊的情况入告朝廷。高宗心意为此状所动,告谕柴大纪用军队保护着百姓渡海到大陆。李侍尧因此询问赵翼,赵翼说:"总兵想内渡到大陆很长时间了,只是惧怕国法所以不敢擅动。现在一旦弃城而去,那么鹿耳门就被贼占有,整个台湾就完了。到大路兵马到,也无路可进。应该封还这道圣旨。"李侍尧顿悟,采纳赵翼的意见。第二天立即追还前一道圣旨的告谕,李侍尧获特别奖赏;而大将军福康安率军继至,就能从鹿耳门进兵,打破贼众,这都是赵翼的计谋。

台湾的兵事平定,赵翼辞谢而归,以著述而自得其乐。赵翼尤其精邃史学,著有《廿二史札记》《皇朝武功纪盛》《陔余丛考》《檐曝杂记》《瓯北诗集》。嘉庆十五年,重新举行鹿鸣宴,赐赵翼三品官衔。去世时,终年八十六岁。同时代的袁枚、蒋士铨和赵翼齐名,而赵翼有治理世事的谋略。没有得到充分的利用。赵翼作诗没有一首不是在人意中而想写出来但别人却写不出来的,也是他的才华优异之体现。

赵翼同乡的学人在赵翼之后知名的,有洪亮吉、孙星衍、赵怀玉、黄景仁、杨伦、吕星垣、徐书受,号为"昆陵七子"。洪亮吉、孙星衍、赵怀玉各自有传。

翁方纲传

【题解】

翁方纲(公元1733～1818年),字正三,号覃溪,晚号苏斋,大兴(今北京市)人。乾隆十七年中进士,官至内阁学士。他是清代著名学者,金石学家、书法家。他精于古物的鉴赏,经他考证题跋的碑帖很多,见解颇精。他的书法学欧阳询、虞世南,书风古朴厚重,文人气颇浓,又能篆隶。他与同时书家刘墉、梁同书、王文治齐名,至于学问的渊博。其他三人则不能望其项背。著有《两汉金石记》《汉石经残字考》《焦山瘗鹤铭考》《苏东斋兰亭考》《复初斋诗文集》《石州传话》等。

【原文】

翁方纲,号覃溪,大兴人。乾隆壬申进士,选庶吉士,授编修。擢司业,累至内阁学士。先后典江西、湖北、顺天乡试,督广东、江西山东学政。嘉庆元年,预千叟宴。四年,左迁鸿胪寺卿。十二年,重宴鹿鸣,赐三品衔。十九年,再宴恩荣,加二品卿,年八十二矣。又四年,卒。

方纲精研经术,尝谓考订之学,以衷于义理为主,《论语》曰:"多闻",曰"阙疑",曰"慎言",三者备而考订之道尽。时钱载斥戴震为破碎大道,方纲谓:"诂训名物,岂可目为破碎?考订训诂,然后能讲义理也;然震谓圣人之道,必由典制名物得之,则不尽然。"

方纲读群经,有《书》《礼》《论语》《孟子附记》,并为《经义考补正》。尤精金石之学,所著《两汉金石记》,剖析毫芒,参以《说文》《正义》,考证至精。所为诗,自诸经注疏,以及史传之考订,金石文字之爬梳,皆贯彻洋溢其中,论者谓能以学为诗。他著有《复初斋全集》及《礼经目次》《苏诗补注》等。

【译文】

翁方纲,号覃溪,是大兴县人。乾隆壬申年中进士,改为庶吉士,散馆后被任为编修。升任国子监司业,累升至内阁学士。他曾先后主持江西、湖北、顺天的乡试,提督广东、江西、山东学政。嘉庆元年,参加朝廷举行的千叟宴。嘉庆四年,降为鸿胪寺卿。嘉庆十二年,再次任乡试主考官,赐他为三品衔官员。嘉庆十九年,再次为会试考试官,赐他二品官衔,当时他已经八十二岁了。又过了四年便去世了。

翁方纲潜心研究经学,他认为考据这门学问,应以思想内容为中心,《论语》上说"多闻""阙疑""慎言",只有做到了这三个方面才能发挥考据的作用。当时钱载斥责戴震的考据之学支离破碎,肢解了古代圣王的思想学说,翁方纲说:"考据名物制度,怎么说是支离破碎?经考据训诂,然后才能理解思想内容;但戴震认为,古代圣人的思想学说,一定从名物制度中求得,那也不尽然。"

翁方纲遍读群经,著有《书经附记》《礼经附记》《论语附记》《孟子附记》,并撰著《经义考补正》。尤其精通金石之学,所写的《两汉金石记》,分析入微,参考《说文解字》和《经书注解》,考证非常精确。他作诗,能把经书的注疏、史书的考证,金石文字的考释整理,融会贯通熔铸在诗句中。行家认为,他能以学术为题材来做诗。其他著有《复初斋全集》《礼经目次》《苏诗补注》等。

姚鼐传

【题解】

姚鼐(1732~1815),清代散文家。字姬传,室名惜抱轩,旧称惜苞先生,安徽桐城人。乾隆重进士,官刑部郎中。历主江宁、扬州等地书院达四十年。

姚鼐为"桐城派"散文的集大成者。主张文章必须以"考据""词章"为手段,阐扬儒家的"义理";分支章风格为阳刚、阴柔,同时发展了刘大櫆的拟古主张。其作品多为书序、碑传之属。选有《古文辞类纂》《五七言今体诗钞》。有《惜抱轩全集》。

【原文】

姚鼐，字姬传，桐城人，刑部尚书文然玄孙。乾隆二十八年进士，选庶吉士，改礼部主事。历充山东、湖南乡试考官，会试同考官，所得多知名士。四库馆开，充纂修官。书成，以御史记名，乞养归。

鼐工为古文。康熙间，侍郎方苞名重一时，同邑刘大櫆继之。鼐世父范与大櫆善，鼐本所闻于家庭师友间者，益以自得，所为文高简深古，尤近欧阳修、曾巩。其论文根极于道德，而探原于经训。至其浅深之际，有古人所未尝言，鼐独抉其微，发其蕴。论者以为辞迈于方，理深于刘。三人皆籍桐城，世传以为桐城派。鼐清

姚鼐

约寡欲，接人极和蔼，无贵贱皆乐与尽欢；而义所不可，则确乎不易其所守。世言学品兼备，推鼐无异词。尝仿王士祯《五七言古体诗选》为《今体诗选》，论者以为精当云自告归后，主讲江南紫阳、钟山书院四十余年，以海迪后进为务。嘉庆十五年，重赴鹿鸣，加四品衔。二十年，卒，年八十有五。所著有《九经说》十七卷，《老子、庄子章义》，《惜抱轩文集》二十卷，《诗集》二十卷，《三传补注》三卷，《法帖题跋》二卷，《笔记》四卷。

【译文】

姚鼐，字姬传，桐城（今属安徽）人，是刑部尚书文然的玄孙。乾隆二十八年（1763）考取进士，被选拔为庶吉士，改任礼部主事。历任山东、湖南乡试考官、会试同考官，选拔了许多知名人士。成立四库馆时，充任纂修官。书编成后，以御史的头衔署名，并请求回家养老。

姚鼐擅长写古文。康熙年间，侍郎方苞在古文创作上一时很有名气，同乡的刘大櫆继承了方苞的衣钵。姚鼐的伯父姚范和刘大櫆交好，姚鼐对从父辈的朋友，也是自己的教师那里所听到的最重要的知识，更能融会贯通，运用自如。他所写的文章，格调高雅，文字简洁，内容深刻，颇有古风，尤其接近欧阳修和曾巩。他的文学主张植根于道德，溯源于经传，至于那深刻的程度，古人不曾发现和说过的东西，姚鼐能独自把它内藏的精妙之处发掘出来。评论家说他的辞章超过方苞，道理比刘大櫆讲得透彻。三人籍贯都是桐城，因此，世代以"桐城派"称呼他们。

姚鼐清廉寡欲，严于律己，待人接物极为和蔼，无论地位贵贱，都乐于和他们交好。而道义上所不许可的事，决不改变自己的操守去做。世人说到品学兼备的人，公推姚鼐，没有二话。他曾经仿照王士祯《五七言古体诗选》，编了《今体诗选》，评论者认为选得很精当。自从告退后，在江南紫阳书院、钟山书院讲学四十多年，把教诲启迪后生作为自己

本职工作。嘉庆十五年(1810),重新登上政坛,加封为四品官衔。嘉庆二十年(1815)去世,享年八十五。著作有《九经说》十七卷,《老子庄子章义》,《惜抱轩文集》二十卷,《诗集》二十卷,《三传补注》三卷,《法帖题跋》二卷,《笔记》四卷。

章学诚传

【题解】

章学诚(1738～1801年),字实斋,会稽(今浙江绍兴)人,是刘知几之后最著名的史学评论家。他的主要著述有《文史通义》《校雠通义》《史籍考》等,还主修了多种地方志。其中以《文史通义》最为著称,是章学诚文史理论的代表作。此书撰写大约始于1771年,直至临终前一年,此书经历三十年左右的长时间积累而成。该书没有一定体例,各篇之间也无一定联系,实际上是一部关于经史诗文诸学的论文总集。这里包括了章学诚有关史学的主要见解:第一,明确提出"六经皆史"。并指出,"盈天地之间,凡涉著作之林,皆是学"。"六经皆史"这一观点的提出,不仅提高了史学的地位,也扩大了历史研究和史料搜集的范围;第二,主张将史籍区分为著述和记注两类。著述是有观点、有材料、有分析的著作,记注则是资料的纂辑。章学诚提倡著述,反对历史研究停滞在史料搜集和考证上。第三,注意对史著的内容体例的探讨,他提倡通史,赞扬纪事本末体的出现,主张对纪传体史书加以改革。第四,倡导编写地方志,他认为方志应以记载历史文献为主,还主张方志立"志""掌故""文征"三书,以及"附稗野说之流而作丛谈"。由于章学诚有长期的编纂方志的实践,提出这些主张对方志学的建立和发展,无疑是有贡献的。第五,提出史家不但要具备刘知几所说的才、学、识三才,还必须具备"史德",特作《史德》篇。章学诚所提出的这些主张,在封建社会后期确实难能可贵,其中不少至今仍有借鉴作用。另外,章学诚对文献学也有贡献,这比较集中地反映在《校雠通义》中。

【原文】

章学诚,字实斋,会稽人。乾隆四十三年进士,官国子监典籍。自少读书,不甘为章句之学。从山阴刘文蔚、章钰游,习闻蕺山、南雷之说。熟于明季朝政始末,往往出于正史外,秀水郑炳文称其有良史才。继游朱筠门,筠藏书甚富,因得纵览群籍,与名流相讨论,学益宏富。著《文史通义》《校雠通义》,推原《官礼》而有得于向、歆父子之传。其于古今学术,辄能条别而得其宗旨,立论多前人所未发。尝与戴震、汪中同客冯廷丞宁绍台道署,廷丞甚敬礼之。

学诚好辩论,勇于自信。有《实斋文集》,视唐宋文体,夷然不屑。所修和州、亳州、永清县诸志,皆得体要,为世所推。

章宗源,字逢之。乾隆五十一年,大兴籍举人,其祖籍亦浙江也。尝辑录唐、宋以来亡佚古书，欲撰《隋书经籍志考证》，积十余年始成。稿为仇家所焚，仅存史部五卷。

后百有余年，有姚振宗，字海槎，山阴人。著《汉艺文志》《隋经籍志考证》，能订宗源之失。又补《后汉》《三国》两《艺文志》。目录之学，卓然大宗。论者谓足绍二章之传。

而学诚同时有归安吴兰庭，字胥石。乾隆三十九年举人。稽古博闻。多所纂述。尝以宋吴缜著有《五代史记纂误》，因更取恭居正《旧史》参校为《纂误补》四卷。同邑丁杰邃于经，兰庭熟于史，一时有"丁经吴史"之目。嘉庆元年，与千叟宴。他所著又有《五代史考异》《读通鉴笔记》《南雪草堂集》。

【译文】

章学诚，字实斋，会稽人。乾隆四十三年，举进士，官至国子监典籍。自幼读书，就不甘心囿于章句注释之学，跟随山阴刘文蔚、章钰游学，学习了解蕺山、南雷的学说主张。精熟明代朝政的始末源流，而且往往超出正史范围之外，秀水郑炳文称章学诚有良史的才能。继而游于朱筠门下，朱筠的藏书非常丰富，因此能饱览群书，与学者名流相互讨论，学识更加宏富。著作《文史通义》《校雠通义》，推演原《官礼》，从刘向、刘歆父子之传中有所收获。章学诚对于古今学术，都能条贯区别而得其要旨，所提出的论点多是前人所未发明的。曾与戴震、汪中一起为冯廷丞宁绍台道署的门客，冯廷丞特别敬重他，给予优厚的礼遇。

章学诚喜欢辩论，勇于自信。他著作《实斋文集》，对于唐宋文体，傲慢地不屑一顾。他所修撰的和州、亳州、永清县等志，都能概述大体，突出纲要，为世人所推崇。

章宗源，字逢之，乾隆五十一年，为大兴籍的举人，他的祖籍也是浙江。曾经辑录唐、宋已亡佚的古书，想修撰《隋书经籍志考证》，积十余年之功才完成。然而，书稿被仇家所焚烧，只保存了史部的五卷。

一百多年以后，有一位姚振宗、字海槎，山阴人。著《汉艺文志》《隋经籍志考证》，能订正章宗源的失误。又有补《后汉书艺文志》《三国志艺文志》两志。于目录学，可称之为卓然大家。议论的人说姚振宗足以继承章学诚、章宗源的学说。

而与章学诚同时有归安人吴兰庭，字胥石，乾隆三十九年举人。研习古事，博学多闻，颇多纂述。曾因宋代吴缜著有《五代史记纂误》，由此再取薛居正《旧五代史》与之参校，著成《纂误补》四卷。同乡丁杰精邃于经，吴兰庭熟悉于史，一时有"丁经吴史"的说法。嘉庆元年，与千名老人饮宴。吴兰庭的著述还有《五代史考异》《读通鉴笔记》《南雪草堂集》。

徐松传

【题解】

　　徐松(公元1781~1848年),清代地理学家,字星伯,乾隆四十六年(公元1781年)生于浙江绍兴,幼年跟随父亲至北京大兴定居。嘉庆十三年(公元1808年)以进士任翰林院编修,从《永乐大典》中辑出《宋会要辑稿》(五百卷),撰写《唐两京城坊考》。嘉庆十五年(公元1810年)被谪戍新疆,得以考察新疆各地地理风貌,撰写《西域水道记》(五卷)、《汉书西域传补注》(二卷)、《新疆识略》(十二卷)等。嘉庆二十四年(公元1819年)回京。道光年间任礼部主事、江西道监察御史等。他的《西域水道记》以西域水道为纲,记述那里的城市、村落、山岭、历史、物产、民族、水利、驻军等情况,并附以地图,是研究西北史地的重要文献。

【原文】

　　徐松,字星伯,大兴人。嘉庆十年进士,授编修。简湖南学政,坐事戍伊黎。松留心文献,既出关,置开方小册,随所至图其山川曲折,成《西域水道记》,拟《水经》;复自为释,以比道元之注。又以新疆入版图数十年,视同畿甸,而未有专书,乃纂述成编,于建置、控扼、钱粮、兵籍,言之尤详。将军松筠奏进其书,赐名《新疆事略》,特旨赦还,御制序付武英殿刊行。道光改元,起内阁中书,洊擢郎中,补御史,出知榆林府。未几,卒。他所著有《新校注地理志集释》《汉书西域传补注》《唐两京城坊考》《唐登科记考》《新疆赋》共数十卷。

　　松喜延誉后进。其客有沈垚者,字子惇,乌程人。优贡生。性沉默,足不越关塞,好指画绝域山川。初为何凌汉、陈用光所赏拔。入京师馆于松。松称其地学之精。歙程恩泽尝读《西游记》,拟为文疏通其说。及见垚所撰《西游记金山以东释》,叹曰:"遐荒万里在目前矣!"遂搁笔。垚客死,张穆哀其遗著,为《落帆楼稿》。

　　陈潮,字东之,泰兴人。通经,工小篆,又擅《周髀》之学。尝夜登高台窥星象,不寐。游京师,亦卒于松寓。

　　李图,字少伯,掖县人。以拔贡生官直隶无极县知县,谢病归。图读书十行俱下,天才卓越。工诗古文词,力屏近世浮靡之习。尝曰:"文非司马子长,诗非苏、李,不足为师法也。"徐松为济南泺源书院山长,见图诗,叹曰:"三百年来无此作矣!"著有《鸿桷斋诗文集》。山左称诗者,王士祯、赵执信以后,以图为臣擘云。

【译文】

　　徐松,字星伯,北京大兴人。嘉庆十年(公元1805年)时考中进士,被授予翰林院编修。后被选派到湖南做学政，因犯法获罪从军到伊犁。徐松留心历史文献，出玉门关后，置备了开方小册子，根据所到地方，将那地方的山川地理起伏位置都画下来，仿效《水经》一书，写成了《西域水道记》；又自己为《西域水道记》作了注，认为可以比得上郦道元对《水经》的注释。他又认为新疆已载入国家版图几十年了，既然把它看作是国土，是皇帝亲自管辖的地方，却没有专门书籍记载，于是他自己撰述、编写成一部书，在行政设置、军事重地、田赋税收以及兵丁户籍方面，叙述得尤其详细。松筠将军向皇帝推荐了这部书，皇帝看后，为这部书起了个名字，叫作《新疆事略》，又特别颁布圣旨，赦免他的罪名，让他回到京城。皇帝还为这部书写了序，交给武英殿刊刻发行。道光皇帝继任后，徐松被启用做了内阁中书，相继被提升为郎中，补为御史，离开京都赴榆林府担任知府。没有多久，他去世了。他的著作有《新校注地理志集释》《汉书西域传补注》《唐两京城坊考》《唐登科记考》《新疆赋》，共有几十卷。

徐松喜欢鼓励、提拔、任用还不得志的人。他的门客中有一个叫沈垚的人，字子惇，浙江省乌程人，是个优贡生。这个人性情沉默寡言，他的足迹没有越过关塞以外的地方，但喜好研究边远地域的山川地理，最早时被何凌汉、陈用光所赏识、提拔。来到京城后，住在徐松处。徐松很佩服、称赞他的地理学问的精深。安徽的程恩泽曾读过《西游记》，准备写文章加以论证。但等到他看到沈垚所写的《西游记金山以东释》后，自叹不如，说："万里之遥的边远地方就好像在眼前了啊！"于是放下了笔，不再写作。沈垚死在了徐松家，张穆哀收集、整理了他的著作，书名叫《落馺楼稿》。

陈潮，字东之，江苏省泰兴人。通晓儒家经典，擅长小篆，又很精通《周髀》类的学问。曾在夜间登上高台观察星象，彻夜不眠。他到京城游学，住在徐松家，也死在了徐松的寓所中。

李图，字少伯，山东掖县人。曾以拔贡生的身份担任直隶无极县的知县，后因病回到老家。李图十分聪颖，看书极快，常常一目十行，他的天赋超出一般。他擅长写诗、古文，有力地排斥、抵御了近代文坛上表面华美浮艳而实际内容贫乏的习气。他曾经说："假如不是司马迁的文章，不是李陵、苏武的诗，就不值得效法，不值得学习。"徐松担任济南泺源书院山长时，看到李图的诗，赞叹说："三百年来没看见过这样的诗了！"李图著有《鸿桷斋诗文集》。山东一带研究诗歌的人认为，王士桢、赵执信之后就应该把李图当作最杰出的诗人看待了。

包世臣传

【题解】

包世臣（公元 1775～1855），字慎伯，号倦翁、小倦遨阁外史，安徽泾县人。嘉庆十三年中举人，官至江西新喻知县。他关心晚清时政，对农政、漕运、监政、货币、鸦片等方面都能提出自己的见解和对策。他是清代著名的书法家和书法理论家。擅长行、草、隶书，酷爱魏碑，大力倡导北朝书派，对明清以来圆润肥浓的馆阁书体，提出有力的挑战，对后世影响很大。著有《安吴四种》，其中《艺舟双楫》下篇专门讨论书法理论，得到书苑的推重。

【原文】

包世臣，字慎伯，泾县人。少工词章，有经济大略，喜言兵。嘉庆十三年举人，大挑以知县发江西。一权新喻，被劾去。复随明亮征川、楚，发奇谋不见用，遂归，卜居金陵。世臣精悍有口辩，以布衣遨游公卿间。东南大吏，每遇兵、荒、河、漕、盐诸巨政，无不屈节咨询，世臣亦慷慨言之。

初，海盗蔡牵犯上海，镇道迎世臣阅沿海岛屿。见黄浦停泊商船千艘，遂建海运可救漕弊之议。游袁浦，值河事亟，箸《策河四略》。是时盐法以两淮为大，私枭充斥，议者争言缉私。世臣拟多裁盐官，惟留运司主钱粮，场大使督灶户，不分畛域，仿现行铁硝之例，听商贩领本地官印照，赴场缴课买盐。州县具详，运司存核，则场官不能干没正课；而转输迅速，则盐价必锐减；私盐皆输官课，课入必倍。以之津贴办公，并增翰、詹、科、道廉俸，为计甚便。

其论西北水利曰："今国家南漕四百万石，中岁腴田二百万亩所产也。有田四百万亩，岁入与佃半之，遂当全漕，先减运十之一，槖其谷及运资置官屯，递减至十年，则漕可罢，赋可宽。以其盈馀量加赋饷，而官可廉，兵可练。不然，漕东南以赡西北，浮收勒折，日增一日，竭民力，积众怒。东南大患，终必在此。"

世臣能为大言。其论书法尤精，行草隶书，皆为世所珍贵。著有《小倦游阁文集》，别编为《安吴四种》。

【译文】

包世臣，字慎伯，是安徽泾县人。少年时即擅长辞章之学，并有治世的才略，很喜欢谈论军事。嘉庆十三年中举人，因三次没有考中进士，被选为知县备员，发往江西。初任新喻县代理知县，就被弹劾离职。后来又随明亮征伐四川、两湖，他筹划的奇谋不被采纳，便回到故乡，居住在金陵。包世臣为人精明强悍，又富有口才，以普通百姓的身份来往于公卿大臣之间。东南各地的高级官员每遇上军事、灾荒、河患、漕运、盐政这类政务大事，都屈尊向他求教，包世臣也就侃侃而谈，说出自己的见解。

当初，海盗蔡牵抢掠上海，镇道官员把包世臣接来，考察沿海岛屿。他看到黄浦江停泊着许多商船，有上千艘，于是他建议，利用海运，可以消减漕运的弊端。他在游历袁浦时，正值黄河论争，于是他著作《策河四略》一书。当时的盐产，两淮为最大的产盐地，因而两淮地区，走私商贩充斥其间，官员们议论，都主张应该进行缉捕。包世臣的意见是，要大量裁减盐官，只留盐运司来主管钱粮的收征，盐场大使监督煮盐的灶户，不划分范围，仿效现行的铁冶、硝石的管理成例，允许商贩在本地领取官方发的执照，去盐场交税买盐。各州县有记录，盐运司有支盐存根，这样盐场官员就不能侵吞盐斤；由于转运迅速，盐价必然大幅度下降；因私盐交纳官税，赋税收入必然成倍增加。用这些钱作为公务津贴，并且可以增加翰林院、詹事府和各科道官员的薪水，这是一项便民利国的措施。

他论及西北水利时说："现在国家每年从南方漕运四百万石粮食至西北，这是中等年景二百万亩好田的产量。如果有四百万亩地，每年的收入与佃户对半分成，就可以与全年的漕运量相等。可以先减运十分之一，把十分之一的谷子卖出，加上运费，用这些钱在西北经营官方屯田，每年递减十分之一，用十年的时间，可以完全停止漕运，赋税收入可以宽裕。用剩下来的钱增加军饷，这样官员可以做到清廉，士兵也可以得到操练。不然的话，把东南的粮食漕运供应西北，加上超额的征收和损耗，会一天比一天严重，竭尽民力，招致积怨，东南地区的祸患，必定由此而发。"

包世臣能在国家大事上提出自己的见解。他论书法的文字尤其精辟，他的行书、草书、隶书作品，被世人所珍贵。他著有《小倦游阁文集》，另编为《安吴四种》。

龚自珍传

【题解】

龚自珍（1792~1841），清代思想家、文学家。一名巩祚，字璱人，浙江仁和（今杭州）人。道光进士，官礼部主事。

龚自珍学务博览，在哲学与经学上颇有成就，其文学创作开近代文学新篇章。他主张文学必须有用，所作诗文，极力提倡"改图""更法"，揭露了社会的黑暗，洋溢着爱国热情。其散文奥博纵横，自成一家。诗歌形式，风格多样，想象丰富，语言清奇多彩，有"龚派"之称。也工词。有《龚自珍全集》。

【原文】

龚巩祚，原名自珍，字璱人，仁和人。父丽正，进士，官苏松兵备道，为段玉裁婿，能传其学。巩祚十二岁，玉裁授以《说文》部目。巩祚才气横越，其举动不依恒格，时近俶诡，而说经必原本字训，由始教也。初由举人援例为中书。道光时成进士，归本班。洊擢宗人府主事，改礼部。谒告归，遂不出。

官中书时，上书总裁论西北塞外部落源流、山川形势，订《一统志》之疏漏，凡五千言。后复上书论礼部四司政体宜沿革者，亦三千言。其文字鷔桀，出入诸子百家，自成学派。所至必惊众，名声藉藉，顾仕宦不达。年五十，卒于丹阳书院。著有《尚书序大义》《大誓答

龚自珍

问》《尚书马氏家法》《左氏春秋服杜补义》《左氏决疣》《春秋决事比》《定庵诗文集》。

【译文】

　　龚巩祚,原名自珍,字瑟人,仁和(今浙江杭州)人。父丽正,进士,曾任苏松兵备道,是段玉裁的女婿,能继承他岳父的学术事业。巩祚十二岁时段玉裁就教他《说文》部目的知识。巩祚才气横溢,他的举动不守常规,经常给人近于奇特古怪的感觉,而解说经书却必定要推究并依据字的本义,这是听从外祖父最初对他教导的结果。他初由举人引用成例做了内阁中书。道光年间,考取进士,继续担任旧职。后被推荐提升为宗人府主事,改任礼部主事。后请求辞归故里,于是不再从政做官。

　　在做中书官的任上,曾向总裁上书,论述西北塞外部落的源流以及山川形势,订正《一统志》的疏漏,共五千字。后又上书论述礼部四司政体应加改革的道理,也长达三千字。文字桀骜锋利,取法诸子百家而自成一家。所到之处,总是让人吃惊,名声很大,只是仕途坎坷罢了。五十岁时在丹阳书院病故。著作有《尚书序大义》《大誓问答》《尚书马氏家法》《左氏春秋服杜补义》《左氏决疣》《春秋决事比》《定庵诗文集》。

魏源传

【题解】

　　魏源(1794～1857),字默深,湖南邵阳人。1844年中进士,以知州分发江苏,历任东台、兴化县知县、高邮州知州。太平军起义,因延误驿极被革职,后来恢复原官,不久病死杭州。他和龚自珍友善,同属今文经学派,主张经世致用,反对专门做训诂考据,脱离政治、脱离实际的古文经学派。主要著作有《海国图志》《古微党诗文集》《元史新编》《圣武记》等。1826年受江苏布政使贺长龄之命编辑《皇朝经世文编》,所选都是在鸦片战争以前清代有关政治、社会和学术思想等方面的论述,以"经世致用"为目的,并筹议各省的漕粮、水利等问题。在《海国图志》中,他对西方资本主义国家尤其是英国扩张殖民地、剥削殖民地人民的事实有所觉察。他代表开明的地主阶级利益,主张"师夷以制夷",这对后来的资产阶级改良主义思想有一定的影响。

【原文】

　　魏源,字默深,邵阳人。道光二年,举顺天乡试。宣宗阅其试卷,挥翰褒赏,名藉甚。会试落第,房考刘逢禄赋《两生行》惜之。两生者,谓源及龚巩祚。两人皆负才自喜,名亦相埒。源入赀为中书,至二十四年成进士。以知州废江苏,权兴化。二十八年,大水,河帅将启闸。源力争汉有得,则亲击鼓制府,总督陆建瀛驰勘得免,士民德之。补高邮,坐迟误驿褫免。副都御史袁甲三奏复其官。咸丰六年,卒。

源兀傲有大略，熟于朝章国故。论古今成败利病，学术流别，驰骋往复，四座皆屈。尝谓河宜改复北行故道，至咸丰五年，铜瓦厢决口，河果北流。又作《筹鹾篇》上总督陶澍，谓："自古有缉场私之法，无缉邻私之法。邻私唯有减价敌之而已。非裁费曷以轻本减价？非变法曷以裁费？"顾承平久，桡之者众。迨汉口火灾后，陆建瀛始力主行之。

源以我朝幅员广，武功实迈前古，因借观史馆官书，参以士大夫私著，排比经纬，成《圣武记》四十余万言。晚曹夷变，谓筹夷事必知夷情，复据史志及林则徐所译西夷《四州志》等，成《海国图志》一百卷。他所著有《书古微》《诗古微》《元史新编》《古微堂诗文集》。

【译文】

魏源，字默深，邵阳人。道光二年，参加顺天乡试考中举人。清宣宗看了他的试卷，挥笔加以褒奖赏赐，名声因此更大。魏源在参加举人会试中没有考中，主持考试的房考官刘逢禄赋诗《两生行》对他表示惋惜。所说的"两生"，指的是魏源和龚巩祚。这两个人都由于怀有才学而沾沾自喜，名声也不相上下。魏源出钱捐班在两江总督幕府中任职，到道光二十四年考中进士，发往江苏担任知州，代理兴化县县令。道光二十八年，发生大水灾，督守黄河的河帅将要开启闸门泄洪，魏源据理力争没有结果，便亲自去总督衙门击登闻鼓上诉，总督陆建瀛急速前往勘察实情得以避免，当地的士民百姓因而感激魏源的恩德。补授高邮县令，因为犯迟误驿站邮件的传递的过失被罢官，副都御史袁甲三上奏恢复他的官职。咸丰六年，魏源去世。

魏源意气锋锐凌厉有雄才大略，熟悉朝廷的典章和传统的学术文化，谈论到古今的成功失败利害弊病，学术的流派区别，反复论证头头是道，使四座的听者都为之折服。魏源曾经认为黄河应当改为恢复向北的旧河道，到了咸丰五年，铜瓦厢决口，黄河果然向北流入故道。他又写成《筹鹾篇》呈上总督陶澍，说："自古以来有查缉盐场走私的法令，而没有查缉盐场邻近地区贩私盐的法令。邻近地区贩卖私盐只有降低官盐的售价予以抵制而已。不裁减费用怎能降低成本减少盐价？不改变法度怎能裁减费用？"只由于国家太平已久，阻挠魏源主张的人很多。等到汉口大火灾以后，陆建瀛才极力主张加以推行。

魏源因为清朝的版图广大，武功确实超越前代各朝，因此借阅了史馆中的官书，参考了士大夫的个人著作，将材料加以排比整理，写成《圣武记》计四十多万字。他晚年时遭遇到外国入侵的变故，认为筹办涉及外国的事务一定要了解外国的情况，又根据史书的志传和林则徐所组织翻译的关于西方各国的《四州志》等，写成《海国图志》一百卷。其他的著作有《书古微》《诗古微》《元史新编》《古微堂诗文集》。

方东树传

【题解】

方东树(公元 1772～1851 年),字植之,安徽桐城人。曾从姚鼐受学,研制经史,为清代桐城派学者之一。他以反汉学为旗帜,宣扬程朱理学。著有《汉学商兑》《大意尊闻》《昭昧詹言》《仪卫轩集》等。

【原文】

方东树,字植之,桐城人;宗诚,字存之,从兄弟也;皆诸生。东树曾祖泽,拔贡生,为姚鼐师。东树既承先业,更师事鼐。当乾、嘉时,汉学炽盛,鼐独守宋贤说。至东树排斥汉学益力。阮元督粤,辟学海堂,名流辐凑,东树亦客其所,不苟同于众。只谓:"近世尚考据,与宋贤为水火。而其人类皆鸿名博学,贯穿百氏,遂使数十年承学之士,耳目心思为之大障。"乃发愤著《汉学商兑》一书,正其违廖。又著《书林扬斛》,戒学者勿轻事著述。

东树始好文事,专精治之,有独到之识,中岁为义理学,晚耽禅悦,凡三变,皆有论撰。务尽言,惟恐词不达。年八十,卒于祁门东山书院。他所著有《大意尊闻》《向果微言》《昭昧詹言》《仪卫轩集》,凡数十卷。东树博极群书,穷老不遇,传其学宗诚。既殁,宗诚刊布其书,名乃大著。

【译文】

方东树,字植之,桐城人;方宗诚,字存之,是方东树的堂兄弟。他们都是生员。方东树的曾祖父方泽,是廪生中因文行优秀被贡入京师的拔贡生,曾经做过姚鼐的老师。方东树既继承了祖先的学业,更把姚鼐当作老师对待。适逢乾隆、嘉庆朝时期,注重训诂文字、考证名物制度的朴学学风很盛行,唯独姚鼐仍旧遵守宋代先贤的学说。到方东树时,更是极力排斥朴学。阮元在担任两广总督时,开设学海堂,一时名流都纷纷聚集在这里,方东树也在学海堂做客,不苟且迎合众多名流的主张,认为:"近世崇尚考据的学问,和宋代先贤的学术主张如同水火不能相容。而这些人大都名声很大学识广博,学问贯通诸子百家,于是使转承师说学习了几十年的读书人,耳目心思构成了很大的障碍。"便发愤写出《汉学商兑》一书,纠正对方乖违错谬的意见。又著有《书林扬斛》,告诫学者不要轻率从事著书立说。

方东树起初喜好文学方面的事情,专门精心地进行研究,有独到的见解,中年时则研究理学,晚年时醉心禅理,心神变得恬悦,一共三度变化,都有论著。论著务必畅所欲言,只怕词不达意。八十岁时,在祁门东山书院去世。其他著作有《大意尊闻》《向果微言》

《昭昧詹言》《仪卫轩集》，一共有几十卷之多。方东树博览群书，终老时也没有得到朝廷的恩遇，只好把学问传给方宗诚。方东树去世以后，方宗诚把他的遗著加以刊印流传，方东树的名字才大为闻名。

何绍基传

【题解】

何绍基(1799～1873)，字子贞，号东洲，晚号蝯叟，道州(今湖南省道县)人。道光十六年进士，官翰林院编修、四川学政。他毕生从事经史及《说文》的考证，旁及金石律算。又能诗，论诗推重苏轼、黄庭坚，为晚清宋诗派作家。同时他还是晚清的著名书法家，学唐人颜真卿，上溯魏碑，形成遒劲峻拔的书风。何绍基的书法作品，现存世公私收藏很多。著有《说文段注驳正》《东洲草堂诗集》《东洲草堂文钞》等。

【原文】

何绍基，字子贞，道州人，尚书凌汉子。道光十六年进士，选庶吉士，授编修。绍基承家学，少有名。阮元、程恩泽颇器赏之。历典福建、贵州、广东乡试，均称得人。咸丰二年，简四川学政。召对，询家世学业，兼及时务。绍基感激，思立言报知遇，时直陈地方情形，终以条陈时务降归。历主山东泺源、长沙城南书院，教授生徒，勖以实学。同治十三年，卒，年七十又五。

绍基通经史，精律算。尝据《大戴记》考证《礼经》，贯通制度，颇精切。又为《水经注刊误》。于《说文》考订尤深。诗类黄庭坚。嗜金石，精书法。初学颜真卿，遍临汉、魏各碑至百十过。运肘敛指，心摹手追，遂自成一家，世皆重之。所著有《东洲诗文集》四十卷。

弟绍京，字子愚。亦工书，笔法颇似其兄。

孙维朴，字诗孙。以副贡为中书，累至道员。工书画，字摹其祖。久寓沪，国变后，卒，年八十余。

与维朴同时以书名上海者李瑞清，字梅庵，临川人。光绪二十年进士，选庶吉士。改道员，分江苏，摄江宁提学使，兼两江师范学堂监督。宣统三年，武昌乱起，江宁新军亦变，合浙军攻城。官吏潜遁，瑞清独留不去，仍日率诸生上课如常。布政使樊增祥弃职走，以瑞清代之。急购米三十万斛饷官军，助城守，设平粜局，赈难民。城陷，瑞清衣冠坐堂皇，矢死不少屈。民军不忍加害，

何绍基印章

纵之行。乃封藩库,以钥与籍嘱之士绅,积金尚数十万也。自是为道士装,隐沪上,匿姓名,自署曰清道人,鬻书画以自活。瑞清诗宗汉、魏,下涉陶、谢。书各体皆备,尤好篆隶。尝谓作篆必目无二李,神游三代乃佳。丁巳复辟,授学部侍郎。又三年卒,谥文洁。

【译文】

何绍基,字子贞,道州人,他是尚书何凌汉的儿子。道光十六年中进士,选为庶吉士,散馆后被任为翰林院编修。何绍基继承家学,少年时就有名声。阮元、程恩泽都很器重赏识他。历次主持福建、贵州、广东等省乡试,每次主考都发现不少人才。咸丰二年,提拔他为四川学政。进京朝见皇帝,皇帝询问的他的家世和学业,同时也问及当时的政事。何绍基对皇帝的召见,感恩戴德,一心想建言来报答皇上的知遇之恩,便不时地向朝廷陈述地方上各种情况,最终因他对当时的政务提出建议被降职而回乡。后来历任山东泺源书院、长沙城南书院的院长,他教授生徒,鼓励他们学习切实有用的学问。同治十三年逝世,终年七十五岁。

何绍基博通经史,精于律算之学,他曾据《大戴记》考证《礼经》,对《礼经》中所记载的礼仪制度,能够融会贯通,解释十分精确。他又撰著《水经注刊误》。对于《说文解字》的考证,工力尤深。他的诗风与黄庭坚类似。嗜好金石文学,精于书法,他起初学颜真卿,又遍临汉、魏各种碑帖上百遍。他运肘握笔,用心思想,笔下追寻,于是自成一家之体,世人对他的书法作品都很珍视。他著有《东洲诗文集》四十卷。

他的弟弟何绍京,字子愚,也擅长书法,用笔和他的哥哥很相似。

他的孙子何维朴,字诗孙。以副贡任中书舍人,历升至道员。擅长书法绘画,书法模仿他的祖父。他长期居住在上海,清亡后逝世,终年八十余岁。

与何维朴同时以书法著称于上海的,还有李瑞清,字梅庵,是临川人。光绪二十年中进士,被选为庶吉士。散馆后任为道员,分管江苏,代理江宁提学使,兼任两江师范学堂监督。宣统三年,武昌起义爆发,江宁新军也哗变,配合浙军攻打江宁城,城中官吏都偷偷逃走,只有李瑞清独自留下,不肯逃走,仍然每天带领学徒们上课,和平时一样。布政使樊增祥弃职逃走,朝廷令李瑞清接替樊的职务。他紧急购买三十万斛米供应官军,并帮助官兵守城,开设平粜局,救济难民。江宁城被攻破,李瑞清衣冠整齐端坐在大堂上,誓死不屈。民军不忍心杀害他,放他逃走。于是他把府库加封,把钥匙和收支簿交给当地士绅,库内还积存白银数十万两。从此他改装为道士,隐居在上海,隐瞒姓名,自称为清道人,以卖书画为生。李瑞清作诗,崇尚汉、魏,汉、魏之下,学习陶渊明、谢灵运。他的书法,真草隶篆各体具备,尤其长于篆书、隶书。他认为篆书一定不要把李斯、李阳冰放在眼里,而应上学夏商周三代,才能算好。丁巳年张勋复辟,任他为学部侍郎。三年之后去世,赠谥号为"文洁"。

张裕钊传

【题解】

张裕钊(1823~1894),字廉卿,武昌人。咸丰元年中举,任内阁中书,后入曾国藩幕,并从曾学古文。后历主江宁、湖北、直隶、陕西等书院。他是晚清桐城派,并深谙经学训诂,著有《左氏服贾注考证》《今文尚书考证》《濂亭文钞》等。同时他也是晚清著名书法家。他学书从魏晋六朝入手,上溯汉隶,勤于临池,形成独特的书体,书名远扬。在他主直隶莲池书院讲席时,日本友人慕名前来向他学习书法。存世著名书迹有《南宫县学碑》等。

【原文】

张裕钊,字廉卿,武昌人。少时,塾师授以制举业,意不乐。家独有《南丰集》,时时窃读之。咸丰元年举人,考授内阁中书。曾国藩阅卷赏其文,既,来见,曰:"子岂尝习子固文耶?"裕钊私自喜。已而国藩益告以文事利病及唐、宋以来家法,学乃大进,寤前此所为犹凡近,司马迁、班固、相如、扬雄之书,无一日不诵习。又精八法,由魏、晋、六朝以上窥汉隶,临池之勤,亦未尝一日辍。国藩既成大功,出其门者多通显。裕钊相从数十年,独以治文为事。国藩为文,义法取桐城,益闿以汉赋之气体。尤善裕钊之文,尝言:"吾门人可期有成者,惟张、吴两生。"谓裕钊及吴汝纶也。

裕钊文字渊懿,历主江宁、湖北、直隶、陕西各书院,成就后学甚众。尝言:"文以意为主,而辞欲能副其意,气欲能举其辞。譬之车然,意为之御,辞为之载,而气则所以行也。欲学古人之文,其始在因声以求气,得其气,则意与辞往往因之而益显,而法不外是矣。"世以为知言。著《濂亭文集》。

裕钊门下最知名者,有范当世、朱铭盘。当世,字肯堂,江苏通州诸生。能诗,汝纶尝叹其奇横不可敌。著《范伯子诗文集》。铭盘,字曼君,泰兴举人。叙知州,其学长于史,兼工诗古文。著《晋会要》一百卷,《朝鲜长编》四十卷,及《桂之华轩诗文集》。

【译文】

张裕钊,字廉卿,武昌人。少年时代,私塾先生教他科举的学业,他不高兴学。他家里只有一部曾巩的《南丰集》,经常偷偷阅读。咸丰元年考中举人,通过考试被任为内阁中书。曾国藩充当阅卷官,很欣赏他的文章,后来张裕钊来拜见,曾国藩对他说:"你莫非曾熟读曾巩的文章吗?"张裕钊听了,心里暗暗高兴。不久,曾国藩又向他讲解文章成败的原因以及唐、宋以来的传统,张裕钊的学业大有长进,认识到以前所作的文章,平庸近俗,于是,对于司马迁、班固、司马相如、扬雄等人的书,没一天不诵读。他又精于书法,从魏晋人书法入手,上溯汉隶的笔意,练字非常勤奋,不曾一日停笔。曾国藩立了大功以后，他的门人弟子很多人做了大官。张裕钊跟随曾国藩数十年，只有他从事学问。曾国藩做文章，取法桐城派，再附以汉赋的风神，他尤其喜欢张裕钊的文章，他曾说："我的弟子中可望有成就的，只有张、吴两个学生。"指的是张裕钊和吴汝纶。

张裕钊文字功夫很深厚，先后主持江宁、湖北、直隶、陕西各个书院，造就了很多人才。他曾说："做文章以思想内容为主，文辞要求能表达思想，文气要能调动文辞，比如行车，思想内容是掌握方向的驾车人，文辞是所载之物，文气则是车行的动力。要想学好古人的文章，开始时在诵读之中掌握它的文气，掌握了文气，那么对它的思想内容和文辞往往理解得更深，读书的方法不外乎是这些了。"人们认为这是深得文亭三昧的言论。他著有《濂亭文集》。

张裕钊的学生中最出名的，有范当世、朱铭盘。范当世，字肯堂，是江苏通州的秀才。善于写诗，吴汝纶曾感叹他的诗气势纵横，不可阻挡。著有《范伯子诗文集》。朱铭盘，字曼君，是泰兴的举人。曾任知州，他的学问长于史学，同时也擅长诗和古文词。他著有《晋会要》一百卷，《朝鲜长编》四十卷，以及《桂之华轩诗文集》。

林纾传

【题解】

林纾（1852～1924），近代文学家，翻译家。原名群玉，字琴南，号畏庐，别署冷红生，福建闽县（今福州）人。光绪举人，任教于京师大学堂。曾参加改良主义政治运动。

林纾主要成就在小说翻译，曾依靠他人口述，以古文翻译一百七十多种欧美小说，译笔流畅，颇有影响。能诗画。有《畏庐文集》《畏庐诗存》及传奇、小说等多种。

【原文】

林纾，字琴南，号畏庐，闽县人，光绪八年举人。少孤，事母至孝。幼嗜读，家贫，不能藏书。尝得《史》《汉》残本，穷日夕读之。因悟文法，后遂以文名。壮渡海游台湾，归客杭州，主东城讲舍。入京，就五城学堂聘，复主国学。礼部侍郎郭曾炘以经济特科荐，辞不应。

生平任侠尚气节，嫉恶严。见闻有不平，辄愤起，忠悫之诚发于至性。念德宗以英主被扼，每述及，常不胜哀痛。十谒崇陵，匍伏流涕。逢岁祭，虽风雪勿为阻。尝蒙赐御书"贞不绝俗"额，感幸无极，誓死必表于墓，曰"清处士"。忧时伤事，一发之于诗文。

为文宗韩、柳。少时务博览，中年后案头唯有《诗》《礼》二疏，《左》《史》《南华》及韩、欧之文，此外则《说文》《广雅》，无他书矣。其由博反约也如此。其论文主意境、识度、气势、神韵，而忌率袭庸怪。文必己出。尝曰："古文唯其理之获，与道无悖者，则味之弥臻于无穷。若分画秦、汉、唐、宋，加以统系派别，为此为彼，使读者炫惑，莫知所从，则已格其途而左其趣。经生之文朴，往往流入于枯淡；史家之文则又隳突恣肆，无复规检。

二者均不足以明道。唯积理养气,偶成一篇,类若不得已者,必意在言先,修其辞而峻其防,外质而中膏,声希而趣永,则庶乎其近矣。"纾所作务抑遏掩蔽,能伏其光气,而其真终不可自闷。尤善叙悲,音吐凄梗;令人不忍卒读,论者谓以血性为文章,不关学问也。

所传译欧西说部至百数十种。然纾故不习欧文,皆待人口达而笔述之。任气好辩,自新文学兴,有倡非孝之说者,奋笔与争。虽胁以威,累岁不为屈。尤善画,山水浑厚,冶南北于一炉。时皆宝之。纾讲学不分门户,尝谓清代学术之盛,超越今古,义理、考据,合而为一,而精博过之。实于汉学、宋学以外别创清学一派。时有请立清学会者,纾抚掌称善,力赞其成。甲子秋,卒,年七十有三,门人私谥贞文先生。有《畏庐文集》《诗集》《论文》《论画》等。

【译文】

林纾,字琴南,号畏庐,闽县(今福建福州)人。光绪八年(1882)考取举人。幼年丧父,侍奉母亲极为孝顺。很小就酷爱读书,但家境清寒,买不起书籍。一次,弄到了《史记》和《汉书》的残缺本,从早到晚,豁出所有的时间来读它。于是领悟了古文之法,后来就因文笔之妙而成名。壮年时渡过海峡去游历台湾,归后客居在杭州,执教于东城讲舍。后入京,接受五城学堂的聘请,主讲国学。礼部侍郎郭曾炘举荐他去应经济特科的考试,他推辞不去。林纾生平以抑强扶弱为己任,崇尚气节,疾恶如仇。见到或听到有不平之事,激愤之情油然而生。这种为别人尽心竭力的真诚,出于他的淳厚本性。他想到光绪皇帝作为一个英明的君主却被压制,每每说到此事,常常不胜哀痛。他十次谒拜崇陵,趴在陵前痛哭流涕。逢到一年一度的祭奠,即使风雪载途,也阻挡不住他的祭奠的行动。他曾受赐皇上御笔书写"贞不绝俗"的匾额,感到无比的荣幸,誓死一定要在墓碑上刻上"清处士"的字样。他感时伤事之情,全都通过诗文来加以抒发。

他写文章以韩柳为师,少年时代博览群书,中年以后,案头只有《诗经》《礼记》二书的注疏,《左传》《史记》《南华》和韩愈、欧阳修的文章,此外,就是《说文》和《广雅》,其他书就没有了。他读书就是这样的由博览到精约。

他的文学理论是主张意境、识度、气势和神韵,忌讳草率、因袭、平庸和怪诞,文章一定要有自己的特色。他曾说过:"古文只有具有充实的内容,与正确的道理不相悖缪,才能使人百读不厌,回味无穷。如果把古文按照秦、汉、唐、宋来分派分系,是这派,是那派,把读者弄得晕晕乎乎,不知如何是好,那么就妨碍了走上研究和创作古文的正确途径,而与古文的旨趣相违背。经学家的文章朴实无华,往往流于枯燥平淡;史学家的文章则又奔突放纵,不再有什么规范和约束,两者均不能充分地阐明道理。只有积理养气,偶尔写成一篇,像不能不一吐为快似的文章,一定是写前胸有成竹,写时字斟句酌,无懈可击,外表质朴,内容丰腴,不装腔作势,却又意味深长,那么差不多就近似是能明道的佳作了。"林纾的作品,着意于深沉含蓄,故而能藏其锋芒,而他的真实思想感情却始终隐藏不了。他特别善于叙抒悲情,吐字凄切哽咽,让人不忍心读完。评论家说他是用血性来写文章,跟学问没有关系。

他翻译的西欧小说达到一百几十种。可是他以前没有学过欧洲各国语言,都要先口译再进行笔译。他纵任意气,生性好辩。自从新文学运动兴起以来,有提倡否定孝道的,就奋笔写文章与他争论。即使受到威胁,也年复一年的决不屈服。他尤其善于画画,山水画一派浑厚之气,融南北两派不同风格于一炉。当时人都把他的作品视为珍宝。林纾讲学没有门户之见,曾说清代学术的兴盛,超过了现在和以往,不仅义理、考据合而为一,而且在博和精两方面也都超过了前人,确实称得上是在汉学、宋学以外,另创了清学一派。当时有人提出成立清学会的建议,林纾鼓掌称好,并竭力帮助其得到实现。甲子年(1924)秋,病故,享年七十有三。他的门生尊他叫"贞文先生"。他的作品有《畏庐文集》《诗集》《论文》《论画》等。

严复传

【题解】

严复(1853~1921),近代思想家、文学家、翻译家。初名传初,字又陵,后又改名复,字几道;晚年号愈野老人等。福建侯关(今福州)人。曾留学英国海军学校。甲午战争后,提倡新学,主张向西方学习,反对顽固保守。

严复翻译大量西方作品,较有系统地介绍和传播了西方文化。文字质朴,首次提出"信、达、雅"的翻译标准。其诗文往复顿挫,感情充沛,颇有影响。有《严几道诗文钞》《严译名著丛刊》等。

【原文】

严复,初名宗光,字又陵,一字几道,侯官人。早慧,嗜为文。闽督沈葆桢初创船政,招试英俊,储海军将才,得复文,奇之,用冠其曹,则年十四也。既卒业,从军舰练习,周历南洋、黄海。日本窥台湾,葆桢奉命筹防,挈之东渡诇敌,勘测各海口。光绪二年,派赴英国海军学校肄战术及炮台建筑诸学,每试辄最。侍郎郭嵩焘使英,赏其才,时引与论析中西学术同异。学成归,北洋大臣李鸿章方大治海军,以复总学堂。二十四年,诏求人才,复被荐,召对称旨。谕缮所拟万言书以进,未及用,而政局猝变。越二年,避拳乱南归。

是时人士渐倾向西人学说。复以为自由、平等、权利诸说,由之未尝无利,脱靡所折衷,则流荡放佚,害且不可胜言。常于广众中陈之。

复久以海军积劳叙副将,尽弃去,入赘为同知,累保道员。宣统元年,海军部立,特授协都统,寻赐文科进士,充学部名词馆总纂,以硕学通儒征为资政院议员。三年,授海军一等参谋官。

复殚心著述,于学无所不窥,举中外治术学理,靡不究极原委,抉其失得,证明而会通之。精欧西文字,所译书以瑰辞达奥旨。

其《天演论自序》有曰:"仲尼之于六艺也,《易》《春秋》最严。司马迁曰:'《易》本隐而之显,《春秋》推见至隐。'此天下至精之言也。始吾以为'本隐之显'者,观象系辞。以定吉凶而已,推见至隐者,诛意褒贬而已。及观西人名学,则见其格物致知之事,有内籀之术焉,有外籀之术焉。内籀云者,察其曲而知其全者也,执其微以会其通者也;外籀云者,援公理以断众事者也,设定数以逆未然者也。是固吾《易》《春秋》之学也。迁所谓'本隐之显'者外籀也,所谓'推见至隐'者内籀也,二者即物穷理之要术也。夫西学之最为切实,而执其例可以御蕃变者,名、数、质、力四者之学而已。而吾《易》则名、数以为经,质、力以为律,而合而名之曰:《易》。大宇之内,质、力相推,非质无以见力,非力无以呈质。凡力皆'乾'也,凡质皆'坤'也。奈端动之例三,其一曰:'静者不自动,动者不自止,动路必直,速率必均。'而《易》则曰:'乾,其静也专,其动也直。'有斯宾塞尔者,以天演自然言化,其为天演界说曰:'翕以合质,辟以出力,始简易而终杂糅。'而《易》则曰:'坤,其静也翕,其

严复

动也辟。'至于全力不增减之说,则有自强不息为之先;凡动必复之说,则有消息之义居其始。而'易不可见,乾坤或几乎息'之旨,尤与热力平均、天地乃毁之言相发明也。大抵古书难读,中国为尤。二千年来,士徇利禄,守阙残,无独辟之虑,是以生今日者,乃转于西学得识古之用焉。"凡复所译著,独得精微皆类此。

世谓纾以中文沟通西文,复以西文沟通中文,并称"林严"。辛酉秋,卒,年六十有九。著有《文集》及译《天演论》《原富》《群学肄言》《穆勒名学》《法意》《群己权界论》《社会通诠》等。

【译文】

严复,初名宗光,字又陵,一字几道,侯官(今福建福州)人。小时就极聪慧,酷爱写文章。福建总督沈葆桢当初创建船政学堂,招试英俊之才入学,以培养储备海军将才,看到严复的文章,认为是个奇才,因此,把他列为第一名,这时他年纪却只有十四岁。毕业以后,在军舰上实习,遍历南洋黄海一带。日本觊觎我宝岛台湾,沈葆桢奉命筹划防务,带他东渡,侦察敌情,勘测各海口情况。光绪二年(1876),被派遣到英国海军学校,学习战术和炮台建筑等专业,每次考试,总是名列榜首。侍郎郭嵩焘出使英国,激赏他的才华,经常请他跟自己一块儿研讨中西学术的异同。学成归国,北洋大臣李鸿章正大规模地训练海军,于是就任命严复作北洋水师学堂的总教习。光绪二十四年(1898),皇上下诏,求取人才,严复被举荐,召京面试,符合皇上心意。命缮写好草拟的万言书后再上奏,还未来得采用,政局却起了突然的变化。过了两年,因躲避义和团之乱,回归南方。

这时，人们渐渐倾向信仰西方的学说。严复认为自由、平等、权利等学说，把它们作为借鉴不是没有好处，如果无所折中，做过了头，人们就会放荡无忌，危害将说不尽数不清了。他常在大庭广众之下陈述这些见解。

严复长久以来凭着在海军中的劳绩，只得到副将的官衔，于是他干脆放弃了，用一笔钱捐了一个同知，晋升为道员，才做了北洋水师学堂的校长。宣统元年(1909)，海军部成立，皇上特别授予协都统的官职，不久，又赐文科进士，充任学部名词馆总纂。又凭着硕学通儒的名望被征召为资政院议员。宣统三年(1911)，授海军一等参谋官。

严复尽心著书写作，在学问上无所不通，所有中外种种学术理论，无不追根问底，弄清利弊得失，并加以证明而达到融会贯通的地步。严复还精通西欧文字，他所翻译的书，用瑰丽的文字表达了深奥的内容。他在《天演论自序》一文中说："孔仲尼对六艺的整理、编纂，《周易》和《春秋》，态度最为严谨。司马迁说：'《易》本隐而之显，《春秋》推见至隐。'这是世上的至理名言。起初，我以为'本隐之显'，就是观察卦象，联系卦辞爻词，来预卜事情的凶吉罢了；'推见至隐'就是把褒贬寄托在字里行间罢了。等到学了西方人的逻辑学，才知他们推究事物的规律来获取知识的方法既有归纳推理，又有演绎推理，归纳推理就是考察事物的局部而推知其全体，举一反三，融会贯通。演绎推理就是援引公理来判断许多具体的事，从已知的规律来推知未知的结果。这本来是《周易》和《春秋》的学问。司马迁所说的'本隐之显'就是演绎推理，所说的'推见至隐'就是归纳推理，二者是研究事物，彻底弄清规律的要术。西方学术中最为切实，可以以简驭繁的，无非是名、数、质、力四者的学问罢了。而我国的《周易》则以名、数为经，以质、力为纬，合起来称之为《易》。宇宙之内，物质和力相互作用，没有物质就显不出力来，没有力，就产生不出物质。所有的力，在《周易》中都称为乾，所有的物质都称为'坤'。牛顿的运动定律有三条，其中一条说：静的自己不会变动，动的自己不会停止，运动的路线必定是笔直的，运动的速度必定是均匀的。'而《周易》里也说：'乾，它静时恒静，它动时笔直'。有个叫斯宾塞尔的，用天演自然的观点阐述事物的变化规律，他提出的天演界说中有这样的话："聚则合成物质，散则产生动力，开始时简单，最终时复杂。'而《周易》中说：'坤，它静时聚合，它运动时分散。'至于总力不增不减的理论，那么在这之前，我们已有自强不息的说法；而周而复始的运动理论，我们有自然界盛衰更迭的创见出现在它之前；至于'见不到事物的变化，宇宙的生命或许就要毁灭'的主旨，尤其是和热力平均，天地就要毁灭的说法互相印证的。大凡古书难读，中国最为严重。二千年来，读书人追求功名利禄，抱残守缺，没有独创的思想，因此生在今天的人才转而从西学中懂得了中国古书中的学问。"所有严复所翻译的著作，他独自领悟到的精深奥妙之处，与此相类。

世人说林纾用中文沟通了西文，严复则用西文沟通了中文，把他们合称为"林严"。辛酉年(1921)秋天，严复病故，享年六十九岁，著作有《文集》和译著《天演论》《原富》《群学肄言》《穆勒名学》《法意》《群己权界论》《社会通诠》等。

李清传

【题解】

李清,字心水,号映碧,兴化人。明天启年间举人,崇祯年间进士。初授宁波府推官,历任刑科给事中、工科都给事中、大理寺左寺丞等职。南都失守后,退隐田园,不问世事。晚著书自娱,有《史论》若干卷,又删注《南史》《北史》,编次《南渡录》等。

【原文】

李清,字心水,号映碧,兴化人。天启辛酉举人,崇祯辛未进士,授宁波府推官。考最,擢刑科给事中。同日上两疏:一言御外敌当战守兼治,不当轻言款;御内寇当剿抚并用,不当专言抚。一言治狱不宜置失入,而独罪失出,因论尚书刘之凤不职状。寻以天旱,复疏言此用刑锻炼刻深所致,语侵尚书甄淑,淑遂劾清把持,诏镌级,调浙江布政司照磨。无何,淑败,即家起吏科给事中。疾朝臣日竞门户,疏言:"国家门户有二:北门之锁钥,以三协为门户;陪京之扃键,以两淮为门户。置此不问,而开堂斗穴,长此安底?"疏入,不报。

京师陷,福王建号南京,迁工科都给事中。见朝政日坏,官方大乱,乃疏言:"大仇未雪,凡乘国难以拜官者,义将惭动入地,宜急更前辙,以图光复。"又愤时议以偏安自足,抗疏曰:"昔宋高之南渡也,说者谓其病于意足,若陛下于今日,其何足之有?以河、洛为丰、沛,则恭皇之旧封也,为恭皇所已有而不有,则不足;以金陵为长安,则高帝之始基也,为高帝所全有而不有,则不足。臣深望陛下无忘痛耻,以此志为中外倡也。倘陛下弛于上,则诸臣必逸于下,先帝之深仇,将安得而复哉?且宋之南渡,犹走李成,擒杨幺,以靖内制外。今则献、瑶交炽,两川危于累卵,汀、潮、南赣,并以警闻。北有既毁之室,南无可怡之堂,臣窃为陛下危之!"疏上,报闻而已。

有司始谥庄烈帝为思宗,清言庙号同于汉后主禅,请易之。又请补谥太子、二王及开国、靖难并累朝死谏诸臣,或以为迂,叹曰:"士大夫廉耻丧尽矣!不于此时显微阐幽,激发忠义之气,更复何望耶?"清事两朝,凡三居谏职,章奏后先数十上,并寝阁不行。

寻迁大理寺左寺丞,遣祀南镇,行甫及杭,而南都失守矣。乃由间道趋隐松江,又渡江寓高邮,久乃归故园,杜门不与人事。当道屡荐不起,凡三十有八年而殁。清忠义盖出天性,庄烈帝之变,适在扬州,闻之,号恸几绝。自是每遇三月十九日,必设位以哭。尝曰:"吾家世受国恩,吾以外吏,蒙先帝简擢,涓埃未报。"国亡后,守其磝磝,有死无二,盖以此也。

晚著书自娱,尤潜心史学,为《史论》若干卷,又删注《南》《北》二史,编次《南渡录》等书,藏于家。

【译文】

李清，字心水，号映碧，兴化人。在明天启年间中举，崇祯年间中进士，被委任为宁波府推官。政绩考核为优，升任刑科给事中。任职即日就上了两篇疏文：一篇讲的是抵御外侵之敌必须攻战与防守兼有，不应轻易地讲和，防范内：部之盗匪应当清剿与安抚并用，不能只讲安抚。另一篇讲的是修治刑狱不应对超法律规定的行为置之不理，而只处罚治罪过轻的事件，因而言辞中涉及尚书刘之凤失职的情况。时隔不久，天旱久不下雨，又上疏说这是因为刑法残酷苛刻所造成的，触犯了尚书甄淑，甄淑因此弹劾李清专权，皇上下诏给予降级处分，调到浙江布政司按照有关条款安排职务。未到任，甄淑出事了，李清就被起用为史科给事中。他痛恨朝廷官员整日间竞相营造私第，就上疏说："国家的门户有二处：三协如同北边门户的钥匙；两淮之地则如同京城的门栓。朝廷大员对此却不闻不问，只顾自修门户，长此下去，国家有什么安全可说？"疏文递上，没有上报皇上。

京都失陷，福王在南京建立小朝廷，李清被升为工科都给事中。他眼见朝廷政治一天天腐败，官府机构越来越杂乱繁多，就上疏说："国家大仇没有申雪，凡是乘国家蒙难时而谋得的官职，从道义上说在临死时不感到羞惭而悔恨吗，应该立即改变以前的做法，大家同心协力，谋求恢复失地。"又愤慨于当时人们以偏安江南感到心满意足作为话题，上疏说："以前宋高宗南渡，劝说的人还说他担心不满足，像陛下现在又有什么可值得满足的呢？过去的黄河，洛阳地区那样重要的地理位置已退到了丰、沛一带，河、洛是恭皇旧有的封地啊，作为恭皇所有的而现在却失去了，这就是不足；把金陵作为像长安一样的京城，长安是高帝所创立的基业，高帝所拥有的而现在却没有了，这就是不足。我深深地希望陛下不要忘记这惨痛的耻辱，并以光复神州的志向作为倡导天下人奋起之心。倘若陛下松懈于上位，那么在下的臣子必将懒惰起来。光帝的深仇大恨，又怎能得以申雪呢？况且宋朝偏安江南，尚能使李成逃逸，活捉杨么，内部得到安定，可以一心抵御外敌。现在我们内部的情况是，献、瑶两地战火炽热，两川之地危如累卵，汀、潮、南赣等地，时时发生危险的警报。北方领土已被侵占，南方没有可以放得下心的场所，我内心为陛下深深地担忧。"疏文上了，回报知道了而已。

有关职司起初给庄烈帝以思宗的谥号，李清说他的庙号与蜀汉后主刘禅一样，并要求更改。他又请求给太子、二王以及开国元勋，殉节于国难的名臣和历朝那些以死劝谏皇上的忠臣赐给谥号，当时人认为他太迂腐了，他感叹道："士大夫的廉耻之心都丧失尽了啊，不在此时显露阐明幽微之事，用以激发忠义之气，国家又会有什么希望呢？"李清事奉明朝两代君王，共三次做谏官之职，呈献过几十篇章奏，都被搁置没有实行。

过不久，李清又升迁为大理寺左寺丞，被派遣去南镇祭祀，将达杭州，金陵就失守了。于是他走小路秘密地赶到松江，又渡过长江在高邮住了下来，很久以后才回到家乡。从此，他闭门不出，不问世俗之事。当时清朝执政官员多次推荐，他都不理会。隐居了三十八年才死。李清忠义的气节大概出于天性，庄烈帝遭变时，他恰在扬州，听说此事，号啕痛哭几乎气绝，从此每逢三月十九日，他一定要设置灵位哭祭。他曾说："我家世代蒙受朝廷恩惠，我因是一个外朝官员，而得到皇上提拔，莫大的恩却点滴未能报答。"明灭之后，他坚持自己固有的节操，至死无二心，大概就在于这种心情吧。

李清晚年以写书为乐事，尤其潜心于史学研究，著有《史论》若干卷，又删注《南史》《北史》，编撰《南渡录》等书，收藏于家。

梁以樟传

【题解】

梁以樟，字公狄，清苑人。从小有异才，十六岁补弟子员，崇祯年间进士。文、武兼备，做过太康知县，有政绩，后调商丘住所，被李自成打败而获罪朝廷，系于狱中。出狱后，都城陷落，梁以樟南下金陵，被史可法举为兵部职方司主事。扬州破，可法死，以樟无望，就归隐不出。享年五十八岁。著有《梁鹪林先生全书》。

【原文】

梁以樟，字公狄，清苑人。与兄以楠、弟以桂，并知名，时号"三梁"。以樟负异才，八岁读书家塾中，值壁裂，作《壁裂歌》云："壁猛裂，龙惊出。"见者大奇之。十六岁补弟子员，受知左光斗。崇祯己卯举乡试第一，明年成进士。命试骑射，进士皆书生，夙不习，以樟独跃马弯弓，矢三发，的皆应弦破，观者叹异。即授河南太康知县。

中原盗起十余年，所在荼毒，督抚莫能办，率倡抚议，苟且幸无事，盗且服且叛。而河南比年大旱蝗，人相食，民益蜂起为盗。人为以樟危，佥都御史史可法以其有经世略，独劝之行。抵任，探知境内贼凡三十六窟，于是练乡勇，修城堡，严保甲；募死士，入贼巢，伺贼出入。尝夜半驰风雪中，帅健儿密捣贼垒，贼惊佚，擒其渠，毁巢而归。居半载，境内贼悉平。调商丘，时李自成犯开封，不能破，乃东攻归德。以樟婴城血战三日夜，城陷，妻张率家人三十口自焚死，事具《明史》。

以樟被重创，仆乱尸中，死复苏，商民救之出，奔淮上，被逮谳请室。贼入潼关，复渡河东犯，京师震动。以樟乃从狱中上疏："请皇太子抚军南京，辅以重臣，假便宜从事，系人心。倡召豪杰义旅，大起勤王兵。择宗室贤才，分建要地，而重督抚权，行方镇遗意，合力拒。"疏上，执政尼之。

迨出狱，而都城陷。福王立，以樟自德州、临清南下，与各郡邑建义文武吏及诸豪士歃血盟，人皆感愤流涕，受约束待命。渡淮见可法，因建议："山东、河北为江南藩蔽，若无山东、河北，是无中原、江北，无中原、江北，区区江南，岂能自守耶？今宜于河南北、山东，设三大镇，仿唐节度使、宋经制招讨使之制，以大臣文武兼资者为之。宽其文法，使自为战守，而阁部大治兵，居中驭之。"又言："北方人心向顺，宜及时抚为我用，否则忠者不能支，黠者反戈相向矣。"前后奏记百数十。而马士英专政，货鬻官爵，用逆党阮大铖为兵部尚书，竞立门户，斥忠谠之士，君臣日夜酣乐。左良玉、高杰、刘泽清等各拥兵跋扈，莫能制。以樟知事不可为，愤郁成疾，辞去。可法仍举以樟为兵部职方司主事，经理开、归。

未几,扬州破,可法死,南都相继溃。以樟遂与以楠遁迹宝应之葭湖,买田数十亩,躬耕自给。清初,召用胜国诸臣,以樟年才三十七,朝贵致书劝驾,不应。自筑忍冬轩,日与张琰、孙尔静讲学其中,四方之士,若阎尔梅、王猷定、刘纯学、崔干城、僧松隐暨其乡人王世德父子,时时过以樟剧饮,慷慨激昂,继以涕泣。晚年偕乔出尘、陈钰、朱克生、刘中柱结文字社。康熙四年七月十五日,端坐作论学数百言,掷笔而卒,年五十八。世德之子洁、源,集其理学、经济诸书及诗、古文合为一编,曰《梁鹪林先生全书》,今传世者,惟《邛否诗集》而已。

【译文】

梁以樟,字公狄,清苑人。与兄以楠、弟以桂一起知名于世,被当时人称作"三梁"。以樟身负奇异之才,八岁时在私塾中读书,正好遇上墙壁开裂,他作了一首《壁裂歌》说:"壁猛裂,龙惊出。"在场的人都惊奇他的才气。十六岁补弟子员,当时的左光斗已知其名。崇祯己卯年参加乡试,得第一,第二年中进士。当即要他试试骑马射箭的功夫,因为那时的进士都是一介书生,素来不学骑射之事。唯独梁以樟能跃马弯弓,射三箭,箭箭皆中目标,观看的人都惊叹他是奇才。于是授予河南太康知县。

中原地区匪寇横行了十多年,所到之处生灵涂炭。督抚毫无办法,只好提出安抚的决议,只能暂且不出事,匪寇也时服从时叛乱,反复无常。并且河南地区连年闹旱灾、蝗灾,出现了人食人的可怖现象,使许多人也纷纷成了盗匪。有人为梁以樟赴太康住所会出现危险,金都御史史可法认为他具有经世的谋略,独劝他赴任。梁以樟抵达任所,探知县境内共有三十六个匪窟。于是,他操练乡勇,修缮城池,严格实行保甲制度,招募死士,深入匪巢,窥视匪寇的出入状况。曾半夜中在风雪里驰驱,率领士卒健儿捣毁匪窟,众盗匪纷纷惊恐逃跑,活捉了匪首,焚毁了匪巢而归,经过半年,境内盗匪平定。后调任商丘,当时李自成进攻开封,久攻不破,就转而向东攻归德。梁以樟率领全城军民血战三天三夜,最终还是陷落,妻子张氏带领着一家三十口人自焚而死。这件事在《明史》中有记载。

梁以樟在战斗中受了重伤,倒卧乱尸中,过了很久才苏醒,商丘县的老百姓把他救了出来,他又迅速急奔淮上,被逮住,系于狱中。闯王军队进入潼关,后又一次渡过黄河东进,京城为之震动。梁以樟在狱中上书:"请命皇太子在南京督抚军队,同时以重臣作为辅佐,借机会从事,收拢人心。倡议号召天下豪杰、忠义的军旅,一齐出动保护京城和皇上。再选择皇室中的贤才,分别在要地建立据点,充分尊重督抚的权力,可以仿照古代方镇的制度,合力抗拒匪兵。"疏文呈上,当权者又拦截了。

及至出狱,京城失守。福王在金陵建立小朝廷,梁以樟从德州、临清南下,与各郡县具有民族气节的文武官吏以及豪俊歃血结盟,人人都为他的精神所感愤,流泪不止,并且整装待命,服从他的指挥。以樟渡过淮河拜见史可法,进一步提出建议:"山东、河北是江南的屏障,若没有山东、河北,就没有中原、江北,没有中原、江北,一个小小的江南哪能自守呢?现应马上在河南北部、山东设三个大镇,按照唐代节度使、宋代经制招讨使的办法,以大臣中文武兼备的人担任统帅,放宽文法,使他们独立掌握攻战守备之权,而兵部上下应大力治理整顿军队,在中央统率他们。"又说:"北方失地人心向往我朝,应及时安抚为我们所用，否则，忠义之士也不能坚持长久，狡黠之徒就更容易倒戈相向了。"他前前后后共上了一百几十篇奏记。而当时是马士英专权，买卖官爵，大发横财，又重用奸逆阮大铖为兵部尚书，他们只是竞相营造私府，排斥忠义之士，君臣日夜饮酒作乐。左良玉、高杰、刘泽清等人各自拥兵飞扬跋扈，没有谁能控制得了他们。梁以樟知道大局难以挽回，愤郁得病，要求辞官而去。史可法仍荐他为兵部职方司主事，治理开、归两地。

不久，扬州被清兵攻破，史可法战死，金陵城相继失陷。以樟就与兄长以楠去宝应的葭湖隐居下来，买了几十亩田地，亲自耕种以自给。清初，朝廷下诏征用明代遗臣，以樟年纪才三十七岁，朝贵给他写信劝他应征，他不答应。自己又修筑了忍冬轩，每日与张斑、孙尔静在轩中讲论学问，天下四方之士，象阎尔梅、王猷定、刘纯学、崔干城、和尚松隐及他的老乡王世德父子，时时来拜访以樟并一起痛饮，每每慷慨激昂，接下来一个个都泪流满面。晚年，以樟与乔出尘、陈钰、朱克生、刘中柱一起组织文字社。清康熙四年七月十五日，端坐写下论学文字数百，掷笔后就死去了，享年五十八岁。王世德之子洁、源，收集他的理学、经济诸书以及诗歌、古文合成编在一起，取名《梁鹪林先生全书》，现在传于世的，只有《邛否诗集》而已。

方以智传

【题解】

方以智（公元 1611~1671 年），字密之，号曼公，安徽桐城人。明清之际的思想家、科学家。崇祯十三年进士，官翰林院检讨。明亡后，他南走五岭，改名吴石公，别号燕道人，以卖药为生。桂王在肇庆即位，授詹事府左中允，充经筵讲官，受太监王坍排挤，辞官隐居平乐的平西村。平乐被清兵攻陷，方以智去梧州出家为僧，改名大智，号无可，又称弘智、药地、浮庭等。方以智曾和陈贞慧、吴应箕等人领导了"复社"的政治活动，是明亡后具有民族气节的遗民，也是当时卓越的自然科学者和反神学、反宋明道学的唯物主义哲学家。他对文学、经学、史学、天文、地理、物理、医药、书画、音乐均有造诣。著作有《物理小识》《通雅》《药地炮庄》《东西均》《易余》等。

【原文】

方以智，字密之，桐城人。父孔炤，明湖广巡抚，为杨嗣昌劾下狱，以智怀血疏讼冤，得释，事具《明史》。以智，崇祯庚辰进士，授检讨。会李自成破潼关，范景文疏荐以智，召封德政殿，语中机要，上抚几称善。以忤执政意，不果用。京师陷，以智哭临殡宫，至东华门，被执，加型毒，两髁骨见，不屈。

贼败，南奔，值马、阮乱政，修怨欲杀之，遂流离岭表。自作《序篇》，上述祖德，下表隐志。变姓名，买药市中。桂王称号肇庆，以与推戴功，擢右中允。扈王幸梧州，擢侍讲学士，拜礼部侍郎、东阁大学士，旋罢相。固称疾，屡诏不起。尝曰："吾归则负君，出则负亲,吾其缁乎?"

行至平乐,被絷。其帅欲降之,左置官服,右白刃,惟所择,以智趋右,帅更加礼敬,始听为僧。更名弘智,字无可,别号药地。康熙十年,赴吉安,拜文信国墓,道卒。其闭关高座时也,友人钱澄之,亦客金陵,遇故中官为僧者,问以僧,澄之曰:"君岂曾识耶?"曰:"非也。"昔侍先皇,一日朝罢,上忽叹曰:"求忠臣必于孝子!"如是者再。某跪请故,上曰:"早御经筵,有讲官父巡抚河南,坐失机问大辟,某薰衣,饰容止如常时。不孝若此,能为忠乎?闻新进士方以智,父亦系狱,日号泣,持疏求救,此亦人子也。言讫复叹,俄释孔炤,而辟河南巡抚,外廷亦知其故乎?"澄之述其语告以智,以智伏地哭失声。

以智生在异禀,年十五,群经、子、史,略能背诵。博涉多通,自天文、舆地、礼乐、律数、声音、文字、书画、医药、技勇之属,皆能考其源流,析其旨趣。著书数十万言,惟《通雅》《物理小识》二书盛行于世。

【译文】

方以智,字密之,桐城人。父亲方孔炤,是明朝的湖广巡抚,被杨嗣昌弹劾被捕入狱,方以智怀藏用鲜血写成的奏疏上朝申诉父亲的冤屈,被释放,这件事在《明史》中有记载。方以智是崇祯庚辰(十三年)的进士,被授为检讨官职。正逢李自成攻破潼关,范景文上奏疏推荐方以智,崇祯帝在德政殿召见方以智奏对,他的回答能切中机密的要政,皇帝用手敲着小桌子称赞他说得对。但方以智因为违逆了主持政务者的旨意,最后没有被重用。明朝的京城被攻陷后,方以智哭着去皇帝灵枢的临时停放处,到了东华门,被起义军捉住,受到刑罚的折磨,脚上的髁骨都被打得露了出来,但是不肯屈服。

起义军失败,向南逃奔,正值马士英、阮大铖祸害朝政,方以智怀着深仇大怨要杀死他们,便流转到五岭以南一带。他自己写了《序篇》,前面叙述了祖先的德业,后面表达了自己怀有的志向。他改姓换名,在街市上卖药。桂王朱由榔在广东肇庆称王,因为方以智有推戴他为桂王的功劳,提升他为右中允。他扈从桂王到了梧州,被提升为侍讲学士,授职礼部侍郎、东阁大学士,不久被罢掉相职。方以智坚持称自己有病,屡次受到征召都不肯出来任职。曾经说:"我如果回去就辜负了君主,如果外出不归就辜负了双亲,我是不是只好出家当和尚?"

方以智行到平乐,被起义军队伍捉住,起义军的将帅要他投降,在左边放了官服,右边放了刀子,让他自己选择,方以智便走到右边,将帅对他更加礼遇尊敬,这才听凭他出家做和尚。方以智改名弘智,字无可,别号药地。康熙十年,方以智去吉安,参拜文天祥的坟墓,在途中去世,正是他闭门打坐不跟别人来往的时候。他的朋友钱澄之,也在金陵客居,遇到以前是明朝的宦官现在做和尚的,问起方以智,钱澄之说:"您难道曾经认识他?"答道:"不是。以前我侍奉已故的皇上,有一天退朝时,皇上忽然叹道:'必须在孝子中才能求得忠臣!'并一而再地这样说。我跪在皇上面前请他说这是什么缘故,皇上说:'朕早上去听经筵讲解,有个讲官的父亲在河南巡抚,因为犯了失去机宜的罪名该当斩首,而这个讲官却仍旧用香料薰衣服,修饰容貌的举止像平时一样。像这样的不孝子,能为朕尽忠吗?听说新进士方以智,他的父亲也在监狱里,他每天呼号哭泣,写了奏疏来求救,这也是做儿子的。'说完后又再次叹息,不久就将方孔炤释放,并任职为河南巡抚,朝廷外的人也知道这个缘故吗?"钱澄之把这个人说的话告诉方以智,方以智悲痛得伏在地上大哭失声。

方以智生来就有特殊的禀赋,十五岁时,对群经、诸子、各史,大都能够背诵。博学涉猎多能融会贯通,从天史、地理、礼乐、律历数术、音乐、文字、书画、医药、技击之类−都能考证它们的源流,剖析其中的旨趣。他的著作有几十万字,只有《通雅》《物理小识》二种书在世上盛行。

钱澄之传

【题解】

钱澄之,字饮光,桐城人。很小特异不凡。与陈子龙、夏允彝等人结云龙社。以继东林党人事业。阮大铖专权,搜捕党人,钱澄之避逃浙江、福建、广东等地,桂王称号,经试,授翰林院庶吉士,因忌恨之人多而辞归故里。著有《田间诗学》《易学》,又有《藏山阁诗文集》,享年八十二。

【原文】

钱澄之,字饮光,原名秉镫,桐城人。少以名节自励。有御史巡按至皖,盛仪从,谒孔子庙,诸生迎迓门外。澄之忽前扳车,御史大骇,止车,因抗声数其秽行。御史故阉党,方自幸脱"逆案",内惧不敢究其事。澄之以此名闻。是时复社、几社始兴,比郡中主坛坫者,宣城沈寿民,池阳吴应箕,桐城则澄之及方以智,而澄之又与陈子龙、夏允彝辈联云龙社,以接武东林。澄之礼貌伟然,好饮酒,纵谈经世之略。尝思冒危难,立功名。

阮大铖既柄用,刊章捕治党人,澄之先避吴中,妻方赴水死,事具《明史》。于是亡命走浙、闽,入粤,崎岖险绝,犹数从锋敌镝支持名义不少屈。黄道周荐诸唐王,授吉安府推官,改延平府。桂王时,擢礼部主事,特试,授翰林院庶吉士,兼诰敕撰文。指陈皆切时弊,忌者众,乃乞假,间道归里。结庐先人墓旁,环庐皆田也,自号曰田间,著《田间诗学》《易学》。

澄之尝问《易》道周,依京房、邵雍说,究极数学,后乃兼求义理。其治《诗》,遵用《小序》首句,于名物、训诂、山川、地理尤详。自谓著《易》《诗》成,思所以翊二经者,而得庄周、屈原,乃复著《庄屈合诂》。盖澄之生值末季,离忧抑郁无所泄,一寓之于言,故以庄继《易》,以屈继《诗》也。又有《藏山阁诗文集》。卒,年八十二。

【译文】

钱澄之,字饮光,原名秉镫,桐城人。从小就以名节自行勉励。有一个御史巡按来到皖中,仪仗随从非常浩大,晋谒孔子庙时,其他生员都在门外迎接。澄之忽地走向前去扳住车辕，御史大惊，停下车来，澄之就高声厉数御史的罪行丑闻。御史原是阉党人物，正庆幸自己得以脱离"阉党叛逆案"，心里惧怕而不敢追究这件事。澄之因此而闻名。当时复社、几社开始兴起，审郡中主管事务的，有宣城沈寿民，池阳吴应箕，桐城则澄之与方以智，而钱澄之又与陈子龙、夏允彝辈联合组织云龙社，以继承东林事业。钱澄之容貌魁伟，喜欢饮酒，纵谈治世之策。经常想冒危难，建立功名。

阮大铖已掌握权柄，发文搜捕治罪结党之人，澄之先躲避于吴中，妻子方氏投水而死。事载于《明史》。于是逃命到浙江、福建，进入广东，一路经历崎岖险绝之路，并且为了使自己的名节不损而多次从刀锋箭雨中逃得性命。黄道周把他举荐给唐王，被授吉安府推官，后改任延平府。桂王时，升为礼部主事，经过特别考试，授予翰林院庶吉士，兼任撰写诰命敕令的官员。他的文章主旨皆切中时弊，忌恨他的人很多，他就请假辞官，从小路回归故里。在先人墓前筑房而居，环绕住室都是田地。自为名号田间，著有《田间诗学》《易学》。

澄之曾向道周请教《周易》的义理，依从京房、邵雍说法，对数学考究极深，后又兼求义理。他研究《诗经》，遵照《小序》首句，对于名物、训诂、山川、地理尤为详知。自认为著《易》、《诗》完成，之所以想要阐释这两部经书的原因，是得之于庄子和屈原，于是就又著《庄屈合诂》。大概钱澄之生活于明末之时，心中忧愤抑郁无处发泄，而把这种情绪寄寓于言辞之中，故而以庄子继于《易》，以屈原继于《诗》。又有《藏山阁诗文集》。死时，八十二岁。

郭金台传

【题解】

郭金台，字幼隗，湘潭人。本姓陈，十五岁遭家难，就过继中表郭家。万历年间，两中副车，崇祯朝，荐为官不就，隐居山中。清初又被荐，力辞得脱。晚年在衡山教授学生。康熙十五年，病逝，年六十七。著作有《石村诗文集》《五经骈语》《博物汇编》。

【原文】

郭金台，字幼隗，湘潭人。本姓陈氏，名湜。年十五，遭家难，赖中表郭氏卵翼得脱，遂为继。弱冠有声序间，万历间，两中副车。崇祯朝，屡以名荐，不起；例授官，亦不拜。既南渡，隆武乡试登贤书，督师何腾蛟论荐，授职方郎中。再起监军佥事，有司敦迫，皆以母老病辞不就。避迹山中，然于时事多所论列。一二枕戈泣血之士，崎岖岭海，经营措置，不遗余力。当是时，溃卒猖獗，积尸盈野，百里无人烟。金台请于督师，命偏裨主团练，力率乡勇，锻矛戟，峙刍粮，乡人全活者以数万计。

清初，当局特疏荐于朝，力请得免。晚授徒衡山，深衣幅巾，足不履户外，绝口不谈世事。惟论列当时殉难诸人，辄歔虚流涕。康熙十五年，以疾卒于家，年六十有七。自题其墓曰"遗民郭某之墓"。著作有《石村诗文集》,《五经骈语》,《博物汇编》。

【译文】

郭金台,字幼隗,湘潭人。本来姓陈,名湜。十五岁时家中遭难,依靠中表亲戚郭氏庇护才得以免祸,于是就过继给郭家。少年时在学校中就有了名声,明万历年间,两次考中副车。崇祯年间,多次因有名声而被举荐,他不为心动,照惯例授予官职,也不上任。南渡后,隆武乡试登载了他的文章,督师何腾蛟举荐他,授职方郎中。第二次起用为监军佥事,有关部门敦促催他上任,他都以母亲年迈多病推辞不去。他虽隐居山林,然而对于时事却多所论述。对于那些溃散在山野中的热血男儿,他不遗余力,安置料理他们的生活。那个时候,溃散的败兵猖獗无比,扰害乡里,杀人放火,致使死尸遍野,百里无人烟。郭金台就求请于督师,命偏将主持团练,率领乡间勇士,锻造矛戟,带着粮草,救活了乡人数万性命。

清朝初年,当局特意上疏将他举荐给朝廷,他力辞而免。晚年,他在衡山教授学生,穿着异常朴素,足不出户,绝口不谈世上之事。只有谈到当时殉于国难的一些人时,则唏嘘流泪。康熙十五年,因病死于家中,享年六十七岁。自题他的墓叫"遗民郭某之墓"。著作有《石村诗文集》,《五经骈语》,《博物汇编》。

朱之瑜传

【题解】

朱之瑜,字鲁玙,号舜水,余姚人,寄居松江。少有志向,稍长,精研《六经》。福王建号江南,授予江西按察司副使,兼兵部职方司郎中,朱之瑜力辞不受,遭弹劾追捕。后逃到日本,传授中国文化,在日本二十余年,八十三岁去世。著有《文集》《释奠仪注》《阳九述略》《安南供役纪事》等书。

【原文】

朱之瑜,字鲁玙,号舜水,余姚人,寄籍松江。少有志概,九岁丧父,哀毁逾礼。及长,精研《六经》,特通《毛诗》。崇祯末,以诸生两奉征辟,不就。福王建号江南,召授江西按察司副使,兼兵部职方司郎中,监方国安军,之瑜力辞。台省劾偃蹇不奉诏,将逮捕,乃走避舟山,与经略王翊相缔结,密谋恢复。渡海至日本,思乞师。鲁王监国,累征辟,皆不就。又赴安南,见国王,强令拜,不为屈,转敬礼之。

复至日本,时舟山既失,之瑜师友拥兵者,如朱永祐、吴钟峦等皆已死节,乃决蹈海全节之志,遂留寓长崎。日人安东守约等师事之,束脩敬养,始终不衰。日本水户侯源光国厚礼延聘,待以实师,之瑜慨然赴焉。每引见谈谕,依经守义,曲尽忠告善道之意。教授学者循循不倦。

日人重之瑜,礼养备至,特于寿日设养老之礼,奉几杖以祝。又为制明室衣冠使服之,并欲为起居第,之瑜再辞曰:"吾藉上公眷顾,孤踪海外,得养志守节,而保明室衣冠,感莫大焉!吾祖宗坟墓,久为发掘,每念及此,五内惨烈。若丰屋而安居,岂我志乎?"乃止。

之瑜为日人作《学宫图说》,商榷古今,剖微索隐,使梓人依其图而以木模焉,栋梁枅椽,莫不悉备。而殿堂结构之法,梓人所不能通晓者,亲指授之。度量分寸,凑离机巧,教喻缜密,经岁而毕。文庙、启圣宫、明伦堂、尊经阁、学舍、进贤楼、廊庑射圃、门户墙垣,皆极精巧。又造古祭器,先作古升、古尺,揣其称胜,作簠、簋、笾、豆、登、铏之属。如周庙欹器,唐、宋以来,图虽存而制莫传,乃依图考古,研核其法,巧思默契,指画精到。授之工师,或未洞达。复为揣轻重,定尺寸,关机运动,教之经年,不厌烦数,卒成之。于是率儒学生,习释奠礼,改定仪注,详明礼节,学者皆通其梗概。日人文教,为之彬彬焉。之瑜居日本二十余年,年八十三卒,葬于日本长崎瑞龙山麓。日人谥曰文恭先生,立祠祀之,并护其墓,至今不衰。

之瑜严毅刚直,动必以礼。平居不苟言笑,唯言及国难,常切齿流涕。鲁王敕书,奉持随身,未尝示人,殁后始出,人皆服其深密谨厚云。著有《文集》二十五卷,《释奠仪注》一卷,《阳九述略》一卷,《安南供役纪事》一卷。

【译文】

朱之瑜,字鲁玙,号舜水,余姚人,寄居在松江。从小就很有志向气概,九岁时父亲去世,悲哀悴翠以至于超过了礼所规定的程度。长大后,精心研究《六经》,特别精通《毛诗》。崇祯末年,以生员资格两次奉召辟举,不就位。福王在江南建立国号,诏命授予江西按察司副使,兼兵部职方司郎中,并做方国安监军,朱之瑜极力推辞。台省以迟延不奉诏命之名弹劾他,准备逮捕他,他就逃跑躲避于舟山,与经略王翊相结交,密谋恢复前明。他又渡海到日本,想到日本借用军队起事。鲁王监国,多次征辟他,都不到任。又赴安南,见到安南国王,强行要他下拜,他坚决不屈服,因转而对他很敬重,以礼待之。

朱之瑜又来到日本,当时舟山已被清兵所占,朱之瑜带兵的师友们,如朱永祐、吴钟峦等都已死于节,决定渡日本以保全自己的气节,就留住在日本长崎。日本人安东守约等人以师礼待他,送他生活用品,始终如一。日本水户侯源光国用丰厚的酬劳聘请他,要他做师傅教授生徒,之瑜慨然受聘。每次见面谈论,依据经典和义理,委婉含蓄地忠告学生要好道,他教授学生循循善诱,始终不倦。

日本人很重视朱之瑜,礼貌周全,奉养尽心,特别在他生日那天设置养老之礼,奉送给他几杖以祝他长寿。又为他裁制明代服装冠带给他穿,并打算为他修造居室,之瑜再次辞谢,说:"我完全凭靠诸君眷念照顾,孤单地浪迹海外,能够保持自己的志气和坚守自己的节操,而且还使我穿上明代的衣冠,没有什么比这更有感慨的了!我的祖宗坟墓,早被发掘了,我每当想到这些,五脏俱裂。若是住上漂亮的房屋过上安乐的日子,难道这是我的志向吗?"日本人就停止了建房的打算。

朱之瑜为日本人画了《学宫图说》,这幅图说是他精研古今,任何细微之处都考证周到的结果。派雕刻者按图样用木材构筑模型，栋梁枅椽，无不尽备。而殿堂结构的方法，雕刻者不完全通晓，就亲自指点教给他。模型的长度大小，凑离机巧，他都仔细详尽地告诉他们，经过一年，这件工作才完成。模型的文庙、启圣宫、明伦堂、尊经阁、学舍、进贤楼、廊庑射圃、门户墙垣，都相当精致巧妙。他又制造一些古祭器，先作古升、古尺，揣摩其大概形状，制作了簋、簠、笾、豆、登、铏之类。又如周朝宗庙的欹器，图虽存但制作方法没有传下来，他就依图考古，研究制作方法，巧思默契，指画精到。并传授给工艺师，有的尚未完全符合，他又揣摩轻重，规定尺寸，机关运动，教授他们足足一年，不厌其烦，终于成功了。于是他带领学生们，学习古代祭奠之礼法，修改制定仪注，使礼节详细明了，学习的人都懂得了大概的内容。日本人的文化教育，从此出现了彬彬之盛。之瑜寄居日本二十余年，八十三岁去世，葬于日本长崎瑞龙山麓。日本人追谥他叫文恭先生，建立祠堂祭祀他，并派人保护他的墓地，至今没有停止。

朱之瑜严毅刚直，行动必合乎礼仪，平时居处不苟言笑，只有谈及国难，常切齿流泪。鲁王的敕书，他随身带着，不曾给人看过，一直到死后才发现，人们都佩服他的深沉严谨厚道。著有《文集》二十五卷，《释奠仪注》一卷，《阳九述略》一卷，《安南供役纪事》一卷。

刘永锡传

【题解】

刘永锡，字钦尔，号赝庵，魏县人。崇祯年间举人。初授长洲教谕，南都陷落，率妻子儿女隐居，以编席维持生计，后生活苦困，妻儿相继不幸死去，永锡终因饥寒而离世，死后弟子友人将其葬于虎丘。

【原文】

刘永锡，字钦尔，号赝庵，魏县人。崇祯乙亥举人，官长洲教谕。南都败，率妻栗隐居相城，大吏造其室，欲强之出，永锡祖裼疾视，曰："我中原男子，年二十，渡漳河，登大伾，跃马鸣鞘，两河豪杰，谁不知我者！欲见辱耶？"取壁上剑自刿。门下士抱持之，得解，谓其妻曰："彼再至，我与若立决矣！"皆裂尺帛握之。寻移居阳城湖滨，与妻及子临、女贞织席以食。市中见永锡携席至，皆呼席先生。食不继，时不举火，有遗之粟者，非共人不受，益困惫，其女已许字，未嫁，乱后恐遭辱，绝粒死。其妻哭之成疾，亦死。其僮仆遇水灾乏食，相继饿死，或散走。有老奴从魏县来，劝之归，曰："室庐故在也！"永锡曰："我非不欲归，然昔奉君命来，义不可离此一步。"命其子与妇携老奴还里，曰："祖宗丘墓责在汝！"麾之去。时岁荒，得食愈艰，每杂糠粃作饭。临既归，思父不置，假贷得百金驰献，中途马惊，堕死。

永锡容貌甚伟，至是，毁形骨立，既自悼无家，买一破船往来江湖间。尝泛舟中流，鼓枻而歌曰："逆彼中流兮，采其荇矣。呼君与父兮，莫之应矣。身为饿夫兮，天所命矣。中心殷殷兮,涕斯进矣。"又歌曰:"白日堕兮野荒荒,逐凫雁兮侣牛羊,壮士何心兮归故乡。"歌声悲烈,闻者哀之。尚书钱谦益念其穷,招之往,永锡曰:"尚书为党魁,受主眷,枚卜时天子期以伊、傅,彼岂忘之邪?"却不往,卒穷饿至不能起。一夕,大呼"烈皇帝"者三,遂卒,时顺治十一年秋也。弟子长洲徐晟、陈三岛,友人常熟陆泓,经纪其丧,葬之于虎丘山塘,以妻、女附之。

【译文】

刘永锡,字钦尔,号腾庵,魏县人。崇祯乙亥年的举人,做长洲教谕官。南都(金陵)陷落,带妻子栗氏隐居于相城,清廷大吏造访他家,想强迫他出来做官,永锡赤裸着上身,逼视着对方,说:"我是中原一男子,年纪二十,渡过漳河,登上大伾,跃马横刀,两河豪杰之士,有谁不知道我名的! 想要污辱我吗?"取下墙上剑自刎,他的门下士子死死抱住他,才得以解脱,又对他的妻子说:"他们再来,我和你立即自杀吧!"每人撕下一尺布帛握在手中。不久,他一家移居阳城湖畔,与妻及儿子刘临、女儿刘贞编织草席度日。市场中人见永锡携着草席来卖,都叫他席先生。吃食短缺,有时灶上无火,有人赠送给他粮食,不是他性情中人的他不会接受,更加使生活困难。他的女儿已许人,尚未出嫁,时局动乱唯恐遭到凌辱,绝食而死。他妻子痛哭而忧伤成疾,也死了。他的僮仆遇上水灾而没有吃的,也相继饿死,有的失散逃跑了。有一个从魏县带来的老仆人,劝他归家说:"房子还在呀!"永锡说:"我不是不想归故乡,然而当初奉皇上之命而来,从道义上说不可离开这里一步。"就命他儿子及媳妇带老仆人回归故里,说:"祖宗坟墓的保护责任在你啊!"挥手让他们走了。当时年成不好,维持生计尤为艰难,经常掺糠当饭。刘临已回家乡,思念父亲,终是放心不下,借贷了一百钱骑马给父亲送来,途中马受惊,摔下马而死。

永锡容貌很是魁伟,到现在却是形销骨立,既然自伤无家可归,就买一艘破船往来江湖之间。常任船在水中漂流,敲着船桨而唱道:"漂浮于江中啊,采摘荇菜,呼唤国君与父亲啊,没人应声。我身为饿汉子啊,天命难违。心中忧愤啊,眼泪迸流。"又唱道:"白日西沉啊,原野荒凉,追逐野鸭鸿雁啊牛羊做伴,壮士有什么心思啊,归返故乡。"歌声悲烈,听者为之哀伤不已。尚书钱谦益顾念他穷困,要他前往,永锡说:"尚书做了党魁,受到主子宠眷,初选官时天子期望你成为伊尹、傅说那样的人物,你难道忘记了吗?"却不去,最后又穷又饿以至于不能起床。一天晚上,他大呼"烈皇帝",叫了三声,就死去了,当时正是顺治皇帝十一年的秋天。他的弟子长洲人徐晟、陈三岛,朋友常熟人陆泓,操办了他的丧事,把他葬在虎丘山塘,并把妻和女儿作为陪葬。

徐枋传

【题解】

徐枋，字昭法，长洲人，崇祯年间举人。曾欲跟随父殉国，后隐居于灵岩山，与当时沈寿民、巢鸣盛称为"海内三遗民"，擅书法、绘画，不与官府往来，不受外人馈赠，生活困厄，死时年七十三，无钱安葬，高士戴易靠卖字所得才葬于青芝山。

【原文】

徐枋，字昭法，长洲人，父汧，明少詹事，殉国难，事具《明史》。枋，崇祯壬午举人。汧殉国时，枋欲从死，汧曰："吾不可不死，若长为农夫以没世可也！"自是遁迹山中，布衣草履，终身不入城市。及游灵岩山，爱其旷远，卜涧上居之，老焉。枋与宣城沈寿民、嘉兴巢鸣盛，称"海内三遗民"。枋书法孙过庭，画宗巨然，间法倪、黄，自署秦余山人。尝寄灵芝一帖于王士禛，士禛与金孝章画梅、王玠草书作《斋中三咏》以记之。然性峻介，键户勿与人接。睢州汤斌巡抚江南，屏驺从，往访之，枋避不见。斌登其堂，坚坐移晷，为诵《白驹》之诗，周览太息而去。川湖总督蔡毓荣自荆州致书求其画，枋答书而返币，竟不为作。曰："明府是殷荆州，吾薄顾长康不为耳。"所往来惟沈寿民与莱阳姜垓、同里杨无咎、门人吴江潘耒及南岳僧洪储而已。

家贫绝粮，耐饥寒，不受人一丝一粟。洪储时其急而周之，枋曰："此世外清净食也。"无不受。豢一驴，通人意。日用间有所需，则以所作书画卷置篼于驴背，驱之。驴独行，及城埋而止，不阑入一步。见者争趣之，曰："高士驴至矣！"亟取卷，以日用所需物，如其指，备而纳诸篼，驴即负以返，以为常。卒，年七十三。

时商丘宋荦抚吴，枋预戒曰："宋中丞甚知我，若我死，勿受其赙也。"荦果使人赠棺槥，资如枋命，终不受。卒，以贫不能葬。一日，有高士从武林来吊，请任窆穸，其人亦贫，而特工篆、隶，乃赁居郡中，鬻字以庀葬具，纸得百钱。积二年，乃克葬枋于青芝山下，而以羡归其家。语之曰："吾欲称贷富家，惧先生吐之，故劳吾腕，知先生所心许也。"葬毕即去，不言名氏。或有识之者，曰："此山阴戴易也！"

【译文】

徐枋，字昭法，长洲人。父亲徐汧，明朝少詹事，殉身于国难，事迹见于《明史》。徐枋，崇祯年间的举人。父亲徐汧殉国的时候，徐枋也想一起殉国，徐汧说："我不可以不为国而死，你长大后做一个默默无闻的农夫也行啊？"从此徐枋隐居山中，身穿粗布衣，脚穿草鞋，终身不进城市。在游灵岩山的时候，发现这个地方非常辽阔空远，他就找了一处山涧边住了下来，终老于此。徐枋与宣城沈寿民、嘉兴巢鸣盛，称为"海内三遗民"。徐枋的书法以孙过庭为师，绘画以巨然为师，有时也向倪、黄二家学习，自称秦余山人。曾经寄给王士禛一帧灵芝图，王士禛与金孝章画梅花、王玠草书作《斋中三咏》记下此事。然而徐枋性情孤介，关起门来不与他人交往。睢州汤斌做江南巡抚，屏退随从，独身去求访他，徐枋避而不见。汤斌进入他的屋子，坚持坐等及至太阳西下，写下《白驹》之诗，四处浏览一遍叹息着走了。川湖总督蔡毓荣从荆州写信求他的画，徐枋写了回信并退回了金钱，竟然不给他作画。说："明府是殷荆州，我鄙薄顾长康不为。"与他相往来的仅沈寿民与莱阳姜垓、同乡杨无咎、弟子吴江人潘耒及南岳和尚洪储而已。

他家贫穷没有粮食，他宁可忍受饥寒，也不接受别人一丝一粟。洪储看到他困苦如此就周济他，徐枋说："这是世外人的清净食物啊。"没有不收受的。他养的一头驴子，颇通人意，有时所需要的日常用品，则用他所做的书画用篓子装上驴背，把驴赶走，驴独自去市场，到了城里市场就停下，不多走一步。看见的人争相赶上来，说："高士的驴来了！"急忙取出书画卷，用日常所需的物品，按照徐枋的指示，备齐放置篓中，驴就负着回家，习以为常。死时，年七十三。

当时商丘宋荦做吴地巡抚，徐枋预先告诫家里人说："宋中丞是很了解我的，如果我死后，不要接受他的祭礼。"宋荦果然派人赠送了棺椁财物，家人象徐枋所说的，终于不接受。死后，因贫困而不能安葬。一天，有个高士从武林来吊唁，请任安葬之事，这个人也很贫穷，但特别擅长于篆书、隶书，就在郡中租赁居室，卖字以换安葬所需之物，只得一百文钱。过了两年，才能够把徐枋葬于青芝山下，又因想归家去，就向着徐枋的尸体说："我想向富人家借点钱来安葬你，担心先生又吐了出来，因而就劳动劳动我的手，知道这是先生你心里所赞同的。"葬完后就离开了，也不向人讲出他的姓氏。有认识他的人，说："这就是山阴人戴易啊！"

顾祖禹传

【题解】

顾祖禹（公元 1631～1692 年），清初地理学家。字复初，号景范。明崇祯四年（公元 1631 年）生于江苏常熟，卒于清康熙三十一年（公元 1692 年）。他的家庭是一个地理学世家。高祖顾大栋撰有《九边图说》，曾祖顾文耀，父亲顾柔谦也都通晓舆地之学。在家庭影响下，顾祖禹毕生专攻史地，在沿革地理和军事地理方面的研究尤为精深。

从清顺治十六年（公元 1659 年）起，他参考二十一史、100 多种地方志和其他大量文献，览城郭，按山川，稽道里，问关津，进行实地考察。历时三十余年，写成一百三十卷，三百八十万字的《读史方舆纪要》。前一百二十三卷叙述历代州域形势，以明末清初的行政区划，分述各省、府、州、县的疆域沿革，山川形势，城市集镇，关塞险隘，津梁道路等。后六卷叙述山川异同，"昭九州之脉络"。末一卷叙述分野，阐明天文地理之间的关系。并附"舆图要览"四卷，绘有当时全国总地图，各省分图，边疆分图以及黄河、海运、漕运分图。《读史方舆纪要》是中国沿革地理最具代表性的著作，也是研究中国历史地理和军事地理的重要参考文献。顾祖禹晚年还曾参与编纂《大清一统志》。

【原文】

祖禹，字复初。柔谦精于史学，尝谓："《明一统志》于战守攻取之要，类皆不详山川，条列又复割裂失伦，源流不备。"祖禹承其志，撰《读史方舆纪要》一百三十卷，凡职方、广舆诸书承讹袭谬，皆为驳正。详于山川险易，及古今战守成败之迹，而景物名胜皆在所略。创稿时年二十九，及成书，年五十矣。宁都魏禧见之，叹曰："此数千百年绝无仅有之书也！"以其书与梅文鼎《历算全书》、李清《南北史合钞》称作三大奇书。祖禹与禧为金石交，禧客死，祖禹经纪其丧。徐乾学奉敕修《明一统志》，延致祖禹，将荐起之，力辞罢。后终于家。

【译文】

顾祖禹，字复初。他的父亲顾柔谦精通史学，曾说："《明一统志》对于战争中防守、攻取的要点，大都没有详记山川，条例又支离破碎，缺乏条理次序，因果和来龙去脉也不完备。"祖禹继承父志，撰述了《读史方舆纪要》一百三十卷，凡是官方绘制的地图、各种书籍中承袭了谬误和以讹传讹的地方，他都进行了修订、校正。对山川地势的险要、平坦之处以及古今战役成功、失败的遗迹，都记载得十分详细，对景物名胜却记得十分简略。全书起稿的时候，他才二十九岁，到完成这部巨著时已五十岁了。宁都的魏禧见到这部书，赞叹地说："这是数千百年来绝无仅有的书啊！"并把他的书和梅文鼎的《历算全书》、李清的《南北史合钞》称作三大奇书。祖禹和魏禧是非常要好的朋友，他们的友情坚如金石，魏禧死在他乡，祖禹主办了他的丧事。徐乾学奉皇帝之命编撰《明一统志》，他把祖禹招致自己门下，准备向上推荐，但被祖禹极力推辞了。后来祖禹死在家中。

冒襄传

【题解】

冒襄，字辟疆，别号巢民，如皋人。十岁能作诗，崇祯年间的副榜贡生。与方以智、陈贞慧、侯方域并称"四公子"。得罪阉党余孽阮大铖，靠友人相救得免。清廷大员多次举荐为官，推辞不就。著述有《先世前徽录》，《六十年师友诗文同人集》《朴巢诗文集》《水绘园诗文集》等，亦长于书法。康熙三十二年去世，时年八十三。

【原文】

冒襄，字辟疆，别号巢民，如皋人。父起宗，明副史。襄十岁能诗，董其昌为作序。崇祯壬午副榜贡生，当授推官，会乱作，遂不出。与桐城方以智、宜兴陈贞慧、商丘侯方域并称"四公子"。襄少年负盛气，才特高，尤能倾动人。尝置酒桃叶渡，会六君子诸孤，一时名士咸集,酒酣,辄发狂悲歌,訾謷怀宁阮大铖,大铖故奄党也。时金陵歌舞诸部,以怀宁为冠,歌词皆出大铖。大铖欲自结诸社人,令歌者来,襄与客且骂且称善,大铖闻之益恨。甲申党狱兴,襄赖救仅免。家故有园池亭馆之胜,归益喜客,招致无虚日,家自此中落,怡然不悔也。

襄既隐居不出,名益盛,督抚以监军荐,御史以人才荐,皆以亲老辞。康熙中,复以山林隐逸及博学鸿词荐,亦不就。著述甚富,行世者,有《先世前徽录》《六十年师友诗文同人集》《朴巢诗文集》《水绘园诗文集》。书法绝妙,喜作擘窠大字,人皆藏其珍之。康熙三十二年卒,年八十有三。私谥潜孝先生。

【译文】

冒襄,字辟疆,别号巢民,如皋人。父亲名起宗,明朝的副史。冒襄十岁时就能作诗,董其昌给他的诗作序。考上崇祯壬午年的副榜贡生,应授予推官之职,恰逢动乱发生,就没有出门做官。冒襄与桐城方以智、宜兴陈贞慧、商丘侯方域,并称"四公子"。冒襄少年时很有盛气,才华特高,尤其能够使人倾动。曾经在桃叶渡置酒席,与六君子之后人聚会,一时间名士都来相会。赐酒正酣,则发狂气放声悲歌,指责谩骂怀宁人阮大铖,大铖是原魏忠贤阉党一派的人。当时金陵城的各部歌舞,以怀宁人最盛,所唱歌词都出自阮大铖之手。阮大铖想要与其他社的人员结交通好,令歌者前来,冒襄与客人们一边骂一边称好,阮大铖听说此事更加对他怀恨在心。甲申年党狱案发,冒襄靠人相救才得免祸。家中本有园池亭馆一类胜处,回家后更加喜好客人,没有一天不招致客人的,家道自此衰落,他犹欣然不悔。

冒襄既已隐居不出,名气更加大起来了。清朝督抚荐他做监军,御史因他人才出众也推举他,他都借口父亲年迈而推辞。康熙年间,有人又以山林隐逸及博学鸿词举荐他,他也不去。他的著述很多,流传于世的,有《先世前徽录》《六十年师友诗文同人集》《朴巢诗文集》《水绘园诗文集》。他的书法也绝妙,喜欢写大字,人们都喜欢珍藏他的作品。康熙三十二年去世,享年八十三岁,私下谥为潜孝先生。

傅山传

【题解】

傅山(公元 1602~1683 年),字青竹,改字青主,别号很多,如公之他、朱衣道人、啬庐等,阳曲(今山西太原市属县)人。明末,因营救袁继咸,名声动天下。明亡后,坚不出仕,朱衣道冠,居土窑。康熙十年举博学鸿词,强征至京,傅山以死相拒,放还。诗文书画都很有名,他的书法奔放不羁,流畅自然,尤以草书见长,他主张"宁拙勿巧,宁丑勿媚,宁支离勿轻滑,宁真率勿安排。"他的书风正是如此。又擅长医学,长于妇科。著有《霜红龛集》十二卷。

【原文】

　　傅山,字青主,阳曲人。六岁,啖黄精,不谷食,强之,乃饭。读书过目成诵。明季天下将乱,诸号为搢绅先生者,多迂腐不足道,愤之,用坚苦持气节,不少婉娈。提学袁继咸为巡按张孙振所诬,孙振,阉党也。山约同学曹良直等诣通政使,三上书讼之,巡抚吴甡亦直袁,遂得雪。山以此名闻天下。甲申后,山改黄冠装,衣朱衣,居土穴,以养母。继咸自九江执归燕邸,以难中诗遗山,且曰:"不敢愧友生也!"山省书,恸哭,曰:"呜呼!吾亦安敢负公哉!"

　　顺治十一年,以河南狱牵连被逮,抗词不屈,绝粮九日,几死。门人中有以奇计救之,得免。然山深自咤恨,谓不若速死为安,而其仰视天、俯视地者,未尝一日止。比天下大定,始出与人接。

　　康熙十七年,诏举鸿博,给事中李宗孔荐,固辞。有司强迫,至令役夫舁其床以行。至京师二十里,誓死不入。大学士冯溥首过之,公卿毕至,山卧床不具迎送礼。魏象枢以老病上闻,诏免试,加内阁中书以宠之。冯溥强其入谢,使人舁以入,望见大清门,泪涔涔下,仆于地。魏象枢进曰:"止,止,是即谢矣!"翼日归,溥以下皆出城送之。山叹曰:"今而后其脱然无累哉!"既而曰:"使后世或妄以许衡、刘因辈贤我,且死不瞑目矣!"闻者咋舌。至家,大吏咸造庐请谒。山冬夏著一布衣,自称曰"民"。或曰:"君非舍人乎!"不应也。卒,以朱衣、黄冠敛。

傅山

　　山工书画,谓:"书宁拙毋巧,宁丑毋媚,宁支离毋轻滑,宁真率毋安排。"人谓此言非止言书也。诗文初学韩昌黎,倔强自喜,后信笔抒写,俳调俗语,皆入笔端,不愿以此名家矣。著有《霜红龛集》十二卷。子眉,先卒,诗亦附焉。

　　眉,字寿髦。每日出樵,置书担上,休则把读。山常卖药四方,与眉共挽一车,暮抵逆旅,篝灯课经,力学,继父志。与客读中州文献,滔滔不尽。山喜苦酒,自称老蘖禅,眉乃称小蘖禅。

【译文】

　　傅山,字青主,是山西阳曲县人。他六岁时只吃黄精草,不吃粮食,强迫他吃,他才吃饭。他读书过目就能背诵。明朝末年,天下将有大战乱,那些名为士大夫的人,大都迂腐不堪,傅山为此很气愤,于是他含辛茹苦坚持气节,绝不屈节媚时。提学使袁继咸被巡按张孙振诬告,张孙振是宦官魏忠贤的党羽。傅山约同学曹良直等人去通政使衙门,三次上书替袁继咸申诉,巡抚吴甡也认为袁继咸无罪,于是得以昭雪。傅山从此名闻天下。

甲申年明朝灭亡后,他改为道士装,身穿大红道袍。住在土窑洞里,侍奉母亲。袁继咸在九江被俘,押往北京,他把在患难中作的诗寄给傅山,信中说:"我不敢有愧于我的朋友!"傅山看了来信失声痛哭,说道:"我也不敢辜负大人的期望!"

顺治十一年,傅山因河南案件的牵连被捕,他坚贞不屈,绝食九天,几乎饿死。他的弟子中有人想出绝妙的计策营救他,因而得以免祸。但傅山非常悔恨,以为不如早些死了为好,因而他整日上观天文,下察地理,一天也不停止,盼望恢复明朝。等到天下大局已定,他才出门和人交往。

康熙十七年,朝廷举行博学鸿词考试,给事中李宗孔荐举他应试,他坚决推辞。有关部门用强制的手段,让夫役们把他捆在床上,抬着他进京。来到离京城二十里的地方,他誓死不入城。大学士冯溥首先来看望他,公卿大臣全都来到,傅山躺在床上,也不施迎送礼。魏象枢向皇帝上奏,说傅山年老有病,皇帝下令可免他考试,给他加内阁中书衔,以示恩宠。冯溥强迫他进宫谢恩,派人抬着他去,傅山看到大清门,止不住泪流满面,昏倒在地。魏象枢上前说:"好了,好了,这就是谢恩了。"第二天就要回乡,大学士冯溥以下的官员都出城为他送行。傅山感叹地说:"从今以后可以摆脱干扰,没有牵累了!"接着他又说:"如果后世人象称许许衡、刘因那样称许我,我死不瞑目!"听到的人,都啧啧咋舌,大惊失色。傅山回到家,地方大官都到他家去看望。傅山无论冬夏,都穿一身布衣,自称为"民"。有人说:"你不是内阁中书舍人吗?"他不加理睬。他死后,用大红衣、黄冠来殡敛。

傅山擅长书法绘画,他说:"写字要宁拙勿巧,宁丑勿媚,宁支离勿轻滑,宁真率勿安排。"人们认为这话不只是在论书法。他的诗文,起初学韩愈,文风倔强,自鸣得意,后来的文章则是信笔写来,民谣俗语,都从笔下流出,但他不希望以此名家。著有《霜红龛集》十二卷。他的儿子傅眉,比他先死,傅眉的诗作也附在《霜红龛集》之后。

傅眉,字寿髦。他每天出去打柴时,把书箱放在担子上,休息时就取出诵读。傅山常去各地卖药,他和傅眉共推一辆车,晚上住在旅店里,灯下教儿子读经书,傅眉也刻苦力学,能继承他父亲的学问和志向。他和人谈起中原文献,滔滔不绝。傅山喜欢喝苦酒,自称老蘖禅,傅眉则自称小蘖禅。

郭都贤传

【题解】

郭都贤,字天门,益阳人。明天启年间进士。曾主持顺天乡考试,得史可法等六人,官至江西巡抚,后弃官入庐山为僧,多次荐举皆坚辞不受,工诗文,书法以硬为特色,绘画以写竹为妙。僧号顽石,又号些庵,流寓海阳等地。十九年后,归故里结草庐桃花江。所著有《衡岳集》《止庵集》《秋声吟》《西山片石集》《破草鞋集》《补山堂集》《些庵杂著》等。

【原文】

郭都贤,字天门,益阳人。天启壬戌进士,授行人。分校顺天乡试,得史可法等六人。历官员外郎,出为四川参议,督江西学政,分守岭北道,巡抚江西。时张献忠已逼境,贼骑充斥。都贤昼夜缮守御,兵饷无措,乃大会属僚,凡官司一应供给,皆捐以助饷。左良玉屯兵九江,骄蹇观望,都贤恶其淫掠,檄归之,而募士兵为戍。会有尼之者,遂乞病,弃官入庐山。逾年,北京陷,悲愤不食。南都建号,史可法开阃扬州,荐授以官,辞不赴。桂王立肇庆,以兵部尚书召,而都贤已祝发为僧矣。先是洪承畴坐事落职,都贤奏请起用,至是承畴经略西南,以故旧谒都贤于山中,馈以金,不受;奏携其子监军,亦坚辞。都贤见承畴时,故作目眯状,承畴惊问何时得目疾,都贤曰:"始吾识公时,目故有疾。"承畴默然。

都贤笃至性,哀乐过人,严而介,风骨嶙然。博学强识,工诗文,书法瘦硬,兼善绘事,写竹尤入妙。僧号顽石,又号些庵。茹苦,无定居。初依熊开元、尹民兴于嘉鱼,住梅熟庵;已,流寓海阳,筑补山堂,前后十九年。归结草庐桃花江。客死江宁承天寺。

有女名纯贞,许字黔国公沐氏,变后,音问梗绝,遂终于家。纯贞能诗,自署曰郭贞女。

都贤所著有《衡岳集》《止庵集》《秋声吟》《西山片石集》《破草鞋集》《补山堂集》《些庵杂著》等书。

【译文】

郭都贤,字天门,益阳人。天启壬戌年中进士,授行人。分校顺天乡试,录取史可法等六人。在朝廷中做过员外郎,外放为四川参议,统管江西学校教育事宜。后分守岭北道,做过江西巡抚。当时张献忠的军队已大兵压境,到处都是敌骑兵。郭都贤日夜谋划守御之事,没有筹措到兵饷,就召集僚属商量,凡官府衙门一应供给之物,全部捐献作为军饷。左良玉屯兵于九江,骄纵观望,都贤很讨厌他的兵奸淫掳掠,发文把他们遣回家乡,同时招募士兵戍守。恰逢有人刁难他,就请了病假,弃官归隐庐山。过了一年,北京沦陷,都贤心中异常悲愤,不吃东西。南都建号,史可法开府扬州,举荐他去做官,他推辞不去。桂王在肇庆称号,召他做兵部尚书,而都贤已削发做了和尚了。在先前,洪承畴因事免职,都贤上奏请皇上起用他,至今洪承畴已统帅西南,因此,特去山中谒见都贤,馈赠给他金钱,他不接纳;上奏带他儿子去做监军,也坚决推辞了。都贤见到洪承畴时,故意眯着眼睛,洪承畴惊奇地询问他何时得了眼病,都贤说:"是我开始认识你的时候,眼睛本来就有毛病了。"洪承畴听了,默不作声。

郭都贤本性诚笃,悲哀欢乐超过常人,严肃而耿介,风骨峭傲凛然。他博学强记,工于诗文,他的书法风格瘦硬,兼擅长于绘画之事,绘竹尤为佳妙。他僧号顽石,又号些庵。能吃苦,居无定处。当初在嘉鱼依从熊开元、尹民兴,住在梅熟庵;后来,他流落寓于海阳,修筑补山堂,前后十九年。归故乡后在桃花江边结庐而居。最终客死于江宁承天寺。

他有一个女孩叫纯贞,曾与黔国公沐氏订婚。明朝灭亡后,音讯断绝,就终老于家。纯贞能作诗,自名郭贞女。

都贤所著有《衡岳集》《止庵集》《秋声吟》《西山片石集》《破草鞋集》《补山堂集》《些庵杂著》等书。

李世熊传

【题解】

李世熊，字元仲，宁化人，明代生员。少有才气，好读书，至老不渝，写文章以韩非、屈原、韩愈为师，借文抒发不平之气。顺治初年，辟征为官，坚辞不受，享年八十五。著有《寒支集》《宁化县志》《本行录》《经正录》《狗马史记》等。

【原文】

李世熊，字元仲，宁化人。明诸生。少负奇气，植大节；更危险，死生弗渝。笃交游，敢任难事。生平喜读异书，博闻强记。年八十，读书恒至夜分始休。《六经》、诸子百家靡不贯究，然独好韩非、屈原、韩愈之书。其为文，沉深峭刻，奥博离奇，悲愤之音，称其所遇。纵论古今兴亡，儒生出处，及江南北利害，备兵屯田水利诸大政，辄慷慨欷歔，潸潸泣下不止。年十六，补弟子员，旋中天启元年副榜，以兴化司李佘昌祚得其文，争元于主司弗得，袖其卷去，曰："须后作元也。"典闽试者，争欲物色之为重。

甲申后，自号寒支道人，屏居不见客。征书累下，固谢却之。凡守、令、监司、镇将至其门者，罕能一识面。闽中拥唐王监国，用大学士黄道周、礼部侍郎曹学佺、都察院何楷荐，征拜翰林博士，辞不赴。尝上书道周，感愤时事。及道周殉节，走福州请褒恤，时恤问其孤嫠。

顺治初，师入闽，有龄龁于郡帅者，帅遣某生移书，逼入都，且言："不出山，祸不测。"世熊复之曰："死生有命，岂遂悬于要津之手？且某年四十八矣，诸葛瘁躬之日，仅少一年；文山尽节之辰，已多一岁。何能抑情违性，重取羞辱哉！"时蜚语腾沸，世熊矢死不为动，疑谤旋亦释。

世熊既以文章气节著一时，名大震。辛卯、壬辰间，建昌溃贼黄希孕剽掠过宁化，有卒摘其园中二橘，希孕立鞭之，驻马园侧，视卒尽过乃行。粤寇至，燔民屋，火及其园，贼魁刘大胜遣卒扑救之，曰："奈何坏李公居？"当时虽匹夫匹妇，无不知有寒支子者。

世熊积垒块胸中，每放浪山水，以写其牢骚不平之概，尝诣西江，交魏禧、魏礼、彭士望诸子，相与泛彭蠡，登庐山绝顶。追维闽贼横行时事，痛悼如绝，泪下如泉涌，不能禁也。耿精忠反，遣为使敦聘，世熊严拒。自春徂冬，坚卧不起，乃得免。世熊山居四十余年，乡人宗之，争趋决事。有为不善者，曰："不使李公知也。"晚自号媿庵，颜其斋曰："但月"。所著有《寒支集》《宁化县志》《本行录》《经正录》《狗马史记》等。年八十五，卒于家。

世熊有三弟，早逝，遗子女，抚育装遣之。馈遗其亲戚终身。又独建祖祠，修祖墓，编

述九世以来宗谱。凡祭祀，必亲必谨。父母忌日，则减餐绝宴会。元旦，展先人遗像，泪泣下沾襟，拜伏不能起，盖其孝友出于天性云。

【译文】

李世熊，字元仲，宁化人。明朝生员。从小很负奇才之气，树立大节；经历危险，但他坚持节操死生不渝。他喜好交游，敢于承担危难之事。他生平喜读怪异之书，博闻强记。年纪已至八十，仍坚持读书到深夜才休息。《六经》、诸子百家之书没有不贯通研究的，然而特别喜好韩非、屈原、韩愈之书。他写的文章，内旨深沉，语意峭刻，文风奥博离奇，时有悲愤之音，对他平生所遇之事，都借文抒发。他纵论古今兴亡之事，儒生出处，以及长江南北的利害之处，并且也论述备兵、屯田、水利建设等大的政事，每当动情时，则慷慨唏嘘，泪水涟涟不止。十六岁，补弟子员，很快就中了天启元年的副榜，因兴化司李佘昌获得他的文章，在主考面前给他争第一，没有办成，带走他的文章时说："待以后再做第一名吧！"在闽地参加典试的士子，争相以得到他的文章为重。

甲申后，自号寒支道人，深居不见外客。征他为官的书信连续不断，他坚决辞谢推却。凡当地的守、令、监司、镇将等官员，到他门上拜访，很少有人能见到他一面的。闽中人推拥唐王监国，因大学士黄道周，礼部侍郎曹学佺、都察院何楷推荐，征拜他为翰林博士，他还是推辞不赴任。曾经写信给黄道周，抒发自己对时事的感慨激愤之情。及黄道周为国而牺牲，他亲自跑到福州请求抚恤黄道周的寡妻孤子。

顺治初年，清军入闽，有人在主帅前绕舌多嘴，郡帅就派某生带信，强迫李世熊入都为官，并且说："如不出山，就有不测之祸。"世熊回复他说："生死有命，难道就掌握在权要之手吗？尚且我年纪已四十八了，比诸葛亮鞠躬尽瘁而死时仅少一年；比文山为国而死时已多一岁了。怎能压抑自己的情感，违背自己的心性，再次蒙受耻辱呢！"当时流言蜚语不断，世熊誓死不为所动，怀疑他，诽谤他的言论立时得以消逝。

世熊以文章和气节著称一世，名声大震。辛卯、壬辰年间，建昌溃逃的叛贼黄希孕抢掠经过宁化，有一兵摘了世熊园中两个橘子，黄希孕立即鞭打了那个兵，并立马园旁，以防兵卒摘橘子，一直待兵卒过尽才走。粤地的匪寇来骚扰，烧毁民房，火烧到了世熊的园子，匪首刘大胜马上派兵扑灭了火，说："怎能毁坏李公的居所呢？"当时的人尽管是平民百姓，无不知道有一个叫寒支子的人物。

李世熊胸中满积抑郁愤懑之气，每当放浪山水时，借机发泄这种牢骚不平之气。曾到西江，结交魏禧、魏礼、彭士望等人，与他们一起泛舟彭蠡湖，登上庐山绝顶处。回想闯王横行天下之时的事情，哀痛如绝，泪下如泉涌，不能控制自己。耿精忠谋反，派遣的使者敦促聘任他，李世熊严词拒绝。自春至冬，他一直躺在床上不起来，才得避免。世熊在山林居住四十余年，乡人都敬仰他，争着去请他决断事情。有做了坏事的人，说："不要让李公知道啊！"晚年自号愧庵，给他的书斋取了一个漂亮的名字——"但月"。所著的书有《寒支集》《宁化县志》《本行录》《经正录》《狗马史记》等。八十五岁时，在家中去世。

李世熊有三个弟弟，早年去世，遗下的子女，吃饭穿衣所需，世熊派人送去。还馈赠他的亲戚终身。又独自修建祖宗祠堂，祖宗坟墓，编写撰述九代以来的宗谱。凡是祭祀，一定恭谨,必定参加,父母忌日,则减餐停止宴会。到了元旦,就展示先人遗像,泪下沾襟,拜伏在地,许久不起,大概他的孝、友出自天性使然吧。

吴有性传

【题解】

吴有性(约公元 1587~1657 年),明末著名医学家。字又可,吴县(今江苏吴县)人。居太湖洞庭山。

吴有性处于明王朝走向没落的时代,瘟疫不断流行。仅永乐六年(公元 1408年)——崇祯十六年(公元 1643 年),发生瘟疫大流行就达十九次之多。崇祯十四年(公元 1641 年)发生的瘟疫流行,"一巷百余家,无一家仅免;一门数十口,无一口仅存者。"而且医者大多采用伤寒法治疗,无效,死者无数。吴氏经过对病源进行认真的分析和研究,大胆地指出"不死于病,乃死于医。""守古法,不合今病,以今病简古方,原无明论,是以投剂不效。"他认为:"瘟疫为病,非风、非寒、非暑、非湿,乃天地间别有一种异气所感,其传有九,此治疫紧要关节。"于是著《瘟疫论》以阐明伤寒与瘟疫的异同。指出戾气从口鼻而入的传染途径和侵犯膜原的病理变化。并创达原饮、三消饮等方剂。吴氏对温病学的形成和发展做出了积极贡献。后世温病学家纷纷著书立说,研究疫病。他们给予《温疫论》很高的评价:"独出心裁,未引古经一语","议论宏阔,实发前人所未发。"高度赞扬了吴有性的创新精神。

更可贵的是,吴有性指出了某种杂气可致某动物发病,而不致其他种动物发病。如牛瘟而羊不病,鸡瘟而鸭不病,人病而禽兽不病。符合于现代医学所称的"种属免疫性"学说。实开我国古代传染病学之先河。另著有《伤寒实录》一书,已佚。

【原文】

吴有性,字又可,江南吴县人。生于明季,居太湖中洞庭山。当崇祯辛巳岁,南北直隶、山东、浙江大疫,医以伤寒法治之,不效。有性推究病源,就所历验,著《瘟疫论》,谓"伤寒自毫窍入,中于脉络,从表入里,故其传经有六。自阳至阴,以次而深。瘟疫自口鼻入,伏于膜原,其邪在不表不里之间。其传变有九,或表或里,各自为病。有但表而不里者,有表而再表者,有但里而不表者,有里而再里者,有表里分传者,有表里分传而再分传者,有表胜于里者,有先表后里者,有先里后表者。"其间有与伤寒相反十一事,又有变证、兼证,种种不同。并著论制方,一一辨别。古无瘟疫专书,自有性书出,始有发明。

【译文】

吴有性,字又可,江苏吴县人。生于明朝末年,居住吴县东面的太湖洞庭山。崇祯十四年(公元 1641 年),江苏、河北、山东、浙江等省瘟疫大流行,医家大多采用治疗伤寒的方法加以治疗,未能收效。吴有性对病源进行深入的研究,将自己毕生经历过的治疗疫病的心得体会加以整理,撰写了《瘟疫论》,提出:伤寒证是从皮肤毛窍侵入人体,伤害经脉络系统,它从表逐渐入里,其过程是按六经依次传播变化的。即由太阳经、阳明经、少阳经、太阴经、少阴经、厥阴经。从阳经进入到阴经,由表浅而进入深层。而瘟疫则不同,它是从口鼻传入人体,病变潜伏在胸膜与膈肌之间,也邪病即在半表半里。它可以有九种不同的传播变化方式,包括只在表而不侵犯里的,或在表又再次侵犯表的,或传入里而不侵犯表的,或在里而又再侵犯里的,也有表里分别被侵犯,或分别侵犯表里并一再重复侵犯的,也有表证比里证重的,或先侵犯表又再侵犯里的,也有先侵犯里而后侵犯表的,各不一样。在这里,有十一种与伤寒不同的表现,又存在由简单变复杂,从轻变重的症候变化和兼挟其他的病症等等,不一而足。他还对此发表了议论,并制定方剂。在古代,没有论述瘟疫证的专门著作,从吴有性的专著问世,才有了对瘟疫的专门论述。

刘奎传

【题解】

刘奎(约公元 1735~1796 年),清代医学家。字文甫,号松峰,山东诸城人。少习儒,后游学于京城,学医于郭右陶。擅长瘟疫的治疗。推崇张仲景《伤寒论》六经证治,而有所发挥,创立瘟疫六经治法。临床用药不拘泥于古方,而随证施治,就地取材。鉴于贫寒患者无力购买药物,多采用穷乡僻壤常见易采的药材治之,每有奇效。著《瘟疫论类编》《松峰说疫》,书成不久,传入日本,影响国外。其子刘秉锦、刘秉淦均继父业。

【原文】

奎,字文甫,山东诸城人。乾隆末,著《瘟疫论类编》及《松峰说疫》二书,松峰者,奎以自号也。多为穷乡僻壤艰觅医药者说法。有性论瘟疫,已有大头瘟、疙瘩瘟疫、绞肠瘟、软脚瘟之称,奎复举北方俗谚所谓诸疫证名状,一一剖析之。又以贫寒病家无力购药,取乡僻恒有之物可疗病者,发明其功用,补《本草》所未备,多有心得。同时昌邑黄元御治疫,以浮萍代麻黄,即本奎说。所著书流传日本,医家著述,亦有取焉。

【译文】

刘奎,字文甫,山东诸城人。在乾隆末年,著成《瘟疫论类编》和《松峰说疫》这两部书。松峰是刘奎的自号。书中有很多是专为在穷乡僻壤,为穷苦百姓艰难寻找医药的内容。吴有性在论瘟疫时已经提到大头瘟、疙瘩瘟疫、绞肠瘟、软脚瘟等病名。刘奎又将北方民间所说的各种瘟疫的病名和症状,一一进行分析。他又鉴于贫寒患者无力购买药物,于是采用穷乡僻壤常见并可治病的药材,同时阐明其功用,弥补了《本草》书的不足。经过长期临证实践,获得了丰富的医疗经验。当时住在昌邑的黄元御治疫时,用浮萍代替麻黄,也是取自刘奎的经验。他的著作流传到日本,日本医学家在著书时也多引用刘奎的理论。

喻昌传

【题解】

喻昌(公元 1585~1664 年)明末清初医学家。字嘉言,江西新建人。自幼爱好文学,才华横溢,明崇祯(公元 1628~1644 年)年间,以贡生被选入京都。但他不愿步入仕途。清军入关后,便隐居而潜心研究医学。习内养法。在常熟一带行医,颇有盛名。治病多有奇效。与张璐、吴谦并称为清初三大医家。他不但医道精湛,而且能同情无力就医及购买药物的穷苦百姓,提倡医者必"笃于情,则视人犹己,问其所苦,自无不到之处"。有关这方面的事迹、轶事流传颇多。医著有《寓意草》《尚论篇》《医门法律》。《寓意草》主要以记录他所治医案,他主张"先议病,后用药。"并与门徒们制定了记录病情的格式,意欲使病案记载走向规范,对后世影响较大。《尚论篇》是在方有执《伤寒条辨》基础上的进一步发挥。书中将《伤寒论》的六经各自为篇,重新分类,使《伤寒论》更具条理性。《医门法律》则是按风、寒、暑、湿、燥、火及各种杂证,分门别类进行论述。喻氏认为古医书注重病源治法,多数人不讲求施治的失误,即使附论也不是十分明了。不难看出,该书是针对当时庸医误人的时弊而作的,具有一定的影响。

【原文】

喻昌,字嘉言,江西新建人。幼能文,不羁,与陈际泰游。明崇祯中,以副榜贡生入都上书言事,寻诏征,不就,往来靖安间。披剃为僧,复蓄发游江南。顺治中,侨居常熟,以医名,治疗多奇中。才辨纵横,不可一世。著《伤寒尚论篇》,谓林亿、成无已过于尊信王叔和,惟方有执作《条辨》,削去叔和序例,得尊经之旨;而犹有未达者,重为编订,其渊源虽出方氏,要多自抒所见。惟《温证论》中,以温药治温病,后尤怡、陆懋修并著论非之。

又著《医门法律》,取风、寒、暑、湿、燥、火六气及诸杂证,分门著论,次法,次律。法者,治疗之术,运用之机;律者,明著医之所以失,而判定其罪,如折狱然。昌此书,专为庸医误人而作,分别疑似,使临诊者不敢轻尝,有功医术。

后附《寓意草》,皆其所治医案。凡诊病,先议病,后用药。又与门人定议病之式,至详审。所载治验,反复推论,务阐审证用药之所以然,异于诸家医案但泛言某病用某药愈者,并为世所取法。

昌通禅理,其医往往出于妙悟。《尚论后篇》及《医门法律》,年七十后始成。昌既久居江南,从学者甚多。

喻昌,字嘉言,江西新建人。自幼就懂文学,才华出众,不受约束。与陈际泰经常来往。明代崇祯(公元1628~1644年)年间,以考取副榜贡生入京都,曾上书皇帝禀呈一些事情。不久皇帝下诏书征用时,他却不愿当官。往来于靖安县内,剃发出家当僧人。后来又重新蓄发,游览于江南(今江苏、安徽等地)。顺治(公元1644~1661年)年间,到常熟客居,所到之处以医术闻名,治病多有奇效。他的才华横溢出众,名噪一时,著有《伤寒尚论篇》,批评林亿、成无已过于遵从听信王叔和,只有方有执所著的《伤寒条辨》,删除了王叔和所加的序例,符合该医经的宗旨。然而还有不能表达宗旨的地方,于是重新编撰修订该书。虽然他的论说是出自方有执,但多数内容是他自己的见解。只是他在《温证论》中,用温药来治疗瘟病的论点,后来尤怡、陆懋修撰著非其说。

他还著有《医门法律》一书,书中按风、寒、暑、湿、燥、火六气以及各种杂证,分门别类,进行论述,每论首先立论,其次立法和律。所谓法,主要阐明治疗的技术和运用的时机。而律则是阐明医家治疗所以无效的原因,而判定他们的过错,就像判断诉讼案件一样。喻昌的《医门法律》是专门针对庸医贻误病人而写的。书中对疑似的病症进行鉴别,使临诊的医者不敢随随便便用药,这对医术的发展有很大的功劳。书后还附有《寓意草》一书,记录他所治的医案。他认为:凡诊病必须先议论病情,然后再开方用药。他还与徒弟们制定记录病情的格式,内容十分详尽,所载治疗经验,都是经过反复推敲论证,务必阐明认证用药的意思,为什么这样用药。与泛泛论说某病用某药的一般医家是有所不同的,这些都为后人所遵循效法。

喻昌通佛学理论,他的医术往往出于对佛理的奇妙的理解。他的《尚论后篇》和《医门法律》这两部书是在他七十岁以后才著成的。他因长时间生活在江南,所以那里的门徒也很多。

高斗魁传

【题解】

高斗魁(公元1623~1670年),明末清初医学家。字旦中,号鼓峰。浙江鄞县人,兄弟五人,排行老三。少时攻书法。曾中秀才。为人侠义。以其余财救济友人。治病收入,随手散尽。医术精湛,强调治病需脉、症、时三者互参。对时医单凭脉诊疾,病家亦以脉困医等时弊提一出批评。处方用药多有独创,于儿科麻痘惊疳、妇科胎前产后诸证亦有治验。著《医家心法》一卷、《四明医案》一卷(一名《吹毛编》)均刊于1725年,主要以记载其临证心得和医案为内容,对后世有一定影响。

【原文】

高斗魁,字旦中,又号鼓峰,浙江鄞县人。诸生。兄斗枢,明季死国难。斗魁任侠,于遗民罹难者,破产营救。妻因事连及,勒自裁。素精医,游杭,见舁棺者血沥地,曰:"是未死!"启棺,与药而苏。江湖间传其事,求治病者无宁晷。著《医学心法》;又《吹毛编》,则自记医案也。其论医宗旨,亦近于张介宾。

【译文】

高斗魁,字旦中,又号鼓峰,浙江鄞县人。曾考中秀才。哥哥高斗枢,明末死于战乱。高斗魁为人很讲义气,对明朝的遗民凡落难有困难的人,他倾自己家产加以营救,他的妻子恐因此事而受到连累,他竟勒令她自杀。高斗魁一向精于医道,游览杭州时,见一个抬着的棺木内滴出鲜血,他便说:"人还没死。"把棺打开后,给予服药而复生。此事在各地传开,上门求医的人很多,竟应接不暇。他著有《医学心法》;又著《吹毛编》,主要记录他本人的医案。他研究议论医学的要旨,与张介宾的论点很相似。

周学海传

【题解】

周学海(公元1856~1906年),清代医学家。字澄之,安徽建德人。该省总督周馥之子。学海早年习儒,光绪十八年(公元1892年)进士,初授内阁中书,官至浙江候补道。儒而精医。著述颇多,尤精于脉学,著有《脉学四种》《脉义简摩》《脉简补义》《诊家直诀》《辨脉平脉章句》《形色补诊简摩》《伤寒补例》《读书随笔》《中国医学大成》《读医随笔》。内容多为个人读书及临证之心得,不随意牵强附会。校刻古医书十二种,多采用宋元旧刻本,或藏书家所收藏的秘籍。校勘精当而可靠,后世认为他这些书都属于善本。

【原文】

周学海,字澄之,安徽建德人。总督馥子。光绪十八年进士,授内阁中书,官至浙江候补道。潜心医学,论脉尤详,著《脉义简摩》《脉简补义》《诊家直诀》《辨脉平脉章句》。引申旧说,参以实验,多心得之言。博览群籍,实事求是,不取依托附会。慕宋人之善悟,故于史堪、张元素、刘完素、滑寿及近世叶桂诸家书,皆有评注。自言于清一代名医,服膺张璐、叶桂两家。证治每取璐说,盖其学颇与相近。宦游江、淮间,时为人疗治,常病不异人,遇疑难,辄有奇效。刻古医书十二种,所据多宋、元旧椠藏家秘籍,校勘精审,世称善本云。

【译文】

周学海,字澄之,安徽建德人,该省总督周馥的儿子。光绪十八年(1892年)进士,授予内阁中书的官职。后晋升到浙江候补道的官职。他潜心研究医学,尤其精于脉学之道,著有《脉义简摩》《脉简补义》《诊家直诀》《辨脉平脉章句》等书。书中引用古代脉学的有关论述,并参照自己实际经验,多数是自己的临症体会。他博览各种书籍,实事求是,不取牵强附会之论。他仰慕宋代某些人的理解能力,对史堪、张元素、刘完素、滑寿以及叶桂等医家的医书,都做了评论和注解。他自己认为,对于清一代的名医,最为佩服张璐、叶桂两人。对认证和治疗主要取自张璐的论说,因为他的论点与张璐颇为相似。周学海在江南和淮南做官时,时常为人治病。治一般常见病,与别人没什么不同,而在医治疑难病证时,则常有奇效。他校刻古医书十二种,多采用宋元收藏家的秘本书籍。加以认真细致校勘,世人都称这些书为善本。

张志聪传

【题解】

张志聪(公元1619~1674年),清代著名医学家,字隐庵,钱塘(今浙江杭州)人。少年丧父,学医于张卿子。博览群书,穷研医理,至老不倦。对《灵枢》《素问》《伤寒》《金匮》等书颇有研究。张志聪自认为是张机之后裔,著书立说必遵经法,尤致力于《伤寒论》的研究。认为:"夫伤寒,外因也,而伤寒经旨,风寒暑湿燥火之六气,咸所具载矣,其间分析表里、阴阳、寒热、气血、邪正、虚实,靡不备悉。"强调以阴阳、五运六气之理来论述伤寒。前后历时十载(公元1654~1663年),著成《伤寒论宗印》八卷,《金匮要略注》四卷(公元1664年)、《素问集注》九卷(公元1670年)、《灵枢集注》九卷(公元1672年)、《侣山堂类辨》两卷(公元1670年)、《伤寒论纲目》九卷(公元1673年)。又注解《伤寒论》,为《伤寒论集注》,书未成而卒。由其弟子高世栻续成为六卷(公元1683年)。在继承发扬古代传统医学经典著作中是颇有成就的医家之一。又著《针灸秘传》,已佚。其子张兆璜继承其业。

【原文】

张志聪,字隐庵,浙江钱塘人。明末,杭州卢之颐、繇父子著书,讲明医学,志聪继之。构侣山堂,招同志讲论其中,参考经论,辨其是非。自顺治中至康熙之初,四十年间,谈轩、岐之学者咸归之。注《素问》《灵枢》二经,集诸家之说,随文衍义,胜明马元台本。

又注《伤寒论》《金匮要略》,于《伤寒论》致力尤深,历二十年,再易稿始成。用王叔和原本,略改其编次。首列六经病,次列霍乱易复并、湿、暍、汗、吐、下,后列辨脉、平脉,而删叔和序例,以其与本论矛盾,故去之以息辨。驳辨成无已旧注,谓:"风伤卫,寒伤营,脉缓为中风,脉紧为伤寒。伤寒,恶寒无汗,宜麻黄汤;中风,恶风有汗,宜桂枝汤,诸说未尽当。而风、寒两感,营、卫俱伤,宜大青龙汤为尤谬。其注,分章以明大旨,节解句释,兼晰阴阳血气之生始出入,经脉藏府之贯通循行,使读论者取之有本,用之无穷,不徒求之糟粕,庶免终身由之而不知其道也。"

又注《本草》,诠释本经,阐明药性,本五运六气之理。后人不经臆说,概置勿录。

其自著曰《侣山堂类辨》《针灸秘传》。志聪之学,以《素》《灵》《金匮》为归,生平著书,必守经法,遗书并行于世,惟《针灸秘传》佚。

【译文】

张志聪,字隐庵,浙江钱塘人。明末时,杭州卢之颐、繇父子著书,讲授阐发医学,张志聪继承他们的事业。他博览群书,勤求古训,并建立侣山堂,邀请有志于此的同道在堂中讨论医学。他参考古代医经著作的论说,辨别其中孰是孰非。从顺治中期至康熙初期的四十年间,凡谈论《内经》的人都归附到他这里来。他的《素问集注》《灵枢集注》二书,是集诸家的论说,随其文字加以发挥,超过了明代马元台的注本。

张志聪还注解了《伤寒论》《金匮要略》,尤其对《伤寒论》的研究更深,前后经历二十年之久,两次修改稿件才成《伤寒论集注》。该书体例采用王叔和的原本,对其编排次序稍有改动。首先列出六经病,其次列出霍乱易复并、湿、暍、汗、吐、下,最后列出辨脉法、平脉法,而删去了王叔和自己所加的序例。因为他认为王的序例与《伤寒论》本论相矛盾,故删去,以免引起争论。对成无已的注释加以驳斥,认为风邪伤卫分,寒邪伤营分,脉象缓是中风,脉象紧则是伤寒。伤寒,恶寒而不出汗,治疗宜用麻黄汤;而中风,则是恶风而有汗,治疗宜用桂枝汤。如此种种说法并不完全正确。而无受风寒两种邪气,营分卫分同时受伤,用大青龙汤这种说法则更是荒谬。他的注释分章阐明大意,逐节逐句解释,同时还阐明分析了阴阳血气的发生和开始流通以及循行出入,经脉脏腑的贯通和循行路线,使读者易于理解根本,有所依据,运用时能变通无穷,而不至于只求得糟粕的内容,也可以避免终身在运用这些方法却不知它的道理。

张志聪还注解《本草》,以解释"本经"为宗旨,遵循五运六气的理论去阐明药物的性能。后人所提出的不合经典旨意的无稽之谈,则一概不予摘录。

张志聪自己还著有《侣山堂类辨》《针灸秘传》,他的学问是以《素问》《灵枢》《金匮》的理论为依据,一生所著的书都遵守古典医经的法则。除《针灸秘传》已佚失外,其他遗著均有传世本。

高世栻传

【题解】

高世栻(公元1634~?),清代医学家。字士宗。少家贫,自习医。在读通俗医书后,行医于钱塘一带。颇负名气。康熙三年甲辰(公元1664年)当他二十七岁时,身患痢疾,医治无效,后竟不药而自愈。于是幡然自悔。后师从张志聪,致力于医学典籍之研究,历时十年,深悟其理。诊病必究其本末,处方随证施之,治疗每每有效。晚年以教学为主,弟子众多。著有《素问直解》九卷,遗《本草崇原》部分书稿。其《医学真传》是其弟子五嘉嗣、曹增美、杨吴山等根据高氏平日授课内容记录整理而成。内容多为阐述病因、病机、诊治原则等,多有个人独到之见解。

【原文】

高世栻,字士宗。与志聪同里。少家贫,读时医通俗诸书,年二十三即出疗病,颇有称。后自病,时医治之,益剧;久之,不药,幸愈。幡然悔曰:"我治人,殆亦如是,是草菅人命也。"乃从志聪讲论轩、岐、仲景之学,历十年,悉窥精奥。遇病必究其本末,处方不同流俗。志聪著《本草崇原》,未竟,世栻继成之。又注《伤寒论》。晚著《医学真传》,示门弟子。自述曰:"医理如剥蕉,剥至无可剥,方为至理。以之论病,大中至正,一定不移。世行分门别类之方书,皆医门糟粕,如薛已、赵献可辈,虽有颖悟变通,非轩、岐、仲景一脉相传之大道。古人云:'不知十二经络,开口举手便错;不明五运六气,读尽方书无济。病有标有本,求其标,只取本,治千人,无一损。'故示正道,以斥旁门,使学者知所慎。"

【译文】

高世栻,字士宗。浙江钱塘人。与张志聪同乡。少年时期,家境清贫,在阅读了当时医家们的大量通俗易懂的医书后,于二十三岁就挂牌行医,颇有名气。后来他自己患病,请当时的医生们治疗不但无效,反而病情加剧,后来拖了很久,他干脆不服药,幸而自己痊愈。他因而慨然感叹道:"我为别人治病若也是如此,这等于是草菅人命啊。"于是追随张志聪学习,研究黄帝岐伯和张仲景的理论。经过十年的学习和研究,对其中精微奥妙全都掌握了。以后,凡遇到病证,必定先研究其来龙去脉,处方与一脉平庸的医生很不相同。张志聪曾撰《本草崇原》一书,未能完成,后由高世栻继承其志,把它完成了。他还注释了《伤寒论》。晚年并著有《医学真传》,以教授他的学生。曾自己提出:医学的道理好似剥香蕉,要把它剥到无可剥了,才能彻底明白其中的道理。用这种方法来论述疾病,大多是正确的,这个道理是不可动摇的。流传在世的那些分门别类地方书,全都是医学界无用的糟粕,像薛已、赵献可这些人,虽然也有灵活变通,领悟其道理,但并不是与黄帝等的《素问》《灵枢》和张仲景《伤寒论》一般相传的主要理论与实践。古人说过:'不知道十二经络,一开口一举手就要犯错误;不懂得五运六气,读遍所有的方书也无济于事。疾病本身有着标和本的区别,治疗其标,也要探求其根本。这样才不至于出错,治一千个病人,不会有一例失误的。'他用这种正统而正确的理论来启示同道,对当时的庸医旁门左道提出批评,使后学者知道应谨慎小心,有所遵循。"

柯琴传

【题解】

柯琴,清代医家,字韵伯,号似峰,浙江慈溪人,生活于十七世纪中叶。他早年为儒生,好古诗文,贫而不得志,后弃儒学医,迁居虞山,并客死该地。曾校编《内经合璧》(公元 1666 年),然未见刊行。他对仲景之学有深刻研究,认为《伤寒论》经王叔和重新编次,内容颠倒窜易,有失仲景原意,故将《伤寒论》予以校正、注疏,原文编排分解后重新从症分类,以类方分,汇集成《伤寒来苏集》,包括《作寒论注》六卷、《伤寒论翼》两卷、《伤寒附翼》两卷。此书的刊出,颇得后人欣赏,谓其"独出心裁,不落前人穴臼"。叶天士赞其书曰:"有如此之注疏,阐先圣之传秘,堪为后学指南"。柯氏认为,六经为治百病之法,应包括伤寒、杂病两大方面,谓"仲景之六经,为百病立法,不是为伤寒一科;伤寒杂病,治无二理,咸归六经之节制,六经各有伤寒,非伤寒中独有六经。"对历代伤寒诸家之得失详加评论,反对许叔微、方有执"三方鼎立""三纲鼎立"说,扩大了六经分证的范围。柯韵伯对《伤寒论》的详加考证和整理,对后世伤寒学的研究很有影响,其在编写形式上的创新,对《伤寒论》研究做出了贡献。

【原文】

柯琴,字韵伯,浙江慈溪人。博学多闻,能诗、古文辞。弃举子业,矢志医学。家贫,游吴,栖息于虞山,不以医自鸣,当世亦鲜知者。著《内经合璧》,多所校正,书佚不传。

注《伤寒论》,名曰《来苏集》,以方有执、喻昌等各以己意更定,有背仲景之旨。乃据《论》中有太阳证、桂枝证、柴胡证诸辞以证名篇,汇集六经诸论,各以类从。自序略曰:"《伤寒论》经王叔和编次,已非仲景之旧,读者必细勘何者为仲景言,何者为叔和笔。其间脱落、倒句、讹字、衍文,一一指破,顿见真面。且笔法详略不同,或互文见意,或比类相形,因此悟彼,见微知著,得于语言文字之外,始可羽翼仲景。自来注家,不将全书始终理会,先后合参,随文敷衍,彼此矛盾,黑白不分。三百九十七法,不见于仲景序文,又不见于叔和序例,林氏倡于前,成氏和于后,其不足取信,王安道已辨之矣。继起者,犹琐琐于数目,亦何补于古人?何功于后学哉?'大青龙汤',仲景为伤寒中风无汗而兼烦躁者设,即'加味麻黄汤'耳。而谓其伤寒见风、伤寒见寒,因以'麻黄汤'主寒伤营、'桂枝汤'主风伤卫、'大青龙汤'主风寒两伤营卫,曲成三纲鼎立之说,此郑声之乱雅乐也。且以十存二三之文,而谓之全篇,手足厥冷之厥,或混于两阴交尽之厥,其间差谬,何可殚举?此愚所以执卷长吁,不能已也!"

又著《伤寒论翼》,自序略曰:"仲景著《伤寒杂病论》,合十六卷,法大备。其常中之变,变中之常,靡不曲尽,使全书俱在,尽可见论知源。自叔和编次,《伤寒》《杂病》分为两书,然本论中杂病留而未去者尚多,虽有《伤寒论》之专名,终不失《杂病》合论之根蒂

【译文】

柯琴，字韵伯，浙江慈溪人。他博学多闻，会作诗，通晓古文、辞赋。然他放弃举子之道，立誓学医。因家境贫寒，到江苏游学，后在虞山（今江苏常熟）居住。柯琴不以医生的身份炫耀自己，当时的人们很少有知道他的。著有《内经合璧》，对《内经》原书多有校正，可惜此书遗失，没流传下来。

柯琴注解《伤寒论》，名为《来苏集》。认为方有执、喻昌各以自己的观点，来更改《伤寒论》的经旨，违背了张仲景的原意。他根据《伤寒论》中有太阳证、桂枝证、柴胡证等等，按证分篇，汇集六经诸论，以类划分。他在书中自序说："《伤寒论》经王叔和重编后，已与张仲景原书不同，读者在阅读时必须仔细辨认哪句为张仲景原文，哪句为王叔和加入之句。原书脱简、倒装、讹字、衍文均一一指出，还本书之原貌。《伤寒论》原书笔法有详有略，有的条文需前后参照，有的条文需同类比较，从某一条文可引申出另一条文的含义，见其细微之处可知其重要之经义，还要善于从其语言文字之外领会其要领，才能阐发张仲景学术思想。历来注家注释《伤寒论》，没有将全书领会透彻，也没有前后互相参照，而是随文敷衍，相互矛盾，是非不分。张仲景原书序文中未提及 397 法，王叔和所编《伤寒论》序列中亦没注明，林亿倡导 397 法于前，成无己符合其后，他们所注的《伤寒论》均不足取信，这些王一安道已讲明了。然而还是有许多医家仿效林亿、成无己作法，细细推敲仲景治法之数目，这怎能阐发古人之意，又怎能启迪后学呢？"大青龙汤"是张仲景为伤寒证中风无汗而兼烦躁立的方，亦即"加味麻黄汤"。而说此方治伤寒见风、伤风见寒，因此以"麻黄汤"主治寒伤营，"桂枝汤"主治风伤卫，"大青龙汤"主治风寒两伤营卫，勉强而凑成三纲鼎立之说，这就好比民间音乐扰乱了古典之雅乐。而且只存十分之二三的残文谓之看作全篇；将少阴亡阳而致的四肢厥冷，混于厥阴病中的厥证，书中的差错谬误，举不胜举？此我所以手拿着书而长叹，无能为呀！"

柯琴还著《伤寒论翼》二卷，他在自序中称："张仲景著《伤寒杂病论》，共十六卷，其治疗大法基本全备。其中常中有变，变中有常，论述的十分详细，使全书一目了然，可以见论而知其来源。自从王叔和重新编次，《伤寒杂病论》分为两书，即《伤寒论》与《金匮要略方论》，然而《伤寒论》仍留有许多杂病的内容，虽然名为《伤寒论》，但终不离与杂病合论之本。书名与内容不相符，相互混淆，旁一枝节，无所适从，难道这不是王叔和的过失吗？张仲景所论述的六经辨证是治疗各种疾病的基本法则，这一法则不只为伤寒而设，伤寒、杂病治则基本相同，均应以六经来分证。治伤寒的医生，只拘于伤寒，而不去探求伤寒中混有杂病，而治杂病的医生又以伤寒与杂病无关，将伤寒置之不理。将有助天地化生之书，处于模棱两可之境地，我深为此医道担忧啊。"后人认为柯琴的《伤寒论注》与《伤寒论翼》二书，大大有功于畅发张仲景旨意。

尤怡传

【题解】

尤怡(？~公元1749年)，字在泾，号饲鹤山人，江苏吴县人，清代著名医学家。少时家境贫寒，曾在寺院以卖字画为生，能诗善文，后随苏州马俶学医，俶负盛名，从游者甚多，晚年喜得尤怡，谓曰："得怡一人，胜过千万人。"可见尤怡之聪颖。他在吴县一带行医，初不为人所注意。中年以后，潜心于《灵枢》《素问》、仲景之学，于仲景书尤为致力。后隐居浙江花溪，以著书自得。尤怡不追求名利，性格沉静恬淡，兴趣广泛，与当时不少著名文人学士交游。他勤于思索，治学严谨，所著《伤寒贯珠集》八卷，于病机进退浅深，各有法以为辨，尤其对少阴、厥阴证的温清两法阐述清晰，给后人以启发，故后世将其《伤寒贯珠集》与柯琴《伤寒未苏集》并重。他还将研读《金匮要略》之心得，撰成《金匮要略心典》(公元1732)三卷，阐述仲景原文精义，改正原文传刻之误，徐大椿谓其"条理通达，指归明显，辞不烦而意已尽，语不尽而旨已传，奥妙不可穷际，而由此以进，虽入仲景之室无难也。"为研究仲景之学较有影响的著述。另撰《金匮翼》八卷、《医学读书记》三卷、《医学续记》一卷、《静香楼医案》一卷等。

【原文】

尤怡，字在泾，江苏吴县人。父有田千亩，至怡中落。贫甚，鬻字于佛寺。业医，人未之异也。好为诗，与同里顾嗣立、沈德潜游。晚年学益深造，治病多奇中，名始著。性淡荣利，隐于花溪，自号饲鹤山人，著书自得。其注《伤寒论》，名曰《贯珠集》。谓后人因王叔和编次错乱，辨驳改订，各成一家言，言愈多而理愈晦。乃就六经，各提其纲，于正治法之外，太阳有权变法、斡旋法、救逆法、类病法；阳明有明辨法、杂治法；少阳有权变法；太阴有脏病、经病法、经脏俱病法；少阴、厥阴有温法、清法。凡病机进退微权，各有法以为辨，使读者先得其法，乃能用其方。分证甚晰，于少阴、厥阴温清两法，尤足破世人之惑。注《金匮要略》，名曰《心典》。别撰集诸家方书、杂病治要，足以羽翼仲景者，论其精蕴，曰《金匮翼》。又著《医学读书记》，于轩、歧以下诸家，多有折衷，徐大椿称为得古人意。怡著述并笃雅，世以《贯珠集》与柯琴《来苏集》并重焉。

【译文】

尤怡，字在泾，江苏吴县人。父辈有千亩良田，到尤怡这辈衰落。尤怡贫困之极，在佛寺以卖字为生。后以医为业，人们亦并未发现他有何奇异之处。他喜好诗赋，与同乡进士顾嗣立、沈德潜交往。至晚年学识渊博精深，治病多获效，名声方大振。尤怡将名利看得很轻，后在花溪(今浙江吴兴县)隐居，自号"饲鹤山人"，并以著书为乐事。他注释《伤寒论》，其书名为《伤寒贯珠集》。说是后人因王叔和整理《伤寒论》时，将编次搞乱了,因此予以辩驳改正,各自成为一家之言,论述的越多,道理越不清楚。因而根据《伤寒论》六经辨证,提纲挈领,于一般治法之外,又分别阐述太阳证的权变法、斡旋法、救逆法、类病法;阳明证的明辨法、杂治法;少阳证的权变法;太阴证的脏病法、经病法、经脏俱病法;少阴证、厥阴证的温法、凉法等。凡病机出入变化,均有相应的治法,务使读者先掌握治法要领,才能因证选方。《伤寒贯珠集》分证详细,于少阴、厥阴证中阐述的温凉两法很有特色,足以解世人迷惑之处。尤怡注释《金匮要略》,名为《金匮要略心典》。另外,他纂集各医家方书、杂病治要,以阐述张仲景精华,名为《金匮翼》。还撰有《医学读书记》三卷,囊括了自黄帝、歧一始,乃至历代诸医家的有关理论,综合各家观点论述医理,徐大椿称赞他能领会古人精神。尤怡著述都很高雅,世人将他的《伤寒贯珠集》与柯琴的《伤寒来苏集》相媲美,此两书同为有影响的医学专著。

王士雄传

【题解】

王士雄(公元1808~1868年),清末著名医学家,字孟英,晚字梦隐,自号半痴山人,浙江海宁人。自曾祖以下三世均长于医。王士雄少时孤僻,十四岁丧父,遂矢志学医。他在金华佐理盐务时,利用余暇钻研医学,初习《景岳全书》,治病多采温补。道光十七年(公元1837年),疫疠流行,尤以霍乱伤人最多,他医治吐泻转筋之苦,并撰写《霍乱论》,刊于1838年。《霍乱论》介绍了霍乱的常发季节、流行情况、饮食等致病因素,着重指出:霍乱疫邪乃环境"臭毒"所生,对时疫霍乱与非时疫霍乱做了区别,在病机上有其新见解。他认为一般六气为病,偶有所伤,导致阴阳二气乱于肠胃胸中,不属时行疫症霍乱,不致延门阖境而灾,多属于寒霍乱;而时行疫症霍乱,则多发生于夏热亢旱酷暑之年,而人又多湿温,一朝猝发,渐至闭户延村,风行似疫。所列治法方药多本于临证亲验,在书中还提到了讲卫生及预防的重要性。

王士雄精于各科,尤长于温病,由于其经历温热、霍乱、疫疠的流行,故仔细研究,形成了自己的学术观点,于咸丰二年(公元1852年)撰《温热经纬》四卷。书"以轩歧、仲景之文为经,叶薛诸家之辨为纬",采撷各家之长。他明确提出"新感""伏邪"两大辩证纲领,重视审同察异,论治宗叶天士、薛生白,喜用寒凉药物。

另有《归砚录》四卷,述其诊治心得及医案,间采西医《人身说概》等书之论,为早期介绍西医理论的医家。王士雄还著有《随息居饮食谱》一卷、《潜斋医话》一卷、《四科简效方》四卷、《王氏医案》《女科辑要》等,其著作多收入《潜斋医学丛书》中。王士雄晚年凄凉,颠沛流离,后避居浙江嘉兴濮院镇。

【原文】

士雄,字孟英,浙江海宁人。居于杭,世为医。士雄读书砺行,家贫,仍以医自给。咸丰中,杭州陷,转徙上海。时吴、越避寇者麇集,疫疠大作,士雄疗治,多全活。旧著《霍乱论》,致慎于温补,至是重订刊行,医者奉为圭臬。又著《温热经纬》,以轩、歧、仲景之文为经,叶、薛诸家之辨为纬,大意同章楠注释。兼采昔贤诸说,择善而从,胜楠书。所著凡数种,以二者为精详。

【译文】

王士雄,字孟英,浙江海宁人。他在杭州居住,出身于医学世家。王士雄读书刻苦,自幼家境贫寒,以行医为职业。咸丰(公元1851~1861年)时期,由于战乱,杭州沦陷,迁往上海居住。当时逃避战乱的人群休江浙两地,疫病流行,经王士雄治疗,救治了许多人。他将过去撰著的《霍乱论》重新付梓刊行,此书慎重于温补,被医生奉为范本。王士雄还著《温热经纬》,以黄帝、岐伯、张仲景的条文为经,以叶天士,薛雪等医家的评论为纬,大体上与章楠的旧注本相同,另融以过去医家的理论,摘录其优秀评语,又超过章楠的旧注。王士雄的著作有数种,而以《霍乱论》及《温热经纬》最为精详。

徐大椿传

【题解】

徐大椿(公元1693~1771年),清代著名医学家,字灵胎,晚号洄溪老人,江苏吴县人。祖父徐钒,官至翰林院检讨,曾参与纂修《明史》工作。父徐养浩,一生专研诗文,精于文学、水利。大椿幼习举业,年二十八入本县学,但他不肯受"半部讲草"的限制,广求博览,遂通天文、谙水利、工诗辞,于诸子百家、音律武艺无不研究,有奇男子之称。后因家人多病,先是二弟患痞病多方求医不愈,继之四弟、五弟接踵病故,遂废弃举业,专志医学,且爱好尤笃。他自《内经》以至元明诸医家著作,无不探求,穷源溯流,出以应世,医名遂震。乾隆时期曾两次应召入宫治病,曾官太医院供奉,赠儒林郎。

徐大椿一生著述很多,仅医学方面的就有:《难经经释》《神农本草经百种录》《医学源流论》《伤寒类方》《兰台轨范》《慎疾刍言》《医贯砭》以及评述叶天士的《临症指南医案》、评定陈实功的《外科正宗》等,其著作有一定见解。《医学源流论》两卷,集中反映了他的学术思想,多精辟论述。如"元气存亡论""病同人异辨""药性古今变迁""人参论"等,持论精凿,对医家、病家均有启发。他编纂的《伤寒类方》,削除六经门目,使方以类从,证随方定,便于按证索方,不必循经求证。其《兰台轨范》八卷,成书于1764年,本《内经》以探其源,次《经》及《金匮》《伤寒论》以求其治,其有未备者,则取唐以后之方以广其法,本书理法方药切实可行,但也有偏激之处,如《千金方》中所列之钟乳粉,《和剂局方》之玉霜圆等服石之说,即遭后人议论。《难经经释》是以《内经》基本理论解释《难经》,阐明脏腑经络生理功能。徐大椿认为,运气学说不可拘,反对滥用补药,主张治疗必须识病求因,每病必有主方主药。他行医五十余年,泛览医书万余卷,经批阅者亦达千余卷,治

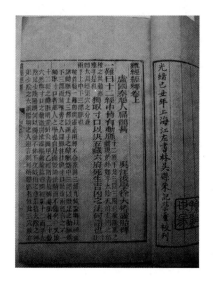

《难经经释》书影

学精深。尚精文学,著有《乐府传声》《洄溪道情》等,为世人所称。徐大椿过世后,王士雄得其门人所传《洄溪医案》一卷,编注刊行。后世还刊有《徐灵胎医学全书》多种。

【原文】

徐大椿,原名大业,字灵胎,晚号洄溪,江苏吴江人,翰林检讨钪孙。生有异禀,长身广颡,聪强过人。为诸生,勿屑,去而穷经,探研《易》理,好读黄老与《阴符》家言。凡星经、地志、九宫、音律、技击、句卒赢越之法,靡不通究,尤邃于医,世多传其异迹。然大椿自编医案。惟剖析虚实寒温,发明治疗之法,归于平实,于神异者仅载一二。其书世多有,不具录。

乾隆二十四年,大学士蒋溥病,高宗命征海内名医,以荐召入都。大椿奏溥病不可治,上嘉其朴诚,命入太医院供奉,寻乞归。后二十年复诏征,年已七十九,遂卒于京师,赐金治丧。

大椿学博而通,注《神农本草经》百种,以旧注但言其当然,不言其所以然,采掇常用之品,备列经文,推阐主治之义,于诸家中最有启发之功。

注《难经》曰《经释》,辨其与《灵枢》《素问》说有异同。注《伤寒》曰《类方》,谓:“医家刊定《伤寒论》,如治《尚书》者之争《洪范》《武成》,注《大学》者之争古本、今本,终无定论。不知仲景本论,乃救误之书,当时随证立方,本无定序。”于是削除阴阳六经门目,但使方以类从,证随方定,使人可案证以求方,而不必循经以求证。一切葛藤,尽芟去之。所著《兰台轨范》,凡录病论,惟取《灵枢》《素问》《难经》《金匮要略》《伤寒论》、隋巢元方《病源》、唐孙思邈《千金方》、王焘《外台秘要》而止。录方亦多取诸书,宋以后方,则采其义可推寻、试多获效者,去取最为谨严。于疑似出入之间,辨别尤悉。

其论医之书曰《医学源流论》,分目九十有三。谓:“病之名有万,而脉之象不过数十,是必以望、闻、问三者参之。如病同人异之辨,兼证兼病之别,亡阴亡阳之分。病有不愈不死,有虽愈必死,又有药误不即死。药性有古今变迁,《内经》司天运气之说不可泥。针灸之法失传。”诸说并可取。

又《慎疾刍言》,为溺于邪说俗见者痛下针砭,多惊心动魄之语。《医贯砭》,专斥赵献可温补之弊。诸书并行世。

大椿与叶桂同以医名吴中,而宗旨异。评桂医案,多所纠正。兼精疡科,而未著专书。谓世传《外科正宗》一书,轻用刀针及毒药,往往害人,详为批评,世并奉为善本。

【译文】

徐大椿,原名大业,字灵胎,晚号洄溪,江苏吴江人,祖父为翰林检讨。他禀赋独优,

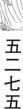

身材高大，前额宽阔，聪颖过人，虽身为诸生，但并不看重这一资历，弃而研究《易经》哲理。徐大椿探研《易经》理论，喜好读道家与《阴符经》等书。大凡涉及古天文学、古地理学、古代数学、古音乐学、武艺及秦越之法等等，无不潜心研究，尤其精于医学，世人多传颂他的奇迹。徐大椿自编的医案，阐析病证虚实寒热，创立治疗方法，言论平实中肯，系选录有代表性的医案而成。此书流传于世，在此不收录。

乾隆二十四年(1759年)，大学士蒋溥病，皇帝下令征召国内名医，徐大椿被推荐征召入京。经他诊断上奏蒋溥的病不能治愈。皇帝得知，嘉奖他忠诚，让他在太医院供奉内廷。不久，徐大椿便请求返回家乡。二十年以后，他再次应召入京，时年已七十九岁，后病故于京师，皇帝赏赐金银为他治丧。

徐大椿博学通达，注释《神农本草经》名为《神农本草经百种录》。他认为旧注只言其然，不言其所以然，乃摘取常用药物，列述经文，介绍每味药物的主治，此书是研究本草经著作中最具启发性的书籍。

徐大椿注释《难经》，名为《难经经释》，辨别《难经》与《灵枢》《素问》相同与不同之处。他注解《伤寒论》，名为《伤寒类方》认为"医家刊定《伤寒论》，如同研究《尚书》的学者争《洪范》《武成》之真伪；注《大学》的学者争古本、今本一样，始终没有定论。人们不知仲景本论乃是救误之书，随证立方，没有一定之规。"鉴于此，他将阴阳六经辨证的条目删除，分门别类确定方剂，以证随方，可按证求方，不必按经求证。凡是缠绕不清的问题，全部删去。徐大椿还著有《兰台轨范》八卷，所收内容取自《灵枢》《素问》《难经》《金匮要略》《伤寒论》、隋巢元方的《诸病源候论》、唐孙思邈的《千金方》、王焘的《外台秘要》等。所录方剂多取上述诸书，摘录宋以后的方剂则采其经得住推敲、确实有效的方剂，取舍非常严谨，对于疑问之处详加辨析。

徐大椿所著《医学源流论》，分目九十三条。他称："病症的名称数之可万，而脉象不过数十种，须脉象结合望、闻、问诊才能做出正确诊断。有疾病相同而病人禀赋不同的，有兼证兼病不一样的，还有亡阴亡阳之分。病人有不愈不死的，有暂时痊愈而后死亡的，还有虽用药不当但当时没死的。药性有古今不同，不可拘泥于《内经》司天运气之说，亦有说针灸之法失传的。"诸多说法均有可取之处。

徐大椿还著《慎疾刍言》，此书是为那些沉溺于邪说偏见，妄用针砭之法的人所著，多惊心动魄之语。另著《医贯砭》，专门驳斥赵献可《医贯》书中妄用温补的理论。《慎疾刍言》与《医贯砭》均刊行于世。

徐大椿与叶桂同以名医享誉江苏，但他们治病的宗旨却不相同。徐大椿评论叶桂医案，纠正多处错误。他还精于外科，但没有专著，他认为流传的《外科正宗》一书，妄用刀针及药物，往往害人，故详加评论，世人将其尊奉为善本医书。

吴谦、林澜传

【题解】

吴谦,清代医家,字六吉,安徽歙县人,生活于十七、十八世纪间。为清代雍正、乾隆年间御医,官太院判。乾隆中奉敕与同官刘裕铎任总修官编纂医书,历时三年,于1742年编成《医宗金鉴》九十卷。全书采辑自《内经》至清代诸家医书,分门类聚,采集精微,共十五种,其中《订正伤寒论注》《订正金匮要略》两种为谦所自撰。此书注重临床实际,每门下各有子目、有图、有说、有方、有论,并各有歌诀,便于记诵。凡论一证,必于阴阳、表里、寒热、虚实反复详辨,大都理求精当,酌古以准今,芟繁而摘要,为集古医学集大成之作。《四库全书提要》评论曰:"根据古义,而能得其变通,参酌时宜,而必求其征验,寒热不执成见,攻补无所偏施",评论较公允。此书刊行后,作为清太医院医学教科书,为后世习医者所必读,流传很广,影响极大,屡经刊行。

林澜(公元1627~1691年),明末清初医家,字观子,杭州人。清初为补诸生,后弃儒研医,尤精于医经。以《灵枢》先于《素问》,乃将二书互为表里,纂《灵素合钞》十五卷,自摄生至运气,共分十二类。又集中外历代医籍数千卷,考辨参订,辑为《伤寒折衷》十二卷,附以《伤寒类证》八卷。评论伤寒诸证,备列诊治方法。

【原文】

吴谦,字六吉,安徽歙县人。官太医院判,供奉内廷,屡被恩赉。乾隆中,敕编医书,太医院使钱斗保请发内府藏书,并征集天下家藏秘籍,及世传经验良方,分门聚类,删其驳杂,采其精粹,发其余蕴,补其未备,为书二部。小而约者,以为初学诵读;大而博者,以为学成参考。既而征书之令中止,议专编一书,期速成,命谦及同官刘裕铎为总修官。

谦以古医书有法无方,惟《伤寒论》《金匮要略》(杂病论)始有法有方。《灵》《素》而后,二书实一脉相承。义理渊深,方法微奥,领会不易,遂多讹错。旧注随文附会,难以传信。谦自为删定,书成八九,及是,请就谦未成之书,更加增减。于二书讹错者,悉为订正。逐条注释,复集诸家旧注实足阐发微义者,以资参考,为全书之首,标示正轨。次删补名医方论,次四诊要诀,次诸病心法要诀,次正骨心法要旨。书成,赐名《医宗金鉴》。虽出众手编辑,而订正《伤寒》《金匮》,本于谦所自撰。

林澜,著《伤寒折衷》,《灵素合钞》。兼通星象、堪舆之学。

【译文】

吴谦,字六吉,安徽歙县人。曾任太医院判。在朝廷内供奉,并屡次受到恩赏。乾隆年间,奉皇帝下诏编写医书。其时太医院使钱斗保申请发出官藏医书,并征集国内各家藏秘籍及传世经验良方,分门别类,删其驳杂,采其精微,发其奥义,补其不足,合编为两部书。其短小简要者，为初学者阅读，大而博者，可作学成者之参考。不久，征书之令中止，有关人员商议专编一书。为将此书尽快完成，命吴谦与另一太医院判刘裕铎同为总修官。

吴谦认为古医书有法无方，惟从《伤寒论》《金匮要略》开始才有法有方，自《灵枢》《素问》之后，《伤寒论》与《金匮要略》二书一脉相承，但此二书义理深奥，方法微妙，难于理解，且多讹错之处。过去的注释随文附会，不足以取信。吴谦将《伤寒论》与《金匮要略》亲自删定，在书稿将完成之际，官方让他再次删补，修改二书讹错之处，逐条阐释其意义，另又收集历代医家精微注解，以资参考，将《订正伤寒论注》与《订正金匮要略注》列于《医宗金鉴》全书依之首，以此作为规范。全书次为《删补名医方论》《四诊心法要诀》《诸病心法要诀》《正骨心法要旨》等。书成之后，乾隆皇帝将其命名为《医宗金鉴》。此书虽出于众人之手，但其中《订正仲景全书·伤寒论注》与《订正仲景全书·金匮要略注》为吴谦亲自撰写。

林澜，著《伤寒折衷》十二卷，《灵素合钞》十五卷。他兼通天文、地理之学。

绰尔济传

【题解】

绰尔济，墨尔根氏，明末清初骨伤科医家。蒙古族。擅长医治各种刀、箭伤，治疗多有奇效。

【原文】

绰尔济，墨尔根氏，蒙古人。天命中，率先归附。善医伤。时白旗先锋鄂硕与敌战，中矢垂毙，绰尔济为拔镞，傅良药，伤寻愈。都统武拜身被三十余矢，昏绝，绰尔济令剖白驼腹，置武拜其中，遂苏。有患臂屈不伸者，令先以热镬熏蒸，然后斧椎其骨，揉之有声，即愈。

【译文】

墨尔根绰尔济，蒙古人。天命（公元1616~1626年）年间，他领头归附了清廷。他擅长治疗骨伤科。当时白旗的先锋鄂硕与敌人作战，被箭射中，生命垂危。绰尔济为他把箭拔掉，外敷药物，伤口很快就痊愈了。当时的都统武拜全身中箭三十多处，昏死过去，绰尔济下令把一匹白驼的腹部剖开，将武拜放入白驼腹中，于是死而复生。对患有手臂弯曲而不能伸展的患者，他先让患者用烧热的大锅来熏蒸患肢，然后再用刀具来正骨治疗，用力揉按听到有声响后，即治愈。

觉罗伊桑阿传

【题解】

觉罗伊桑阿,清代骨伤科医家。满族。善于运用手法治疗粉碎性骨折。并创一些骨伤科之秘方。其教授弟子的方法也颇具有创造性。

【原文】

觉罗伊桑阿,乾隆中,以正骨起家,至巨富。其授徒法,削笔管为数段,包以纸,摩挲之,使其节节皆接合,如未断者然,乃如法接骨,皆奏效。故事,选上三旗士卒之明骨法者,每旗十人,隶上驷院,名蒙古医士。凡禁庭执事人有跌损者,命医治,限日报痊,逾期则惩治之。侍郎齐召南坠马,伤首,脑出。蒙古医士以牛脬蒙其首,其创立愈。时有秘方,能立奏效,伊桑阿名最著。当时湖南有张朝魁者,亦以治伤科闻。

【译文】

觉罗伊桑阿,乾隆(公元1736~1795年)年间,以正骨而发家,后来竟成为大富翁。他教授学徒的方法是:把一支笔管削成好几段,外边再用纸包裹,然后用手抚摩,使笔管逐节衔按起来,就像没有折断过一样。如此接骨,用于临证,皆能获得很好的效果。当时有一个成文制度规定,要选镶黄、正黄、正白三旗中懂整骨法的士兵,每旗十人。隶属于上驷院,号称"蒙古医士"。凡在宫廷侍从左右的办事人员如有跌打损伤的,都叫这些医士给以治疗,并限期把他们治好,如逾期还不痊愈的,医家应受惩罚。有个侍郎叫齐召南,不慎从马背上摔下来,伤着头部,脑浆都流出来了,蒙古医士用牛的膀胱蒙住他的头部,立即治愈。他当时保存着一些秘方,能很快就奏效。伊桑阿是当时最著名的医生。当时湖南有个叫张朝魁的人,也是以治伤科而闻名于世。

陆懋修传

【题解】

陆懋修(公元1815~1886年)清代医家。字九芝、勉旃,号江左下工,又号林屋山人。江苏元和(今苏州)人。陆氏先祖以儒学著名,而且都精通医术。陆懋修的外曾祖父王丙(朴庄)亦是清代著名医家,精于伤寒。陆懋修早年补诸生,承祖儒业,于咸丰癸丑(公元1853年)年为思贡补镇江训导。及至中年,正值太平天国起义军进攻江南,战乱之中,陆氏徙居上海,专心致力于医学,从此不求仕途。陆氏精心钻研《素问》,早期著有《内经运

陆懋修一生勤奋,著述宏富,计有《文集》十六卷、《不谢方》一卷、《伤寒论阳明病释》
四卷、《内经运气病释》九卷、《内经运气表》一卷、《内经难字音义》一卷。重订校正有《傅
青主女科》《广温热论》《理虚元鉴》《校正王朴庄伤寒论注》,诸书合刊为《世补斋医书》
正、续集。还撰有《内经音义》及《素问难字略》《本草二十四品》《宏维新编》《仲景方汇
录》《水饮活法》《医林琐语·世补斋杂缀》等,现存稿本。另有《明道藏本史崧灵枢音释》
《金匮方论》《太阳寒水病方说》等抄本传世。子润庠,同治十三年殿试状元,在京城做官
历任工部吏部尚书、参与政务大臣等。曾迎养其父入都,享尽天年。另一子润澜,官至大
学士,也精通医学。

【原文】

陆懋修,字九芝,江苏元和人。先世以儒显,皆通医。懋修为诸生,世其学。咸丰中,
粤匪扰江南、转徙上海,遂以医名。研精《素问》,著《内经运气病释》。后益博通汉以后
书,恪守仲景家法,于有清一代医家,悉举其得失。所取法在柯琴,尤怡两家,谓得仲景意
较多。吴中叶桂医名最盛,传最广,懋修谓桂医案出门弟子,不尽可信。所传《温病证治》,
亦门人笔述。开卷揭"温邪上受,首先犯肺,逆传心包"一语,不应经法,误以胃热为肺热,
由于不识阳明病,故著《阳明病释》一篇,以阐明之。又据《难经》"伤寒有五"之文,谓"仲
景撰用《难经》,温病即在伤寒中,治温病法不出《伤寒论》外。"又谓"瘟疫有温,有寒,与
温病不同,医者多混称。吴有性,戴天章为治疫专家,且不免此误。"著论辨之,并精确,有
功学者。

懋修既弃举业,不求仕进,及子润庠登第,就养京邸,著述至老不倦。光绪中,卒。润
澜亦通医,官至大学士,自有传。

【译文】

陆懋修,字九芝,江苏元和人。祖上以儒学称著,均通医学。陆懋修补诸生,承袭家
学。清咸丰年间,太平天国革命军进入江南时,陆懋修徙居上海,便以医学闻名了。他研
究精通《素问》,著有《内经运气病释》一书。后更博览精研汉以后的医书,独尊张仲景医
学思想,对清代众多医家,详尽地论述了他们的功过得失,认为柯琴、尤怡两家值得效法,
以其较多地继承了仲景的学术思想。吴中叶桂的医名最盛,医书流传最广,陆懋修认为
叶桂医案多出自门人弟子,不可尽信,流传的《温病证治》,也是门人笔述。开卷指明"温
邪上受,首先犯肺,逆传心包。"一语,与经法不相符合,误把胃热当肺热是由于不会辨识
阳明病,故此陆氏撰写了《阳明病释》一篇,借此阐明己见。又根据《难经》"伤寒有五"之
文,认为"仲景撰用《难经》,温病即在伤寒中,治温病法不出《伤寒》外。"又认为"瘟疫有
温、有寒,与温病不同,医者多混称。吴有性、戴天章为治疫专家,不免此误。"对此,陆懋

修撰文一一辨析,观点精确,对学医者很有帮助。

陆懋修放弃举子功业,不再追求做官晋爵,及至他的儿子陆润痒同治年间考中状元,于是陆懋修就在他儿子京都的府邸居住,勤于著述,至老不倦,于光绪年间去世。另一子润痒也精通医道,官至大学士,另有传记。

吕震传

【题解】

吕震(公元 1796~1852 年)清代医家。一名吕震名,字建勋,号榛村,浙江钱塘(杭州)人。吕震先世系安徽人,后迁往杭州。祖上世代习儒。吕震自幼聪颖好学,道光五年(公元 1825 年)乡武中举,曾经任湖北荆门州判。后来放弃仕途,潜心研究医学。晚年寓居苏州,每日迎诊不断。吕氏为人耿直,治病不分贵贱,无论老幼临证必详细问诊,切脉精细,他处方用药总要草拟底稿,反复推敲,几番审阅才交与病人,所以治病常有奇效。吕震学术上注重伤寒,推崇仲景,他认为《伤寒论》实际羽翼于《内经》,六经辨证不仅限于为伤寒立法,杂病也一以贯之,只要掌握住六经辨证的精髓,不论何病都可以迎刃而解。著有《伤寒寻源》三编(公元 1850 年),书中有许多精辟之言,陆懋修持论多本其说。又著《内经要论》未见传世。咸丰二年(公元 1852 年)患中风而卒。

【原文】

吕震,字榛村,浙江钱塘人。道光五年举人,官湖北荆门州判。晚寓吴,酷嗜医,诊疗辄有奇效。其言曰:"《伤寒论》使学者有切实下手工夫,不止为伤寒立法。能从六经辨证,虽繁剧如伤寒,不为多歧所误,杂证一以贯之。"著《内经要论》《伤寒寻源》。懋修持论多本丙,震云。

注:吕震真名实为吕震名,查《伤寒寻源》清光绪七年辛已(1881 年)版本,自序中曰:"道光三十年岁次庚戌冬日钱塘吕震名撰"吕震之名为清史稿笔误。

【译文】

吕震,字榛村,浙江钱塘人。道光五年中举,曾在湖北荆门任州判。晚年居住在苏州。很喜欢医学,治病每有奇特效果,他说"学习《伤寒论》能使学医的人有扎扎实实的治病工夫,《伤寒论》不仅仅为伤寒病立法。掌握了六经辨证方法,即便病情繁杂严重如伤寒一般,也不会被复杂的病情所迷惑,杂证也是以六经辨证的方法贯穿其中的。"吕震著有《内经要论》《伤寒寻源》二书。陆懋修所持观点多根据王丙,吕震所云。

费伯雄传

【题解】

费伯雄(公元 1800～1879)清代医家。字晋卿,先世于明末迁居江苏武进,居住在县治西北的孟河镇。费家五世业医,远近闻名。高祖云庵曾与镇江王九峰为同代名医,经常切磋技艺。费伯雄自幼聪明,少年习举子业,道光年间为贡生,后来弃儒从医,专攻岐黄之术。他读书广泛,不矜奇偏异,博采众长,因此医道日益长进,求医问诊者接踵而至,以至于在他所居住的地区因此也兴旺起来,费氏则成为清末最著名的医生之一,他从专治杂证享盛名数十年。费氏治病讲究求实平稳,戒偏戒杂,主张和治从缓,以平淡之剂而获奇效。费氏曾两次应诏入朝,一次为道光太后治肺痈,着手即愈,御赐"是活国手"匾额一块。第二次为道光皇帝治失音,愈后赐对联一副:着手成春,万家生佛。婆心济世,一路福星。

费氏博览群书,精心研究《灵枢》《素问》及仲景以下历代名医著述。他以为医者不知《灵枢》《素问》则不明经络,无以知致病缘由;不通《伤寒》《金匮》则无从辩证,不会立法处方;不读金元四家,则不知医理变化,无从温凉补泻。于是,费伯雄积数十年心得,著成《医醇》二十四卷,刊行未及一半,便毁于战火。同治二年(公元 1863 年),又追忆原书内容,重新编辑,所得不及原书十之二、三,改书名《医醇剩义》,书凡四卷。同治四年又著《医方论》,对《医方集解》所选诸方逐一评论,指出东垣、丹溪偏差之处。尤对升麻、柴胡、知母、黄柏四药强调慎用。费氏对食疗也颇感兴趣,著有《费氏食养三种》,包括《食鉴本草》(此书为石成金所编,后世改名费氏)《本草饮食谱》《食养疗法》。又辑有《怪疾奇方》,批注《医学心悟》等。子应兰、孙绳甫、荣祖、绍祖均承医业。

【原文】

费伯雄,字晋卿。与澍同邑,居孟河,滨江。咸、同间以医名远近,诣诊者踵相接,所居遂成繁盛之区。持脉知病,不待问。论医,戒偏戒杂。谓古医以"和缓"命名,可通其意。著书曰《医醇》,毁于寇。撮其要,成《医醇剩义》,附方论。大旨谓常病多,奇病少,医者执简,始能驭繁,不可尚异。享盛名数十年,家以致富,子孙皆世其业。伯雄所著,详于杂病,略于伤寒,与懋修、澍宗旨并不同。清末江南诸医,以伯雄为最著,用附载焉。

【译文】

费伯雄,字晋卿,与邹澍同乡。家居孟河镇,临江边。咸丰、同治年间是远近闻名的医家,求诊的病人接连不断,因而使其所居住的地方繁荣起来。费氏据脉诊便知道患者之病,不用问证。论及医道,主张应禁忌偏杂,认为古圣"医和""医缓"之所以以"和缓"称名,是有道理的,是与其学术思想相贯通的。费氏著有《医醇》一书,毁于战乱。后集其要点,为《医醇剩义》,附有方论。该书主旨认为常见病较多,怪病较少,医家只有掌握医术精要,才能执简驭繁,不要崇尚奇异。费氏医名显赫数十年,家境也因此而富欲起来,子孙都继承他的事业。费伯雄的著作,论述杂病较为详尽,伤寒较为简略,与陆懋修、邹澍宗旨不同。清末江南众多名医中,费伯雄最为著名,故附载于此。

王澍、王文治、梁巘、梁同书、邓石如、吴熙载列传

【题解】

王澍(公元1668~1743年),字若林,号虚舟,江苏金坛县人。康熙五十一年中进士,官至吏部员外郎,擅长书法,各体皆工,学唐人褚遂良、欧阳询。翁方纲以为,他的"篆书得古法,行书次之,正书又次之"。著有《淳化阁帖考正》。王澍传后附有蒋衡、徐用锡的传记。

王文治(公元1730~1892年),字禹卿,号梦楼,丹徒(今江苏镇江市)人。乾隆三十五年探花,官至翰林侍读。他的书法,以董其昌为宗,远学唐人李邕,宋人张即之。在当时与翁方纲、刘墉、梁同书齐名。著有《梦楼诗集》《赏雨轩题跋》等。

梁巘,字闻山,亳州(今安徽亳县)人。乾隆二十七年中举人,官至四川巴县知县。辞官后,主讲寿春书院。他以擅长唐人李邕书体而著名,对用笔方法及笔势有深入的研究。他的书法也梁同书齐名。梁巘为"北梁",梁同书为"南梁"。

梁同书(公元1723~1815年),字元颖,号山舟,晚年又署石翁、新吾长,钱塘(今浙江杭州市)人。会试落第,乾隆皇帝因其是大学士梁诗正之子,特准予参加殿试,官至翰林侍讲。他的书法,初学颜其卿、柳公权,后兼学苏载、米蒂,书风苍劲。与翁方纲、刘墉、王文治齐名。著有《频罗庵遗集》。

邓石如(公元1943~1805年),初名琰,字顽伯,号完白山人,笈浙道人,怀宁(今安徽安庆市人)。擅书法,精篆刻。他的篆书在汉碑篆额及李阳冰的基础上,形成自己沉雄朴厚的风格。隶书功力很深,稍变汉隶笔意,形成楷隶之间的书体,对后世影响很大。邓石始自称:"吾篆未及阳冰,而分不减梁鹄。"并非是自谕之言。他的篆刻得力于书法,苍劲庄重,流利清新,冲破当时一味模仿秦汉印的风气,世称为"皖派"。著有《完白山人篆刻偶存》等。邓石如传后附有钱伯、吴育、杨沂孙等人的传记。

吴熙载(公元1799~1870年),原名廷凤,字让之,号晚学居士,江苏仪征人。他的书法学习包世臣,创北朝书派,字体凝重古朴,这种书体对清代的馆阁体书法是有力的冲击。吴熙载又长于篆刻,学邓石如刀法,参以汉印,刀法流畅,遒劲凝练,发展了"皖派"篆刻艺术。著有《师慎轩印谱》《吴让之印谱》等,吴熙载传后附有梅植之、杨亮的传记。

【原文】

王澍,字若林,号虚舟,江南金坛人。绩学工文,尤以书名。康熙五十一年进士,入翰

林,累迁户科给事中,雍正初,诏以六科隶都察院。澍谓科臣掌封驳,品卑任重觊隶台臣,将废科参,偕同官崔致远、康五端抗疏力争。甘宗怒,立召诘之,从容奏对,上意稍解,遂改吏部员外郎。越二年,告归,益耽书,名播海内。摹古名拓殆遍,四体并工,于唐贤欧、褚两家,致力尤深,辄跋尾自道所得。后内阁学士翁方纲持论与异,谓其篆书得古法,行书次之,正文又次之。所著题跋及《淳化阁帖考正》,并行于世。

自明、清之际,工书者,河北以王铎、傅山为冠,继则江左王鸿绪、姜宸英、何焯、汪士鋐、张照等,接踵而起,多见他传。大抵渊源出于明文征明、董其昌两家,鸿绪、照为董氏嫡派,焯及澍则于文氏为近。澍论书尤详,一时所宗。

蒋衡,改名振生,字湘帆,晚号拙老人。与澍同里。键户十二年,写《十三经》。乾隆中,进上,高宗命刻石国学,授衡国子监学正,终不出。衡早岁好游,足迹半海内,观碑关中,获晋、唐以来名迹,临摹三百余种,曰《拙存堂临古帖》。晚与澍相期斗胜,每临一书,相从质证。子骥、孙和,并以书世其家。

骥尤精分隶,著《汉隶讹体集》《古帖字体》《续书法论》名一卷,兼工画。其言曰:"汉、魏字体不同,性情各异。书须悬臂中锋,而用力以和平为主。作画之提顿逆折,参差映带,其理一尔。"皆阐明其先说。

徐用锡,字坛长,宿迁人,古籍大兴。登乡举,康熙四十八年进士,官翰林院编修。从李光地游,究心乐律、音韵、历数、书法。五十四年,分校会试,严绝请托,衔之者嗾言官劾其把持闱事,圣祖原之,终以浮议罢归。乾隆初,起授翰林院侍读,年已八十。寻告归,卒于家。用锡乡举出姜宸英之门,与何焯同为光地客,论书多与二家相出入。精于鉴别古人,言笔法亦多心得。著《字学札记》二卷,载《圭美堂集》中。

王文治,字禹卿,江苏丹徒人。生有凤慧,十二岁能诗,即工书。长游京师,从翰林院侍读全魁使琉球,文字播于海外。乾隆三十五年,成一甲三名进士,授翰林院编修。逾三年,大考第一,擢侍读。出为云南临安知府,因事镌级,乞病归。后当复官,厌吏事,遂不出。往来吴、越间,主讲杭州、镇江书院。高宗南巡,至钱塘僧寺,见文治书碑,大赏爱之。内廷有以告,招之出者,亦不应。

喜声伎,行辄以歌伶一部自随,辩论音律,穷极幽渺。客至张乐,穷朝暮不倦。海内求书者,多有馈遗,率费于声伎。然客散,默然禅定,夜坐,胁未尝至席。持佛戒,自言:"吾诗与书皆禅理也。"卒,年七十三。

所著《诗集》外有《快雨堂题跋》,略见论书之旨。文治书名并时与刘墉相埒,人称之曰"浓墨宰相,淡墨探花"。与姚鼐交最深,论最契,当时书名,鼐不及文治之远播;后包世臣极推鼐书,与刘墉并列上品,名转出文治上。

梁𪩘,字闻山,安徽亳州人。乾隆二十七年举人,官四川巴县知县。晚辞官,主讲寿春书院,以工李北海书名于世。初为咸安宫教习,至京师,闻钦天监正何国宗曾以事系刑部,时尚书张照亦以他事在系,得其笔法,因诣家就问。国宗年已八十余,病不能对客,遣一孙传语。𪩘质以所闻,国宗答曰:"君已得之矣。"赠以所临米、黄二帖。

后𪩘以语金坛段玉裁曰:"执笔之法,指以运臂,臂以运身。凡捉笔,以大指尖与食指尖相对,笔正直在两指尖之间,两指尖相接如环,两指本以上平,可安酒杯。平其肘,腕不附几，肘圆而两指与笔正当胸，令全身之力，行于臂而凑于两指尖。两指尖不圆如环，或如环而不平，则捉之也不紧，臂之力尚不能出，而况于身？紧则身之力全凑于指尖，而何有于臂？古人知指之不能运臂也，故使指顶相接以固笔，笔管可断，指镆痛不可胜，而后字中有力。其以大指与食指也，谓之单勾；其以大指与食指中指也，谓之双勾；中指者，所以辅食指之力也，总谓之'拨灯法'，王献之七、八岁时学书，右军从旁掣其笔不得，即谓此法，舍此法，皆旁门外道。二王以后，至唐、宋、元、明诸大家，口口相传如是，董宗伯以授王司农鸿绪，司农以授张文敏，吾闻而知之。本朝但有一张文敏耳，他未为善。王虚舟用笔祇得一半，蒋湘帆知握笔而少作字乐趣。世人但言无火气，不知火气使尽，而后可言无火气也。如此捉笔，则笔心不偏，中心透纸，纸上飒飒有声。直画粗者浓墨两分，中如有丝界，笔心为之主也。如此捉笔，则必坚纸作字，软薄纸当之易破。其横、直、撇、捺皆与今人殊，笔锋所指，方向迥异，笔心总在每笔之中，无少偏也。古人所谓屋漏痕、折钗股、锥画沙、印印泥者，于此可悟入。"巘少著述，所传绪论仅此。当时与梁同书并称，巘曰"北梁"，同书曰"南梁"。

梁同书，字元颖，晚号山舟，浙江钱塘人，大学士诗正子，乾隆十七年，会试未第，高宗特赐予殿试，入翰林，大考，擢侍讲。淡于荣利，未老，因疾不出。晚年重宴鹿鸣，加侍讲字士衔。卒，年九十三。好书出天性，十二岁能为擘窠大字。初法颜、柳，中年用米法，七十后乃变化。名满天下，求书者纸日数束，日本琉球皆重之。

尝与张燕昌论书，略曰："古人云'笔力直透纸背'当与天马行空参看。今人误认透纸，便如药山所云'看穿牛皮'，终无是处。盖透纸者，状其精气结撰墨光浮溢耳，彼用笔如游丝者，何尝不透纸背耶？用腕力使极软之笔自见，譬如人持一强者，使之直，则无所用力；持一弱者，欲不使之偃，则全腕之力，自然集于两指端。其实书者只知指运，而不知有腕力也。藏锋之说，非笔如钝锥之谓，自来书家从无不出锋者，只是处处留得笔住，不使直走。笔要软，软则道；笔要长，长则灵；笔要饱，饱则腴；落笔要快，快则意出。书家燥锋曰渴笔，画家亦有枯笔，二字判然不同，渴则不润，枯则死矣。今人喜用硬笔故枯。帖教人看，不教人摹。今人只是刻舟求剑，将古人书摹画如小儿写仿本，就便形似，岂复有我？字要有气，气须从熟得来。有气则有势，大小、长短、高下、猗整，随笔所至，自然贯注，成一片段，却著不得丝毫摆布，熟后自知。中锋之法，笔提得起，自然中，亦未尝无兼用侧锋处，总为我一缕笔尖所使，虽不中亦中。乱头粗服非字也，求逸则野，求旧则拙，此处不可有半点名心在。"同书平生书旨，与梁巘之异同，具见于此。

邓石如，初名避仁宗讳，遂以字行，改字顽伯，安徽怀宁人。居皖公山下，又号完白山人。少产僻乡，鲜闻见，独好刻石，仿汉人印，篆甚工。弱冠孤贫，游寿州，梁巘见其篆书，惊为笔势浑鸷，而未尽得古法。介谒江宁梅都御史成子也。家多弃藏金石善本，尽出示之，为具衣食楮墨，使专肄习。

好《石鼓文》，李斯《峄山碑》《泰山刻石》、汉《开母石阙》《敦煌太守碑》，吴苏建《国山碑》，皇象《天发神谶碑》，唐李阳冰《城隍庙碑》《三坟记》、每种临摹各百本。又苦篆体不备，写《说文解字》二十本。旁搜三代钟鼎、秦、汉瓦当、碑额。五年，篆书成，乃学汉分，临《史晨前》《后碑》《华山碑》、《白石神君》《张迁》《潘校官》《孔羡》《受禅》《大飨》诸碑，各五十本。三年，分书成。石如篆法以二李为宗，纵横捭阖，得之史籀，稍参隶意，杀锋以取劲折，字体微方，与秦、汉当额为近。分书结体严重，约《峄山》《国山》之法而为之。自谓："吾篆未及阳冰，而分不减梁鹄。"

客梅氏八年，学既成，遍游名山水，以书刻自给。游黄山，至歙，鬻篆于贾肆。编修张惠言故深究秦篆，时馆修撰金榜客，偶见石如书，语榜曰："今日得见上蔡真迹。"乃冒雨同访于荒寺，榜备礼客之于家。荐于尚书曹文埴，偕至京师，大学士刘墉、副都御史陆锡熊皆惊异曰："千数百年无此作矣！"时京师论篆、分者，多宗内阁学士翁方纲，方纲以石如不至其门，力诋之，石如乃去，客两湖总督毕沅，沅故好客，吴中名士多集节署，裘马都丽，石如独布衣徒步。居三年，辞归，沅为置田宅，俾终老。濒行，饯之，曰："山人，吾幕府一服清凉散也。"石如年四十六始娶，常往来江、淮间，卒，年六十三。

子传密，初名廷玺，字守之。从李兆洛学，晚客曾国藩幕。能以篆书世其家。

当乾、嘉之间，嘉定钱坫、阳湖钱伯坰，皆以书名。坫自负其篆直接阳冰，尝游焦山，见壁间篆书《心经》，叹为阳冰之亚。既而知为石如所作，摭其不合六书者以为诋。伯坰故服石如篆、分为绝业，及见其行、草，叹曰："此杨少师神境也！"复与论笔法不合，遂助坫诋之尤力。坫见《儒林传》。

伯坰，字鲁斯，自号仆射山人，尚书维城从子。少孤，力学，工诗嗜酒，广交游，以国子监生终。书学颜平原、李北海，尝曰："古人用兔毫，故书有中线，今用羊毫，其精者乃成双钩，吾耽此五十年，才十得三四。"论者谓自刘墉殁，正、行书以伯坰为第一。其执笔，虚小指，以三指包管外，与大指相拒，侧毫入纸，助怒张之势。指腕皆不动，以肘来去，斥古今相承拨灯之说。石如作书，则悬腕双钩，管随指转，两家法大殊。

吴育，字山子，江苏吴江人。与包世臣、李兆洛游，能文，工书。谓："下笔须使笔毫平铺纸上，乃四面圆足，此阳冰篆法，书家真秘密语。"世臣取其说。育篆书尤工，法与石如差近。

杨沂孙，字泳春，江苏常熟人。道光二十三年举人，官安徽凤阳知府。父忧归，遂不出，自号濠叟。少学于李兆洛，治周、秦诸子。耽书法，尤致力于篆籀，著《说文解字说订讹》欲补苴段玉裁、王筠所未备。又考上古迄史籀、李斯，折衷于许慎，作《在昔篇》。篆、隶宗石如，而多自得。尝曰："吾篆、籀，颉颃邓氏，得意处或过之；分、隶则不能及也。"光绪七年，卒，年六十九。沂孙、同时工篆、籀者，又推吴大澂，自有传。

吴熙载，初名廷飏，以字行，后又字让之，江苏仪征人。先世居江宁，父明煌，始游扬州，善相人术，熙载为诸生，博学多能，从包世臣学书。世臣创明北朝之派，溯源穷流，为一家之学。其笔法兼采同时黄乙生、王良士、吴育、朱昂之、邓石如诸人之说。执笔，食指高钩，大指加食指、中指之间，中指内钩，小指贴名指外拒，管向左迤，后稍偃，若指鼻准。运锋，使笔毫平铺纸上，笔笔断而后起，结字计白当黑，使左右牝牡相得，自谓合古人八法、九宫之旨。熙载恪守师法，世臣真、行、稿草无不工，嗜篆、分而未致力，熙载篆、分功力尤深。复纵笔作画，亦有士气。咸丰中，卒。

与熙载同受包氏法者，江都梅植之蕴生，甘泉杨亮季子，高凉黄洵修存，作姚毛长龄仰苏，旌德姚配中仲虞，松桃杨承汪挹之。配中详《儒林传》。

植之,道光十九年举人。通经,以诗鸣,世臣尤称其书。谓其跌宕遒丽,煅炼旧拓,血脉精气,奔赴腕下,熙载未之敢先。又得琴法于吴思伯之女弟子颜夫人,独具神解。纠正思伯传谱,于古操制曲之故,辄能知之。自署所居曰嵇庵。配中与有同嗜,著《琴学》二卷,植之五十而卒,琴法未有传书。

亮,世为将家,袭骑都尉世职。笃学敦行,江、淮间士大夫多称之。书亚于熙载。

合肥沈用熙最后出,至光绪末始卒,年近八十。毕生守师法,最为包门老弟子。

世臣叙次清一代书人为五品,分九等:"平和简静,遒丽天成,曰神品;酝酿无迹,横直相安,曰妙品;逐迹寻源,思力交至,曰能品;楚调自歌,不谬风雅,曰逸品;墨守迹象,雅有门庭,曰佳品。神品一人,邓石如隶及篆书。妙品上一人,邓石如分及真书;妙品下二人,刘墉小真书,姚鼐行草书。能品上七人。释邱山真及行书,宋珏分牓书,傅山草书,姜宸英行书,邓石如草书,刘墉牓书,黄乙生行牓书;能品下二十三人,王铎草书,周亮工草书,笪重光行书,吴大来草书,赵润草牓书,张照行书,刘绍庭草牓书,吴襄行书,翟赐履草书,王澍行书,周于礼行书,梁巘真及行书,翁方纲行书,于令淓行书,巴慰祖分书,顾光旭行书,张惠言篆书,王文治方寸真书,刘墉行书,汪庭桂分书,钱伯坰行及牓书,陈希祖行书,黄乙生小真行书。逸品上十五人,顾炎武正书,萧云从行书,释雪浪行书,郑簠分及行书,高其佩行书,陈洪绶行书,程邃行书,纪映钟行书,金农分书,张鹏翀行书,袁枚行书,朱筠稿书,朱珪真书,邓石如行书,宋镕行书;逸品下十六人,王时敏行及分书,朱彝尊分及行书,程京萼行书,释道济行书,赵青藜真及行书,钱载行书,程瑶田小真书,巴慰祖行书,汪中行书,毕涵行书,陈淮行书,姚鼐小真书,程世淳行书,李天行书,伊秉绶行书,张桂岩行书。佳品上二十二人,沈荃真书,王鸿绪行书,先著行书,查士标行书,汪士鋐真书,何焯小真书,陈奕禧行书,陈鹏年行书,徐良行书,蒋衡真书,于振行书,赵知希草书,孔继涑行书,嵇璜真书,钱沣行书,桂馥分书,翁方纲小真书,张燕昌小真书,康基田行书,钱坫篆书,谷际岐行书,洪梧小真书;佳品下十人,郑来行书,林佶小真书,方观承行书,董邦达行书,华岩行书,秦大士行书,高方小真小书,金榜真书,吴俊行书,张崇本小真书。"九品共九十七人,重见者六人,实九十一人。复增能品上一人,陈琦真、行及分书;能品下三人,于书佃行书,段玉立小真及草书,吴德旋行书。佳品上六人,吴育篆及行书,方履篯分书,梅植之行书,朱昂之行书,李兆洛行书,徐准宜真书。

其后包氏之学盛行,咸、同以来,以书名者,何绍基、张裕钊、翁同龢三家最著,并见他传。绍基宗颜平原法,晚复出入汉分;裕钊源出于包氏,同和规模阂变,不为诸家所囿,为一代后劲云。

【译文】

王澍,字若林,号虚舟,是江南金坛县人。学问渊博,文章写得很漂亮,尤其以书法著名。康熙五十一年中进士,入翰林院任职,历升至户科给事中。雍正初年。皇帝下令把六科隶属于都察院。王澎认为,六科的官阶负责对大臣起草的诏旨进行审察,或原封退还,或加以改正,官员虽低,但责任重大,如果隶属都察院,它的参驳职能就被废除了,一起和同僚崔致远、康五端上疏力争。世宗大怒,当即把他召来责问,王澍耐心地解答,皇帝的怒气才平息了一些。于是改任他为吏部员外郎。过了两年,请假回乡,更加苦读,名扬海内。他遍临古代著名碑帖,真草隶篆都写得很好。他学习唐人欧阳询、褚遂良两家的书法,用力最深,常常通过题跋写出自己的心得。后来与内阁学士翁方纲的看法不一致,翁方纲认为王澍的篆书继承了古人笔法,行书就差一些,楷书则更差。王澍所著的题跋和《淳化阁帖考正》都流传于世。

自从明清之际以来,擅长书法的人,河北以王铎、傅山最为有名,继此之后,江南的王鸿绪、姜宸英、何焯、汪士铉、张照等人,接着兴起,他们的事迹见于其他传记。总的来说,他们的书法渊源出于文征明、董其昌二家,王鸿绪、张照为董其昌的嫡派弟子,何焯和王澍的风近于文征明。王澍论书法很著名,议论尤其详尽,为当时人所推崇。

蒋衡,改名振生,字湘帆,晚年别号为拙老人。他和王澍是同乡。他闭门十二年,书写《十三经》。乾隆年间进呈朝廷,高宗下令把他书写的《十三经》在国子监刻石立碑,任蒋衡为国子监学正,但他不赴任。他早年喜爱出游,足迹走遍半个中国,去关中观摩碑林,得到晋唐人的著名的书迹,临摹了三百余种,称之为《拙存堂临古帖》。晚年和王澍相约比赛,每临摹一种书体,互相问难订正。他的儿子蒋骥、孙子蒋和,都能以书法继承家学。

蒋骥尤其擅长隶书,著有《汉隶讹体集》《古帖字体》《续书法论》各一卷。同时他也善于绘画。他曾说:"汉、魏字体不同,性质也不一样。书写汉隶时应悬臂用笔的中锋,用力主要在于平稳。作画时用笔的提顿逆折,错落呼应,与作书法的道理是一样的。"都能阐明他先前的说法。

徐用锡,字坛长,宿迁县人,寄籍大兴县。中举人后,于康熙四十八年中进士,官至翰林院编修。他向李光地问学,致力于乐律、音顿、历数、书法的研究。康熙五十四年,任会试阅卷官,他严厉拒绝说情,怨恨他为人反而唆使言官弹劾他把持会试事务,圣祖原谅了他,但最终仍由于闲言碎语被罢免,回到故乡。乾隆初年,起用他的翰林院侍读,当时他已经八十岁了。不久就请假回乡,在家中逝世。徐用锡中举时,主考官是姜宸英,用锡和何焯当时同为李光地的门客,他的论书法文字,大都出入于姜、何二家学说。他精于鉴别古人的字画,讲用笔方法也多有心得。著有《字学札记》,收在《圭美堂集》中。

王文治,字禹卿,是江苏丹徒县人。他天生就很聪明,十二岁时就能写诗,并且字写得有好。成人后到京城游历,跟随翰林院侍读全魁出使琉球,因而他的诗文书法得以在海外传布。乾隆三十五年,考中探花,被任为翰林院编修。过了三年,在翰林院、詹事府的升职考试中,名列第一。提拔为侍读学士。外任为云南临安知府,因事被降级,于是称病请求回乡。后来应该起用他任官,他对官场生活感到厌倦,于是就不再进官场。他往来于江、浙之间,曾在杭州、镇江等地书院任主讲。乾隆下江南,来到钱塘佛寺,看到王文治书写的碑文,非常喜爱。宫中有人把这件事告诉他,想让他出来任官,他也没有答应。

王文治喜好声色,出门总是带着一队歌舞乐队。研究音律,达到很高深的境界,有客人来访,便令乐队演奏歌舞,整日整夜也不感到疲倦。海内求他书法的人,送来很多礼物,大都用于声色开销。但是,在客人走后,他默默地参禅打坐,整夜也不躺下休息。信奉佛家学说,他自称他的诗和书法,都体现了佛家学说。终年七十三岁。

他的著作，除《诗集》外，又有《快雨堂题跋》，从中也可以看到他论书的主张。他的书法成就和刘墉不相上下，人们称许说："浓墨宰相，淡墨探花。"他和姚鼐的交情最深，主张相投，二人当时的书法声誉，姚鼐不如王文治名声远播；后来包世臣极力推崇姚鼐的书法，把姚鼐的书法和刘墉的书法都列为上等，姚的名声反而居王文治之上。

梁巘，字闻山，是安徽亳州人。乾隆二十七年考中举人，任官四川巴县知县。晚年辞职，任寿春书院主讲，以擅长李邕的书体闻名于世。起初他任咸安宫教习，来到北京，听说钦天监正何国宗曾因罪被关押在刑部，当时尚书张照也因罪在押。梁巘得到他们的书法作品，便去他们家请教。当时何国宗已经八十多岁，因病不能会客，派他的一个孙子来回传话。梁巘把他的见解说出来请何国宗指教，何国宗回答说："你已经掌握了书法的真谛。"送给他亲自临摹的米芾、黄庭坚二种书贴。

后来梁巘对金坛人段玉裁说："握笔的唇法，用手指调动手臂，用手臂调动全身。握笔的姿势，以大拇指尖和食指尖相对，笔管竖直在两指尖之间，两指尖相对形成环状，两指的根部以上形成水平，上面可以放一个酒杯。肘部平衡，腕部不贴书案，肘弯呈圆形，大、食二指和笔管放在胸前，调动全身的力量，通过手臂，再集中在两指尖上。如果两指尖形不成环状，或形成环状而上面不平，就会握笔不紧，这样手臂的力量尚且发挥不出来，何况是全身的力量？笔握得紧，如果全身的力量能直接集中在指尖上，那还要手臂干什么？古人知道手指不能调动手臂，因此才用两指相接来固定笔管，直至笔管要被折断，手指痛不可忍，这样写出的字才有劲。只用拇指和食指握笔，称之为单勾；用拇指、食指、中指来握笔，称之为双勾。中指的作用，是用来辅助食指的力量，总的称之为'拨灯法'。王献之七八岁时练字，王羲之从旁边抽他的笔，抽不动，王献之就是用这种方法执笔的。除去这种执笔法，其他都是歪门邪道。王羲之、王献之以后，至唐、宋、元、明各大家，人人相传就是这种执笔法，董其昌把这种方法传授给司农王鸿绪，王鸿绪又传授给张照，我从张照那里得到的。本朝只有张照一人善于运用这种执笔法，其他人都不到家。王澍用笔，只领会这种方法的一半，蒋衡掌握了执笔方法而缺写字的乐趣。世人只说某某人的字没有大气，并不知大气用尽以后，才真是没有大气。这样执笔，则笔锋不偏，笔锋力透纸背，笔运行于纸上，飒飒有声。直画粗的，浓墨从笔画中间分开，中心象有一丝界限，这是笔锋的作用。这样执笔，必须用坚硬的纸来书写，软薄纸容易破裂。这样用笔，横、直、撇、捺，和现在人的写法完全不一样，笔锋的指向与笔画的走向相反，笔锋总是在每画的正中间，不稍稍偏离。古人所说的握漏痕、折钗股、锥画沙、印印泥，从这种执笔法中可以想见。"梁巘著述很少，他留下的论述仅这一样。他和同时的梁同书并称二梁，梁巘为"北梁"，梁同书为"南梁"。

梁同书，字元颖，晚年别号为山舟，是浙江钱塘人，大学士梁诗正的儿子。乾隆十七年，会试没有考中，乾隆皇帝特准他参加殿试，后来入翰林院任职，经过升职考试，被提拔为侍讲。梁同书对名利看得很轻，还不到老年，因病不再任职。晚年曾主持乡试，加衔以侍讲学士。九十三岁时去世。他爱好书法出于天性，十二岁时就能写大字。他的书法初学颜真卿、柳公权，中年学米芾，七十岁以后字风发生变化。书法著称于天下，求字者每天都送来数卷纸张，日本、琉球都珍重他的书法作品。

他曾与张燕昌讨论书法艺术,大致内容说:"古人所说的'笔力直透纸背',理解这句话应该像理解'天马行空'那样。现在的人误认为把纸戳破,这和唐人惟俨和尚所说的'看穿牛皮'一样,机械去理解,终究得不到正确的解释。所谓透纸,是形容笔力专注墨色充溢罢了,那些运笔和游丝一样的笔画,何尝不是透过纸背呢?用于腕的力量使极软的毛笔呈现出坚挺的力量,比如有人挽扶一个身体强壮的人,要他站直,不须要挽扶人用力;如挽扶一个衰弱的人,要想不让他倒下,自然挽扶的人把手腕的力气集中在两指的顶端。其实对于写字的人来说,只知道是手指的力量运笔,不知道腕力在起作用。藏锋的含意,并不是说笔锋象钝锥子那样,从来的书法家没有不出锋的,只不过在点匡之间能把笔滞留住,不让它直接前行。笔毛要软,软笔能表现出笔锋的遒劲;笔锋要长,长锋运用起来灵便,笔要蘸饱,饱笔能表现出笔画的丰满,下笔要快,快能表现出书法家的意境。书法家称枯锋为渴笔,画家也有枯锋,但渴、枯二字含义截然不同,渴只是形容笔画不圆润,枯则表现出一种死气。现在人喜欢用硬笔,所以才显得死。法帖是让人看的,不是让人临摹。现在的人只是像刻舟求剑那样,把古人的书法作品,一笔一画地临摹,像小孩临字一样,即便写得形似,哪有自己的特点?字要有神气,神气是从熟练中来。有神气就会有气势,字的大小、长短、上下、邪正,随笔势所至,自然流出,形成完整的统一体,却来不得一点故意安排,熟练以后自然领会其中的道理。写中锋的方法,关键是笔要提得起来,笔能提起,自然形成中锋,但也并不是一点也不兼用侧锋,总的是笔尖指挥运笔,虽然看起来不像中锋,实际上也是中锋。写得粗头乱脑,是不成其为字的,追求飘逸,反而粗野,追求古旧,反而笨拙,这里不可存有半点名利之心。"梁同书一向的书法主张,和梁巘主张的不同,具见上述。

邓石如,起初名叫邓琰,因避仁宗讳(颙琰),于是以字行世,改字为顽伯,是安徽怀宁人。因他家在皖么山下,又号为完白山人。他出生在偏僻的乡村,见闻很少,但他单单爱上石刻艺术,他模仿汉人的篆文印章,摹刻得十分逼真。二十岁左右父亲去世,家里很穷,流浪到寿州,梁巘看到他的篆书气势雄浑,大为惊异,介绍他去见江宁的梅镠,梅镠是都御史梅毂成的儿子。梅家收藏多种古代金石善本,都拿出来,供邓石如观摩,并供给他衣食纸墨,让他专心学习。

邓石如爱好《石鼓文》,李斯的《峄山碑》《泰山刻石》、汉代的《开母石阙》,《敦煌太守碑》,吴苏建的《国山碑》,皇象的《天发神谶碑》,唐代李阳冰的《城隍庙碑》《三愤记》等。每一种各临摹一百本。他又苦于自己的篆书书体还不完备,于是抄写《说文解字》二十本。另外又搜集三代的钟鼎彝器、秦、汉的瓦当、碑额。练习了五年,篆书练成功。于是又学汉隶,临摹《史晨前后碑》《华山碑》《白石神君碑》《张迁碑》《潘校官碑》《孔羡碑》,《受禅碑》《大乡碑》等,各临五十本。又练习了三年,隶书练成功。邓石如的篆书,学习李斯、李阳冰、纵横开阖的气势,从史籀笔法学来,稍稍掺进隶书的笔意,翕收笔的遒劲,字体略呈方形,与秦、汉的瓦当碑额篆体相近。他的隶书结构严整,综合了《峄山碑》《国山碑》的笔法。他自称:"我的篆书赶不上李阳冰,隶书不在梁鹄之下。"

他在梅家客居了八年,学业成功,遍游名山大川,以书法和篆刻为生。他游历黄山,来到歙县,向古玩店出售篆书作品。编修张惠言对秦篆素有研究,当时他在修撰金榜家教书，偶然看到邓石如的篆书，对金榜说："不想今天能看到李斯的真迹！"于是二人冒雨去破庙里拜访邓石如，金榜以待客礼仪把邓石如请进他家。又向尚书曹文植推荐邓石如，一起来到京城，大学士刘墉，副都御史陆锡熊对邓石如的书法深表惊异，说道："千百年来还没有出现过这样的作品！"当时京城研究篆隶的人，都推崇内阁学士翁方纲，翁方纲因邓石如不去拜见他，对邓石如大加诋毁。于是邓石如离开京城，去任两湖总督毕沅的幕僚。毕沅本来很好客，吴中名流很多人聚集在他的幕下，个个都是裘衣骏马，只有邓石如粗衣步行。住了三年，告辞而回，毕沅替他购买田宅，让他在家养老。临行之时，毕沅摆酒宴为他送行，说道："完白山人是我衙署中的一服清凉剂啊！"他四十六岁时才娶妻，常常在江、淮间来往，终年六十三岁。

他的儿子邓传密，起初名叫廷玺，字守之。传密从学于李兆洛，晚年在曾国藩手下当幕僚。他能以篆书继承他父亲的学业。

在乾隆、嘉庆年间，嘉定的钱坫、阴湖的钱伯坰，都以擅长书法著名。钱坫以为他的篆书直接承继李阳冰，因而很自负，他曾游历焦山，看到山壁上有篆刻《心经》，感叹这篆书仅次于李阳冰。后来得知是邓石如所书，于是挑剔其中不合六书的地方进行诋毁。钱伯坰本来很佩服邓石如的行书、草书，感叹地说："简直是杨凝式的再现！"后来和邓石如讨论笔法，二人意见不合，于是钱伯坰帮助钱坫大力诋毁邓石如。钱坫的事迹见本书《儒林传》。

钱伯坰，字鲁斯，自号仆射山人，是尚书钱维城的侄子。少年丧父，刻苦读书，诗写得很好，嗜酒如命，交游很广，以国子监生逝世。他的书法学颜真卿、李邕，他曾说："古人用兔毛做笔，因而笔画中间有一条线，现在用羊毛笔，精于用笔的才能成双钩。我热衷此道五十年，才掌握了十分之三、四。"评论界认为，自从刘墉死后，楷书、行书钱伯坰为第一。他的执笔方法是：小指不贴笔，其他三指包于笔管外，和拇指相抵，用侧锋下笔，以助长怒放的气势。运毛时手指和手腕都不动，只是肘部来回运动，他驳斥古今相传的"拨灯法"之说。邓石如写字时，悬腕双钩握笔，笔管随手指运转，两家用笔的方法大相径庭。

吴育，字山子，是江苏吴江县人。他向包世臣、李兆洛问学，会写文章，擅长书法。他曾说："下笔时应使笔毛平铺在纸上，这样笔画才能四面圆润，这是李阳冰写篆书的用笔方法，是书法家的用笔秘诀。"包世臣采纳了他的说法。吴育特别擅长篆书，用笔和邓石如相近。

杨沂孙，字泳春，是江苏常熟人。道光二十三年中举人，官至安徽凤阳知府。父亲逝世后，在家守孝，于是不再出来任官，自号为濠叟。少年时跟李兆洛学习，研究周、秦诸子学说。热爱书法艺术，尤其用力学习篆书、籀书，著有《文字解说问讹》，打算补充段玉裁、王筠著述的不足。又考证上古至史籀李斯以来的篆书，以许慎的《说文解字》为准，撰写了《在昔篇》，他对于篆书、隶书，推崇邓石如，而多布自己的独到之处。他曾说："我写得篆书、籀书，和邓石如相抗衡，其中得意之笔，超过了邓石如；八分书、隶书则赶不上他。"光绪七年逝世，终年六十九岁。和杨沂孙同时而且擅长篆书的，又首推吴大征，本书另有传记。

吴熙载，初名廷飏，以字号行世，后又改字让之，是江苏仪征人。他的祖辈居住在江宁，他的父亲吴明煌，起初在扬州，善于相面。吴熙载秀才出身，博学多能，他曾跟随包世臣学习书法。包世臣提倡北朝书法流派，探索北朝的书法渊源及其流变，形成一家之言。包世臣的笔法学说，兼取同时人黄乙生、王良士、吴育、朱昂之、邓石如诸家的主张。包世臣所倡导的执笔方法是：食指高高钩起，拇指置于食指、中指之间，中指内钩，小指紧贴无名指外顶笔管向左方稍倾斜，上端向后，好像指向鼻尖。运笔时，使笔毛平铺纸上，每一笔收笔时将笔锋提起。字的结构，要黑白相应，使左右凸凹相称。包世臣认为自己的说法符合古人的用笔八法、九宫法。吴熙载忠实遵守他教授的笔法。包世臣擅长楷、行、草书，爱好篆书、隶书，但没下什么工夫，吴熙载的篆书、隶书功夫很深。他操笔作画，也有文人气。咸丰年间去世。

和吴熙载同时接受包世臣笔法的人，有江都人梅植之，字蕴生；甘泉人杨亮，字季子；高谅人黄洵，字修存；余姚人毛长龄，字仰苏，旌德人姚配中，字仲虞；松江人杨承汪，字挹之。姚配中事迹详见本书《儒林传》。

梅植之，道光十九年中举人。通经书，以诗著称于世。包世臣特别欣赏他的书法，认为他的书法跌宕有姿，遒动清丽，能把古碑帖中的血脉精神，熔铸于笔画中，在这方面吴熙载也不能超越他。梅植之又向吴思伯的女徒弟颜夫人学习弹琴，他弹奏的曲子独具神韵。并且，能纠正吴思伯所传授琴谱中的错误，对于古代乐曲谱写的背景，他也颇熟悉。他给自己的居室起名叫嵇庵。姚配中和他有相同的爱好，曾著《琴学》二卷。梅植之五十岁就去世了。他对古琴古曲的研究，没有留下著作。

杨亮出自武将世家，他本袭封为世代相传的骑都尉。他专心学问，注重品行，江、淮间的读书人都称赞他。他的书法成就，稍次于吴熙载。

合肥人沈用熙出名最晚，至光绪末年才去世，年八十余。他一生谨守师法，是包世臣门下最老的徒弟。

包世臣把清代的书法家分为五品九等："平和恬静，遒劲清研，出自天然，称为神品；糅合众家之长，不露痕迹，笔画稳安，称为妙品；能追寻名家的踪迹，追本溯源，用心用力，称为能品；能自出机杼，而不违背传统，称为逸品；墨守一家的笔迹，颇有家法，称为佳品。收入神品的一人，邓石如的篆书和隶书。收入妙品上等的一人，邓石如的八分书和楷书；收入妙品下等的二人，刘墉的小字楷书，姚鼐的行草书。收入能品上等的七人，释邱山的楷书和行书，宋珏的八分榜书，傅山的草书，姜宸英的行书，邓石如的草书，刘墉的榜书，黄乙生的行榜书；收入能品下等的二十三人，王铎的草书，周亮工的草书，笪重光的行书，吴大来的草书，赵润的草榜书，张照的行书，刘绍庭的草榜书，吴襄的行书，翟赐履的草书，王澍的行书，周于礼的行书，梁巘的楷书和行书，翁方纲的行书，于令淓的行书，巴慰祖的八分书，顾光旭的行书，张惠言的篆书，王文治的方寸楷收，刘墉的行书，汪庭桂的八分书，钱伯坰的行书和榜书，陈希祖的行书，黄乙生的小字楷书和小字行书。收入逸品上等的有十五人，顾炎武的楷书，萧云从的行书，释雪浪的行书，郑的八分书和行书，高其佩的行书，陈洪绶的行书，程邃的行书，纪映钟的行书，金农的八分书，张鹏翀的行书，袁枚的行书，朱筠的稿书，朱珪的楷书，邓石如的行书，宋镕的行书。收入逸品下等的有十六人，王时敏的行书和八分书，朱彝尊的八分书和行书，程京萼的行书，释道济的行书，赵青藜的楷书和行书,钱载的行书,程瑶田的小字楷书,巴慰祖的行书,汪中的行书,毕涵的行书,陈淮的行书,姚鼐的小字楷书,程世淳的行书,李天的行书,伊秉绶的行书,张桂岩的行书。收入佳品上等的有二十二人,沈荃的楷书,王鸿绪的行书,先著的行书,查士标的行书,汪士鋐的楷书,何焯的小字楷书,陈奕禧的行书,陈鹏年的行书,徐良的行书,蒋衡的楷书,于振的行书,赵知希的草书,孔继涑的行书,嵇璜的楷书,钱澧的行书,桂馥的八分书,翁方纲的小字楷书,张燕昌的小字楷书,康基田的行书,钱坫的篆书,谷际岐的行书,洪梧的小字楷书;收入佳品下等的有十人,郑来的行书,林佶的小字楷书,方观承的行书,董邦达的行书,华岩的行书,秦大士的行书,高方的小字楷书,金榜的楷书,吴俊的行书,陈崇本的小字楷书。"收入九品的共九十七人,重见的六人,实际只有九十一人。又增加能品上等一人,张琦的楷书、行书和八分书;能品下等三人,于书佃的行书,段玉立的小字楷书和草书,吴德旋的行书。增加佳品上等六人,吴育的篆书和行书,方履钱的八分书,梅植之的行书,朱昂之的行书,李兆洛的行书,徐准宜的楷书。

后来包世臣的学说盛行,咸丰、同治以来,以书法著名的,有何绍基、张裕钊、翁同龢三家最为有名,这三人的事迹,具见于本传。何绍基学习颜其卿的笔法,晚年又揉进汉隶的笔意;张裕钊的笔法出于包世臣;翁同龢的书法,气象宏伟,且多变化,不受名家的束缚,成为有清一代书坛上的后劲。

王时敏、陈洪绶、释道济、王翚、恽格、龚贤、高其佩、张鹏翀、唐岱、华岩、王学浩列传

【题解】

王时敏(公元 1592～1680 年),字逊之,号烟客、西庐老人等,太仓(今江苏属县)人。明末曾官太常寺少卿,明亡后隐居不仕,专心画学,擅长山水画,少时学董其昌,后又学宋、元,以黄公望为宗,笔墨苍润疏秀,丘壑少变化,临摹之迹较多。他广收门徒,培养后进,为清初南宗领袖人物。他与王鉴、王翚、王原祁合称"四王"。著有《西田集》《西庐画跋》等。王时敏传后附有王鉴、王撰、王原祁、王宸等人的传记。

陈洪绶(公元 1598～1692 年),字章侯,号老莲,诸暨(今浙江诸暨市)人。他生活于明末清初,一生未做官,以卖画为生。在明末曾入宫廷作画,明亡后也曾出家为僧,因自号悔迟,亦作老迟。他擅长人物、仕女,取法宋人李公麟。晚年画风有所变化,造型夸张,能突破前人窠臼;也工花鸟,下笔细腻,色彩清丽。在当时,他与崔子忠齐名,称为"南陈北崔"。绘有《水浒叶子》《博古叶子》《九歌》《西厢记》等。能诗文,著有《宝纶堂集》、陈洪绶传后附有崔子忠、禹之鼎、余集、改琦、费丹旭等人的传记。

释道济(公元 1642～约 1718 年),字石涛,自号清湘老人,又号苦瓜和尚、大涤子、瞎尊者等,朱姓,是明代清江王的后裔,明亡前尚在幼年,明亡后出家为僧。他是清初著名

画家,擅长山水,也工兰竹、花鸟、人物等。他主张笔墨当随时代变化,因而他强调独创,构图善于变化,笔墨纵放,意境新奇。他的绘画作品和画论,对扬州画派和近代中国的绘画,影响很大,王原祁也认为:"大江以南,当推石涛为第三。"同时他也擅长书法诗赋,兼擅园林叠石。著有《苦瓜和尚画语录》以及后人所辑《大涤子题画诗跋》等。按:"道济"应为"原济"。传后附有残、朱耷、弘仁、上睿、明中、达受等人的事迹。

王翚(公元元1632~1717年),字石谷,号耕烟,乌目散人、清晖主人等,常熟(今江苏常熟市)人。他一生未仕。康熙年间,召他供奉内廷,主持绘制《南巡图》,画成以后,康熙欲任他为官,辞归乡里。他少年时曾向王鉴、王时敏等人学画,后又出入于宋元名迹,熔各家之长于一炉,形成清丽深秀的画风,有时也过于圆熟。晚年画风更趋于老成,有苍茫之致。从学弟子很多,形成"虞山画派"。他的画论也有见地。"以元人笔墨,运宋人丘壑,而泽以唐人气韵,乃为大成。"后人把他和王时敏、王鉴、王原祁合称"四王",加上吴历、恽寿平,称为"清六家"。王翚传后附有吴历、杨晋、黄鼎、方士庶的传记。

恽格(公元1633~1690年),字寿平,后以字行,改字正叔,号南田,云溪外史、白云外史、东园客、草衣生等,武进(今江苏属县)人。他一生不应科举,家境贫寒,以卖画为生。他的画初学元人王蒙,后兼用徐熙、黄鉴的笔法,形成清丽明润的画风,自成一派,后人称之为"常州画派"。擅长山水、花鸟的写生,意趣盎然,栩栩如生。他和王时敏、王翚、王鉴、吴历、王原祁被为"清六家",兼工书法,诗文,他的诗书画,被称为"南田三绝"。著有《瓯香馆集》。他的曾孙女恽冰,字洁如,号清于,以擅长花卉著名。恽格传后附有马元驭、王武、沈铨的传记。

龚贤(公元1618~1689年),一名岂贤,字半千,号野遗、柴丈人,昆山(今江苏属县)人。一生未仕。他擅长山水,学习董源、吴镇,而能独出心裁。重视写生,用墨层层渍染,浓郁苍润。后人称他和樊圻、高岑、邹喆、吴弘、叶欣、胡造、谢荪为"金陵八家"。著有《香草堂集》《画诀》《柴丈人画稿》等。龚贤传后附有赵左、项圣谟、查士标等人的事迹。

高其佩(公元1660~1734年),字韦之,号且园,铁岭(今属辽宁)人,汉军旗。官至户部侍郎。擅长山水、人物、走兽、花鸟,画风苍浑沉厚,与明人吴伟的画风相近。他尤其以指头作画著名,手指画出的线条,人很难认出是手指所画,且具有奇异的效果。他的侄孙高秉著《指头画说》记其画法。高其佩传后附有李世倬、朱伦瀚、傅雯、瑛宝等人的事迹。

张鹏翀(公元1688~1745年),字天飞,自号南华山人,嘉定(今江苏属县)人。雍正五年中进士,官至詹事府詹事。他长期为清帝的文学侍从,尤其受乾隆皇帝的赏识。他的画,无所师承,但却合于古法,多为宫廷题材应制之作,如《春林澹霜图》等。在清代以绘画侍奉皇帝的人,著名的还有蒋廷锡、钱维城、邹一桂等人,附见于张鹏翀传记之后。

唐岱,字毓东,满洲人。官至参领。他曾从王原祁学画,后来一直任宫廷画师,历康熙、雍正、乾隆三朝。他擅长山水,学宋人笔法,康熙称之为"画状元"。著有《绘事发微》。清代画院派画家,著名的还有焦秉贞、郎世宁、张宗苍、余省、金廷标、丁观鹏、缪炳泰等人,附见唐岱传之后。

华(公元1682~1756年),字秋岳,号新罗山人、东园生、布衣生、离垢居士等,福建上杭县人,徒工出身,后寓居杭州,以卖画为生,擅长人物、山水、花鸟、草虫、走兽等。他的画，远学马和之，近学陈洪绶、恽寿平，形象生动，构图别致，画风清秀明丽，独树一帜。又工诗画，人称其诗书画"三绝"。著有《离垢集》。华传后附有高凤翰、郑燮、金农、罗聘、奚冈、钱杜、方薰等人的传记。

王学浩（公元1754~1832年），字椒畦，江苏昆山县人。乾隆五十一年中举人。他幼年时向本县人李豫德学画，后又远学倪瓒、黄公望。他的画善于用墨，人称其用量"能入绢素之骨"。他是道光末年画界的元老。著有《南山论画》。王学浩传后附有黄均的传记。

【原文】

王时敏，字逊之，号烟客，江南太仓人，明大学士锡爵孙。以荫官至太常寺少卿。时敏系出高门，文采早著。鼎革后，家居不出，奖掖后进，名德为时所重。明季画学，董其昌有开继之功，时敏少时亲炙，得其真传。锡爵晚而抱孙，弥钟爱，居之别业，广收名迹，悉穷秘奥。于黄公望墨法，尤有深契，暮年益臻神化。爱才若渴，四方工画者踵接于门。得其指授，无不知名于时，为一代画苑领袖。康熙十九年，卒，年八十有九。

鉴，子圆照，明尚书世贞曾孙。与时敏同族，为子侄行，而年相若。崇祯中，官廉州知府，甫强仕，谢职归。就弇园故址，营构居之，萧然世外，与时敏砥砺画学，以董源、巨然为宗，沉雄古逸，虽青绿重色，书味盎然。后学尊之，与时敏匹。康熙十六年，卒，年八十。

时敏子撰，字异公。画守家法，得其具体。

孙原祁，字茂京，号麓台。幼作山水，张斋壁，时敏见之，讶曰："吾何时为此耶？"问知，乃大奇曰："此子业且出我右！"康熙九年成进士，授任几县知县。行取给事中，寻改中允，直南书房。累擢户部侍郎，历官有声，时海内清晏，圣祖右文，同余怡情翰墨，常召入便殿，从容奏对。或于御前染翰，上凭几观之，不觉移晷。命鉴定内府名迹，充《书画谱》总裁、《万寿盛典》总裁，恩礼特异。五十四年，卒于官，年七十四。

原祁画为时敏亲授，于黄公望浅绛法，独有心得，晚复好用吴镇墨法，时敏尝曰："元季四家，首推子久，得其神者，惟董宗伯；得其形者，予不敢让；若神形俱得，吾孙其庶几乎？"王翚名倾一时，原祁高旷之致突过之。每画必以宣德纸，重毫笔，顶烟墨，曰："三者一不备，不足以发古隽浑逸之趣。"或问王翚，曰："太熟，"复问查士标，曰"太生"。盖以不生不熟自居。中年后，供奉内廷，乞画者多出代笔，而自署名。每岁晏，与门下宾客画，人一幅，为制裘之需，好事者缄金以待，弟子最著者黄鼎、唐岱，并别有传。

原祁曾孙宸，字子凝，号蓬心。乾隆二十五年举人，官湖南永州知府。原祁诸孙，多以画世其家，惟宸最工，枯毫重墨，气味荒古。爱永州山水，自号潇湘子，有终焉之志，罢官后，贫不能归，毕沅为总督，遂往依之武昌。以诗画易酒，湖湘间尤重其画。著《绘林伐材》十卷，王昶称为"画史总龟"云。

陈洪绶，字章侯，浙江诸暨人。幼适妇翁家，登案画关壮缪像于素壁，长八九尺，妇翁见之惊异，扃室奉之。洪绶画人物，衣纹清劲，力量气局，在仇、唐之上。尝至杭州，摹府学石刻李公麟《七十二贤像》，又摹周昉《美人图》，数四不已，人谓其胜原本，曰："此所以不及也，吾画易见好，则能事犹未尽。"尝为诸生，崇祯间，游京师，召为舍人，摹历代帝王像,纵观御府图画,艺益进。寻辞归。鼎革后,混迹浮屠间,初号老莲,至是自号悔迟。纵酒不羁,语及乱离,辄恸哭。后数年卒。子字,号小莲,画亦有名。

洪绶在京师,与崔子忠齐名,号"南陈北崔"云。

子忠,一名丹,字道母,别号青蚓,山东莱阳人,寄籍顺天,为诸生,负异才,作画意趣在晋、唐之间,不屑袭宋、元窠臼。人物士女尤胜,董其昌称之,谓非近代所有。以金帛请者不应,家居常绝食。史可法赠以马,售得金,呼友痛饮,一日而金尽,为诗古文,奥博奇崛。遭博奇崛。遭乱,走居土室中,遂穷饿以死。其后画人物士女最著者,曰禹之鼎、余集、改琦、费丹旭。

之鼎,字尚吉,号慎斋,江苏江都人。幼师蓝瑛,后出入宋、元诸家,尤擅人物,绘《王会图》传世。其写真多白描,不袭李公麟之旧,而用吴道子兰叶法,两颧微用脂赭染之,弥复古雅。康熙中,授鸿胪寺序班。爱洞庭山水,欲居之,遂归。朝贵名流,多属绘图像,世每传之。

集,字秋室,浙江钱塘人,乾隆三十一年进士。工画士女,时称曰"余美人",廷试,当得大魁,因此抑之。寻充《四库全书》纂修,荐授翰林院编修。累擢侍读。所作风神静朗,无画史气,为世所重,比诸仇、唐遗迹。

琦,字伯蕴,号七芗,先世为西域人,寿春镇总兵光宗孙,因家江南,居华亭。琦通敏多能,工诗词。嘉道后画人物,琦号最工。出入李公麟、赵孟頫、唐寅及近代陈洪绶诸家。花草兰竹小品,迥出尘表,有恽格遗意。

丹旭,字子苕,号晓楼,浙江乌程人。工写真,如镜取影,无不曲肖。所作士女,娟秀有神,景物布置皆潇洒,近世无出其右者。

释道济,字石涛,明楚藩裔,自号清湘老人。题画自署或曰大涤子,或曰苦瓜和尚,或曰瞎尊者,无定称。国变后为僧,画笔纵恣,脱尽窠臼,而实与古人相合。晚游江、淮,人争重之。著《论画》一卷,词议玄妙,与髡残齐名,号"二石"。

髡残,字石溪,湖南武陵人。幼孤,自剪发投龙三三家庵,遍游名山,后至江宁,往牛首,为堂头和尚。画山水奥境奇辟,缅邈幽深,引人入胜,道济排奡纵横,以奔放胜;髡残沉着痛快,以谨严胜:皆独绝。

朱耷,字雪个,江西人,亦明宗室,崇祯甲申后,号八大山人,尝为僧。其书画题款"八大"二字每联缀,"山人"二字亦然,类"哭"、类"笑",意盖有在。画简略苍劲,生动尽致,山水精密者尤妙绝,不概见。慷慨啸歌,世以狂目之。

弘仁,字渐江,安徽休宁人,姓江,字亦奇。明诸生,亦甲申后为僧。工诗古文,画师倪瓒,新安画家皆宗之。然弘仁所作层崖陡壑,伟俊沉厚,非若世之以疏竹枯株摹拟高士者比。殁后,墓上种梅数百本,因称梅花古衲云。

自道济以下,皆明之遗民,隐于僧,而以画著,其后画僧,上睿、明中、达受最有名。

上睿,字目存,吴人。尝从王翚游,得其指授。

明中,字大恒,浙江桐乡人。晚主杭州南屏净慈。高宗南巡,赐紫衣。山水得元人法。达受,字六舟,浙江海宁人。故名家子。耽翰墨,书得徐渭、陈道复纵逸之致。善别古器,精摹拓,或点缀折枝于其间,多古趣,阮元呼曰"金石僧"。王翚,字石谷,号耕烟,江南常熟人。太仓王鉴游虞山，见其画，大惊异，索见，时年甫冠。载归，谒王时敏，馆之西田。尽出唐以后名迹，俾坐卧其中，时敏复挈之游江南北，尽得观收藏家秘本。如是垂二十年，学遂成。康熙中诏征。以布衣供奉内廷。绘《南巡图》，集海内能手，逡巡莫敢下笔，翚讲指授，咫尺千里，令众分绘而总其成。图成，圣祖称善，欲授官，固辞，厚赐归。公卿祖饯，赋诗赠行。翚天性孝友，笃于风义，时敏、鉴既殁，岁时犹省其墓。康熙五十六年，卒，年八十六。翚论画曰："以元人笔墨，运宋人丘壑，而泽以唐人气韵，乃为大成。"称之者曰："古今笔墨之龃龉不相入者，翚罗而置之笔端，融冶以出。画有南北宗，至翚而合。"

吴历，又名子历，字渔山，号墨井道人，亦常熟人。学画于王时敏，心思独运，气韵厚重沉郁，迥不犹人。晚年弃家从天主教，曾再游欧罗巴。作画每用西洋法，云气绵渺凌虚，迥异平时，康熙五十七年，卒，年八十七。当时或言其浮海不归，后于上海南郭得其墓碣，题曰："天学修士"云。翚初与友善，后绝交。王原祁论画，右历而左翚，曰："迩时画手，惟吴渔山而已。"世以时敏、鉴、翚、原祁、历及恽格，并称为六大家。同县又有杨晋、黄鼎。

晋，字子鹤。翚弟子，山水清秀，尤以画牛名。翚作图，凡有人物与轿驼马牛羊，皆命晋写之。从翚绘《南巡图》，因摹内府名迹进御。

鼎，字尊古。学于王原祁，而私淑翚，得其意。临摹古人辄逼真，尤擅元王蒙法。遍游名山，号独往客。论者谓翚看尽古今名画，下笔具有渊源；鼎看尽九州山水，下笔具有生气。常客宋家，梁、宋间其迹独多。

方士庶，字循远，号小师道人，安徽歙县人，家于扬州。鼎弟子，早有出蓝之目。年甫逾四十，卒，论者惜之。翚画派为一代所宗，世比之王士祯之诗，当时门弟子甚盛，传衍其法者益众，附著其尤者。

恽格，字寿平，后以字行，改字正叔，号南田，江南武进人。父日初，见《隐逸传》。格年十三，从父至闽。对王祈起兵建宁，日初依之。总督陈锦兵克建宁，格被掠，锦妻抚以为子。从游杭州灵隐寺，日初侦遇之，绐使出家为僧，乃得归。格以父忠于明，不应举，擅诗名，鬻画养父。画出天性，山水学元王蒙。既与王翚交，曰："君独步矣！吾不为第二手。"遂兼用徐熙、黄筌法作花鸟，天机物趣，毕集豪端，比之天仙化人。画成，辄自题咏书之，世号："南田三绝"。虽自专意写生，间作山水，皆超逸，得元人冷淡幽隽之致。王时敏闻其名，招之，不时至。至，则时敏已病，榻前一握手而已。家酷贫，风雨常闭门饿，以金币乞画者，非其人不与。康熙二十九年，卒，年五十四。子不能具丧，王翚葬之。

从父向，字道生。自明季以画著，山水得董源法，格少即师之。及格负重名，群从子弟多工画，其著者源浚，字哲长，官天津县丞。能传徐熙法，笔有生气。族曾孙钟荫之女曰冰，尤有名，详《列女传》。

其弟子尤著者：马元驭，字扶曦，常熟人。家贫，好读书。幼即工画，王翚称之。后学于格，得其逸笔，颇称入室。孙女荃，传其学，名与恽冰相匹。元驭尝以画法授同县蒋廷锡，后廷锡官禁近，以书招之，谢不往。

格人品绝高，写生为一代之冠，私淑者众，然不能得其机趣神韵。惟乾隆中华翚号为继迹。后改琦亦差得其意云。

王武,字勤中,吴县人。画花草,流丽多风,王时敏亦称为妙品,学者宗之。及格出,遂掩其上。

沈铨,字南,浙江德清人。工写花鸟,专精设色,妍丽绝人。雍正中,日本国王聘往授画,三年乃归,故其国尤重铨画,于格为别派。

龚贤,字半千,江南昆山人。寓江宁,结庐清凉山下,葺半亩园,隐居自得。性孤僻,诗文不苟作。画得董源法,扫除蹊径,独出幽异,自谓前无古人,后无来者。

同时与樊圻、高岑、邹喆、吴弘、叶欣、胡造、谢荪号"金陵八家"。圻,字会公;造,字石公,与荪,皆江宁人。岑,字蔚生,杭州人;喆,字方鲁,吴人一弘,字远度,金溪人。欣,字荣木,华亭人。诸家皆擅雅笔,负时誉,要以贤为称首。

清初画学蔚盛,大江以南,作者尤多,各成派别,以娄东王时敏为大宗。若金陵、云间、嘉禾、新安,皆闻人迭起。

赵左,字文度,华亭人。画出于宋旭,为云间派之首,吴、松间多宗之。

项圣谟,字孔彰,嘉兴人,元汴之孙。初学文征明,后益进于古,董其昌称其与宋人血战,又得元人气韵。子奎,字东井,世其学。

同县李琪枝,子云连,日华之孙。山水淡逸,传世者梅竹为多。项、李皆名族,濡染有绪,群从多以画名。

其后雍、乾中钱纶光妻陈书,花鸟人物并工,详《列女传》。钱氏子孙及闺秀传其法者众,更盛于项、李二家。

张庚,字浦山,亦嘉兴人。学于书,浑通画理,著《画征录》及《续录》,自明末至乾、嘉中,所载四百余人。

查士标,字二瞻,号梅壑,安徽歙县人。明诸生,后弃举子业,专精书画,家饶于赀,多藏鼎彝古器,及宋、元名迹。初学倪瓒,后参以吴镇、董其昌法,称逸品。晚益以幽淡为宗,疏懒罕接宾客,盖托以逃世。与同县孙逸,休宁汪之瑞、释弘仁,号"新安四家",久寓扬州,康熙三十七年,卒。年八十四。

逸,字无逸。流寓芜湖,曾绘《歙山二十四图》。

之瑞。字无瑞,豪迈自喜,渴笔焦墨,酒酣挥洒为风雨。

时当涂萧云从,字尺木。与逸齐名,山水不专宗法,兼长人物。于采石太白楼下四壁画《五岳图》,又画《太平山水》及《离骚图》,好事者并镂刻以传。

高其佩,字韦之,号且园,奉天辽阳人,隶籍汉军。父殉耿藩之难,其佩以荫官至户部侍郎。画有奇致,人物山水,并苍浑沉厚,衣纹如草篆,一袖数折,尤善指画,尝画黄初平叱石成羊,或已成羊而起立,或将成而未起,或半成而未离为石,风趣横生。画龙虎,皆极其态。世既重其指墨,晚年以便于挥洒,遂不复用笔,其笔画之佳,几无人知之。雍正十二年,卒。甥李世倬、朱伦瀚皆学于其佩。

世倬,字汉章,总督如龙子。官至右通政。少至江南,从王翚游,得其传。后官山西,观吴道子《水陆道场图》,悟人物之法。花鸟写生,得其佩指墨之趣,易以笔运,各名一家。

伦瀚,字涵斋,明裔也,隶籍汉军。官至都统,直内廷。指画师其佩,兵壑奇而正,色淡味厚,喜作巨障,元气淋漓。指上生有肉锥,故作人物,须眉尤有神,出于天授。其后传其佩法者,有傅雯、瑛宝。

雯,字凯亭。奉天布衣,为诸王邸客,京师多其遗迹。

瑛宝,字梦禅,满洲人,大学士永贵子。以疾辞荫不仕,诗画自娱。指墨以简贵胜,深自矜许。

张鹏翀,字天飞,自号南华山人,江苏嘉定人。雍正五年进士,入翰林,官至詹事府詹事。天才超迈,诗画皆援笔立就,潇洒自适,类其为人。高宗爱其才,不次拔擢。进奉诗文,多寓规于颂,画无师承,自然入古。虽应制之作,萧散若不经意,愈见神韵。绘《春林淡霭图》,题诗进上,上赐和,鹏翀即于宫门叠韵陈谢。尝从驾西苑液池,一渡之顷,得诗八首。屡敕御舟作画,赐御笔《枇杷折枝》及《松竹双清图》,又赐"双清阁"书额,迭拜笔砚、文绮之赐无算。乾隆十年,乞假归,卒于途次。上眷之,久不忘,对群臣辄曰:"张鹏翀可惜!"

自康熙至乾隆朝,当国家全盛,文学侍从诸臣,每以艺事上邀宸眷。大学士蒋廷锡及子溥,董邦达及子诰,尚书钱维城,侍郎邹一桂,与鹏翀为尤著。

廷锡以逸笔写生,奇正、工率、浓淡,一幅间恒间出,无不超脱。源出于恽格,而不为所囿。邦达山水源于董源、巨然、黄公望,墨法得力于董其昌,自王原祁后推为大家。久直内廷,进御之作,大幅寻丈,小册寸许,不下数百。溥、诰各承其家法。维城山水苍秀,花卉付色尤有神采。一桂以《百花卷》被宸赏,世谓恽格后罕匹者。诸人所绘并入《石渠宝笈》,御题褒美,传为盛事。

嘉庆中,尚书黄钺由主事改官翰林,入直,画为仁宗所赏。道、咸以后,侍郎戴熙、大学士张之万,并官禁近,以画名。然国家浸以多故,视承平故事稍异焉。

唐岱,字毓东,满洲人。康熙中,以荫官参领。从王原祁学画,丘壑似原祁。供奉内廷,圣祖品题当时以为第一手,称"画状元"。历事世宗、高宗。高宗在潜邸,即喜其画,数有题咏,后益被宠遇。唐岱专工山水,以宋人为宗。少时名动公卿。直内廷久,笔法益进,人间传播者转稀。著《绘事发微》行世。

清制,画史供御者无官秩,设如意馆于启祥宫南,凡绘工、文史及雕琢玉器,装潢帖轴皆在焉。初类工匠,后渐用士流,由大臣引荐,或献画称旨召入,与词臣供奉体制不同。间赐出身官秩,皆出特赏。高宗万几之暇,尝幸馆中,每亲指授,时以为荣。其画之精美者,一体编入《石渠宝笈》《秘殿珠林》二书。嘉庆中,编修胡敬撰《国朝院画录》,凡载八十余人,其尤卓著可传者十余人。

焦秉贞,山东济宁人。康熙中,官钦天监五官正。工人物楼观,通测算,参用西洋画法,剖析分寸,量度阴阳向背,分别明暗,远视之,人畜、花木、屋宇皆植立而形圆。圣祖嘉之。命绘《耕织图》四十六幅,镌版印赐臣工。自秉贞创法,画院多相沿袭。

其弟子冷枚,胶州人,为最肖。与绘《万寿盛典图》

陈枚,江苏娄县人。官内务府郎中,初法宋人,折衷唐寅,后亦参西洋法。寸纸尺缣,图群山万壑,人物胥备。

郎世宁,西洋人。康熙中入直,高宗尤赏异。丹名马,珍离,琪花、异草,辄命图之,无不奕奕如生。设色奇丽，非秉贞等所及。

艾启蒙，亦西洋人。其艺亚于郎世宁。

张宗苍，字默存，江苏吴县人。学画于黄鼎。初官河工主簿。乾隆十六年南巡，献册，受特知，召入直。数年，授户部主事，以老乞归。宗苍山水，气体深厚，多以皴擦取韵，一洗画院甜熟之习，被恩遇特厚。所画著录《石渠》者，百十有六，多荷御题。

弟子徐扬、方琮最得其法，亦邀宸赏，赐扬举人，授内阁中书。

余省，字曾三，江苏常熟人，善写生，能得花外之趣。同时杨大章，亦赋色修洁，可与邹一桂颉颃，颃花鸟以二人为最工。

金廷标，字士揆，浙江桐乡人。南巡进白描罗汉，称旨，召入祗候。廷标画不尚工致，以机趣传神。高宗题所作《琵琶行图》曰："唐寅旧图，有琵琶伎在别船，廷标祗绘白居易一人侧耳而听，别有会心。古人画意为先，非画院中人所及。"会爱乌罕进由骏，郎世宁绘之，复命廷标别作，仿季公麟法，增写执靮人，古趣出彼上。及廷标卒。上命旧粘殿壁者悉付装池，收入《石渠宝笈》。

丁观鹏，工人物，效明丁云鹏，以宋人为法，不尚奇诡。画仙佛神像最擅长，著录独多。

时有严弘滋者，南巡两次献画，所作三官神像，秀发飞扬，称为绝作，屡命画院诸人摹之。

姚文瀚，亦以人物仙佛名，亚于观鹏。

缪炳泰，字象宾，江苏江阴人。初以国子监生召绘御容。南巡，应召试，赐举人，授中书，官至兵部郎中。乾隆五十年以后御容，皆出所绘。又命绘紫光阁功臣像，人人逼肖，写真之最工者。

画院盛于康、乾两朝，以唐岱、郎世宁、张宗苍、金廷标、丁观鹏为最，宗苍所作，尤有士气，道光以后无闻焉。至光绪中，孝钦皇后喜艺事，稍复如意馆旧规，画史皆凡材，无可纪者。

华岩，字秋岳，号新罗山人，福建临汀人。慕杭州西湖之胜，家焉。画山水、人物、花鸟、草虫无不工，脱去时蹊，力追古法。有时过求超脱，然其率略处，愈不可及。工诗，有《离垢集》，古质清峭。书法脱俗，世称"三绝"，可继恽格。侨居扬州最久，晚归杭州，卒年近八十。

乾、嘉之间，浙西画学称盛，而扬州游士所聚，一时名流竞逐。其尤著者，为高凤翰、郑燮、金农、罗聘、奚冈、黄易、钱杜、方薰等。

凤翰，字西园，山东胶州人。雍正初，以荐得官，署安徽绩溪知县，被劾罢。久寓江、淮间，病偏鲜，遂以左手作书画，纵逸有奇气。尝登焦山观《瘗鹤铭》，寻宋陆游题名，亲埽积薛，燃烛扪图，以败笔清墨为图，传为杰作。性豪迈不羁，藏砚千，手自镌铭，著《砚史》。又藏司马相如玉印，秘为至宝。卢见曾为两淮运使，欲观之，长跪谢不可。其癖类此。

燮，字板桥，江苏兴化人。乾隆元年进士，官山东潍县知县，有惠政。辞官鬻画，作兰竹，以草书中竖长撇法为兰叶，书杂分隶法，自号"六分半书"。诗词皆别调，而有挚语。慷慨啸傲。慕明徐渭之为人。

燮同县李鱓，字复堂。举人。官山东滕县知县，花鸟学林良，多得天趣。

陈撰，字楞山，浙江鄞县人，亦居扬州。举鸿博，不就试，与鱓齐名，写梅尤隽逸。

农，字寿门，号冬心，浙江仁和人。布衣，荐鸿博，好学癖古，储金石千卷。中岁，游迹半海内，寄居扬州，遂不归。分隶小变汉法，又师《禅国山》及《天发谶》两碑。截毫端，作擘窠大字。年五十，始从事于画。初写竹，师石室老人，号稽留山民。继画梅，师白玉蟾，号昔耶居士，又画马，自谓得曹、韩法。复画佛，号心出家庵粥饭僧。其点缀花木，奇柯异叶，皆意为之。问之，则曰："贝多龙窠之类。"性逋峭，世以迂怪目之。诗亦削苦硬。无子，晚手录以付其女。殁后，罗聘搜辑杂文编为集。

聘，字两峰，江都人。淹雅工诗，从农游，称高足弟子，画无不工。耽禅悦，梦入招提曰花之寺，仿佛前身，自号花之寺僧。多摹佛像，又画《鬼趣图》，不一本。游京师，跌宕诗酒，老而益贫。曾燠为两淮运使，资之归，未几卒。妻方婉仪，亦工诗画，好禅，号白莲居士。

冈，字铁生，号蒙泉，旧为歙县人，居钱塘，遂隶籍。负奇，不得志，寄于诗画。山水取法娄东，自成逸韵；竹石花木，超隽得元人意；四十后名益噪，曾游日本，海外估舶，悬金购其画。征孝廉方正，辞不就。

冈与同县黄易齐名。易父树谷，亦工书画，易详《文苑传》，笃嗜金石，每以访碑纪游作图，为世所重。画境简淡，山左多宗之。

杜，字叔美，号松壶，仁和人。屈于下僚，曾官云南经历，足迹逾万里，深研画学，摹赵伯驹、孟頫、王蒙皆神似。间为金碧云山，妍雅绝俗。画梅疏冷出赵孟坚。兼擅诗名。著《松壶画赘》《画忆》，多名论。

从兄东，字袖海，画近恽格，名亚于杜。

薰，字兰坻，浙江石门人。父㮣，故善画，薰幼从父游吴、越间，多见名迹，接耆宿，遂兼众长。论画曰："写生以意胜形似。"又曰："不拘难易，须雅驯。"著《山静居论画》，以布衣终。

王学浩，字椒畦，江苏昆山人。乾隆五十一年举人。幼学画于同县李豫德，豫德为王原祁外孙，得南宗之传。学浩溯源倪、黄，笔力苍劲。论画曰："六法，一写字尽之。写者，意在笔先，直追所见，虽乱头粗服，而意趣自足。或极工丽，而气味古雅，所谓士大夫画也。否则与俗工何异？"又曰："画以简为上，虽烟客、麓台，犹未免繁碎，如大痴，真未易到。大痴法固在荒率苍古中求之，尤须得其不甚著力处。"时论学浩用墨，能入绢素之骨，比人深一色。晚好用破笔，脱尽窠臼，画格一变。著《南山论画》。卒，年七十九。学浩享大年，道光之季，画苑推为尊宿。馆吴中寒碧山庄刘氏，坛坫甚盛。其时吴、越作者虽众，足继前哲名一家者，盖寥寥焉。

黄均，字谷原，元和人。守娄东之法，尽其能事。游京师，法式善、秦瀛为之延誉，得官，补湖北潜江主簿，未之任。于武昌胭脂山麓筑小园，居之二十年，以吏为隐。画晚而益工，于吴中称后劲。

清画家闻人多在乾隆以前，自道光后，卓然名家者，惟汤贻汾、戴熙二人，并自有传。

昭文蒋宝龄著《墨林今语》，继张庚《画征录》之后，子茝生为《续编》，至咸丰初，视庚

【译文】

王时敏，字逊之，号烟客，是江南太仓县人，他是明代大学士王锡爵的孙子。因祖父有功而封官，官至太常寺少卿。王时敏出身于高门贵族，很早就有文名。明朝灭亡后，在家闲住，不出来做官，他培养提携后辈，高名盛德，受到当时人的尊重。明末的绘画界，董其昌有承前启后的功绩，王时敏少年时曾从他学习，得到董其昌的真传。王锡爵晚年得孙，对他十分钟爱，安排他住在别墅里，广收名家的字画，所以他能探索到绘画技法的奥妙。对于黄公望的画法，领会得最深，到晚年达到出神入化的境界。他爱才如渴，在他家里，四面八方擅长绘画的人来往不绝，凡是得到他的指点，在当时没有不出名的，成为一代绘画界的领袖。康熙十九年去世，终年八十九岁。

王鉴，字圆照，他是明朝尚书王世贞的曾孙。他和王时敏是同族，是时敏的子侄辈，但年纪和时敏差不多。崇祯年间，任官廉州知府，他正在壮年，便辞职回乡。在弇园的故址上，建筑房屋居住，门前冷落，与世隔绝。他和王时敏互相切磋绘画艺术，师法董源、巨然，形成沉雄古迈的画风，虽然画面青绿色浓重，但充满书卷气。后辈画家对他很尊重，与王时敏齐名。康熙十六年去世，终年八十岁。

王时敏的儿子王撰，字异公。他的画作，严守家法，继承他父亲的画法，细致入微。

王时敏的孙子王原祁，字茂京，号麓台。他幼年时画了一幅山水画，贴在墙上，王时敏看到，惊讶地说："我什么时候画的这幅画？"问清了以后，大为惊喜，说道："这孩子的成就将来会在我之上！"王原祁于康熙九年考中进士，被任为任县知县。后调到北京，任官给事中，不久改任为中允，入直南书房。累次提升至户部侍郎，也在不同的官位上都享有盛誉。当时天下太平，康熙皇帝又重视文，在处理国家之余，以书画艺术陶冶性情，经常把王原祁召进便殿，他在康熙皇帝面前从容不迫地回答提出的问题。或者当场作画，康熙帝伏在桌子上观看，不觉过了很长时间。皇帝让他鉴定内府收藏的历代著名画作，他又充任编撰《书画谱》的总裁官、《万寿盛典》的总裁官，康熙对他格外礼敬。康熙五十四年在官位上去世，终年七十四岁。

王原祁的画技是王时敏亲自传授的，他对于黄公望的浅红上色法的运用有自己的独创，晚年好用吴镇的墨色技法。王时敏曾说："元末四大家，当以黄公望为首，能得到他的神韵的，只有董其昌；做到形似的，我不必谦让；甚是形神兼备的，我的孙子可以说达到这种境界了吗！"王翚的绘画名动一时，王原祁画风的高远实超过了王翚。他每次作画，必用宣德年间造的纸，重毫笔，顶烟墨，他说："这三样缺任何一种，就不能表达出古色古香、浑厚高远的情趣。"有人问王翚的画怎么样，他说："太熟了。"又问查士标的画怎么样，他说："太生了。"大概他以不生不熟自居。他中年以后，在宫中侍奉皇帝，其他求画者所得到的，大都是别人的代笔，他自己署上名款。每到年末，他送给门下宾客画，每人一幅，作为买皮袄的资金，因而那些好收藏的人，常事先备好银两，等待买他的画。他的徒弟中最出名的有黄鼎、唐岱，都另有传记。

王原祁的曾孙王宸，字子凝，号蓬心。乾隆二十五年中举人，官至湖南永州知府。王原祁的孙子们，大都能以绘画继承家学，只有王宸画得最好。他作画，用秃笔浓墨，表现出一种荒古的情趣。他喜爱永州的山水，自号为潇湘子，有心在这里养老。他罢官以后，穷得回不了家，当时毕沅任两湖总督，于是王宸去武昌投靠毕沅。他经常拿诗画换酒喝，两湖的人尤其珍重他的绘画。他著有《绘林伐材》十卷，王昶称赞此书为"画史总龟"。

陈洪绶，字章侯，是浙江诸暨县人。在他青年时有一次去他岳父家，他登上桌子在墙上画了一幅关公肖像，身长八九尺，他的岳父看到，大为惊异，于是把这间屋子锁起来，专门供奉关公。陈洪绶所画的人物，连衣服的褶纹都特别清晰有力，他的笔力和气局，在明人仇英、唐寅之上。他曾到杭州，临摹杭州府学收藏的李公麟《七十二贤像》石刻，又临摹周昉的《美人图》，临摹了数本，仍不肯罢手，人们认为他的临本胜过原作，陈洪绶说："我之所以赶不上他们，原因就在这里。我的画很容易看出好来，说明我的工夫还不到家。"他曾是秀才，崇祯年间，去北京游学，朝廷征召他为中书舍人，让他临摹历代帝王画像。他尽情观摩了内府收藏的绘画作品，艺术水平大大提高。不久就辞职回乡。明朝灭亡后，出家当了和尚，原来号为老莲，这时改法号为悔迟。他们纵情豪饮，放浪不羁，提起明末的战乱，常失声痛哭。辞职以后数年就去世了。他的儿子陈字，号小莲，也以绘画著名。

陈洪绶在北京时，绘画和崔子忠齐名，号称"南陈北崔"。

崔子忠，一名崔丹，字道母，别号青蚓，是山东莱阳人，刻籍在顺天府，在他作秀才时，就很有才华。他作画追求晋人、唐人的意趣，不屑于走宋人、元人的路子。他尤其擅长画人物仕女，董其昌很欣赏他的作品，认为近代还没有这样高水平的画作。如果人们拿金钱去求他的画，他绝不答应，可是家里却常常断炊。史可法送给他一匹马，他卖了马，拿钱找朋友痛饮，不过一天就把马价花光。他作的诗文，古奥渊博，佶屈聱牙。遭遇战乱，他躲藏在地窖中，穷饿而死。

陈洪绶《玉堂柱石》

后来画人物仕女最著名的，有禹之鼎、余集、改琦、费丹旭。

禹之鼎，字尚吉，号慎斋，是江苏江都县人。他少年时从师于蓝瑛，后来又学习宋、元诸家，他尤其擅长人物，他画的《王会图》，流传于世。他画人物肖像，大都采取白描技法，不沿袭李公麟的旧路，而采用吴道子的兰叶技法，人物的颧部，用浅红色点染，更显得古雅。康熙年间，任鸿胪寺序班。他喜爱太湖山水，本想定居在那里，后来回到家乡。那些朝廷大臣、贵族名流，很多人请他画像，流传于世上。

余集，字秋室，是浙江钱塘人。乾隆三十一年考中进士。他擅长仕女画，当时人称之为"余美人",在殿试时,本来应中状元,却因有"余美人"的雅号,遭到贬抑。后来充任《四库全书》的纂修官,被荐为翰林院编修,历升至侍读。他的画作,风格清朗,没有画匠气,被世人所珍重,和仇英、唐寅诸人的遗作并驾齐驱。

改琦,勃伯温,号七芗,他的祖辈是西域人,他是寿春总兵改光宗的孙子,因而在江南落户,定居在华亭县,改琦聪明机敏,多才多艺,擅长诗词。嘉庆、道光以后的人物画,改琦成就最高。他的画,吸收李公麟、赵孟頫、唐寅以及近世的陈洪绶各家的长处,小幅花草兰竹,清新不俗,有恽格的遗风。

费丹旭,字子苕,号晓楼,是浙江乌程人。他擅长人物肖像,如镜中的影响像,惟妙惟肖。他画的仕女,娟秀有神气,景物的布置,潇洒雅致,近世的画家没有超过他的。

释道济,字石涛,是明代楚王的后裔,自号为清湘老人。作画时落款有时称大涤子,有时称苦瓜和尚,有时称瞎尊者,没有一定的称呼。明亡后出家为僧。他的画,笔墨纵横,淋漓酣畅,能摆脱前人的束缚,却与古人的画法吻合。晚年游历江、淮之间,人们争相尊重。他著有《论画》一卷,内容奥妙无穷。他的画和髡残齐名,人们称为"二石"。

髡残,字石溪,是湖南武陵人。少年丧父,自己剪掉头发投奔龙三三香火院。此后他遍游名山大川,后到江宁,住牛首山,成为住持方丈。他画的山水,能表现崎岖的山势,幽深的山谷,引人入胜。释道济以笔墨纵横、奔放不羁取胜,髡残则以沉着痛快、谨严细密见长。二人各有独到之处。

朱耷,字雪个,是江西人,他也是明朝宗室后裔。崇祯甲申年以后,自号为八大山人,曾出家当过和尚。他的书画题款,"八大"二字常常连写在一起,"山人"二字也是如此,因而字形象"哭""笑"二字,大概也是有用意的。他的画简洁苍劲,生动而富有情致,他的山水画精品,尤其妙绝,但比较少见。他的为人,慷慨悲歌,世人视他为癫狂。

弘仁,字渐江,是安徽休宁县人,姓江,字亦奇。明朝秀才出身,也是在甲申年以后出家当和尚的。他擅长作古文,他的画学习倪瓒,新安画派的画家推他为宗主。弘仁所画的层峦叠嶂、峭壁沟壑,雄伟沉厚,绝不是世人以稀竹枯树企图表达高人之致所能比拟的,他逝世之后,坟墓上栽种几百株梅花,因而称他为"梅花古衲"。

从道济以下诸人,都是明朝的遗民,隐身于僧侣之中,以绘画著称于世。后来擅长绘画的僧人,有上睿、明中、达受等人最有名。

上睿,字目存,吴县人。他曾向王翚学画。得到王翚的指点。

明中,字大恒,是浙江桐乡人。他晚年主持杭州南屏山慈静寺。乾隆下江南,赏赐他紫衣。他的山水画颇得元人笔法。

达受,字六舟,浙江海宁人。他本是大家子弟。热爱书画艺术,书法有徐渭、陈道复的放纵风格。他善手鉴别古器物,又精于临摹槌拓,或对摹本拓本加工,亦颇有古雅情趣。阮元称之为"金石僧"。

王翚,字石谷,号耕烟,是江苏常熟县人。太仓人王鉴游玩虞山,看到他的画作,大为惊异,把他找来,当时他不过二十来岁。王鉴把他带回去,拜见王时敏,王时敏让他在西田学习,并拿出家藏的唐代以后的著名画作,让他在坐卧之中加以观摩,并且又带他到大江南北游历,得以观看各地收藏家的珍本秘籍。这样经过二十年,学业成功。康熙年间朝廷征召他，以平头百姓的身份在宫廷为皇帝服务。朝廷要画一幅《南巡图》，当时集中了海内的高手名家，但都迟迟不敢下笔，王翚通过口讲手授，在咫尺之间的画面上，能表现出千里之外的南巡情景，他给诸位画家分工，而由他负责总其成。画成以后，康熙皇帝连声说好，想封他为官，他坚辞不受，于是赏给他很多钱物，送他回乡。在他离开京城时，王公大臣备酒为他送行，并赋诗相赠。王翚生性孝顺父母，忠于友情，王时敏、王鉴死后，他每年都去墓前拜祭。康熙五十六年去世，终年八十六岁。王翚论画说道："用元人笔墨技法，借鉴宋人的布局，点缀以唐人的风韵，这才能集山水画的大成。"称赞他的人说："古今的笔墨技法互相矛盾，格格不入，王翚的笔下集各家之长，融会贯通，汩汩而出。画史上有南宗，北宗之分，至王翚合而归一。"

吴历，又名子历，字渔山，号墨井道人，也是常熟人。曾向王时敏学画，而能独辟蹊径，他的画，气势厚重沉郁，绝不像他人面目。晚年离家信奉天主教，曾两度游历欧洲。他作画常用西洋技法，画面上云雾缥缈，直上霄汉，和他以前的画风大不相同。康熙五十七年去世，终年八十七岁。当时有人说他出游欧洲没有回来，后来在上海南城发现他的墓碑，碑上题名称为"天学修士"。说："近时绘画高手，只有吴渔山一人罢了。"世人把王时敏、王鉴、王翚、王原祁、吴历以及恽格，称为六大家。同县人又有杨晋、黄鼎。

杨晋，字子鹤。他是王翚的弟子，他的山水画清秀可喜，尤其擅长画牛，王翚作画时，凡是人物和骆驼马牛羊等，都让杨晋来画。他曾跟随王翚参加《南巡图》的创作，并临摹内府所藏的名画，进呈给皇帝。

黄鼎，字尊古。他曾学画于王原祁，但自学王翚的画法，能得到他的笔意。他模仿古人能达到乱真的程度，尤其擅长元人王蒙的画法。他遍游天下名山大川，自号为独往客。论画者认为，王翚读遍天下的古今名画，下笔能体现出他的画学渊源；黄鼎游遍天下的山水，下笔则栩栩如生。他曾在宋荦家客居，梁、宋之间保存他的墨迹特多。

方士庶，字循远，号小师道人，是安徽歙县人，在扬州安家。他是黄鼎的弟子，很早人们就认为他青出蓝而胜于蓝。他刚到四十岁就去世了，人们很为他可惜。王翚所创的画派为当时所推崇，世人比之为王士祯的诗派，当时弟子很多，继承他的技法的则更多。这里只附载其中著名的人。

恽格，字寿平，后来以字行世，改字为正叔，号南田，是江苏武进县人。他的父亲恽日初，事主迷见本书《隐逸传》。恽格十三岁时，跟随父亲到福建，当时王祈在建宁起兵，恽日初投靠他。总督陈锦率兵攻下建宁，恽格被官兵所擒，陈锦的妻子收养他为儿子。跟随陈锦游玩杭州灵隐寺，恽日初通过查访，见到恽格，恽格欺骗陈锦，说是要出家为僧，才回到家乡。恽格因父亲忠于明朝，他本人也不参加科举考试，以擅长作诗著名，用卖画的收入来供养父亲。他的绘画才能，出于天赋，山水画学元人王蒙。他和王翚相交之后，说道："您的成就是独一无二的。我不能亦步亦趋地学您成为第二。"于是他兼用徐熙、黄筌的笔法作花鸟画，他的技法把自然界的天然情趣，集中在笔下，人们比之为天仙化人。画作完以后，他亲自咏诗题写，诗、书、画，人们称之为"南田三绝"。他虽然专门画花鸟等生物，有时也作山水画，画风超逸，颇有元人冷淡深远的情趣。王时敏听到他的名声，招他前去，他没有按时去见，等他来时，王时敏已经一病，只是在病床前握了握手罢了。他家里很穷,遇上风雨天气,只好闭门挨饿,人们拿金钱前来求画,若不是热心绘画艺术的人,他从不出手。康熙二十九年去世,终年五十四岁。他的儿子无力办丧事,王翚出钱安葬了他。

恽格的叔父恽向,字道生。在明朝末年即以绘画著名,他的山水画继承了董源的笔法,恽格少年时即跟他学画。后来恽格画名大著,他的侄辈人大都擅长绘画。其中著名的有恽源浚,字哲长,官至天津县丞。他能继承徐熙的笔法,下笔生动,本族的曾孙恽钟荫的女儿恽冰,尤其著名,她的事迹详见本书《列女传》。

恽格的弟子最有名的是马元驭,字扶曦,是常熟县人。家境贫寒,喜好读书。少年时即擅长绘画,曾得到王翚的称赞。后来跟恽格学画,能继承恽格的超逸笔法,被称为入室弟子。马元驭的孙女马荃,能继承其家学,名声和恽冰不相上下。马元驭曾把画技传授给本县人蒋廷锡,后来蒋廷锡任大学士,写信召他进京,马元驭谢绝不去。

恽格人品很高,他的写生画为一代之首,学他的人很多,但却学不到他的天然韵味。只有乾隆年间的华岩能继承他的画风,后来改琦也能得其笔意。

王武,字勤中,吴县人。他画的花草,俏丽多姿,王时敏也称之为妙品,受到学者的推重,到恽格崛起,成就超过了他。

沈铨,字南蘋,浙江德清人。擅长花鸟画,尤其精于染色,因而他的画艳丽过人。雍正年间,日本国王聘请他去教绘画,教了三年才回国,因而日本国尤其珍重他的作品,他和恽格,各自成派。

龚贤,字半千,江苏昆山人,寄住在江宁,筑室于清凉山下,修筑起半亩园,隐居于此,自得其乐。他生性孤僻,诗文不轻易作。他的画继承董源的笔法,但能别辟蹊径,独创幽深画风,他自认为,前无古人,后无来者。

龚贤与他同时的人樊圻、高岑、邹喆、吴弘、叶欣、胡造、谢荪号称"金陵八家"。樊圻,字会公;胡造,字石公,他和谢荪都是江宁人。高岑,字蔚生,杭州人,邹喆,字方鲁,吴县人。吴弘,字远度,金溪人。叶欣,字荣木,华亭人。各家都以高超的画技著称于时,总的来看,龚贤是其中的代表人物。

清朝初年,画坛兴盛,大江以南的作者为数尤其多,分成各种流派,其中以娄东的王时敏为大家。至于金陵、云间、嘉禾、新安等地,名人也层出不穷。

赵左,字文度,华亭人。他的画学习宋旭,成为云间画派的代表,吴县、松江等地的人很推崇他。

项圣谟,字孔彰,是嘉兴人,项元汴的孙子。他的画,起初学习文征明,后来进而学习古人,董其昌称赞他的画和宋人血脉贯通,又有元人的风韵。他的儿子项奎,字东进,能继承家学。

同县人李琪枝,字云连,是李日华的孙子。他的山水画具有高雅清淡的情趣,传世的作品,以梅竹为多。项、李都是望族,受到家庭的熏陶,二姓的子弟大都以绘画著名。

后来雍正、乾隆年间,钱纶光的妻子陈书擅长画人物花鸟,详见本书《列女传》。钱家子孙和妇女许多人能继承她的画法,比项、李二家更为兴旺。

张庚,字浦山,也是嘉兴人。他曾向陈书学习绘画,精通绘画理论,著有《画征录》和

《续录》,二书收录的画家,自明末至乾、嘉年间共有四百多人。

查士标,字二瞻,号梅壑,是安徽歙县人。明代秀才出身,后来放弃科举,专门研究书画艺术。他家里很有钱,收藏了很多钟鼎彝器等古器物,以及宋、元的著名书画。他的画初学倪瓒,后又综合吴镇、董其昌的笔法,他的作品被人称为逸品。晚年的画风,以清淡幽静为主。他为人疏懒,很少接见宾客,大概是借此以逃避世俗。他和同县人孙逸、休宁人汪之瑞、释弘仁、号称"新安四家"。他长年居住在扬州,康熙三十七年去世,终年八十四岁。

孙逸,字无逸。他从歙县流浪,寓居芜湖,曾作《歙山二十四图》。

汪之瑞,字无瑞,豪放自得,绘画善用渴笔浓墨,酒酣耳热,恣意挥洒,势如暴风骤雨。

当时又有当涂县萧云从,字尺木。他的绘画和孙逸齐名,山水画自成一家,也擅长画人物。他曾在宋石矶太白楼下的四壁上画《五岳图》,又曾作《太平山水》和《离骚图》,喜爱书画的人把他的作品刊刻流传。

高其佩,字韦之,号且园,是奉天辽阳人。籍属汉军。他的父亲死于耿精忠之乱,高其佩因父亲有功而封官,官至户部侍郎。他的画风奇特,人物山水,苍劲沉厚,衣纹象草书篆书的线秕,一只袖子往往和数处折叠。他尤其擅长指头画,他曾画汉人黄初平叱石画成羊图,画面上有的石头已变羊站起,有的将要变成羊还未站起,有的变成一半还没有离开石头,妙趣横生。他画的龙、虎,活灵活现。世人既然珍视他的指头画,他晚年为了便于尽情挥洒,便不再用毛笔。至于他用笔作画的佳作,几乎没人知道了。雍正十二年去世。他的外甥李世倬、朱伦瀚都曾跟他学画。

李世倬,字汉章,他是总督李如龙的儿子。官至右通政。少年时曾到江南,向王翚学画,得到他的指点。后来在山西做官。看到吴道子的《水陆道场图》,领悟出画人物的技法。他的花鸟写生画,具有高其佩指画的情趣,但他是用毛笔,各成一家。

朱伦瀚,字涵斋,是明代宗室后裔,籍属汉军旗。官至都统,担任清宫的警卫。他的指画跟高其佩学来,他的画布局奇特,而不违背传统,颜色浅淡,韵味厚浓。也喜欢画巨型断壁,把大自然的鬼斧神工表现得淋漓尽致。他的指头生有锥状肉瘤,当他画人物时,用肉锥画胡须眉毛,尤其熠熠有神,这是出于天赋条件。后来能继承高其佩画法的人,有傅雯、瑛宝。

傅雯,字凯亭。他是奉天的一个普通百姓,在王府中作门客,京城保留了不少他的遗墨。

瑛宝,字梦禅,满洲人,他是大学士永贵的儿子。因身体有病,辞去恩荫的官职,以写诗绘画自得其乐。他的指头画,以画风高雅见长,他对此也很自负。

张鹏翀,字天飞,自号南华山人,是江苏嘉定县人。雍正五年中进士,入翰林院任职,官至詹事府詹事。他天赋过人,写诗作画,拿起笔就能成篇完幅,诗画表现出潇洒自得的情趣,与他的人品相似。乾隆皇帝爱他有才,越级提拔他。他所呈给皇帝的诗文,在歌颂之中,富有规劝的内容。他的绘画,没有师承,但天真自然,古色古香。即便是奉命之作,看来闲散,好像不大用心,却能表现出一种神韵。他画了一幅《春林澹霭图》,题上诗作,进献给皇帝,皇帝也题诗奉和,张鹏翀当即在宫门前用原韵咏诗表达谢意。他曾随皇游西苑太液池，在渡水的片刻，写了八首诗，皇帝屡屡让他在渡船上作画，并赏给他皇帝亲笔画的《枇杷折枝图》和《松竹双清图》，又赏给他御笔亲书的"双清阁"匾额，而且他经常接笔砚，文绮之类的赏赐，不计其数。乾隆十年，请假回乡，在路上去世。皇帝怀念他，久久不忘，经常对群臣说："张鹏翀死了真可惜！"

从康熙到乾隆年间，当时国家处于全盛时期，皇帝身边的文学侍从诸臣，每每以书画艺术得到皇帝的青睐。大学士蒋廷锡和他的儿子蒋溥，董邦达和他的儿子董诰，尚书钱维城，侍郎邹一桂，以及张鹏翀等人，是其中最著名的人物。

蒋廷锡用纵放的笔法画花鸟等生物，用笔或出人意表，或循规蹈矩；或工整细致，或率尔操觚；或浓墨重涂，或淡色而出，在一幅图中，迭相运用，无不超然绝俗。他的画技源于恽格，但不受它的束缚。董邦达的山水技法源于董源、巨然、黄公望，用墨得力于董其昌，自王原祁以后，他被推崇为大家手笔。他长年在宫廷绘画，他献给皇帝的作品，大幅画有一丈多宽的，小册页只有寸把长，大小画幅，不下数百幅。蒋溥、董诰各承其家学。钱维城的山水画苍健中有秀逸，花卉染色，特具神采。邹一桂以一册《百花卷》受到皇帝的赞赏，世人认为自恽格以后很少有人能和他相比。以上各家的画作，都收入《石渠宝笈》中，皇帝亲笔题跋，加以褒美，成为一时盛事。

嘉庆年间，尚书黄钺由主事改任翰林，入宫侍奉皇帝，他的画得到嘉庆皇帝的称赞。道光、咸丰以后，侍郎戴熙、大学士张之万，都曾在皇帝身边任职，都以绘画出名。但因国家处于多事之秋，与极盛时期君臣之间热心绘事种种美谈佳话相比，就不能同日而语。

唐岱，字毓东，满洲人。康熙年间，因父亲有功，荫官参领。他曾跟王原祁学画，画的布局与王原祁相似。他曾在宫廷侍奉皇帝，康熙皇帝品评当时的画家，认为他是第一把手，称他为"画状元"。他后来又侍奉雍正、乾隆。乾隆为太子时，就喜爱他的画，并多次题诗称赞，后来他更加受到皇帝的宠爱。唐岱专门画山水，他崇尚宋人的画法。少年时的绘画，即在朝廷公卿之中闻名。因他在宫廷时间久，画技也大有长进，可他的画流传在外面的反而日见其少。著有《绘事发微》，流行于世。

按照清朝的规定，画师服侍皇帝，不给官职，在启祥宫南边设置如意馆，凡是画工，文书以及雕刻艺人，碑帖装潢艺人，都住在那里。这些人的地位，起初和工匠差不多，后来渐渐用读书人，又由大臣出面推荐，或者献画得到皇帝的欢心而召进来，这些人的身份和文学侍从大臣待遇规格不同。其中也有经皇帝恩赐某某官出身的，那都是出于特殊的恩赏。乾隆皇帝在处理国事之余，也常去如意馆中看看，每每加以指点，当时认为这是很荣耀的事。其中的绘画精品，也和文学侍从的作品一起收入《石渠宝笈》《秘殿珠林》二书中。嘉庆年间，编修胡敬著《国朝院画录》，共著录八十多人，其中最著名能传于后世的有十九人。

焦秉贞，山东济宁人。康熙年间，官至钦天监五官正。他擅长画人物和楼台寺观，又精通测量术，他能采用西洋画法，精确地测量画面的尺寸，测量物体的向光背光，分出光线的明暗，从远处看，他画的人物、牲畜、花木、楼台馆阁，都有立体感。康熙皇帝很欣赏，令他画出《耕织图》四十六幅，雕版印刷，赏给各位大臣百官。自从焦秉贞创造这种绘画技法，画院的人大都沿袭运用。

他的徒弟冷枚,胶州人,是焦秉贞最得意的弟子。他曾参与绘制《万寿盛典图》。

陈枚,是江苏娄县人。官至内务府郎中。他的画起初学习宋人,以唐寅的画法为基础,后来又参考西洋画法。他在寸纸尺幅之间,能绘出千山万壑,而且人物具备。

郎世宁,是西洋人。康熙年间进宫侍奉皇帝,乾隆皇帝对他尤其欣赏。但凡名马珍禽、奇花异草,往往让他作写生画,他画的景物,无不栩栩如生。他的染色技艺,奇丽无比,焦秉贞等人难望其项背。

艾启蒙,也是西洋人。他的画技仅次于郎世宁。

张宗苍,字默存,江苏吴县人。他曾向黄鼎学画。起初他任官河工主簿,乾隆十六年皇帝到江南巡视,他献上自己的画册,受到皇帝特别的赏识,把他召入宫中。过了几年,任他为户部主事,因年老请求回乡。张宗苍的山水画,气势深厚,多用皴擦法来表现画韵,一改画院的那种圆熟的画风,因而特别受到皇帝的厚待。他的画收进《石渠宝笈》的有一百一十六幅,而且大都得到皇帝的亲笔题跋。

郎世宁《锦春图》

他的弟子徐扬,方琮最能继承他的画法,也受到皇帝的赏识,赐徐扬为举人,任为内阁中书。

余省,字曾三,江苏常熟人。他长于写生,能表现花草之外的自然情趣。同时的人杨大章,他的画染色颇为考究,可与邹一桂相媲美,花鸟画以余省和杨大章二人最见功力。

金廷标,字士揆,浙江桐乡人。皇帝到江南巡视,他进呈用白描法画的罗汉,得到皇帝的首肯,召进宫侍奉皇帝。金廷标的画不以工整细致取胜,而以线图的变化传神。乾隆皇帝评论他画的《琵琶行图》说:"唐寅的旧作,另一条船上画面上有弹琵琶的歌会,金廷标只画白居易一人侧耳静听,别出心裁。古人的画以表现意境为主,这一点画院的人是做不到的。"当时正逢爱乌罕向朝廷进献了四匹骏马,郎世宁为此作了一幅画,皇帝又令金廷标另作一幅,他模仿李公麟的画法,画面上增添牵马人,颇有古趣,出于郎世宁之上。金廷标死后,皇帝令把贴在墙壁上金廷标的画作,全部取下来重新装裱,收入《石渠宝笈》一书中。

丁观鹏,他擅长画人物,效法明人丁云鹏,以宋人的画法为准,不崇尚奇怪诡谲的画风。他最擅长画仙佛神像,很多画收录在《石渠宝笈》中。

当时又有一个叫严弘滋的人,皇帝巡视江南,他二次献画,他所画的三官神像,神采飞扬,被称为绝世之作,皇帝多次让画院的画工临摹。

姚文瀚，也以画人物仙佛著名，仅次于丁观鹏。

缪炳泰，字象宾，江苏江阴人，起初他以国子监生的身份被召为皇帝画像。皇帝南巡，应皇帝的台试，恩赐他举人出身，被任为内阁中书，后官至兵部郎中。乾隆五十年以后的肖像，都出于他的笔下。皇帝又命他画紫光阁功臣像，每人的肖像都画得十分逼真，他是画肖像功力最深的画家。

画院在康熙、乾隆两朝最为兴盛、唐岱、郎世宁、张宗苍、金廷标、丁观鹏等人成就最高，宗苍的作品，尤其具有文人气，道光以后画院没有再出什么有名的画家。到光绪年间，孝钦皇后喜爱艺术，才稍稍恢复了如意馆往日的规模，但其中的画工才能一般，没有值得记述的。

华岩，字秋岳，号新罗山人，是福建临汀人。他爱杭州西湖优美的风景，便在杭州安家。他画山水、人物、花鸟、草虫，俱见功力，他能摆脱当时的画界习气，努力追寻古人的笔法，虽然有时显得过于超脱。但他因求超脱而粗略之处，越发令人难以企及。他善于作诗，著有《离垢集》，诗风古朴清峻。他的书法也能摆脱时俗，世人称他诗、书、画"三绝"，可以上承恽格。他在扬州寓居的时间很久，晚年才回到杭州，去世时年近八十岁。

乾隆、嘉庆年间，浙西的画风很盛，而扬州是画家云集的地方，一时的名流，竞相争胜。其中最为著名的，有高凤翰、郑燮、金农、罗聘、奚冈、黄易、钱杜、方薰等人。

高凤翰，字西园，是山东胶州人。雍正初年，因被荐举而任官，代理安徽绩溪知县，被人弹劾而罢官。他长时间客居在江、淮之间，因患偏瘫症，于是改用左手写字作画，书画反而具有纵放奇异的情趣。他曾登上焦山，观摩《瘗鹤铭》，找到宋人陆游的题名石刻，亲自扫除石刻上的苔藓，点燃蜡烛，手摸石刻，用秃笔淡墨临摹图像，他的临摹，世人传为杰作。他生性豪放不羁，收藏有千方砚台，亲手在上面镌刻铭文，著成《砚史》一书。他又收藏有司马相如的玉质印章，视为稀世之宝。卢见曾任两淮运使，想参观一下他的收藏，他跪下乞求不让卢观看，它的癖好竟是这样。

郑燮，字板桥，是江苏兴化人。乾隆元年中进士，官至山东潍县知县，为百姓办了不少好事。他辞去官职，以卖画为生，他画的兰竹，用草书中的竖笔长撇法画兰叶，他的书法，用八分书和隶书杂揉，自己称为"六分半书"。他的诗词，风格也不同于一般，其中往往有诚恳的语句。慷慨悲歌，为人处世效法明代徐渭。

郑燮同县人李鱓，字复堂，举人出身，官至山东泰县知县。他的花鸟画学林良，富有天然情趣。

陈撰，字楞山，浙江鄞县人，也侨居在扬州。地方官荐举他参加博学鸿词考试，他不去就试。他的画和李鱓齐名，他画的梅花尤其清俊超拔。

金农，字寿门，号冬心，是浙江仁和人。他是个普通百姓，地方官荐他参加博学鸿词考试，他好学嗜古，收藏金石书籍千余卷。中年时，足迹已遍半个中国，客居在扬州，没再回故乡。他写的分隶，稍微改变了一下汉隶的写法，又学习《国禅山碑》和《天发谶碑》的用笔方法。他剪去笔锋，用秃笔写大字。五十岁时，才开始绘画。最初画竹子，学习石室老人，自署名为稽留山民。继而又画梅，学习白玉蟾，自署名为昔耶居士。又画马，自以为能继承曹不兴和韩斡的画法。又画佛像，自署名为心出家庵粥饭僧。他画的花木，奇枝异叶,都按自己的心意画出。人问他画的是什么树,他说:"这是佛经中贝多树、龙窠树之类的树木。"生性不修边幅,世人认为他是个怪人。他的诗,风格锐猛刚硬。他没有儿子,晚年把诗作抄出,交给他的女儿。他死之后,罗聘搜集起他的杂著编成文集。

罗聘,字两峰,是江都人。学问渊博,长于作诗,从学于金农,称为高足弟子,他的画,每幅都很工整细致。爱佛学,他曾梦见走进名叫花之寺的佛庙,自以为他的前世是僧人,因而自号为花之寺僧。他的画很多是摹写佛像,又曾画《鬼趣图》,画了不只一本。后去北京游历,纵情于作诗绘画,晚年更贫困。曾燠任两淮盐运使,资助他回乡,没有过多久就去世了。他的妻子方婉仪,也长于诗画,好佛学,自号自莲居士。

奚冈,字铁生,号蒙泉,原是歙县人,客居钱塘,于是在钱塘落户。他生性奇伟,但很不得志,于是寄情于吟诗作画。他的山水画学习王时敏,而且自具清韵;竹石花木,清峻超拔,颇有元人笔意。四十岁以后,更加名噪一时。曾出游日本,海外商人船只,出重金收购他的作品。朝廷以孝廉方正的名义征召他,他谢绝不去。

奚冈和同县人黄易齐名。黄易的父亲黄树谷,也擅长书画,黄易的事迹详见《文苑传》。他酷爱金石之学,常常用访碑纪游为题材作画,作品多受到世人的珍视。他的画,意境简淡,颇受山东地区人的推崇。

钱杜,字叔美,号松壶,是浙江仁和人。以高才屈居下级官吏,曾任云南经历,足迹出于万里之外。他精研画学,模仿赵伯驹,赵孟頫、王蒙,都能达到神似的程度。偶尔也画云山古刹,却也妍丽典雅,超绝时俗。他画的梅花,稀疏清冷,源于宋人赵孟坚。又以长于写诗而著名。著有《松壶画赞》《画忆》,其中有很多精辟的论断。

他的堂兄钱东,字袖海,画风格近于恽格,画名仅次于钱杜。

方薰,字兰坻,浙江石门人。他的父亲方梾,本来长于绘画,方薰从幼时跟随父亲游历吴、越之间,看到很多名画,接触老学硕儒,于是博采众长。他论画说:"写生画以表意胜过形似。"又说:"不论难易,必须典雅才好。"著有《山静居论画》,以普通百姓去世。

王学浩,字椒畦,江苏昆山县人。乾隆五十一年中举人。他少年时跟同县人李豫德学画,李豫德是王原祁的外孙,得到南派的真传。王学浩的画学,上溯元人倪瓒、黄公望,用笔苍劲有力。他论画说:"绘画的六种技法,一个'写'字可以概括。所谓'写',意在笔先,笔下直追所见所闻,虽然显得粗头乱脑,但意趣自足;有的极工整俏丽之能事,却也古色古香,这就是人们所说的文人画。如果不是这样,和世俗画工有什么两样?"他又说:"绘画以简洁为贵,即使是王时敏、王原祁犹失之繁琐,如黄公望,真不容易达到他那种境界。黄公望的画法,应从他草率苍凉之中获得,尤其应该领会他那不怎么用力之处的奥妙。"当时人认为,王学浩用墨,能入骨三分,比他人更深一色。晚年好用破笔,摆脱原来的画法,画风为之一变。著有《南山论画》。终年七十九岁。王学浩寿命长,在道光末年,绘画界推他为元老。他曾在吴中刘氏的碧寒山庄设研馆授徒,从学的弟子很多。当时吴、越地区从事绘画的人虽然很多,但能继承前辈的成就成名成家的,却寥寥无几。

黄均,字谷原,浙江元和人。他墨守王时敏的画法,却能极尽其能事。他游学京师,法式善、秦瀛替他宣扬,提高知名度,得到一官半职,补为湖北潜江县主簿,他没有赴任。在武昌胭脂山麓修筑了一处小园子,在那里居住了二十年,以吏员的身份作了隐士。晚年的画更具功力,在吴中画家中,称为后劲。

清代的画家,著名人物大都在乾隆以前,从道光以后,卓然成家的,只有汤贻汾、戴熙二人。在本书中另有传记,昭文县人蒋宝龄著有《墨林今话》,上接张庚的《画征录》,他的儿子蒋生又著《续编》,下至咸丰初年,所著录的画家比张庚几乎多出一倍。后来光绪年间,无锡人秦祖泳著《桐阴论画》,评品有清一代的画家,分为三编,评论的标准较严,大体上著录完备。这里只是记述其中最优秀的画家,蒋宝龄、秦祖泳的画也都有一定的水平。

梁九、张涟、刘源、唐英传

【题解】

梁九,顺天(今北京市)人,明末清初的建筑工艺专家。明末至清初宫殿兴建,大都由他主持建筑。他起初向冯巧学艺,得其传授,后在工部主持土木工程。在重建太和殿时,他先制出木质模型,模型与实物,比例尺非常准确。在我国建筑工程史上有重要意义。

张涟,字南恒,浙江秀山县人,本籍江苏华亭。他是我国明末清初的著名园林艺术家,以善叠假山名闻天下。起初向董其昌学画,用画面的布局堆砌假山,他的作品,自然天成,江南的大家名园,多出自他手。后来他的技艺也在北京流传。吴伟业、黄宗羲曾以他作诗。

刘源,字伴阮,河南祥符(今开封市)人,汉军旗。官至刑部主事,一直在宫廷任画师。他是工艺美术家,擅长装饰画和人物肖像,尤其以微雕著名,他在一块小小的笏板(大臣朝见天子时所执的手板,有事则记其上)上雕刻王勃的《滕王阁序》和《心经》全文,笔画清晰。又长于制墨、人物塑像的铸造、彩绘瓷器等。

唐英,字俊公,汉军旗人。官至内务府员外郎。他是工艺陶瓷制造专家,他对于瓷器生产的各道工序都进行过深入研究,并有创新。他督造的瓷器,无论是造型和色彩,都超过前人,称之为"唐窑"。并撰有《陶成纪事碑》《陶冶图》。

【原文】

梁九,顺天人。自明末至清初,大内兴造匠作,皆九董其役。初,明时京师有工师冯巧者,董造宫殿,至崇祯间老矣。九往执业门下。数载,终不得其传,而服事左右,不懈益恭。一日九独侍,巧顾曰:"子可教矣!"于是尽授其奥。巧死,九遂隶籍工部,代执营造之事。康熙三十四年,重建太和殿,九手制木殿一区,以寸准尺,以尺准丈,大不逾数尺许,四阿重室,规模悉具,工作以之为准,无爽。

张涟,字南恒,浙江秀水人,本籍江南华亭。少学画,谒董其昌,通其法,用以叠石堆土为假山,谓世之聚危石作洞壑者,气象蹙促,由于不通画理。故涟所作,平冈小阪,陵阜陂陀,错之以石,就其奔注起伏之势,多得画意,而石取易致,随地材足,点缀飞动,变化无穷。为之既久，土石草树，咸识其性情，各得其用。创手之始，乱石林立，踌蹰四顾，默识在心。高坐与客谈笑，但呼役夫，某树下某石置某处，不假斧凿而合。及成，结构天然，奇正阖不入妙。以其术游江以南数十年，大家名园，多出其手。东至越，北至燕，多慕其名来请者，四子皆衣食其业。晚岁，大学士冯铨赴京师，以老辞，遣其仲子往。康熙中，卒。后京师亦传其法，有称山石张者，世业百余年未替。吴伟业、黄宗羲并为涟作传，宗羲谓其"移山水画法为石工，比元刘元之塑人物像，同为绝技"云。

叶陶，字金城，江南青浦人，本籍新安。善画山水，康熙中，祗候内廷。奉敕作畅春园图本称旨，即命佐监造，园成，赐金驰驿归。寻复召，卒于途。

刘源，字伴阮，河南祥符人，隶汉军旗籍。康熙中，官刑部主事，供奉内廷，监督芜湖、九江两关，技巧绝伦。少工画，曾绘《唐凌烟阁功臣像》，镌刻行世，吴伟业赠诗纪之。及在内廷，于殿壁画竹，风枝雨叶，极生动之致，为时所称。手制清烟墨，在"寥天一""青麟髓"之上。于一筭上刻《滕王阁序》《心经》，字画崭然。奉敕制太皇太后及皇贵妃宝范，拨蜡精绝。时江西景德镇开御窑，源呈瓷样数百种。参古今之式，运以新意，备诸巧妙。于彩绘人物山水花鸟，尤各极其胜。及成，其精美过于明代诸窑。其他御用木漆器物，亦多出监作，圣祖甚眷遇之。及卒，无子，命官奠茶酒，侍卫护柩，驰驿归葬，恩礼特异焉。

唐英，字俊公，汉军旗人，官内务府员外郎，直养心殿。雍正六年，命监江西景德镇窑务，历监粤海关、淮安关。乾隆初，调九江关，复监督窑务，先后在事十余年。明以中官督造，后改巡道，督府佐司其事，清初因之。顺治中，巡抚郎廷佐所督造，精美有名，世称"郎窑"。其后御窑兴工，每命工部或内务府司官往，专任其事。年希尧曾奉使造器甚夥，世称"年窑"。

英继其后，任事最久，讲求陶法，于泥土、釉料、坯胎、火候，具有心得，躬自指挥。又能恤工慎帑，撰《陶成纪事碑》，备载经费、工匠解额，胪列诸色瓷釉，仿古采今，凡五十七种。自宋大观，明永乐、宣德、成化、嘉靖、万历诸官窑及哥窑、定窑、均窑、龙泉窑、宜兴窑、西洋、东洋诸器，皆有仿制。其釉色，有白粉青、大绿、米色、玫瑰紫、海棠红、茄花紫、梅子青、骡肝、马肺、天蓝、霁红、霁青、鳝鱼黄、蛇皮绿、油绿、欧红、欧蓝、月白、翡翠、乌金、紫金诸种。又有浇黄、浇紫、浇绿、填白、描金、青花、水墨、五彩、锥花、拱花、抹金、抹银诸名。

奉敕编《陶冶图》，为图二十：曰《采石制泥》曰《淘炼泥土》、曰《炼灰配釉》，曰《制造匣钵》，曰《圆器修模》，曰《圆器拉坯》，曰《琢器做坯》，曰《采取青料》，曰《炼选青料》，曰《印坯乳料》，曰《圆器青花》，曰《制画琢器》，曰《蘸釉吹釉》，曰《镟坯挖足》，曰《成坯入窑》，曰《烧坯开窑》，曰《圆琢洋采》，曰《明炉暗炉》，曰《束草装桶》，曰《祀神酬愿》。各附详说，备著工作次第，后之治陶政者取法焉。英所造者，世称"唐窑"。

【译文】

梁九，顺天人，从明末至清初，皇宫中的土木工程，都是梁九主持兴建的。在他之前，明代京师中有一个建筑师，此人名叫冯巧，主持建造宫殿，到崇祯年间他已经老了。梁九去跟他学艺，过了好几年，始终学不到他的技艺，而梁九侍奉他的师傅，更加恭敬，毫不懈息。有一天梁九一人侍奉他的师傅，冯巧注视着他说："我现在可以把技艺传授给你了！"于是把他看家奥妙技艺传授给梁九。冯巧死后，梁九便成为工部的工匠，代替冯巧主持营建事务。康熙三十四年，重新修建太和殿，染九亲自制作了木质宫殿群模型，一尺缩为一寸，一丈缩为一尺，宫殿大不过几尺，四角上的层楼，巨细不遗，施工时以此为准，不差毫发。

张涟，字南恒，是浙江秀水县人，原籍是江苏华亭县，少年时学习绘画，向董其昌学艺，精通了他的画法，用绘画的方法叠石堆土，制造假山，他认为，一般世人用奇形怪状的石头砌成山洞沟壑，气度狭隘，是由于不懂绘画原理。于是张涟堆的假山，平缓的山冈，弯曲的山间小路，丘陵高坡，高低起伏，再用石头点缀，随着山势的起伏变化巧为安排，大都能呈现出绘画的意境。他所用的石料，都是很容易得到的，可以随地取材，石头位置的安排，变化无穷。从事此事的时间既久，对于土石草木，熟悉了它们的性质特征，能做到各尽其用。造假山的开始阶段，乱石林立，他在其中来回踱步，四处观察，在心里默默形成构图。然后他坐下来，与客人谈笑风生，只是指挥工人，哪一棵树下地石头摆在什么位置，不做任何加工，就能和周围的景物十分契合。假山造成，造型像出自天然，从各个角度审视，都妙不可言。以他的叠山艺术在各地游历数十年，大家宅院著名园林，大多出于他手。东到浙江，北至燕京，很多人慕名来请，他的四个儿也都以叠山艺术为生。晚年，大学士冯铨请他到京城，以年老谢绝，派他的第二个儿子前去。康熙年间去世。后来北京也流传他的叠石技艺，有一个称为"山石张"的人，世代从事这门技艺，百年不衰。吴伟业、黄宗羲都曾为他写传记，黄宗羲认为，他"把山水画法运用到叠石上，和元人刘元塑造的人物像，都属于绝技"。

叶陶，字金城，是江西青浦县人，原籍是安徽新安。他擅长山水画，康熙年间曾在宫廷侍奉皇帝。他奉命设计畅春园图纸，康熙皇帝很满意，于是命他帮助监造。畅春园建成，赏给他银两，并用驿马送回江南。不久，再度召他进京，死在路上。

刘源，字伴阮，是河南祥符县人，籍属汉军旗。康熙年间，任刑部主事，在宫中侍奉皇帝。又任芜湖、九江两关的监督官。他有超人的技巧，少年时擅长绘画，他曾绘制《唐凌烟阁功臣像》，刻板流传，吴伟业为此赠诗来记述这件事情。他在宫廷侍奉皇帝时，曾在宫殿墙壁上画竹子，竹子的枝叶在风雨中动摇，极为生动，被当时所称道。他亲手制造的精烟墨，精巧在"寥天一""青麟髓"等名墨之上。他曾在小小的一块笏板上雕刻《滕王阁序》《心经》全文，且笔画非常清晰。他奉旨制造太皇太后和皇贵妃塑像模具，工艺精巧绝伦。当时景德镇开官窑烧造御用瓷器，刘源设计出几百种式样，参考古今瓷器的造型，创出新意，巧妙具备，在瓷器上新绘人物山水花鸟，尤其精美至极。瓷器烧成，品质优良，造型精美，超过了明代各个官窑。其他御用的漆器木器等物品，大多出于他的监造，康熙皇帝对他十分宠幸。至临死时，也没有儿子，皇帝派官员以茶酒祭奠他，并派侍卫护送他的灵柩，动用驿马送回故乡安葬，给他的待遇不同一般。

唐英，字俊公，汉军旗人。任官内务府员外郎，在养心殿值勤。雍正六年，命他监督江西景德镇窑务，又历监粤海关、淮安关。乾隆初年，调任九江关，又监督窑务，先后任事十余年。明代派宫廷宦官督造御用器物，后改为巡道官，总督巡抚协助，清朝初年沿用这一制度。顺治年间,巡抚郎廷佐所督造的瓷器,以精美著名,世人称之为"郎窑"。后来兴建官窑,常派工部或内务府的官员去,专事督造。年希尧曾奉命任此官,督造的瓷器很多,世人称之为"年窑"。

唐英继年希尧之后,任督造时间最长,他研究瓷器制作方法,对于瓷土、釉料、坯胎、火候等工艺,都有心得,亲自指挥进行烧制。他又能体恤工人,为国库节约开支,并撰写了《陶成纪事碑》,记述经费数目,工匠数额,罗列各色各样的瓷釉,仿古采今,共五十七种。从宋朝的大观窑,明朝的永乐窑、宣德窑、成化窑、嘉靖窑,万历窑等各官窑,以及哥窑、定窑、均窑,龙泉窑、宜兴窑、东洋、西洋的瓷器,都有仿制品。釉的颜色,有白粉青、大绿、米色、玫瑰紫、海棠红、茄花紫、梅子青、骡肝色、马肺色、天蓝、霁红、霁青、鳝鱼黄、蛇皮绿、油绿、欧红、欧蓝、月白、翡翠、乌金、紫金。又有浇黄、浇紫、浇绿、填白、描金、青花、水墨、五彩、锥花、拱花、抹金、抹银等名色。

他奉命编撰《陶冶图》,绘制了二十幅图,有《采石制泥》《淘炼泥土》《炼灰配釉》《制造匣钵》《圆器修模》《圆器拉坯》《琢器做坯》《采取青料》《炼选青料》《印坯乳料》《圆器青花》《制画琢器》《蘸釉吹釉》《镟坯挖足》《成坯入窑》《烧坯开窑》《圆琢洋采》《明炉暗炉》《束草装桶》《祀神酬愿》。各图都附有详细说明,备载工序的先后,后来管理陶瓷制造的人,可以作为依据。唐英督造的瓷器,世人称之为"唐窑"。

薛凤祚传

【题解】

薛凤祚(公元1600~1680年),字仪甫,山东益都金岭镇人。其父薛近洙为明万历进士,曾专事经学方面的著述。薛凤祚起初继承家学,后来因认为王阳明的学说只重修炼心性而不能致用,转而学习各种实用科学。他先是向当时主持旧法的学者魏文魁学习中国传统的天文历算方法,顺治九至十年(公元1652~1653年)前后又到南京,向波兰传教士穆尼阁学习西方新法,并协同穆尼阁翻译了西方天文历算等方面的著述。其后,薛凤祚将当时各家历算方法、涉及各实用科学方面的知识以及他会通中西所撰写的天文著作汇编成近六十卷的《历学会通》,此书刊行于康熙三年(公元1664年)。康熙十五年(公元1676年),河道总督王光裕慕名聘请薛凤祚佐治黄河、运河,考察河漕利病,薛凤祚因之著《两河清汇》八卷,后被收入《四库全书》。

薛凤祚最重要的著作《历学会通》分为正集、致用、考验三大部分,内容涉及天文、数学、力学、水利、兵器、乐律、医药、占验等等,而其主要的成就在天文和数学方面。在考验28卷中,薛凤祚收集了当时所有的五种历法,分别称为旧中法(大统历)、新中法(魏文魁的东局历法)、西域回回历、今西法《西洋新法历书》和新西法穆尼阁的《天步真原》,在这些历法中,特别值得注意的是穆尼阁的《天步真原》,穆尼阁是哥白尼的学说的信奉者,而当时据有"钦定"地位的《西洋新法历书》采用的是第谷和托勒密的地心体系。出于种种特殊的考虑，穆尼阁在《天步真原》中采用了一种与哥白尼的日心体系有着某种渊源关系，但其中日的位置被当作了人为变动的宇宙模式。

在正集十二卷中，薛凤祚主要以《天步真原》为依据，改西方六十进制为中国传统的百进制，编写了自己的历法。此外正集中的《比例对数表》《比例四线新表》及《三角算法》在数学史上都占有重要的地位，前者是传入中国最早的对数表，后者有首次介绍到中国的半角公式、半弧公式和德氏比例式。

薛凤祚十分精通各种历法，这为他在当时的天文历算界赢得了很高的地位，清代历算大家梅文鼎曾将他与王锡阐并誉为"南王北薛"，《历学会通》中的部分内容还被选入了《四库全书》。

【原文】

薛凤祚，字仪甫，淄川人。少习算，从魏文魁游，主持旧法。顺治中，与法人穆尼阁谈算，始改从西学，尽传其术，因著算学会通正集十二卷，考验二十八卷，致用十六卷。其曰对数比例者，乃西算以假数求真数之便法也。曰中法四线，以西法六十分为度，不便以十进位，改从古法，以百分为度，所列止正弦、余弦、正切、余切，故曰四线。其推步诸书：曰太阳太阴诸行法原，曰木火土三星经行法原，曰交食法原，曰历年甲子，曰求岁实，曰五星高行，曰交食表，曰经星中星，曰西域回回术，曰西域表，曰今西法选要，曰今法表，皆会中、西以立法。以顺治十二年乙未天正冬至为元，诸应皆从以起算，以三百六十五日二十三刻三分五十七秒五微为岁实，黄、赤道交度有加减，恒星岁行五十二秒，与《天步真原》法同，梅文鼎谓其书详于法，而无快论以发其趣，盖其时新法初行，中、西文字辗转相通，故词旨未能尽畅。然贯通其中、西，要不愧为一代畴人之功首云。

凤祚定岁实秒数为五十七，与奈端合，与穆尼阁以为四十五秒者不同，则其学非墨守穆氏可知。或讥其谨守穆尼阁成法，依数推衍，非笃论也。

【译文】

薛凤祚，字仪甫，淄川人。少年时期曾跟随魏文魁学习传统历算。顺治（公元1644～1661年）中，与传教士穆尼阁谈论西方算法后改学西学，将穆尼阁的方法全部介绍到中国，并为此著《算学会通》正集十二卷，考验二十八卷，致用十六卷。其中称为对数比例的一卷，内容是西方借助假设之数以求真数的简便算法；中法四线卷，因为西方六十分为一度的划分方法不便以十进位，所以改为以百分为一度的中国传统划分方法，此卷所列仅有正弦、余弦、正切、余切，故称"四线"。上述著作中与历法推算相关的有：太阳太阴诸行法原，木火土三星经行法原，交食法原，历年甲子，求岁实，五星高行，交食表，经星中星，西域回回术，西域表，今西法选要，今法表，其法则都是会通中西后确立的。历法部分以顺治十二年（公元1655年）乙未天正冬至为历元，诸应都从此历元起算。以三百六十五日二十三刻三分五十七秒五微为回归年长度，黄、赤道交角为一变化星，恒量每年行五十二秒，与《天步真原》相同。梅文鼎说此书虽详细地介绍了计算方法，但没有阐发其意旨的论述。这是因为当时新法初行，中西文字辗转翻译，所以词意不尽通畅、准确。不过薛风祚能贯通中西,不愧为一代历算家中之杰出者。

风祚定回归年秒数为五十七,与牛顿的数字相合,而与穆尼阁的四十五秒不同,由此可知他的学说并未墨守穆氏的方法。有人讥讽他谨守穆尼阁成法,依数推衍,这是不确当的评论。

王锡阐传

【题解】

王锡阐(公元 1628~1682 年),字寅旭,号晓庵,苏州府吴江人,是清初著名的民间天文历算专家。

清军南下,弘光政权覆灭,江南各地纷起抗清,王锡阐时年十七岁,为表示忠于明朝,从此放弃科举,隐居乡间以教书为业。与此同时,他还参加了惊隐诗社,与顾炎武、潘柽章、吴炎等一批有气节的明末遗民结为挚友。

锡阐生性好思考,对天文历算尤为嗜好。那一时期先后行用的中、西两种历法,因其中原理深奥,一般人不经专门传授,难以掌握,锡阐却能够"无师授自通大意。"当时,中国历法一直沿用的代数体系已经过了它的顶峰阶段,耶稣会传教士传入的天文数学方法则有较高的精确度,而且还运用了对中国来说全新的三角几何学知识,明确的地球观和度量概念。但是由于据西方知识编译的《西洋新法历书》没有摆脱以地球为中心的小轮体系,加之师承众手,所以有许多错误和漏洞。但其时整个中国学术界对欧洲科学发展的了解处于闭塞状态,于是西法也就被认为"可为二、三百年不易之法",而盛行于世。在这种情形下,王锡阐默默潜心于实测"每夜遇天色晴霁。辄登屋卧鸱尾间,仰察星象,竟夕不寐。"又对历算书籍精心研究,验证实测结果,久而久之,他对中、西法都有了相当深度的了解,在此基础上,他认为西法确实比较精密,但不能认为它完全与历法本意相符而不可改进,于是经过深入思考,他对西法提出了许多批评疑问,这在当时的历算家中是少见的。

在对中、西历法有相当了解的基础上,王锡阐"兼采中西,去其疵类,参以己意,著历法六篇。"这就是他的重要著述《晓庵新法》,此书采用了西历的小轮体系,并在方法上做了数处独到的改进。其中王锡阐创立的准确计算日食亏复方位的方法,还为后来清政府所编的《历象考成》所采用。

王锡阐其他一些较重要的著作有"《五星行度解》《日月左右旋问答》,(前者讨论了引力现象,)《历说》《历策》《推步交朔序》《测日小记序》等,这些著作至今都保存在清代刊刻的《晓庵遗书》中。其中《晓庵新法》六卷后来被采入《四库全书》,在天文方面,王锡阐以其精深独到的见解为后人所称道。

【原文】

王锡阐，字晓庵，吴江人。兼通中、西之学，自立新法，用以测日、月食不爽秒忽。每遇天晴霁，辄登屋卧鸱吻察星象，竟夕不寐。著《晓庵新法》六卷，序曰："炎帝八节，历之始也，而其书不传。黄帝、虞、夏、殷、周、鲁七历，先儒谓系伪作。今七历俱存，大指与汉历相似，而章部气朔，未睹其真，为汉人所托无疑。太初、三统，法虽疏远，而创始之功，不可泯也。刘洪、姜岌，次第阐明，何、祖专力表、圭，益称精切。自此南、北历象，率能好学深思，多所推论，皆非浅近所及。唐历《大衍》稍密，然开元甲子当食不食，一行乃为谀词以自解，何如因差以求合乎？"

又曰："明初元统造大统历，因郭守敬遗法，增损不及百一，岂以守敬之术果能度越前人乎？守敬治历，首重测日，余尝取其表景，反复布算，前后牴牾。余所创改，多非密率。在当日已有失食失推之咎，况乎遗籍散亡，法意无征。兼之年远数盈，违天渐远，安可因循不变耶？元氏艺不逮郭，在廷诸臣，又不逮元，卒使昭代大典，踵陋袭伪。虽有李德芳苦争之，然德芳不能推理，而株守陈言，无以相胜，诚可叹也！"

又曰："万历季年，西人利氏来华，颇工历算。崇祯初，命礼臣徐光启译其书，颇工历算。崇祯初，命礼臣徐光启译其书，有《历指》为法原，《历表》为法数，书百余卷，数年而成，遂盛行于世。言历者莫不奉为俎豆。吾谓西历善矣，然以为测候精详可也，以为深知法意未可也。循其理而求通，可也，安其误而不辨，不可也。姑举其概：二分者，春、秋平气之中；二至者，日道南、北之中也。大统以平气授人时，以盈缩定日躔。西人既用定气，则分、正为一，因讥中历节气差至二日。夫中历岁差数强，盈缩过多，恶得无差？然二日之异，乃分、正殊科，非不知日行之朓朒而致误也。历指直以佛己而讥之，不知法意一也。诸家造历，必有积年日法，多寡任意，牵合由人。守敬去积年而起自辛巳，屏日法而断以万分，识诚卓也。西历命日之时以二十四，命时之分以六十，通计一日为分一千四百四十，是复用日法矣。至于刻法，彼所无也。近始每时四分之，为一日之刻九十六。彼先求度而后日，尚未觉其繁，施之中历则窒矣。乃执西法反谓中历百刻不适于用，何也？且日食时差法之九十有六，与日刻之九十六何与乎？而援以为据，不知法意二也。天体浑沦，初无度分可指，昔人因一日日躔命为一度，日有疾徐，断以平行，数本顺天，不可损益。西人去周天五度有奇，敛为三百六十，不过取便割圆，岂真天道固然？而党同伐异，必日日度为非，讵知三百六十尚非天真有此度数乎？不知法意三也。上古置闰，恒于岁终，盖历术疏阔，计岁以置闰也。中古法日趋密，始计月以置闰，而闰于积终，故举中气以定月，而月无中气者即为闰。大统专用平气，置闰必得其月，新法改用定气，致一月有两中气之时，一岁有两可闰之月，若辛丑西历者，不亦蓥乎！夫月无平中气者，乃为积余之终，无定中气者，非其月也。不能虚衷深考，而以鲁莽之习，侈支离之学，是以归余之后，气尚在晦；季冬中气，已入仲冬；首春中气，将归腊杪。不得已而退朔一日，以塞人望，亦见其技之穷矣，不知法意四也。天正日躔，本起子半，后因岁差，自丑及寅。若夫合神之说，乃星命家猥言，明理者所不道。西人自命历宗，何至反为所惑，谓天正日躔定起丑初乎？况十二次命名，悉依星象，如随节气递迁，虽子午不妨异地，岂玄枵、鸟咮亦无定位耶？不知法意五也。岁实消长，昉于统天，郭氏用之，而未知所以当用；元氏去之，而未知所以当去。西人知以日行最高求之，而未知以二道远近求之，得其一而遗其一。当辨者一也。岁差不弃，必缘天运缓疾，今欲归之偶差，岂前此诸家皆妄作乎？黄、白异距，生交行之进退；黄、赤异距，生岁差之屈伸；其理一也。历指已明于月，何蔽于日？当辨者二也。日躔盈缩最高，斡运古今不同，揆之臆见，必有定数。不惟日，月星应同，但行迟差微，非毕生岁月所可测度耳。西人每诩数千年传人不乏，何以亦无定论？当辨者三也。日月去人时分远近，视径因分大小，则远近大小，宜为相似之比例。西法日则远近差多，而视径差少；月则远近差少，而视径差多。因数求理，难会其通。当辨者四也。日食变差，机在交分，日轨交分，与月高交分不同；月高交于本道，与交于黄道者又不同。历指不详其理，历表不著其数，岂黄道一术足穷日食之变乎？当辨者五也。中限左右，日月视差，时或一东一西。交、广以南，日月视差，时或一南一北。此为视差异向与视差同向者加减迥别，历指岂以非所常遇，故置不讲耶？万一遇之，则学者何以立算？当辨者六也。日光射物，必有虚景，虚景者，光径与实径之所生也。虚恒缩，理不出此。西人不知日有光径，仅以实径求虚。及至推步不符，复酌损径分以希偶合。当辨者七也。月食定望，惟食甚为然，亏复四限，距望有差。日食稍离中限，即食甚已非定朔。至于亏复，相去尤远。西历乃言交食必在朔、望，不用朓朒次差。当辨者八也。"

又曰："语云：'步历甚难，辨历甚易。'盖言象纬森罗，得失无所遁也。据彼所说，亦未尝自信无差。五星经度，或失二十余分，躔离表验，或失数分，交食值此，所失当以刻计；凌犯值此，所失当以日计矣。故立法不久，违错颇多，余于历说已辨一二。乃癸卯七月望食当既不既，与夫失食失推者何异乎？且译书之初，本言取西历之材质，归大统之型范，不谓尽隳成宪，而专用西法，如今日者也。余故兼采中、西，去其疵类，参以己意，著历法六篇，会通若干事，改正若干事，表明若干事，增辑若干事，立法若干事。旧法虽舛，而未遽废者，两存之；理虽可知，而上下千年不得其数者，缺之；虽得其数，而远引古测，未经目信者，别见补遗，而正文仍袭其故。为日一百几十有几，为文万有千言，非敢妄云窥其堂奥，庶几初学之津梁也。"

其法：度法百分，日法百刻，周天三百六十五度二十五分六十五秒五十九微三十二纤，内外准分三十九分九十一秒四十九微，次准九十一分六十八秒八十六微，黄道岁差一分四十三秒七十三微二十六纤。列宿经纬：角一十度七十三分七十九秒，南二度一分二十三秒。亢一十度八十二分二十四秒，北三度一分一秒。氐一十八度一十六分一十四秒，北四十三分九十六秒。房四度八十三分六十三秒，南五度四十六分一十九秒。心七度六十六分二秒，南三度九十七分三十八秒，尾一十五度八十二分七十八秒，南一十五度二十一分九十秒。箕九度四十六分九十六秒，南六度五十九分四十九秒。南斗二十四度一十九分八十二秒，南三度八十八分九十三秒。牵牛七度七十九分五十五秒，北四度七十五分一十七秒。婺女一十一度八十二分二秒，北八度二十分五十九秒。虚一十度一十二分九十一秒，北八度八十二分七十秒。危二十度四十一分四秒，北一十度八十五分六十二秒。营室一十五度九十二分二十秒，北一十度七十一分七十一秒。

先是《晓庵新法》未成，作《历说》六篇，《历策》一篇，其说精核，与新法互有详略。又隐括中、西步术,作《大统西历启蒙》。丁未岁,因推步大统法作《丁未历稿》。辛酉八月朔日食,以中、西法及己法独预定时刻分秒,至期,与徐发等以五家法同测,己法独合,作《推步交朔测小记》。又以治历首重割圆,作《圆解》。测天当据仪晷,造三晷,兼测日、月、星,因作《三辰晷志》。俱能究术数之微奥,补西人所不逮。与同时青州薛凤祚齐名,称"南王北薛"云。历策有云:"每遇交会,必以所步、所测课较疏密,疾病寒暑无间,变周、改应、增损、经纬、迟疾诸率,于兹三十年所。"亦可以想见作者实测之诣力矣。

【译文】

　　王锡阐,字晓庵,吴江人。他会通中、西的历算知识,自己创立新法,用来测日、月食分秒不差。每当遇到晴天,即上到屋顶卧于鸱吻上观察星象,整夜不睡。著《晓庵新法》六卷,序中说:"炎帝时的八个节气,是造历之始,但其书已不传。黄帝、虞、夏、殷、周、鲁七历,先儒说是伪作。现在七历都被保存下来,其大意与汉历相似,而章气朔,未见其真,无疑是汉人所假托。《太初历》《三统历》方法虽然粗疏,但创始之功不可泯灭。刘洪、姜岌依次阐明治历的方法,何承天、祖冲之专门致力于表、圭的运用,使其日益精密。自此南、北历法家,大都能好学深思,有许多新的推论,这都不是学问浅近的人能够做到的。唐代《大衍历》比较精确,然而预报开元甲子有日食却未发生,一行就用奉承皇上的话来解释,这还不如因发现差错而去造更好的历法。

　　又说:"明初元统造《大统历》,沿袭郭守敬留下的方法,增损不到百分之一,难道以守敬之术真的能超过前人吗?守敬治历,最看重观测日影,我曾取其表影,反复计算,发现它们前后矛盾。其余的创造改革,多不是很精密,当时就已有预报了交食而交食未发生或没经预报而交食发生的错误,况且遗存下来的书籍已经散失,历法原理无从征询。加上年代久远,历法与实际天象渐渐不合,怎么可以因循旧法而不变呢?元统的才能不如郭守敬,现在朝廷诸臣的水平又不如元统,终使本朝大典继承了粗陋的理论。虽有李德芳为此苦争,但德芳不能推理,只能重复陈旧的言辞,没有胜人一筹的理论,实在是可叹啊!"

　　又说:"万历三年(公元1575年),西方人利马窦来华,很善于历算。崇祯(公元1628~1644年)初年,命礼臣徐光启译其书,有《历指》为历法原理,《历表》为历法计算所用数据,此书共有百余卷,经数年而完成,然后盛行于世。谈论历法的人没有不将其奉为至宝。我以为西历的确是不错,但说它测候精确可以,说它深知历法本意不行。按照其历理而求透彻地理解可以,见其有错误而不辨明不行。这里姑且举其大概:所谓二分,是春、秋平气的中点;二至,是黄道南、北的中点。《大统历》以平气划分时间,以不均匀改正值确定太阳位置。西人既然用定气,则二分与太阳真位置相应,西人因此而讥笑中历节气差了两日。中历岁差过大,加减过多,怎么能没有误差?然而二日之差,乃是平气、定气的不同造成,不是不知太阳运动不均匀而导致的错误。《历指》因与自己不同而讥讽中历,这是不知历法本意之第一例。各家造历,一定有积年和日法,其数值多少均人为确定,守敬去掉上元积年,而以辛巳为历元,摒弃日法而断之以万分,见识的确卓越。西历一日分二十四小时,一小时为六十分,一日共为一千四百四十分,这等于又采用了日法。

至于刻法,西历是没有的。近来开始有每小时四刻,每日九十六刻的分法。西历是先求度然后求日,还未觉其繁琐,在中历中使用则行不通。为什么用西法反说中历百刻不适用呢?而且日食时差法的九十六与日刻的九十六有何关系?用来作为证据,是不知历法本意之第二例。天体浑沦,起初并无度分的分划。古人将太阳每日所走的距离命为一度,太阳运行有快有慢,取其平均行度,此数本顺乎于天,不可增损。西人将周天度去掉五度多,减为三百六十度,不过是为了割圆的方便,哪里真是天道所固有的?而不同观点的历算家攻击异己时,必说日度不对,岂知三百六十度并不是天真的所据有的?这是不知历法本意之第三例。上古置闰,一直都在年终,这是因为历术粗疏,需计年数以置闰。中古历法日趋精密,开始计月数以置闰,闰在积终,所以中气定月,无中气之月为闰月。《大统历》专用平气,置闰必得无中气之月,新法改用定气,致使采用无中气置闰的方法时,一年可出现两个闰月,象西历辛丑年那样,岂不是很荒谬!没有平中气的月,是积余之终,无定中气的月则不是。西人不能虚心深考,而以鲁莽的习惯,侈谈残缺不全的学问,于是在归余之后,中气还在晦;季冬的中气出现在了仲冬;一月的中气,移到了十二月。不得已只能退朔一日以避免人们的指责。可见其技之穷矣,这是不知历法本意之第四例。冬至时太阳的位置本来在子(次)的中点,后来因为岁差,移到丑、寅。合神之说,是星命家的一派胡言,为明白历理者所不屑。西人自命为历宗,怎么反而被它所迷惑,说冬至定起丑初呢?况且十二次的命名,全都依照星象,如随节气递迁,虽然子午线可以变动,玄枵、鸟咮怎么能也没有确定的位置呢?这是不知历法本意之第五例。回归年长度的变化,始于《统天历》,郭守敬采用了,却不知为什么应当用;元统取消它,又不知为什么应当取消。西人知道以日行最高求之,而不知以二道远近求之,得其一而失其一,这是当辨明的第一个问题。岁差的变化,必是由天体运转的快慢引起,今日想将其归于偶然的变化,那么以前的诸位历算家都是在做些虚妄的计算吗?因黄、白交角的存在,产生交点的进退,因黄赤交角的存在所以有岁差的变化,其道理是一样的。《历指》关于黄白交点运动的道理讲得很明确,为什么不提黄赤交点运动的道理?这是当辨明的第二个问题。太阳远地点的位置因旋转运动而古今不同,据猜测,必然有确定之数。不只日、月、星应相同,但微小的运行差值,不是用一生的时间可以测量出来的。西人总是夸耀数千年不乏传人,为什么也无定论?这是应当辨明的第三个问题。日、月距人时远时近,因而其视直径时大时小,远近大小,应有相似之比例关系。西法中太阳远近差大时,视径差小;月亮则远近差小时,视径差多。从上述数据的变化反推其原理,很难解释得通。这是应当辨明的第四个问题。日食的变化差异,关键在于交分,日轨交分,与月高交分不同;月高交于白道,与交于黄道又不同。《历指》不详述其原理,《历表》不写明其数据,难道仅以黄道一术就可以穷尽日食的变化吗?这是应当辨明的第五个问题。在交点左右,日月视差,有时会一东一西。交趾,广东以南,日月视差,有时可能一南一北。视差同向与视差异向加减完全不同,《历指》怎么能以这种情况不常见而不讲明呢?万一遇到,学者又怎么计算?这是应当辨明的第六个问题。日光照射物体,必有虚影,所谓虚影,是因光径与实径不同而产生。地影总是缩小,道理也不出此范围。西人不知日有光径,仅以实径求地影。及至推算与实际不符,再酌情减少径分以求相合。这是应当辨明的第七个问题。

月食在定望，只是在食甚时刻才对，初亏复圆四限，距离定望还有一段时间差。日食发生在稍微离开交点的位置，食甚就已不在定朔。至于初亏复圆，相去就更远。西历说交食必在朔、望，不用朓朒次差。这是应当辨明的第八个问题。"

又说："有这样一句话：'步算历法很难，判定历法的好坏很容易。'意思是说天象纷然罗陈，无从找寻其规律。据西人所说，他们也未曾自信没有差错。五星经度，或差二十余分，日、月运动表中数据，或差数分，这些差导致的交食误差将需以刻计，导致的金、水二星过日面之误差将需以日计。所以立法不久，错误很多，我在《历说》中已辨明一二。癸卯七月望月食应为全食而未见食既，这与预测有食而无食及有食而无预测有何不同？而且译书之初，本说取西历之材质，入《大统历》之型范，没说像今日这样，尽毁成宪而专用西法。所以我兼采中西，去其不足，加上自己的观点，著历法六篇，会通若干事，改正若干事，表明若干事，增辑若干事，立法若干事。旧法虽有错谬，但还能用的部分，两存之；虽知其理，但上下千年得不到数据的部分，不取。虽有数据，但引用的是古代所测值，不是亲眼所见的，归入补遗，而正文仍保持原样。我用了一百多天，写了万余言，不敢妄说已窥到了深奥的历理，但愿能做初学者之桥梁。"

其方法为：度分为一百分，日分为一百刻，周天度为365度25分65秒59微32纤，内外准分为39分91秒49微，次准为91分68秒86微，黄道岁差1分43秒73微26纤。列宿的经纬度：角宿10度73分79秒，黄道南2度1分23秒。亢宿10度82分24秒，黄道北3度1分1秒。氐宿18度16分14秒，北43分96秒。房宿4度83分63秒，南5度46分19秒。心宿7度66分2秒，南3度97分38秒。尾宿15度82分78秒，南15度21分90秒。箕宿9度46分96秒，南6度59分49秒。南斗宿24度19分82秒，南3度88分93秒。牵牛宿7度79分55秒，北4度75分17秒。婺女宿11度82分2秒，北8度20分59秒，虚宿10度12分91秒，北八度82分70秒。危宿20度41分4秒，北10度85分62秒。营室15度92分20秒，北10度71分71秒。

在完成《晓庵新法》之前，曾作《历说》六篇，《历策》一篇，其学说之精核与新法互有详略。又隐括中、西计算方法，作《大统西历启蒙》。丁未年，因推算大统法而作《丁未历稿》。辛酉八月朔日食，以中、西历法及自己的方法预报日食时刻，日食发生时，与徐发等人以五家方法同测，只有自己的预报与实际相结合，因此作《推步交朔测小记》。又因为治历首要的是割圆，作《圆解》。测天应当根据仪晷，于是造三晷表，用于测日、月、星，并作《三辰晷志》。都能探究术数之奥秘，补充西人的不足。王锡阐与同时代居于青州的薛风祚齐名，被称为"南王北薛"。《历策》中说："每当遇到日、月交食，必以推算及测验的结果比较疏密，无论疾病寒暑从不间断，致力于测算变周、改应、增损、经纬、迟疾各数据，如此三十余年。"从中也可以想见作者实测的造诣和功力。

李潢传

【题解】

李潢(公元？~1812年)，字云门，湖北省钟祥人，清末数学家。乾隆三十六年(公元1771年)中进士，起初当翰林院编修，后来升为工部左侍郎。他博览群书，知识面宽，通晓天文、历法、音韵等学科，尤其是对数学非常精通。乾隆三十八年(公元1773年)，清政府开设四库全书馆，主编巨型丛书《四库全书》。他在馆中担任总目协纂官。这时，"算经十书"和宋、元时期许多经典数学著作陆续发现，引起汉学家的重视。由于这些书籍长期藏在私人手中，又经过辗转传抄和翻刻，难免会出现许多错误，再加上所用的名词术语又与通行的不同，因此，要接受这些宝贵遗产必须经过认真的校勘和忠实的注释。《九章算术》《海岛算经》和《缉古算经》是"算经十书"中具有辉煌成就的书，难读，校注工作是非常艰巨的。李潢首当其冲，担任这几部书的校注工作，并且进行深入研究。

《九章算术》于1774年被四库全书纂修及分校官戴震从《永乐大典》中抄录九卷，并做了一番校勘工作，改正了传本中的许多错误，但也有改错的。后来，曲阜的孔继涵刊刻微波榭"算经十书"时，其中《九章算术》采用戴震的校注本。1776年，江苏常熟的屈曾发刊刻《九章算术》，该书是戴震用《大典》辑录校勘本和1684年常熟汲古阁毛影宋刻本重校而成。李潢以孔刻本为蓝本，撰《九章算术细草图说》九卷，附《海岛算经细草图说》一卷。他一方面对戴震没有校订的地方继续校勘，一方面对难懂的地方作图解说明，进行细草演算。公元1812年，李潢病故前，全书还没有写成定稿。他的外甥程矞采遵照遗嘱，于1820年请苏州的学者沈钦裴算校完毕，由鸿语堂刻刊。李潢的本子后来多次被翻印，影响比较大。李潢的图说大多数是正确的，对于后人理解刘徽注、李淳风注等注释的内容是有益的。然而，李潢也有改错的，某些地方也没有正确理解刘注原意，作了不妥当的解释，尤其是商功章比较突出。李潢的《海岛算经细草图说》是利用相似形对应边成比例的原理来说明的，但是，图中添线过多，推理更繁，恐怕不能符合刘徽造术的原意。

李潢的遗稿中还有《缉古算经考注》二卷，1832年，由南丰的刘衡算校，刻于江西南昌。程矞采任广东布政使时，又请吴兰修复校，刻于广州。吴兰修作序进行评价，大概意思是说，李潢的《考注》对原书校正和补缺约七百余字，用细草和图说做解释，完全符合王孝通的原意，无需用天元术方法推算。这种评价有些过高，实际上他的解释也有不得要领的地方。

【原文】

李潢，字云门。钟祥人。乾隆三十六年进士，由翰林官至工部左侍郎。博综群书，尤精算学，推步律吕，俱臻微妙。著《九章算术细草图说》九卷，附《海岛算经》一卷，共十卷。

其自序《重差图》云："图九。'望远海岛'旧有图解，余八图今所补也。同式形两两相比，所作四率，二三率相乘，与一四率相乘同积。如欲作图明之，第取一三率联为一边，又取二四率联为一边，作相乘长方图之，自然分为四幂。又以斜弦界为同式勾股形各二，则形势验矣。旧图于形外别作同积二方，至两形相去辽远者，又必宛转通之，皆可不必也。图中以四边形、五边形立说，似与勾股不类，然于本形外补作勾股形，则亦勾股也。四率比例法，在《九章》粟米谓之今有，一为所有率，二为所求率，三为所有数，四为所求数，在勾股则统目之为率。刘氏注云：'勾率股率，见勾见股者是也。'今祇云同式相比者；取省易耳，异乘同除则一也。"书甫写定，潢即病。俟吴门沈钦裴算校，方可付梓。越八年，其甥程矞采家为之校刊，以成其志。

　　《九章》初经东原戴氏从《永乐大典》中录出，一刻于曲阜孔氏，再刻于常熟屈氏，悉依戴氏原校本刊刻。其时古籍甫显，校订较难，不无间有扞格，自是天下之习《九章》者，莫不家密藏一编，奉为圭臬。而刘徽《九章》亦从此有善本矣。潢又尝因古"算经十书"中，《九章》之外最著者，莫如王孝通之《缉古》。唐制开科取士，独《缉古》四条限以三年，诚以是书隐奥难通。世所传之长塘鲍氏、曲阜孔氏、罗江李氏各刻本，又悉依汲古阁毛影宋本，祇有

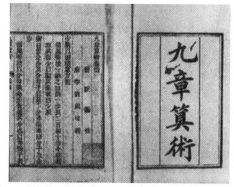

《九章》书影

原术文而未详其法，且复传写脱误。虽经阳城张氏以天元一术推演细草，但天元一术创自宋、元时人，究在王氏后，似非此书本旨。爰本《九章》古义，为之校正，凡其误者纠之，阙者补之，著《考注》二卷，以明斜袤广狭割截附带分并虚实之原，务如其术乃止。稿未成，潢殁。后为南丰刘衡授其乡人，以西士开方法增补算草，并附图解，刻于江西省中，喧宾夺主，殊乱其真。矞采取江西刻本削去图草，仍以原《考注》刊布。

　　武进李兆洛为之序，曰："《缉古》何为而作也？盖阐少广、商功之蕴而加精焉者也。商功之法，广袤相乘，又以高若深乘之为立积，今转以积与差求广袤高深，所求之数，最小数也。曷为以最小数为所求数？曰，求大数，则实方廉隅，正负杂糅。求小数，则实常为负，方廉隅常为正也。观台羡道，筑堤穿河，方仓圆囷，刍甍输粟，其形不一，概以从开立方除之何也？曰，一以贯之之理也。物生而后有象，象而后有滋，滋而后有数。斜解立方，得两堑堵，一为阳马，一为鳖臑。阳马居二，鳖臑居一，不易之率也。今于平地之余续狭斜之法，无论为堑堵，为阳马，为鳖臑，皆作立积。观其立积内不以所求数乘者为减积，以所求数一乘者为方法，再乘者为廉法，所求数再自乘为立方，即隅法也。从开立方除之，得所求数。若绘图于纸，令广袤相乘，以所求数从横截之，剖平幂为若干段。又以截高与所求数乘之，分立积为若干段。若者为减积，若者为方，若者为廉，若者为隅，条段分明，历历可指，作者之意，不烦言而解矣。其云廉母自乘为方母，廉母乘方母为实母者之分，开方之要术也。先生于是书立法之根，如锯解木，如锥画地，又复补正脱误，条理秩然，信王氏之功臣矣！爰述大旨，以告世之习是书者，无复苦其难读云。"

　　李潢，字云门，钟祥人。他于乾隆三十六年，也就是公元1771年考中进士，先是当翰林院编修，后任工部左侍郎。他博览群书，善于取众家之长，对天文、历法、音韵等都很有研究，尤其是在数学方面造诣很深。著作有《九章算术细草图说》九卷，还附录有《海岛算经细草图说》一卷，一共十卷书。

　　李潢在《重差图序》中说："重差图有九个。望海岛一题原来有图解，其余八个无图，现在给它补充上去。两个图形相似，对应边成比例。比例式有四个变数，二、三变数乘积等于一、四变数的乘积。如果想用图形来证明它的话，先取一、三变数，加起来表示一条边，再取二、四变数，加起来表示又一条边，用这两个边作长方形，把相对分点联结起来构成四个长方形。又作大长方形的对角线，就得到两对相似直角三角形，根据等量减等量其差相等的公理可证得结论成立。旧的图解在原图形外面另外作面积相等的两个长方形，离图形太远，证明思路曲折繁杂，这完全是不必要的。原图解又用相似四边形、五边形论证，似乎与直角三角形解法没有关系。但是，在原图形外补作直角三角形，则可用直角三角形求解。四个变数成比例的解题方法，在《九章算术》大米和小米一章中称为"今有"。第一个变数叫所有变数，第二个叫所求变数，第三个叫所有数，第四个叫所求数，在直角三角形一章则统统叫作变数。刘徽注解中说：'短直角边变数、长直角边变数，也就是短直角边和长直角边。'现在只说相似形对应边成比例，是为了简便的缘故，都用比例式中不同名数的变数相乘，再以与所求数同名的数去除求解，就可以解决。"书刚写好，未来得及定稿，李潢就患病。李嘱咐只有等苏州沈钦裴算校以后才可刻印。李死后八年，他的外甥程采把沈钦裴请到家中校注后刊行，借以完成李的遗愿。

　　《九章算术》起初由戴东原从《永乐大典》中抄出，先在曲阜孔先生处刻印，又在常熟屈先生处刻印，两个刻本全是依照戴先生的校注本刊出。这个时期，古典数学书籍刚被发掘出来，校注工作比较困难，虽然校注，也不可能没有不妥之处。但是，广大学习《九章算术》的人，都要家藏一本，奉若经典，刘徽注的《九章算术》从此便有学术价值比较高的刊印本。李潢曾考虑到古代"算经十书"中，除《九章算术》最著名外，其次就属王孝通的《缉古算经》了。唐朝实行科举选拔人才，唯独《缉古算经》四条限三年学完，说明这本书确实深奥难懂。社会上流传的有长塘鲍先生、曲阜孔先生、罗江李先生的三种刻本，又得知有汲古阁毛先生影印宋朝的刻本。这些本子都是只有简短的解题原则，但没有详尽的算法，又经传抄和多次刻印，错误地方一定存在。虽然又有阳城张先生用相当于设未知数列方程的方法推证演算，但是，这种方法是由宋元时代数学家所创立的，毕竟是在王孝通之后，似乎不符合这本书的原来意思。于是李潢根据《九章算术》的精神，为《缉古算经》作校勘，凡是错误的地方纠正过来，凡是遗漏短缺的部分补充上去，写成《缉古算经考注》二卷，以说明解法原理，务必达到符合原意为止。书稿没有写成，李潢就病故。后来由南丰的刘衡让他的同乡用西洋人开方方法增补演算细草，并且附录图形解释，在江西省刻印。这样做，反客为主，面目全非。采则用江西刻本，删去刘衡增加的图解和细草部分，仍然以李潢的《缉古算经考注》原稿刊布，恢复它的本来面目。

　　武进的李兆洛为这本书作序,序中说:"《缉古算经》写作目的什么?原来是为了阐发《九章算术》减少宽度和工程审议两章的原意并且进行深入探讨。工程审议的解法主要是长宽相乘再乘以高或深,得体积。但是现在反过来,已知某些几何体积和差等求长宽高深,所求的数叫最小数。为啥叫最小数就为所求的数呢?答案是这样的,求大数就是以这个数为未知数的一元三次方程标准形式的各项系数可正可负,而小数则要求常数项为负,其他各项系数必须为正。天文台的具有梯形底和两斜侧面的楔形体台阶、堤坝等水利设施,长方形仓库和圆形粮囤,具有长方底和两侧面楔形体米仓运出米后剩下的几何体等,它们的形状不同,但是却用三次方程求解,原因是什么呢?原来都是按照自然界规律办事。事物产生以后就有形,对形的认识就产生意,意的深入发展就出现数的概念。斜劈立方体,得两个三棱柱,再劈一个三棱柱得一个方锥和一个四面楔形体。所得方锥与四面楔形体的体积之比为2∶1,这是不可改变的自然规律。今在平地之上搞建筑,利用斜劈的方法,无论所得的三棱柱、方锥或四面楔形体,都求体积。用所求数为未知数列三次方程,其中常数项、一次项、二次项和三次项系数按体积分别求出,解方程得所求数。如果在纸上绘图,使长宽构成长方形。用所求数从横的方向截取,可以分长方形为若干部分。又以截高与所求数相乘,再分体积为若干部分。这样便可以看出三次方程的各项系数,层次清晰,条理分明,作者的意图,不言而喻。三次方程中二次项系数的分母自乘为一次项系数的分母,二次项和一次项系数的分母相乘为常数项的分母,这是求系数为分数的三次方程根的重要方法。先生在书中所讲的方法,好像用锯解木头,用锥子在地上画线,又补充遗漏和改正错误,容易理解,条理分明,的确称得上是注释王孝通《缉古算经》的功臣了。这里仅叙述要点,使社会上学习这本书的人不再为难读而苦恼了。"

特别提示:

　　本书在编写过程中,参阅和使用了一些报刊、著述和图片。由于联系上的困难,和部分作品的作者(或译者)未能取得联系,对此谨致深深的歉意。敬请原作者(或译者)见到本书后,及时与本书编者联系,以便我们按照国家有关规定支付稿酬并赠送样书。

　　联系电话:010-80776121　　联系人:马老师